DIREITO DO TRABALHO E ESTADO DEMOCRÁTICO DE DIREITO

Homenagem ao Professor Mauricio Godinho Delgado

COORDENADORES

Raphael Miziara

Advogado. Professor em cursos de graduação e Pós-Graduação em direito. Mestrando em direito do trabalho e das relações sociais pela UDF. Membro da ANNEP – Associação Norte Nordeste de Professores de Processo. Membro da ABDPro – Associação Brasileira de Direito Processual. Coordenador da Pós-Graduação em direito e processo do trabalho da Escola Superior de Advocacia do Piauí – ESAPI. Autor de livros e artigos na área juslaboral.

Carolina Silva Silvino Assunção

Mestranda em Direito das Relações Sociais e Trabalhistas pelo Centro Universitário do Distrito Federal (UDF). Pós-graduanda em Direito do Trabalho pela Fundação Getúlio Vargas (FGV). Especialista em Direito Material e Processual do Trabalho pela Faculdade de Direito Milton Campos (FDMC). Membro da Oficina de Estudos Avançados "Interfaces entre o Processo Civil e o Processo do Trabalho" da FDMC/MG. Pesquisadora do Grupo de Pesquisa Constitucionalismo, Direito do Trabalho e Processo da UDF. Professora do curso de pós-graduação da Faculdade de Direito Milton Campos (FDMC/MG). Advogada.

Antonio Capuzzi

Mestrando em Direito do Trabalho e das Relações Sociais pelo Centro Universitário do Distrito Federal. Especialista em Direito e Processo do Trabalho. Pesquisador do Grupo de Pesquisa Direitos Humanos e Relações Sociais do Centro Universitário do Distrito Federal. Professor de Direito e Processo do Trabalho em cursos preparatórios para concursos públicos e pós-graduação. Coautor de livros e autor de artigos jurídicos. Advogado trabalhista. antoniojcapuzzi@gmail.com.

Raphael Miziara
Carolina Silva Silvino Assunção
Antonio Capuzzi

(*Coordenadores*)

DIREITO DO TRABALHO E ESTADO DEMOCRÁTICO DE DIREITO

Homenagem ao Professor Mauricio Godinho Delgado

EDITORA LTDA.
© Todos os direitos reservados

Rua Jaguaribe, 571
CEP 01224-003
São Paulo, SP – Brasil
Fone (11) 2167-1101
www.ltr.com.br
Novembro, 2018

Produção Gráfica e Editoração Eletrônica: LINOTEC
Projeto de Capa: FABIO GIGLIO
Impressão: META BRASIL

Versão impressa: LTr 6138.1 — ISBN: 978-85-361-9852-1
Versão digital: LTr 9502.1 — ISBN: 978-85-361-9916-0

Dados Internacionais de Catalogação na Publicação (CIP)
(Câmara Brasileira do Livro, SP, Brasil)

Direito do trabalho e estado democrático de direito: Homenagem ao Professor Mauricio Godinho Delgado/Raphael Miziara, Carolina Silva Silvino Assunção, Antonio Capuzzi (coordenadores). – São Paulo: LTR, 2018.

Vários autores.
Bibliografia.

1. Direito do trabalho 2. Direitos fundamentais 3. Estado de direito 4. Estado democrático I. Miziara, Raphael. II. Assunção, Carolina. III. Capuzzi, Antonio.

18-20557   CDU-342.34:331

Índice para catálogo sistemático:
1. Direito do trabalho: Estado democrático de direito 342.34:331
Maria Alice Ferreira - Bibliotecária - CRB-8/7964

SUMÁRIO

PALAVRAS DOS COORDENADORES 7

BREVE BIOGRAFIA DO PROFESSOR MAURICIO GODINHO DELGADO 9

APRESENTAÇÃO 11
Prof. Ricardo José Macêdo de Britto Perreira

PREFÁCIO 15
Raimundo Simão de Melo

EFICÁCIA DA LEI N. 13.467/2017 NO TEMPO: CRITÉRIOS HERMENÊUTICOS QUE GOVERNAM A RELAÇÃO ENTRE LEIS MATERIAIS TRABALHISTAS SUCESSIVAS NO TEMPO 17
Raphael Miziara

A RELEVÂNCIA HISTÓRICA DO ESTADO LIBERAL E A DESCONFORMIDADE DO RECRUDESCIMENTO TARDIO DOS IDEÁRIOS NEOLIBERAIS NA CONSOLIDAÇÃO DOS DIREITOS SOCIAIS TRABALHISTAS 29
Antonio Capuzzi, Carolina Silva Silvino Assunção e Raphael Miziara

A IMPORTÂNCIA DA PRINCIPIOLOGIA HUMANÍSTICA E SOCIAL NO ESTADO DEMOCRÁTICO DE DIREITO 36
Horácio Aguilar da Silva Ávila Ferreira, Tâmara Matias Guimarães e Luiza Baleeiro Coelho Souza

REFORÇO DA DIGNIDADE HUMANA NO ESTADO DEMOCRÁTICO DE DIREITO 42
Ana Paula Fleuri de Bastos, Karine Domingues Machado e Laislla Ferreira Morais

CONCEPÇÕES JURÍDICAS DA IGUALDADE E O PAPEL DO DIREITO DO TRABALHO DIANTE DO RACISMO E DA INJUSTIÇA AMBIENTAIS 46
Gustavo Ramos

O COMBATE ÀS TERCEIRIZAÇÕES ILÍCITAS E A DEFESA DO DIREITO FUNDAMENTAL À RELAÇÃO DE EMPREGO REGULAR PELO MINISTÉRIO PÚBLICO DO TRABALHO 63
José Roberto Freire Pimenta e Adriana Campos de Souza Freire Pimenta

TRABALHO ESCRAVO E PRECARIZAÇÃO DAS RELAÇÕES TRABALHISTAS DISFARÇADAS SOB O VÉU DA TERCEIRIZAÇÃO 84
Leonides Laine Baião Pires

O CONTRATO DE TRABALHO NO BRASIL: ANÁLISES LEGAIS CONTEMPORÂNEAS 97
Cláudio Jannotti da Rocha e Lorena Vasconcelos Porto

TRABALHO INTERMITENTE: FLEXIBILIZAÇÃO DO CONTRATO DE TRABALHO E (IN)CONSTITUCIONALIDADE DO ART. 443, § 3º, DA CLT 109
Valdilene Ângela de Carvalho Guimarães

ANÁLISE ACERCA DOS TRABALHADORES HIPERSUFICIENTES: RETROCESSO DE DIREITOS E LESÃO DIRETA A PRINCÍPIOS DO DIREITO DO TRABALHO 116
Horácio Aguilar da Silva Ávila Ferreira

(IN)APLICABILIDADE DA CLÁUSULA VALUTÁRIA AO DIREITO DO TRABALHO: POSSIBILIDADES, CONSEQUÊNCIAS JURÍDICAS E DIÁLOGOS COM O DIREITO CIVIL 123
Raphael Miziara

SALÁRIO MÍNIMO E DESIGUALDADE NO CAPITALISMO 129
Karine D. S. Machado e Ana Paula Fleuri de Bastos

TELETRABALHO: PERSPECTIVAS NO CONTEXTO DA REFORMA TRABALHISTA 135
Antonio Capuzzi

A CONFIGURAÇÃO DO ACIDENTE DE TRABALHO NO TELETRABALHO 151
Fernanda da Rocha Teixeira

IRREDUTIBILIDADE E IRRENUNCIABILIDADE DAS NORMAS DE PROTEÇÃO À SAÚDE, HIGIENE E SEGURANÇA NO TRABALHO NO ESTADO DEMOCRÁTICO DE DIREITO: A REFORMA TRABALHISTA E O RETROCESSO SOCIAL 161
Alexandre Bittencourt Amui de Oliveira

BANCO DE HORAS: LIMITES CONSTITUCIONAIS À SUA UTILIZAÇÃO 169
Carolina Silva Silvino Assunção

O DIREITO HUMANO FUNDAMENTAL DE LIBERDADE RELIGIOSA E O PODER DIRETIVO DO EMPREGADOR: INCLUSÃO, DISCRIMINAÇÃO E A JURISPRUDÊNCIA 177
Moara Silva Vaz de Lima

A INSERÇÃO DO TRABALHADOR DEFICIENTE NO MERCADO DE TRABALHO COMO MEDIDA DE INCLUSÃO SOCIAL 186
Ana Paula Fleuri de Bastos

O DIREITO À IMAGEM DO EMPREGADO QUE UTILIZA EM SEUS UNIFORMES PROPAGANDAS COMERCIAIS E SEUS DESDOBRAMENTOS NA CLT PÓS-REFORMA TRABALHISTA 191
Joel Sousa do Carmo

ATIVIDADE PESQUEIRA: UMA FACETA DA ESCRAVIDÃO CONTEMPORÂNEA 200
Eduardo Antonio Martins Guedes

CONTRIBUIÇÃO SINDICAL 208
Luís Antônio Camargo de Melo, Zilmara David de Alencar e Camila Alves da Cruz

CONTRIBUIÇÃO SINDICAL E A LEI N. 13.467/2017 214
Rafael Lara Martins

OS LIMITES DA NEGOCIAÇÃO COLETIVA TRABALHISTA ANTE OS PRINCÍPIOS CONSTITUCIONAIS DA LIVRE INICIATIVA E DA VALORIZAÇÃO SOCIAL DO TRABALHO HUMANO 223
Evellyn Thiciane Macêdo Coêlho Clemente

O NEGOCIADO SOBRE O LEGISLADO: ARTS. 611-A E 611-B DA LEI N. 13.467, DE 13 DE JULHO DE 2017 232
Rúbia Zanotelli de Alvarenga

LIMITES CONSTITUCIONAIS DAS DISPENSAS COLETIVAS NO BRASIL 246
Ricardo José Macêdo de Britto Pereira

HERMENÊUTICA, INTERPRETAÇÃO CONSTITUCIONAL E APLICAÇÃO DOS PRINCÍPIOS CONSTITUCIONAIS NO DIREITO DO TRABALHO À LUZ DA LEI N. 13.467/2017 256
Fabrício Milhomens da Neiva

POSFÁCIO 263
Profa. Dra. Beatriz Maria Eckert-Hoff

PALAVRAS DOS COORDENADORES

Escrevemos essa apresentação aos quinze dias do mês de outubro de 2018. Coincidência ou não, hoje é o dia dos professores. Temos para nós que uma das maiores recompensas e alegrias que um professor pode receber é ter um livro em sua homenagem e, mais ainda, fruto do esforço coletivo dos seus alunos. Eis o motivo dessa obra: homenagear um grande mestre, por toda sua coerência científica e, também, por sua grandeza de caráter e fidelidade aos valores humanos hoje tão escassos.

Assim é essa publicação. Obra coletiva, constituída por diversos artigos, escritos pelos alunos do Professor Mauricio Godinho Delgado e por alguns professores que gentilmente enviaram seus textos, a quem também registramos nosso agradecimento.

O Professor Mauricio é um desbravador. O Planalto Central foi brindado com sua vinda, local no qual fundou um dos melhores programas de pós-graduação em direito do trabalho da América Latina, com significativa projeção internacional e crescimento meteórico. Boa parte disso se deve ao nosso homenageado. Hoje o "Mestrado em Direito das Relações Sociais e Trabalhistas", inaugurado no primeiro semestre de 2016, acolhe estudantes de todo o país e promove importantes eventos científicos em nível nacional e internacional.

Além disso, seu *Curso de Direito do Trabalho*, que já se encontra na 17ª edição, é, de longe, a obra científica mais referenciada no país quando se fala em direito do trabalho. Suas teses e seus ensinamentos já estão enraizados e são conhecidos por todos aqueles que se propõem a estudar seriamente o Direito do Trabalho no Brasil.

Os estudos do Professor Mauricio sobre Estado Democrático de Direito e dos eixos centrais que estruturam a Constituição da República Federativa do Brasil, notadamente no que toca aos direitos sociais dos trabalhadores, contribuíram significativamente para compreensão do "*direito como instrumento civilizatório, ao invés de mecanismo de opressão, exclusão, segregação e exploração*", como sempre bem observa em suas obras.

Em tempos sombrios, de total solapamento dos direitos sociais, do chamado direito do trabalho de exceção ou direito do trabalho de crise, no qual os próprios valores sociais do trabalho são colocados em xeque a doutrina do Professor Mauricio Godinho serve como vela acesa na escuridão que se avizinha.

Pois é, uai! O mineiro, lá do interior das Minas Gerais – como ele, ludicamente, sempre se autorreferencia em sala de aula – cravou seu nome na história da ciência juslaboral. Não só nela, mas também deixou uma marca indelével em cada um de nós, seus alunos. Plantou uma semente de conhecimento que, com certeza, renderá muitos frutos.

Encerramos nossas palavras com um pensamento de Rubem Alves que, para nós, bem resume a essência do Professor Mauricio:

Há escolas que são gaiolas e há escolas que são asas.

Escolas que são gaiolas existem para que os pássaros desaprendam a arte do voo. Pássaros engaiolados são pássaros sob controle. Engaiolados, o seu dono pode levá-los para onde quiser. Pássaros engaiolados sempre têm um dono. Deixaram de ser pássaros. Porque a essência dos pássaros é o voo.

Escolas que são asas não amam pássaros engaiolados. O que elas amam são pássaros em voo. Existem para dar aos pássaros coragem para voar. Ensinar o voo, isso elas não podem fazer, porque o voo já nasce dentro dos pássaros. O voo não pode ser ensinado. Só pode ser encorajado.

Ao Professor Mauricio, nossa eterna gratidão, por sempre nos encorajar a voar.

Os coordenadores,
Brasília/DF, 15 de outubro de 2018.

Raphael Miziara
Carolina Silva Silvino Assunção
Antônio Capuzzi

BREVE BIOGRAFIA DO PROFESSOR MAURICIO GODINHO DELGADO

Nascido em Lima Duarte (MG), graduou-se em Direito pela Universidade Federal de Juiz de Fora (UFJF) – 1º lugar geral no Vestibular Unificado, tornando-se Mestre em Ciência Política pela Universidade Federal de Minas Gerais (UFMG), em 1980, e Doutor em Direito por essa Universidade em 1994.

É Ministro do Tribunal Superior do Trabalho desde novembro de 2007. No TST integra, desde março de 2012, a 3ª Turma. Entre 2007 e 2012, compôs a 6ª Turma do TST. E, entre 2013 e 2017, foi membro do Órgão Especial.

Integra também a Seção Especializada em Dissídios Coletivos (SDC-TST), o Conselho Superior da Justiça do Trabalho (CSJT) e o Tribunal Pleno.

Foi Desembargador do Tribunal Regional do Trabalho de Minas Gerais (promoção por merecimento em maio de 2004), tendo exercido jurisdição desde 1991 na Capital daquele Estado, com ingresso na Magistratura em 1989 (1º lugar no Concurso Público). Anteriormente, foi Juiz do Trabalho Substituto (1989-1990) e Juiz Titular, Presidente de Junta de Conciliação e Julgamento nas cidades de Governador Valadares (1990), Varginha (1990), Itabira (1990-1991), Contagem (1991) e, finalmente, Belo Horizonte (1991-2004).

Foi Advogado inscrito na OAB-MG por mais de uma década até novembro de 1989, quando tomou posse como Magistrado.

Professor Titular do Centro Universitário UDF, em Brasília-DF, desde fevereiro de 2014. Participou da fundação de seu "Mestrado em Direito das Relações Sociais e Trabalhistas", inaugurado no primeiro semestre de 2016.

Foi Professor na Universidade Federal de Minas Gerais por 22 anos, inicialmente na área de Ciência Política (1978-1992) e, em seguida (1º lugar no Concurso Público), também na Faculdade de Direito da UFMG (1993-2000), de Direito do Trabalho (graduação e pós-graduação). De fevereiro de 2000 a julho de 2012 foi Professor de Direito do Trabalho (graduação e pós-graduação) da Faculdade de Direito da Pontifícia Universidade Católica de Minas Gerais (desde novembro de 2007, somente Mestrado e Doutorado, em disciplina virtual). Professor de Curso de Especialização em Direito Material e Processual do Trabalho do Centro Universitário IESB, em Brasília-DF (2008-2013). Atualmente é Professor Titular do UDF (2014; atual.) e de seu Mestrado em Direito das Relações Sociais e Trabalhistas.

Em 1993, integrou Comissão Especial de Juristas, instituída por Decreto do Presidente da República do Brasil, com o objetivo de analisar propostas a serem debatidas no quadro da revisão prevista pela Constituição Republicana de 1988.

Palestrante consagrado, tem participado de diversos eventos no País relativos ao Direito Constitucional, Direito Constitucional do Trabalho, Direito Coletivo do Trabalho, Direito Individual do Trabalho e Direito Processual do Trabalho. Já ministrou distintos cursos de atualização e especialização, além de ter composto inúmeras bancas de concursos públicos, a par de natureza acadêmica, sobre a mesma área de pesquisa e estudos.

Possui 29 livros publicados, entre individuais, duais e coletivos.

Seus livros individuais editados são treze: Curso de Direito do Trabalho (17. ed., São Paulo: LTr, 2018); Direito Coletivo do Trabalho (7. ed., São Paulo: LTr, 2017); Capitalismo, Trabalho e Emprego – entre o paradigma da destruição e os caminhos de reconstrução (3. ed., São Paulo: LTr, 2017); Princípios Constitucionais do Trabalho e Princípios de Direito Individual e Coletivo do Trabalho (5. ed., São Paulo: LTr, 2017); Jornada de Trabalho e Descansos Trabalhistas (3. ed., São Paulo: LTr, 2003); Salário – teoria e prática (2. ed., Belo Horizonte: Del Rey, 2002); Introdução ao Direito do Trabalho (3. ed., São Paulo: LTr, 2001); Alterações Contratuais Trabalhistas (São Paulo: LTr, 2000); Contrato de Trabalho: caracterização, distinções, efeitos (São Paulo: LTr, 1999); O Novo Contrato por Tempo Determinado (2. ed., São Paulo: LTr, 1999); O Poder Empregatício (São Paulo: LTr, 1996); Democracia e Justiça (São Paulo: LTr, 1993); Direito do Trabalho e Modernização Jurídica (Brasília: Consulex, 1992).

Lançou em 2012 obra dual, com Gabriela Neves Delgado, Professora da UNB: Constituição da República e Direitos Fundamentais – Dignidade da Pessoa Humana, Justiça Social e Direito do Trabalho (São Paulo, LTr, 2012). Também em 2012 coorganizou, com a mesma Professora da UnB, a Coleção, em seis volumes, Doutrinas Essenciais – Direito do Trabalho e Direito da Seguridade Social (São Paulo: Revista dos Tribunais). Em 2013 lançou, em conjunto com a mesma Professora, obra em três volumes, Tratado Jurisprudencial de Direito Constitucional do Trabalho (São Paulo: Revista dos Tribunais). Em 2016 lançou com a referida Professora da UNB o livro: O Novo Manual do Trabalho Doméstico (São Paulo: LTr), e, também, a obra CLT Acadêmica e Profissional (São Paulo: LTr). Em 2017 lançou, igualmente com a citada Professora da UnB o livro: A Reforma Trabalhista no Brasil, com os comentários à Lei n. 13.467/2017 (São Paulo: LTr).

Coparticipou ainda da organização de três outras obras de natureza coletiva: O Estado de Bem-Estar Social no Século XXI (São Paulo: LTr, 2007); Relação de Trabalho – fundamentos interpretativos para a nova competência da Justiça do Trabalho (2ª tir., São Paulo: LTr, 2006); Direito do Trabalho – evolução, crise, perspectivas (São Paulo, LTr, 2004).

Tem mais de noventa artigos e/ou capítulos publicados em livros coletivos e/ou revistas especializadas do País.

Fonte: <www.tst.jus.br>.

APRESENTAÇÃO

Com imensa alegria e honra, recebi o convite de Raphael Miziara, Carolina Assunção e Antonio Capuzzi para apresentar a coletânea "Direito do Trabalho e Estado Democrático de Direito" em homenagem ao professor Mauricio Godinho Delgado.

O Professor Titular e Decano do Mestrado das Relações Sociais e Trabalhistas do Centro Universitário do Distrito Federal e Ministro do Tribunal Superior do Trabalho Mauricio Godinho Delgado consolidou-se como um dos maiores jus-laboralistas da atualidade. A vasta produção doutrinária do Professor Mauricio e os seus julgados como magistrado constituem material indispensável para estudantes e profissionais do direito na área trabalhista. Sua doutrina e suas decisões judiciais são baseadas numa sólida construção principiológica, responsável por promover e resguardar a dignidade da pessoa humana no Direito do Trabalho. A principiologia humanista defendida pelo Professor Mauricio apresenta-se fundamental para o aprimoramento das condições de trabalho em nosso país, bem como referencial para resistir contra investidas visando ao barateamento do trabalho e à conversão de trabalhadores em mercadoria.

O Direito do Trabalho brasileiro passa por um dos momentos mais delicados de sua história, em que se busca desconstruir, em curto espaço de tempo, estrutura que se firmou após mais de dois séculos de lutas e conquistas sociais. A reforma trabalhista, promovida pela Lei n. 13.467/2017, operou profunda alteração legislativa, por meio da qual se implanta um sistema de relações trabalhistas cujo eixo é a autonomia da vontade. Deslocou-se a primazia da lei em relação à algumas matérias para a negociação coletiva, estabelecendo uma prevalência do negociado sobre o legislado, como regra geral, e foi introduzida maior liberdade contratual no plano individual, numa inversão do modelo de relações de trabalho prevalecente por muitos anos.

A reforma dará margem a intensas discussões, sobretudo quanto à possibilidade de o legislador alterar as bases desse modelo, que foi expressamente incorporado na Constituição. Ao se estabelecer a melhoria das condições sociais dos trabalhadores urbanos e rurais no *caput* do artigo 7º, o constituinte originário impôs limites à disposição dos direitos assegurados pela Constituição e pelas leis trabalhistas. A melhoria das condições de trabalho só é possível mediante a preservação da ideia de norma cogente, que comporta abrandamento apenas em situações excepcionais pela via da negociação coletiva. A Constituição brasileira de 1988 não abre espaços para o regime legal implantado pela reforma, que relativiza as condições de trabalho, uma vez que sua aplicação não visa propriamente à melhoria dessas condições, mas a redução do custo do trabalho, sob o argumento de modernização da legislação.

Os princípios conferem uma identidade própria aos ramos do ordenamento jurídico de acordo com os valores consagrados na Constituição. Por esta razão, localizam-se predominantemente na Constituição. As regras, ao contrário, podem ser alteradas pelo legislador, desde que não afrontem as normas constitucionais. No âmbito trabalhista, a alteração do princípio da norma mais favorável, por exemplo, não está à disposição do legislador, pois esse princípio está diretamente imbricado no projeto constitucional. Caso contrário, não seria possível concretizar a melhoria das condições de trabalho constitucionalmente prevista. No plano do Direito Coletivo, como destacado pelo Professor Mauricio, não há possibilidade de se desprezar o princípio da adequação setorial negociada.

O Mestrado das Relações Sociais e Trabalhistas do Centro Universitário do Distrito Federal conta com alunos de várias regiões do país, que encontraram, nesse programa, a oportunidade para aprimorar os seus conhecimentos a partir do contato direto e das lições magnas do Professor Mauricio Godinho Delgado. Ele foi o grande idealizador do projeto de mestrado e contou com o imprescindível apoio da Magnífica Reitora do UDF, a professora Beatriz Maria Eckert-Hoff, que com uma vasta experiência na área da educação, reafirma, a cada dia, o seu compromisso com o aprimoramento do ensino, pesquisa e extensão.

A presente coletânea foi organizada a partir da iniciativa dos alunos do mestrado do UDF Raphael Miziara, Carolina Assunção e Antonio Capuzzi e conta com a participação de atuais alunos do mestrado e ex-alunos que hoje são mestres, como também por professores do programa do mestrado do UDF. Trata-se de uma justa homenagem, da qual transborda a grande admiração que todos os participantes nutrem pelo Professor Mauricio Godinho Delgado.

O livro é composto por vinte e seis capítulos, que estabelecem uma conexão entre o Estado Democrático de Direito e o Direito do Trabalho, nos mais variados temas, mas que se aproximam por meio de uma linha de análise que coloca ênfase nos três eixos da Constituição de 1988: o Estado Democrático de Direito, a estrutura principiológica humanista e os direitos fundamentais da pessoa humana, como magistralmente formulado pelo professor Mauricio Godinho Delgado.

O primeiro texto é de Raphael Miziara, que enfrenta o tema da eficácia no tempo da Lei n. 13.467/2017 que implantou a reforma trabalhista. Trata-se de estudo fundamental que oferece critérios hermenêuticos para definir se a lei nova se aplica ou não às relações de emprego em curso.

O segundo capítulo consiste em texto dos organizadores da coletânea, Raphael Miziara, Carolina Assunção e Antonio Capuzzi, que analisa as bases liberais na evolução do constitucionalismo contemporâneo e sua importância para a consolidação do Estado Democrático de Direito. Os autores apontam como o ideário neoliberal ou ultraliberal converte os direitos sociais em meras "prestações de natureza residual", citando exemplos na reforma trabalhista que refletem esse ideário, como a contratação de trabalhador autônomo, a prevalência do negociado sobre o legislado, a prevalência da negociação individual no caso do trabalhador portador de diploma de curso superior com salário igual ou superior a duas vezes o teto do Regime Geral de Previdência Social e do banco de horas quando a compensação ocorra dentro de seis meses.

O terceiro capítulo é de autoria de Horácio Aguilar da Silva Ávila Ferreira, Tâmara Matias Guimarães e Luiza Baleeiro Coelho Souza e desenvolve a importância da principiologia humanista e social no Estado Democrático de Direito, a partir do estudo de sua evolução histórica, destacando na atualidade o papel desempenhado pela normatividade dos princípios na preservação da dignidade da pessoa humana.

O quarto capítulo foi elaborado por Ana Paula Fleuri de Bastos, Karine Domingues Machado e Laislla Ferreira Morais e, na linha do capítulo anterior, desenvolvem o reforço da dignidade humana na sua relação conceitual com o Estado Democrático de Direito e a necessidade de se despertar uma consciência generalizada baseada na igualdade e na solidariedade para a sua concretização efetiva.

O quinto capítulo foi escrito por Gustavo Ramos, com o título "Concepções Jurídicas da Igualdade e o Papel do Direito do Trabalho Diante do Racismo e Injustiças Ambientais". O autor realiza análise histórica da igualdade e examina diversas situações sobre acidentes e contaminação do meio ambiente de trabalho e sua relação com a pobreza e a etnicidade. Aborda alguns casos, como de contaminação química e de adoecimento decorrente do uso industrial do amianto, para destacar o papel do Direito do Trabalho no combate ao racismo e injustiças ambientais.

O sexto capítulo é de autoria do Professor Titular do UDF e Ministro do Tribunal Superior do Trabalho José Roberto Freire Pimenta e da Juíza do Trabalho Adriana Campos de Souza Freire Pimenta. O texto trata do papel do Ministério Público do Trabalho no combate à terceirização ilícita e na defesa do direito fundamental da relação de trabalho regular. Os autores destacam a importância e adequação do processo coletivo para combater as violações massivas na área trabalhista por meio de tutelas inibitórias, em especial na terceirização ilícita, que atenta contra o direito fundamental dos trabalhadores de serem sujeitos de uma relação de emprego regular.

O sétimo capítulo foi elaborado por Leonides Laine Baião Pires e se refere à precarização das relações promovida pela terceirização, que dissimula formas de trabalho em condições análogas a de escravo. A autora apresenta inúmeros dados para demonstrar os efeitos prejudiciais da terceirização nas relações de trabalho.

O oitavo capítulo é de autoria dos Professores Titulares do UDF Cláudio Jannotti da Rocha e Lorena Vasconcelos Porto, que é também Procuradora do Ministério Público do Trabalho. O texto apresenta estudo sobre o contrato de trabalho no Brasil por meio de análises legais contemporâneas, destacando as modalidades e os efeitos entre outros aspectos, bem como a interpretação do contrato de trabalho na contemporaneidade, de modo que cumpra sua finalidade inclusiva e democrática.

No nono capítulo, Valdilene Ângela de Carvalho Guimarães cuida do trabalho intermitente implementado pela reforma trabalhista, fazendo um cotejo da nova modalidade contratual com o texto constitucional, tendo em vista o seu potencial flexibilizador dos direitos trabalhistas.

O décimo capítulo foi elaborado por Horácio Aguilar da Silva Ávila Ferreira e diz respeito dos trabalhadores denominados de "hipersuficientes", que é o trabalhador portador de diploma de curso superior e salário igual ou superior a duas vezes o teto de benefícios do Regime Geral da Previdência Social. O autor apresenta uma visão crítica, uma vez que referida previsão introduzida pela reforma trabalhista vai de encontro com os princípios do Direito do Trabalho.

O décimo primeiro capítulo de Raphael Miziara se dedica ao estudo das cláusulas valutárias, que preveem o pagamento de obrigação pecuniária em moeda estrangeira. O autor trata da regra geral da proibição de pagamento de salário em moeda estrangeira, vislumbrando situações excepcionais em que ela seria possível, como no caso dos empregados transferidos para o exterior.

O décimo segundo capítulo elaborado por Karine D. S. Machado e Ana Paula Fleuri de Bastos trata do salário mínimo e da desigualdade no capitalismo. As autoras cuidam da função do Direito do Trabalho para combater a desigualdade de renda em razão do trabalho.

O décimo terceiro capítulo é de autoria de Antonio Capuzzi e se dedica ao teletrabalho implementado pela reforma trabalhista e suas consequências na vida pessoal e profissional dos trabalhadores.

O décimo quarto capítulo foi escrito por Fernanda da Rocha Teixeira, mestra pelo UDF, e diz respeito aos acidentes de trabalho no teletrabalho, destacando a necessidade de aprimoramento da legislação envolvendo o meio ambiente do teletrabalhador e a necessidade de se estabelecer a responsabilidade do empregador envolvendo os infortúnios do trabalho.

No décimo quinto capítulo, Alexandre Bittencourt Amui de Oliveira trata da irredutibilidade e irrenunciabilidade das normas sobre saúde, segurança e higiene no trabalho e o retrocesso trazido pela reforma trabalhista, dando especial destaque à cisão operada pela reforma entre duração de trabalho e as normas de saúde, segurança e higiene no trabalho.

No décimo sexto capítulo, Carolina Assunção faz um estudo sobre o banco de horas, para defender a sua utilização excepcional e a inconstitucionalidade de sua adoção por acordo individual.

O décimo sétimo capítulo de autoria de Moara Silva Vaz de Lima trata do direito fundamental do trabalhador à liberdade religiosa e o poder de controle do empregador. A autora defende a necessidade de o empregador acomodar as situações de conflito entre a liberdade religiosa e as exigências do empreendimento, para lograr inclusão social em lugar de discriminação.

O décimo oitavo capítulo elaborado por Ana Paula Fleuri de Bastos cuida da inclusão da pessoa com deficiência no mercado de trabalho como providência para a inclusão social. A autora faz uma análise do desenvolvimento histórico do direito internacional e nacional sobre o tema, para defender a aplicação rigorosa dessas normas, bem como a consciência da sociedade no tocante ao direito de igualdade e oportunidades dessas pessoas.

O capítulo décimo nono formulado por Joel Sousa do Carmo dedica-se ao direito à imagem do empregado que utiliza em seus uniformes propagandas comerciais dos empregadores e como essa questão se apresenta após a reforma trabalhista. O autor analisa a controvérsia na jurisprudência antes da reforma e defende a constitucionalidade e a convencionalidade da nova previsão, desde que observados limites de proteção à pessoa do trabalhador.

No capítulo vinte, Eduardo Antonio Martins Guedes examina a escravidão contemporânea na atividade pesqueira. Após apresentar uma abordagem sobre a dignidade da pessoa humana e o trabalho escravo contemporâneo no Brasil, o autor se dedica mais especificamente ao estudo da exploração dos trabalhadores na atividade pesqueira e sua contrariedade à normas internacionais e nacionais.

No capítulo vinte e um, Luis Antonio Camargo de Melo, Zilmara David de Alencar e Camila Alves da Cruz abordam a contribuição sindical, enfrentando as diversas dúvidas acerca do financiamento dos sindicatos após a reforma trabalhista, que eliminou a obrigatoriedade de referida contribuição. Os autores defendem a necessidade de fortalecer a atuação dos sindicatos na defesa da categoria.

O capítulo vinte e dois de autoria de Rafael Lara Martins aborda a mesma temática da contribuição sindical após a reforma trabalhista e o julgamento do Supremo Tribunal Federal que examinou a constitucionalidade da mudança operada pela reforma trabalhista, eliminado o caráter obrigatório da contribuição.

O capítulo vinte e três elaborado por Evellyn Thiciane Macêdo Coêlho Clemente, Mestra pelo UDF, cuida dos limites da negociação coletiva no contexto dos valores da livre iniciativa e do valor social do trabalho, defendendo a aplicação do princípio da adequação setorial negociada para estabelecer limites à negociação coletiva, uma vez que a negociação coletiva não pode ser o principal fator para o cumprimento da função social do empreendimento, devendo ser respeitada a dignidade da pessoa humana.

No capítulo vinte e quatro, a professora titular do UDF, Rúbia Zanotelli de Alvarenga, aborda a prevalência do negociado sobre o legislado após a reforma trabalhista, numa perspectiva crítica das alterações em face dos princípios constitucionais e do direito internacional. A autora defende que do plano constitucional e internacional não há elementos para considerar a negociação coletiva como instrumento de piora das condições de trabalho.

O capítulo vinte e cinco, de minha autoria, trata dos limites constitucionais à dispensa coletiva. No texto, indico como a reforma trabalhista ao equiparar a dispensa coletiva à dispensa individual vai na contramão de outros ordenamentos jurídicos. Busca-se indicar a inconstitucionalidade do novo dispositivo, uma vez que a matéria foi reservada à lei complementar, além de violar o direito dos trabalhadores de terem questões que se referem à coletividade decidida por negociação coletiva em detrimento da decisão unilateral do empregador.

O último capítulo elaborado por Fabrício Milhomens da Neiva cuida da aplicação dos princípios constitucionais para a interpretação dos novos dispositivos trazidos pela reforma trabalhista, destacando o momento de grande instabilidade do Direito do Trabalho e o papel do Poder Judiciário na aplicação dos princípios constitucionais nas demandas a ele submetidas para serem decididas.

Portanto, os leitores têm em mãos um conjunto de textos de temas trabalhistas da atualidade, que expressam análises a partir da leitura das obras e dos julgados do Professor e Ministro Mauricio Godinho Delgado, reproduzindo de alguma maneira as importantes referências do Estado Democrático de Direito e da proteção à dignidade da pessoa humana nas relações trabalhistas.

RICARDO JOSÉ MACEDO DE BRITTO PEREIRA
Professor Titular e Coordenador Acadêmico do Mestrado nas Relações Sociais e Trabalhistas do Centro Universitário do Distrito Federal – UDF.
Pós-Doutor pela Universidade de Cornell – NY – EUA.
Doutor pela Universidade Complutense de Madri.
Mestre pela Universidade de Syracuse – NY – EUA.
Mestre pela Universidade de Brasília – DF.
Subprocurador Geral do Ministério Público do Trabalho.

PREFÁCIO

Sinto-me honrado diante do convite generoso dos alunos do Mestrado em "Direito do Trabalho e das Relações Sociais" do Centro Universitário do Distrito Federal/UDF, Carolina Assunção, Raphael Miziara e Antonio Capuzzi, para prefaciar o livro por eles coordenado, intitulado "Direito do Trabalho e Estado Democrático de Direito" em homenagem ao Professor Mauricio Godinho Delgado, enfocando nos vários artigos elaborados pelos alunos do citado Programa de Pós-Graduação, importantes reflexões acadêmicas acerca de temas fundamentais do Direito do Trabalho, inclusive enfrentando aspectos da reforma trabalhista de 2017, a ser publicado pela LTr Editora, o que já revela o sucesso da obra.

A iniciativa dos Coordenadores de tão importante obra foi adequada e oportuna para homenagear um das mais destacados expoentes do Direito do Trabalho moderno, Professor Mauricio Godinho Delgado, jurista que, incansavelmente tanta contribuição tem dado para o Direito do Trabalho no Brasil, ressaltando com tamanha maestria os seus mais insignes princípios, hoje albergados na Constituição Federal brasileira de 1988, como, entre outros, o valor social do trabalho, a dignidade da pessoa humana e o Estado Democrático de Direito. Essa homenagem ao Professor Godinho é por demais merecida, mas ainda é pequena porque ele fez e muito ainda fará pelo Direito do Trabalho, especialmente no momento em que vivemos, de tamanha falta de compreensão, que tem levado a tantos ataques a esse mais social dos ramos do Direito, buscando alguns, mesmo, o seu desmonte.

"Direito do Trabalho e Estado Democrático de Direito" é a vida do Professor Mauricio Godinho!

Nesta obra, fruto de importantes pesquisas acadêmicas dos alunos do Mestrado em "Direito do Trabalho e das Relações Sociais" do Centro Universitário do Distrito Federal/UDF foram enfocados temas como: eficácia da Lei n. 13.467/2017 no tempo, principiologia humanística e social no Estado Democrático de Direito, dignidade humana no Estado Democrático de Direito, concepções jurídicas da igualdade e o papel do Direito do Trabalho, terceirização e o direito fundamental à relação de emprego, trabalho escravo e precarização das relações trabalhistas, análises legais contemporâneas do contrato de trabalho no Brasil, trabalho intermitente e flexibilização do contrato de trabalho, retrocesso de direitos e as lesões diretas a princípios do Direito do Trabalho, cláusula valutária e o Direito do Trabalho, salário mínimo e desigualdade no capitalismo, teletrabalho e sua configuração em relação aos acidentes de trabalho, irredutibilidade e irrenunciabilidade das normas de proteção à saúde, higiene e segurança no trabalho, banco de horas sob enfoque constitucional, direito fundamental de liberdade religiosa e o poder diretivo do empregador, inserção do trabalhador deficiente no mercado de trabalho, direito à imagem do empregado e uniformes com propagandas comerciais, contribuição sindical sob o enfoque da Lei n. 13.467/2017, limites da negociação coletiva trabalhista e o negociado sobre o legislado na Lei n. 13.467 e na Constituição Federal, limites constitucionais das dispensas coletivas no Brasil e interpretação constitucional e aplicação dos princípios constitucionais no Direito do Trabalho à luz da Lei n. 13.467/2017.

Todos esses temas foram pesquisados e debatidos pelos respectivos autores em sala de aula do Mestrado em "Direito do Trabalho e das Relações Sociais" do Centro Universitário do Distrito Federal/UDF entre eles e os Professores das diversas Disciplinas que compõem o respectivo Programa.

Como se vê, a obra envolve temas de extrema atualidade e importância no campo das relações de trabalho, especialmente no momento em que necessita o Brasil, diante da reforma trabalhista de 2017, de muita reflexão por conta das importantes alterações para o mundo do trabalho, que estão em vigor desde 11.11.2017. As alterações trazidas pela referida reforma trabalhista já estão sendo enfrentadas por empregados e empregadores nas suas relações diárias e pelos operadores do Direito do Trabalho, que têm a importante tarefa de extrair o seu alcance e sentido na solução dos problemas que lhes são apresentados, pelo que, é bem-vinda a importante contribuição das pesquisas feitas pelos alunos do Mestrado do UDF.

A obra, fruto das pesquisas e muitos debates, é pioneira, pois todo o trabalho foi desenvolvido numa visão teórica e prática sobre as alterações da lei trabalhista brasileira, colocando-as os autores sob o enfoque dos princípios e características que informam o direito laboral numa perspectiva do Estado Democrático de Direito e dos direitos fundamentais dos trabalhadores.

Fazendo a leitura completa do trabalho, o leitor poderá observar também o posicionamento dos autores sobre as implicações da reforma trabalhista vinda ao mundo por meio das apressadas e pouco discutidas Leis ns. 13.429/2017 e 13.467/2017 com o claro objetivo de favorecer o empresariado em inúmeras de suas previsões e, de outro lado, menosprezar antigas conquistas trabalhistas.

A grande questão, como observo, é que a reforma

trabalhista de 2017, sob a égide de tentar modernizar as relações de trabalho e diminuir o número de processos, certamente não cumprirá esse desiderato no decorrer do tempo, precisando, pois, de maturação, porque a segurança jurídica não se restringe ao texto legal, e sim, por meio das muitas interpretações que o Poder Judiciário trabalhista dará às novas previsões legais até chegar ao STF, o que será inevitável diante de supostas inconstitucionalidades e inconvencionalidades que existem na nova legislação, sendo exemplo o tema do acesso do trabalhador à Justiça do Trabalho, que já está sendo apreciado pela Corte Suprema do nosso país por meio do controle concentrado de constitucionalidade. É preciso ponderar que a superproteção dada pela lei ao empregador e ao contratante não parece adequada, a qual, ao contrário do que queria o legislador, poderá acabar por fazer nascer o caminho inverso, diante do sentido que será dado às novas disposições pelas interpretações jurídicas com apoio na Constituição Federal e nas Convenções internacionais aprovadas pelo Brasil.

A análise da lei nova em face da Constituição Federal é ponto de grande relevo na obra, como enfocam os seus autores, uma vez que esta está hierarquicamente acima de qualquer previsão legal, por meio das inconsistências de algumas alterações, quando comparadas com a firme jurisprudência já existente em relação a certos aspectos. A exemplo disso, trago à baila tema debatido na obra, que já está sendo enfrentado por decisões judiciais de forma contrária ao texto frio, mal redigido e atécnico da Lei n. 13.467/2017. Refiro-me ao novo art. 477-A da CLT, que diz que "As dispensas imotivadas individuais, plúrimas ou coletivas equiparam-se para todos os fins, não havendo necessidade de autorização prévia de entidade sindical ou de celebração de convenção coletiva ou acordo coletivo de trabalho para sua efetivação (grifados)". Este dispositivo legal é formalmente inconstitucional, uma vez que de acordo com o art. 7º e inc. I da Constituição Federal "São direitos dos trabalhadores urbanos e rurais, além de outros que visem à melhoria de sua condição social: I – relação de emprego protegida contra despedida arbitrária ou sem justa causa, nos termos de lei complementar, que preverá indenização compensatória, dentre outros direitos (grifados). Somente lei complementar, que exige quórum específico, poderá tratar sobre dispensa imotivada, que é o mesmo que despedida arbitrária ou sem justa causa. Como o art. 477-A da CLT foi criado por lei ordinária, ele é inconstitucional formalmente. No aspecto material a lei é até risível diante da tamanha estupidez jurídica, ao igualar o que, por natureza, é desigual: dispensas individuais, plúrimas e coletivas! É o mesmo que querer tampar um orifício redondo com uma tampa quadrada! É o mesmo que dizer por decreto que leite não é mais branco, é preto! Por isso é atécnico e não científico esse artigo de lei. Quando a lei decreta a inutilidade e desnecessidade da negociação coletiva com as entidades sindicais para tratar da dispensa coletiva viola o princípio da solução negociada e é incongruente com a pedra de toque da própria reforma trabalhista: a negociação coletiva. Com isso se vê a intenção da lei nova em relação à negociação coletiva, não para verdadeiramente aplicá-la no seu papel de solucionar pacificamente e de forma democrática os conflitos trabalhistas, buscando o necessário equilíbrio entre empregados e patrões. Ao contrário, o objetivo perquirido pela lei foi usar a negociação coletiva se sobrepondo a garantias mínimas legais em favor do lado empresarial, antes, enfraquecendo os sindicatos para aquiescerem aos domínios do capital. Com isso, fere de morte o princípio da supremacia do interesse público, afastando a tutela sindical exatamente em temas da maior relevância social, porquanto, qualquer tipo de demissão traz consequências sociais, econômicas e humanas, sendo que na coletiva essas consequências são infinitamente maiores.

Por isso, como sustentam os autores, o texto da nova lei pode sofrer interpretações sistemáticas, dentro de uma lógica de coerência, porque existem pontos de dificuldade e de possível variação interpretativa. Por isso, as reflexões contidas na obra ora prefaciada devem ser levadas em conta por todos os operadores do Direito do Trabalho.

Eis a grande e importante contribuição que traz o livro "Direito do Trabalho e Estado Democrático de Direito", em homenagem ao Professor Mauricio Godinho Delgado, para o debate científico sobre o tema da reforma trabalhista de 2017 e o Direito do Trabalho, para nortear as relações de trabalho no Brasil pelos próximos anos.

A obra "Direito do Trabalho e Estado Democrático de Direito", apresenta-se como instrumento indispensável aos operadores do Direito do Trabalho, como Juízes, membros do Ministério Público, Advogados, Professores e estudantes de Direito, mas também e especialmente aos empresários mais incautos, que pensam ter nas novas alterações legais a solução para os seus problemas de custo do trabalho e dos produtos finais, quando tal solução deverá ser buscada, antes, pelas reformas tributárias, fiscal e sindical. Parabéns aos Coordenadores e autores pela iniciativa, à LTr Editora pelo patrocínio do livro, ao leitor, que será o maior beneficiado com o trabalho e, especialmente, ao Professor Mauricio Godinho Delgado pela merecida homenagem.

Itatiba/SP, outubro de 2018.

RAIMUNDO SIMÃO DE MELO
Doutor e Mestre em Direito das Relações Sociais pela PUC-SP. Pós-Graduado em Direito do Trabalho pela Faculdade de Direito da Universidade de São Paulo – USP. Especialista em Relações Coletivas de Trabalho pela Organização Internacional do Trabalho – OIT. Professor Titular do Centro Universitário UDF/Mestrado em Direito e Relações Sociais e Trabalhistas e na Faculdade de Direito de são Bernardo do Campo no Curso de Especialização em Direito e Relações do Trabalho. Membro da Academia Brasileira de Direito do Trabalho. Consultor jurídico e advogado. Procurador Regional do Trabalho aposentado. Autor de livros jurídicos, entre outros, "Direito ambiental do trabalho e a saúde do trabalhador" e "Ação Civil Pública na Justiça do Trabalho".

CAPÍTULO 1

EFICÁCIA DA LEI N. 13.467/2017 NO TEMPO: CRITÉRIOS HERMENÊUTICOS QUE GOVERNAM A RELAÇÃO ENTRE LEIS MATERIAIS TRABALHISTAS SUCESSIVAS NO TEMPO

Raphael Miziara[1]

"La legge non deve riandare le cose passate, ma sibbene provvedere alee future"
(Niccolò di Bernardo dei Machiavelli, Il Principe).

1. NOTAS INTRODUTÓRIAS

No dia 11.11.2017 entrou em vigor a Lei n. 13.467 de 13.07.2017, intitulada Reforma Trabalhista, que modificou mais de uma centena de dispositivos legais, especialmente os da Consolidação das Leis do Trabalho.

Após decorrido o período de cento e vinte dias da publicação oficial referentes a vacância legal (art. 6º, da Lei n. 13.467/2017), as relações de trabalho no Brasil sofreram e ainda sofrerão significativos impactos. O mesmo se diga em relação aos processos trabalhistas, pois a Reforma também altera pontos sensíveis em matéria processual.

Nesse cenário de mudanças, é natural que seja retomado o debate acerca da eficácia da lei no tempo, tanto no que diz respeito aos institutos de direito material, como no que se refere aos institutos de direito processual.

Diante da sucessão de leis trabalhistas no tempo, surge o que se chama de conflito temporal de leis. A superveniência de novas orientações legislativas faz surgir para o intérprete a tarefa de adequação e de conformidade: tarefa essa que tem por objetivo preencher uma lacuna de colisão entre as discrepantes avaliações legislativas, antigas e novas.[2] Indaga-se, nesses casos, qual delas tem prevalência e em até que ponto ficam salvaguardados direitos decorrentes da lei antiga.

A Lei n. 13.467/2017, inicialmente, nada dispôs acerca de sua aplicabilidade ou eficácia no tempo, de modo que caberia ao intérprete encontrar, de forma técnica e desapaixonada, a melhor solução para o problema da sucessão das leis no tempo.

Não obstante, a MP n. 808 de 14 de novembro de 2017 expressamente determinou que *"o disposto na Lei n. 13.467, de 13 de julho de 2017, se aplica, na integralidade, aos contratos de trabalho vigentes"* (art. 2º).

Nessa perspectiva, o objetivo do presente estudo é apresentar à comunidade jurídica possíveis problemas em torno do assunto e, ao final, propor algumas respostas para o quebra-cabeça que certamente se formará em decorrência e em torno da novel legislação. Especialmente, tentar-se-á responder a controvérsia consistente em saber se é possível a incidência de uma nova lei a uma situação contratual em curso, bem como demonstrar a compatibilidade do art. 2º da MP n. 808/2017 com a Constituição republicana de 1988.

Desde já, é preciso deixar claro que o objeto do presente estudo não é tratar da possível violação ao

---

(1) Advogado. Mestrando em direito do trabalho e das relações sociais pela UDF. Professor em cursos de graduação e pós-graduação em Direito. Autor de livros e artigos na área juslaboral.

(2) BETTI, Emilio. *Interpretação da lei e dos atos jurídicos.* São Paulo: Martins Fontes, 2007. p. 39.

princípio do não retrocesso social ou da proibição da evolução reacionária. A análise pauta-se exclusivamente nas questões afetas à intertemporalidade material da lei nova que, em certas situações, inegavelmente subtraiu direitos dos trabalhadores.

Para tanto, inicialmente, propõe-se uma abordagem geral sobre a sucessão das leis no tempo, com breves referências às teorias de Francesco Gabba e de Paul Roubier.

Em seguida, após o devido corte epistemológico, são enfrentadas as particularidades da eficácia da lei no tempo no âmbito do direito material do trabalho, ramo do direito privado no qual há o predomínio normas imperativas, cogentes e de ordem pública. Porém, sem perder de vista que estas últimas coabitam com normas obrigacionais dispositivas, norteadas pelo *pacta sunt servanda*.

Para exata compreensão das propostas apresentadas, serão enfrentadas ainda as diferenças entre normas imperativas e dispositivas, pois cada qual recebe tratamento diferenciado em relação ao direito intertemporal, notadamente em se tratando de direitos obrigacionais de trato sucessivo, como sói acontecer no contrato de trabalho.

Mais especificamente, será feita a abordagem de pontos objeto de tratamento pela Lei n. 13.467/2017, tais como temas relativos ao tempo à disposição, às horas de trajeto, à nova modalidade de dispensa por justa causa, ao intervalo previsto no art. 384 da CLT, às novidades relacionadas às férias, à gratificação de função, às horas extras habituais, à terceirização e, por fim, à prescrição total ou parcial decorrentes de alteração e descumprimento do pactuado, dentre outros.

2. AS TEORIAS DE FRANCESCO GABBA E DE PAUL ROUBIER SOBRE INTERTEMPORALIDADE NORMATIVA

Para melhor compreensão das ideias a seguir alinhavadas, previamente se mostra necessário o enfrentamento, ainda que pontual, das teorias que mais influenciaram o direito intertemporal brasileiro, representadas nas doutrinas de Carlos Francesco Gabba (teoria da proteção do direito adquirido) e de Paul Roubier (teoria das situações jurídicas).

Pode-se afirmar que o direito intertemporal brasileiro é produto de uma simbiose entre a teoria do direito adquirido de Francesco Gabba e a teoria das situações jurídicas de Paul Roubier. Se, de um lado, a LINDB adotou a regra do efeito imediato (Roubier), de outro, a Constituição e a própria LINDB não deixaram de lado a proteção do direito adquirido (Gabba).[3]

Assim, ao resolver problemas de direito intertemporal, o intérprete deverá partir do pressuposto de que a lei opera com efeito imediato – segundo Paul Roubier –, mas não se olvidando de que esse efeito encontra limite no direito adquirido, conforme propugnava Carlos Francesto Gabba.[4]

Gabba entende que a lei nova pode retroagir para atingir efeitos futuros de situações formadas antes de seu advento, desde que respeitados os direitos adquiridos.[5]

Por sua vez, Paul Roubier parte da premissa de que, ao atuar, no presente, sobre fatos e relações nascidas no passado, a lei operaria com efeito imediato, e não com efeito retroativo, como entendia Gabba, não incindindo, pois, na proibição que muitos ordenamentos impõem à retroatividade. Para essa teoria, a lei nova poderia atingir todos os fatos e relações em curso, só não se voltando para o passado, ou seja, sobre fatos ocorridos antes do seu advento.[6]

No entanto, a ideia de situação jurídica de Roubier não encontra guarida no direito brasileiro, como anota a doutrina especializada.[7] No Brasil, a fórmula de direito intertemporal será a de que a lei nova se aplica

---

(3) LEVADA, Filipe Antônio Marchi. *O direito intertemporal e os limites da proteção do direito adquirido*. 2009. Dissertação de Mestrado em Direito Civil. Faculdade de Direito, USP, São Paulo, 2009.

(4) Idem.

(5) Segundo Gabba, é considerado como adquirido todo direito que: a) é consequência de um fato idôneo para gerá-lo em virtude da lei vigorante ao tempo em que tal fato teve lugar, muito embora a ocasião em que o mesmo possa vir a atuar ou a ter pleno valimento ainda não se tenha apresentado antes da entrada em vigor de uma lei nova relativa ao mesmo assunto e que b) nos termos da lei (nova) sob o império ou o regime da qual o fato aconteceu, tenha ele (o direito originado do fato acontecido) entrado a fazer parte, desde logo, do patrimônio de quem o adquiriu. 41. É esta, no original a definição do direito adquirido de Gabba: "È diritto acquisito ogni diritto, che A) è consequenza di un fatto idoneo a produrlo In: virtù della legge dei tempo In: cui il fatto venne compiuto, benchè l'occasione di farlo valere non sia si presentata prima delVattuazione di una legge nuova sotto Vimpero della quale accadde il fatto da cui trae origine, entrò a far parte dei patrimonio di chi lo ha acquistato" (In: SILVA, Wilson Melo da. Conflito das leis no tempo. *Revista da Faculdade de Direito da UFMG*. n. 8-11, 1971).

(6) LEVADA, Filipe Antônio Marchi. *O direito intertemporal e os limites da proteção do direito adquirido*. 2009. Dissertação de Mestrado em Direito Civil. Faculdade de Direito, USP, São Paulo, 2009.

(7) Idem.

imediatamente, respeitados o direito adquirido, o ato jurídico perfeito e a coisa julgada. Trata-se, como dito, de uma simbiose.

3. APLICAÇÃO DA LEI NO TEMPO EM RELAÇÃO AOS DIREITOS OBRIGACIONAIS TRABALHISTAS: A NECESSÁRIA IDENTIFICAÇÃO DA NATUREZA DA NORMA

O direito do trabalho possui múltiplas fontes que se sucedem no tempo substituindo-se, no todo ou em parte, umas às outras. Há, então, o conflito de normas no tempo. Para resolver tais problemas, vale-se o intérprete de regras de sobredireito (normas que dispõem sobre outras normas) que designam o caminho para identificação da norma válida para informar a decisão final.

O conflito temporal de normas resulta, como dito, da sucessão de leis no tempo. Surge o conflito quando uma situação jurídica parece entrar em contato com normas velhas e novas. Nesse caso, indaga-se qual delas deve prevalecer e até que ponto ficam salvaguardados os efeitos produzidos pela lei antiga.

A Lei n. 13.467/2017, inicialmente, não trouxe em seu bojo regras de direito intertemporal, de modo que o intérprete precisará se socorrer das normas gerais de direito intertemporal previstas, especialmente, na Constituição da República e na Lei de Introdução às Normas do Direito Brasileiro.

Mas, como já asseverado, no dia 14 de novembro de 2017 foi publicada a MP n. 808, que trouxe disciplina específica sobre o direito intertemporal e determinou a aplicação integral da Reforma Trabalhista aos contratos de trabalhos vigentes.

Nos termos do art. 5º, inciso XXXVI, da Constituição, a lei não prejudicará o direito adquirido, o ato jurídico perfeito e a coisa julgada. Por sua vez, o art. 6º, *caput*, da LINDB estabelece que a lei em vigor terá efeito imediato e geral, respeitados o ato jurídico perfeito, o direito adquirido e a coisa julgada.

Como se vê, a lei tem efeito imediato, mas não pode retroagir para prejudicar o ato jurídico perfeito, assim entendido como aquele *já consumado segundo a lei vigente ao tempo em que se efetuou* (art. 6º, § 2º, da LINDB). A regra é a não retroatividade da lei.

Quando se afirma que a lei "não é retroativa" deve-se entender com isso que *ela não se aplica às controvérsias concernentes às situações jurídicas definitivamente constituídas antes de sua entrada em vigor*.[8]

A controvérsia consiste em saber se é possível a incidência de uma nova lei a uma situação contratual em curso. Não nos contratos de prestação instantânea, mas sim nos contratos de prestação sucessiva e duradoura, tal qual sucede com o contrato de trabalho.

Ou seja, questiona-se se a entrada em vigor da lei nova repercute sobre os efeitos presentes ou futuros das situações pretéritas, no caso, o contrato consumado sob os auspícios da antiga lei. Em síntese, o tormento do conflito intertemporal, nesse caso, gira em torno do saber-se se a lei nova deve, ou não, respeitar os efeitos presentes e futuros das situações pretéritas, concluídas sob o regime da lei revogada.

Admitir o efeito imediato aos contratos de prestação continuada em curso é autorizar indevidamente a retroatividade da lei no tempo, ferindo o direito adquirido e o ato jurídico perfeito. É o que se passa a explicar nas linhas seguintes.

Convém ressaltar, como já dito alhures, que o direito intertemporal brasileiro é produto de uma simbiose entre a teoria do direito adquirido de Francesco Gabba e a teoria das situações jurídicas de Paul Roubier. Se, de um lado, a LINDB adotou a regra do efeito imediato (Roubier), de outro, a Constituição e a própria LINDB não deixaram de lado a proteção do direito adquirido (Gabba).[9]

A natureza inerente a esse tipo contratual – de prestações sucessivas – não autoriza, por si só, a retroatividade como tal. Não o permite porque *não há sucessão de acordos contratuais mês a mês, mas apenas um acordo inicial que domina toda a vida do contrato firmado à luz da antiga lei*.

Com efeito, a *teoria do efeito imediato* não autoriza a aplicação da lei nova aos contratos em curso, mas, tão somente, dali em diante. É o que se infere das lições de Jaussaud e Durant, para quem, ao tratar do domínio da nova lei, assim lecionam:

> (...) de même, en vertu du principe de l'effet immédiat, la loi nouvelle a pour domaine propre: a) la détermination des conditions de validité des

---

(8) COVIELLO *apud* SÜSSEKIND, Arnaldo; MARANHÃO, Délio; VIANNA, Segadas; TEIXEIRA, Lima. *Instituições de direito do trabalho*. 18. ed. São Paulo: LTr, 1999. v. 1. p. 179.

(9) LEVADA, Filipe Antônio Marchi. *O direito intertemporal e os limites da proteção do direito adquirido*. 2009. Dissertação de Mestrado em Direito Civil. Faculdade de Direito, USP, São Paulo, 2009.

contrats, conclus postérieurement à sa mise en vigueur, et celle des conditions, auxquelles un fait, survenu après cette date, produit des effets juridiques; b) la détermination des conséquences attachées à ces constrats ou à ces faits juridiques; c) l'organisation pour l'avenir des institutions dans le droit du travail. (...)

Suivant les principes du droit transitorie, la loi ancienne continue de régir les effets des contrats conclus sous l'empire de cette loi, même après la mise en vigueur d'une loi nouvelle.[10]

Portanto, pela aplicação da não retroatividade das leis, a lei antiga continua regendo os efeitos dos contratos celebrados sob o império da lei anterior, em respeito ao ato jurídico perfeito e à coisa julgada. O próprio Paul Roubier, que considerava despicienda a noção de direito adquirido, sustentava que a lei nova seria aplicável a situações futuras e em curso, à exceção de casos especiais, como dos contratos:

> (...) em certas matérias, o efeito imediato é excluído e também o efeito retroativo; *é assim para os contratos em curso, que não são, em princípio, tocados pelas leis novas, nem pelas partes anteriores à lei nova, nem mesmo pelos seus efeitos que venham a acontecer.*[11] (grifo nosso)

Ao retroagir em situações jurídicas pendentes, como contratos que se encontram em execução, a lei produz um abalo naquela estabilidade que os contratantes supunham poder esperar do ordenamento jurídico onde eles contrataram, uma vez que acordaram entre si tendo como base uma lei que presumivelmente regularia sua relação contratual até que fosse concluído o contrato.[12]

A propósito dos contratos de execução continuada, confira-se as lições de Roubier, em excerto pinçado por Anderson Teixeira:

Um contrato constitui um bloco de cláusulas indivisíveis que não se pode apreciar senão à luz da legislação sob a qual foi entabulado. É por esta razão que, em matéria de contratos, o princípio da não-retroatividade cede lugar a um princípio mais amplo de proteção, o princípio da sobrevivência a lei antiga.[13]

Se o ajuste inicial foi calculado pelas partes, entabulado e concluído sob o broquel de determinado contexto legislativo, em meio a uma determinada conjuntura, não pode a lei nova atingir a situação pretérita. Trata-se de *ato jurídico perfeito*, que não pode ser vulnerado pela nova lei. Em verdade, há mesmo um *direito adquirido a uma situação contratual pretérita*. As partes têm o direito de que as prestações sucessivas se desenvolvam segundo os ajustes originários.

Com efeito, o contrato, ainda que de prestações sucessivas, é relação firmada e baseada na lei existente ao tempo do ajuste. Essa lei orientou e dirigiu a vontade das partes naquela ocasião. Salvo situações excepcionalíssimas, a exemplo da teoria da imprevisão, as partes confiam que o ajuste será cumprido segundo a lei vigente ao tempo da avença.

Nessa lógica, a retroatividade representa a violação da confiança. Viola até mesmo a autonomia contratual e frustra expectativas legítimas. Se não houve proteção do ajuste em face da nova lei, a própria autonomia da vontade perderia a razão de ser.

Logo, se o contrato foi legitimamente celebrado, os contratantes têm o direito de vê-lo cumprido, nos termos da lei contemporânea a seu nascimento, *que regulará inclusive seus efeitos*. Deveras, os efeitos do contrato ficarão condicionados à lei vigente no momento em que foi firmado pelas partes. Aí não há que se invocar o efeito imediato da lei nova.[14] Daí a advertência de Carlos Maximiliano: "*não se confundam contratos em curso e contratos em curso de constituição; só a estes a*

---

(10) DURAND, Paul; JAUSSAUD, R. *Traité de droit du travail*. Paris: Dalloz, 1947. t. I. p. 194. Logo, para Jaussaud e Durand, de acordo com os princípios do direito transitório, *a lei antiga continua a reger os efeitos dos contratos celebrados ao abrigo dessa lei, mesmo após a entrada em vigor de uma nova lei*.

(11) ROUBIER, Paul. *Les conflits de lois dans le temps*. Paris: Librarie du Recuiel Sirey, 1929. p. 374-375. Citado por LEVADA, Filipe Antônio Marchi. *O direito intertemporal e os limites da proteção do direito adquirido*. 2009. Dissertação de Mestrado em Direito Civil. Faculdade de Direito, USP, São Paulo, 2009.

(12) TEIXEIRA, Anderson V. O direito adquirido e o direito intertemporal a partir do debate entre Roubier e Gabba. *Revista Páginas de Direito*. Porto Alegre, ano 8, n. 816. 14.08.2008. Disponível em: <www.tex.pro.br/home/artigos/62-artigos-ago-2008/5927-o-direito--adquirido-e-o-direito-intertemporal-a-partir-do-debate-entre-roubier-e-gabba>. Acesso em: 24 nov. .2017.

(13) Idem.

(14) Nesse sentido Carvalho Santos, Clóvis Beviláqua, AlaIn: Werner, todos referenciados por DINIZ, Maria Helena. *Lei de introdução ao código civil brasileiro interpretada*. 11. ed. São Paulo: Saraiva, 2005. p. 187.

norma hodierna alcança, não aqueles, pois são atos jurídicos perfeitos".[15]

A propósito dessa diferenciação, importa registrar que a CLT preceitua que os dispositivos de caráter *imperativo* terão aplicação imediata às relações iniciadas, mas não consumadas, ante da vigência da Consolidação (art. 912). Ou seja, quando entrou em vigor, a CLT se aplicou aos contratos em curso apenas no tocante aos dispositivos de caráter imperativo, imantados que são por forte interesse público.

Maria Helena Diniz também entende que os contratos em curso, como os de execução continuada, apanhados por uma lei nova, são regidos pela lei sob cuja vigência foram estabelecidos (*tempus regit actum*). Afirma a autora que, teoricamente, "a lei nova não poderá alcançar o contrato efetivado sob o comando da norma anterior".[16]

Nessa trilha, o C. Tribunal Superior do Trabalho possui jurisprudência consolidada (Súmula n. 191, item III) no sentido de que a nova redação do art. 193, I, da CLT – que inseriu a atividade dos eletricitários entre aquelas que fazem jus ao adicional de periculosidade, aplicando-lhes a regra geral quanto à base de cálculo e revogou a Lei n. 7.369/1985 – só poderá ser aplicada à pretensão do empregado que teve seu contrato de trabalho iniciado após a sua vigência. Fundamentou sua decisão justamente no princípio da irretroatividade da lei, estabelecido no art. 6º da Lei de Introdução às Normas do Direito Brasileiro (LINDB), como também nos princípios do direito adquirido e da irredutibilidade salarial, insertos nos arts. 5º, XXXVI e 7º, VI, da Constituição Federal, inatingíveis pela alteração introduzida.

Nessa mesma linha, a doutrina espanhola representada por Bayon Chacon e Perez Botija lembra que "la jurisprudencia del Tribunal Supremo (muy especialmente la de la Sala IV) rechaza la retroactividad de las normas, salvo autorización expresa, como contraria a la seguridad jurídica".[17]

Igualmente, caem como luva as lições doutrinárias de Lodovico Barassi, para quem *a norma anterior continua a ser aplicável a situações contratuais formadas antes da nova norma*. Ou seja, para o autor italiano, uma nova norma não pode ser aplicável às disposições contratuais estabelecidas anteriormente a essa mesma nova norma:

Adunque una norma di legge è inapplicabile anche alle giuridiche contrattuali formatesi prima della norma: inapplicabile anche alle conseguenze giuridiche postume (ancora perduranti) di una situazione contrattuale già cessata prima dell'avvento della norma legale. (...) Ció ha per conseguenza che la norma legale precedente continua a essere applicata alle situazioni contrattuali formatesi anteriormente alla norma legale nuova. Ma soprattutto non é escluso che una legge nuova retroagisca se In: questo senso si è espresso esplicitamente il legislatore. Il quale è sempre padrone della sua volontà.[18]

Portanto, o contrato deve ser regido pela lei vigente na época em que as partes se obrigaram. De acordo com os princípios de direito intertemporal, a antiga lei continua a reger os efeitos dos contratos celebrados ao abrigo dessa lei, mesmo após a entrada em vigor de uma nova legislação.

A doutrina francesa caminha no mesmo sentido. Segundo Paul Durand e Jaussaud a nova lei não pode ser aplicada à criação ou extinção de uma situação jurídica *em que todos os elementos foram reunidos sob a influência da lei antiga*. Acrescentam que retroatividade da nova lei, depende de uma manifestação deliberada do legislador ou da natureza da lei (leis confirmativas e leis interpretativas):

La loi nouvelle ne peut être appliquée à la constitution ou à l'extinction d'une situation juridique dont tous les éléments ont été réunis sous l'empire de la loi ancienne. (...) la survie de la loi ancienne se rencontre dans le domaine des contrats, cette loi régissant les effets des contrats qui n'ont pas été complèment exécutés à la date où la loi nouvelle est appliquée. Quant à la rétroactivité de la loi nouvelle, elle dépend, soit d'une manifestation de volanté du législateur, soit de la nature de la loi (lois confirmatives et lois interprétatives).[19]

Não obstante, referidos autores informam que a jurisprudência do Tribunal de Cassação francês já entendeu que a lei em vigor no momento em que o contrato é estabelecido não confere às partes um direito definitivo e adquirido de que aquele ajuste será regido sempre pelas leis vigentes ao tempo da formalização da avença,

---

(15) Apud DINIZ, Maria Helena. *Lei de introdução ao código civil brasileiro interpretada*. 11. ed. São Paulo: Saraiva, 2005. p. 188.
(16) Idem.
(17) CHACON, G. Bayon; BOTIJA, E. Perez. *Manual de derecho del trabajo*. Madrid: Marcial Pons, 1974. v. I.
(18) BARASSI, Lodovico. *Il diritto del lavoro*. I. Milano: Giuffrè: 1949. p. 186.
(19) DURAND, Paul; JAUSSAUD, R. *Traité de droit du travail*. Paris: Dalloz, 1947. t. I. p. 193 e ss.

pois, o legislador, por motivos de interesse social ou de proteção do trabalho, pode reconhecer ilícitas determinadas cláusulas antes lícitas.[20]

O caso julgado pelo tribunal se deu por ocasião de uma nova lei francesa que passou a considerar nula qualquer cláusula de um contrato individual, ou um regulamento empresarial, que fixasse um período de licença inferior ao previsto pelos usos e costumes. O Tribunal entendeu que as cláusulas contratuais contidas nos contratos em curso deveriam ser declaradas nulas e sem efeito.[21]

A doutrina italiana segue a linha da jurisprudência francesa e entende que *"può essere invece necessária l'applicazione immediata delle leggi destinate a tutelare un largo interesse sociale anche alle situazioni contrattuali precedenti alla legge"*.[22]

Também na Itália, Roberto de Ruggiero, ao tratar dos conflitos de leis no tempo especificamente ao direito das obrigações, leciona que a não retroatividade da lei nova pode ter exceções desde que sejam motivos de ordem pública que inspirem essa nova norma.[23] Com efeito, a proteção contra a lei nova cede lugar quando confrontada com certos outros princípios ou valores. Esse é o entendimento Henry de Page, Josserand, Washington de Barros Monteiro, Vicente Ráo, Rui Barbosa e de Rubens Limongi França, que cita todos eles.[24]

O direito brasileiro já teve, a propósito, séria controvérsia doutrinária com a aplicação da Lei n. 816, de 09.11.49, que ampliou o período de gozo das férias para 20 dias, naquela ocasião. Elson Gottschalk afirmou que ela deveria ser aplicada aos contratos em curso ao fundamento de que "a lei de férias não só é de ordem pública, mas engendra relação de ordem pública entre os indivíduos e o Estado".[25]

Aliás, o próprio Roubier reconhece que a maior parte das leis trabalhistas, tais como as que regulamentam as condições afetas ao meio ambiente do trabalho (ele usa a expressão "condições de trabalho na fábrica"), devem ser consideradas como relativas a um estatuto legal, o estatuto da profissão. Segundo o autor "essas leis atingem os operários, como operários e não como contratantes".[26] Carlos Maximiliano, valendo-se dessas lições, segue a mesma trilha:

> Entretanto, preceitos imperativos ulteriores, inspirados pelo interesse social e pela necessidade da proteção ao trabalho, atingem os contratos em curso, pois se referem ao estatuto legal da profissão; tem em vista os homens como obreiros, não como contratantes. Assim acontece com as leis trabalhistas, em geral; especialmente as fixadoras das horas

---

(20) Idem.
(21) No entanto, os mesmos autores informam que essa decisão foi duramente criticada por aqueles que entendem que a sobrevivência da lei antiga é uma regra absoluta, que deve ser respeitada mesmo que a nova lei seja de ordem pública. Para essa linha, uma nova lei imperativa não pode excluir a aplicação da antiga lei para os contratos firmados sob sua égide, pois, em uma ordem jurídica baseada na lei, a não retroatividade das leis é em si mesma uma coluna de ordem pública. No original: "la survie de la loi ancienne constitue une règle absolue, que l'on doit respecter même si la loi nouvelle est d'ordre public. Une loi nouvelle impérative ne pourrait écarter la loi ancienne normalement compétent, par ce motif que dans un ordre juridique fondé sur la loi, la non-rétroactivité des lois est elle-même une colonne de l'ordre public" (DURAND, Paul; JAUSSAUD, R. *Traité de droit du travail*. Paris: Dalloz, 1947. t. I. p. 193 e ss.). O pensamento citado por Durand e Jaussaud é de Paul Robier: "L'idée d'ordre public ne peut pas être lise en opposition avec le principe de la non-rétroactivité de la loi, pour ce motif décisif que, dans un ordre juridique fondé sur la loi, la non-rétroactivité des loi est elle-même une des colonnes de l'ordre public. La loi rétroactive est en principe contraire à l'ordre public; et si exceptionnellement le Législateur peut communiquer à une loi la rétroactivité, il ne faudrait pas d'imaginer qu'il fortifie par là l'ordre public; c'est au contraire un ferment d'anarchie qu'il introduit dans la societé, et voilà pourquoi il ne doit être usé de la rétroactivité qu'avec la plus extrême réserve". Em tradução livre: "A idéia de ordem pública não pode ser posta em oposição ao princípio da não retroatividade da lei, pelo motivo decisivo de que, numa ordem jurídica fundada na lei, a não-retroatividade das leis é ela mesma uma das colunas de ordem pública. A lei retroativa é, em princípio, contrária à ordem pública; e, se excepcionalmente o legislador pode comunicar a uma lei a retroatividade, não conviria imaginar que, com isso, ele fortalece a ordem pública; ao contrário, é um fermento de anarquia que ele introduz na sociedade, razão porque não deve ser usada a retroatividade senão com a mais extrema reserva" (ROUBIER, Paul. *Op. cit.*, p. 419).
(22) Em tradução livre: "os contratos em curso podem ser afetados quando a nova lei busca proteger um amplo interesse social. Nesses casos, pode ser necessária a aplicação da novel legislação a situações contratuais firmadas anteriormente" (BARASSI, Lodovico. *Il diritto del lavoro*. I. Milano: Giuffrè: 1949. p. 186).
(23) RUGGIERO, Roberto de. *Instituições de direito civil*. Campinas: Bookseller, 1999. v. I. p. 237.
(24) FRANÇA, Rubens Limongi. *Direito intertemporal brasileiro*: doutrina da irretroatividade das leis e do direito adquirido. 2. ed. São Paulo: RT, 1968. p. 475 e ss.
(25) GOTTSCHALK, Elson. *Férias anuais remuneradas*. São Paulo: Max Limonad, 1956. p. 152.
(26) ROUBIER, Paul. *Les Conflits de lois dans le temps*. Paris: Dalloz, 1933. v. 2. p. 133.

de labor quotidiano, das férias periódicas e do repouso hebdomadário.[27]

Portanto, a aplicação imediata da nova lei aos contratos em curso deve limitar-se aos casos em que a ordem pública é premente, nas quais há um forte apelo social e que predomina o interesse público. Tais normas são dotadas de caráter imperativo, ou seja, estão fora do poder dispositivo das partes. Caso contrário, deve-se respeitar o ato jurídico perfeito e o *pacta sunt servanda*.

Nesse ponto, importa dizer que uma lei é dispositiva quando visa a um conjunto de direitos e obrigações entre as partes do contrato nas quais as mesmas são livres para, em princípio, determinar seu conteúdo por si mesmas, e que, em muitos casos, somente a elas interessarão.[28]

Gottschalk, citado por Américo Plá Rodriguez, faz a divisão entre *jus cogens* e *jus dispositivum*, que define da seguinte forma: é direito imperativo quando a ordem jurídica não confere ao sujeito de direito a faculdade de regulamentar livremente suas relações jurídicas, mas determina sua conduta de modo absoluto, soberano, incondicional. É direito dispositivo, quando a própria ordem jurídica delega aos sujeitos de direito o poder de formular sua própria norma de conduta, condicionando a obrigatoriedade da norma legal à não utilização dessa faculdade. Considera, porém, que não se justifica a generalização com de De La Cueva atribui, sumariamente em sua totalidade, o Direito do Trabalho ao *jus cogens*.[29]

Referindo-se diretamente aos direitos obrigacionais e, inclusive fazendo menção ao direito do trabalho, Vicente Ráo percorre a mesma trilha. Entende que continuam sujeitos à lei sob cuja vigência se verificaram as relações de direitos obrigacionais nos quais predomina o interesse individual e, a este título, são deixados pela lei à livre determinação da vontade dos respectivos titulares ou agentes.

Mas, por outro lado, se uma lei posterior passa a atribuir a uma obrigação o caráter, que dantes não possuía, de matéria de interesse social predominante, como, por exemplo, sucedeu com os contratos de trabalho na generalidade das legislações, a nova norma jurídica passa a disciplinar os efeitos mesmos dos contratos anteriormente constituídos, sem atingir, entretanto, nem a existência dos direitos, nem a sua extinção, nem os efeitos já praticados sob o império da lei antiga.[30]

Assim, a teoria do efeito imediato só terá morada nos contratos em curso quanto às disposições de ordem pública, geralmente de caráter imperativo. Fora disso, não há que se falar em aplicação imediata para as obrigações sucessivas no tempo, sob pena de violação ao ato jurídico perfeito e a não retroatividade das leis.[31]

Linhas atrás afirmou-se que a lei "não é retroativa" quando ela não se aplica às controvérsias concernentes às situações jurídicas definitivamente constituídas antes de sua entrada em vigor. Pois bem. O contrato de trabalho é situação jurídica definitivamente constituída antes da entrada em vigor da nova lei. O que sucede mês a mês são seus efeitos e não um novo contrato a cada mês.

Entre nós, Maria Helena Diniz, após afirmar que *a lei nova não poderá alcançar o contrato efetivado sob o comando da norma anterior*, lembra que nossos juízes e tribunais, na esteira da jurisprudência francesa, têm admitido que se deve aplicar a lei nova se essa for *de ordem pública*. Lembra que já se decidiu no Brasil que "as leis tidas como de ordem pública são aplicáveis aos atos e fatos que encontram, sem ofensa ao ato jurídico perfeito" (*RSTJ*, v. 17, 1991).[32]

---

(27) Apud GOTTSCHALK, Elson. *Férias anuais remuneradas*. São Paulo: Max Limonad, 1956. p. 152.

(28) ROUBIER, Paul. *Le droit transitoire*: conflits des lois dans le temps. Paris: Dalloz et Sirey, 1960. p. 122.

(29) RODRIGUEZ, Américo Plá. *Princípios de direito do trabalho*. 3. ed. São Paulo: LTr, 2000. p. 62.

(30) RÁO, Vicente. *O direito e a vida dos direitos*. 3. ed. São Paulo: RT, 1991. v. 1. p. 351.

(31) Em sentido contrário, Amauri Mascaro Nascimento afirma que os conflitos de lei no tempo, em Direito do Trabalho, são resolvidos segundo o princípio do efeito imediato, pelo qual, segundo o autor, a lei nova tem aplicação imediata e recai desde logo aos contratos em curso à data da sua vigência, embora constituídos anteriormente, mas ainda não extintos (NASCIMENTO, Amauri Mascaro. *Compêndio de direito do trabalho*. 2. ed. São Paulo: LTr, 1976. p. 270). Com o devido respeito ao mestre, não é esse o significado de efeito imediato. A teoria do efeito imediato não autoriza a aplicação da lei nova aos contratos em curso, mas, tão somente, dali em diante. E quem diz isso é o próprio Roubier, para quem "de même, en vertu du principe de l'effet immédiat, la loi nouvelle a pour domaine propre: a) la détermination des conditions de validité des contrats, conclus postérieurement à sa mise en viguer, et celle des conditions, auxquelles un fait, survenu après cette date, produit des effets juridiques; b) la détermination des conséquences attachées à ces constrats ou à ces faits juridiques; c) l'organisation pour l'avenir des institutions dans le droit du travail" (ROUBIER, Paul. *Le droit transitoire*: conflits des lois dans le temps. Paris: Dalloz et Sirey, 1960. p. 132). Portanto, pela aplicação da não retroatividade das leis, a lei antiga continua regendo os efeitos dos contratos celebrados sob o império da lei anterior.

(32) DINIZ, Maria Helena. *Lei de introdução ao código civil brasileiro interpretada*. 11. ed. São Paulo: Saraiva, 2005. p. 188.

Dentre as normas de caráter imperativo, no qual há predomínio da ordem pública, pode-se mencionar como exemplos as que visam a proteção do salário, as que tutelam a saúde, higiene e segurança do trabalho, as que regulamentam profissões, dentre outras. As leis de proteção ao trabalho são de aplicação imediata e atingem, com razão, os contratos em curso.[33]

É preciso deixar claro que *o critério a ser adotado não é aquele que analisa se a norma é benéfica ou maléfica ao empregado*. Não é disso que se trata. O intérprete deve ter em vista a *natureza da norma*, se dispositiva ou se imperativa, com carga de ordem pública. *O melhor critério é o que leva em conta, portanto, a graduação da intensidade da força obrigatória das normas jurídicas segundo a natureza da matéria sobre a qual dispõem, especialmente se tutelam interesse público.*[34]

Pode-se argumentar que o critério da graduação da intensidade da força obrigatória das normas jurídicas segundo a natureza da matéria sobre a qual dispõem poderá causar dispensas em massa, para contratação de novos empregados sob o império da lei mais recente. Todavia, trata-se de critério que respeita o ato jurídico perfeito e essa é uma opção constitucional.

Assim, pode ser que um contrato celebrado nas vésperas da entrada em vigor da nova lei tenha o seu conteúdo diferente do de um outro ajustado dias depois, passando a subsistir dois contratos com conteúdo diverso. Mas, ainda assim, esse é o critério que melhor atende ao ato jurídico perfeito e se harmoniza com as regras de intertemporalidade do direito brasileiro.[35]

Augusto César Leite de Carvalho entende que uma nova lei trabalhista que estabelece outros parâmetros (mais favoráveis ao trabalhador) para a composição ou reajuste de salários, dá-se a aplicação imediata do novo preceito legal, notadamente quando se apresenta este revestido de cogência ou imperatividade.[36] Concorda-se parcialmente com tal afirmação. Como dito, o critério a ser adotado não é aquele que analisa se a norma é benéfica ou maléfica ao empregado, mas sim se ela é de natureza cogente ou imperativa, como afirmado pelo autor.

Por exemplo, se determinada lei trabalhista traz nova regulamentação a certa profissão, ela se aplicará imediatamente, *ainda que contenha dispositivos mais gravosos aos empregados daquela categoria*. Isso porque, certamente, trata-se de norma de ordem pública, a qual as partes não possuem liberalidade para transacionar sobre seus comandos.

Concorda com essa conclusão Evaristo de Moraes Filho que, ao analisar a aplicação da norma trabalhista no tempo, *o faz a partir da natureza da regra (imperativa e cogente ou não) e não de sua benevolência ou maleficência ao emprego*. Inclusive, cita o exemplo do que ocorreu quando da promulgação do Decreto-lei n. 389, de 26.12.1968, regulando o salário-insalubridade que, apesar de causar prejuízo ao próprio trabalhador em relação à situação pretérita, provocou efeitos imediatos aos contratos em curso.[37]

A análise é casuística e demanda enfrentamento individual de cada norma objeto da Reforma, como mais adiante se fará. Foi assim também quando a CLT entrou

---

(33) SÜSSEKIND, Arnaldo; MARANHÃO, Délio; VIANNA, Segadas; TEIXEIRA, Lima. *Instituições de direito do trabalho*. 18. ed. São Paulo: LTr, 1999. v. 1. p. 181.

(34) Este também é o critério proposto por Vicente Ráo, em seu clássico *O direito e a vida dos direitos*, que assim leciona: "As novas normas objetivas, em relação às anteriores, podem revelar, segundo sua natureza, maior ou menor intensidade de força obrigatória. Revelam maior intensidade quando alcançam os efeitos, que sob sua vigência se produzirem, dos fatos, atos e direitos verificados sob o império da norma anterior; revelam menor intensidade e cedem ante a persistência da norma anterior, quando esta continua, apesar de revogada, a disciplinar os efeitos de certos atos, fatos ou direitos, verificados ou constituídos sob a sua vigência. Incluem-se *na primeira categoria as normas de direito público* e as de direito privado *imperativas, ou de ordem pública*, as quais traduzem, ou necessariamente se pressupõe que traduzam, um interesse comum ou contêm alterações produzidas pela própria evolução da vida social. Figuram *na segunda categoria as normas que disciplinam as relações que o direito subordina à vontade individual do agente, ou das partes, como são, em princípio, as de natureza contratual*" (RÁO, Vicente. *O direito e a vida dos direitos*. 3. ed. São Paulo: RT, 1991. v. 1. p. 341) (grifo nosso). Assim também pensa Cesarino Júnior ao afirmar que normas com caráter de ordem pública, como a generalidade das leis protetivas dos trabalhadores, devem ser aplicadas imediatamente às relações em curso. Cita, como exemplo, uma lei que confere um novo tipo de garantia de emprego (CESARINO JÚNIOR, A. F. *Direito social brasileiro*. São Paulo: Saraiva, 1970. v. 1. p. 66-67).

(35) Em Portugal, lembram Palma Ramalho e Pedro Romano Martinez que o art. 7º da Lei n. 7/2009, que aprovou as alterações ao Código do Trabalho Português, optou legislativamente pela incidência imediata da lei nova aos contratos em curso, mesmo que constituídos antes da entrada em vigor da nova lei (RAMALHO, Maria do Rosário Palma. *Tratado de direito do trabalho*. Parte I: dogmática geral. 4. ed. Coimbra: Almedina, 2015; MARTINEZ, Pedro Romano. *Direito do trabalho*. 7. ed. Coimbra: Almedina, 2015. p. 246).

(36) CARVALHO, Augusto César Leite de. *Direito do trabalho*: curso e discurso. São Paulo: LTr, 2016. p. 58.

(37) MORAES FILHO, Evaristo de; MORAES, Antonio Carlos Flores de. *Introdução ao direito do trabalho*. 11. ed. São Paulo: LTr, 2014. p. 168.

em vigor, como bem comenta Mozart Victor Russomano: pelo art. 912, os dispositivos imperativos inovados pela Consolidação – pelo seu interesse público – incidiram sobre as relações jurídicas futuras e as relações jurídicas presentes e pendentes.[38]

Vale advertir, porém, que no julgamento da Ação Direta de Inconstitucionalidade 493, sob relatoria do Mini. Moreira Alves, *DJ* 04.09.1992, o Supremo Tribunal Federal entendeu que *sequer normas de ordem pública podem incidir sobre os contratos vigentes*. Decidiu que a Lei 8.177/1991 não poderia alcançar os efeitos futuros de contratos celebrados anteriormente a ela, em respeito ao direito adquirido. Confira-se, por oportuno, excerto desse julgado:

> Se a lei alcançar os efeitos futuros de contratos celebrados anteriormente a ela, será essa lei retroativa (retroatividade mínima) porque vai interferir na causa, que é um ato ou fato ocorrido no passado. O disposto no art. 5º, XXXVI, da Constituição Federal *se aplica a toda e qualquer lei infraconstitucional, sem qualquer distinção entre lei de direito público e lei de direito privado, ou entre lei de ordem pública e lei dispositiva*. Precedente do STF. (Grifo nosso)

Nesse julgamento, o Min. Moreira Alves entendeu que, não importa a sua natureza, a lei nova deve respeitar o ato jurídico perfeito, o direito adquirido e a coisa julgada. Sustentou o Ministro que o preceito constitucional se aplica a toda e qualquer lei infraconstitucional, sem qualquer distinção entre lei de direito público e lei de direito privado, ou entre lei de ordem pública e lei dispositiva. Ainda, argumentou que no Brasil, sendo o princípio do respeito ao direito adquirido, ao ato jurídico perfeito e à coisa julgada de natureza constitucional, sem qualquer exceção a qualquer espécie de legislação ordinária, não tem sentido a afirmação de muitos – apegados ao direito de países em que o preceito é de origem meramente legal – de que as leis de ordem pública se aplicam de imediato, alcançando os efeitos futuros do ato jurídico perfeito ou da coisa julgada, e isso porque, se se alteram os efeitos, é óbvio que se está introduzindo modificação na causa, o que é vedado constitucionalmente.

O entendimento acima revela a regra geral, mas deve ser visto com temperamentos. Adotando-o sem flexibilizações, nenhuma nova lei trabalhista se aplica aos contratos em curso, ainda que se trate de normas de tutela da saúde, higiene e segurança do trabalhador, o que não parece a melhor solução, até mesmo porque nenhum direito é absoluto e comporta ponderações casuísticas.

Como se vê, por qualquer dos aspectos acima explicados o art. 2º da MP n. 808 de 14 de novembro de 2017, ao prever que o disposto na Lei n. 13.467, de 13 de julho de 2017, se aplica, na integralidade, aos contratos de trabalho vigentes, viola flagrantemente a Constituição.[39]

4. ANÁLISE DE ALGUMAS SITUAÇÕES TRATADAS PELA LEI N. 13.467/2017

Inicialmente, ao contrário do que sucedeu na Reforma Trabalhista implementada em Portugal no ano de 2009, o legislador brasileiro nada dispôs acerca dos regramentos de direito intertemporal. Acredita-se que tal omissão se deu porque o art. 912 da CLT já contempla tal regra, como dito alhures: "Art. 912. Os dispositivos de *caráter imperativo* terão *aplicação imediata* às relações iniciadas, mas não consumadas, antes da vigência desta Consolidação".

A MP n. 808 de 2017 veio para afirmar que a Lei n. 13.467, de 13 de julho de 2017, se aplica, na integralidade, aos contratos de trabalho vigentes. Mas, como defende-se a inconstitucionalidade de tal Medida, passa-se a enfrentar algumas situações de acordo com os critérios hermenêuticos acima propostos.

A resposta para os problemas de direito intertemporal da Lei n. 13.467/2017 tem como norte, além das regras gerais de direito transitório, o disposto no art. 912 da CLT.

A redação do art. 912 da CLT não é das mais felizes, pois parece confundir contratos em curso de formação

---

(38) RUSSOMANO, Mozart Victor. *Comentários à consolidação das leis do trabalho*. 17. ed. Rio de Janeiro: Forense, 1997. v. II.

(39) Como dito alhueres, de acordo com o texto constitucional em vigor, "*a lei não prejudicará o direito adquirido, o ato jurídico perfeito e a coisa julgada*" (CF, art. 5º, XXXVI), dispositivo este que consubstancia o princípio geral da irretroatividade da lei, por seu turno, corolário dos princípios da segurança jurídica e da confiança. Segundo Gomes Canotilho (2003, p. 257), citado por Guilherme Ludwig, em excerto extraído das redes sociais: "O princípio geral da segurança jurídica em sentido amplo (abrangendo, pois, a ideia de proteção da confiança) pode formular-se do seguinte modo: o indivíduo tem do direito poder confiar em que aos seus actos ou às decisões públicas incidentes sobre os seus direitos, posições ou relações jurídicas alicerçados em normas jurídicas vigentes e válidas por esses actos jurídicos deixados pelas autoridades com base nessas normas se ligam os efeitos jurídicos previstos e prescritos no ordenamento jurídico". CANOTILHO, José Joaquim Gomes. *Direito constitucional e teoria da constituição*. 4. reimp. da 7. ed. Coimbra: Almedina, 2003.

e contratos já formados, porém, de trato sucessivo. Aqui, mais uma vez, calha a advertência de Carlos Maximiliano: "não se confundam contratos em curso e contratos em curso de constituição; só a estes a norma hodierna alcança, não aqueles, pois são atos jurídicos perfeitos".[40] O contrato cujas obrigações sucedem no tempo, periodicamente, já está consumado, embora não esteja extinto. São coisas distintas.

Desse modo, uma vez em vigor a lei que estabeleça alterações nos direitos trabalhistas, só produzirá efeitos para os contratos de trabalho celebrados a partir de então, em respeito à cláusula pétrea constitucional de proteção ao negócio jurídico perfeito,[41] salvo em se tratando de norma de ordem pública com predomínio de interesse público primário, caso que atingirão os contratos com obrigações de trato sucessivo.

Assim, para as relações iniciadas, mas não consumadas (contratos em curso de constituição) deve-se aplicar toda a lei nova, pois antes que o contrato fosse consumado – finalizado – sobreveio nova lei. Por sua vez, para as relações já consumadas (ato jurídico perfeito), somente se aplica a nova lei se de caráter imperativo.

Para as disposições sem caráter imperativo, poderão às partes, em atenção ao *pacta sunt servanda*, ajustarem o contrato à nova realidade legal, mas, desde que observado o art. 468 da CLT, que veda a alteração In: pejus do contrato de trabalho em razão do princípio da inalterabilidade contratual lesiva. Isso porque os direitos previstos na lei revogada incorporaram-se às cláusulas contratuais firmadas segundo o direito então vigente e, a partir de então, passaram a constituir um patrimônio jurídico, um verdadeiro direito adquirido.[42]

A esse respeito, bem observa a doutrina que o legislador, quando pretendeu a interferência da nova norma sobre os contratos em curso à data de sua vigência, tramou explicitamente procedimento de transição para possibilitar o fenômeno da eficácia imediata plena da lei nova sobre as relações jurídicas preestabelecidas, como, por exemplo, ocorreu nos contratos a tempo parcial (art. 58-A, § 2º, da CLT) e na Lei n. 13.429/2017, que em seu art. 19-C dispôs que "os contratos em vigência, se as partes assim acordarem, poderão ser adequados aos termos desta Lei".[43] Ou seja, respeita-se o ato jurídico perfeito nesses casos.

Fixadas essas premissas, interessa o enfrentamento de algumas situações que poderão causar mais polêmicas a partir do dia 11.11.2017, data que entrará em vigor a Reforma Trabalhista.

Em ordem topográfica, a primeira substancial novidade da Reforma é a consagração do grupo econômico por coordenação ou horizontal, antes rechaçado pela jurisprudência até então dominante na SBDI-1 do TST.[44] Ao contrário do que ocorria anteriormente, não mais se exige, para caracterização do grupo econômico, que as empresas estejam sob a direção-controle ou administração de outra. Em outros termos, a CLT, apesar de ainda acolher a teoria hierárquica ou vertical (art. 2º, § 2º, primeira parte), não mais reputa como indispensável para caracterização do grupo a relação de subordinação entre empresas controladas e empresa principal, pois o grupo poderá ser, também, por coordenação.

Trata-se de regra que não está ao alvedrio das partes. Não podem as partes, por força contratual, afastar a caracterização do grupo econômico. Assim, é evidente que a nova roupagem legal alcançará os contratos em curso.

Da mesma forma, responsabilidade do sócio retirante (art. 10-A da CLT) é norma cogente, razão pela qual os contratos em curso estarão sujeitos a essa nova regra.

Mais adiante, o art. 11, § 2º, da CLT contém regra prescricional sobre a pretensão que envolva pedido de prestações sucessivas decorrente de alteração ou descumprimento do pactuado, caso em que a prescrição é total, exceto quando o direito à parcela esteja também assegurado por preceito de lei. Portanto, a prescrição total, com a reforma trabalhista, passa a se aplicar a uma gama muito maior de situações, não mais se restringindo às hipóteses de alteração do pactuado. Essa novidade somente será aplicada aos casos de *descumprimento* do pactuado que se iniciarem a partir da entrada em vigor da nova Lei, sob pena de odiosa retroatividade e violação da segurança jurídica.

---

(40) Apud DINIZ, Maria Helena. *Lei de introdução ao código civil brasileiro interpretada*. 11. ed. São Paulo: Saraiva, 2005. p. 188.

(41) CAIRO JÚNIOR, José Cairo. *Eficácia da norma no tempo*: reforma trabalhista. Disponível em: <www.regrastrabalhistas.com.br/lei/novidades-legislativas/3979-reforma-trabalhista-eficacia-da-norma-no-tempo#ixzz4vpf2ITEI>. Acesso em: 24 nov. 2017.

(42) MARTINEZ, Luciano. *Curso de direito do trabalho*. 8. ed. São Paulo: Saraiva, 2017. p. 107.

(43) SOUZA JÚNIOR, Antonio Umberto de; SOUZA, Fabiano Coelho de; MARANHÃO, Ney; AZEVEDO NETO, Platon Teixeira de. *Reforma trabalhista*: análise comparativa e crítica da Lei n. 13.467/2017. São Paulo: Rideel, 2017. p. 520.

(44) TST-E-ED-RR-214940-39.2006.5.02.0472, SBDI-I, rel. Min. Horácio Raymundo de Senna Pires 22.5.2014 (*Informativo* TST n. 83).

Os novos valores relativos às multas por ausência de registro de emprego ou por registro incompleto aplicam-se imediatamente às relações em curso, adiante da natureza imperativa da norma (art. 47 da CLT).

Para as horas de trajeto (art. 58, § 2º, da CLT), tendo em vista o caráter dispositivo da norma, uma vez que as partes são livres para ajustar em sentido contrário do que está lá estabelecido, a melhor solução é entender que a alteração somente se aplica para os futuros contratos, pois o contrato foi feito levando-se em consideração o conjunto normativo então vigente (direito adquirido a uma situação contratual). Ademais, autorizada doutrina entende que "os direitos previstos em lei se incorporam às cláusulas contratuais em emprego e, a partir de então, passa a constituir um patrimônio jurídico, um verdadeiro direito adquirido".[45]

Em relação ao novo regime de trabalho por tempo parcial (art. 58-A) a lógica é a mesma. Por não se tratar de norma cogente, os contratantes têm o direito de ver o contrato cumprido nos termos da lei contemporânea a seu nascimento.

Já o disposto no art. 134, § 3º, da CLT, que veda o início das férias no período de dois dias que antecede feriado ou dia de repouso semanal remunerado, é exemplo de norma imperativa e que tem aplicação imediata aos contratos em curso.

De igual modo, as modificações que alteraram a natureza jurídica de determinadas parcelas, a exemplo do auxílio-alimentação e das horas de intervalo intrajornada suprimidas, trazem em si forte carga de interesse público no tocante à desoneração da folha de pagamento e redução da carga tributária. Trata-se, pois, de interesse tributário estatal. Nesses moldes, a transformação em verba remuneratória do que antes era parcela indenizatória ou vice-versa aplica-se aos contratos em curso.[46]

Por fim, situação interessante é aquela na qual o empregado, na data da entrada em vigor da Lei n. 13.467/2017, já percebia a gratificação de função por dez ou mais anos. Nesse caso, não há que se falar em direito adquirido, pois, como dito, trata-se de entendimento jurisprudencial desprovido de base legal. Não há lei que preveja esse direito. No entanto, é preciso registrar entendimento em contrário na doutrina, que entende ser esse o caso de direito adquirido.[47]

5. CONSIDERAÇÕES FINAIS

"O útil refere-se ao tempo futuro. E, em verdade, quando se elaboram as leis, fazem-na para que sejam úteis para os tempos que hão de vir, e aos quais chamam-se muito justamente apenas ao futuro" (Platão). A melhor compreensão da eficácia da Lei n. 13.467/2017 passa por diversos critérios hermenêuticos, que governam a relação entre leis materiais trabalhistas sucessivas no tempo.

Apesar dos diversos critérios existentes, demonstrou-se que o melhor método a ser adotado não é aquele que analisa se a norma é benéfica ou maléfica ao empregado. Trata-se de critério que provoca insegurança jurídica e que deixa o caso concreto ser levado por subjetivismos do intérprete.

O intérprete, em verdade, deve ter em vista a natureza da norma, se dispositiva ou se imperativa, com carga de ordem pública. Portanto, para solução de conflito de leis materiais trabalhistas no tempo, deve-se levar em conta a graduação da intensidade da força obrigatória das normas jurídicas segundo a natureza da matéria sobre a qual dispõem.

Prova disso é que se determinada lei trabalhista traz nova regulamentação a certa profissão, ela se aplicará imediatamente, ainda que contenha dispositivos mais gravosos aos empregados daquela categoria. Isso porque, certamente, trata-se de norma de ordem pública, a qual as partes não possuem liberalidade para transacionar sobre seus comandos. Não há como se afastar de tal conclusão.

Logo, a aplicação da norma trabalhista no tempo se faz a partir da natureza da regra (imperativa e cogente ou não) e não de sua benevolência ou maleficência ao emprego, como entende boa parte da doutrina estrangeira e brasileira e até mesmo da jurisprudência além-mar.

Portanto, a principal conclusão a que se chegou é a de que se o contrato foi legitimamente celebrado, os contratantes têm o direito de vê-lo cumprido, nos termos da lei contemporânea a seu nascimento, que regulará inclusive seus efeitos, de modo que a teoria do efeito imediato só terá morada nos contratos em curso quanto às disposições de ordem pública, geralmente

---

(45) MARTINEZ, Luciano. *Curso de direito do trabalho*. 8. ed. São Paulo: Saraiva, 2017. p. 107.

(46) *Ibidem*, p. 109.

(47) LIMA, Francisco Meton Marques de; LIMA, Francisco Péricles Rodrigues Marques de. *Reforma trabalhista*: entenda ponto por ponto. São Paulo: LTr, 2017. p. 75. Também nesse sentido: SOUZA JÚNIOR, Antonio Umberto de; SOUZA, Fabiano Coelho de; MARANHÃO, Ney; AZEVEDO NETO, Platon Teixeira de. *Reforma trabalhista*: análise comparativa e crítica da Lei n. 13.467/2017. São Paulo: Rideel, 2017. p. 521.

de caráter imperativo. Fora disso, não há que se falar em aplicação imediata para as obrigações sucessivas no tempo, sob pena de violação ao ato jurídico perfeito e a não retroatividade das leis.

Ao fim e ao cabo foram apresentadas propostas hermenêuticas que tentam, tecnicamente e com maior objetividade, solucionar os problemas de direito intertemporal de modo a adequá-los ao máximo às regras de direito intertemporal previstas no ordenamento jurídico pátrio.

Em arremate, demonstrou-se a inconstitucionalidade do art. 2º da MP n. 808 de 14 de novembro de 2017 por violação ao art. 5º, inciso XXXVI, da CRFB/88.

6. REFERÊNCIAS BIBLIOGRÁFICAS

BARASSI, Lodovico. *Il diritto del lavoro*. I. Milano: Giuffrè: 1949.

BETTI, Emilio. *Interpretação da lei e dos atos jurídicos*. São Paulo: Martins Fontes, 2007.

CAIRO JÚNIOR, José Cairo. *Eficácia da norma no tempo*: reforma trabalhista. Disponível em: <www.regrastrabalhistas.com.br/lei/novidades-legislativas/3979-reforma-trabalhista-eficacia-da-norma-no-tempo#ixzz4vpf2ITEI>. Acesso em: 24 nov. 2017.

CARVALHO, Augusto César Leite de. *Direito do trabalho*: curso e discurso. São Paulo: LTr, 2016.

CESARINO JÚNIOR, A. F. *Direito social brasileiro*. São Paulo: Saraiva, 1970. v. 1.

CHACON, G. Bayon; BOTIJA, E. Perez. *Manual de derecho del trabajo*. Madrid: Marcial Pons, 1974. v. 1.

DINIZ, Maria Helena. *Lei de introdução ao código civil brasileiro interpretada*. 11. ed. São Paulo: Saraiva, 2005.

DURAND, Paul; JAUSSAUD, R. *Traité de droit du travail*. Paris: Dalloz, 1947. t. I.

FRANÇA, Rubens Limongi. *Direito intertemporal brasileiro*: doutrina da irretroatividade das leis e do direito adquirido. 2. ed. São Paulo: RT, 1968.

GOTTSCHALK, Elson. *Férias anuais remuneradas*. São Paulo: Max Limonad, 1956.

LEVADA, Filipe Antônio Marchi. *O direito intertemporal e os limites da proteção do direito adquirido*. 2009. Dissertação de Mestrado em Direito Civil. Faculdade de Direito, USP, São Paulo, 2009.

LIMA, Francisco Meton Marques de; LIMA, Francisco Péricles Rodrigues Marques de. *Reforma trabalhista*: entenda ponto por ponto. São Paulo: LTr, 2017.

MARTINEZ, Luciano. *Curso de direito do trabalho*. 8. ed. São Paulo: Saraiva, 2017.

MARTINEZ, Pedro Romano. *Direito do trabalho*. 7. ed. Coimbra: Almedina, 2015.

MORAES FILHO, Evaristo de; MORAES, Antonio Carlos Flores de. *Introdução ao direito do trabalho*. 11. ed. São Paulo: LTr, 2014.

NASCIMENTO, Amauri Mascaro. *Compêndio de direito do trabalho*. 2. ed. São Paulo: LTr, 1976.

RAMALHO, Maria do Rosário Palma. *Tratado de direito do trabalho*. Parte I: dogmática geral. 4. ed. Coimbra: Almedina, 2015.

RÁO, Vicente. *O direito e a vida dos direitos*. 3. ed. São Paulo: RT, 1991. v. 1.

RODRIGUEZ, Américo Plá. *Princípios de direito do trabalho*. 3. ed. São Paulo: LTr, 2000.

ROUBIER, Paul. *Le droit transitoire*: conflits des lois dans le temps. Paris: Dalloz et Sirey, 1960.

ROUBIER, Paul. *Les Conflits de lois dans le temps*. Paris: Dalloz, 1933. v. 2.

RUGGIERO, Roberto de. *Instituições de direito civil*. Campinas: Bookseller, 1999. v. I.

RUSSOMANO, Mozart Victor. *Comentários à consolidação das leis do trabalho*. 17. ed. Rio de Janeiro: Forense, 1997. v. II.

SILVA, Wilson Melo da. *Conflito das leis no tempo*. Revista da Faculdade de Direito da UFMG. n. 8-11, 1971.

SOUZA JÚNIOR, Antonio Umberto de; SOUZA, Fabiano Coelho de; MARANHÃO, Ney; AZEVEDO NETO, Platon Teixeira de. *Reforma trabalhista*: análise comparativa e crítica da Lei n. 13.467/2017. São Paulo: Rideel, 2017.

SUSSEKIND, Arnaldo; MARANHÃO, Délio; VIANNA, Segadas; TEIXEIRA, Lima. *Instituições de direito do trabalho*. 18. ed. São Paulo: LTr, 1999. v. 1.

TEIXEIRA, Anderson V. *O Direito adquirido e o direito Intertemporal a partir do debate entre Roubier e Gabba*. Revista Páginas de Direito. Porto Alegre, ano 8, n. 816. 14.08.2008. Disponível em: <www.tex.pro.br/home/artigos/62-artigos-ago-2008/5927--o-direito-adquirido-e-o-direito-intertemporal-a-partir-do-debate-entre-roubier-e-gabba>. Acesso em: 24 nov. 2017.

CAPÍTULO 2

A RELEVÂNCIA HISTÓRICA DO ESTADO LIBERAL E A DESCONFORMIDADE DO RECRUDESCIMENTO TARDIO DOS IDEÁRIOS NEOLIBERAIS NA CONSOLIDAÇÃO DOS DIREITOS SOCIAIS TRABALHISTAS

Antonio Capuzzi[1]

Carolina Silva Silvino Assunção[2]

Raphael Miziara[3]

1. CONSIDERAÇÕES INTRODUTÓRIAS

O surgimento do constitucionalismo contemporâneo, que teve como primeiro estágio de desenvolvimento o constitucionalismo liberal, deu-se em razão do surgimento dos Estados Nacionais e da necessidade de limitação e descentralização do poder, então exercido pela monarquia, a fim de possibilitar o desenvolvimento econômico pretendido pela classe burguesa.

Os valores que deram origem ao constitucionalismo contemporâneo ocidental influenciaram substancialmente o reconhecimento dos direitos naturais no período. Em razão do contexto histórico, a propriedade privada afigurava-se como o mais fundamental dos direitos humanos, residindo nela a origem da autonomia das pessoas (LOCKE, 1980; p. 12).

Diante desse contexto, à época, a proteção a direitos fundamentais estava adstrita à limitação dos poderes estatais. Por se apresentar o Estado como principal opositor das liberdades públicas, notadamente como limitador do direito de propriedade dos então súditos, necessário se fez restringir seu espectro de atuação a fim de valorizar a autonomia privada do indivíduo.

Dessa conjuntura fático-jurídica emerge a dissociação entre as figuras do Estado e da sociedade, valorizando, demasiadamente, a ausência daquele nas relações travadas no seio social.

O liberalismo clássico fincou raízes no postulado da igualdade sob a perspectiva formal, pautando que todos são iguais perante a lei. Necessário salientar, contudo, que a expressão da referida igualdade não se vislumbrava na prática, eis que meramente enunciativa e não

---

(1) Mestrando em Direito do Trabalho e das Relações Sociais pelo Centro Universitário do Distrito Federal. Especialista em Direito e Processo do Trabalho. Pesquisador do Grupo de Pesquisa Direitos Humanos e Relações Sociais do Centro Universitário do Distrito Federal. Professor de Direito e Processo do Trabalho em cursos preparatórios para concursos públicos e pós-graduação. Coautor de livros e autor de artigos jurídicos. Advogado trabalhista.

(2) Mestranda em Direito das Relações Sociais e Trabalhistas pelo Centro Universitário do Distrito Federal (UDF). Pós-graduanda em Direito do Trabalho pela Fundação Getúlio Vargas (FGV). Especialista em Direito Material e Processual do Trabalho pela Faculdade de Direito Milton Campos (FDMC). Pesquisadora do Grupo de Estudos "Constitucionalismo, Direito do Trabalho e Processo" do Centro Universitário do Distrito Federal (UDF). Membro da Oficina de Estudos Avançados "Interfaces entre o Processo Civil e o Processo do Trabalho" da FDMC/MG. Professora do curso de pós-graduação da Faculdade de Direito Milton Campos (FDMC/MG). Advogada.

(3) Mestrando em Relações Sociais e Trabalhistas pela UDF. Pesquisador do Grupo de Estudos "Constitucionalismo, Direito do Trabalho e Processo" do Centro Universitário do Distrito Federal (UDF). Advogado. Professor em cursos de graduação e pós-graduação em Direito. Autor de livros e artigos jurídicos.

consolidada. Sob o influxo da busca de cada indivíduo por seus interesses particulares, entendia-se que a mera exaltação do postulado da isonomia era suficiente para seu efetivo cumprimento mandamental.

O ideário era, notoriamente, o de evitar a opressão do Estado sobre as decisões privadas dos indivíduos, desaguando no que o professor Paulo Bonavides denomina de "(...) *Estado destituído de conteúdo, neutralizado para todo ato de intervenção que pudesse embaraçar a livre iniciativa material e espiritual indivíduo (...)*" (BONAVIDES,1996; p. 68).

A enunciação da igualdade de todos perante a lei, contudo, restava contraditória por não se verificar, por exemplo, o direito ao voto a todos, impondo restrição censitária apenas aos membros da elite dominante. Em tal passo, havia contradição entre o defendido por tal regime e a vinculação prática denotada.

Ainda dentro deste contexto, o constitucionalismo liberal desconsiderava a ausência de paridade de armas entre indivíduos trabalhadores e os que tomavam os serviços, emergindo a famigerada opressão do detentor dos meios de produção sobre aquele que dispõe somente de sua força de trabalho como alternativa de sustento. A ideologia privatista, tradicional do Estado Liberal, imputava aos direitos civis a qualidade de inatos, objetivando alinhar a expansão da economia ao sistema capitalista emergente de modo a valorizar demasiadamente os direitos civis à liberdade, à defesa irrestrita da propriedade e da igualdade formal de oportunidades (DELGADO, 2016; p. 36-67).

Nos dias atuais, o denominado "Estado mínimo" é novamente exaltado sob o ponto de vista da confiança irrestrita na "mão invisível do mercado". Os defensores do neoliberalismo clamam que a regulação econômica se estabeleça a partir do alvedrio privado, sem direcionamento ou participação estatal nos rumos econômicos, em nítida paridade ideológica ao proposto no Estado Liberal Clássico. Nada obstante, a experiência histórica revela que a concepção de Estado Mínimo é insuficiente para garantir vida digna à maioria dos cidadãos (AZEVEDO, 1999; p. 82), mandamento constitucional extraído do art. 5º, *caput*, da Constituição da República de 1988. A imparcialidade estatal solapa a garantia de preservação do pleno emprego e, consequentemente, de uma renda mínima, relegando parcela dos cidadãos ao desprezo.

É necessário ressaltar que foi em razão da desigualdade advinda da intervenção mínima do Estado Liberal que o Direito do Trabalho surgiu como ramo jurídico especializado capaz de aproximar a pessoa humana trabalhadora do sistema econômico capitalista de modo a estabelecer regras sociais para a convivência sadia entre ambos. Ao elevar as condições em que o labor é prestado, promove a realização de justiça social, preservando o próprio capitalismo, retribuindo os ganhos materiais, que são socialmente distribuídos por meio de suas regras jurídicas (DELGADO, 2017; p. 115-117). Trata-se de uma dose de suavização do capitalismo, jungindo desenvolvimento econômico com justiça social.

Assevera Mauricio Godinho Delgado que o Direito do Trabalho consiste no mais generalizante e consistente instrumento garantidor de efetiva cidadania, no plano socioeconômico, bem como de efetiva dignidade, no plano individual (DELGADO, 2017; p. 134). De fato, o objetivo finalístico das leis sociais é tutelar o hipossuficiente de modo a assegurar a paz social, vertida no interesse geral e no bem comum (CESARIO JUNIOR, 1957, p. 38).

2. SOLIDIFICAÇÃO DO CONSTITUCIONALISMO MODERNO

Durante o processo de transição entre o Estado Absolutista e o Estado da prevalência das liberdades individuais, as sociedades modernas, cada qual com suas especificidades, solidificaram facetas desse direito que foram imprescindíveis para a evolução do Estado Democrático de Direito tal como conhecemos atualmente.

O conceito de Constituição atualmente adotado pelas sociedades ocidentais[4] não surgiu de uma única experiência histórica, mas do conjunto de acontecimentos vivenciados por alguns Estados nacionais, notadamente os Estados inglês, francês e, em alguma medida, o americano (EUA).

A solidificação das premissas do constitucionalismo moderno, advindas do Estado de Direito constituído por essas nações, apesar de serem insuficientes para o desenvolvimento da democracia tal como vivenciamos nos dias atuais, prestou importante contributo para a evolução do reconhecimento da dignidade humana.

O constitucionalismo inglês, primeiro a se desenvolver na era moderna, extraiu como norte o respeito às tradições constitucionais, não havendo, no Reino Unido, um texto constitucional único, mas apenas documentos esparsos, o que não impediu o respeito e a

---

(4) "Por constituição moderna entende-se a ordenação e sistemática e racional da comunidade política através de um documento escrito no qual se declaram as liberdades e os direitos e se fixam os limites do poder político" (CANOTILHO, José Joaquim Gomes. *Direito Constitucional e Teoria da Constituição*. 7. ed. Coimbra, Portugal: Almedina. p. 52).

valorização das denominadas "tradições imemoriais", com raízes nas tradições históricas do povo inglês (SOUZA NETO e SARMENTO, 2017; p. 75).

Outra característica marcante é a limitação dos poderes do Estado como forma de garantir as liberdades pessoais e de propriedade dos ingleses. Essa limitação se deu tanto em relação às funções a serem desempenhadas pelo Estado quanto na instituição da representação e soberania parlamentar.

Além disso, como forma de assegurar a observância do direito à liberdade, criou o constitucionalismo inglês a noção de processo justo, previsto em lei, como ferramenta a ser utilizada pelo Poder Judiciário, órgão soberano na interpretação e solidificação dos direitos fundamentais do povo.

Conforme preceitua Canotilho,

> Em primeiro lugar, a liberdade radicou-se subjetivamente como liberdade pessoal de todos os ingleses e como segurança da pessoa e dos bens de que se é proprietário no sentido já indicado pelo art. 39 da Carta Magna. Em segundo lugar, a garantia de liberdade e da segurança impôs a criação de um processo justo regulado por lei (*due processo of law*), onde se estabelecessem regras disciplinadoras da privação da liberdade e da propriedade. Em terceiro lugar, as leis do país (*law of the land*) reguladoras da tutela das liberdades são dinamicamente interpretadas e reveladas pelos juízes – e não pelo legislador! – que assim vão cimentando o chamado direito comum (*common law*) de todos os ingleses. Em quarto lugar, sobretudo a partir da *Glorious Revolution* (1688-89), ganha estatuto constitucional a ideia de representação e soberania parlamentar, indispensável à estruturação de um governo moderado (CANOTILHO, 7. ed.; p. 56).

Os avanços desse momento histórico que, frise-se, não tomou forma escrita, sedimentaram-se nas constituições ocidentais, sendo reproduzidos na Constituição da República de 1988, notadamente no art. 2º (poderes harmônicos e reciprocamente moderados), e no art. 5º, incisos II (limitação dos poderes do Estado), XIII (liberdade de trabalhar), XXII (direito de propriedade) e LIV ("ninguém será processado nem sentenciado senão pela autoridade competente").

A França, por sua vez, preferiu não abraçar a experiência inglesa para proceder verdadeira revolução que visava romper completamente com o antigo regime monárquico, façanha não realizada pelos britânicos. Assim, além de deixar como legado o princípio da isonomia formal entre os indivíduos, o constitucionalismo francês deu luz ao que denominamos atualmente de Poder Constituinte, que foi criado a partir da junção da Teoria dos Direitos Naturais e da Teoria do Contratualismo, e que fundamenta o modo de construção de uma lei fundamental escrita que garante a todos liberdades individuais e formata o modo de atuação do poder político (CANOTILHO, 7. ed.; p. 56).

Nesse sentido, pontuam Cláudio Pereira de Souza Neto e Daniel Sarmento (2017, p. 76):

> Os revolucionários franceses não tinham a intenção de apenas modificar pontualmente o Antigo Regime. Muito mais que isso, eles visavam a formar um novo Estado e uma nova sociedade, erigida sobre o ideário Iluminista da igualdade, da liberdade e da fraternidade. Sob a perspectiva da teoria constitucional, esta vontade de ruptura com o passado se expressou na teoria do poder constituinte, elaborada originariamente pelo Abade Emanuel Joseph Sieyès, em sua célere obra Qu'est-ce que le Tier État? (...)
>
> A Constituição deve corresponder a uma lei escrita, não se confundindo com um repositório de tradições imemoriais, ao contrário da fórmula inglesa. Ela pode romper com o passado e dirigir o futuro da Nação, inspirando-se em valores universais centrados no indivíduo.

A experiência francesa, construída em cenário de verdadeira revolução, ainda mostrou avanços no que diz respeito à liberdade religiosa e à liberdade de expressão dos indivíduos[5].

Os avanços constitucionais adquiridos durante a Revolução Francesa também foram incorporados ao plexo de direitos humanos fundamentais e refletem atualmente nas constituições ocidentais e nos diplomas internacionais que visam assegurar a dignidade humana. São exemplos as normas dos art. 1º, parágrafo único e art. 5º, inciso I, da Constituição da República de 1988, bem como os artigos da Declaração de Direitos do Homem e do Cidadão de 1789.

O constitucionalismo americano teve como ideia principal a concepção de que a Constituição é norma jurídica, podendo ser invocada pelo Poder Judiciário

---

(5) Apesar de a Lei Chapelier, que proibiu a greve e a manifestação dos trabalhadores, datar desta época (1791), é necessário registrar que o direito de expressão na sua perspectiva individual conquistou importantes avanços no cenário da Revolução Francesa.

como parâmetro na solução de conflitos, sendo apta para declarar a invalidade de leis que afrontam a matriz instituída pela Poder Constituinte. Referida jurisdição constitucional espraiou-se por todo o mundo, especialmente a partir da segunda metade do século XX, momento no qual se verificou a ascensão do ideário pós-positivista.

Houve significativo reflexo da figura do *judicial review* na atuação dos Tribunais brasileiros, sendo importante exemplo a análise pelo Supremo Tribunal Federal das sistemáticas de pagamentos de precatórios previstas nas Emendas Constitucionais ns. 30/2000 e 62/2009[6].

Observa-se, portanto, que o Estado de Direito Liberal promoveu a institucionalização de ideias e direitos importantes para a continuidade evolutiva do constitucionalismo moderno, que culminou no atual Estado Democrático de Direito. Entre tais ideias, destacam-se as relacionadas às liberdades individuais civis – como a de locomoção, de expressão, de reunião, de contratação de trabalho – e as direcionadas às liberdades públicas e a submissão do poder político e das instituições ao império da lei (DELGADO, 2017; p. 23).

Nada obstante, sem embargo das contribuições do liberalismo para o avanço e a concretização do atual estágio do constitucionalismo, que fincou razões na social democracia, nos dias atuais há crescente invocação do ideário ultraliberal sob o influxo da transformação de direitos sociais garantidos constitucionalmente em meras prestações de natureza residual (MERRIEN, 2007; p. 143).

3. LEI N. 13.467/2017 – DESMATERIALIZAÇÃO DO DIREITO DO TRABALHO

A Lei n. 13.467/2017, denominada de Reforma Trabalhista, pretendeu normatizar a atual relação capital-trabalho por meio da enunciação formal de igualdade entre empregador e empregado. Contudo, *"ao retroceder ao encontro livre das vontades de iguais como instância normatizadora prevalente das relações entre capital e trabalho, a lei aprovada desconsidera a história da construção do Direito do Trabalho, cujos princípios que lhe dão fisionomia foram elevados à condição de princípios constitucionais pela Constituição Federal de 1988"* (BIAVASCHI, 2017; p. 125-126).

A intenção legislativa neoliberal, projetada na Lei n. 13.467/2017, resta patente ao analisar o art. 442-B da CLT, ao dispor que em se tratando de **contratação de trabalhador autônomo**, cumprindo este todas as formalidades legais, com ou sem exclusividade, é elidida a possibilidade de reconhecimento de vínculo de emprego entre trabalhador e contratante. Referida positivação, ao ignorar os princípios da proteção do hipossuficiente e da primazia da realidade, visa excluir o trabalhador do acesso a direitos sociais insculpidos no art. 7º, da Constituição da República, mesmo quando presentes todos os elementos fáticos da relação de emprego.

Sob o enfoque do **negociado sobre o legislado**, a Lei n. 13.467 prestigia tão somente a igualdade formal dos entes coletivos, desprestigiando a análise da paridade de armas sob o aspecto substancial, ignorando o necessário exame quanto a efetiva representatividade sindical e poder de negociação, bem como outras peculiaridades específicas de cada ente negociante, alçando-os a idêntico patamar de igualdade, descurando atenção especial às características próprias dos pactuantes, especialmente as vertidas ao representante da coletividade profissional.

A exaltação da igualdade formal, característica própria do Estado Liberal e já há muito superada pela instituição do Estado Democrático de Direito promovida pela Constituição da República de 1988, também se

---

[6] (...) No caso em exame, cabe registrar, ainda, que esta é a terceira tentativa do Poder Constituinte Derivado de tratar da mora do Poder Público no pagamento dos precatórios. As duas tentativas anteriores EC 30/2000 e EC n. 62/2009 foram rejeitadas pelo STF. Ao que tudo indica, no entanto, a presente iniciativa procurou justamente atender às considerações tecidas por esta Corte quando do julgamento da questão de ordem das ADIs ns. 4357 e 4425, em que se assinalou a necessidade de que os precatórios atrasados fossem quitados no prazo de cinco exercícios financeiros (prazo da modulação dos efeitos da decisão). Destaca-se, ainda, a situação de crise por que passa o país, o que torna improvável o pagamento de tais débitos sem o referido mecanismo. (ADI n. 5.679-MC, Rel. Min. Roberto Barroso, DJe de 09.06.2017). Com efeito, a atuação superveniente do legislador constitucional derivado parece se tratar de típico caso de reação legislativa ao exercício do judicial review. É que, apesar de se assegurar ao Supremo Tribunal Federal a guarda da Constituição (art. 102 da CRFB/88), o pronunciamento da Corte não encerra o debate sobre as questões constitucionais, estimulando iniciativas de diálogos institucionais e de uma sociedade aberta dos intérpretes da Constituição. É o que assenta Peter Häberle, artífice da tese, ao prever que no processo de interpretação constitucional estão potencialmente vinculados todos os órgãos estatais, todas as potências públicas, todos os cidadãos e grupos, não sendo possível estabelecer-se um elenco cerrado ou fixado *numerus clausus* de intérpretes da Constituição (...) quem vive a norma acaba por interpretá-la ou pelo menos por cointerpretá-la. (HÄBERLE, Peter. Hermenêutica Constitucional: a sociedade aberta aos intérpretes da Constituição: contribuição para a interpretação pluralista e procedimental da Constituição. Porto Alegre: Sergio Antonio Fabris, 1997, p. 13). (STF – Rcl: 28722 PA – PARÁ 0012134-77.2017.1.00.0000, Relator: Min. LUIZ FUX, Data de Julgamento: 24.10.2017, Data de Publicação: DJe-247 27.10.2017)

verifica nas regras dispostas pelo legislador reformista no que diz respeito à **negociação voluntária individual** do empregado para com o empregador, no caso de trabalhador portador de diploma de nível superior e que perceba salário mensal igual ou superior a duas vezes o teto máximo do Regime Geral de Previdência Social, nos moldes do art. 444, parágrafo único, da CLT.

Emerge a figura denominada de trabalhador hipersuficiente, alterando o princípio tuitivo, fonte basilar e estruturante do Direito do Trabalho, sob o frágil argumento de que o suposto alto padrão financeiro percebido, aliado à capacidade cognitiva advinda da formação superior, desaguaria em uma subordinação rarefeita, que lhe conferiria total possibilidade de negociar em igualdade com o seu empregador.

De igual modo, a **pactuação do banco de horas individualmente** entre empregado e empregador, autorizada pela Reforma Trabalhista, sequer exige qualquer condição pessoal do empregado para firmar o ajuste (art. 59, § 5º, da CLT, incluído pela Lei n. 13.467/2017), como disposto no caso de **negociação voluntária individual** acima mencionada. Sob tal aspecto, há desrespeito não somente à igualdade em sua vertente material, mas também formal, pois a legislação trata de forma desigual situações que mereciam tratamento equânime.

Dentro de tal contexto, pode se afirmar que a edição de uma lei é incapaz de suplantar a realidade fática vivenciada entre empregador e trabalhador. É dizer, a lei não deve dissimular a realidade a ponto de gerar deturpadas expectativas aos cidadãos, com incompreensão jurídica e atributo deletério para a vida social (AZEVEDO, 1999; p. 72). Daí porque estaria sendo contraproducente às necessidades e anseios sociais.

A Lei n. 13.467/2017 transforma juízos empíricos em premissas absolutamente verdadeiras, como por exemplo, quando dita no parágrafo único do art. 611-B, da CLT, com redação concedida pela citada lei, que as **regras sobre duração do trabalho e intervalos não são consideradas como normas de saúde, higiene e segurança do trabalho, para os fins de negociação coletiva.** Ora, Plauto Faraco de Azevedo é enfático ao aduzir que *"não é admissível que a Ciência do Direito sobreponha as construções jurídicas aos homens concretos. Precisa contribuir à efetividade da ordem jurídica, transcendendo o arranjo lógico-formal dos direitos e obrigações, aferindo a aptidão das leis à construção de um convívio menos inumano, mais harmônico e solidário"* (AZEVEDO, 1999; p. 72). Em outras palavras, a lei que regula um fenômeno não tem aptidão para transformá-lo (CARVALHO, 2018; p. 109).

O legislador reformista, ao engendrar tais novidades legislativas, descurou os valores supremos postos no Preâmbulo da Constitucional Federal de 1988, tais como o exercício dos direitos sociais e individuais, o bem-estar e a justiça social.

Ao manifestar-se acerca da juridicidade vinculante do prelúdio constitucional, o Supremo Tribunal Federal assentou que o ideário não se situa no âmbito do Direito, refletindo apenas e tão somente uma posição ideológica do constituinte originário, sem ostentar, desse modo, relevância jurídica ou consubstanciar-se como norma central da Constituição[7]. Não se pode desconsiderar, contudo, que o preâmbulo auxilia sobremaneira a extrair o espírito do Poder Constituinte originário em promover uma democracia social, em que há o respeito aos direitos fundamentais sociais com vistas à criação de efetivo Estado Democrático de Direito, que promove a inclusão de todos seus cidadãos pela via do pleno emprego (art. 170, inciso VIII) e da valorização do trabalho humano (art. 1º, inciso IV).

Em razão da sua relevância e, adotando posicionamento contrário ao firmado pelo Supremo Tribunal Federal, ensina Dalmo de Abreu Dallari que, após a promulgação da Carta Magna de 1988, emergiu a importância de se observar o preâmbulo constitucional, atribuindo-lhe o caráter de preceito jurídico e, consequentemente, de bússola para a interpretação dos artigos constitucionais, como também para o controle de constitucionalidade das leis e dos atos jurídicos (DALLARI, 2001).

É certo que a Constituição da República de 1988 notoriamente prioriza um modelo coletivo de cidadania, enaltecendo os direitos sociais e os valores solidários e igualitários (DELGADO, 2016, p 36-67.). Referido paradigma alinha-se às exigências contidas na Declaração Universal de Direitos Humanos (1948), no Pacto Internacional sobre Direitos Econômicos, Sociais e Culturais (1966) e nas Convenções da Organização

---

(7) CONSTITUCIONAL. CONSTITUIÇÃO: PREÂMBULO. NORMAS CENTRAIS. Constituição do Acre. I. – Normas centrais da Constituição Federal: essas normas são de reprodução obrigatória na Constituição do Estado-membro, mesmo porque, reproduzidas, ou não, incidirão sobre a ordem local. Reclamações 370-MT e 383-SP (RTJ 147/404). II. – Preâmbulo da Constituição: não constitui norma central. Invocação da proteção de Deus: não se trata de norma de reprodução obrigatória na Constituição estadual, não tendo força normativa. III. – Ação direta de inconstitucionalidade julgada improcedente. (ADI n. 2.076, Relator(a): Min. CARLOS VELLOSO, Tribunal Pleno, julgado em 15.08.2002, DJ 08-08-2003 PP-00086 EMENT VOL-02118-01 PP-00218)

Internacional do Trabalho, lastros normativos propulsores de conteúdo humanista que disseminam a propagação de uma sociedade livre e regida pelo bem-estar e justiça sociais, redundando num contexto de menor desigualdade social.

No bojo de tal contexto, há o princípio da vedação ao retrocesso no campo social, que objetiva estancar medidas que impliquem supressão ou restrição de direitos sociais compreendidas como violadoras de determinados direitos. À luz de tal princípio, a alteração legislativa não pode afrontar a proteção da confiança, a dignidade da pessoa humana e de seu correlato mínimo existencial. É salutar a lição de Jorge Miranda, citado por Ingo Sarlet, ao afirmar que a legislação ordinária não pode fulminar previsões legislativas que visam dar concretude aos direitos sociais, sob o pretexto de que o lastro constitucional não restou afetado, pois sua eficácia jurídica restaria esvaziada pela situação instaurada pelo legislador (SARLET, 2009. p. 116-149).

Prosseguindo, o professor Ingo Sarlet registra que a liberdade de conformação do legislador possui limites (SARLET, 2009; p. 116-149):

> Em outras palavras, mesmo tendo em conta que o "espaço de prognose e decisão" legislativo seja variável, ainda mais no marco dos direitos sociais e das políticas públicas para a sua realização, não se pode admitir que em nome da liberdade de conformação do legislador, o valor jurídico dos direitos sociais, assim como a sua própria fundamentalidade, acabem sendo esvaziados.

Com fulcro no citado ensinamento, deve o magistrado atentar-se para aquilo que J. J. Gomes Canotilho denomina de "desrazoabilidades legislativas", que devem ser submetidas ao crivo da proporcionalidade em sentido amplo pelo Poder Judiciário. A margem de conformação do legislador na elaboração de parâmetros legislativos deve ser respeitada, mas sem retroceder a um estágio inferior ao mínimo visado constitucionalmente (CONTINENTINO. 2015). Somente assim é possível manter o dinamismo econômico face ao mundo globalizado sem o incumprimento com o bem-estar público (KUHNLE, 2017, p 37-52).

4. CONCLUSÃO

A despeito das limitações e deficiências, o surgimento e a consolidação do Estado Liberal foram fatores históricos essenciais para a formação das bases estruturantes do constitucionalismo moderno, notadamente no que diz respeito aos direitos hodiernamente considerados como de 1ª dimensão.

É certo também que o Estado Liberal demonstrou inúmeras insuficiências, principalmente no que diz respeito à necessidade de se assegurar a igualdade material para se obter paz e justiça sociais. Nesse contexto de desigualdade advinda da intervenção mínima do Estado Liberal que o Direito do Trabalho surgiu como ramo jurídico especializado capaz de aproximar a pessoa humana trabalhadora do sistema econômico capitalista de modo a estabelecer regras sociais para a convivência sadia entre ambos.

A Lei n. 13.467/2017 abriu caminhos para o recrudescimento tardio do liberalismo exacerbado, em seu viés clássico, de modo a alavancar grave retrocesso em relação aos direitos sociais logrados pelas fases subsequentes de desenvolvimento do constitucionalismo. A partir de então, refunda a teoria do *laissez-faire*, exaltadora do liberalismo econômico e da proteção desmedida aos direitos de propriedade, nos moldes do antigo Estado Liberal Absenteísta, com significativas restrições aos direitos sociais conquistados até o atual momento da história.

Observa-se, portanto, que a reforma legislativa recentemente promovida no âmbito da Consolidação das Leis do Trabalho vai de encontro aos anseios da sociedade brasileira, insculpidos na Constituição da República de 1988, de promoção e implementação de uma democracia social, que preza pela inclusão de seus cidadãos na dinâmica capitalista através da valorização do trabalho humano e da materialização da justiça social.

5. REFERÊNCIAS BIBLIOGRÁFICAS

AZEVEDO, Plauto Faraco de. *Direito, justiça social e neoliberalismo*. São Paulo: Revista dos Tribunais, 1999.

BIAVASCHI, Magda Barros. A reforma trabalhista em tempos de acirramento das desigualdades sociais à ação de um capitalismo "sem peias". In: ROCHA, Cláudio Jannotti da; MELO, Raimundo Simão de. *Constitucionalismo, trabalho, seguridade social e as reformas trabalhista e previdenciária*. São Paulo: LTr, 2017.

BONAVIDES, Paulo. *Do estado liberal ao estado social*. 6. ed. Malheiros Editores, 1996.

CARVALHO, Augusto César Leite de. *Princípios de direito do trabalho sob a perspectiva dos direitos humanos*. São Paulo: LTr, 2018.

CARVALHO NETTO, Menelick de. Racionalização do ordenamento jurídico e democracia. In: ROCHA, Cláudio Jannotti da; MELO, Raimundo Simão de. *Constitucionalismo, trabalho, seguridade social e as reformas trabalhista e previdenciária*. São Paulo: LTr, 2017.

CANOTILHO, José Joaquim Gomes. *Direito constitucional e teoria da constituição*. 7. ed. Coimbra, Portugal: Almedina.

CESARINO JÚNIOR, A. F. *Direito Social Brasileiro*. 1º volume. 4. ed. Livraria Freitas Bastos, 1957.

CONTINENTINO, Marcelo Casseb. *Proibição do retrocesso social está na pauta do Supremo Tribunal Federal*. Disponível: <https://www.conjur.com.br/2015-abr-11/observatorio-constitucional--proibicao-retrocesso-social-pauta-stf#_ftnref12>.

DALLARI, Dalmo de Abreu. Preâmbulos das Constituições do Brasil. *Revista da Faculdade de Direito*, Universidade de São Paulo, São Paulo, v. 96, p. 243-270, jan. 2001. ISSN 2318-8235. Disponível em: <https://www.revistas.usp.br/rfdusp/article/view/67503/70113>. Acesso em: 26 june 2018. <doi:http://dx.doi.org/10.11606/issn.2318-8235.v96i0p243-270>.

DELGADO, Lucília de Almeida Neves. Cidadania, democracia e direitos sociais: impasses e desafios em um século de história no Brasil. *Revista de Direito das Relações Sociais e Trabalhistas*, Brasília, Volume 2, n. 2, 2016, p 36-67, jul-dez/2016.

DELGADO, Mauricio Godinho. *Capitalismo, trabalho e emprego: entre o paradigma da destruição e os caminhos da reconstrução*. 3. ed. São Paulo: LTr, 2017.

_____; DELGADO, Gabriela Neves. *A reforma trabalhista no Brasil*: com os comentários a Lei n. 13.467/2017. São Paulo: LTr, 2017.

_____; PORTO, Lorena Vasconcelos Porto (Orgs.). *O Estado de Bem-Estar Social no Século XXI*. São Paulo: LTr, 2007.

KUHNLE, Stein; HORT, Sven E. O.; ALESTALO, Matti. Lições do modelo nórdico do estado de bem-estar social e governança consensual. *Revista de Direito das Relações Sociais e Trabalhistas*, Brasília, v. 3, n. 1, 2017.

LOCKE, John. *Second treatise of government*. Trad. Livre. C. B. McPherson, Hackett Publishing Company, Indianapolis and Cambrige, 1980.

MERRIEN, François Xavier. O novo regime econômico internacional e o futuro dos Estados de Bem-Estar Social. In: DELGADO, Mauricio Godinho; PORTO, Lorena Vasconcelos Porto (Orgs.). *O Estado de Bem-Estar Social no Século XXI*. São Paulo: LTr, 2007.

SARLET, Ingo Wolfgang. Notas sobre a assim designada proibição de retrocesso social no constitucionalismo latino-americano. *Rev. TST*, Brasília, vol. 75, n. 3, jul./set. 2009.

SILVA, Sayonara Grillo Coutinho Leonardo da; EMERIQUE, Lilian Balmart; BARISON, Thiago. *Reformas institucionais, democracia e relações de trabalho*. São Paulo: LTr, 2018.

SOUZA NETO, Cláudio Pereira de; SARMENTO, Daniel. *Direito constitucional. Teoria, história e métodos de trabalho*. 2. ed. Belo Horizonte: Fórum, 2017.

VAL, Eduardo Manuel; GUIMARÃES, Denise de Almeida. Globalização, políticas de austeridade e os direitos humanos trabalhistas: as reformas Temer e Macri. In: SILVA, Sayonara Grillo Coutinho Leonardo da; EMERIQUE, Lilian Balmart; BARISON, Thiago. *Reformas institucionais, democracia e relações de trabalho*. São Paulo: LTr, 2018.

CAPÍTULO 3

A IMPORTÂNCIA DA PRINCIPIOLOGIA HUMANÍSTICA E SOCIAL NO ESTADO DEMOCRÁTICO DE DIREITO

Horácio Aguilar da Silva Ávila Ferreira[1]

Tâmara Matias Guimarães[2]

Luiza Baleeiro Coelho Souza[3]

1. INTRODUÇÃO

As modificações sofridas pelo Direito a partir da formação dos modelos de Estado Liberal e Estado Social foram essenciais na concepção da estrutura jurídica atual. Com as mutações sofridas pelo constitucionalismo, houve um inegável aperfeiçoamento deste com a criação de novas bases constitucionais, assim como alterações na forma de aplicação das normas e sofisticação dos próprios bens jurídicos fundamentais.

No decorrer dos capítulos objetiva-se analisar a referida evolução, bem como os principais aspectos de cada modelo de Estado, sua relação com os princípios e, por fim, o aspecto humanístico e social do paradigma do Estado Democrático de Direito. Para tanto, a metodologia utilizada foi, quantos aos objetivos acima mencionados, a pesquisa descritiva. Quanto aos procedimentos técnicos utilizou-se, especialmente, a pesquisa bibliográfica feita a partir de obras literárias e artigos publicados em revistas especializadas no tema em questão. Por fim, relativamente aos métodos de abordagem e de procedimento, aponta-se o método dedutivo, histórico e comparativo.

Inicialmente, destaca-se o papel do Liberalismo jurídico como o primeiro paradigma do constitucionalismo, marcado por ser o precursor da institucionalização de direitos em texto constitucional. No entanto, a estrutura fortemente individualista, bem como a concepção da norma livre de valor que fundamentaram o pensamento liberal foram decisivas para a superação deste modelo.

Noutra senda, o Estado Social ganha espaço por incluir no Texto Constitucional uma série de direitos sociais, antes ignorados pelo liberalismo. Embora fosse o paradigma do Estado Social um modelo de transição e, consequentemente, inacabado e com certas falhas, foi a partir daí que se pôde minimizar a opressão das massas as quais estavam excluídas das garantias instituídas constitucionalmente até então.

Finalmente, alcançou-se o paradigma humanístico e social contemporâneo, o chamado Estado Democrático de Direito. Conclui-se, portanto, a partir deste novo modelo, que somente apoiado na normatização dos princípios e da democratização do Estado é que se atingiu uma matriz constitucional apta a reunir os eixos fundantes de uma constituição cidadã, caracterizada

---

(1) Mestrando em Direito do Trabalho, Processo do Trabalho e Seguridade Social pela UDF. Pós-graduado em Docência para o Ensino Superior pela instituição CESV – Centro de Ensino Superior de Vitória. Pós-graduando em Direito do Trabalho e Previdenciário da Atualidade pela PUC Minas. Administrador formado pela Universidade Federal do Espírito Santo – UFES. Advogado.

(2) Mestranda em Direito das Relações Sociais e Trabalhistas pela UDF. Graduada em Direito pela Universidade Federal do Maranhão – UFMA. Pós-graduada em Direito do Trabalho e Processo do Trabalho. É advogada e professora universitária na Unidade de Ensino Superior do Sul do Maranhão – UNISULMA em Imperatriz – MA.

(3) Mestranda em Direitos das Relações Sociais e Trabalhistas pelo Centro Universitário do Distrito Federal (UDF). Pós-graduada em Direito do Trabalho e Previdenciário na Atualidade pela Pontifícia Universidade Católica de Minas Gerais (PUC Minas). Graduada em Direito pela Faculdade de Direito de Vitória (FDV). Membro da Comissão de Direito Previdenciário da OAB/ES. Advogada.

pela tutela da vida humana digna.

2. A EVOLUÇÃO DO ESTADO LIBERAL AO ESTADO SOCIAL

O Estado Liberal constituiu marco histórico e jurídico importante na medida em que durante o seu curso surgiram as primeiras constituições escritas. Esse avanço foi responsável por condensar a normativa responsável pela organização do Estado com a institucionalização das liberdades civis[4].

A partir da queda do Estado Absolutista, que ocorreu em consequência das revoluções liberais burguesas – vivenciadas tanto nos Estados Unidos da América quanto na França em meados dos séculos XVII e XVIII –, houve considerável limitação do poder dos soberanos e submissão ao império das leis. Ademais, consolida-se como seu principal objetivo a tutela dos direitos e liberdades individuais, notadamente, o direito de propriedade, como clara consequência à ascensão e fortalecimento da burguesia durante esse período[5].

Não obstante a criação de direitos em favor dos cidadãos, eles eram dotados de caráter altamente excludente e cunhados na existência de uma igualdade meramente formal de todos perante a lei. Destaca-se, contudo, a importância dos avanços conquistados, vez que indispensáveis ao desenvolvimento e, posteriormente, à instituição de um regime político democrático.

A superação do paradigma do Estado Liberal, em grande parte, se deu com a pressão das massas, logo após a Primeira Guerra Mundial. Isso porque a população passou a reivindicar, com maior intensidade, garantias que, verdadeiramente, alcançassem sua realidade através de direitos tipicamente sociais, tais como o direito a melhores condições de trabalho e o acesso à previdência em casos de risco social[6].

Segundo leciona Mauricio Godinho Delgado[7], são marcos constitucionais relevantes ao surgimento do Estado Social a Constituição Mexicana de 1917 e a Constituição Alemã de 1919. Esta última contou com forte influência do Tratado de Versalhes, bem como da criação da Organização Internacional do Trabalho, contemporânea à sua promulgação.

É possível citar como características primordiais do Estado Social a inserção de uma gama de direitos sociais nos textos constitucionais, o fortalecimento e ampliação dos direitos de cidadania e participação popular, além de um forte intervencionismo estatal, inclusive sobre o direito de propriedade.

O conjunto de todos estes atributos demonstrou a finalidade de superar a visão de igualdade meramente formal e propiciar a ascensão de uma sociedade participativa e inclusiva, em claro contraponto ao Estado Liberal.[8]

Entretanto, de acordo com Mauricio Godinho Delgado[9], o Estado Social de Direito é, de fato, apenas um modelo jurídico e político de transição, uma fase intermediária do constitucionalismo, ou, nas palavras de Paulo Bonavides[10] citado por Mauricio Godinho Delgado, as constituições nessa fase exprimem "(...) um estado de independência, transitoriedade e compromisso".

A compreensão acerca da evolução verificada desde a formação do Estado Liberal até o Estado Social é de fundamental importância para assimilar como se deu a formação da matriz principiológica do Direito, bem

---

(4) DELGADO, Mauricio Godinho. "Estado Democrático de Direito, Constituição Federal de 1988 e Direito do Trabalho". In: DELGADO, M. G.; DELGADO, G.N. *Constituição da República e Direitos Fundamentais – dignidade da pessoa humana, justiça social e Direito do Trabalho*. 3. ed. São Paulo: LTr, 2015. p. 38.

(5) DELGADO, Mauricio Godinho, NEVES, Gabriela Delgado. *A Reforma Trabalhista no Brasil*: com comentários à Lei 13.467/2017. São Paulo: LTr, 2017. p. 23.

(6) BONAVIDES, Paulo. *Do estado liberal ao estado social*. 8. ed. São Paulo: Saraiva, 2007. p. 186.

(7) DELGADO, Mauricio Godinho, NEVES, Gabriela Delgado. *A Reforma Trabalhista no Brasil*: com comentários à Lei 13.467/2017. São Paulo: LTr, 2017. p. 24.

(8) DELGADO, Mauricio Godinho, NEVES, Gabriela Delgado. *A Reforma Trabalhista no Brasil*: com comentários à Lei 13.467/2017. São Paulo: LTr, 2017. p. 24.

(9) DELGADO, Mauricio Godinho. Estado Democrático de Direito, Constituição Federal de 1988 e Direito do Trabalho. In: DELGADO, M. G.; DELGADO, G.N. *Constituição da República e Direitos Fundamentais – dignidade da pessoa humana, justiça social e Direito do Trabalho*. 3. ed. São Paulo: LTr, 2015. p. 43.

(10) BONAVIDES, Paulo, Curso de Direito Constitucional, 24. ed. São Paulo: Malheiros, 2009. p. 231, apud DELGADO, Mauricio Godinho. Estado Democrático de Direito, Constituição Federal de 1988 e Direito do Trabalho. In: DELGADO, M. G.; DELGADO, G.N. *Constituição da República e Direitos Fundamentais – dignidade da pessoa humana, justiça social e Direito do Trabalho*. 3. ed. São Paulo: LTr, 2015. p. 44.

como a construção de constituições que carregam a efetividade dos direitos e garantias fundamentais.

3. A NORMATIVIDADE CONFERIDA AOS PRINCÍPIOS E O PARADIGMA DO ESTADO DEMOCRÁTICO DE DIREITO

O Estado Liberal revela-se como o primeiro paradigma do constitucionalismo e tem como principais características a valorização dos ideais de liberdades individuais básicas, além da forte subordinação às regras instituídas pelo Estado. Nessa perspectiva, explica Delgado[11]:

> O primeiro paradigma do constitucionalismo, do Estado Liberal, característico do peculiar constitucionalismo não escrito da Grã-Bretanha do século XVII (Direito Consuetudinário Britânico), além do constitucionalismo escrito das Constituições dos EUA e da França, estas de finais do século XVIII – constitucionalismo que se reproduziu em constituições ocidentais subsequentes – (...) Nesse quadro, são características distintivas dessa primeira fase do constitucionalismo: institucionalização de ideias direcionadas às liberdades individuais básicas (usualmente englobadas como liberdades civis) (...).

Destaque-se que o espírito que envolve o Liberalismo jurídico está atrelado ao pensamento positivista que emergiu na mesma época. Isso porque o referido modelo de Estado se vale das ciências jurídicas exatamente como as ciências exatas, estabelecendo regras puramente descritivas, com extrema e rígida subordinação por parte da sociedade ao direito positivado.

Traçando um paralelo entre o paradigma do constitucionalismo em comento e sua relação com os princípios, conclui-se que estes se tratavam de meras pautas programáticas, desprovidas de normatividade e, portanto, irrelevantes para o pensamento jurídico da época.

Embora se verifiquem certas lacunas no positivismo jurídico, tal como a ausência de normatividade dos princípios, cabe ressaltar que o mesmo permanece sendo importante na atualidade. Destaque-se, por exemplo, a Teoria criada por Hans Kelsen chamada a Construção Escalonada do Ordenamento Jurídico[12], a qual se mantem atual, vez que permanece o entendimento quanto à existência de normas de hierarquia inferior, as quais retiram seu fundamento de validade de uma norma de hierarquia superior e assim sucessivamente até chegar ao ápice.

Após, apontou-se para um Constitucionalismo de transição, notadamente desenvolvido durante o Estado Social. Embora o referido modelo tenha sido marcado pelo salutar avanço na constitucionalização dos direitos sociais, este remanescia sofrendo com a carência de força normativa dos princípios que guiavam as regras constitucionais.

Assim, diante das falhas evidenciadas pelo Estado Liberal e Estado Social, o pensamento juspositivista perdeu sua hegemonia, fato que fez com que a comunidade jurídica abandonasse o método puramente descritivo e também a ideologia da norma livre de valor.

Consequentemente, iniciou-se a crise da velha hermenêutica que deu lugar ao paradigma do constitucionalismo humanístico e social que surgiu sucessivamente às atrocidades cometidas na 2ª Guerra Mundial.

Desse modo, ingressa-se num período constitucionalista o qual deu espaço à criação de direitos fundamentais que fazem diálogo com a moral e a justiça – chamado constitucionalismo contemporâneo ou pós-positivismo jurídico. Nesta esteira, Barroso corrobora[13]:

> O pós-positivismo busca ir além da legalidade estrita, mas não despreza o direito posto; procura empreender uma leitura moral do Direito, mas sem recorrer a categorias metafísicas. A interpretação e aplicação do ordenamento jurídico hão de ser inspiradas por uma teoria de justiça, mas não podem comportar voluntarismos ou personalismos, sobretudo os judiciais.

Nas últimas décadas do século XX, as novas Constituições acentuam a relevância axiológica dos princípios. A própria criação do Tribunal de Nuremberg, ao final da Segunda Guerra Mundial, foi um fato relevante no reconhecimento, pelas nações civilizadas,

---

(11) DELGADO, Mauricio Godinho, NEVES, Gabriela Delgado. *A reforma trabalhista no Brasil: com comentários à Lei 13.467/2017*. São Paulo: LTr, 2017. p. 9.

(12) KELSEN, Hans. *Teoria pura do direito*, 1ª versão. 2. ed. São Paulo: Revista dos Tribunais, 2002. p. 135.

(13) BARROSO, Luis Roberto. Neoconstitucionalismo e constitucionalização do Direito (o triunfo tardio do direito constitucional no Brasil). *Revista eletrônica sobre a reforma do Estado* (RERE). Salvador: Instituto Brasileiro de Direito Público, n. 9, março/abril/maio, 2007, p. 4. Disponível em: <http://xa.yimg.com/kq/groups/22830878/1220587927/name/RERE-9-MAR%C3%87O-2007-LUIZ+ROBERTO+BARROSO.pdf> Acesso em: 01 jun. 2018.

dos princípios gerais de Direito para, posteriormente, incorporarem em suas constituições.

Desta feita, o surgimento do pós-positivismo, capitaneado por estudiosos como Ronald Dworkin, deu início a uma nova fase que reconhece a normatividade dos princípios, bem como sugere rejeitar certos dogmas do positivismo jurídico.

Diante da necessidade de tratar os princípios como Direito reduziu-se a interferência da doutrina positivista. Assim, DworkIn: filiou-se à corrente que estabeleceu as diferenças entre princípios e regras, bem como sua relação com as normas, até as posições mais recentes e definidas do Constitucionalismo Contemporâneo[14]. Além disso, contribuiu também o jurista alemão Alexy para o progresso da Nova Hermenêutica e das tendências axiológicas de compreensão do fenômeno constitucional.

A partir da construção de novas Constituições, os princípios estão conduzindo o pensamento jurídico ocidental a uma concepção substancialista e não formal do Direito, conforme abordado por Dicesar Beches Vieira[15]:

> A busca por legitimação para as decisões principiológicas em sociedades complexas e plurais deu impulso ao desenvolvimento de diversas teorias da argumentação jurídica. Estas foram responsáveis por incorporar ao Direito metodologias e técnicas que o positivismo desprezava, como considerações de natureza moral, ou relacionadas à realidade subjacente as normas.

A normatividade dos princípios nas constituições contemporâneas lastreia a tendência que conduz à valoração e eficácia dos princípios como normas-chaves de todo o sistema jurídico. Isso porque, se retirou o conteúdo de programaticidade, mediante o qual se costumava neutralizar a eficácia das normas constitucionais. Nesse sentido, Delgado[16]:

Entre as inovações qualitativas essenciais do novo constitucionalismo encontram-se, ilustrativamente: a consagração da matriz principiológica das novas constituições; a institucionalização da natureza normativa dos princípios jurídicos; a estruturação de um rol de princípios humanísticos e sociais imperativos, todos apontando para a centralidade da pessoa humana na ordem social, econômica e jurídica; o aprofundamento e sofisticação dos mecanismos democráticos da sociedade política e da sociedade civil; a extensão da ideia de Democracia para além do simples campo do Estado e de suas instituições, de maneira a fazê-la presente também no âmbito das instituições da vida social e econômica privada.

O reconhecimento da superioridade e hegemonia dos princípios na pirâmide normativa – bem como a supremacia que não é unicamente formal, mas, sobretudo, material – é possível na medida em que os princípios são compreendidos, equiparados e até mesmo confundidos com os valores essenciais da sociedade. Assim, na ordem constitucional dos ordenamentos jurídicos, os princípios são a expressão mais alta da normatividade que fundamenta uma Constituição.

4. A MATRIZ HUMANÍSTICA E SOCIAL INDISPENSÁVEL PARA ASSEGURAR A DIGNIDADE DA PESSOA HUMANA NO ESTADO DEMOCRÁTICO DE DIREITO

A evolução histórica e constitucional construída ao longo dos paradigmas do Estado Liberal e do Estado Social conduziu ao aperfeiçoamento do modelo atual, o Estado Democrático de Direito[17].

Saliente-se que se trata de uma verdadeira evolução e não superação dos modelos de Estado anteriormente vivenciados, na medida em que diversas de suas conquistas permanecem existindo, agora dotadas de um viés social e humanístico.

---

(14) A teoria criada por Alexy se mantém bastante atual, principalmente, no tocante ao balanceamento de normas que é uma técnica criada pelo referido Autor para dirimir o conflito de princípios diante de hard cases. O balanceamento (ou ponderação) é muito utilizado pelos operadores do Direito na contemporaneidade, portanto, é fundamental a correta compreensão da mencionada teoria.

(15) JÚNIOR, Dicesar Beches Vieira. VIEIRA JÚNIOR, Dicesar Beches. *Neoconstitucionalismo*: Definição, Crítica e Concretização dos Direitos Fundamentais. 2014, p. 50. Disponível em: <https://periodicos.ufrn.br/constituicaoegarantiadedireitos/article/view/8007>. Acesso em: 01 de jun. de 2018.

(16) DELGADO, Mauricio Godinho, NEVES, Gabriela Delgado. *A Reforma Trabalhista no Brasil: com comentários à Lei 13.467/2017*. São Paulo: LTr, 2017, p. 27.

(17) DELGADO, Gabriela Neves. Os Paradigmas do Estado Constitucional Contemporâneo. In: DELGADO, M. G; DELGADO, G, N. *Constituição da República e Direitos Fundamentais – dignidade da pessoa humana, justiça social e direito do Trabalho*. 4. ed. São Paulo: LTr, 2016. p. 27.

O Estado Democrático de Direito, portanto, é marcado por erigir a pessoa humana ao centro ordenamento jurídico[18], sendo, por consequência, o "modelo de estado mais evoluído na dinâmica dos Direitos Humanos, por aprofundar-se em critérios de pluralidade e de reconhecimento universal de direitos"[19].

A escolha do homem como figura principal de preocupação trouxe inegáveis aspectos ao constitucionalismo contemporâneo, permeado por uma forte carga principiológica destinada a assegurar a dignidade humana.

Com base na lição de Mauricio Godinho Delgado, o Estado Democrático de Direito pauta-se, teoricamente, em um novo tripé conceitual composto pela "pessoa humana, com sua dignidade; sociedade política, concebida como democrática e inclusiva; sociedade civil, também concebida como democrática e inclusiva"[20].

É a partir da manutenção e fortalecimento dos três aspectos acima mencionados que a logística do Estado Democrático de Direito se encaixa de maneira perfeita. Isso porque, neste modelo de Estado, o poder será exercido democraticamente pelo povo, que apenas pode fazê-lo se encontrar no Direito garantias para tanto.

Contudo, esse exercício somente galgará um *status* de amplitude se igualmente for assegurada a dignidade da pessoa humana, através dos inúmeros direitos que lhe derivam e permitem ao homem a sua devida inclusão e participação na vida social.

Ademais, como a própria denominação contribui para o entendimento, tem-se que "o conceito constitucional de Estado Democrático de Direito traduz a ideia-força harmonizada de participação e inclusão, envolvendo todos os seguimentos populacionais, colocando no passado as ideias e realidades de exclusão e segregação (...)"[21].

Dessa forma, para que o ordenamento jurídico se mantenha coerente e o ser humano efetivamente passe a ser colocado à frente – principalmente das ambições econômicas –, é de fundamental importância que as normas e, principalmente, os princípios constitucionais, influenciem todos os ramos do Direito.

Transpondo a análise teórica acima delineada em termos práticos, no ordenamento jurídico brasileiro a amplitude conferida aos direitos constitucionais tornou-se perceptível através da necessária releitura dos mais variados diplomas legais – inclusive aqueles de cunho mais patrimonialista –, à luz da Constituição de 1988 e da especial relevância conferida ao Direito do Trabalho em seu texto.

Nesse último aspecto, verifica-se que o Direito do Trabalho guarda uma característica peculiar, pois além de, diretamente, conferir direitos, é através do trabalho digno que o ser humano retira os meios materiais para a sua subsistência e efetivação de outros direitos constitucionalmente assegurados, tais como, moradia, saúde, lazer e educação.

Ressalta-se, outrossim, que o Direito do Trabalho também é indispensável para que se possa atingir uma dimensão social de efetivação da dignidade humana, haja vista que:

> (...) a ideia de dignidade não se reduz, hoje, a uma dimensão estritamente particular, atada a valores imanentes à personalidade e que não se projetam socialmente. Ao contrário, o que se concebe como dignidade humana é também, ao lado dessa dimensão estritamente privada de valores, a afirmação social do ser humano. (...) na qualidade de ser necessariamente integrante de uma comunidade, o indivíduo tem assegurado por esse princípio não apenas a intangibilidade de valores individuais básicos, como também um mínimo de possibilidade de afirmação no plano social circundante. Na medida dessa afirmação social é que desponta o trabalho, notadamente o trabalho regulado, em sua modalidade mais bem elaborada, o emprego.[22]

Pontua-se que embora o Direito do Trabalho encontre expressa previsão constitucional, as eventuais

---

(18) DELGADO, Gabriela Neves. Os Paradigmas do Estado Constitucional Contemporâneo. In: DELGADO, M. G; DELGADO, G, N. *Constituição da República e Direitos Fundamentais – dignidade da pessoa humana, justiça social e direito do Trabalho*. 4. ed. São Paulo: LTr, 2016. p. 27.

(19) *Idem.*

(20) DELGADO, Mauricio Godinho. Constituição da República, Estado Democrático de Direito e Direito do Trabalho. In: DELGADO, M. G; DELGADO, G, N. *Constituição da República e Direitos Fundamentais*. 3.ed. São Paulo: LTr, 2015. p. 43.

(21) DELGADO, M. G; DELGADO, G, N. *A reforma trabalhista no Brasil*: com os comentários à Lei n. 13.467/2017, São Paulo: LTr, p. 28/29.

(22) DELGADO, Mauricio Godinho. *Princípios Constitucionais do Trabalho e Princípios do Direito Individual e Coletivo do Trabalho*. 5.ed. São Paulo: LTr, 2017, p. 41 e 42.

alterações promovidas pela legislação pátria infraconstitucional e demais normativas inerentes a outras searas do Direito, devem sempre ser analisadas de acordo com a Constituição, de onde retiram o seu fundamento jurídico de validade[23].

Assim, tem-se que as normas e princípios vigentes devem ser aplicados a partir de uma hermenêutica constitucional consciente com os propósitos buscados pela Carta Maior, sob pena de lhe retirar a efetividade e tornar letra morta os valores e princípios elencados como fundamentais em dado momento histórico.

Em outra mão, é dizer que o atingimento do objetivo precípuo do Estado Democrático de Direito constituído em "declarar, garantir e realizar os direitos fundamentais"[24] depende, indissociavelmente, da concretização do princípio da dignidade da pessoa humana, dotado de força normativa plena.

5. CONCLUSÃO

Cada modelo de Estado vivenciado demonstra ter desenvolvido um diferenciado olhar sobre o Direito e sobre os bens jurídicos que pretendiam tutelar. Nessa perspectiva, a evolução do Estado Liberal até o Estado Democrático de Direito trouxe diversos avanços.

Dentre os progressos alcançados, destaca-se a força normativa adquirida pelos princípios que hoje permeiam todo o ordenamento jurídico, dando coerência ao sistema e possibilitando ao aplicador do direito conferir efetividade aos direitos e garantias fundamentais.

Nessa perspectiva, os princípios humanísticos e sociais ganham destaque e são essenciais para a consecução do objetivo central do Estado Democrático de Direito, que é assegurar a vida humana digna.

6. REFERÊNCIAS BIBLIOGRÁFICAS

BARROSO, Luis Roberto. Neoconstitucionalismo e constitucionalização do Direito (o triunfo tardio do direito constitucional no Brasil). Salvador: *Revista eletrônica sobre a reforma do Estado* (RERE), n. 9, mar-maio, 2007. Disponível em:<http://xa.yimg.com/kq/groups/22830878/1220587927/name/RERE-9-MAR%C3%87O-2007-LUIZ+ROBERTO+BARROSO.pdf>. Acesso em: 1º jun. 2018.

BONAVIDES, Paulo. *Do estado liberal ao estado social*. 8. ed. São Paulo: Saraiva, 2007.

DELGADO, Mauricio Godinho. Estado Democrático de Direito, Constituição Federal de 1988 e Direito do Trabalho. In: DELGADO, M. G.; DELGADO, G. N. *Constituição da República e Direitos Fundamentais – dignidade da pessoa humana, justiça social e Direito do Trabalho*. 3. ed. São Paulo: LTr, 2015.

_____. Constituição da República, Estado Democrático de Direito e Direito do Trabalho. In: DELGADO, M. G; DELGADO, G, N. *Constituição da República e Direitos Fundamentais*. 3. ed. São Paulo: LTr, 2015.

_____. *Princípios Constitucionais do Trabalho e Princípios do Direito Individual e Coletivo do Trabalho*. 5. ed. São Paulo: LTr, 2017.

DELGADO, Gabriela Neves. Os Paradigmas do Estado Constitucional Contemporâneo. In: DELGADO, M. G; DELGADO, G, N. Constituição da República e Direitos Fundamentais – dignidade da pessoa humana, justiça social e direito do Trabalho. 4. ed. São Paulo: LTr, 2016.

DELGADO, Mauricio Godinho; DELGADO, Gabriela Neves. *A Reforma Trabalhista no Brasil*: com comentários à Lei n. 13.467/2017. São Paulo: LTr, 2017.

VIEIRA JÚNIOR, Dicesar Beches. *Neoconstitucionalismo: definição, crítica e concretização dos direitos fundamentais*. 2014. Disponível em: <https://periodicos.ufrn.br/constituicaoegarantiadedireitos/article/view/8>.07. Acesso em: 1º jun. 2018.

KELSEN, Hans. *Teoria pura do direito*. 2. ed. São Paulo: Revista dos Tribunais, 2002.

---

(23) Teoria desenvolvida por Hans Kelsen em seu livro "Teoria Pura do Direito".

(24) DELGADO, Gabriela Neves. Os Paradigmas do Estado Constitucional Contemporâneo. In: DELGADO, M. G; DELGADO, G, N. *Constituição da República e Direitos Fundamentais – dignidade da pessoa humana, justiça social e direito do Trabalho*. 4. ed. São Paulo: LTr, 2016. p. 27.

CAPÍTULO 4

REFORÇO DA DIGNIDADE HUMANA NO ESTADO DEMOCRÁTICO DE DIREITO

Ana Paula Fleuri de Bastos

Karine Domingues Machado

Laislla Ferreira Morais[1]

1. INTRODUÇÃO

O Estado Democrático de Direito é construído pelo exercício da democracia com a intensa e efetiva participação da sociedade nos âmbitos sociais e políticos e tem a dignidade da pessoa humana como o eixo valorativo central do ordenamento jurídico.

O objetivo do presente artigo é entender o Estado Democrático de Direito, por meio do estudo da evolução do Estado Liberal para o Estado Democrático de Direito, tendo a dignidade como eixo central.

A análise histórica do constitucionalismo ocidental advém da evolução do Estado Liberal, marcado pelos avanços institucionais e jurídicos, porém de modo precarizado, vez que ainda não detinha a participação e valorização do ser humano como eixo central.

Conforme adverte Jurgen Habermas, no modelo de Estado Liberal, o processo democrático baseava-se em compromisso de interesses:

> (...) E as regras da formação do compromisso, que devem assegurar a equidade dos resultados e que passam pelo direito igual e geral ao voto, pela composição representativa das corporações parlamentares, pelo modo de decisão, pela ordem dos negócios, etc., são fundamentadas, em última instância, nos direitos fundamentais liberais...[2]

Na perspectiva liberal, o Estado e a sociedade detinham de certo distanciamento, que ao seu tempo e de modo aparente não pôde ser eliminado. A superação desta "estranheza" entre Estado e a Sociedade só fora equilibrada pelo processo democrático através do Estado Democrático de Direito.

Dentro desta linha, o conceito estruturante e inovador do Estado Democrático de Direito detém como pivô central a pessoa humana, respeitando sua dignidade, observando o caráter inclusivo em todo sistema institucional e econômico, sob pena de não passar de utopia, sem qualquer concretização real. Significa afirmar então que a ideia de força, participação e inclusão em todos os segmentos da sociedade deverá se tornar real, ultrapassando os juízos de segregação perpetrados pelo liberalismo até o século XVIII.

2. ESTRUTURA PRINCIPIOLÓGICA HUMANISTA E SOCIAL

O direito se consolida com o objetivo de regulação da convivência social, criando normativas e regramentos para a sociedade civil de modo geral. É perceptível que o ser humano, em seu conceito primitivo, não seria um ser tão desenvolvido para que sem as regras de conduta, pudesse conviver pacificamente em sociedade. Assim, regramentos positivados foram necessários para a formação de uma sociedade "mais justa" e igualitária.

---

(1) Mestrandas em Relações Sociais e Trabalhistas pela UDF. Advogadas. Professoras em cursos de graduação e pós-graduação em Direito. Entusiastas do direito constitucional e processo do trabalho.

(2) HABERMAS, Jurgen, Direito e democracia entre facticidade e validade, volume II/ Jurgen Habermas; 1929- tradução: Flávio Beno Siebeneichler- Rio de Janeiro: Tempo Brasileiro, 1997. p. 19.

A reflexão sobre o conceito do Direito como norma jurídica, dotada de penalidades pelo seu descumprimento e que seja capaz de nortear as relações jurídicas de uma sociedade, constrói barreiras protetivas para que não se tenha a "*lei do mais forte*" e coíbe que atos sejam regulados dentro de uma sociedade territorial, tanto no caráter interindividual, como na esfera social.

Não podemos deixar de observar que na medida em que a sociedade civil evolui, os anseios da espécie humana vão se modificando, pois a diversidade e complexidade do Direito se tornam maiores.

J. Habermas (1962) já bem traduz que:

> O atual significado da expressão "sociedade civil" não coincide com o da sociedade burguesa" da tradição liberal, que Hegel chegara a tematizar como "sistema de necessidades", isto é, como sistema do trabalho social e do comércio de mercadorias numa economia de mercado. Hoje em dia, o termo "sociedade civil" não inclui mais a economia constituída através do direito privado e dirigida através do trabalho, do capital e dos mercados de bens, como ainda acontecia na época de Marx e do Marxismo.[3]

A consciência de que os princípios são capazes de efetivar normas jurídicas nasceu de modo mais claro e concreto após a segunda guerra mundial, com a incorporação de um constitucionalismo humano e social, tornando-se uma conquista, pois rompeu o paradigma que sustentava a exclusividade e atendia a interesses de poucos.

Com a Constituição Federal de 1988, passamos a fixar três eixos centrais de estruturação, detendo caráter humanista e social, respeitando a estrutura da sociedade civil e política.

O conceito de Estado Democrático de Direito funda-se em um inovador tripé conceitual: pessoa humana, com sua dignidade; sociedade política, concebida como democrática e inclusiva; sociedade civil, também concebida como democrática e inclusiva.[4]

A própria Constituição Federal preceitua uma democracia apontando como principal eixo a vontade do povo, detendo como caráter basilar a dignidade da pessoa humana. Verifica-se, então, que a ideia de soberania e monopólio por meio de forças do Estado, passa a ser substituída pela titularidade da vontade popular. Bobbio, já em 1987, com bastante cautela, determina a democracia

> Eu parto da premissa segundo a qual a única maneira de conduzir uma discussão razoável sobre a democracia, entendida como uma forma de governo distintas de todas as outras formas autocráticas, consiste em considerá-la como algo que se caracteriza através de uma série de regras... que estabelece quem está autorizado a tomar decisões envolvendo a coletividade e que tipo de procedimentos devem ser aplicados.[5]

Na mesma linha, José Afonso Silva[6], sabidamente afirma:

> (...) os direitos sociais, como dimensão dos direitos fundamentais do homem, são prestações positivas proporcionadas pelo Estado direta ou indiretamente, enunciadas em normas constitucionais, que possibilitam melhores condições de vida aos mais fracos, direitos que tendem a realizar a igualização de situações sociais desiguais. São, portanto, direitos que se ligam ao direito de igualdade. Valem como pressupostos do gozo dos direitos individuais na medida em que criam condições materiais mais propícias ao auferimento da igualdade real, o que, por sua vez, proporciona condição mais compatível com o exercício efetivo da liberdade.

Nota-se, neste contexto, que a conceituação de democracia tem caráter multidimensional, inclusive com a subdivisão em cinco planos do caráter democrático, quais sejam: 1. político: maior viabilização do esforço humano no debate de ideias e participação nas políticas públicas; 2. social: pelo desenvolvimento e inter-relação dos grupos sociais; 3. econômico: integração mais efetiva da população; 4. cultural: incentivo às relações entre os grupos objetivando avanço cultural; 5- institucional: inclusão da pessoa humana nas sociedades civil e política[7].

---

(3) Apud SMITH.T *The Role Of Ethics In: Social Theory*. Albany/Nova Iorque. 1991, 153-174.

(4) DELGADO, Mauricio Godinho; DELGADO, Gabriela Neves. *Constituição da República e Direitos Fundamentais*. 4. ed. São Paulo: LTr, 2017. p. 45.

(5) BOBBIO, N. *The Future od Democracy Cambridge/Mass*, 1987. _____. "Gramsci and the Concept of Civil Society", In: KEANE (1988), 73-100.

(6) SILVA, José Afonso da. *Curso de Direito Constitucional Positivo*. 32. ed. São Paulo: Malheiros, 2009. p. 286-287.

(7) DELGADO, Mauricio Godinho; DELGADO, Gabriela Neves. *Constituição da República e Direitos Fundamentais*. 4. ed. São Paulo: LTr, 2017.

Dentro desta conjuntura, tais características e dimensões devem ser aplicadas na prática às relações, para a concretização do caráter inclusivo da sociedade, base esta que alcança a dignidade da pessoa humana ao topo da nossa lei maior, a Constituição.

3. O TRIPÉ CONSTITUCIONAL E O ESTADO DEMOCRÁTICO DE DIREITO

Definiu-se em caráter preliminar que o Estado Democrático de Direito fora delimitado com as transformações que se evidenciaram na ordem política, cultural e jurídica após a segunda guerra mundial, onde a democracia de modo mais claro e coeso incorporou na fomentação organizacional da sociedade civil e política.

Logicamente, para que a sociedade detivesse força e representação em todos os campos, necessária se fez materializar no Estado Democrático de Direito, pautada no tripé constitucional em que a pessoa humana é incluída dentro de uma sociedade civil de modo democrático, sendo esta nova fase um marco com ideias modernas e que representaram inovações claras nas esferas políticas, culturais, sociais, jurídicas e econômicas.

A incorporação plena da prática democrática, detendo como eixo central a pessoa humana e respeitando a sua dignidade na forma de sua valoração à imposição a regras fundamentais, priorizando ainda os direitos individuais e sociais de uma sociedade livre e igualitária de forma inclusiva, traçou um eixo de uma "nova era jurídica", fase esta de evolução constitucional marcada por princípios explícitos e implícitos de proteção e respeito.

Expressar a sociedade sua vontade de modo direto ou mesmo através de representantes é exercer a democracia em sua concretude. O ser humano no centro deve ser a base de normatizações e regramentos, pautadas logicamente no caráter inclusivo do Estado Democrático em que se torne atuante e participativo nas decisões em todos os âmbitos da sociedade. Nota-se que a presente fase representa o rompimento do Estado Social de Direito, em que já apontava a um processo de democracia, mas com caráter transitório em que nem de modo distante, inseriu a pessoa humana no centro.

Paulo Bonavides, afirmou a fase liberal como que "de princípio, um estado de independência, transitoriedade e compromisso[8]". Percebe-se que o marco desta fase adveio da evolução do Estado Liberal, que se concretizou em sua totalidade democrática e como pivô a pessoa humana. A título de ilustração, cite-se uma pirâmide imaginária de três pontas na qual, no centro, está projetada a pessoa humana – base – para que a sociedade civil e política atuem de forma democrática.

4. O BEM-ESTAR SOCIAL COMO MEDIDA DE IGUALDADE

Um marco na história da civilização ocidental e que ensejou um maior sentido de concretude a ideais de liberdade, igualdade, justiça social, valorização do ser humano e da democracia, passando então a valorização do trabalho (detentor da função social agregadora do ser humano na sociedade), fora o Estado do Bem-Estar Social.

Entendendo de modo sucinto tal conceito, o mesmo iniciou-se a partir do século XIX, sendo marcado inicialmente por movimentos trabalhistas e socialistas na Alemanha, França e Grã-Bretanha. Após meados do presente século, fora de forma gradativa disseminando em outras regiões, conferindo a fortificação de cidadania nos aspectos econômicos, sociais e políticos.

Sob o ponto de vista da liberdade, o EBES é de certo modo caudatário das revoluções dos séculos XVII e XVIII, à medida que estas firmaram como relevante a noção de liberdade na sociedade política. Mesmo sendo meramente liberais, individualistas e elitistas em sua matriz original, estas revoluções abriram caminho para a afirmação da ideia da liberdade e, assim, para sua posterior apropriação pelas grandes massas populacionais dos trabalhadores e pelos despossuídos de riqueza e poder na sociedade capitalista.

Dentro desta linha denota a prática democrática, posto que o cidadão concretiza sua voz ativa em todos os segmentos sociais, visualizando o conceito de liberdade, até então restrito às elites (modelo do liberalismo originário). Não se pode esquecer, ainda, que a liberdade é agregadora da igualdade, onde há a afirmação da participação popular como uma ideia de justiça social.

Sem agregar profundamente ao conceito de bem-estar social, a figura da igualdade aplicada a todos os cidadãos de igual forma, permeia uma maior relação social, construindo uma civilização na figura do bem-estar com direitos individuais e sociais, garantido não apenas pelo Estado, como também pelas relações sociais e econômicas, com o papel efetivo da pessoa humana.

---

(8) BONAVIDES, Paulo, *Curso de Direito Constitucional*. 24. ed. São Paulo: Malheiros, 2009, p. 231.

5. CONSIDERAÇÕES FINAIS

O Estado Democrático de Direito, conceitualmente nos dá a visão de que o ser humano se encontra no centro como um "bem" protegido pelo Estado no que tange aos direitos fundamentais, tanto individuais como coletivos.

Entretanto, concretizar de modo prático tal conceito é tarefa árdua, até mesmo porque o Bem-Estar Social sofre modificações de natureza constante, em virtude da evolução na sociedade. No entanto, preserva-se ainda o conceito base, vez que assegura a dignidade da pessoa humana, assim como os direitos individuais e coletivos fundamentais, visando uma sociedade livre e igualitária, o que permite a diminuição das diferenças e desigualdades, firmando o conceito de justiça social.

O tripé constitucional é visto na Constituição Federal de 1988, especialmente em seus Títulos I (Dos Princípios fundamentais) e II (Dos Direitos e garantias fundamentais). O importante é frisar que a própria Carta Magna condiciona os entes estatais à tutela e aplicação dos direitos humanos fundamentais. Com isso, a Constituição está estruturada na matriz de um Estado Democrático, preservando os direitos fundamentais em todos os âmbitos das relações.

Tais direitos levam ao ápice do ordenamento jurídico a pessoa humana, com sua dignidade protegida de modo difuso. Nesta medida e direção, os fundamentos morais são construídos e o homem atinge uma identidade organizacional, detendo de finalidade de convivência individualizada e social.

A dignidade só pode ser concretizada se houver a materialização dos direitos fundamentais, na qual tem a elevação do ser humano como base central, respeitando o tripé constitucional como caráter inclusivo nos campos sociais, civis e políticos e permitindo de modo habitual e cotidiano o sentido de proteção.

A discussão acerca da dignidade da pessoa humana não precisa ser tão enfatizada, se desde a infância for despertada a consciência de igualdade, em que as pessoas são respeitadas como bens de natureza imensurável e protegidas contra todas e quaisquer arbitrariedades.

O conceito dignidade é amplo, expressivo e resguardado pela Constituição Federal, entretanto sua aplicação na prática não é tarefa fácil. Acredita-se que o sentimento de solidariedade, consciência e igualdade, aliado à inclusão das pessoas no seio social, levarão a novas realidades pela participação efetiva nos âmbitos políticos e civis.

6. REFERÊNCIAS BIBLIOGRÁFICAS

BOBBIO, N. *The Future od Democracy*. Cambridge/Mass, 1987.

_____. *Gramsci and the Concept of Civil Society*. In: KEANE (1988).

BONAVIDES, Paulo. *Curso de direito constitucional*. 24. ed. São Paulo: Malheiros, 2009.

DELGADO, Mauricio Godinho; DELGADO, Gabriela Neves. *Constituição da República e Direitos Fundamentais*. 4. ed. São Paulo: LTr, 2017.

DELGADO, Mauricio Godinho; PORTO, Lorena Vasconcelos (Org.). *O estado de bem-estar social no século XXI*. São Paulo: LTr, 2018.

HABERMAS, Jurgen. Direito e democracia entre facticidade e validade. Vol. II. 1929. Tradução: Flávio Beno Siebeneichler. Rio de Janeiro: Tempo Brasileiro, 1997.

SILVA, José Afonso da. *Curso de direito constitucional positivo*. 32. ed. São Paulo: Malheiros, 2009.

SMITH, T. The role of ethics. In: *Social theory*. Albany/Nova Iorque, 1991.

CAPÍTULO 5

CONCEPÇÕES JURÍDICAS DA IGUALDADE E O PAPEL DO DIREITO DO TRABALHO DIANTE DO RACISMO E DA INJUSTIÇA AMBIENTAIS

Gustavo Ramos[1]

1. INTRODUÇÃO

Um olhar retrospectivo revelará que a importância da igualdade para o Estado e para o Direito guardam relação direta com o avanço das ideias democráticas ao longo da história. Por certo, quanto mais democrática uma sociedade, menos desigual ela é nos aspectos político, social, jurídico, econômico e cultural, assim como maior respeito há, por parte dos órgãos estatais e pela sociedade em geral, aos direitos humanos e ao direito à diferença.

Invocar a concepção jurídica de igualdade tornou-se, nos dias de hoje, elemento chave em busca do convencimento do outro, a permear a maioria dos discursos políticos ou jurídicos, que se aproveitam, naturalmente, da visão multifocal inerente ao enunciado aberto da igualdade. Mas o tema da igualdade nem sempre foi elemento de destaque para os governos ou para o Direito na história. Daí porque o sentido da igualdade a ser buscado pelo Direito variou ao longo do tempo. O Direito do Trabalho, particularmente, surgiu de uma concepção renovada de igualdade, assentada em estabelecer, na relação capital-trabalho, imperativos ético-morais vinculados ao princípio da dignidade do ser humano e ao papel do Estado como agende regulador em prol da igualdade material, não apenas formal.

Um exemplo recente a demonstrar a importância de se situar o atual estágio de proteção jurídica do indivíduo no campo da igualdade é a discussão em torno da adoção de cotas em empresas privadas ou no serviço público[2]. Aqueles que são contra a adoção do sistema de cotas defendem que tal método teria o condão de desigualar concorrentes de modo injusto, já que o prisma da capacidade de cada candidato seria relegado a segundo plano. Já aqueles que são favoráveis à implementação do referido sistema sustentam, com a sua utilização, a promoção da igualdade em seu sentido material, haja vista as sensíveis consequências advindas de históricas discriminações sofridas pelos grupos vulneráveis que seriam beneficiados, a revelar a efetiva inserção dos ideais democráticos no seio da sociedade civil.

Não se pode negar que a ideia de igualdade, independentemente do contexto em que se situe o interlocutor

---

[1] Mestrando em Direito das Relações Sociais e Trabalhistas pelo Centro Universitário UDF, linha de pesquisa Constitucionalismo, Direito do Trabalho e Processo. Advogado com experiência relevante nas áreas de Direito do Trabalho, Direito Ambiental do Trabalho e Direito Constitucional, sobretudo no âmbito do Tribunal Superior do Trabalho – TST e do Supremo Tribunal Federal – STF. Especialista em Direito Material e Processual do Trabalho pela Universidade Mackenzie. Graduado em Direito pela Universidade de Brasília – UnB.

[2] Em 8 de junho de 2017, ao julgar a Ação Declaratória de Constitucionalidade n. 41, o Supremo Tribunal Federal declarou, à unanimidade, mediante a relatoria do Excelentíssimo Ministro Luís Roberto Barroso, a constitucionalidade da Lei n. 12.990/2014, que reserva 20% das vagas dos concursos públicos da Administração Pública Federal aos negros. Fixou-se a seguinte tese: "É constitucional a reserva de 20% das vagas oferecidas nos concursos públicos para provimento de cargos efetivos e empregos públicos no âmbito da administração pública direta e indireta. É legítima a utilização, além da autodeclaração, de critérios subsidiários de heteroidentificação, desde que respeitada a dignidade da pessoa humana e garantidos o contraditório e a ampla defesa". O acórdão foi publicado no DJE de 17.08.2017.

que o invoque, busca impelir o outro indivíduo a colocar-se, por vezes, em ponto de vista alheio à sua realidade, como se convidado a olhar a mesma questão a partir de ângulo diferente, seja ele econômico, social, político, histórico, cultural, utilitarista, meritório[3]. Além disso, invocar a igualdade é colocar-se ao lado da democracia, já que a promoção crescente da igualdade naquilo que é considerado justo constituiu ideal democrático, mesmo em sua concepção clássica, com Aristóteles[4].

Se é assim, do ponto de vista jurídico-científico, qualquer menção ao direito à igualdade não prescinde do exame prévio das concepções de igualdade desenvolvidas pela sociedade e assimiladas pelo Direito ao longo do tempo, bem como das circunstâncias sociais, políticas, econômicas, culturais e ambientais que impeliram a reavaliação da ideia da igualdade em sucessivas e novas dimensões.

Cumpre rememorar, porém, que até o advento da Democracia em sua concepção contemporânea, o papel do Direito nunca foi o de promotor da igualdade. Ao revés, antes do advento do Estado Liberal, a projetar no Direito a dimensão da igualdade em seu sentido formal, e apesar de uma relativa função pacificadora em situações óbvias entre iguais (no campo civil, por exemplo), o Direito, em seus distintos segmentos, legitimava a desigualdade de poder existente na vida social em suas diversas instâncias: relações de propriedade, de trabalho, de gênero, de participação política, na tipologia criminal. Não por outra razão, Maquiavel (1469-1527) observou ser a lei uma das formas de o príncipe se perpetuar no poder; a outra, seria a violência[5], de onde a célebre frase: "Aos amigos os favores, aos inimigos a lei".

Nessa trilha, consoante observa Mauricio Godinho Delgado, "tratava-se, de certo modo, de um Direito da Desigualdade – instituidor, avalista e reprodutor da desigualdade no plano da sociedade civil e da sociedade política"[6]. Daí porque o Direito era tido como instrumento de dominação social, econômica e política, sempre visando, mediante a imposição de procedimentos normalizadores e de penalização, à transformação dos sujeitos em corpos dóceis e úteis às pretensões de governo dos indivíduos, conforme assinalou Foucault[7].

É fato evidente que a raça humana é muito diferente do ponto de vista físico entre si, mas também o é nos campos econômico, social, cultural, intelectual ou político. Sucede que, quanto a esses últimos aspectos, a maior parte da diferença no desenvolvimento ou no acesso, a afetar principalmente negros, mulheres e pobres, originou-se da forma de agir preconceituosa das instituições sociais, culturais e políticas, na maior parte das vezes abalizada pelo Direito. E tais discriminações persistem de modo indigno na sociedade atual.

Já em 1749, o jovem filósofo Jean-Jacques Rousseau, à época ainda desconhecido, ao passar pela estrada de Vincennes, leu num cartaz que a Academia de Dijon abrira um concurso para premiar o melhor ensaio sobre a seguinte questão: o progresso das ciências e das artes contribuiu para a corrupção ou para a evolução da conduta humana? Sua resposta a tal indagação, premiada com o 1º lugar, resultou no livro *Discourse on the Origin of Inequality*, em que o célebre cientista político lamenta demonstrar que as instituições humanas vinham tornando o homem pior, já que as desigualdades cresciam, resultando em inúmeros privilégios para poucos, baseados, por exemplo, na conversão de usurpações em

---

(3) Uma crítica bem aprofundada em relação à visão unifocal da igualdade pode ser encontrada na seguinte obra do prêmio Nobel de economia de 1998: SEN, Amartya. *A ideia de Justiça*. Tradução de Denise Bottmann e Ricardo Doninelli Mendes. São Paulo: Companhia das Letras, 2011. Eis um trecho significativo: "A questão central aqui diz respeito às múltiplas dimensões nas quais a igualdade importa, que não são redutíveis à igualdade em um único espaço, seja de vantagem econômica, recursos, utilidades, qualidade de vida ou capacidades. Meu ceticismo em relação a uma compreensão unifocal das exigências da igualdade (...) é parte de uma crítica mais ampla de uma visão unifocal da igualdade". *Ibid.*, p. 331.

(4) Aristóteles enunciou, há 2000 anos, que o ideal de igualdade seria tratar igualmente os iguais e desigualmente os desiguais (Aristóteles. Ética a Nicômaco. Tradução de Pietro Nassetti. São Paulo: MartIn: Claret, 2002). Rui Barbosa parece haver especificado um pouco mais esse conceito, ao estabelecer que se deveria tratar de forma igual aos iguais e desigual aos desiguais, na medida das desigualdades: "A regra da igualdade não consiste senão em quinhoar desigualmente aos desiguais, na medida em que se desigualam. Nesta desigualdade social, proporcionada à desigualdade natural, é que se acha a verdadeira lei da igualdade". BARBOSA, Rui. *Oração aos moços*. 5. ed. Rio de Janeiro: Fundação Casa de Rui Barbosa, 1997. p. 26.

(5) MAQUIAVEL, Nicolau. *O Príncipe*. Comentários de Napoleão Bonaparte e Rainha Cristina da Suécia. Tradução Ana Paula Pessoa. São Paulo: Jardim dos Livros, 2007. p. 157.

(6) DELGADO, Mauricio Godinho; DELGADO, Gabriela Neves. *Constituição da República e Direitos Fundamentais*: dignidade da pessoa humana, justiça social e direito do trabalho. 3. ed. São Paulo: LTr, 2015. p. 72.

(7) A esse respeito: FOUCAULT, Michel. *Vigiar e Punir*: nascimento da prisão. 42. ed. Petrópolis: Vozes, 2014. E também: AGUIAR, Roberto A.R. *Direito, Poder e Opressão*. 3. ed. São Paulo: Alfa-Ômega, 1990.

títulos irrevogáveis de propriedade[8]. Trilhar a preocupação de filósofos antigos como Rousseau nos remete, sem dúvida, a realizar juízo crítico acerca do papel das instituições e das leis, especialmente no âmbito de um Estado Democrático de Direito.

Em síntese, o presente artigo pretende provocar reflexões e lançar apontamentos, após situar a evolução das concepções de igualdade e indicar exemplos de ofensas ao direito fundamental à igualdade no ambiente produtivo de empresas multinacionais instaladas no Brasil, a respeito: A) de *que* desigualdades o Estado brasileiro deve buscar se livrar; e B) qual o papel do Direito do Trabalho, instrumento estatal relevante, nesse objetivo.

Cumpre examinar, preliminarmente, os sentidos do princípio da igualdade e sua inter-relação com as concepções de Estado de Direito: igualdade formal, igualdade material e igualdade como reconhecimento à diferença.

2. O ESTADO LIBERAL E A IDEIA DE IGUALDADE FORMAL OU JURÍDICA

Se na Antiguidade, na Idade Média ou no Absolutismo o poder constituído não tinha preocupação em tratar os cidadãos, os súditos ou o povo em geral como iguais, com o advento do Estado Liberal, após as revoluções liberais-burguesas, com destaque para a Revolução Francesa (1789), não se admitiria mais privilégios em favor da nobreza ou do clero. O Antigo Regime foi deposto sob a bandeira francesa da Declaração dos Direitos do Homem e do Cidadão, de 1789, "Liberdade, Igualdade e Fraternidade", ainda que a igualdade, àquela época, fosse referente apenas aos homens livres e com títulos de propriedade.

A igualdade proclamada pelo Estado Liberal é a igualdade formal, perante a lei e na lei, vale dizer, igualdade na aplicação do direito e igualdade quanto à criação do direito. Igualdade perante a lei (jurídica) porque não seria mais possível que os magistrados ou administradores públicos aplicassem a lei de modo desigual a destinatários iguais. A aplicação da lei pelo governante ou pelo juiz deveria ser operada de modo uniforme e impessoal. Igualdade na lei porque o legislador não poderia criar distinções de tratamento injustificáveis ou sem um fim legítimo entre cidadãos em condições de igualdade. A igualdade liberal é a igualdade do mérito, porquanto o indivíduo é visto como um ser livre e racional, livre para tomar suas decisões e colher as consequências, sejam boas ou ruins.

Há também a igualdade na participação política, tendo sido reconhecido ao povo, a partir desse período, o direito ao voto, ainda que tal tenha ocorrido de modo lento e gradual, estando as mulheres e os escravos excluídos durante muito tempo do sistema político (votar e ser votado) em quase todo o mundo, mesmo após a derrocada do Estado Monárquico (final do século XVIII). Basta exemplificar que as mulheres só puderam votar em eleições gerais nos Estados Unidos da América em 1920, após a I Guerra Mundial, enquanto os negros o puderam fazer em 1870 (15ª Emenda), ainda que a Constituição americana seja de 1787. No Brasil, as mulheres brasileiras conquistaram o direito ao voto em 1932, por intermédio do Decreto n. 21.076, consolidado na Constituição de 1934.

A afirmação da igualdade formal nos diversos países, como se sabe, por razões inúmeras, não se dá de modo uniforme, porquanto cada um possui sua história. Alguns encontram-se mais avançados nesse aspecto, enquanto outros ainda carecem de igualdade até mesmo no plano normativo, como no Brasil. De qualquer modo, "a igualdade formal é ponto obrigatório de passagem na construção de uma sociedade democrática e justa"[9].

No Brasil, o direito à igualdade (formal), com a proclamação de que "a lei será igual para todos", é albergado desde a primeira Constituição (Constituição Imperial de 1824). O art. 3º, IV, da vigente Constituição de 1988 veda o preconceito de origem, raça, sexo, cor, idade e qualquer forma de discriminação. A igualdade no mérito pode ser exemplificada no inciso I do art. 37, ao assegurar acesso aos cargos públicos mediante aprovação em concurso público de provas e de títulos, onde o que se busca é assegurar imparcialidade da Administração na admissão de seus servidores, mas também averiguar seus méritos. Também no art. 5º há diversos preceitos voltados a assegurar a igualdade com imparcialidade, como o inciso I, ao estabelecer que homens e mulheres são iguais em direitos e obrigações, o inciso VIII, ao prever que ninguém será privado de direitos por motivo de crença religiosa ou convicção filosófica ou política, ou ainda o inciso XLI, que determina que a prática de racismo constitui crime.

---

(8) ROUSSEAU, Jean-Jacques. *Discourse on the OrigIn: of Inequality.* New York: P. F. Collier, 1910.

(9) BARROSO, Luís Roberto; OSORIO, Aline. "Sabe com quem está falando?": notas sobre o princípio da igualdade no Brasil contemporâneo. In: *Revista Direito & Práxis*. Rio de Janeiro, v. 7, n. 13, 2016. p. 210.

Durante muito tempo, porém, a lei não se revelou igual para todos, bastando exemplificar com a longeva tolerância à escravidão em comparação com outros países do mundo – prevista em lei até a edição da Lei Áurea em 1888 – e o voto censitário[10] – previsto na Constituição de 1824 e extinto somente com a República, pela Constituição de 1891. Os resquícios da desigualdade na história brasileira podem ser observados até os dias atuais, em que a convivência entre brancos e negros se dá, majoritariamente, em relações hierarquizadas, de subordinação e subalternidade[11].

A sutil ironia de Anatole France pôde captar, com precisão, a miopia da igualdade formal, segundo a qual "todos são iguais perante a lei", proclamada no Estado Liberal: "*A majestosa igualdade na lei, que proíbe ricos e pobres de dormirem sob pontes, de mendigarem pelas ruas e de furtarem pão*"[12].

A igualdade meramente formal é simbolizada pela Justiça de olhos vendados, como nas estátuas nas entradas de muitos tribunais e nas mesas de muitos juristas, em abstração ao enorme hiato entre os enunciados sobre igualdade e a realidade de desigualdade[13].

3. O ESTADO SOCIAL E A IDEIA DE IGUALDADE MATERIAL OU REDISTRIBUTIVA

A mera igualdade na lei e perante a lei (jurídica), proclamada no final do século XVIII e sedimentada nos séculos XIX e XX com a finalidade de extinguir os privilégios da nobreza e do clero e os arbítrios praticados contra os cidadãos/súditos, além de não ter sido implementada de modo uniforme e célere nos diversos países, com o tempo, revelou-se insuficiente para o Estado, em face da flagrante desigualdade social surgida, com graves riscos à ordem pública.

Na prática, a igualdade formal não foi suficiente para a materialização de uma desejável igualdade relativa mínima entre os homens. Consoante bem retratado por Victor Hugo na obra-prima "Os Miseráveis" (1862), contingentes populacionais enormes se viram premidos pela mais absoluta pobreza e mendicância, diante da migração massiva dos campos para as cidades em busca de subsistência e de trabalho. O Estado burguês, que havia deposto o Estado monárquico, viu-se, pois, premido na busca de soluções que evitassem uma nova revolução, agora de índole comunista ou socialista, cujas ideias pululavam em toda a Europa.[14]

Como a igualdade arrimada pelo Estado Liberal, consoante observa Paulo Bonavides, é apenas a formal, ela encobre, na realidade, sob seu manto de abstração, um mundo de desigualdades de fato – econômicas, sociais, políticas e pessoais. Assim, enquanto muitos morriam de fome e de opressão, os tribunais assentavam as bases da jurisprudência constitucional na inocência e no lirismo daquele formoso postulado de que "todos os homens são iguais perante a lei..."[15].

---

(10) Na Constituição de 1824 estavam especificadas as condições básicas para que o cidadão (nato ou naturalizado) estivesse apto para votar: ser homem, com mais de 25 anos e com uma renda líquida anual de, no mínimo, 100 mil réis, valor este elevado para a época. Assim, com o voto censitário não podiam votar as mulheres, homens com menos de 25 anos, criados de servir, assalariados em geral (administradores de fazendas e fábricas), índios, soldados, religiosos e os escravos.

(11) "Os brasileiros estão acostumados a ver a população afrodescendente desempenhar determinados papéis, como os de porteiro, pedreiro, operário, empregada doméstica e também o de jogador de futebol. Salvo exceções – felizmente, cada vez mais frequentes –, os negros não ocupam os estratos mais elevados da sociedade, os cargos de prestígio político e as posições sociais e econômicas elevadas". BARROSO, Luís Roberto; OSORIO, Aline. "Sabe com quem está falando?": notas sobre o princípio da igualdade no Brasil contemporâneo. In: *Revista Direito & Práxis*. Rio de Janeiro, vol. 7, n. 13, 2016. p. 217.

(12) *Ibidem*, p. 211.

(13) "Quando Sérgio Buarque de Holanda apontava a cordialidade como uma das características do brasileiro, ele não se referia à nossa eventual afabilidade, hospitalidade ou doçura. Na realidade, o que o autor de *Raízes do Brasil* queria nos alertar é para a dificuldade de se construir relações sociais imparciais numa cultura denominada pelo *ethos* cordial. Cordial é aquilo que vem do coração, e não da razão, no sentido kantiano, de razão prática universalista. Assim, o homem cordial ama ou odeia. Desta forma, privilegia aqueles com quem tem laços especiais e discrimina os que não são do seu círculo. Nessas condições é difícilimo ser imparcial. A impunidade dos poderosos é uma marca da cordialidade brasileira. Assim como a violência policial contra pobres, negros e jovens de nossas periferias sociais demonstra o lado mais perverso de nossa cordialidade. O Estado, como construção e representação social, tem dificuldades em aplicar a lei de forma igual para todos. É doce com os amigos e cruel com aqueles que coloca na posição de inimigos". VIEIRA, Oscar Vilhena. *Direitos fundamentais*: uma leitura da jurisprudência do STF. Colaboração de Flávia Scabin e Marina Feferbaum. 2. ed. São Paulo: Malheiros, 2017. p. 261.

(14) A esse respeito: MARX, Karl; ENGELS, Friederich. *Manifesto do Partido Comunista*. Tradução de Sueli Tomazzini Barros Cassal. Porto Alegre: L&PM, 2002. E também: MARX, Karl. *O Capital*: crítica da economia política. Livro I: o processo de produção do capital. Tradução de Rubens Enderle. 2. ed. São Paulo: Boitempo, 2017.

(15) BONAVIDES, Paulo. *Do Estado Liberal ao Estado Social*. 11. ed. São Paulo: Malheiros, 2013. p. 61.

Mas o Direito não poderia ser indiferente à injustiça, de modo que a igualdade almejada passou então a ser outra, cabendo ao Direito retirar a venda dos olhos da Justiça. Consoante observa J. J. Gomes Canotilho:

> O princípio da igualdade é não apenas um princípio de Estado de direito, mas também um princípio de Estado social. Independentemente do problema da distinção entre igualdade fática e igualdade jurídica e dos problemas econômicos e políticos ligados à primeira, o princípio da igualdade pode e deve considerar-se um princípio de justiça social. Assume relevo enquanto princípio de igualdade de oportunidades e de condições reais de vida.[16]

Constatou-se a falácia de se falar em verdadeira liberdade – tal como apregoada no Estado Liberal – sem a consideração de fatores econômicos e sociais, reconhecidos hoje como indispensáveis à prática da verdadeira liberdade humana[17]. A desigualdade extrema, na pertinente análise de Oscar Vilhena Vieira, torna invisíveis os muito pobres e dá imunidade aos privilegiados[18].

Era, pois, necessário ao Estado intervir, mediante a adoção de obrigações de fazer (prestações positivas) para garantir uma igualdade material mínima, no campo da saúde, da educação, do trabalho, aos mais pobres. A liberdade política revelou-se insuficiente para garantir liberdade com dignidade para a maior parte dos cidadãos. O Estado torna-se, pois, interventor, especialmente no âmbito das relações econômicas, em prol da realização da igualdade material, pois seu absenteísmo resultou num dos períodos de maior exploração do homem pelo homem de que se tem notícia na história da humanidade (pós revolução industrial).

A concepção de igualdade material vincula-se, assim, a demandas por redistribuição de riqueza e de poder e, em última análise, à ideia de justiça social. Mais que a igualdade perante a lei, procurou-se assegurar algum grau de igualdade perante a vida, com antídotos contra situações de desequilíbrio e de exploração, como a proteção jurídica do polo mais fraco de certas relações jurídicas[19], como se dá, por exemplo, na relação jurídica trabalhista.

Nesse contexto, surge um novo papel do Direito, mais democrático: de instrumento legitimador de situações de desequilíbrio de poder, preponderante durante milênios, passa a proclamar, em determinados ramos específicos, a inclusão social e a dignidade do ser humano. Na lúcida observação de Mauricio Godinho Delgado:

> O unilateral papel do Direito como instrumento de confirmação e sedimentação de situações fáticas de desequilíbrio de poder, que preponderou durante milênios e séculos, começa a ceder espaço a papel distinto, na qualidade de instrumento de institucionalização do processo crescente de inclusão social de setores tradicionalmente destituídos de riqueza e de poder.
>
> (...)
>
> Nesse quadro inovador, surgem inclusive ramos inusitados na árvore jurídica, compostos por segmentos jurídicos especializados, porém abrangendo largos setores sociais, invertendo, regra geral, o viés dominador característico dos segmentos jurídicos tradicionais. É o que se passa com os instigantes e criativos Direito do Trabalho e Direito de Seguridade Social, despontados, revolucionariamente, em fins do século XIX e início do século XX, os quais foram seguidos, décadas depois, após a Segunda Guerra Mundial, pelo Direito do Consumidor e pelo Direito Ambiental.[20]

O Direito Constitucional, por sua vez, historicamente vinculado à atribuição dos poderes e à organização do Estado, além de afirmar os chamados direitos de liberdade característicos do Estado Liberal, se vê na contingência de assegurar "novos direitos", como o direito à saúde, à educação, ao trabalho, à previdência, à assistência, à moradia, à alimentação, à cultura, ao meio ambiente hígido. Os direitos ditos sociais passam então a ser reconhecidos nas Constituições como direitos fundamentais[21] numa nova dimensão do

---

(16) CANOTILHO, J. J. Gomes. *Direito Constitucional e Teoria da Constituição*. 7. ed. Coimbra: Almedina, 2003. p. 430.

(17) BONAVIDES, Paulo. *Op. cit*, p. 188.

(18) VIEIRA, Oscar Vilhena. *Direitos Fundamentais*: uma leitura da jurisprudência do STF. Colaboração de Flávia Scabin e Marina Feferbaum. 2. ed. São Paulo: Malheiros, 2017. p. 257/270.

(19) BARROSO, Luís Roberto; OSORIO, Aline. "Sabe com quem está falando?": notas sobre o princípio da igualdade no Brasil contemporâneo. In: *Revista Direito & Práxis*. Rio de Janeiro, v. 7, n. 13, 2016. p. 212.

(20) DELGADO, Mauricio Godinho; DELGADO, Gabriela Neves. *Constituição da República e Direitos Fundamentais. Dignidade da Pessoa Humana, Justiça Social e Direito do Trabalho*. 3. ed. São Paulo: LTr, 2015. p. 73/74.

(21) A justificar que os direitos sociais são direitos fundamentais do ponto de vista formal e material na Constituição brasileira de 1988: SARLET, Ingo Wolfgang. *Os Direitos Sociais como Direitos Fundamentais*: contributo para um balanço aos vinte anos da Constituição

constitucionalismo, que incorpora outros papéis ao Estado, suficientes a denominá-lo, doravante, Estado Social. Tal fenômeno tem como marco histórico as Constituições do México (1917) e da Alemanha (1919). No Brasil, pode ser encontrado nas Constituições de 1934 e de 1946. Assim, no paradigma do Estado Social de Direito, os ramos jurídicos trabalhista e da seguridade social passam a ter matriz constitucional, ainda que sem destaque.

Ainda que não se cogitasse à época, as políticas afirmativas de direitos, como no exemplo de cotas raciais nos empregos ou no serviço público mencionadas na introdução deste artigo, podem ser classificadas como ações típicas do Estado Social de Direito (obrigações de fazer do Estado, prestações positivas mediante intervenção na economia). Isso porque a afirmação jurídica e a implementação dos direitos sociais visam a corrigir desigualdades nas condições reais de vida das pessoas, provocadas por injustiças históricas derivadas de construções políticas e culturais (escravidão, restrições ao acesso a oportunidades em função de preconceito com diferenças naturais, funções da mulher e do homem na sociedade).

Em síntese, o papel do Direito no âmbito do Estado Social de Direito passa a ser de regulador das diferenças, em prol da diminuição da desigualdade[22]. O Estado Social de Direito viu-se, porém, muito rapidamente substituído por uma concepção mais precisa e mais abrangente da importância do ser humano, qual seja, o Estado Democrático de Direito.

Com esse espírito, porém, sob um prisma mais democrático, a Constituição de 1988 é pródiga em assegurar direitos sociais aos brasileiros de modo universal, isto é, independentemente de mérito ou de necessidade, apesar de o Brasil situar-se na posição vexatória de ser um dos países mais desiguais do mundo[23].

4. O ESTADO DEMOCRÁTICO DE DIREITO, A POTENCIALIZAÇÃO DAS IGUALDADES FORMAL E MATERIAL E A IDEIA DE IGUALDADE NO RECONHECIMENTO À DIFERENÇA

A concepção de Estado Democrático de Direito surgiu após a II Guerra Mundial, fruto da conscientização da importância da incorporação crescente da democracia na organização do Estado e no âmbito da sociedade. Destaca-se a centralidade do ser humano, com toda a sua dignidade, perante o Estado e as instituições civis e políticas, em torno da qual devem gravitar a edição e a aplicação das normas, bem como as ações governamentais.

Potencializa-se, assim, no âmbito do Estado Democrático de Direito, a afirmação e a concretização coletiva das liberdades individuais e dos direitos civis e políticos lançados pioneiramente no clima do Estado Liberal, mas ainda longe de se tornarem realidade àquela época, bem como os direitos sociais assegurados formalmente nas constituições editadas sob a égide do Estado Social de Direito e com um longo caminho para sua real efetivação como Estado de Bem-Estar Social.

Nesse passo, a igualdade material ganha importância com a elevação dos direitos sociais, entre eles o Direito do Trabalho e o Direito da Seguridade Social, à

Federal de 1988. Disponível em: <http://www.stf.jus.br/arquivo/cms/processoAudienciaPublicaSaude/anexo/artigo_Ingo_DF_sociais_PETROPOLIS_final_01_09_08.pdf>. Acesso em: 5 abr. 2018.

(22) Um bom exemplo aqui é o do direito tributário, ao estabelecer isenções ou ao fixar alíquotas de imposto de renda diferentes em função do nível de rendimento das pessoas, sob a premissa de que uma alíquota geral para todos teria mais forte impacto naqueles que ganham menos.

(23) "Ainda no cálculo ajustado pela desigualdade social, o Brasil, empatado com Coreia do Sul e Panamá, só não regrediu mais nesse quesito que Irã e Botsuana, que caíram 40 e 23 posições, respectivamente. Já o Coeficiente de Gini, que mede a concentração renda, aponta o país como o 10º mais desigual do mundo e o quarto da América Latina, à frente apenas de Haiti, Colômbia e Paraguai. Segundo o levantamento da ONU, o percentual de desigualdade de renda no Brasil (37%) é superior à média da América Latina, incluindo os países do Caribe (34,9%). A desigualdade brasileira também cresce nas comparações de gênero. Embora as mulheres tenham maior expectativa de vida e mais escolaridade, elas ainda recebem bem menos que os homens no Brasil. A renda per capita da mulher é 66,2% inferior à de pessoas do sexo masculino. No índice de desigualdade de gênero, o país aparece na 92ª posição entre 159 países analisados, atrás de nações de maioria religiosa conservadora, a exemplo de Líbia (38ª), Malásia (59ª) e Líbano (83ª)."

PIRES, Breiller. *Brasil despenca 19 posições em ranking de desigualdade social da ONU*. Disponível em: <https://brasil.elpais.com/brasil/2017/03/21/politica/1490112229_963711.html>. Reportagem publicada em 21/3/2017. Acesso em: 5 abr. 2018.

Ver também: BALTHAZAR, Ricardo. *Desigualdade no Brasil é maior do que se pensava, apontam novos estudos*. Disponível em < http://www1.folha.uol.com.br/ilustrissima/2017/10/1922594-desigualdade.shtml>. Publicada em 1.10.2017. Acesso em: 5 abr. 2018. Segundo esta reportagem, o grupo que representa os 10% mais ricos da população fica com mais da metade da renda nacional e viu sua fatia aumentar de 54% para 55% de 2001 a 2015.

condição de direitos fundamentais de primeira grandeza, já que posicionados de modo anterior à própria organização do Estado. A Constituição do Brasil de 1988 é excelente exemplo a esse respeito, seguindo a trilha das Constituições da França (1946), Itália (1947), Alemanha (1949), Portugal (1976) e Espanha (1978)[24].

A concepção de Estado Democrático de Direito não se confunde, porém, com a de democracia, pois aquela pressupõe um sistema normativo, cujo ápice é a Constituição, em que a dignidade do ser humano e o compromisso do Estado em prol de sua crescente efetivação (que pressupõe a busca pela redução das desigualdades econômicas, por exemplo) são cláusulas pétreas, o que nem sempre ocorre com as regras democráticas aprovadas por maiorias circunstanciais, seja no âmbito parlamentar (sociedade política) ou no seio da sociedade civil.

O aprimoramento do conceito de igualdade a ser buscado no Estado Democrático de Direito, porém, não se limita a buscar igualar aspectos de desigualdade indesejáveis. Surge a noção de que algumas desigualdades devem ser respeitadas e valorizadas, cabendo ao Estado agir nesse sentido, de modo preventivo e repressivo.

Em inspirada tradução desse ideal, Boaventura de Souza Santos captou magistralmente o que se tem chamado de direito ao reconhecimento à diferença com a seguinte afirmação: "As pessoas e os grupos sociais têm o direito a ser iguais quando a diferença os inferioriza, e o direito a ser diferentes quando a igualdade os descaracteriza".[25]

Percebe-se que a injustiça merece combate não apenas no campo da redistribuição das riquezas e do poder na sociedade, mas também nas esferas cultural e simbólica. Busca-se a superação dos estereótipos e a valorização das diferenças, como a cuidar de um direito a ter valorizada e reconhecida a diferença de identidade que constitui certo grupo. O que se quer, então, é o reforço da diferença, não sua supressão, porquanto "a nossa identidade é parcialmente determinada pelo reconhecimento ou por sua ausência"[26]. Assim:

> Quando indígenas demandam o respeito à sua cultura, às suas tradicionais formas de subsistência; quando grupos religiosos demandam poder expressar sua fé na esfera pública, como as jovens muçulmanas que vão à escola pública num País laico usando véu; ou, ainda, quando casais homossexuais exigem respeito à manifestação do seu afeto, não estão querendo ser tratados de forma igual aos demais, mas, sim, ver reconhecidas e valorizadas as respectivas expressões de suas identidades[27].

Um aspecto importante de observar é que o não reconhecimento de uma injustiça de natureza cultural e simbólica tende a gerar também injustiça de natureza econômica e social, assim como uma profunda injustiça social tende a sedimentar percepções culturais e simbólicas desqualificadoras, pelas quais determinado grupo ou segmento social passa a ser desconsiderado como autêntico sujeito de direitos.[28] Daí porque as injustiças socioeconômicas e simbólico-culturais tendem a se reforçar mutuamente. Há, sem dúvida, interconexão dos efeitos das injustiças na redistribuição e no reconhecimento à diferença, de modo que a desigualdade nos campos de gênero, classe, raça, cultura e sexualidade sofrem interseções no próprio indivíduo (no caso de uma mulher de cor preta e homossexual, de um transexual pobre ou de um índio operário, por exemplos).

A Constituição brasileira de 1988 é capaz de compor todos os eixos de igualdade referentes às cidadanias civil, política, social, cultural e simbólica. A evidência desta afirmação, para além de inúmeros dispositivos existentes ao longo de todo o texto constitucional em projeção a tais sentidos, está brilhantemente sintetizada em seu preâmbulo, quando afirma a instituição de "um

---

(24) DELGADO, Mauricio Godinho; DELGADO, Gabriela Neves. *Constituição da República e Direitos Fundamentais. Dignidade da Pessoa Humana, Justiça Social e Direito do Trabalho.* 3. ed. São Paulo: LTr, 2015. p. 41.

(25) SANTOS, Boaventura de Souza. *As tensões da modernidade.* Disponível em: <http://dhnet.org.br/direitos/militantes/boaventura/boaventura_tensoes_modernidade.pdf>. Acesso em: 28 mar. 2018. Texto apresentado no Fórum Social Mundial ocorrido em Porto Alegre no ano de 2001.

(26) *"The thesis is that our identity is partly shaped by recognition or its absence, often by the misrecognition of others, and so a person or group of people can suffer real damage, real distortion, if the people or society around them mirror back to them a confining or demeaning or contemptible picture of themselves. Nonrecognition or misrecognition can inflict harm, can be a form of oppression, imprisoning someone In: a false, distorted, and reduced mode of being".* TAYLOR, Charles. The Politics of Recognition. Disponível em: <http://elplandehiram.org/documentos/JoustingNYC/Politics_of_Recognition.pdf> p. 1. Acesso em: 9 abr. 2018.

(27) VIEIRA, Oscar Vilhena. *Direitos Fundamentais: uma leitura da jurisprudência do STF.* Colaboração de Flávia Scabin e Marina Feferbaum. 2. ed. São Paulo: Malheiros, 2017. p. 268.

(28) VIEIRA, Oscar Vilhena. *Op. cit*, p. 270.

Estado Democrático, destinado a assegurar o exercício dos direitos sociais e individuais, a liberdade, a segurança, o bem-estar, o desenvolvimento, a igualdade e a justiça como valores supremos de uma sociedade fraterna, pluralista e sem preconceitos (...)".

5. A IGUALDADE NO CAMPO DO DIREITO DO TRABALHO

Convém rememorar que o Direito do Trabalho surge, logo após a Revolução Industrial em meados do século XIX, com a pretensão de estipular um patamar civilizatório mínimo na relação de emprego, haja vista a imperiosa necessidade social de se impor limites ao capital.

A ampla liberdade de contratar vivenciada na primavera do liberalismo europeu pós-revolução industrial gerou o que alguns chamam de período de maior exploração do homem pelo homem da história da humanidade, maior até que na época da escravidão, já o escravo era visto como propriedade com valor econômico, a ser preservada, portanto. Já o operário do período inicial do capitalismo, na medida em que os lucros da indústria variavam sobretudo em função da maior ou menor exploração da força de trabalho (mais-valia[29]), e que não podia se dissociar da força produtiva negociada pela via contratual, via-se em apuros.

Constatou-se que a liberdade nem sempre é a liberdade ética, mas a liberdade do arbítrio, a revelar a triste realidade do homem da época: economicamente oprimido, espiritualmente escravo, consoante observação de Paulo Bonavides[30]. O liberalismo clássico, que cultuava a ampla liberdade de contratar e a não-intervenção do Estado nas relações privadas, não pôde resolver o problema essencial de ordem econômica das vastas camadas proletárias da sociedade e das condições aviltantes de trabalho, com jornadas de trabalho exaustivas, precárias condições de saúde no ambiente laboral e salários indignos, sustentadas por um grande exército de reserva de desempregados.[31]

Assim, enquanto no Direito Comum há constante preocupação em se assegurar a igualdade jurídica entre os contratantes, no Direito do Trabalho a preocupação central é a de proteger uma das partes com o objetivo de se alcançar uma igualdade verdadeira entre as partes. Noutras palavras, o Direito do Trabalho desiguala os desiguais para promover a igualdade material num contexto de flagrante desigualdade econômica entre o capital e o trabalho. O jurista uruguaio Plá Rodriguez, ao tratar do princípio de proteção ao trabalhador, observou que "o Direito do Trabalho responde fundamentalmente ao propósito de nivelar desigualdades. Como dizia Couture: 'o procedimento lógico de corrigir desigualdades é o de criar outras desigualdades.'"[32] Mais adiante, ao citar Gustav Radbruch, arrematou: "a igualdade deixa assim de constituir ponto de partida do direito para converter-se em meta ou aspiração da ordem jurídica"[33].

Nesse contexto, torna-se fácil deduzir que o surgimento do Direito do Trabalho representa, por si só, uma nova concepção de igualdade, chancelada pelo fracasso social do modelo de Estado Liberal de Direito, em busca da igualdade real, não apenas formal. Sucede que para além de sua razão de existir, mesmo em seu âmbito, o Direito do Trabalho trata o tema da igualdade em diversos aspectos.

Como o Direito do Trabalho foi elevado ao nível constitucional no Brasil, com *status* de direito humano fundamental, pode-se exemplificar a importância do tema da igualdade no seio do Direito do Trabalho brasileiro com os seguintes preceitos da Constituição do Brasil de 1988: a) garantia de salário mínimo, fixado em lei e nacionalmente unificado (art. 7º, IV); remuneração do trabalho noturno superior à do diurno (art. 7º, IX); remuneração do trabalho extraordinário superior, no mínimo, a cinquenta por cento à do normal (art. 7º, XVI); proteção do mercado de trabalho da mulher, mediante incentivos específicos (art. 7º, XX); aviso prévio proporcional ao tempo de serviço (art. 7º, XXI); adicional de remuneração para as atividades penosas, insalubres ou perigosas (art. 7º, XXIII); proibição da diferença de salários, de exercício de funções e de critério de admissão por motivo de sexo, idade, cor ou estado civil (art. 7º, XXX); proibição de discriminação no tocante a salário e critérios de admissão

---

(29) "Sabemos que o valor de toda mercadoria é determinado pela quantidade de trabalho materializado em seu valor de uso, pelo tempo de trabalho socialmente necessário à sua produção". MARX, Karl. *O Capital*: crítica da economia política. Livro I: o processo de produção do capital. Tradução de Rubens Enderle. 2. ed. São Paulo: Boitempo, 2017. p. 263/264.

(30) BONAVIDES, Paulo. *Do Estado Liberal ao Estado Social*. 11. ed. São Paulo: Malheiros, 2013. p. 61.

(31) Ibid., p. 187/191.

(32) RODRIGUEZ, Américo Plá. *Princípios de direito do trabalho*. Tradução de Wagner D. Giglio. 3. ed. São Paulo: LTr, 2000. p. 85.

(33) Ibid., p. 86.

do trabalhador portador de deficiência (art. 7º, XXXI); proibição de distinção entre trabalho manual, técnico e intelectual ou entre os profissionais respectivos (art. 7º, XXXII); proibição de trabalho noturno, perigoso ou insalubre a menores de dezoito e de qualquer trabalho a menores de dezesseis anos, salvo na condição de aprendiz, a partir de quatorze anos (art. 7º, XXXIII); igualdade de direitos entre o trabalhador com vínculo empregatício permanente e o trabalhador avulso (art. 7º, XXXIV).

Assim, mesmo entre os trabalhadores, o Direito do Trabalho cuida da imposição de tratamento igualitário em situações em que a discriminação não seria legítima (caso do salário mínimo e da proibição da diferenciação salarial por motivo de sexo, cor, idade, estado civil, natureza do trabalho ou em relação a trabalhadores com deficiência) e tratamento desigual em situações em que o tratamento desigual promove a igualdade ou desestimula a mercantilização do sofrimento humano (hipóteses de remuneração superior para o trabalho noturno, insalubre, perigoso, penosos ou extraordinário, de incentivos à mulher no mercado de trabalho ou de aviso-prévio proporcional ao tempo de serviço).

Nesses casos, como é fácil notar, não se cuida da igualdade na relação capital-trabalho, em que se quer estabelecer limites ao capital (por exemplo, com o estabelecimento de jornada de trabalho, irredutibilidade do salário, proteção contra acidentes de trabalho, normas de saúde e segurança no trabalho, direito a férias remuneradas, entre outros direitos), mas sim da igualdade material ou substancial entre os próprios trabalhadores.

Além da Constituição de 1988, também a Consolidação das Leis do Trabalho e leis extravagantes tratam do tema da igualdade no âmbito das relações de trabalho, valendo destacar a Lei n. 9.029, de 13 de abril de 1995, que proíbe a adoção de qualquer prática discriminatória para efeito de acesso à relação de trabalho, ou de sua manutenção, por motivo de sexo, origem, raça, cor, estado civil, situação familiar, deficiência, reabilitação profissional, idade, entre outros, ressalvadas, nesse caso, as hipóteses de proteção à criança e ao adolescente. Referida lei ainda constitui crime as seguintes práticas discriminatórias: a) exigência de exame ou declaração relativo à esterilização ou a estado de gravidez; b) indução ou instigamento, pelo empregador, à esterilização genética ou ao controle de natalidade.

Em abstração à ontologia e deontologia do Direito do Trabalho e aos preceitos constitucionais vigentes no Brasil, não se pode deixar de mencionar que a recém promulgada Lei n. 13.467/2017, além de dificultar a configuração da isonomia entre trabalhadores que realizam idêntico trabalho para o mesmo empregador[34], na contramão do que estabelece a Organização Internacional do Trabalho[35], e de criar a controversa figura do hipersuficiente[36], como se o fato de o trabalhador ter instrução superior e ser melhor remunerado lhe retirasse a condição de vulnerabilidade econômica perante o empregador ou olvidando que a afirmação do Direito do Trabalho se dá, na maior parte das vezes, mediante a organização coletiva dos trabalhadores em pautas sindicais, foi além, ao estabelecer que regras sobre duração do trabalho (e intervalos) poderão ser objeto de livre negociação coletiva, em prevalência à lei, deixando de

---

(34) Em conformidade à vetusta Súmula n. 6/TST e à luz da redação anterior do art. 461 da CLT, qualquer empregado que exercesse idêntica função em relação a outro empregado, e cuja diferença de tempo de trabalho não fosse superior a dois anos na mesma empresa e região metropolitana, teria direito à equiparação salarial. A nova redação do art. 461 da CLT apresenta mudanças significativas, no que diz respeito ao tempo de serviço, localidade da execução dos trabalhos, bem como na escolha do paradigma. Com as alterações trazidas pela nova legislação, para fazer jus às diferenças em virtude da equiparação salarial, o empregado:

a) não poderá possuir tempo superior a 2 (dois) anos na mesma função em relação ao paradigma;

b) o empregado paradigma não poderá ter tempo igual ou superior a 4 (quatro) anos em favor do mesmo empregador;

c) o empregado paradigma precisa trabalhar no mesmo estabelecimento do paragonado.

d) ainda assim, a 'equiparação salarial só será possível entre empregados contemporâneos no cargo ou na função, ficando vedada a indicação de paradigmas remotos, ainda que o paradigma contemporâneo tenha obtido a vantagem em ação judicial própria.

(35) Salário igual para trabalho de igual valor é um princípio da OIT enunciado em 1919 (art. 427, n. 7 da parte XIII do Tratado de Versalhes, que criou a OIT em 28.06.1919) e reafirmado em 1951 por intermédio da Convenção n. 100, que trata da igualdade de remuneração de homens e mulheres trabalhadores por trabalho de igual valor. Tal Convenção foi ratificada pelo Brasil em 25.04.1957.

(36) A Lei n. 13.467/2017 introduziu parágrafo único ao art. 444 da CLT de modo a permitir a livre estipulação das condições contratuais do empregado que seja portador de diploma de nível superior e que perceba salário mensal igual ou superior a duas vezes o limite máximo dos benefícios do Regime Geral de Previdência Social, negociação que preponderará em relação aos eventuais instrumentos coletivos firmados pelo respectivo sindicato da categoria profissional. Concomitantemente, a referida lei acrescentou o art. 507-A ao antigo texto da CLT, para permitir a estipulação de cláusula compromissória de arbitragem visando à solução de conflitos oriundos da relação de emprego de empregado cuja remuneração seja superior a duas vezes o limite máximo para os benefícios do Regime Geral de Previdência Social, desde que por iniciativa do empregado ou sua expressa concordância.

ser consideradas normas de saúde, higiene e segurança do trabalho[37], o que configura inegável portal para o injustificável tratamento desigual entre trabalhadores num aspecto relacionado à dignidade[38].

Importa consignar no ponto, em arremate, que a igualdade material é, ao mesmo tempo, elemento fundador, seminal e ponto de chegada visado pelo Direito do Trabalho, expressando a força teórica de sua concepção no âmbito do Estado Democrático de Direito, cujos reflexos ocorrem em outras searas jurídicas, como no Direito Ambiental, por exemplo.

6. RACISMO E INJUSTIÇA AMBIENTAIS NO BRASIL: TRÊS EXEMPLOS

A expressão "racismo ambiental" foi utilizada pela primeira vez nos Estados Unidos da América, por um reverendo de nome BenjamIn: Chaves, para designar a imposição desproporcional – intencional ou não – de rejeitos perigosos às comunidades de cor.[39] O contexto do final dos anos 1970 era de mobilização coletiva em função da percepção da distribuição espacialmente desigual da poluição segundo as raças das populações. A experiência concreta de luta desenvolvida em Afton, no condado de Warren, Carolina do Norte, em 1982, foi significativa para a elevação da "justiça ambiental"[40] à condição de questão central na luta pelos direitos civis, introduzindo a noção de desigualdade ambiental na agenda do movimento ambientalista tradicional.[41] Nesse clima, o Movimento de Justiça Ambiental constituído a partir de uma articulação criativa entre lutas de caráter social, territorial, ambiental e de direitos civis, passou a promover pesquisas multidisciplinares sobre as condições de desigualdade ambiental naquele país, o que lhe permitiu constatar:

> Um momento crucial dessa experiência foi a pesquisa realizada por Robert D. Bullard em 1987 a pedido da Comissão de Justiça Racial da *United Church of Christ*, que mostrou que "a composição racial de uma comunidade é a variável mais apta a explicar a existência ou inexistência de depósitos de rejeitos perigosos de origem comercial em uma área". Evidenciou-se naquela ocasião que a proporção de residentes pertencentes a minorias étnicas em comunidades que abrigam depósitos de resíduos perigosos era igual ao dobro da proporção de minorias nas comunidades desprovidas de tais instalações. O fator raça revelou-se mais fortemente correlacionado com a distribuição locacional dos rejeitos perigosos do que o próprio fator renda.

---

(37) Conforme leitura conjugada dos atuais arts. 611-A, I, II e III, e 611-B, parágrafo único, ambos da CLT:
Art. 611-A. A convenção coletiva e o acordo coletivo de trabalho têm prevalência sobre a lei quando, entre outros, dispuserem sobre:
I – pacto quanto à jornada de trabalho, observados os limites constitucionais;
II – banco de horas anual;
III – intervalo intrajornada, respeitado o limite mínimo de trinta minutos para jornadas superiores a seis horas;
Art. 611-B. Constituem objeto ilícito de convenção coletiva ou de acordo coletivo de trabalho, exclusivamente, a supressão ou a redução dos seguintes direitos:
(...)
Parágrafo único. Regras sobre duração do trabalho e intervalos não são consideradas como normas de saúde, higiene e segurança do trabalho para os fins do disposto neste artigo.

(38) "Profundamente dissociada das ideias matrizes da Constituição de 1988, como a concepção de Estado Democrático de Direito, a principiologia humanística e social constitucional, o conceito constitucional de direitos fundamentais da pessoa humana no campo justrabalhista e da compreensão constitucional do Direito como instrumento de civilização, a Lei n. 13.467/2017 tenta instituir múltiplos mecanismos em direção gravemente contrária e regressiva". DELGADO, Mauricio Godinho; DELGADO, Gabriela Neves. *A Reforma Trabalhista no Brasil com os comentários à Lei n. 13.467/2017*. São Paulo: LTr, 2017. p. 40.

(39) ACSELRAD, Henri; MELLO, Cecília Campello do Amaral; BEZERRA, Gustavo das Neves. *O que é Justiça Ambiental*. Rio de Janeiro: Garamond, 2009. p. 20.

(40) Na definição do Movimento de Justiça Ambiental dos EUA, justiça ambiental: "É a condição de existência social configurada através do tratamento justo e do envolvimento significativo de todas as pessoas, independentemente de sua raça, cor ou renda no que diz respeito à elaboração, desenvolvimento, implementação e aplicação de políticas, leis e regulações ambientais. Por tratamento justo entenda-se que nenhum grupo de pessoas, incluindo-se aí grupos étnicos, raciais ou de classe deva suportar uma parcela desproporcional das consequências ambientais negativas resultantes da operação de empreendimentos industriais, comerciais e municipais, da execução de políticas e programas federais, estaduais ou municipais, bem como das consequências resultantes da ausência ou omissão destas políticas". ACSELRAD, Henri; MELLO, Cecília Campello do Amaral; BEZERRA, Gustavo das Neves. *O que é Justiça Ambiental*. Rio de Janeiro: Garamond, 2009. p. 16.

(41) *Ibid.*, p. 18-19.

Portanto, embora os fatos raça e classe de renda tivessem se mostrado fortemente interligados, a raça revelou-se, naquele contexto e circunstância, um indicador mais potente da coincidência entre os locais onde as pessoas vivem e aqueles resíduos tóxicos são depositados(42).

Outras análises e estudos concluíram que os impactos dos acidentes ambientais estavam desigualmente distribuídos por raça e por renda, bem como haver uma atuação do Estado que concorria para a aplicação desigual das leis ambientais(43). Impulsionou-se assim uma reflexão geral sobre as relações entre risco ambiental, pobreza e etnicidade, concluindo-se que a proteção aos despossuídos da concentração dos riscos criaria uma resistência à degradação ambiental em geral, já que os impactos negativos não poderiam mais ser transferidos aos mais pobres e, assim, haveria maior propensão de todos a identificar e eliminar as fontes do dano ambiental(44).

A mobilidade do capital intensificada a partir da década de 1970 pode ser justificada pela busca de países ou regiões com menor nível de capacidade de resistência e onde as legislações são fracas, quer do ponto de vista ambiental, quer trabalhista. A injustiça ambiental pôde ser definida, a partir de tal constatação, como o

> (...) mecanismo pelo qual sociedades desiguais do ponto de vista econômico e social destinam a maior carga dos danos ambientais do desenvolvimento às populações de baixa renda, aos grupos raciais discriminados, aos povos étnicos tradicionais, aos bairros operários, às populações marginalizadas e vulneráveis.(45)

No Brasil, o cenário não é diferente de inúmeros países em desenvolvimento, encontrando-se os trabalhadores e os grupos sociais marginalizados sujeitos aos riscos decorrentes da proximidade de seus locais de moradia de depósitos de lixo tóxico, das plantas industriais poluentes, das encostas perigosas, de áreas inundáveis, dos esgotos a céu aberto. Além do mais, a pobreza no Brasil tem cor, consoante revelam dados do IBGE, segundo os quais aproximadamente 80% dos pobres no Brasil são pretos, que compõem a maioria absoluta dos moradores de favelas. Ademais, o rendimento médio do trabalho das pessoas brancas, em 2016, foi aproximadamente 45% maior do que o das pessoas pretas e pardas, isso num país em que metade da população vive com menos de um salário mínimo, em que 10% da população mais rica concentra quase metade da renda nacional e onde cerca de 13 milhões de pessoas ainda vivem na pobreza extrema(46).

A população brasileira tornou-se, assim, diante do quadro de extrema desigualdade material, presa fácil do duplo padrão praticado por empresas multinacionais que, impedidas em seus países de origem de explorar áreas frágeis ou de utilizar certos produtos, aproveitam-se de regulação ou fiscalização débil no Brasil, em atenção a interesses comerciais hegemônicos.

Exemplos marcantes disto são as campanhas históricas empreendidas no Brasil pelo banimento de substâncias cancerígenas como o amianto, bem como o acordo multimilionário estabelecido entre o Ministério Público do Trabalho, o Sindicato dos Químicos Unificados de Campinas e Região e a Associação dos Trabalhadores Expostos a Substâncias Químicas com as empresas multinacionais SHELL e BASF S/A, em função da exposição de milhares de trabalhadores e moradores de região de Paulínia a agrotóxicos com alto potencial teratogênico, genotóxico e carcinogênico (pesticidas clorados – drins), no período de 1974 a 2002, que haviam sido banidos nos Estados Unidos em 1975. Consoante se observa:

> Nos Estados Unidos (EUA), estima-se que o uso de agrotóxicos aumentou em até sete vezes a produção por hectare desde a década de 30. Em 2008, segundo a Agência Nacional de Vigilância Sanitária (ANVISA), o Brasil tornou-se o maior consumidor de agrotóxicos em todo mundo, posição antes

---

(42) ACSELRAD, Henri; MELLO, Cecília Campello do Amaral; BEZERRA, Gustavo das Neves. *O que é Justiça Ambiental*. Rio de Janeiro: Garamond, 2009. p. 19-20.

(43) "Há um recorte racial na forma como o governo norte-americano limpa aterros de lixo tóxico e pune poluidores. Comunidades brancas veem uma ação mais rápida, melhores resultados e penalidades mais efetivas do que comunidades em que negros, hispânicos e outras minorias vivem". ACSELRAD, Henri; MELLO, Cecília Campello do Amaral; BEZERRA, Gustavo das Neves. *O que é Justiça Ambiental*. Rio de Janeiro: Garamond, 2009. p. 18.

(44) ACSELRAD, Henri; MELLO, Cecília Campello do Amaral; BEZERRA, Gustavo das Neves. *O que é Justiça Ambiental*. Rio de Janeiro: Garamond, 2009. p. 28.

(45) ACSELRAD, Henri; MELLO, Cecília Campello do Amaral; BEZERRA, Gustavo das Neves. *O que é Justiça Ambiental*. Rio de Janeiro: Garamond, 2009. p. 41.

(46) IBGE. Disponível em: <https://www.ibge.gov.br/> Acesso em: 25 abr. 2018.

ocupada pelos Estados Unidos, movimentando mais de US$ 7 bilhões por ano (ANVISA, 2009). Porém, poucos estudos foram feitos para analisar satisfatoriamente o impacto ambiental e humano do uso extensivo desses compostos (LIMA et al, 2002). No Brasil, até a década de 80, o conhecimento sobre produção, importação e exportação de agrotóxicos eram os arquivos de dados estatísticos do antigo Conselho de Desenvolvimento Industrial (CDI). Esses arquivos eram preenchidos pela própria empresa fabricante e enviados ao CDI (ALMEIDA et al, 2007). Portanto, o conhecimento geral sobre agrotóxicos vinha diretamente dos produtores.

O surgimento no Brasil de várias empresas produtoras de substâncias tóxicas em geral aconteceu durante a ditadura militar. De 1964 a 1978, foram concedidos incentivos fiscais que trouxeram várias multinacionais para produzir e poluir no Brasil à custa do Estado (REZENDE, 2005). Ao retirar os impostos de agrotóxicos produzidos no país, mais empresas vieram fabricá-los aqui, para exportá-los para países da América Latina (REZENDE, 2005).

Ainda na década de 70, foi criada a Associação Nacional de Defensivos Agrícolas (ANDEF) com o intuito de fortalecer a defesa de seus interesses corporativos, com a participação das maiores indústrias de agrotóxicos da época: Basf, Bayer Cropscience, Dow Agrosciences, Monsanto, Syngenta, entre outros (ANDEF, 2012).

A empresa Shell Company abriu em 1948 no estado de Colorado nos Estados Unidos a primeira fábrica produtora de AldrIn: e DieldrIn: (JORGENSON, 2001). A Agência de Proteção Ambiental dos Estados Unidos da América (USEPA) iniciou em 1971 um processo para cancelar e suspender todas as produções e registros de drins (Aldrin, EndrIn: e Dieldrin), sendo que a própria Shell em 1973 constatou que esses produtos eram potencialmente carcinogênicos em estudos com camundongos (REZENDE, 2005).

No ano de 1974, a utilização de DieldrIn: em plantações foi banida e o uso de AldrIn: restrito à termicida (ação contra cupins) (JORGENSON, 2001; EPA, 2012). A partir de 1975 foi proibida a produção, venda e uso do que ainda restava de *drins* nos EUA (BRASIL, 2005).

Mesmo admitindo o potencial carcinogênico dos drins, a empresa Shell do Brasil ainda no ano de 1974, adquiriu uma área no município de Paulínia no estado de São Paulo para a fabricação de agrotóxicos organoclorados como Aldrin, EndrIn: e DieldrIn: (SUASSUNA, 2001)[47].

A tragédia ambiental e humana em questão levou tais empresas a arcarem, em 2013, com o pagamento da maior indenização em matéria labor-ambiental do Brasil, em valor aproximado de quatrocentos milhões de reais, a título de danos morais coletivos e individuais, além da obrigação de custeio integral de assistência plena e vitalícia à saúde dos habilitados (1058 trabalhadores e familiares, inclusive filhos nascidos após a prestação de trabalho por parte de seus pais em ambiente contaminado, valendo registrar que algumas crianças vieram a óbito por anencefalia ou por problemas de formação numa estatística superior à média nacional).

O caso da exploração e comercialização do amianto no Brasil é outro importante exemplo do duplo-padrão praticado por poderosas empresas, valendo-se da desproteção ambiental e social promovida por leis lenientes e preocupadas apenas com lucros empresariais e com eventual empregabilidade[48], jamais com a saúde e segurança dos trabalhadores e da população de países em desenvolvimento. Isto porque, apesar de a polêmica relativa ao chamado uso seguro do amianto já estar superada em quase todo o mundo há muito tempo, bastando exemplificar com o banimento em mais de 60 países, entre eles todos os da União Europeia em 2005, com base em farta literatura médica mundial a respeito dos intensos e irreversíveis malefícios à saúde humana (causador de mesotelioma, asbestose, câncer de pleura, placas pleuras, entre outras severas doenças)[49], no Brasil, o amianto foi fartamente comercializado,

---

(47) PIMENTA, Lucas de Miranda; Rohlfs, Daniela Buosi. *Caso Shell, Basf e Cyanamid no município de Paulínia – SP: análise de seus desdobramentos judiciais*. Disponível em: <http://www.cpgls.pucgoias.edu.br/7mostra/Artigos/SAUDE%20E%20BIOLOGICAS/Caso%20Shell,%20Basf%20e%20Cyanamid%20no%20munic%C3%ADpio%20de%20Paul%C3%ADnia-SP_an%C3%A1lise%20de%20seus%20desdobramentos%20judiciais.pdf>. Acesso em: 20 abr. 2018.

(48) Caso da Lei n. 9.095/1995, cujo art. 2º, que permitia a produção e a comercialização do amianto crisotila no Brasil, foi declarada inconstitucional pelo Supremo Tribunal Federal em sucessivos julgamentos de ações diretas de inconstitucionalidade ocorridos em 24.8.2017 e 29.11.2017.

(49) A Organização Mundial de Saúde (OMS) sustenta que todas as variedades de amianto causam câncer, bem como estima que cerca de 50% das mortes por câncer ocupacional estão associadas à exposição a fibra, não existindo limite de tolerância seguro para a exposição

principalmente na indústria da construção civil (telhas, caixas d´água), a despeito da plena ciência empresarial a respeito dos riscos inerentes à exposição ocupacional ao amianto, antes mesmo da instalação da primeira fábrica em Osasco – SP em 1942.

A esse respeito, vale transcrever a descrição constante do endereço eletrônico da Associação Brasileira dos Expostos ao Amianto – ABREA:

> O Brasil está entre os cinco maiores produtores de amianto do mundo e é também um grande consumidor, havendo por isto um grande interesse científico a nível mundial sobre nossa situação, quando praticamente todos os países europeus já proibiram seu uso. A maior mina de amianto em exploração no Brasil situa-se no município de Minaçu, no Estado de Goiás e é atualmente administrada pela empresa brasileira Eternit S/A, mas que até recentemente era explorada por grupo franco-suíço (Brasilit e Eternit) em cujos países de origem o amianto está proibido desde o início da década de 90.
>
> No Brasil, o amianto tem sido empregado em milhares de produtos, principalmente na indústria da construção civil (telhas, caixas d'água de cimento-amianto etc.) e em outros setores e produtos como guarnições de freio (lonas e pastilhas), juntas, gaxetas, revestimentos de discos de embreagem, tecidos, vestimentas especiais, pisos, tintas etc.
>
> O Canadá, segundo maior produtor mundial de amianto, é o maior exportador desta matéria-prima, mas consome muito pouco em seu território (menos de 3%). Para se ter uma ideia de ordem de grandeza e da gravidade da questão para os países pobres: um(a) cidadão(ã) americano(a) se expõe em média a 100g/ano, um(a) canadense a 500 g/ano e um(a) brasileiro(a), mais ou menos, a 1.200g/ano.
>
> Este quadro inicial nos indica uma diferença na produção e consumo do amianto entre os países do Norte e do Sul, em especial, o Brasil, explicada pelo fato de que o amianto é uma fibra comprovadamente cancerígena e que os cidadãos do Norte já não aceitam mais se expor a este risco conhecido. O amianto é um bom exemplo de como estes países transferem a produção a populações que desconhecem os efeitos nocivos deste produto, enquanto para eles buscam outras alternativas menos perigosas, recorrendo à política do duplo-padrão (double-standard): produção e comercialização de produtos proibidos nos países desenvolvidos e liberados para os países em desenvolvimento[50].

Um último exemplo brasileiro: a situação de Barcarena, município localizado no nordeste do Estado do Pará (parte da Amazônia), talvez seja a região brasileira com o maior número de tragédias ambientais (ar, água e terra), sendo as principais delas causadas pelo transbordamento ou vazamento das bacias de rejeitos decorrentes do processo de produção do alumínio e da alumina, principalmente pelas empresas ALBRÁS e ALUNORTE, controladas, atualmente, pela norueguesa HYDRO NORSK, mas também pela multinacional japonesa NAAC. Já há Ação Civil Pública ajuizada pelo Ministério Público Federal em que se prova a contaminação de toda a água da região, valendo ressaltar que a maior parte da população não tem acesso a rede de abastecimento de água, tendo que se valer de poços artesanais e de rios eventualmente contaminados. Tais empresas se instalaram naquela região a partir do final da década de 1970, sob a égide da ditadura militar no Brasil, valendo-se de incentivos fiscais concedidos pelo Estado do Pará visando a atrair investimentos privados e fomentar o desenvolvimento regional mediante a geração de empregos. As multinacionais buscaram aproveitar-se, ainda, da capacidade de produção de energia da região, haja vista a potente bacia hidrográfica existente, além de se tratar de região isolada e com a população extremamente pobre, de modo que o custo da mão-de-obra seria menor e a fiscalização ambiental e do trabalho seria quase inexistente[51].

---

humana. A OMS estima um número de 107.000 mortes por ano, em todo o mundo, em decorrência de doenças relacionadas ao amianto. Na conclusão de seu Critério 203, de 1998, a OMS dispôs: *"A exposição ao amianto-crisotila aumenta os riscos de contração de asbestose, câncer de pulmão e mesotelioma de uma maneira dose-dependente. Não foram identificados limites de tolerância para os riscos carcinogênicos".*

(50) ABREA. *Amianto ou asbesto*. Disponível em: <http://www.abrea.com.br/o-amianto/sobre-o-amianto.html> Acesso em: 24 abr. 2018.

(51) "Atualmente, o Complexo do Alumínio em Barcarena (PA) é composto pelas seguintes multinacionais: 1) Hydronorte, de capital norueguês (empresas Albras e Alunorte) e 2) Empresa Alubar, de capital argentino. Cada empresa é responsável por um tipo de atividade que dinamiza o Complexo do Alumínio: Alunorte transforma a bauxita em alumina, sendo 80% desse produto exportado, ficando apenas 20% na região. Desses 20%, apenas 10% são beneficiados em alumínio na Albras e os outros 10% em produtos como vergalhões e cabos pela Alubar. Essas empresas multinacionais passaram a exigir do Estado nacional um aparato de estrutura local, dando origem aos grandes projetos na Amazônia, controlando política e economicamente os governos. Nesta direção, o Complexo do Alumínio

Nesse cenário, fica muito claro ser preciso municiar os governos verdadeiramente democráticos e preocupados com a enorme injustiça ambiental em países em desenvolvimento de dados para o combate às desigualdades sociais e ambientais. Isso porque:

(...) se há diferença nos graus de exposição das populações aos males ambientais, isso não decorre de nenhuma condição natural, determinação geográfica ou causalidade histórica, mas de processos sociais e políticos que distribuem de forma desigual a proteção ambiental. Esses efeitos desiguais ocorrem através de múltiplos processos privados de decisão, de programas governamentais e de ações regulatórias de agências públicas. Processos não democráticos de elaboração e aplicação de políticas sob a forma de normas discriminatórias, prioridades não discutidas e vieses tecnocráticos, via de regra produzem consequências desproporcionais sobre os diferentes grupos sociais[52].

Partindo-se da noção de que a desigualdade de recursos financeiros é um produto de processos sociais (domínio da terra, dos instrumentos de trabalho, da cultura, da educação, das normas de sucessão e tributárias), é possível constatar que a desigualdade ambiental nada mais é que a distribuição desigual das partes de um meio ambiente injustamente dividido. Assim, quando os benefícios de uso do meio ambiente e a capacidade de transferir os custos ambientais estão concentrados em poucas mãos (controle não democrático), o nível geral de pressão sobre a degradação ambiental se reduz, de modo que "não se pode enfrentar a crise ambiental sem promover a justiça social"[53].

Outro aspecto significativo é que os responsáveis pela degradação ambiental escondem os perigos que criam, valendo-se de desinformação organizada, mediante pesado investimento em *marketing*[54]. A cegueira dos cidadãos é trabalhada institucionalmente, entre outras formas, mediante argumentos no sentido de que o desenvolvimento traria alguns prejuízos inevitáveis. Esconde-se, assim, a evidente desigualdade distributiva quanto ao uso e acesso aos recursos naturais do planeta, bem como a concentração dos riscos ambientais sobre os mais despossuídos. Há construção de insensibilidades quanto à poluição ambiental[55] por intermédio da desinformação (informações perversas) e de promessas de empregabilidade, de modo a cooptar a sociedade, contando sempre com a dependência econômica da população no entorno de determinada empresa poluente. No Brasil, tais estratégias podem ser vistas de modo muito claro nos três exemplos referidos neste capítulo (amianto, caso Shell-Basf e sucessivas tragédias decorrentes da produção do alumínio e da alumina em Barcarena – PA).

---

foi uma estratégia utilizada, por certas nações centrais, para o enfrentamento da crise do capitalismo, instaurada nos anos 1970, através da busca por "outros países para instalar parte de suas plantas industriais" (SANTIAGO, 2007, p. 50). Assim, houve uma nova partilha do mundo, ou melhor, o processo de neocolonização dos últimos espaços históricos existentes para a expansão do capital. Portanto, o referido complexo é tributário da dinâmica do capitalismo na Amazônia que, para Marques e Trindade (2014), fora planejado nos anos 1950, sendo levado a ferro e fogo nas décadas de 1960 e 1970, durante a Ditadura Militar. Por conta disso, especialmente na Amazônia paraense, foram implantados diversos grandes projetos, dentre os quais podem ser destacados: Trombetas, em 1960, com a exploração da bauxita; Grande Carajás, em 1970, com a exploração de minério de ferro e o complexo mina-ferrovia-porto; Hidrelétrica de Tucuruí, em 1970; Albras/Alunorte, em 1976, com a produção de alumina e alumínio metálico, dentre outros (NASCIMENTO, 2009). A esse propósito, registra-se que: "Nas últimas décadas, do século XXI, a expansão econômica na Amazônia é crescentemente vinculada aos mercados globais, especialmente à produção de soja, carne, madeira e minérios" (RIVERO; COONEY, 2012, p. 206), dada a tendência da reprimarização da América Latina. As considerações levaram ao questionamento a respeito dos direitos sociais dos trabalhadores, os quais estão sendo negados, bem como seus principais determinantes". MELO, Nelceli Silva; GOMES, Vera Lúcia Batista. *Trabalhadores acidentados/adoecidos no Complexo do Alumínio – Barcarena (Pará) e a negação dos direitos sociais*. In: Revista da Faculdade de Serviço Social da Universidade do Estado do Rio de Janeiro. 2º semestre de 2016 – n. 38, v. 14, p. 115-116.

(52) ACSELRAD, Henri; MELLO, Cecília Campello do Amaral; BEZERRA, Gustavo das Neves. *O que é Justiça Ambiental*. Rio de Janeiro: Garamond, 2009. p. 73.

(53) ACSELRAD, Henri; MELLO, Cecília Campello do Amaral; BEZERRA, Gustavo das Neves. *O que é Justiça Ambiental*. Rio de Janeiro: Garamond, 2009. p. 76-77.

(54) A esse respeito, indica-se a leitura: MICHAELS, David. *Doubt is their product: how industry´s assault on science threatens your health*. Oxford: Oxford University Press, 2008. Nesta obra o autor comprova como a indústria do cigarro, sabedora do malefício do cigarro à saúde humana, por décadas, contratou cientistas mercenários para esconder tal fato do conhecimento público, disputando cada conclusão científica em prol de manter a população confusa e, assim, consumindo seus produtos.

(55) A respeito do conceito de poluição ambiental, ver: EBERT, Paulo Roberto Lemgruber. Dano ambiental: conceito e caracterização. In: *Dicionário de Saúde e Segurança do Trabalhador. Conceitos. Definições. História. Cultura*. MENDES, René (org.). Novo Hamburgo (RS): Proteção Publicações Ltda., 2018. p. 337.

Fazendo uso de sua capacidade de se mudarem facilmente de localização, as grandes corporações procuram desmontar o aparato regulatório social e ambiental e enfraquecer as resistências dos movimentos sociais. Caso não se aceitem as condições requeridas – isenções fiscais, favores fundiários, flexibilização das normas ambientais, urbanísticas, trabalhistas – o empreendedor acena com a migração para outra localidade no interior do país ou até mesmo para outro país. O risco socioambiental é, assim, sistematicamente alocado às populações mais destituídas ou a governos com maiores índices de desemprego, com base na lógica da livre escolha infernal entre condições precárias e arriscadas de trabalho ou nenhum trabalho, entre algum dinamismo econômico – mesmo predatório – ou nenhum crescimento. As imposições de localização são também, sob outro prisma, um mecanismo de divisão dos trabalhadores, colocando-os em competição por intermédio da oferta que eventualmente aceitam fazer de desregulação e concessão de direitos. É também um mecanismo de divisão de países menos industrializados, que são postos em concorrência por meio da oferta de normas flexibilizadas em nome da criação de empregos e obtenção de receita pública. Assim, as próprias vítimas da exploração do meio ambiente e do trabalho saem em defesa dos projetos dos grandes capitais[56].

Nesse contexto, o Direito, seja ele tributário, do trabalho ou ambiental, vem sendo utilizado, nos países ainda em desenvolvimento como o Brasil, como mecanismo promotor da desigualdade, mediante sucessivas flexibilizações e desregulamentações. Para resistir em bases democráticas, é preciso uma aliança que reúna forças sintonizadas dos movimentos sindicais e ambientalistas, de sem-terra e comunidades indígenas, de pequenos agricultores e pescadores, de movimentos sociais de periferias urbanas e de remanescentes de quilombos – para evitar que a chantagem empresarial resulte no enfraquecimento de direitos e na exposição a riscos à saúde e à vida. É preciso opor, à lógica do interesse, a cultura dos direitos. É preciso buscar fazer do ambiente, aí incluído o meio ambiente do trabalho, um espaço de construção de igualdade[57].

7. O PAPEL DO DIREITO DO TRABALHO NO COMBATE AO RACISMO E À INJUSTIÇA AMBIENTAIS

Consoante evidenciado no capítulo anterior, o Direito do Trabalho possui um papel relevante no combate ao racismo e à injustiça ambientais, assim como no campo da igualdade redistributiva. Inegavelmente:

> Mediante suas regras imperativas, o Direito do Trabalho busca democratizar a mais importante relação de poder existente no âmbito da dinâmica econômica, instituindo certo parâmetro de igualdade jurídica material nessa relação profundamente assimétrica. Atenua o poder empregatício e eleva as condições de vida e trabalho da pessoa humana trabalhadora no âmbito de sua relação de emprego.
> (...)
> Com isso, o Direito do Trabalho também realiza um importante papel de política de distribuição de renda no mundo da economia e da sociedade capitalistas, diminuindo, em alguma medida, as tendências concentradoras de renda e de poder que são características do capitalismo[58].

Sem dúvida o esvaziamento do princípio constitucional da igualdade em sentido material pode se dar pela desregulamentação do Direito do Trabalho, quer pela flexibilização das normas imperativas desse campo jurídico, quer pela acentuação do poder unilateral do empregador nessa relação socioeconômica e jurídica, quer por restrições ao acesso à Justiça ao trabalhador[59].

Sob prisma diametralmente oposto, é preciso compreender o trabalho em sua dimensão ética, não mercantil, assegurando-se ao ser humano que trabalha, por intermédio do Direito, a possibilidade de construir sua consciência de liberdade por intermédio do trabalho digno. Gabriela Neves Delgado alerta, porém, que, ao mesmo tempo em que o trabalho auxilia na construção da identidade social do homem, pode também destruir sua existência, caso não existam condições mínimas para o seu exercício em condições de dignidade. Desse

---

(56) ACSELRAD, Henri; MELLO, Cecília Campello do Amaral; BEZERRA, Gustavo das Neves. *O que é Justiça Ambiental*. Rio de Janeiro: Garamond, 2009. p. 133-142.

(57) ACSELRAD, Henri; MELLO, Cecília Campello do Amaral; BEZERRA, Gustavo das Neves. *O que é Justiça Ambiental*. Rio de Janeiro: Garamond, 2009. p. 148.

(58) DELGADO, Mauricio Godinho; DELGADO, Gabriela Neves. *A Reforma Trabalhista no Brasil com os comentários à Lei n. 13.467/2017*. São Paulo: LTr, 2017. p. 40-41.

(59) DELGADO, Mauricio Godinho; DELGADO, Gabriela Neves. *A Reforma Trabalhista no Brasil com os comentários à Lei n. 13.467/2017*. São Paulo: LTr, 2017. p. 42.

modo, se ao trabalhador não são asseguradas condições mínimas de saúde e de segurança no trabalho, não há espaço para o exercício do direito fundamental ao trabalho digno, que será mera abstração. Segundo essa doutrinadora, "compreender o trabalhador enquanto mero instrumento para a realização de determinado serviço, tônica da sociedade civil contemporânea, compromete o entendimento maior de que o homem deve ser fim em si mesmo"[60].

Torna-se urgente, pois, reposicionar a economia de mercado em bases institucionais sólidas, que colocam as empresas, e não os sistemas jurídicos, em níveis de concorrência, consoante importante alerta de Alain Supiot[61]. Cada vez mais os empresários têm tomado a decisão consciente de transferir os meios de produção para lugares onde há mão de obra mais barata e não existem normas de saúde e segurança no trabalho, nem restrições ambientais[62].

Pode-se concluir então, diante dos cenários global e local existentes, que o Direito do Trabalho se revela, seguramente, como potente instrumento do Estado brasileiro no combate às desigualdades indesejáveis, que são justamente as extremas desigualdades não naturais, de índole social, econômica, ambiental, cultural. Por buscar regular relações fundantes do modelo econômico vigente, se subutilizado, esse potente instrumento favorecerá o lado opressor, avesso à democracia e promotor das desigualdades material e no reconhecimento à diferença.

8. CONSIDERAÇÕES FINAIS

A ideia de igualdade a ser protegida pelo Direito pode ser comparada a uma flecha atirada para o alto. Seu voo pode estar a meio caminho do alvo, a depender das circunstâncias e do local em que foi lançada, mas ela não pode mais retroceder. O arqueiro é o modelo de Estado, a mirar a concepção de igualdade por atingir. O arco, por sua vez, torna-se cada vez mais poderoso ao ser constituído por elementos novos, como redistribuição e reconhecimento, de modo a ampliar o alcance da flecha da igualdade.

No âmbito de um autêntico Estado Democrático de Direito, estima-se que as flechas da igualdade tenham sido atiradas com o arco mais potente e na direção correta, de modo que certamente atingirão o seu alvo, mais cedo ou mais tarde.

Uma das flechas da igualdade no âmbito das relações trabalhistas é, sem dúvida, o Direito do Trabalho. Ainda que algumas de suas partes possam vir a ser desgastadas por leis ou por interpretações limitadas que buscam lhe enfraquecer o alcance, sua ponta estará sempre afiada, porquanto lustrada na ideia – que não poderá mais retroceder – de dignidade do ser humano que vende sua força de trabalho no desigual sistema capitalista de produção.

Que a flecha do Direito do Trabalho possa atingir o racismo e a injustiça ambientais, promovidos por multinacionais e grandes empresas que visam ao lucro máximo ao preço da dignidade, da saúde e da vida do trabalhador brasileiro.

9. REFERÊNCIAS BIBLIOGRÁFICAS

ABREA. *Amianto ou Asbesto*. Disponível em: <http://www.abrea.com.br/o-amianto/sobre-o-amianto.html>. Acesso em: 24 abr. 2018.

ACSELRAD, Henri; MELLO, Cecília Campello do Amaral; BEZERRA, Gustavo das Neves. *O que é Justiça Ambiental*. Rio de Janeiro: Garamond, 2009.

AGUIAR, Roberto A.R. *Direito, Poder e Opressão*. 3. ed. São Paulo: Alfa-Ômega, 1990.

ARISTÓTELES. *Ética a Nicômaco*. Tradução de Pietro Nassetti. São Paulo: MartIn: Claret, 2002.

BALTHAZAR, Ricardo. *Desigualdade no Brasil é maior do que se pensava, apontam novos estudos*. Disponível em <http://www1.folha.uol.com.br/ilustrissima/2017/10/1922594-desigualdade.shtml>. Publicada em 01.10.2017. Acesso em: 5 abr. 2018.

BARBOSA, Rui. *Oração aos moços*. 5. ed. Rio de Janeiro: Fundação Casa de Rui Barbosa, 1997.

BARROSO, Luís Roberto; OSORIO, Aline. Sabe com quem está falando?: Notas sobre o princípio da igualdade no Brasil contemporâneo. In: *Revista Direito & Práxis*. Rio de Janeiro, v. 7, n. 13, 2016.

BONAVIDES, Paulo. *Do Estado Liberal ao Estado Social*. 11. ed. São Paulo: Malheiros, 2013.

CANOTILHO, J. J. Gomes. *Direito constitucional e teoria da Constituição*. 7. ed. Coimbra: Almedina, 2003.

CHOMSKY, Noam. *Réquiem para o sonho americano: os 10 princípios de concentração de riqueza e poder*. Tradução de Milton Chaves de Almeida. 1. ed. Rio de Janeiro: Bertrand Brasil, 2017.

---

(60) DELGADO, Gabriela Neves. *Direito fundamental ao trabalho digno*. 2. ed. São Paulo: LTr, 2015. p. 25.

(61) SUPIOT, Alain. *O Espírito de Filadélfia: a justiça social diante do mercado total*. Tradução de Tânia do Valle Tschiedel. Porto Alegre: Sulina, 2014. p. 98/99.

(62) CHOMSKY, Noam. *Réquiem para o sonho americano: os 10 princípios de concentração de riqueza e poder*. Tradução de Milton Chaves de Almeida. 1. ed. Rio de Janeiro: Bertrand Brasil, 2017. p. 53.

DELGADO, Gabriela Neves. *Direito fundamental ao trabalho digno*. 2. ed. São Paulo: LTr, 2015.

DELGADO, Mauricio Godinho; DELGADO, Gabriela Neves. *A Reforma Trabalhista no Brasil com os comentários à Lei n. 13.467/2017*. São Paulo: LTr, 2017.

_____; _____. *Constituição da República e Direitos Fundamentais: dignidade da pessoa humana, Justiça Social e Direito do Trabalho*. 3. ed. São Paulo: LTr, 2015.

EBERT, Paulo Roberto Lemgruber. Dano ambiental: conceito e caracterização. In: *Dicionário de Saúde e Segurança do Trabalhador. Conceitos. Definições. História. Cultura*. MENDES, René (Org.). Novo Hamburgo (RS): Proteção Publicações Ltda., 2018.

FOUCAULT, Michel. *Vigiar e Punir*: nascimento da prisão. 42. ed. Petrópolis: Vozes, 2014.

MAQUIAVEL, Nicolau. *O Príncipe*. Comentários de Napoleão Bonaparte e Rainha Cristina da Suécia. Tradução Ana Paula Pessoa. São Paulo: Jardim dos Livros, 2007.

MARX, Karl; ENGELS, Friederich. *Manifesto do Partido Comunista*. Tradução de Sueli Tomazzini Barros Cassal. Porto Alegre: L&PM, 2002. E também: MARX, Karl. *O Capital*: crítica da economia política. Livro I: o processo de produção do capital. Tradução de Rubens Enderle. 2. ed. São Paulo: Boitempo, 2017.

MARX, Karl. *O Capital: crítica da economia política*. Livro I: o processo de produção do capital. Tradução de Rubens Enderle. 2. ed. São Paulo: Boitempo, 2017.

MELO, Nelceli Silva; GOMES, Vera Lúcia Batista. Trabalhadores acidentados/adoecidos no Complexo do Alumínio – Barcarena (Pará) e a negação dos direitos sociais. In: *Revista da Faculdade de Serviço Social da Universidade do Estado do Rio de Janeiro*. 2º semestre de 2016, n. 38, v. 14.

MICHAELS, David. *Doubt is their product: how industry´s assault on science threatens your health*. Oxford: Oxford University Press, 2008.

PIMENTA, Lucas de Miranda; Rohlfs, Daniela Buosi. *Caso Shell, Basf e Cyanamid no município de Paulínia – SP: análise de seus desdobramentos judiciais*. Disponível em: <http://www.cp.ls.pucgoias.edu.br/7mostra/Artigos/SAUDE%20E%20BIOLOGICAS/Caso%20Shell,%20Basf%20e%20Cyanamid%20no%20munic%C3%ADpio%20de%20Paul%C3%ADnia-SP_an%C3%A1lise%20de%20seus%20desdobramentos%20judiciais.pdf> Acesso em: 20 abr. 2018.

PIRES, Breiller. *Brasil despenca 19 posições em ranking de desigualdade social da ONU*. Disponível em: <https://brasil.elpais.com/brasil/2017/03/21/politica/1490112229_963711.html>. Reportagem publicada em 21/3/2017. Acesso em: 5 abr. 2018.

RODRIGUEZ, Américo Plá. *Princípios de Direito do Trabalho*. Tradução de Wagner D. Giglio. 3. ed. São Paulo: LTr, 2000.

ROUSSEAU, Jean-Jacques. *Discourse on the OrigIn: of Inequality*. New York: P. F. Collier, 1910.

SANTOS, Boaventura de Souza. *As tensões da modernidade*. Disponível em: <http://dhnet.org.br/direitos/militantes/boaventura/boaventura_tensoes_modernidade.pdf>. Acesso em: 28 mar. 2018. Texto apresentado no Fórum Social Mundial ocorrido em Porto Alegre no ano de 2001.

SARLET, Ingo Wolfgang. *Os Direitos Sociais como Direitos Fundamentais: contributo para um balanço aos vinte anos da Constituição Federal de 1988*. Disponível em: <http://www.stf.jus.br/arquivo/cms/processoAudienciaPublicaSaude/anexo/artigo_Ingo_DF_sociais_PETROPOLIS_final_01_09_08.pdf>. Acesso em: 5 abr. 2018.

SEN, Amartya. *A ideia de Justiça*. Tradução de Denise Bottmann e Ricardo Doninelli Mendes. São Paulo: Companhia das Letras, 2011.

SUPIOT, Alain. *O Espírito de Filadélfia: a justiça social diante do mercado total*. Tradução de Tânia do Valle Tschiedel. Porto Alegre: Sulina, 2014.

TAYLOR, Charles. *The Politics of Recognition*. Disponível em: <http://elplandehiram.org/documentos/JoustingNYC/Politics_of_Recognition.pdf>. Acesso em: 9 abr. 2018.

VIEIRA, Oscar Vilhena. *Direitos Fundamentais: uma leitura da jurisprudência do STF*. Colaboração de Flávia Scabin e Marina Feferbaum. 2. ed. São Paulo: Malheiros, 2017.

CAPÍTULO 6

O COMBATE ÀS TERCEIRIZAÇÕES ILÍCITAS E A DEFESA DO DIREITO FUNDAMENTAL À RELAÇÃO DE EMPREGO REGULAR PELO MINISTÉRIO PÚBLICO DO TRABALHO

José Roberto Freire Pimenta[1]
Adriana Campos de Souza Freire Pimenta[2]

1. À GUISA DE INTRODUÇÃO E DE HOMENAGEM

Após a promulgação da Constituição democrática de 1988 e da Lei Complementar n. 75 de 1993, o Ministério Público do Trabalho, integrante do Ministério Público da União, assumiu relevante e indispensável papel de protagonismo na defesa e em prol da concretização e da efetividade dos direitos fundamentais sociais na esfera trabalhista, em boa hora consagrados em nossa Norma Fundamental.

Encontrando-se hoje superadas, na doutrina e na jurisprudência, as injustificadas e atécnicas resistências iniciais ao reconhecimento da legitimidade ativa do Ministério Público para atuar como parte (como substituto processual *ex lege*) na defesa dos direitos e interesses metaindividuais (difusos, coletivos em sentido estrito e individuais homogêneos, na correta definição do art. 81, parágrafo único, do Código de Defesa do Consumidor), esta instituição indispensável para a boa prestação da justiça passou a ingressar, cada vez mais, com ações civis públicas postulando a concessão, pelo Poder Judiciário, de tutela inibitória determinando aos demandados que, de forma preventiva, não praticassem ou, de forma restituitória ou ressarcitória, não persistissem na prática das mais variadas condutas ilícitas, todas ofensivas aos direitos fundamentais e legais dos trabalhadores beneficiados pelas normas constitucionais e infraconstitucionais trabalhistas.

Com isso, muitas lesões e ameaças de lesões *em massa* aos direitos fundamentais sociais no campo juslaboral[3] foram prevenidas ou coibidas de serem reiteradas ainda no curso das numerosas relações individuais celebradas, formal ou informalmente, pelos trabalhadores com seus empregadores ou com os tomadores de seus serviços, nos casos de intermediação de mão de obra. Apesar de essa atuação do Ministério Público do Trabalho, nos últimos anos, não ter sido capaz de, por si só, evitar a explosão de demandas repetitivas de caráter individual decorrentes dessa prática deliberada e estratégica, pelos denominados *litigantes habituais*,[4] é possível afirmar

---

(1) Ministro do Tribunal Superior do Trabalho, Doutor em Direito Constitucional pela UFMG e Professor Titular do Centro Universitário do Distrito Federal – UDF, nas áreas de Direito do Trabalho e Direito Processual do Trabalho.

(2) Juíza do Trabalho Titular da 34ª Vara do Trabalho de Belo Horizonte-MG, Mestre em Direito Político e Econômico e Especialista em Direito e Processo do Trabalho pela Universidade Presbiteriana Mackenzie.

(3) Sobre a temática da *tutela metaindividual* como instrumento de combate às denominadas *lesões em massa dos direitos fundamentais sociais* na esfera trabalhista, veja-se PIMENTA, José Roberto Freire. *A tutela metaindividual dos direitos trabalhistas: uma exigência constitucional.* In: *Tutela Metaindividual Trabalhista. A defesa coletiva dos direitos dos trabalhadores em juízo*, PIMENTA, José Roberto Freire, BARROS, Juliana Augusta Medeiros, FERNANDES, NadiaSoraggi (coord.), São Paulo: LTr, 2009, p. 9-50.

(4) Para o conceito de *litigantes habituais*, consulte-se CAPPELLETTI, Mauro & GARTH, Bryant. *Acesso à justiça*,Porto Alegre, Sérgio Antônio Fabris Editor, 1988, p. 25 e ss. e 132 e ss., GALANTER, "Whythe 'Haves' come out ahead: speculations on the limits of legal changes" (Por que só os que têm são beneficiados? Especulações sobre os limites das reformas judiciárias), "Law and Society Review", v. 9, 1974, p. 95 e PIMENTA, José Roberto Freire, "A conciliação judicial na Justiça do trabalho após a Emenda Constitucional

que, sem ela, a atual situação de estrangulamento de todos os graus de jurisdição trabalhista em nosso país provocada pela explosão de processos repetitivos com esse idêntico objeto seria ainda pior.

O presente trabalho busca abordar uma das principais vertentes de atuação do MPT na esfera trabalhista nas últimas décadas, ao combater, através de ações civis públicas, as terceirizações ilícitas que violam, direta e indiretamente, o direito fundamental expressamente assegurado pelo inciso I do art. 7º da Constituição Federal a uma relação de emprego regular, celebrada, na esfera decisiva da realidade empírica, entre empregado e empregador, na objetiva definição dada a estes polos do contrato de trabalho pelos arts. 2º e 3º da Consolidação das Leis do Trabalho.

Paralelamente, é com enorme satisfação que os autores do presente trabalho associam-se à merecida homenagem, de que é expressão a presente obra coletiva, ao Ministro do Tribunal Superior do Trabalho Mauricio Godinho Delgado, um dos maiores expoentes, na atualidade, nos campos da doutrina juslaboral e da Justiça do Trabalho de nosso país. Ao longo das últimas décadas, sua invejável produção doutrinária e sua intensa atividade jurisdicional são a melhor demonstração de que, com trabalho, talento e compromisso social, é perfeitamente possível combinar a profundidade e a qualidade acadêmicas com a prestação jurisdicional célere, justa e efetiva a que todos os cidadãos brasileiros fazem jus, no âmbito do Estado Democrático de Direito constitucionalmente prometido e em permanente construção em nosso país.

2. OS DIREITOS FUNDAMENTAIS E A TUTELA METAINDIVIDUAL

Sobre os direitos sociais e sua condição de direitos fundamentais de segunda geração, Pedro Lenza[5] nos ensina que:

O momento histórico que os inspira e impulsiona é a Revolução Industrial europeia, a partir do século XIX. Nesse sentido, em decorrência das péssimas situações e condições de trabalho, eclodem movimentos como o cartista (Inglaterra) e a Comuna de Paris (1848), na busca de reivindicações trabalhistas e normas de assistência social. O início do século XX é marcado pela 1ª Grande Guerra e pela fixação de direitos sociais. Isso fica evidenciado, dentre outros documentos, pela Constituição de Weimar, de 1919, (Alemanha) e pelo Tratado de Versalhes, 1919 (OIT). Portanto, os direitos humanos, ditos de 2ª geração, privilegiam os direitos sociais, culturais e econômicos, correspondendo aos direitos de igualdade.

Contudo, os direitos sociais também passaram por uma alteração conceitual, decorrente da própria evolução histórica da sociedade; valendo frisar, com base nas lições de Paulo Bonavides, que uma geração de direitos não afasta a que lhe antecede, razão porque prefere ele a expressão **dimensão**.[6]

Assim, por exemplo, hoje, mais do que simplesmente alfabetizar os indivíduos (embora, tristemente, nem a esta fase cheguem muitos dos valorosos cidadãos brasileiros), pensa-se no direito social à educação como uma forma de se atingir os objetivos da República Federativa do Brasil, notadamente a construção de uma sociedade "livre, justa e solidária".[7]

Os direitos fundamentais foram, assim, adquirindo um novo viés ao longo de sua evolução histórica, de forma cumulativa e não excludente: inicialmente, o que importava era o indivíduo sozinho (direitos fundamentais de natureza individual); depois, passou-se a considerar esse inserido nos denominados corpos intermediários[8] (direitos fundamentais sociais)[9]; por fim, passou-se a considerar o próprio grupo como titular de

---

n. 24/99: aspectos de direito comparado e o novo papel do juiz do trabalho". *Revista LTr*, São Paulo, v. 65, n. 02, 2001, p. 151-162, e In: "Trabalhos da Escola Judicial do TRT da Terceira Região", 2001, Belo Horizonte. *Anais dos Trabalhos da Escola Judicial do Tribunal Regional do Trabalho da Terceira Região*. Belo Horizonte : Escola Judicial do TRT – 3ª Região, 2001. p. 305-334.

(5) LENZA, Pedro. *Teoria geral da ação civil pública*. São Paulo: Revista dos Tribunais, 2003. p. 27.

(6) BONAVIDES, Paulo. *Curso de direito constitucional*. São Paulo: Malheiros, 1999. p. 525.

(7) "Art. 3º Constituem objetivos fundamentais da República Federativa do Brasil:
 I – construir uma sociedade livre, justa e solidária;
 II – garantir o desenvolvimento nacional;
 III – erradicar a pobreza e a marginalização e reduzir as desigualdades sociais e regionais;
 IV – promover o bem de todos, sem preconceitos de origem, raça, sexo, cor, idade e quaisquer outras formas de discriminação.

(8) Expressão utilizada por Pedro Lenza para designar os representantes dos grupos, das massas, como as associações, os sindicatos etc. In: LENZA, *op. cit.*, p. 34-35.

(9) Sobre os direitos fundamentais em geral e especificamente sobre os direitos sociais como direitos fundamentais de segunda dimensão (como certamente o são os direitos trabalhistas constitucionalmente consagrados), consultem-se VIEIRA DE ANDRADE, José Carlos.

suas próprias necessidades e direitos, além de se passar a reconhecer como relevantes, juridicamente, e dignas da correspondente tutela, as necessidades que são de toda a sociedade (direitos fundamentais de natureza coletiva ou metaindividuais).

Isso, em rápidas pinceladas, sintetiza a evolução do tratamento dado aos direitos fundamentais nas várias Constituições, ao longo da História.

Sobre a evolução dos direitos fundamentais e a superação histórica do primeiro paradigma liberal individualista, ensina com sua habitual propriedade o Ministro do Tribunal Superior do Trabalho e Professor Mauricio Godinho Delgado[10]:

A primeira inovação decisiva, apta a deflagrar um significativo processo de mudança no caráter e papéis de todo o Direito, residiu no surgimento do Direito do Trabalho e, a seu lado, o Direito de Seguridade Social (este, inicialmente como simples Direito Previdenciário), a partir dos finais do século XIX. A afirmação da Democracia que esses dois ramos expressam seria dinâmica de largo impacto em toda a realidade jurídica existente.

A segunda inovação decisiva iria ocorrer, logo em seguida, com o Direito constitucional. De fato, nesse contexto de democratização do Direito, importante mudança ocorreu no Direito Constitucional ao longo do século XX. Dois momentos fundamentais destacaram-se no tocante a essa mudança.

Em um primeiro instante, ao superar o paradigma liberalista, patrimonial e individualista, que foi preponderante em seu nascimento em fins do século XVIII, durante as chamadas revoluções burguesas. Tal superação verificou-se por meio da inevitável incorporação das dimensões sociais do mundo jurídico, fenômeno ocorrido a partir de finais da segunda década do século XX. De fato, notáveis textos constitucionais surgidos nessa época, como a Constituição do México de 1917 e a Constituição da Alemanha de 1919, trouxeram para dentro do Direito Constitucional os ramos jurídicos trabalhista e de seguridade social, rompendo com a natureza excludente, patrimonial, individualista e elitista das matrizes constitucionais vindas do século XVIII.

Em um segundo instante, demarcado a partir de fins da Segunda Guerra Mundial e décadas subsequentes, com a criação de novo paradigma constitucional, do Estado Democrático de Direito, em cujo núcleo passa a ocupar posição central a pessoa humana e sua dignidade, subordinando a sociedade civil, inclusive o mercado econômico, e a sociedade política a tal direção preponderante.

A terceira inovação decisiva ocorreria com o subsequente surgimento de dois novos segmentos jurídicos claramente inspirado na matriz aberta pelo Direito do Trabalho. Trata-se do Direito do Consumidor e do Direito Ambiental, os quais foram, capitaneados pelo Direito do Trabalho, o importante gênero da efetiva modernidade no mundo contemporâneo, o Direito Social."[11]

Exatamente porque, como pondera Antônio Carlos Wolkmer,[12] a tradição linear da afirmação e conquista

---

Os direitos fundamentais na Constituição Portuguesa de 1976, 3. edição, Coimbra: Ed. Almedina, 2006, p. 51-71, esp. p. 57-62; BONAVIDES, Paulo. *Curso de direito constitucional*, 8. edição, São Paulo: Malheiros Editores, 1999, p. 514-531, esp. p. 518-519 e 530-531; SARLET, Ingo Wolfgang. *A eficácia dos direitos fundamentais*, 7. edição, Porto Alegre: Livraria do Advogado Ed., 2007, p. 43-68, esp. p. 56-58; MARTINS NETO, João dos Passos. *Direitos fundamentais: conceito, função e tipos*, São Paulo: Revista dos Tribunais, 2003, p. 166-199 e MENEZES, Mauro de Azevedo. *Constituição e reforma trabalhista no Brasil*: interpretação na perspectiva dos direitos fundamentais, São Paulo: LTr, 2003. p. 37-55.

(10) DELGADO, Mauricio Godinho. As funções do Direito do Trabalho no Capitalismo e na Democracia. In: *Constituição da República e direitos fundamentais – dignidade da pessoa humana, justiça social e direito do trabalho*, DELGADO, Mauricio Godinho, DELGADO, Gabriela Neves, São Paulo: LTr, 2012. p. 74-75.

(11) MARINONI, Luiz Guilherme, depois de salientar que a crise do Estado Liberal fez emergir a questão da justiça social, em decorrência da qual um novo conceito de igualdade, não mais meramente formal mas agora principalmente substancial, passa a dar à liberdade um novo valor, observa com acuidade que se passa a entender "que o mínimo de condições materiais é pressuposto para a liberdade real, passando o Estado a objetivar a realização dos chamados direitos sociais" (*Novas linhas do processo civil*, 3. ed. rev. e atual. São Paulo: Revista dos Tribunais, 1999. p. 22).

Acrescenta ele em seguida, de forma inteiramente acertada:

"Quando as democracias passam a se preocupar com a realidade, deixando de lado o amor pelo simples reconhecimento das liberdades políticas – surgindo, então, os direitos sociais e econômicos –, *os desiguais passam a ser tratados de forma desigual. Os direitos sociais surgem a partir do momento em que se toma consciência da transformação das liberdades públicas em privilégios de poucos, ou seja, em privilégios burgueses. Com os novos direitos sociais busca-se salvaguardar a liberdade do cidadão não mais da opressão política, mas sim da opressão econômica*" (*Novas linhas do processo civil*, op. cit., p. 26).

(12) WOLKMER, Antônio Carlos. Introdução aos fundamentos de uma teoria geral dos novos direitos. In: *Os novos direitos no Brasil – natureza e perspectivas*, São Paulo: Saraiva, 2003. p. 18-25.

de direitos não tem deixado de realçar o valor atribuído às necessidades essenciais de cada época.

A conceituação de novos direitos, prossegue o autor, deve ser compreendida como a afirmação contínua e a materialização pontual de necessidades individuais, coletivas e metaindividuais que emergem informalmente de toda e qualquer ação social, advindas de práticas conflituosas ou cooperativas, estando ou não previstas ou contidas na legislação estatal positiva, mas que acabem se instituindo formalmente.

Por fim, afirma que a tutela jurisdicional dos novos direitos exige paradigma diferente e que o tradicional Direito Processual vem sendo desafiado a cada dia em seus conceitos, institutos e procedimentos.

Os direitos fundamentais, como o direito social à educação, por exemplo, podem ser tratados sob essa perspectiva, quando forem discutidos em lides em que se busca a tutela metaindividual (ou transindividual), que nada mais é que a proteção coletiva a estes direitos.

Cumpre apenas relembrar, rapidamente, que os direitos materiais em geral, inclusive os direitos fundamentais, só existirão na prática, em qualquer ordenamento que se considere genuinamente jurídico, se nele houver, simetricamente, um conjunto de normas, institutos e procedimentos de natureza processual à disposição de todos os seus titulares para, em caso de seu inadimplemento, serem protegidos pelo Estado-Juiz com o máximo de efetividade possível, de forma a lhes assegurar, pela via jurisdicional, a plena e tempestiva fruição dos correspondentes bens da vida cuja titularidade lhes tenha sido atribuída pelas normas constitucionais e infraconstitucionais.[13]

3. A PROTEÇÃO JURISDICIONAL COLETIVA AO DIREITO FUNDAMENTAL SOCIAL AO TRABALHO E O COMBATE À TERCEIRIZAÇÃO ILÍCITA

Em sede de tutela metaindividual, estamos falando de direitos difusos, coletivos e individuais homogêneos, os quais transcendem a esfera do direito individual, e que por isso mesmo exigem, por sua natureza ou sua função constitucional, uma *tutela jurisdicional diferenciada*, distinta e superior, em termos de efetividade, à tradicionalmente obtida através do exercício do tradicional direito individual de ação.

É óbvio que a possibilidade de se obter, pela via individual, a tutela jurisdicional dos direitos individuais (mesmo que homogêneos) remanesce, e tem a sua importância.

Contudo, na sociedade de massas[14] em que contemporaneamente vivemos, muitas vezes a lesão assume um caráter massivo e estrutural, atingindo todo um grupo de pessoas, uma categoria jurídica ou toda a sociedade.

Nesses casos, havendo o ajuizamento de ações coletivas, o Poder Judiciário deve atuar sob a égide de um novo paradigma e visando proporcionar uma tutela de natureza inibitória, de forma a impedir que a lesão ocorra ou ao menos que prossiga de forma continuada, de forma a fazer cessar seus efeitos, para garantir, na prática, que todo o conjunto de cidadãos atingido de forma homogênea por lesão em massa possa usufruir, a tempo e a modo, dos direitos fundamentais que lhe são em tese assegurados pelo ordenamento jurídico em vigor.

---

(13) Nos dias de hoje, destaca-se *a instrumentalidade substancial do processo* e sua indissolúvel vinculação aos valores fundamentais constitucionalmente consagrados; fala-se de *um direito processual de resultados*, resgatando-se a noção de que não basta a previsão de direitos subjetivos e legítimos interesses em normas gerais e abstratas, sendo indispensável que, em caso de sua vulneração (ou de concreta ameaça de sua vulneração), seus beneficiários disponham de instrumentos processuais capazes de, através do Estado-juiz, lhes assegurar a completa e oportuna fruição daquelas mesmas e específicas situações jurídicas de vantagem que o ordenamento jurídico em tese já lhes havia atribuído.

Sobre o tema do *acesso à justiça* em geral, consultem-se CAPPELLETTI, Mauro e GARTH, Bryant. *Acesso à justiça*. Porto Alegre: Sérgio Antônio Fabris Editor, 1988, p. 7-15 e 161-165; MARINONI, Luiz Guilherme. *Novas linhas do processo civil, op. cit.*, p. 20-37.

Ainda sobre o *acesso à Justiça* como direito fundamental e garantia primeira da existência e da efetividade da própria Constituição ("o direito aos direitos"), veja-se o brilhante trabalho da i. jurista e Ministra do Supremo Tribunal Federal Cármen Lúcia Antunes ROCHA. Direito constitucional à jurisdição. In: TEIXEIRA, Sálvio de Figueiredo (Coord.). *As garantias do cidadão na Justiça*. São Paulo: Saraiva, 1993. p. 31-51.

(14) Nesse sentido, Elton Venturi pondera que "a grande revolução paradigmática, ainda em andamento, diz respeito à (re)descoberta do ser humano social como o verdadeiro sujeito de direito, não se confundindo ou limitando a proteção estatal ao indivíduo". In: VENTURI, Elton. *Processo civil coletivo*. A tutela jurisdicional dos direitos difusos, coletivos e individuais homogêneos no Brasil. Prospectivas de um Código Brasileiro de Processos Coletivos, São Paulo: Malheiros, 2007. p. 31.

Através das chamadas ações coletivas, disciplinadas pelo Código de Defesa do Consumidor e legislação esparsa, são tutelados os antes já referidos *direitos metaindividuais*[15], assim entendidos aqueles difusos, coletivos em sentido estrito e/ou individuais homogêneos.[16]

Para que isso se dê, é necessário que as ações coletivas sejam manejadas com todo o seu potencial, despidas da roupagem civilista e individualista presente no Código de Processo Civil de 1973, hoje não mais em vigor, vez que substituído pelo novo Código de Processo Civil de 2015 (e que, como será melhor desenvolvido mais adiante, também buscou enfrentar o mesmo problema das lesões em massa através da instituição de outros institutos e procedimentos paralelos ao tratamento que lhes deu o denominado *microssistema de litigiosidade repetitiva* antes instituído pelo Código de Defesa do Consumidor em conjunto com a Lei da Ação Civil Pública).[17]

A concepção individualista, produto dos séculos XVIII e XIX, predominou na maioria dos códigos e fez com que, culturalmente, a importância do indivíduo dispor de seus direitos com absoluta liberdade fosse maior do que qualquer atuação dos já denominados corpos intermediários.

Neste particular, é importantíssimo fazer referência ao Ministério Público que, embora seja um órgão do Estado, ganhou enorme destaque e autonomia com a promulgação da Constituição da República de 1988 e a subsequente Lei Complementar n. 75, de 1.993, inclusive para atuar em lides de caráter metaindividual.

A partir do referido Texto Constitucional[18] também se desenvolveu muito o processo coletivo, sendo de se destacar a Lei da Ação Civil Pública (Lei n. 7.347/85) e o Código de Defesa do Consumidor (Lei n. 8.078/90), as quais em conjunto instituíram o já referido *microssistema de tutela metaindividual* com base em um paradigma diferente, que parte da ideia central de que, por mais importante que seja o acesso ao Poder Judiciário, ele, por si só, não é suficiente, pois também deve ser pleno e efetivo, e ele assim só o será se as demandas chegarem

---

(15) Sobre a tutela metaindividual em geral, consultar o já citado PIMENTA, José Roberto Freire. *A tutela metaindividual dos direitos trabalhistas: uma exigência constitucional*. In: *Tutela Metaindividual Trabalhista. A defesa coletiva dos direitos dos trabalhadores em juízo*, PIMENTA, José Roberto Freire, BARROS, Juliana Augusta Medeiros, FERNANDES, NadiaSoraggi (coord.), São Paulo: LTr, 2009. p. 9/50. Nessa obra, assim se pontuou a respeito:
"Paralelamente, nas últimas décadas têm sido cada vez mais veiculadas demandas, no âmbito do Poder Judiciário trabalhista, com conteúdo e pretensões essencialmente metaindividuais, que não mais correspondem aos tradicionais dissídios individuais trabalhistas e que versam sobre novos direitos (difusos e coletivos em sentido estrito) de enorme relevância social e inegáveis dimensão e significado constitucionais. Exatamente por serem indivisíveis e de difícil, se não impossível, mensuração econômica, impossibilitando que sejam efetivamente tutelados através dos clássicos provimentos judiciais condenatórios, repressivos e ressarcitórios, passam eles a exigir novos tipos de decisões judiciais, agora de natureza inibitória e mandamental e que, por isso mesmo, sejam capazes de propiciar a tutela específica dos direitos materiais vindicados".

(16) A ação civil pública (art. 21 da Lei n. 7.347/85) e o Código de Defesa do Consumidor (art. 81 da Lei n. 8.078/90) regulamentam o processo coletivo, processo este que deve ser entendido como meio através do qual poderão ser efetivamente tutelados esses direitos genericamente denominados metaindividuais. O art. 21 da Lei n. 7.347/85 assim dispõe:
"Art. 21. Aplicam-se à defesa dos direitos e interesses difusos, coletivos e individuais, no que for cabível, os dispositivos do Título III da Lei que instituiu o Código de Defesa do Consumidor."
O já citado art. 81 do Código de Defesa do Consumidor (Lei n. 8.078/90), por sua vez, está assim redigido:
"Art. 81. A defesa dos interesses e direitos dos consumidores e das vítimas poderá ser exercida em juízo individualmente, ou a título coletivo.
Parágrafo único. A defesa coletiva será exercida quando se tratar de:
I – interesses ou direitos difusos, assim entendidos, para efeitos deste Código, os transindividuais, de natureza indivisível, de que sejam titulares pessoas indeterminadas e ligadas por circunstâncias de fato;
II – interesses ou direitos coletivos, assim entendidos, para efeitos deste Código, os transindividuais de natureza indivisível de que seja titular grupo, categoria ou classe de pessoas ligadas entre si ou com a parte contrária por uma relação jurídica base;:
III – interesses ou direitos individuais homogêneos, assim entendidos os decorrentes de origem comum."

(17) E mesmo no Código de Processo Civil de 1973 foram gradativamente feitas alterações, em busca da celeridade e da efetividade na prestação jurisdicional, notadamente a partir de 1994, v.g., tutela antecipada estabelecida no art. 461 de referido código (atual art. 497 do CPC/2015, essencialmente no mesmo sentido).

(18) Mesmo antes da Constituição de 1988, a Ação Popular, instituída e disciplinada pela Lei n. 4.717, de 29 de junho de 1965, já garantia a qualquer cidadão o direito de pleitear a anulação ou declaração de nulidade de atos lesivos ao patrimônio público. Também já havia sido editada a importantíssima Lei n. 7.347, de 24 de julho de 1985, que introduziu, no ordenamento jurídico nacional, a Ação Civil Pública. Contudo, o uso de tal instrumento tornou-se mais difundido após 1988, não só em razão da referida Constituição da República veicular normas-princípio e normas regra voltadas para a efetivação dos direitos, mas em face das prerrogativas conferidas ao Ministério Público (arts. 127 e 129, CF/88), que vem utilizando efetiva e intensamente a referida ação.

a uma solução definitiva que assegure, a seu titular, a fruição concreta e num prazo razoável do direito material pretendido.[19]

Além de proporcionar um célere e efetivo acesso à Justiça, o processo coletivo também propicia a democratização desse acesso à justiça.

Rodolfo de Camargo Mancuso enfatiza este relevante papel do processo coletivo, afirmando que:

(...) impende a tomada de uma posição clara e definida sobre aquilo que afinal se espera da jurisdição coletiva, a qual tem seus próprios pressupostos e busca atingir finalidade específica, distinta daquela alcançável na jurisdição singular. O processo coletivo parte da premissa da impossibilidade (ou em alguns casos da inconveniência) do comparecimento pessoal e direto dos sujeitos concernentes, que assim ficam representados por um portador judicial legalmente credenciado, e, então, de duas uma: ou se assume que é uma consequência natural desse diferenciado ambiente processual a formação de uma coisa julgada de eficácia expandida extra-autos, a qual deve estender-se aos sujeitos concernentes ao objeto litigioso, ou então se ficará num meio-termo, numa sorte de limbo entre a jurisdição coletiva e singular, sem forma nem figura de Juízo.[20]

Portanto, o processo coletivo, em tais casos, mostra-se constitucionalmente mais adequado do que o tradicional processo individual, na medida em que busca atender a essas demandas de massa, por assim dizer, nas quais o interesse individual se faz presente ao lado do interesse coletivo, importando voltar os olhos para este último, sob pena de provimentos judiciais onerosos, lentos, eventualmente contraditórios uns com os outros e pouco eficazes para resolver dezenas, centenas ou até milhares de questões essencialmente idênticas[21].

Exatamente por isso, limitar as ações coletivas, de um modo geral, em razão de meros formalismos processuais e de concepções doutrinárias que foram construídas no passado sob paradigmas individualistas hoje flagrantemente superados, importa, muitas vezes, em fechar os olhos para a nossa realidade contemporânea, na qual grande parte da população ainda não tem acesso pleno ao gozo dos direitos fundamentais sociais abstratamente assegurados pelo ordenamento jurídico.

4. A FUNÇÃO SOCIAL DO PROCESSO E O PAPEL CONSTITUCIONAL DAS AÇÕES COLETIVAS OU METAINDIVIDUAIS. AS CATEGORIAS DE DIREITOS POR ELAS TUTELADOS

Tal limitação também não atende à função precípua do processo, que acima denominamos **função social**, a saber: garantir, na prática, a real e completa fruição dos direitos previstos na legislação material, num tempo razoável.

Ressalte-se que a função social também já se encontra consagrada em outros dispositivos constitucionais, como o art. 5º, inciso XXIII, da Constituição Federal de 1988, que trata da função social da propriedade.[22]

Isto porque um dos fundamentos da República Federativa do Brasil é o da dignidade da pessoa humana, como expressamente estatuído pelo art. 1º, III, da Constituição.

Assim, a propriedade é limitada pela função social, como também o é a livre iniciativa pelo valor do trabalho, para que dessa interação reste atendido o princípio da dignidade da pessoa humana, alçado à condição de fundamento da República Federativa do Brasil.

Aqui é importante mencionarmos a superação da concepção individualista (e positivista) do Direito e a consequente consagração da distinção entre normas-regra e normas-princípio.[23]

---

(19) É o que determina expressamente o art. 5º, inciso LXXVII, da CF/1988, que evidencia a preocupação do Legislador Constituinte em assegurar à sociedade "a razoável duração do processo e os meios que garantam a celeridade de sua tramitação".

(20) MANCUSO, Rodolfo de Camargo. *Jurisdição coletiva e coisa julgada – Teoria geral das ações coletivas,* São Paulo: Revista dos Tribunais, 2007. p. 531.

(21) Sobre ações coletivas, *lato sensu,* consultar ALMEIDA, Gregório Assagra de. *Direito processual coletivo brasileiro: um novo ramo do direito processual,* São Paulo: Saraiva, 2003.
    A respeito da substituição processual sindical: PIMENTA, Adriana Campos de Souza Freire. *Substituição processual sindical.* São Paulo: LTr, 2011.

(22) Art. 5º da CR: Todos são iguais perante a lei, sem distinção de qualquer natureza, garantindo-se aos brasileiros e aos estrangeiros residentes no País a inviolabilidade do direito à vida, à liberdade, à igualdade, à segurança e à propriedade, nos termos seguintes: (...) XXIII – a propriedade atenderá a sua função social.

(23) Quando falamos dos princípios, estamos tratando de normas que vinculam, não só o intérprete, mas também o legislador, que fica impedido de editar regras que venham a contrariá-los. Com efeito, norma é um gênero do qual são espécies regras e princípios,

Enfim: no pós-positivismo, as normas-princípio assumiram e desempenham uma função de destaque e, via de conseqüência, os postulados delas decorrentes condicionam e nos orientam na aplicação e/ou interpretação do Direito.

Portanto, o princípio da dignidade da pessoa humana, elevado à categoria de fundamento da República Federativa do Brasil, serve de reforço na busca da efetividade do direito social à educação.

Nesse contexto, impedir fraudes aos direitos trabalhistas que visem, a qualquer custo, o barateamento da mão de obra e a desvalorização do trabalho subordinado, por meio da ilícita, massiva e deliberada sonegação de encargos trabalhistas, fiscais e previdenciários, é sinônimo de **efetividade**.

Efetividade, hoje, importa na superação do paradigma do Estado Liberal, como enfatiza Sérgio Cruz Arenhart, afirmando que o Juiz deve agir não como mero aplicador do direito, tendo seu papel típico do liberalismo, de "boca da lei", sido contemporaneamente transformado para o de "verdadeiro agente político, que interfere diretamente nas políticas públicas". E acrescenta que, "se assim ocorre no plano individual, com muito maior ênfase este papel é sentido em ações coletivas;" na medida em que "as ações coletivas trabalham, costumeiramente, com interesses relevantes defendidos por ambos os polos da relação processual."[24]

Do contrário, teremos belas teses jurídicas, férteis em estéreis e inúteis discussões processuais que chegam até as mais altas Cortes do Poder Judiciário mas que, em última análise, não solucionarão, de fato, os conflitos, ou os resolverão tardiamente.

Nesse particular, o combate às fraudes perpetradas em face do direito social ao trabalho é de inegável interesse coletivo e, também, de interesse difuso de toda a sociedade, o que é mais do que suficiente para legitimar o Ministério Público do Trabalho a propor ação civil pública, instrumento constitucional e legalmente adequado para viabilizar as pretensões formuladas pelo *Parquet*.

Com efeito, é sabido que a legitimidade ativa do *Parquet*, por ocasião do ajuizamento de ação civil pública, na busca da defesa de interesses individuais homogêneos, encontra fundamento na defesa dos interesses sociais e individuais indisponíveis, nos termos previstos no art. 127 da Constituição Federal, que assim dispõe:

> O Ministério Público é instituição permanente, essencial à função jurisdicional do Estado, incumbindo-lhe a defesa da ordem jurídica, do regime democrático e dos interesses sociais e individuais indisponíveis.

Ademais, a legitimação extraordinária do Ministério Público está igualmente consagrada na Constituição Federal, em seu art. 129, inciso III, onde se lê que são funções institucionais do Ministério Público:

> III – promover o inquérito civil e a ação civil pública, para a proteção do patrimônio público e social, do meio ambiente e de outros interesses difusos e coletivos.

A Lei Complementar n. 75/93, por sua vez, que veio regulamentar as atribuições do Ministério Público da União, trata especificamente das suas atribuições em seu art. 83, inciso III, o qual estabelece a competência do órgão para propor:

> "(...) ação civil pública no âmbito da Justiça do Trabalho, para defesa de interesses coletivos, quando desrespeitados os direitos sociais constitucionalmente garantidos".

---

consoante a melhor doutrina pós-positivista, tratada, na qual, segundo Daniel SARMENTO, "parece estar superada a concepção que negava força normativa aos princípios, em razão do seu caráter fluido e indeterminado" (In: *A ponderação de interesses na Constituição Federal*, Rio de Janeiro: Lumen Juris, 2000. p. 42).

A distinção entre normas-regra e normas-princípio é igualmente bem abordada por *Willis Santiago Guerra Filho*, que afirma que, nas regras, "há a descrição de uma hipótese fática e a previsão da conseqüência jurídica de sua ocorrência," enquanto que os princípios não trazem descrição de situações específicas e, sim, "a prescrição de um valor, que assim adquire validade jurídica objetiva, ou seja, em uma palavra, positividade" (GUERRA FILHO, Willis Santiago. *Introdução ao Direito Processual Constitucional*, Porto Alegre: Síntese, 1999. p. 36).

Para maior aprofundamento sobre a natureza de verdadeiras normas jurídicas e a primazia conferidas aos *princípios* pela moderna hermenêutica constitucional, vejam-se, entre outros, BONAVIDES, Paulo. *Curso de direito constitucional, op. cit.*, p. 236-240, 254, 263-265, 556-558; GUERRA FILHO, Willis Santiago, *op. cit.*, p. 31-37 e 52; ROCHA, Cármen Lúcia Antunes. *Princípios constitucionais da administração pública*, Belo Horizonte: Del Rey, 1994, p. 21-43; DWORKIN, Ronald, *Levando os direitos a sério*, São Paulo: Martins Fontes, 2002, p. 35-72 e 113-125; CANOTILHO, J. J. Gomes. *Direito constitucional*, 6. ed. Coimbra: Livraria Almedina,1993. p. 165-180 e 183.

(24) ARENHART, Sérgio Cruz. As ações coletivas e o controle das políticas públicas pelo poder judiciário. In: MAZZEI, Rodrigo; NOLASCO, Rita Dias (Coords.). *Processo civil coletivo*. São Paulo: Quartier Latin, 2005. p. 505-506.

A Norma Fundamental brasileira, ao atribuir ao Ministério Público a elevada função de guardião dos interesses difusos e coletivos, deixou reservado à lei complementar estabelecer e disciplinar a forma de tal proteção. Para tanto, a Lei Complementar n. 75/93 estabeleceu, em seu art. 83, inciso III, que uma das mais importantes formas de exercer a referida proteção, no âmbito trabalhista, será mediante o ajuizamento da ação civil pública.[25]

Essa mesma Lei Complementar, por meio de seu art. 6º, inciso VII, também atribuiu ao Ministério Público da União a promoção de ação civil pública para proteção de "outros interesses individuais indisponíveis, homogêneos, difusos e coletivos", além de direitos individuais indisponíveis, difusos e coletivos.

O parâmetro para que se considere autorizada a busca da tutela do interesse individual homogêneo é a visualização dessa tutela como uma forma de se garantir maior eficácia às decisões judiciais, examinando o interesse individual não apenas em função da *possibilidade* da reparação individual do bem lesado mas também em função da equação *interesse* x *utilidade*, de modo a assegurar que o interesse coletivo prevaleça e que a *utilidade* garanta um proveito coletivo, social, do direito tutelado.

A doutrina e a jurisprudência vêm sedimentando entendimento cada vez mais firme e pacífico no sentido de reconhecer a admissibilidade da Ação Civil Pública e a correspondente legitimidade ativa do Ministério Público do Trabalho para, por meio de seu ajuizamento, postular a tutela jurisdicional assegurada aos direitos e interesses individuais homogêneos, especialmente os que têm a natureza de direitos fundamentais.

No campo das relações de trabalho e como já demonstrado, ao Ministério Público compete promover a ação civil no âmbito desta Justiça Laboral, para a defesa de interesses coletivos, quando desrespeitados os direitos sociais constitucionalmente garantidos, bem como outros interesses individuais indisponíveis, homogêneos, sociais, difusos e coletivos (arts. 6º, inciso VII, *d*, e 83, inciso III, da Lei Complementar n. 75/93).

Direito difuso, de acordo com a Lei n. 8.078/90 e como já referido anteriormente, é aquele transindividual, de natureza indivisível, de que sejam titulares pessoas indeterminadas e ligadas por circunstâncias de fato. Direito coletivo, por sua vez, é aquele "transindividual, de natureza indivisível, de que sejam titular grupo, categoria ou classe de pessoas ligadas entre si ou com a parte contrária por uma relação jurídica básica".[26]

A indeterminação é característica imprescindível para a classificação de determinado direito ou interesse como difuso. A indivisibilidade de determinados direitos de que sejam titular determinado grupo, categoria ou classe de pessoas é, por sua vez, a nota que os distingue dos *direitos individuais homogêneos* os quais decorrem de origem comum, mas, ao contrário, têm como seus titulares indivíduos perfeitamente identificáveis.[27]

Dessa feita, o Ministério Público, como instituição permanente e essencial à função jurisdicional do Estado, cuja atribuição precípua é a defesa da ordem jurídica, do regime democrático e dos interesses sociais e individuais indisponíveis, também pode agir como substituto processual não apenas em nome da sociedade ou de determinado grupo, categoria ou classe de pessoas, mas igualmente na defesa de "interesses ou direitos individuais homogêneos" de que sejam titulares um número variável de indivíduos, mas que tenham, pelo número de interessados e pela natureza de direito fundamental dos direitos lesados, *relevância social*.

Naturalmente, a legitimação do Ministério Público não deve ser irrestrita a quaisquer hipóteses, sendo necessária essa relevância social, bem como sua adequação com o desempenho de sua função institucional. A *relevância social* é auferida conforme a natureza do dano (por sua extensão, em função do número de indivíduos atingidos, e pela importância do direito individual homogêneo potencial ou efetivamente lesado – quanto maior o número de lesados ou ameaçados e quanto mais fundamentais forem os direitos em discussão, mais justificada será a atuação do Ministério Público). À guisa de exemplo, pode-se afirmar que essa compatibilidade com a função institucional do MP encontra amparo quando o direito ou interesse relaciona-se com a ordem jurídica, com o regime democrático ou com os interesses sociais e individuais indisponíveis, conforme disposto no art. 127 da Constituição Federal.

---

(25) "Art. 83. Compete ao Ministério Público do Trabalho o exercício das seguintes atribuições junto aos órgãos da Justiça do Trabalho:
    I – (...)
    II – (...)
    III – promover a ação civil pública no âmbito da Justiça do Trabalho, para defesa de interesses coletivos, quando desrespeitados os direitos sociais constitucionalmente garantidos;"

(26) Art. 81, *caput* e incisos I e II, da Lei n. 8.078/90 (Código de Defesa do Consumidor).

(27) Art. 81, III, da Lei n. 8.078/90 (Código de Defesa do Consumidor).

5. O DIREITO FUNDAMENTAL A UMA RELAÇÃO DE EMPREGO REGULAR, HOJE GRAVEMENTE AMEAÇADO OU JÁ ATINGIDO PELAS TERCEIRIZAÇÕES ILÍCITAS

Um dos mais importantes exemplos, no Brasil dos dias atuais, da necessidade de uma atuação mais efetiva do Poder Judiciário trabalhista na defesa dos direitos fundamentais dos trabalhadores consiste no combate, tanto pela via das reclamações individuais quanto, principalmente, pela via coletiva ou metaindividual, ao fenômeno, infelizmente cada vez mais disseminado, das denominadas *terceirizações ilícitas*. Como é evidente, esse fenômeno retrata típico caso de vulneração massiva e deliberada a direitos ou interesses difusos de toda a sociedade (no tocante à sonegação de encargos fiscais e previdenciários), coletivos em sentido estrito (na medida em que enfraquece a unidade dos trabalhadores de uma mesma categoria profissional e a representatividade do sindicato único que os representa) e os direitos individuais homogêneos dos trabalhadores ilicitamente terceirizados (que deixam de auferir a totalidade dos direitos assegurados pela legislação e pelas normas coletivas de trabalho aplicáveis aos empregados da empresa tomadora de seus serviços mas que, na verdade e em direta aplicação dos arts. 2º e 3º da CLT, deve ser considerada sua empregadora).

Como já tivemos a possibilidade de desenvolver, em artigo específico sobre o tema[28] o vocábulo "terceirização" corresponde, no campo das empresas privadas, à passagem do modelo *fordista* de organização produtiva para o *toyotista* e, na esfera da Administração Pública, do abandono do paradigma do Estado do Bem-Estar Social intervencionista em prol da adoção do modelo de Estado mínimo e enxuto propugnado pelas ideias neoliberais. Por isso mesmo, ali salientamos que o fenômeno da terceirização sempre manteve uma relação de tensão e até mesmo de antagonismo com o Direito do Trabalho, por sua evidente falta de sintonia com os princípios fundamentais deste ramo do Direito.

Isso se dá porque a ideia básica do fenômeno jurídico da terceirização consiste exatamente em distinguir a relação trilateral que nela se forma (entre o trabalhador terceirizado, a empresa tomadora de seus serviços e, como intermediária, a empresa fornecedora da mão de obra) da relação empregatícia clássica (que é, necessariamente, bilateral, entre empregado e empregador).

Nas clássicas palavras do Ministro do Tribunal Superior do Trabalho Maurício Godinho Delgado, a terceirização "é o fenômeno pelo qual se dissocia a relação econômica de trabalho da relação justrabalhista que lhe seria correspondente"[29].

Por seu intermédio, o ordenamento jurídico permite que se estabeleça uma relação de trabalho trilateral, por meio da qual o trabalhador presta serviços de natureza não eventual a um tomador que, embora continue a dirigir e a assumir os riscos de seu empreendimento, deixa de ser considerado o seu empregador, que passa a ser outro sujeito – a empresa interveniente – que fornece a mão de obra terceirizada e lhe paga o salário (o qual, no entanto, compõe o preço do serviço quitado a este fornecedor pela empresa tomadora).

É fácil de perceber que, embora do ponto de vista econômico e estrutural, as relações de produção capitalistas sejam, em sua essência, as mesmas, tanto nas relações empregatícias tradicionais quanto nas relações de trabalho terceirizado, é exclusivamente o Direito que autoriza (ou não) essa substancial modificação na natureza, no conteúdo e nos efeitos das relações jurídicas mantidas entre os trabalhadores e os tomadores de seus serviços.

Repita-se: é apenas o Direito que, excepcionalmente e de modo contrário à natureza das coisas no plano econômico, autoriza o estabelecimento de uma relação contratual diversa da relação de emprego. Por isso mesmo é que vários ordenamentos jurídicos, nacionais e internacionais, ainda hoje, consideram ilegal a pura e simples intermediação de mão de obra (de modo pejorativo denominada *marchandage*), na medida em que a participação de um terceiro intermediário nessa relação de trabalho subordinado não teria nenhuma justificativa plausível, não passando de reles venda, por um intermediário, do trabalho alheio, que se apropriaria de parte do valor da remuneração que, uma vez paga pelo tomador, deveria naturalmente destinar-se por inteiro a quem prestou aquele trabalho.[30]

---

(28) "A responsabilidade da administração pública nas terceirizações, a decisão do Supremo Tribunal Federal na ADC n. 16-DF e a nova redação dos itens IV e V da Súmula n. 331 do Tribunal Superior do Trabalho". In: *Revista do Tribunal Superior do Trabalho*. v. 77, p. 272-273, 2011 e Revista LTr, v. 75, p. 776-777, 2011.

(29) DELGADO, Maurício Godinho. *Curso de direito do trabalho*. 10. ed. São Paulo: LTr, 2011. p. 426.

(30) Para uma análise crítica e mais aprofundada do fenômeno da terceirização no Brasil, vejam-se, entre muitos, DELGADO, Gabriela Neves. *Terceirização: paradoxo do Direito do Trabalho contemporâneo*. São Paulo: LTr, 2003, esp. Capítulos IV e V, p. 118-186; DRUCK,

E por que, à luz do ordenamento jurídico hoje em vigor e da jurisprudência do Tribunal Superior do Trabalho hoje cristalizada em sua Súmula n. 331,[31] não é admissível, do ponto de vista constitucional e legal, a terceirização de atividades-fim pelas empresas tomadoras dos serviços dos trabalhadores diretamente contratados por empresas fornecedoras de mão de obra?

Em primeiro lugar porque, do ponto de vista constitucional, é a própria Constituição da República que, em seu art. 7º, incisos I e XXXIV, assegura aos trabalhadores brasileiros, empregados ou avulsos, um verdadeiro *standard* mínimo de proteção de significativa densidade, o qual constitui verdadeiro direito fundamental, que não pode ser rebaixado por artifícios meramente jurídicos, de todos aqueles que, na esfera decisiva da realidade, prestem serviços não-eventuais a pessoa física ou jurídica de forma subordinada.[32]

Também do ponto de vista da legislação infraconstitucional trabalhista e da própria jurisprudência pacífica e atual do Tribunal Superior do Trabalho, a conclusão é a mesma: a terceirização permanente de atividades-fim por parte das empresas tomadoras dos serviços dos trabalhadores a elas fornecidos por empresas de intermediação de mão de obra constitui fraude à lei e ofensa frontal e direta aos arts. 2º e 3º da CLT e aos princípios fundamentais do próprio Direito do Trabalho.[33]

Maria das Graças. *Terceirização: (des)fordizando a fábrica – um estudo do complexo petroquímico*, São Paulo: Boitempo Editorial, 2001, especialmente p. 101-157 e 233-261; MIRAGLIA, Lívia Mendes Moreira. A terceirização trabalhista no Brasil. São Paulo: QuartierLatin, 2008, p. 138-177; FELÍCIO, Alessandra Metzger e HENRIQUE, Virgínia Leite. "Terceirização: caracterização, origem e evolução jurídica". In: HENRIQUE, Carlos Augusto Junqueira e DELGADO, Gabriela Neves (Coords.). *Terceirização no Direito do Trabalho*. Belo Horizonte: Mandamentos Editora, 2004. p. 81-118.

Merece especial destaque, por suas profundidade e atualidade, a obra conjunta de DELGADO, Gabriela Neves e AMORIM, Hélder Santos *Os limites constitucionais da terceirização*. São Paulo: LTr, 2014.

Por sua qualidade, também devem ser mencionadas as seguintes obras, que tratam de aspectos específicos da terceirização em nosso país: AMORIM, Hélder Santos. *Terceirização no serviço público: uma análise à luz da nova hermenêutica constitucional*, São Paulo: LTr, 2009; COUTINHO, Grijalbo Fernandes. *Terceirização bancária no Brasil: direitos humanos violados pelo Banco Central*. São Paulo: 2011 e COUTINHO, Grijalbo Fernandes. *Terceirização: máquina de moer gente trabalhadora – a inexorável relação entre a nova "marchandage" e a degradação laboral, as mortes e mutilações no trabalho*. São Paulo: LTr, 2015.

(31) "CONTRATO DE PRESTAÇÃO DE SERVIÇOS. LEGALIDADE (nova redação do item IV e inseridos os itens V e VI à redação) – Res. n. 174/2011, DEJT divulgado em 27, 30 e 31.05.2011.

I – A contratação de trabalhadores por empresa interposta é ilegal, formando-se o vínculo diretamente com o tomador dos serviços, salvo no caso de trabalho temporário (Lei n. 6.019, de 03.01.1974).

II – A contratação irregular de trabalhador, mediante empresa interposta, não gera vínculo de emprego com os órgãos da Administração Pública direta, indireta ou fundacional (art. 37, II, da CF/1988).

III – Não forma vínculo de emprego com o tomador a contratação de serviços de vigilância (Lei n. 7.102, de 20.06.1983) e de conservação e limpeza, bem como a de serviços especializados ligados à atividade-meio do tomador, desde que inexistente a pessoalidade e a subordinação direta.

IV – O inadimplemento das obrigações trabalhistas, por parte do empregador, implica a responsabilidade subsidiária do tomador dos serviços quanto àquelas obrigações, desde que haja participado da relação processual e conste também do título executivo judicial.

V – Os entes integrantes da Administração Pública direta e indireta respondem subsidiariamente, nas mesmas condições do item IV, caso evidenciada a sua conduta culposa no cumprimento das obrigações da Lei n. 8.666, de 21.06.1993, especialmente na fiscalização do cumprimento das obrigações contratuais e legais da prestadora de serviço como empregadora. A aludida responsabilidade não decorre de mero inadimplemento das obrigações trabalhistas assumidas pela empresa regularmente contratada.

VI – A responsabilidade subsidiária do tomador de serviços abrange todas as verbas decorrentes da condenação referentes ao período da prestação laboral."

(32) Para maior aprofundamento da análise da multifacética dimensão constitucional do problema e para a afirmação da tese de inconstitucionalidade da terceirização de serviços da atividade-fim das empresas, vejam-se, por todos, DELGADO, Gabriela Neves e AMORIM, Hélder Santos. *Os limites constitucionais da terceirização*, op. cit., p. 79-124 e p. 124-151.

(33) Esse entendimento, hoje absolutamente pacificado nas Turmas e no órgão uniformizador da jurisprudência de casos individuais do Tribunal Superior do Trabalho (sua Subseção I da Seção Especializada em Dissídios Individuais), está claramente explicitado, dentre tantos outros, no seguinte precedente:

TERCEIRIZAÇÃO ILÍCITA. EMPRESA DE TELECOMUNICAÇÕES. *CALL CENTER*. ATIVIDADE-FIM DA RECLAMADA TOMADORA DE SERVIÇOS. INTERPRETAÇÃO DOS ARTS. 25, § 1º, DA LEI N. 8.987/95 E DO ART. 94, INCISO II, DA LEI N. 9.472/97 E APLICAÇÃO DA SÚMULA N. 331, ITENS I E III, DO TST. VÍNCULO DE EMPREGO ENTRE A TOMADORA DE SERVIÇOS E O TRABALHADOR TERCEIRIZADO RECONHECIDO. INEXISTÊNCIA DE VIOLAÇÃO DA SÚMULA VINCULANTE N. 10 DO STF.

6. O COMBATE PROCESSUAL, PELA VIA COLETIVA OU METAINDIVIDUAL, ÀS TERCEIRIZAÇÕES ILÍCITAS

A prática de terceirização ilícita configura atualíssima hipótese de vulneração em massa dos direitos individuais homogêneos de um número por vezes incontável de trabalhadores, cabendo destacar que a jurisprudência do Tribunal Superior do Trabalho, bem como do Supremo Tribunal Federal, vem unanimemente entendendo que o Ministério Público tem legitimidade

---

MATÉRIA INFRACONSTITUCIONAL. 1. O serviço de *call center* é atividade-fim – e não atividade-meio – das empresas concessionárias de serviço de telecomunicações. Assim, em observância à Súmula n. 331, itens I e III, do TST, que consagrou o entendimento de que a terceirização só se justifica quando implicar na contratação da prestação de serviços especializados por terceiros em atividades-meio, que permitam a concentração dos esforços da empresa tomadora em suas atividades precípuas e essenciais, tem-se que a terceirização desses serviços de teleatendimento pelas empresas telefônicas configura intermediação ilícita de mão de obra, devendo ser reconhecido o vínculo de emprego desses trabalhadores terceirizados diretamente com os tomadores de seus serviços. 2. Com efeito, o aumento desses serviços nos últimos anos ocorreu em razão da consolidação do Código de Defesa do Consumidor, que levou as empresas a disponibilizarem os Serviços de Atendimento do Consumidor (SAC). E, diante dessa exigência legal de manutenção de uma relação direta entre fornecedor e consumidor, o serviço de *call center* tornou-se essencial às concessionárias dos serviços de telefonia para possibilitar o necessário desenvolvimento de sua atividade, pois é por meio dessa central de atendimento telefônico que o consumidor, dentre tantas outras demandas, obtém informações, solicita e faz reclamações sobre os serviços oferecidos pela empresa. Não é possível, portanto, distinguir ou desvincular a atividade de *call center* da atividade fim da concessionária de serviços de telefonia. 3. Por outro lado, a Lei n. 8.987/95, que disciplina a atuação das empresas concessionárias e permissionárias de serviço público em geral, e a Lei n. 9.472/97, que regula as concessões e permissões no setor das telecomunicações, são normas de Direito Administrativo e, como tais, não foram promulgadas para regular matéria trabalhista e não podem ser interpretadas e aplicadas de forma literal e isolada, como se operassem em um vácuo normativo. Por isso mesmo, a questão da licitude e dos efeitos da terceirização deve ser decidida pela Justiça do Trabalho exclusivamente com base nos princípios e nas regras que norteiam o Direito do Trabalho, de forma a interpretá-las e, eventualmente, aplicá-las de modo a não esvaziar de sentido prático ou a negar vigência e eficácia às normas trabalhistas que, em nosso País, disciplinam a prestação do trabalho subordinado, com a aniquilação do próprio núcleo essencial do Direito do Trabalho – o princípio da proteção do trabalhador, a parte hipossuficiente da relação de emprego, e as próprias figuras do empregado e do empregador. 4. Assim, não se pode mesmo, ao se interpretar o § 1º do art. 25 da Lei n. 8.987/95 e o art. 94, inciso II, da Lei n. 9.472/97, que tratam da possibilidade de contratar com terceiros o desenvolvimento de -atividades inerentes- ao serviço, expressão polissêmica e marcantemente imprecisa que pode ser compreendida em várias acepções, concluir pela existência de autorização legal para a terceirização de quaisquer de suas atividades-fim. Isso, em última análise, acabaria por permitir, no limite, que elas desenvolvessem sua atividade empresarial sem ter em seus quadros nenhum empregado e sim, apenas, trabalhadores terceirizados. 5. Ademais, quando os órgãos fracionários dos Tribunais trabalhistas interpretam preceitos legais como os ora examinados, não estão eles, em absoluto, infringindo o disposto na Súmula Vinculante n. 10 e, nem tampouco, violando o art. 97 da Constituição Federal, que estabelece a cláusula de reserva de plenário para a declaração de inconstitucionalidade das leis em sede de controle difuso, pois não se estará, nesses casos, nem mesmo de forma implícita, deixando de aplicar aqueles dispositivos legais por considerá-los inconstitucionais. 6. A propósito, apesar da respeitável decisão monocrática proferida em 09.11.2010 no âmbito do Supremo Tribunal Federal, da lavra do ilustre Ministro Gilmar Mendes (Rcl 10132 MC/PR – Paraná), na qual, em juízo sumário de cognição e em caso idêntico a este, por vislumbrar a possibilidade de ter sido violada a Súmula Vinculante n. 10 daquela Corte, deferiu-se o pedido de medida liminar formulado por uma empresa concessionária dos serviços de telecomunicações para suspender, até o julgamento final da reclamação constitucional, os efeitos de acórdão proferido por uma das Turmas do TST, que adotou o entendimento de que aqueles preceitos legais não autorizam, por si sós, a terceirização de atividades-fim por essas concessionárias de serviços públicos, verifica-se que essa decisão, a despeito de sua ilustre origem, é, *data venia*, isolada. Com efeito, a pesquisa da jurisprudência daquela Suprema Corte revelou que foi proferida, mais recentemente, quase uma dezena de decisões monocráticas por vários outros Ministros do STF (Ministros Carlos Ayres Britto, Dias Toffoli, Ricardo Lewandowski, Cármen Lúcia Antunes Rocha, Joaquim Barbosa e Luiz Fux) em que, em casos idênticos ao presente, decidiu-se, ao contrário daquele primeiro precedente, não ter havido violação da Súmula Vinculante n. 10, mas mera interpretação dessas mesmas normas infraconstitucionais e nem, muito menos, violação direta (mas, se tanto, mera violação oblíqua e reflexa) de qualquer preceito constitucional pelas decisões do TST pelas quais, ao interpretarem aqueles dispositivos das Leis ns. 8.987/95 e 9.472/97, consideraram que essas não autorizam a terceirização das atividades-fim pelas empresas concessionárias dos serviços públicos em geral e, especificamente, na área de telecomunicações, negando-se, assim, provimento aos agravos de instrumento interpostos contra as decisões denegatórias de seguimento dos recursos extraordinários daquelas empresas. 7. O entendimento aqui adotado já foi objeto de reiteradas decisões, por maioria, da mesma SBDI-1 em sua composição completa (E-ED-RR-586341-05.1999.5.18.5555, Redator designado Ministro Vieira de Mello Filho, Data de Julgamento: 29.05.2009 – DEJT de 16.10.2009; E-RR-134640-23.2008.5.03.0010, Relatora Ministra Maria de Assis Calsing, Data de Julgamento: 28.06.2011, DEJT de 10.08.2012). 8. Aliás, esse posicionamento também não foi desautorizado e nem superado pelos elementos trazidos à consideração dos Ministros do TST na Audiência Pública ocorrida no TST nos dias 04 e 05 de outubro de 2011 e convocada pela Presidência desse Tribunal, os quais foram de grande valia para a sedimentação do entendimento ora adotado. Os vastos dados estatísticos e sociológicos então apresentados corroboraram as colocações daqueles que consideram que a terceirização das atividades-fim é um fator de precarização do trabalho, caracterizando-se pelos baixos salários dos empregados terceirizados e pela redução indireta do salário dos empregados

para o ajuizamento de ação civil pública para a defesa de interesses individuais homogêneos.

Nesse sentido são, apenas a título exemplificativo e entre milhares, os seguintes precedentes do C.TST:

"RECURSO DE REVISTA. MINISTÉRIO PÚBLICO DO TRABALHO. **DIREITOS INDIVIDUAIS HOMOGÊNEOS. LEGITIMIDADE PARA PROPOR AÇÃO CIVIL PÚBLICA**. Diante de uma interpretação sistemática dos arts. 6º, VII, *d*, e 83, III, da Lei Complementar n. 75/1993, 127 e 129, III, da Constituição Federal, depreende-se que o Ministério Público detém legitimidade para ajuizar Ação Civil Pública buscando defender interesses individuais indisponíveis, homogêneos, sociais, difusos e coletivos. O STF e esta Corte possuem o entendimento pacífico no mesmo sentido. Decisão regional em consonância com o atual posicionamento do TST sobre a matéria. Aplicação da Súmula n. 333 do TST e art. 896, § 4º, da CLT. Revista não conhecida". (RR-9890100-15.2006.5.09.0069, Rel. Min. Maria de Assis Calsing, 4ª Turma, DEJT de 29.4.2011 – grifou-se).

"AÇÃO CIVIL PÚBLICA. LESÃO A UMA COLETIVIDADE DEFINIDA DE TRABALHADORES. **DIREITOS INDIVIDUAIS HOMOGÊNEOS. LEGITIMIDADE DO MINISTÉRIO PÚBLICO**. A legitimidade do Ministério Público do Trabalho para ajuizar ação civil pública está consignada nos termos do art. 129, III, da Constituição Federal, c/c os arts. 83 e 84, da Lei Complementar 75/93. Dessa forma, sempre que a petição inicial referir-se a lesão que perturbe, supostamente, uma coletividade definida de trabalhadores e existir, consequentemente, um ato lesivo a contratos de trabalho, de forma direta ou indireta, o Ministério Público do Trabalho terá legitimidade para ajuizar ação com vistas a tutelar o direito correspondente em juízo. Se o órgão judicante concluir que as lesões não estariam ocorrendo na ordem dos fatos, deverá dizê-lo ao exame do mérito. Recurso de revista conhecido e provido". (RR-115400-28.2006.5.14.0005, Rel. Min. Augusto César Leite de Carvalho, 6ª Turma, DEJT de 26.11.2010 – grifou-se).

"PRELIMINAR DE NULIDADE DO ACÓRDÃO REGIONAL POR NEGATIVA DE PRESTAÇÃO JURISDICIONAL.

O Tribunal Regional prestou a jurisdição a que estava obrigado, tendo apreciado as matérias relevantes à discussão, pleiteadas nos embargos de declaração. Assim, não se evidencia violação dos arts. 93, IX, da Constituição Federal, 458 do CPC e 832 da CLT.

Agravo de instrumento a que **se nega provimento**.

COMPETÊNCIA DA JUSTIÇA DO TRABALHO. AÇÃO CIVIL PÚBLICA AJUIZADA PELO MINISTÉRIO PÚBLICO DO TRABALHO. OBRIGAÇÃO DE NÃO FAZER. PROIBIÇÃO DOS HOSPITAIS DE UTILIZAR MÃO DE OBRA ORIUNDA DE TERCEIRIZAÇÃO ILÍCITA. PAGAMENTO DE INDENIZAÇÃO POR DANO MORAL COLETIVO.

A ação civil pública ajuizada pelo Ministério Público do Trabalho tem por objeto a proteção dos trabalhadores, que eram obrigados a aderir à cooperativa para prestação de serviço ao hospital, ora agravante, e não possuíam autonomia na prestação dos serviços e clientela diversificada. Salienta-se que a utilização de trabalhadores, apenas formalmente cooperativados, para a prestação de serviços ao hospital, ora agravante, constitui relação de trabalho a ser apreciada por esta Justiça especializada. Em decorrência dessas irregularidades, o Ministério Público do Trabalho pleiteou a condenação do hospital à obrigação de não fazer e ao pagamento de indenização por dano moral coletivo. Portanto, é a Justiça do Trabalho competente para apreciar e julgar o feito. Assim, não há falar em ofensa ao disposto no art. 114 Constituição Federal.

Agravo de instrumento a que **se nega provimento**.

(...)

AÇÃO CIVIL PÚBLICA. OBRIGAÇÃO DE NÃO FAZER. RÉU ABSTÉM-SE DE UTILIZAR MÃO DE OBRA ORIUNDA DE TERCEIRIZAÇÃO ILÍCITA. PAGAMENTO DE INDENIZAÇÃO POR DANO MORAL. PEDIDOS JURIDICAMENTE POSSÍVEIS.

O Regional consignou que "o pedido de natureza cominatória expressamente previsto pelo ordenamento jurídico

---

das empresas tomadoras, pela ausência de estímulo à maior produtividade dos trabalhadores terceirizados e pela divisão e desorganização dos integrantes da categoria profissional que atua no âmbito das empresas tomadoras, com a consequente pulverização da representação sindical de todos os trabalhadores interessados. 9. É importante ressaltar, por fim, que **decisões como a presente não acarretam o desemprego dos trabalhadores terceirizados, pois não eliminam quaisquer postos de trabalho. Essas apenas declaram que a verdadeira empregadora desses trabalhadores de call center é a empresa concessionária tomadora de seus serviços que, por outro lado, continua obrigada a prestar tais serviços ao consumidor em geral – só que, a partir de agora, exclusivamente na forma da legislação trabalhista, isto é, por meio de seus próprios empregados**. 10. Assim, diante da ilicitude da terceirização do serviço de *call center* prestado pela reclamante no âmbito da empresa de telecomunicações reclamada, deve ser reconhecida a existência, por todo o período laborado, de seu vínculo de emprego diretamente com a concessionária de serviços de telefonia, nos exatos moldes do item I da Súmula n. 331 do TST, com o consequente pagamento, pela verdadeira empregadora e por sua litisconsorte, coautora desse ato ilícito, de todos os direitos trabalhistas assegurados pela primeira a seus demais empregados. Embargos conhecidos e desprovidos. (E-ED-RR - 2938-13.2010.5.12.0016, Redator Ministro: José Roberto Freire Pimenta, Data de Julgamento: 08.11.2012, Subseção I Especializada em Dissídios Individuais, Data de Publicação: DEJT 26.03.2013).

vigente, sendo inaceitável alegação de impossibilidade jurídica do pedido ou de caracterização da vedada interferência nas associações cooperativas", e que "o art. 3º da Lei n. 7.347/85 prevê possibilidade do objeto da ação civil pública versar sobre condenação em dinheiro ou cumprimento de obrigação de fazer ou não fazer". Os pedidos formulados pelo *Parquet*, em abstrato, são juridicamente possíveis, e a discussão relativa à condenação do réu à obrigação de não fazer e ao pagamento de indenização por dano moral coletivo diz respeito à procedência ou não da ação (ao mérito). Assim, não há falar em ofensa ao art. 267, inciso VI, do CPC.

Agravo de instrumento a que **se nega provimento**.

LEGITIMIDADE ATIVA DO MINISTÉRIO PÚBLICO DO TRABALHO. AÇÃO CIVIL PÚBLICA. DEFESA DE DIREITOS INDIVIDUAIS HOMOGÊNEOS. OBRIGAÇÃO DO RÉU (HOSPITAL) DE NÃO UTILIZAR MÃO DE OBRA ORIUNDA DE TERCEIRIZAÇÃO ILÍCITA. PAGAMENTO DE INDENIZAÇÃO POR DANO MORAL COLETIVO.

O Ministério Público do Trabalho, nos termos do art. 83, inciso III, da Lei Complementar n. 75/1993, possui legitimidade para "promover a ação civil pública no âmbito da Justiça do Trabalho, para defesa de interesses coletivos, quando desrespeitados os direitos sociais constitucionalmente garantidos", como o respeito à dignidade da pessoa humana e a valorização do trabalho. No caso, o *Parquet* visa tutelar interesses individuais homogêneos: imposição de obrigação de não fazer, mediante provimento jurisdicional de caráter cominatório – hospital se abstenha de utilizar trabalhadores por meio de terceirização irregular. O autor também pleiteia a condenação do hospital, ora agravante, ao pagamento de indenização por danos causados à coletividade, decorrentes de sua conduta ilícita. Verifica-se, pois, que o Ministério Público do Trabalho, na ação civil pública, não busca a reparação individual do bem lesado, mas a tutela de interesses coletivos, precisamente direitos individuais homogêneos, com repercussão social. Desse modo, o Tribunal *a quo*, ao reconhecer a legitimidade do Ministério Público para a defesa em ação civil pública de interesses individuais homogêneos, decidiu em consonância com a jurisprudência iterativa, notória e atual da SBDI-1, o que afasta a indicação de divergência jurisprudencial e de ofensa ao art. 83, inciso III, da Lei Complementar n. 75/1983, nos termos do disposto na Súmula n. 333 do TST e no art. 896, § 7º, da CLT.

Agravo de instrumento a que **se nega provimento**.

AÇÃO CIVIL PÚBLICA. CABIMENTO. DIREITOS INDIVIDUAIS HOMOGÊNEOS

A Lei Complementar n. 75/93, no seu art. 83, inciso III, prevê ao Ministério Público o ajuizamento da ação civil pública. In: *verbis*: "... ação civil pública no âmbito da Justiça do Trabalho, para defesa de interesses coletivos, quando desrespeitados os direitos sociais constitucionalmente garantidos". O art. 129, inciso III, da Constituição Federal também assegura ao *Parquet* a propor a referida ação, ao dispor: "promover o inquérito civil e a ação civil pública, para a proteção do patrimônio público e social, do meio ambiente e de outros interesses difusos e coletivos". No caso, a ação civil pública tem por objeto a preservação da dignidade da pessoa humana e a valorização do trabalho, direitos consagrados na Constituição Federal. Salienta-se que a ação *sub judice* não versa sobre direito indisponível, mas sobre direito coletivo dos trabalhadores (atuais e futuros) e da sociedade, que também é lesada pela conduta antijurídica do hospital, em utilizar de trabalhadores por meio de terceirização ilícita. Desse modo, ao contrário da tese defendida pelo agravante, a ação civil pública é adequada para contemplar o objeto da pretensão do *Parquet In: casu*, motivo pelo qual não se evidencia afronta aos citados dispositivos e ao art. 267, inciso VI, do CPC.

Agravo de instrumento a que **se nega provimento**.

OBRIGAÇÃO DE NÃO FAZER. RÉU ABSTÉM-SE DE UTILIZAR MÃO DE OBRA ORIUNDA DE TERCEIRIZAÇÃO ILÍCITA.

O hospital, ora agravante, insurge-se contra decisão pela qual foi obrigado a cumprir obrigação de não fazer, estabelecida na sentença confirmada pelo Regional, consistente em abster-se de: "contratar cooperativas para fornecimento de mão-de-obra para atividades-fim e atividades-meio, exceto as de autênticos profissionais liberais (como médicos e odontólogos) atuando como reais cooperados e aquelas que prestam serviços especializados ligados à atividade-meio, desde que sem pessoalidade e subordinação" e "terceirizar suas atividades-fim, quais sejam, aquelas inseridas em seu objeto social". No caso, segundo registrou o Regional, "a fraude contra os direitos trabalhistas foi demonstrada a toda evidência, tanto pela pretensão de barateamento da mão de obra e desvalorização do trabalho subordinado, quanto pelo objetivo de sonegação de encargos trabalhistas, fiscais e previdenciários". O Tribunal *a quo* consignou que as cooperativas juntamente aos hospitais impunham "aos trabalhadores a adesão obrigatória e não voluntária, sem qualquer autonomia na prestação dos serviços, ou de clientela diversificada, como exigem os princípios do cooperativismo", e que o trabalhador, antes empregado, "passa a ser "cooperado", remunerado unicamente por unidade de tempo, com impossível participação nos benefícios oferecidos por Cooperativa situada em outro Estado da Federação, onde nem mesmo consegue frequentar assembleias". O Regional destacou que a prova produzida nos autos demonstrou a ocorrência de fraude contra direitos trabalhistas, que consistiu "tanto pela pretensão de barateamento da mão de obra e desvalorização do trabalho subordinado, quanto pelo objetivo de sonegação de encargos trabalhistas, fiscais e previdenciários". Frisou o Colegiado *a quo* que as provas da fraude "foram elas indicadas por amostragem na decisão embargada, ante a impossibilidade de transcrever ou até mesmo relacionar todas elas no voto do relator. Por outro lado, a nulidade em matéria trabalhista não exige prova da fraude" e que "basta que o ato praticado sirva para desvirtuar ou impedir a aplicação de normas de proteção ao trabalhador, conforme dispõe expressamente o art. 9º da CLT". A conclusão estampada no acórdão regional foi a de que "os princípios do cooperativismo e a legislação do trabalho foram preteridos pelos réus". Do exposto, verifica-se que o Regional, com base na prova produzida nos autos, concluiu que houve fraude contra os direitos trabalhistas, para o barateamento da mão de obra, para a desvalorização do trabalho subordinado e pela sonegação de encargos trabalhistas, fiscais e previdenciários. Desse modo, constata-se que o Regional, expressamente, registrou os elementos probatórios que demonstraram a ocorrência de fraude contra direitos trabalhistas, em face da conduta da cooperativa e dos hospitais. Assim, se o hospital, ora agravante, praticou conduta ilícita que culminou na referida fraude, o Regional, ao confirmar a sentença em que foi condenado a cumprir obrigação de não fazer, não vulnerou os arts. 186 e 188 do Código Civil. Impende mencionar que o Regional entendeu que o fato de a cooperativa ter sido legalmente constituída não afastava as irregularidades mencionadas, sob o fundamento de que se exigia "a estrita legalidade na consecução de seus objetivos e atividades, uma vez a realidade prevalece sobre a forma no Direito do Trabalho". Portanto, verifica-se que o Regional não concluiu pela ocorrência de irregularidade na constituição da cooperativa, mas no fato de que essa não observou a lei em relação à consecução de seus objetivos e atividades, impondo a adesão de trabalhadores, que eram apenas formalmente cooperados, para fornecer mão de obra ao hospital. Assim, não há falar em ofensa aos arts. 5º, incisos XVII e XVIII, e 174 da Constituição Federal e 90 da Lei n. 5764/71. Por outro lado, cabe destacar que a sentença confirmada pelo Regional não vedou ao hospital a utilização de trabalhadores sem subordinação e pessoalidade em suas atividades-meio. O réu, ora agravante, foi obrigado a se abster de terceirizar atividade-meio com pessoalidade e subordinação, o que é vedado pela Súmula n. 331, item I, do TST. Nesse contexto, verifica-se que a decisão recorrida se encontra em sintonia com a citada súmula, e não em contrariedade a ela.

Agravo de instrumento a que **se nega provimento**.
(...)

DANO MORAL COLETIVO. TERCEIRIZAÇÃO ILÍCITA. LESÃO À COLETIVIDADE DOS TRABALHADORES (ATUAIS E FUTUROS) E À SOCIEDADE, EM FACE DA SONEGAÇÃO DE ENCARGOS FISCAIS E PREVIDENCIÁRIOS.
O Regional deu provimento ao recurso ordinário interposto pelo Ministério Público do Trabalho para condenar o ora agravante ao pagamento de R$ 40.000,00 (quarenta mil reais) a título de dano moral coletivo, sob o fundamento de que a terceirização ilícita causa prejuízos não apenas aos trabalhadores, mas a toda a sociedade. Salientou que, além da sonegação de direitos fundamentais, a terceirização (prática empresarial) consubstancia percentual expressivo de ações no Judiciário Trabalhista, em que se discute a responsabilidade solidária ou subsidiária das empresas tomadoras de serviço, o que acarreta maiores despesas para o Poder Público, custeado pelos impostos pagos pelos cidadãos. O Regional destacou que a referida prática empresarial também acarreta danos aos recolhimentos do FGTS e da contribuição previdenciária, implicando prejuízos indiscutíveis a toda a coletividade. Na hipótese *sub judice*, houve fraude contra direitos trabalhistas, "tanto pela pretensão de barateamento da mão de obra e desvalorização do trabalho subordinado, quanto pelo objetivo de sonegação de encargos trabalhistas, fiscais e previdenciários", conforme registrou o Tribunal *a quo*. Salienta-se que, segundo o Regional, a cooperativa e o hospital, conjuntamente, impunham aos trabalhadores a adesão obrigatória e não voluntária àquela e que os empregados não possuíam autonomia na prestação dos serviços, ou de clientela diversificada, como exigem os princípios do cooperativismo. Portanto, ao contrário da tese defendida pelo agravante, sua culpa foi caracterizada por sua conduta irregular – utilização de trabalhadores (apenas formalmente cooperativados) – e o dano consistiu nos prejuízos sofridos por toda a sociedade. Assim, conclui-se que o Regional, ao condenar o réu pelo pagamento de indenização por dano moral coletivo, em face da citada conduta antijurídica, não afrontou o art. 186 do Código Civil. A invocação genérica de violação do art. 5º, inciso II, da Constituição Federal de 1988, em regra e como ocorre neste caso, não é suficiente para autorizar o conhecimento deste recurso com base na previsão da alínea *c* do art. 896 da CLT, na medida em que, para sua constatação, seria necessário concluir, previamente, ter havido ofensa a preceito infraconstitucional.

Por fim, cabe destacar que a agravante não pleiteia a redução do valor da indenização a que foi condenada.

Agravo de instrumento a que **se nega provimento**.
(AIRR – 16640-48.2005.5.03.0114, Rel. Min. José Roberto Freire Pimenta, 2ª Turma, DEJT de 11.12.2015 – grifou-se).

Assim, é hoje patente e induvidosa a legitimidade ativa do Ministério Público do Trabalho para postular, através de ações coletivas ou metaindividuais, a tutela dos interesses individuais homogêneos – imposição de obrigação de fazer, com efeitos projetados para o futuro, mediante provimento jurisdicional de caráter cominatório, consistente na determinação de que o réu não se utilize de trabalhadores irregularmente terceirizados.

Salienta-se que o fato de a Constituição Federal garantir ao sindicato profissional a defesa dos interesses individuais e coletivos dos trabalhadores, inclusive na qualidade de seu substituto processual, não significa que apenas esse possui legitimidade para propor ação civil pública, motivo pelo qual não há falar em ofensa aos arts. 8º, inciso III, da Constituição Federal e 513, alínea *a*, da CLT[34].

Diante do exposto, não há dúvida de que é cabível a ação civil pública em que se postule esse específico pedido inibitório das terceirizações ilícitas[35] e que, em última análise, tem por objeto a preservação da dignidade da pessoa humana e a valorização do trabalho de todos os trabalhadores conjuntamente atingidos por essa conduta contrária ao Direito, nos termos previstos no art. 83, inciso III, da Lei Complementar n. 75/93. In: *verbis*: "... ação civil pública no âmbito da Justiça do Trabalho, para defesa de interesses coletivos, quando desrespeitados os direitos sociais constitucionalmente garantidos".

Reitera-se, aqui, que o próprio art. 129, inciso III, da Constituição Federal também assegura ao *Parquet* propor a referida ação, ao dispor que ao Ministério Público compete: "promover o inquérito civil e a ação civil pública, para a proteção do patrimônio público e social, do meio ambiente e de outros interesses difusos e coletivos".

Com efeito, a sonegação de direitos fundamentais por meio das terceirizações ilícitas constitui, hoje, o objeto central de expressivo percentual de ações que tramitam no Judiciário Trabalhista, o que acarreta maiores despesas para o Poder Público, custeadas pelos impostos pagos pelos cidadãos, a justificar a utilização frequente e incisiva da tutela metaindividual, estando, pois, o Ministério Público do Trabalho plenamente legitimado para tanto.

Isso se dá porque, em processo coletivo, busca-se a eficácia da norma para todos ou para todo um grupo, sendo assim também relevantíssimo o enfoque da eficácia horizontal dessa norma que, como antes demonstrado, tem por objeto verdadeiro direito fundamental, entre os cidadãos (patrão e empregado, dono de terras e população ribeirinha do córrego que passa nas terras do primeiro, comerciante e comprador).[36]

É preciso relembrar, uma vez mais, que estamos tratando da tutela de direitos fundamentais de segunda ou terceira geração, em que, ao contrário dos direitos fundamentais de primeira geração, não se buscam, apenas, garantias diante do Estado, que deve permanecer inerte para não vulnerar a liberdade dos cidadãos mas, sim, prestações positivas do Estado que assegurem melhores condições de vida a todos os cidadãos e a eliminação dos denominados *vazios de tutela* pela extensão, aos direitos metaindividuais, da proteção jurisdicional antes assegurada apenas aos direitos subjetivos tradicionais, de natureza estritamente individual.

O processo coletivo tem por objetivo assegurar a eficácia do direito positivo com alcance metaindividual para a sociedade – entendida esta como toda a coletividade, como um grupo ligado por uma relação jurídica ou como um conjunto de indivíduos, conforme se trate de direito difuso, coletivo ou individual homogêneo – e, para tanto, vale-se de princípios próprios.

No mesmo sentido destaca Elton Venturi, por nós já citado, ao tratar dos mencionados princípios do processo coletivo[37], que, quando se trata das normas de processo coletivo, a interpretação pragmática é essencial:

(...) a importância da interpretação pragmática é tanto maior quando se percebe a excelência do modelo processual coletivo brasileiro, que, sem

---

(34) A respeito da substituição processual sindical, consulte-se PIMENTA, Adriana Campos de Souza Freire. *Substituição processual sindical*. São Paulo: LTr, 2011.

(35) Sobre o conceito de tutela inibitória, consulte-se MARINONI, Luiz Guilherme. *Técnica processual e tutela dos direitos*, São Paulo: Revista dos Tribunais, 2004, p. 249-268 e *Tutela inibitória (individual e coletiva)*. São Paulo: Revista dos Tribunais, 1998, p. 24-136; ARENHART, Sérgio Cruz. *Perfis da tutela inibitória coletiva*, São Paulo: Revista dos Tribunais, 2003. p. 127-136 e 184-226.

(36) Sobre a eficácia dos direitos fundamentais nas relações jurídicas entre particulares (a denominada *eficácia horizontal dos direitos fundamentais*), vejam-se SARLET, Ingo Wolfgang. *A eficácia dos direitos fundamentais*, 7. edição, Porto Alegre: Livraria do Advogado Ed., 2007, p. 398-406; VIEIRA DE ANDRADE, José Carlos. *Os direitos fundamentais na Constituição Portuguesa de 1976*, 3. edição, Coimbra: Ed. Almedina, 2006, p. 246-281; PEREIRA, Jane Reis Gonçalves. *Interpretação constitucional e direitos fundamentais*. Rio de Janeiro: Renovar, 2006, p. 431-497 e *Apontamentos sobre a aplicação das normas de direito fundamental nas relações jurídicas entre particulares*, In: BARROSO, Luís Roberto (organizador), *A nova interpretação constitucional: ponderação, direitos fundamentais e relações privadas*, 2. ed. Rio de Janeiro: Renovar, 2006, p. 119-192; SARMENTO, Daniel. *A vinculação dos particulares aos direitos fundamentais no direito comparado e no Brasil*. In: *A nova interpretação constitucional: ponderação, direitos fundamentais e relações privadas*, op. cit., p. 193-284 e MARINONI, Luiz Guilherme. *Técnica processual e tutela dos direitos*, op. cit., p. 169-175.

(37) VENTURI, Elton. *Processo civil coletivo. A tutela jurisdicional dos direitos difusos, coletivos e individuais homogêneos no Brasil. Prospectivas de um Código Brasileiro de Processos Coletivos*, São Paulo: Malheiros Editores, 2007, p. 133/161, destaca como princípios do processo coletivo: inafastabilidade da prestação jurisdicional coletiva, tutela jurisdicional coletiva diferenciada, princípio do devido processo social, absoluta instrumentalidade da tutela coletiva e interpretação pragmática.

exagero, pode ser considerado como um dos mais aperfeiçoados entre os dos países que adotam sistemas de tutela coletiva. Se assim é, diante da aparente suficiência legislativa, a responsabilidade pelo fracasso da tutela coletiva passa a ser imputável não mais comodamente ao legislador, mas sim à doutrina e, sobretudo, ao Poder Judiciário, personagem que protagoniza o papel decisivo nos rumos do sistema processual coletivo no Brasil.[38][39]

A alteração do enfoque dos processualistas, voltando os olhos para a tutela metaindividual, é essencial para combater o atual número excessivo de reclamações trabalhistas anualmente ajuizadas no Brasil, o qual, por sua vez, acarreta o estrangulamento da Justiça do Trabalho em todos os seus graus de jurisdição (inclusive na fase de execução, destinada exclusivamente à satisfação dos créditos trabalhistas já definitivamente reconhecidos como devidos).[40] Em tal estado de coisas, a consequência é natural e inevitável: uma Justiça assoberbada por um número excessivo de processos é, necessariamente, uma Justiça lenta e de baixa qualidade.

E qual é a razão fundamental de um número tão elevado de dissídios trabalhistas em nosso país, muito maior do que o verificado nos países mais desenvolvidos e mesmo em países de estágio de desenvolvimento econômico, humano e social equivalentes ao nosso? Alguns ilustres autores e especialistas apontam como causas do problema a tendência cultural, que atribuem aos brasileiros, de recorrer sempre ao Estado-juiz para a solução de seus conflitos intersubjetivos de interesses (em contraposição à tendência hoje predominante no mundo civilizado, especialmente nos países anglo-saxões, de resolver tais conflitos pelas vias da negociação coletiva, da conciliação extrajudicial e da arbitragem), bem como o que consideram uma exagerada intervenção do Estado nas relações laborais, consubstanciada em normas trabalhistas de origem estatal que, a seu ver, pecariam por ser excessivamente complexas, abrangentes e detalhadas (o que, por sua vez, aumentaria artificialmente o número de controvérsias e inibiria a solução desses conflitos pelas vias da transação individual e coletiva).[41] No entanto, não nos parecem ser estas as causas fundamentais do número excessivo de demandas trabalhistas hoje em curso em nosso país.[42]

Embora deva ser reconhecida a conveniência da implantação de mecanismos de solução extrajudicial dos conflitos trabalhistas de intensidade e de complexidade menores (para cuja solução afigura-se mesmo desnecessária, *a priori*, a intervenção do Estado-juiz), bem

---

(38) Ibidem, p. 158-159.

(39) Sobre o tema, consultar: PIMENTA, Adriana Campos de Souza Freire. As ações coletivas e o incidente de resolução de demandas repetitivas do novo código de processo civil. In: *O que há de novo em processo do trabalho – homenagem ao professor Aroldo Plínio Gonçalves*. RENAULT, Luiz Otávio Linhares, VIANA, Márcio Túlio, FABIANO, Isabela Márcia de Alcântara, FATTINI, Fernanda Carolina, PIMENTA, Raquel Betty de Castro, São Paulo: LTr, 2015. p. 657-671.

(40) Conforme estatísticas amplamente divulgadas relativas ao período posterior à promulgação da Constituição de 1988, a cada ano o número de reclamações trabalhistas ajuizadas não cessou de crescer, tendo alcançado o número astronômico de quase um milhão e oitocentas mil novas ações trabalhistas em 2.002 (dados obtidos no *site* do STF na *Internet*). Tal situação, no entanto, não cessou de se agravar na última década: como está registrado no Relatório Geral da Justiça do Trabalho de 2.011, nesse ano foram distribuídos, nas Varas do Trabalho brasileiras, 2.110.718 casos novos (6,2% a mais do que em 2.010); no mesmo ano, tramitaram nas Varas 3.501.602 processos na fase de conhecimento, correspondentes à soma das novas ações ajuizadas aos resíduos dos anos anteriores. No mesmo período, o número de Varas do Trabalho e de juízes titulares e substitutos (e de integrantes dos Tribunais Regionais do Trabalho e do TST) nem de longe aumentou na mesma proporção do aumento do número de processos distribuídos. Disponível em: <http://www.cnj.jus.br/programas-de-a-a-z/eficiencia-modernizacao-e-transparencia/pj-justica-em-numeros/relatorios>. Acesso em: 13 maio 2013.

(41) Esses críticos também apontam como uma consequência indesejável desse estado de coisas o que consideram o custo excessivo da utilização da Justiça do Trabalho para a solução dos litígios trabalhistas. No entanto, desconsideram eles, *data venia*, que a prestação de tutela jurisdicional trabalhista é *serviço público essencial*, e como tal expressão de direito e garantia fundamentais, constitucionalmente assegurados a todos os jurisdicionados que dele necessitem e que, por isso mesmo, não deve necessariamente dar lucro e nem mesmo ser auto-sustentável financeiramente. Ademais, tal crítica indevidamente ignora a relevante circunstância de que, hoje, sequer se pode mais afirmar que a Justiça do Trabalho é em si mesma deficitária, em virtude da expressiva arrecadação decorrente de sua competência para a execução *de ofício* das contribuições previdenciárias decorrentes das sentenças por ela proferidas (e das conciliações a elas equiparadas), atribuída pelo § 3º do art. 114 da Constituição da República.

(42) Escrevemos sobre o tema em PIMENTA, Adriana Campos de Souza Freire; PIMENTA, José Roberto Freire. Uma execução trabalhista efetiva como meio de se assegurar a fruição dos direitos fundamentais sociais. In: ÁVILA, Any; RODRIGUES, Douglas Alencar; PEREIRA, José Luciano de Castilho (Org.). *Mundo do trabalho*: atualidades, desafios e perspectivas – homenagem ao Ministro Arnaldo Sussekind. 1ed.São Paulo: LTr, 2014, v. 1, p. 247-269; In: CLAUS, Ben-Hur; ALVARENGA, Rúbia Zanotelli de (Orgs.). *Execução Trabalhista – O Desafio da Efetividade*. 1 ed. São Paulo: LTr, 2015. v. 1, p. 48-73.

como a utilidade de racionalizar e modernizar as normas legais trabalhistas para tornar clara e induvidosa, para todos os interessados, a vontade concreta da lei no campo das relações laborais (eliminando controvérsias desnecessárias na interpretação das normas legais e coletivas que disciplinam tais relações), não nos parece que a solução desses problemas seria suficiente para diminuir, na proporção necessária, o enorme número de ações trabalhistas em nosso país. O verdadeiro problema, pura e simplesmente, é que o direito material trabalhista, no Brasil, tem um baixo índice de cumprimento espontâneo pelos destinatários de seus comandos normativos, muito menor do que qualquer ordenamento jurídico admite como tolerável.[43]

Nesse sentido, enquanto o microssistema de tutela coletiva ou metaindividual (nascido, como já se esclareceu, da interação da Lei da Ação Civil Pública com o Código de Defesa do Consumidor) trata a questão sob o prisma preventivo e molecular, o novo Código de Processo Civil (Lei n. 13.105, de 16 de março de 2015), nos CAPÍTULO III, VI, VIII e IX, denominados "DO INCIDENTE DE ASSUNÇÃO DE COMPETÊNCIA" (art. 947), "DOS RECURSOS PARA O SUPREMO TRIBUNAL FEDERAL E PARA O SUPERIOR TRIBUNAL DE JUSTIÇA" (arts. 1.027 e seguintes, especialmente o art. 1.036), "DO INCIDENTE DE RESOLUÇÃO DE DEMANDAS REPETITIVAS" (arts. 976/987) e "DA RECLAMAÇÃO" (art. 988), agora instituiu outro verdadeiro *microssistema – o de resolução da litigiosidade repetitiva*, o qual também busca atender ao paradigma constitucional da solução dos processos num prazo razoável[44], sob a perspectiva de solucionar de forma global os processos individuais repetitivos já em curso em um único julgamento de *processos-modelo*, representativos de toda a controvérsia, e também impedir, através de um precedente obrigatório nascido naquele julgamento, que as futuras demandas semelhantes, individuais ou coletivas se repitam, assoberbando ainda mais o Poder Judiciário.[45]

Tais institutos, dentre outros, importam num esforço, não restam dúvidas, de solução mais rápida das numerosíssimas controvérsias, de idêntico objeto que nos últimos anos têm assoberbado todas as instâncias do Poder Judiciário brasileiro.

Contudo, inexiste choque entre essas referidas disposições do diploma processual civil com o microssistema que regulamenta o processo coletivo.

São formas diferentes, mas não conflitantes e nem contraditórias, de enfrentar o mesmo problema. Enquanto a tutela metaindividual busca evitar que os processos individuais sejam ajuizados, tratando as lesões aos direitos individuais homogêneos deles objeto de forma coletiva, uma vez que aqueles cidadãos que, agindo individualmente, não teriam a mesma força e nem representatividade, substituídos pelos corpos intermediários ou pelo Ministério Público, passam a tê-la; o novo CPC, por sua vez, sem eliminar essa atuação

---

(43) Todo e qualquer sistema jurídico só será operacional e funcional se as normas jurídicas que o integrarem forem, em sua grande maioria, espontaneamente observadas por seus destinatários. O i. constitucionalista Luís Roberto BARROSO (In: *Interpretação e aplicação da Constituição – fundamentos de uma dogmática constitucional transformadora*. 3. ed. São Paulo: Saraiva, 1999. p. 239-240) nos adverte exatamente para isto:

"De regra, como já referido, um preceito legal é observado voluntariamente. As normas jurídicas têm, por si mesmas, uma eficácia 'racional ou intelectual', por tutelarem, usualmente, valores que têm ascendência no espírito dos homens. Quando, todavia, deixa de ocorrer a submissão da vontade individual ao comando normativo, a ordem jurídica aciona um mecanismo de sanção, promovendo, por via coercitiva, a obediência a seus postulados. Mas essa é a exceção. Como bem intuiu André HAURIOU, se não houvesse, em grande parte, uma obediência espontânea, se fosse necessário um policial atrás de cada indivíduo e, quem sabe, um segundo policial atrás do primeiro, a vida social seria impossível."

(44) "Art. 5º Todos são iguais perante a lei, sem distinção de qualquer natureza, garantindo-se aos brasileiros e aos estrangeiros residentes no País a inviolabilidade do direito à vida, à liberdade, à igualdade, à segurança e à propriedade, nos termos seguintes:

(...)

LXXVIII – a todos, no âmbito judicial e administrativo, são assegurados a razoável duração do processo e os meios que garantam a celeridade de sua tramitação."

(45) Já tivemos a oportunidade de escrever sobre referidos institutos em dois trabalhos diferentes:

PIMENTA, José Roberto Freire. A reforma do sistema recursal trabalhista pela Lei n. 13.015/2014 e o novo papel dos precedentes judiciais na Justiça brasileira: contexto, premissas e desafios. In: BELMONTE, Alexandre Agra (Org.). *A nova lei de recursos trabalhistas*: Lei n. 13.015/2014. 1. ed.São Paulo: LTr, 2015. v. 1, p. 25-70.

PIMENTA, Adriana Campos de Souza Freire. As ações coletivas e o incidente de resolução de demandas repetitivas do novo código de processo civil. In: *O que há de novo em processo do trabalho – homenagem ao professor Aroldo Plínio Gonçalves*, RENAULT, Luiz Otávio Linhares, VIANA, Márcio Túlio, FABIANO, Isabela Márcia de Alcântara, FATTINI, Fernanda Carolina, PIMENTA, Raquel Betty de Castro. São Paulo: LTr, 2015. p. 657/671.

preventiva da tutela metaindividual assegurada pelo CDC e pela Lei da Ação Civil Pública, busca paralelamente a solução conjunta e isonômica dos casos individuais absolutamente iguais que versam exatamente sobre aqueles mesmo direitos lesados ou ameaçados em massa e que já assoberbam sobremaneira o Poder Judiciário.

Em trabalho anterior sobre a reforma do sistema recursal trabalhista consagrado na Consolidação das Leis do Trabalho pela Lei n. 13.015/2014, já tivemos a oportunidade de nos pronunciar sobre a perfeita compatibilidade e complementariedade entre esses dois *microssistemas*, na forma seguinte:

> A nosso ver e ao contrário do que já se tem dito após a promulgação do novo CPC, no qual se introduziram os institutos de resolução das demandas e recursos repetitivos, esse *microssistema* subsiste integralmente, não havendo qualquer razão lógica ou jurídica para não se admitir a sua aplicação aos processos cíveis e trabalhistas em geral, devendo ser usado em combinação com esses novos e promissores instrumentos processuais.
>
> Em outras palavras, os dois sistemas têm a mesma finalidade: permitir o tratamento molecular e isonômico, em um único processo ou em um único incidente processual, da questão de direito controvertida que o sistema processual tradicional só era capaz de enfrentar de forma atomizada em demandas individuais repetitivas, produzindo resultados frequentemente caóticos, incoerentes e imprevisíveis, incapazes de atender às necessidades de previsibilidade, segurança jurídica, igualdade e justiça que a tutela jurisdicional de um verdadeiro Estado Democrático de Direito deve atender. A única e relevante diferença, evidentemente, é que o sistema de tutela metaindividual atua *preventivamente*, através de uma ou de poucas ações coletivas que, mediante substituição processual, enfeixarão nelas a defesa dos direitos de uma universalidade definida ou indefinida de substituídos, evitando ou tornando desnecessária a utilização, por estes, dos processos individuais, enquanto que os vários incidentes agora instituídos atuarão *curativamente*, após a inundação do Judiciário por essas numerosas, idênticas e repetitivas demandas individuais com idêntico objeto, concentrando num único procedimento a solução também unificada e isonômica da mesma questão de direito comum a todos esses processos. Os resultados dessas duas vias processuais, como é evidente, não se contradizem e nem atrapalham uma à outra, podendo, ao contrário, se combinadas, estancar e esterilizar essa avalanche de lides potenciais ou reais acerca da mesma questão de direito.[46]

Esse também é o posicionamento de *Aluisio de Castro Mendes e Roberto de Aragão Ribeiro Rodrigues*[47], que terminam por concluir que o incidente de resolução de demandas repetitivas não afeta o microssistema que regulamenta as ações coletivas, notadamente em relação àquelas em que se discutem direitos individuais homogêneos:

> Por outro lado, não se pode desconsiderar que os mecanismos processuais das ações repetitivas, apesar de sua adequação à tutela dos direitos individuais homogêneos, também possuem uma limitação, que consiste na imprescindibilidade de ajuizamento de ações individuais, fator que inviabilizaria a proteção dos denominados danos de bagatela.
>
> Assentada a premissa de que tanto os mecanismos representativos das ações coletivas como aqueles regidos pela lógica do julgamento por amostragem dos processos seriados possuem limitações na função de tutela dos direitos individuais homogêneos, sustentamos a coexistência harmônica entre eles, mesmo após o advento do incidente de resolução de demandas repetitivas, apontado como a grande novidade do Projeto de novo Código de Processo Civil e que passará a ser analisado a seguir[48].

---

(46) PIMENTA, José Roberto Freire Pimenta. A reforma do sistema recursal trabalhista pela Lei n. 13.015/2014 e o novo papel dos precedentes judiciais na Justiça brasileira: contexto, premissas e desafios. In: *Revista do Tribunal Superior do Trabalho*, Brasília, v. 81, n. 3, jul./set. 2015. p. 153-154. Também no mesmo sentido, veja-se ainda PIMENTA, José Roberto Freire Pimenta. O sistema dos precedentes judiciais obrigatórios e o microssistema de litigiosidade repetitiva no processo do trabalho. In: *Revista do Tribunal Superior do Trabalho*, Brasília, v. 82, n. 2, abr./jun. 2016. p. 226.

(47) MENDES, Aluisio Gonçalves de Castro Mendes, RODRIGUES, Roberto de Aragão Ribeiro. Reflexões sobre o incidente de resolução de demandas repetitivas previsto no projeto de novo código de processo civil. *Revista de Processo*, ano 37, 211, setembro de 2012. p. 191-208.

(48) *Ibidem*, p. 193-194.

Contudo, a análise das reformas introduzidas pelo CPC/2015 no campo da uniformização da jurisprudência e na edição, alteração e cancelamento de seus precedentes pelos tribunais é tema para um artigo específico[49] e algumas de suas relevantes inovações são aqui mencionadas apenas por sua ligação com o tema aqui abordado.

7. CONSIDERAÇÕES FINAIS E PROSPECTIVAS

Em conclusão, é preciso nunca esquecer e sempre proclamar que o direito ao trabalho é um dos direitos sociais mais importantes, cujo acesso é essencial para que o indivíduo possa ser verdadeiramente livre e consciente.

Os direitos fundamentais adquiriram contornos diferentes, à medida em que a sociedade foi se transformando, e hoje, além de direitos individuais e sociais, não se pode mais deixar de falar também em direitos metaindividuais (ou transindividuais).

Isto porque, na sociedade de massas em que contemporaneamente vivemos, muitas vezes a lesão assume caráter estrutural e generalizado, atingindo a todo um grupo de pessoas, a uma categoria jurídica ou até a toda a sociedade, conforme se trate de direitos difusos, coletivos e/ou individuais homogêneos.

Nestes casos, havendo o ajuizamento de ações coletivas, o Poder Judiciário deve atuar de forma a impedir que a lesão ocorra novamente e/ou a fazer cessar seus efeitos, de forma a garantir, na prática, que o cidadão usufrua do correspondente direito fundamental de natureza material que lhe é assegurado constitucionalmente (art. 6º, CF/1988).

Para que isso se dê é necessária superação da concepção civilista e individualista, sendo de destacada importância a atuação dos corpos intermediários, como as associações e os sindicatos, além do Ministério Público, Órgão do Estado que ganhou enorme destaque com a promulgação da Constituição da República de 1988, inclusive para atuar em lides de caráter metaindividual.

Com efeito, a sonegação de direitos fundamentais através da terceirização consubstancia percentual expressivo de ações no Judiciário Trabalhista, em que se discute a responsabilidade solidária ou subsidiária das empresas tomadoras de serviço, o que acarreta maiores despesas para o Poder Público, custeado pelos impostos pagos pelos cidadãos, a justificar a tutela metaindividual, estando o MPT legitimado para tanto.

No processo coletivo a premissa é outra: por mais importante que seja o acesso individual ao Poder Judiciário, ele, por si só, não é suficiente para coibir e enfrentar, de maneira efetiva, a prática deliberada e estratégica de lesões em massa por parte dos tomadores de serviços que, contra a Constituição e a legislação trabalhista, decidem, mesmo assim, continuar praticando terceirizações ilícitas. A tutela jurisdicional constitucionalmente exigida, para tais casos, tem que ter natureza inibitória, específica e, principalmente, coletiva ou metaindividual, para que seja capaz de assegurar, com o máximo de efetividade, a plena e indispensável fruição, por parte dos trabalhadores ilicitamente terceirizados, seu direito fundamental ao reconhecimento de suas relações de emprego com aquelas empresas que são os seus verdadeiros empregadores, com todas as suas consequências jurídicas. E o caminho processual mais efetivo para tanto, é forçoso concluir, continua a ser o ajuizamento, pelo Ministério Público do Trabalho, de ações civis públicas veiculando os pedidos iniciais acima descritos, que permitam ao Poder Judiciário proporcionar, a tempo e a modo, a prestação jurisdicional correspondente, como exige a Constituição da República.

As recentes alterações da regência normativa sobre as terceirizações no Direito brasileiro promovidas pelas Leis ns. 13.429 e 13.467, ambas de 2017, em nada mudam, em sua essência, tudo o que aqui se afirmou no presente trabalho. Por maiores que tenham sido as mudanças na esfera do direito material do trabalho quanto à disciplina jurídica deste fenômeno, especialmente quanto à sua área de abrangência e de licitude, sempre será necessária a intervenção do Ministério Público do Trabalho para inibir e combater as terceirizações que ainda remanescerem ilícitas, à luz da nova disciplina legal do tema, nos moldes aqui preconizados.

8. REFERÊNCIAS BIBLIOGRÁFICAS

ALMEIDA, Gregório Assagra de. *Direito processual coletivo brasileiro*: um novo ramo do direito processual. São Paulo: Saraiva, 2003.

ARENHART, Sérgio Cruz. *Perfis da tutela inibitória coletiva*. São Paulo: Revista dos Tribunais, 2003.

---

(49) Sobre o assunto, de forma mais aprofundada, *vide*: PIMENTA, José Roberto Freire. A força dos precedentes judiciais, o novo sistema recursal trabalhista e a função constitucional do Tribunal Superior do Trabalho. In: DELGADO, Gabriela Neves; PIMENTA, José Roberto Freire; MELLO FILHO, Luiz Philippe Vieira de; LOPES, Othon de Azevedo (Org.). *Direito Constitucional do Trabalho*: princípios e jurisdição constitucional do TST. 1. ed. São Paulo: LTr, 2015, v. 1, p. 225-267.

_____. As ações coletivas e o controle das políticas públicas pelo poder judiciário. In: MAZZEI, Rodrigo; NOLASCO, Rita Dias (Coords.). *Processo civil coletivo*. São Paulo: Quartier Latin, 2005.

BARROSO, Luís Roberto. *Interpretação e aplicação da Constituição – fundamentos de uma dogmática constitucional transformadora*. 3. ed. São Paulo: Saraiva, 1999.

BONAVIDES, Paulo. *Curso de direito constitucional*. São Paulo: Malheiros, 1999.

CANOTILHO, J. J. Gomes. *Direito constitucional*. 6. ed. Coimbra: Livraria Almedina, 1993.

CAPPELLETTI, Mauro e GARTH, Bryant. *Acesso à justiça*. Porto Alegre: Sérgio Antônio Fabris Editor, 1988.

COUTINHO, Grijalbo Fernandes. *Terceirização bancária no Brasil*: direitos humanos violados pelo Banco Central. São Paulo: 2011.

COUTINHO, Grijalbo Fernandes. *Terceirização*: máquina de moer gente trabalhadora – a inexorável relação entre a nova "marchandage" e a degradação laboral, as mortes e mutilações no trabalho. São Paulo: LTr, 2015.

DELGADO, Gabriela Neves. *Terceirização*: paradoxo do Direito do Trabalho contemporâneo. São Paulo: LTr, 2003.

_____; AMORIM, Hélder Santos *Os limites constitucionais da terceirização*. São Paulo: LTr, 2014.

DELGADO, Mauricio Godinho. As funções do Direito do Trabalho no Capitalismo e na Democracia. In: *Constituição da República e direitos fundamentais – dignidade da pessoa humana, justiça social e direito do trabalho*. DELGADO, Mauricio Godinho, DELGADO, Gabriela Neves, São Paulo: LTr, 2012.

_____. *Curso de direito do trabalho*. 10. ed. São Paulo: LTr, 2011.

DRUCK, Maria das Graças. *Terceirização*: (des)fordizando a fábrica – um estudo do complexo petroquímico. São Paulo: Boitempo Editorial, 2001.

DWORKIN, Ronald. *Levando os direitos a sério*. São Paulo: Martins Fontes, 2002.

FELÍCIO, Alessandra Metzger e HENRIQUE, Virgínia Leite. Terceirização: caracterização, origem e evolução jurídica. In: HENRIQUE, Carlos Augusto Junqueira; DELGADO, Gabriela Neves (Coords.), *Terceirização no direito do trabalho*. Belo Horizonte: Mandamentos Editora, 2004.

GUERRA FILHO, Willis Santiago. *Introdução ao direito processual constitucional*. Porto Alegre: Síntese, 1999.

LENZA, Pedro. *Teoria geral da ação civil pública*. São Paulo: Revista dos Tribunais, 2003.

MANCUSO, Rodolfo de Camargo. *Jurisdição coletiva e coisa julgada – Teoria geral das ações coletivas*. São Paulo: Revista dos Tribunais, 2007.

MARINONI, Luiz Guilherme. *Tutela inibitória (individual e coletiva)*. São Paulo: Revista dos Tribunais, 1998.

_____. *Novas linhas do processo civil*. 3. ed. rev. e atual. São Paulo: Revista dos Tribunais, 1999.

_____. *Técnica processual e tutela dos direitos*. São Paulo: Revista dos Tribunais, 2004.

MARTINS NETO, João dos Passos. *Direitos fundamentais*: conceito, função e tipos, São Paulo: Revista dos Tribunais, 2003.

MENDES, Aluisio Gonçalves de Castro Mendes, RODRIGUES, Roberto de Aragão Ribeiro. Reflexões sobre o incidente de resolução de demandas repetitivas previsto no projeto de novo código de processo civil. *Revista de Processo*, ano 37, 211, setembro de 2012.

MENEZES, Mauro de Azevedo. *Constituição e reforma trabalhista no Brasil*: interpretação na perspectiva dos direitos fundamentais. São Paulo: LTr, 2003.

MIRAGLIA, Lívia Mendes Moreira. *A terceirização trabalhista no Brasil*. São Paulo: Quartier Latin, 2008.

PEREIRA, Jane Reis Gonçalves. *Interpretação constitucional e direitos fundamentais*. Rio de Janeiro: Renovar, 2006.

_____. Apontamentos sobre a aplicação das normas de direito fundamental nas relações jurídicas entre particulares. In: BARROSO, Luís Roberto (Org.). *A nova interpretação constitucional: ponderação, direitos fundamentais e relações privadas*. 2. ed. Rio de Janeiro: Renovar, 2006.

PIMENTA, Adriana Campos de Souza Freire. As ações coletivas e o incidente de resolução de demandas repetitivas do novo código de processo civil. In: *O que há de novo em processo do trabalho – homenagem ao professor Aroldo Plínio Gonçalves*, RENAULT, Luiz Otávio Linhares, VIANA, Márcio Túlio, FABIANO, Isabela Márcia de Alcântara, FATTINI, Fernanda Carolina, PIMENTA, Raquel Betty de Castro, São Paulo: LTr, 2015.

_____. *Substituição processual sindical*. São Paulo: LTr, 2011.

PIMENTA, Adriana Campos de Souza Freire; PIMENTA, José Roberto Freire Pimenta. Uma execução trabalhista efetiva como meio de se assegurar a fruição dos direitos fundamentais sociais. In: CLAUS, Ben-Hur; ALVARENGA, Rúbia Zanotelli de. (Org.). *Execução Trabalhista – O Desafio da Efetividade*. 1. ed. São Paulo: LTr, 2015, v. 1, p. 48-73. In: ÁVILA, Any; RODRIGUES, Douglas Alencar; PEREIRA, José Luciano de Castilho (Org.). *Mundo do trabalho*: atualidades, desafios e perspectivas – homenagem ao Ministro Arnaldo Süssekind. 1. ed. São Paulo: LTr, 2014. v. 1.

PIMENTA, José Roberto Freire. A conciliação judicial na Justiça do trabalho após a Emenda Constitucional n. 24/99: aspectos de direito comparado e o novo papel do juiz do trabalho. *Revista LTr*, São Paulo, v. 65, n. 02, 2001, p. 151-162; In: Trabalhos da Escola Judicial do TRT da Terceira Região, 2001, Belo Horizonte. *Anais dos Trabalhos da Escola Judicial do Tribunal Regional do Trabalho da Terceira Região*. Belo Horizonte: Escola Judicial do TRT – 3ª Região, 2001. p. 305-334.

_____. A responsabilidade da administração pública nas terceirizações, a decisão do Supremo Tribunal Federal na ADC n. 16-DF e a nova redação dos itens IV e V da Súmula n. 331 do Tribunal Superior do Trabalho. *Revista do Tribunal Superior do Trabalho*, v. 77, p. 271-307, 2011 e *Revista LTr*, v. 75, p. 775-791, 2011.

_____. A força dos precedentes judiciais, o novo sistema recursal trabalhista e a função constitucional do Tribunal Superior do Trabalho. In: DELGADO, Gabriela Neves; PIMENTA, José Roberto Freire; MELLO FILHO, Luiz Philippe Vieira de; LOPES, Othon de Azevedo (Org.). *Direito Constitucional do Trabalho*: princípios e jurisdição constitucional do TST. 1. ed. São Paulo: LTr, 2015. v. 1.

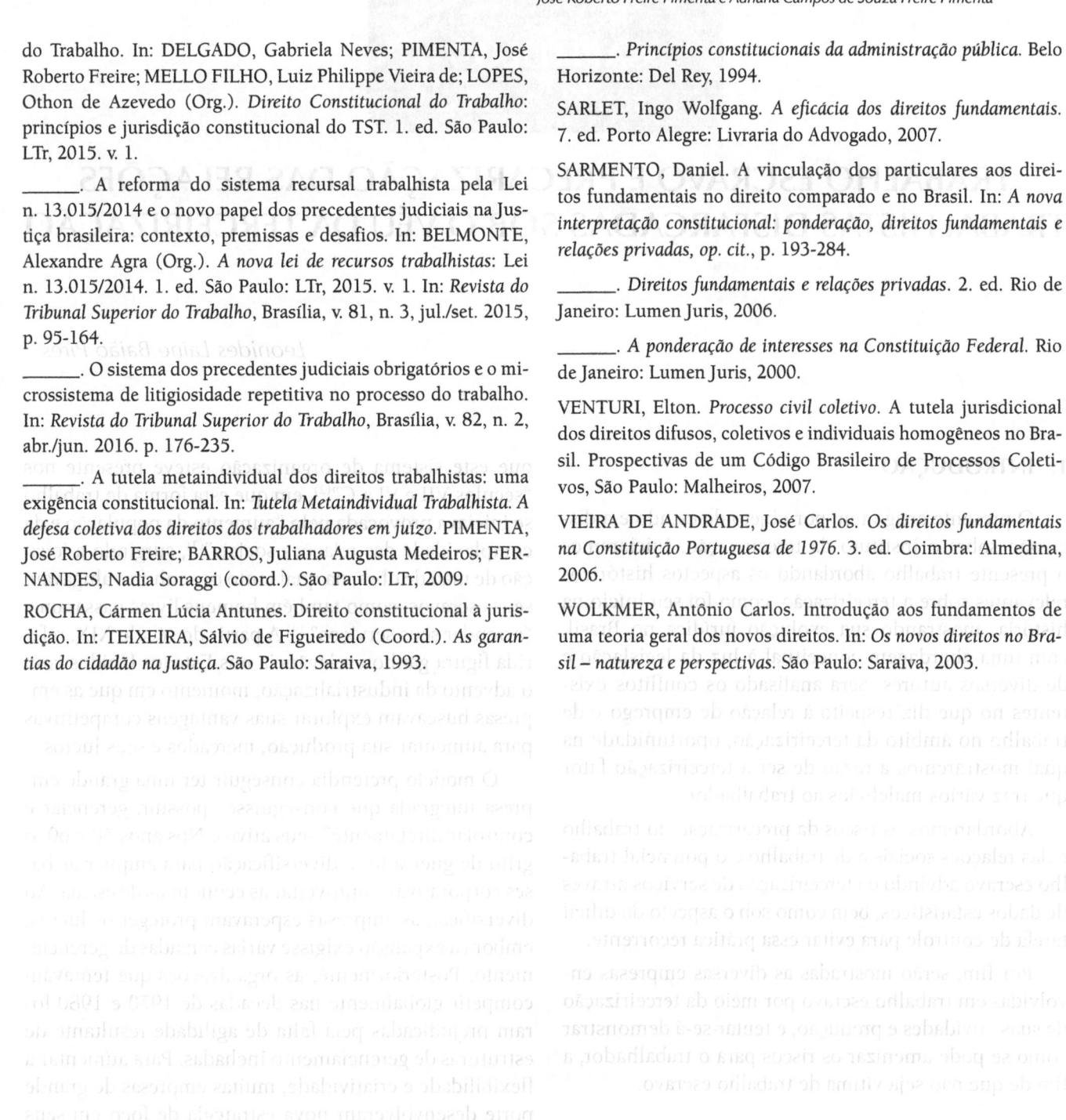

_____. A reforma do sistema recursal trabalhista pela Lei n. 13.015/2014 e o novo papel dos precedentes judiciais na Justiça brasileira: contexto, premissas e desafios. In: BELMONTE, Alexandre Agra (Org.). *A nova lei de recursos trabalhistas*: Lei n. 13.015/2014. 1. ed. São Paulo: LTr, 2015. v. 1. In: *Revista do Tribunal Superior do Trabalho*, Brasília, v. 81, n. 3, jul./set. 2015, p. 95-164.

_____. O sistema dos precedentes judiciais obrigatórios e o microssistema de litigiosidade repetitiva no processo do trabalho. In: *Revista do Tribunal Superior do Trabalho*, Brasília, v. 82, n. 2, abr./jun. 2016. p. 176-235.

_____. A tutela metaindividual dos direitos trabalhistas: uma exigência constitucional. In: *Tutela Metaindividual Trabalhista. A defesa coletiva dos direitos dos trabalhadores em juízo.* PIMENTA, José Roberto Freire; BARROS, Juliana Augusta Medeiros; FERNANDES, Nadia Soraggi (coord.). São Paulo: LTr, 2009.

ROCHA, Cármen Lúcia Antunes. Direito constitucional à jurisdição. In: TEIXEIRA, Sálvio de Figueiredo (Coord.). *As garantias do cidadão na Justiça*. São Paulo: Saraiva, 1993.

_____. *Princípios constitucionais da administração pública*. Belo Horizonte: Del Rey, 1994.

SARLET, Ingo Wolfgang. *A eficácia dos direitos fundamentais*. 7. ed. Porto Alegre: Livraria do Advogado, 2007.

SARMENTO, Daniel. A vinculação dos particulares aos direitos fundamentais no direito comparado e no Brasil. In: *A nova interpretação constitucional: ponderação, direitos fundamentais e relações privadas*, op. cit., p. 193-284.

_____. *Direitos fundamentais e relações privadas*. 2. ed. Rio de Janeiro: Lumen Juris, 2006.

_____. *A ponderação de interesses na Constituição Federal*. Rio de Janeiro: Lumen Juris, 2000.

VENTURI, Elton. *Processo civil coletivo*. A tutela jurisdicional dos direitos difusos, coletivos e individuais homogêneos no Brasil. Prospectivas de um Código Brasileiro de Processos Coletivos, São Paulo: Malheiros, 2007.

VIEIRA DE ANDRADE, José Carlos. *Os direitos fundamentais na Constituição Portuguesa de 1976*. 3. ed. Coimbra: Almedina, 2006.

WOLKMER, Antônio Carlos. Introdução aos fundamentos de uma teoria geral dos novos direitos. In: *Os novos direitos no Brasil – natureza e perspectivas*. São Paulo: Saraiva, 2003.

CAPÍTULO 7

TRABALHO ESCRAVO E PRECARIZAÇÃO DAS RELAÇÕES TRABALHISTAS DISFARÇADAS SOB O VÉU DA TERCEIRIZAÇÃO

Leonides Laine Baião Pires[1]

1. INTRODUÇÃO

O presente artigo tem por objeto de estudo e a discussão sobre o instituto da terceirização. Iniciaremos o presente trabalho abordando os aspectos históricos relevantes sobre a terceirização, como foi seu início na história, mostrando sua evolução jurídica no Brasil, com uma abordagem conceitual à luz da legislação e de diversos autores. Será analisado os conflitos existentes no que diz respeito à relação de emprego e de trabalho no âmbito da terceirização, oportunidade na qual mostraremos a razão de ser a terceirização fator que traz vários malefícios ao trabalhador.

Abordaremos os riscos da precarização do trabalho e das relações sociais e de trabalho e o potencial trabalho escravo advindo da terceirização de serviços através de dados estatísticos, bem como sob o aspecto da difícil tarefa de controle para evitar essa prática recorrente.

Por fim, serão mostradas as diversas empresas envolvidas em trabalho escravo por meio da terceirização de suas atividades e produção, e tentar-se-á demonstrar como se pode amenizar os riscos para o trabalhador, a fim de que não seja vítima de trabalho escravo.

2. ASPECTOS HISTÓRICOS SOBRE A TERCEIRIZAÇÃO

Apesar de a terceirização ser tema que evoluiu e se intensificou nas últimas décadas, a história nos mostra que este sistema de organização esteve presente nos "séculos VII e VI a.C"[2], em que esta forma de trabalho se iniciava provocada pelo "aumento da população e da complexidade das relações sociais"[3], surgindo a locação de mão de obra, na qual tanto os senhores alugavam seus escravos, como também homens livres passaram a "arrendar seus serviços".[4] A partir do século XIX, referida figura ganhou relevância nos Estados Unidos com o advento da industrialização, momento em que as empresas buscavam explorar suas vantagens competitivas para aumentar sua produção, mercados e seus lucros.

O modelo pretendia conseguir ter uma grande empresa integrada que conseguisse "possuir, gerenciar e controlar diretamente" seus ativos. Nos anos 50 e 60, o grito de guerra foi a diversificação para ampliar as bases corporativas e aproveitar as economias de escala. Ao diversificar, as empresas esperavam proteger os lucros, embora a expansão exigisse várias camadas de gerenciamento. Posteriormente, as organizações que tentavam competir globalmente nas décadas de 1970 e 1980 foram prejudicadas pela falta de agilidade resultante de estruturas de gerenciamento inchadas. Para aumentar a flexibilidade e criatividade, muitas empresas de grande porte desenvolveram nova estratégia de foco em seus negócios principais, que exigiam a identificação de processos críticos e a decisão sobre quais setores poderiam ser terceirizados.

Com este intuito, passaram a focar na atividade principal e delegaram as atividades secundárias a empresas

---

(1) Bacharel em Ciência Contábeis, especialista em Gestão de Projetos pela FGV, Acadêmica do Curso de Direito, aluna especial do Mestrado em Relações Sociais e Trabalhistas pela UDF.
(2) PORTO, L. V. & ROCHA, C. J. d., 2018. *Trabalho:* diálogos e Criticas, homenagem ao Professor Márcio Túlio Viana. São Paulo: LTr.
(3) *Idem.*
(4) *Idem.*

prestadoras de serviço, como parte de melhoria do processo e técnica de gestão administrativa e operacional das empresas.

No Brasil, o processo de terceirização não foi diferente, surgindo em decorrência da crise da dívida externa nos anos de 1980, sendo acompanhada pela implantação gradativa de reestruturação produtiva, contendo algumas práticas de flexibilização e subcontratação de mão de obra, especialmente com a vinda das primeiras empresas de grande porte e multinacionais.[5] Mas foi somente na década de 1990 que a terceirização ganhou relevância nacional, pois se difundiu por praticamente todos os setores de atividades, inclusive no setor público.

No início, a prática era conhecida como contratação de serviços de terceiros, principalmente de mão de obra, com o intuito de potencializar os lucros, tendo como objetivo contratar terceiros para trabalhar e ter ganho de qualidade, eficiência, especialização, eficácia e produtividade da atividade principal da empresa e os itens acessórios ficariam para por conta da empresa terceirizada.[6]

A terceirização chega com um discurso de flexibilização e modernização das relações de trabalho, acesso ao trabalho, aumento de postos de emprego, olvidando-se ouvir a classe trabalhadora, suas demandas e, de forma especial, o movimento sindical, que sofreu grave abalo quando da instalação da Ditadura Militar de 30 de março de 1964, retomando suas diretrizes somente no final dos anos de 1970[7], notadamente entre os trabalhadores do ABC Paulista.

Para falarmos em indústria, como é o caso do ABC paulista, em que há grande concentração de fábricas, é importante sabermos um pouco sobre a influência do Taylorismo, Fordismo e Toyotismo e compreendermos a repercussão desses processos de organização na industrialização e na terceirização.

A síntese de alguns autores nos mostra como iniciou esse processo de industrialização, sistematizando os meios de produção:

A organização industrial, a qual emergiu da revolução industrial ocorrida na Europa no século XIX, especialmente na Inglaterra, foi aperfeiçoada no Novo Continente, mais precisamente na Filadélfia e em Detroit, nos Estados Unidos da América[8]. O aperfeiçoamento desejado veio com Taylor e com Ford. Aquele foi um engenheiro que se dedicou, entre outras coisas, à administração científica. Para ele, as atividades relacionadas à execução deveriam ser separadas daquelas consideradas diretivas. Os serviços concernentes à execução eram classificados, cronometrados, sem deixar qualquer margem à imaginação do operário[9]. Ford, que era não somente engenheiro, mas também empresário, resolveu colocar em prática a teoria de Taylor, adotando a racionalização e a maximização na indústria automobilística[10]. Ele criou, em 1903, uma indústria automobilística que até hoje leva o seu nome, baseando a sua produção em um sistema que se denominou fordismo. Esse sistema visava à produção de veículos a serem vendidos por preços relativamente baixos.

Além disso, Ford materializou a organização de Taylor, resumidamente, segundo Gomes, como:

a) Padronização do produto;

b) Delimitação rígida e especialista da função de cada operário;

c) Monitoramento rigoroso do tempo necessário para cada função labora;

d) Premiação dos melhores, quer dizer, dos que se adaptaram melhor a esse tipo de organização.[11]

Nesse ponto, Miraglia esclarece que:

O "Estado de Bem-estar Social" teve seu declínio no final da década de 1970 com a "crise do petróleo" que assolou o mundo, elevando o preço do barril para 50 dólares. Foi o início da consolidação do Estado Neoliberal e do surgimento de novo modelo de produção.[12]

---

(5) ESTENDER, A. C.; et al. Vantagens e desvantagens em terceirizar atividades. *Revista Científica do Itpac*, Araguaína. 2015, publicado por Estender, 2015.

(6) Idem.

(7) Apesar de a Terceirização existir já nesta época, ainda não merecia a atenção dos pensadores do Direito e legisladores.

(8) DE MASI, D., 2003. *O futuro do trabalho: fadiga e ócio na sociedade.* 7. ed. Rio de Janeiro: José Olympio, p. 126.

(9) Idem, p. 128-129.

(10) Idem, p. 133.

(11) GOMES, J. A., 2012. *Do trabalho penoso à dignidade no trabalho.* 1. ed. São Paulo: Ideias&Letras.

(12) MIRAGLIA, L. M. M., 2008. *A terceirização trabalhista no Brasil.* 1. ed. São Paulo: Quatier Latin. p. 65.

Com essa sistematização e organização produtiva do Fordismo, vê-se nitidamente a ideia inicial para o surgimento da terceirização, que logo mais foi introduzida pelo Toyotismo, surgido após uma série de acontecimentos socioeconômicos e acrescido do esgotamento do mercado interno dos países industrializados, que se encontravam próximos da saturação em relação a venda de automóveis, associados ao aumento constante do custo da mão de obra e a necessidade de investimento no desenvolvimento de máquinas capazes de elevar a produtividade, levando o sistema Fordista a apresentar sinais de crise.

O Toyotismo, advindo da experiência da empresa japonesa *Toyota Motor Company,* comandada pelo engenheiro industrial Taiichu Ohno, surge como um modelo de organização do trabalho que deu maior atenção à subjetividade, passando a tratar o trabalhador como simples fator humano. Nesse contexto, consiste em impor para as empresas um caminho exatamente contrário ao praticado pelo *Fordismo e Taylorismo,* em que impõe uma concentração maior na atividade-fim e torna a estrutura mais enxuta, com a desconcentração dos serviços não essenciais.

Miraglia[13] ressalta as empresas visam e envidam esforços para a concentração somente em suas atividades-fim, descentralizando as atividades acessórias para empreendimentos terceirizados.

3. A TERCEIRIZAÇÃO E SUA EVOLUÇÃO JURÍDICA NO BRASIL

É necessário apresentar como e quando a terceirização passou fazer parte do ordenamento jurídico brasileiro.

Citada figura teve seu gérmen no Brasil por meio do Decreto-lei n. 200/67, na Administração Pública, com o objetivo de "melhor desincumbir-se das tarefas de planejamento, coordenação, supervisão e controle", através do repasse contratual de "tarefas executivas" a empresa privada "suficientemente desenvolvida" (art. 10 § 7º)[14].

Em 1974, a Lei n. 6.019, que criou o chamado trabalho temporário, foi o primeiro instrumento legal no Brasil a autorizar a terceirização, contudo, somente em duas hipóteses: 1) acréscimo extraordinário de serviço ou em casos de 2) substituição de trabalhador regular e permanente, acompanhada da Lei n. 7.103/83, que autorizou os serviços de vigilância patrimonial e de transporte de valores no segmento bancário.

A Lei n. 8.863/94, alterou a Lei n. 7.102/83, ampliando a possibilidade de terceirização dos serviços de vigilância e transporte de valores para além do segmento bancário, inclusive podendo ser prestados por empresas privadas especializadas.

A fim de impor limites à utilização da terceirização no país, que se alastrava de forma considerável, O Trbunal Superior do Trabalho editou a Súmula n. 256, que dispunha que "salvo os casos de trabalho temporário e de serviço de vigilância, previstos nas Leis ns. 6.019, de 03.01.1974, e 7.102, de 20.06.1983, é ilegal a contratação de trabalhadores por empresa interposta, formando-se o vínculo empregatício diretamente com o tomador dos serviços". A última figura (vigilância) se diferencia da primeira por ser de caráter permanente, enquanto a primeira (trabalho temporário) normatizava em caráter temporário.

Em razão de a Súmula n. 256 não abarcar todas as possibilidades de terceirização já reconhecidas e autorizadas pela legislação pártria, em 1993 foi editada a Súmula n. 331 como principal elemento normativo trabalhista no âmbito da terceirização de modo que sua análise é de fundamental importância. Cumpre salientar que em 2011 houve alteração pelo TST do preceito sumular, com as seguintes mudanças: alteração do inciso IV, bem como a inclusão dos incisos V e VI, que passaram a delimitar como deve ser a aplicação da norma, principalmente para a Administração Pública. Contudo, rege de forma a assegurar ao trabalhador que, caso a prestadora de serviços não efetue o pagamento do crédito devido, a responsabilidade subsidiária é transferida para a tomadora.

Na crescente demanda de regulamentação de uma lei que ampliasse o rol de atividades terceirizadas, foi aprovada pelo Congresso Brasileiro a Lei n. 13.429, de 31 de março de 2017, que alterou dispositivos da Lei n. 6.019, de 3 de janeiro de 1974, "que dispõe sobre o trabalho temporário nas empresas urbanas e dá outras providências; e dispõe sobre as relações de trabalho na empresa de prestação de serviços a terceiros".[15] Desta forma, inseriram-se no regramento legislativo que dispõe sobre o contrato de trabalho temporário dispositivos modificando os preexistentes e disciplinando também as relações de trabalho que ocorrem "na

---

(13) MIRAGLIA, L. M. M., 2008. *A terceirização trabalhista no Brasil.* 1. ed. São Paulo: Quatier Latin.

(14) PORTO, Lorena Vasconcelos, 2014. Terceirização: fundamentos filosóficos, políticos, econômicos e jurídicos da jurisprudência do TST (Súmula n. 331). Disponível em: <https://hdl.handle.net/20.500.12178/71288>. Acesso em: 27 maio 2018.

(15) Lei n. 13.429/2017 disponível em: <http://www.normaslegais.com.br/legislacao/lei-13429-2017.htm>. Acesso em: 27 maio 2018.

empresa de prestação de serviços e nas respectivas tomadoras de serviço e contratante (...)" (art. 1º).[16]

A questão que sucita maiores preocupações é a autorização de utilização indiscriminada da terceirização de serviços para qualquer atividade da empresa tomadora, inclusive sua atividade principal e específica. Tal previsão torna a relação de emprego instável, pois a empresa poderá, a longo prazo, reduzir ou eliminar postos de trabalho para substituir por empresas terceirizadas, na busca de redução de custos e o aumento do lucro.

4. TERCEIRIZAÇÃO E A SUA ABORDAGEM CONCEITUAL

Vários são os nomes utilizados para denominar a contratação de terceiros pela empresa de prestação de serviços ligados às atividades meio ou fim. Fala-se em terceirização, subcontratação, terceirização, filialização, reconcentração, desverticalização, exteriorização do emprego, focalização, parceria etc.

Segundo Mauricio Godinho Delgado,[17] "a expressão terceirização resulta de neologismo oriundo da palavra terceiro, compreendido como intermediário, interveniente. No entanto para o Direito do Trabalho, trata-se de um fenômeno pelo qual dissocia a relação econômica de trabalho da relação jus trabalhista correspondente. O termo terceirização é uma prática de negócios em que os serviços ou funções de trabalho são terceirizados".

É importante ressaltar que neste tipo de contratação, o trabalhador é inserido no processo produtivo do tomador de serviços, no entanto a esse não são estendidas as mesmas garantias que se empregado fosse deste empregador, o tomador do serviço.

Para Alice Monteiro de Barros a terceirização sob nova ótica do Tribunal Superior do Trabalho, T&P, n. 4, mar. 1995. p. 3-8, "o fenômeno da terceirização consiste em transferir para outrem atividades consideradas secundárias, ou seja, de suporte, atende-se a empresa à sua atividade principal; esta se concentra na sua atividade-fim, transferindo as atividades-meio". José Augusto Rodrigues Pinto (Curso de Direito Individual do Trabalho)[18] assim se pronuncia: "O que se está tratando, sob essa nova denominação, é apenas de um contrato de prestação de serviço de apoio empresarial, que exprimirá, decerto, com mais eloquência e precisão, seu conteúdo e sua finalidade com o batismo de contrato de apoio empresarial ou igualmente, contrato de atividade de apoio".[19]

Já Sérgio Pinto Martins "compreende a terceirização como uma forma de contratação que vai agregar a atividade-fim de uma empresa, normalmente a que presta serviços, à atividade-meio de outra. É também uma forma de parceria, de objetivo comum, implicando ajuda mútua e complementariedade".[20]

5. RELAÇÃO DE EMPREGO E TRABALHO E SEUS CONFLITOS NA TERCEIRIZAÇÃO

No que concerne à relação de emprego, a Consolidação das Leis do Trabalho, em seus arts. 2º e 3º, apresenta os requisitos para que uma pessoa venha a ser considerada empregada:

> Art. 2º Considera-se empregador a empresa, individual ou coletiva, que, assumindo os riscos da atividade econômica, admite, assalaria e dirige a prestação pessoal de serviço.
>
> Art. 3º Considera-se empregado toda pessoa física que prestar serviços de natureza não eventual a empregador, sob a dependência deste e mediante salário.

Podemos subtrair desses artigos os elementos fundamentais da relação de emprego, quais sejam: trabalho realizado por pessoa física (natural); pessoalidade (a própria pessoa a realizar o trabalho); não eventualidade; onerosidade (perceba salário); e subordinação (que esteja sob às ordens de outra pessoa, cuja ocupe posição hierárquica superior). A relação de trabalho surge quando da falta de algum dos requisitos constante no art. 3º da CLT.

A relação de emprego vislumbrada pelo ponto de vista técnico-jurídico caracteriza uma das modalidades específicas de relação de trabalho, assim entendida juridicamente, correspondendo tipo legal próprio e específico, se tornando inconfundível com outras modalidades de relação de trabalho existentes.

Cabe ressaltar que antes da edição da Emenda Constitucional n. 45/2004, que deu nova redação ao art. 114

---

(16) Idem.
(17) DELGADO, Mauricio Godinho. *Curso de direito do trabalho.* 16. ed., rev. e ampl. São Paulo: LTr, 2017. p. 502.
(18) NASCIMENTO, Amauri Mascaro; NASCIMENTO, Sônia Mascaro. *Curso de Direito do Trabalho.* 29. ed. São Paulo: Saraiva, 2014.
(19) NASCIMENTO, Amauri Mascaro; NASCIMENTO, Sônia Mascaro. *Curso de Direito do Trabalho.* 29. ed. São Paulo: Saraiva, 2014.
(20) MARTINS, S. P., 2018. *Terceirização no direito do trabalho.* 15. ed. São Paulo: Saraiva.

da Constituição Brasileira, a Justiça do Trabalho tratava apenas de matéria de relação de emprego. A partir de então, passou a se estender a toda relação de trabalho, como podemos observar:

> Art. 114. Compete a Justiça do Trabalho processar e julgar:
>
> I – as ações oriundas da relação de trabalho, abrangidos os entes de direito público externo e da administração pública direta e indireta da União, dos Estados, do Distrito Federal e dos Municípios;

A relação de trabalho é a relação jurídica por meio do qual há uma prestação através de uma obrigação de fazer. É gênero, envolvendo toda e qualquer modalidade de trabalho humano, da qual são espécies a relação de emprego, o trabalho avulso, eventual, autônomo, voluntário, cooperativado, institucional e a relação de trabalho de estágio.

Diante dos conceitos apresentados, mostrando uma relação tripartite composta pelo empregador, empregado e tomador, é possível traçar concomitantemente um paralelo no qual o trabalhador tem a relação de emprego com seu empregador, no entanto ,no que concerne à sua relação de trabalho, esta na maioria das vezes vincula-se ao tomador do serviço. Partindo do pressuposto que, a depender do serviço executado, o trabalhador terá contato com seu empregador em momentos pontuais, já o mesmo não ocorrerá em relação ao tomador, que poderá ocorrer o estreitamento desta relação, na qual o trabalhador tem o sentimento de pertencer ao grupo do tomador.[21]

A terceirização de serviços, principalmente, possibilita ao trabalhador a perda de identidade, ou seja, o indivíduo não se identifica com a cultura organizacional da empresa a qual tem o vínculo empregatício e, ainda, há a possibilidade em não se identificar culturalmente com a organização da tomadora, surgindo o desinteresse tanto por uma como pela outra, de forma consciente ou inconsciente, levando-o a produzir cada vez menos, prejudicando-se, e ao mesmo tempo prejudicando a empresa a qual tem a relação de emprego e a empresa tomadora, sendo um processo negativo para todos os lados da relação.

A estabilidade nas relações de trabalho está diretamente ligada à estabilidade emocional do trabalhador. Levando em consideração o tempo que cada trabalhador leva para se adaptar a um novo ambiente de trabalho, faz-se necessário que as empresas que contratam através de terceirizadas, façam ajustes em suas culturas organizacionais, evitando que o trabalhador sofra com a perda de identidade em suas relações tanto de emprego como de trabalho. A cultura que se vise implementar deveria ser de centralidade da figura do trabalhador no bojo da relação de emprego, contudo o que ocorre é a inversão desse paradigma, atribuindo à livre iniciativa posição superior às necessidades laborais, relativizando, de tal maneira, as necessidades psicossociais vertidas nas relações laborais.

De acordo com Dr. Zylberstajn, em sua palestra intitulada como Novas Tecnologias, Globalização e Relações de Trabalho, apresentada na conferência da Organização Internacional do Trabalho – OIT do documento apresentado como primeiro diálogo nacional sobre o Futuro do Trabalho, ele "conecta o declínio das relações trabalhistas criadas a partir das grandes empresas e corporações, baseadas na continuidade (contratos, aposentadorias etc.), com a destruição dos conhecimentos específicos dentro das cadeias produtivas, outro fator anterior de estabilidade dos trabalhadores. Assim, o professor coloca aos presentes o grande dilema atual: como regular as relações de trabalho quando as bases atuais de toda regulamentação estão em franco desaparecimento".[22]

Diante das colocações, percebe-se o conflito existente tanto nas nas relações de trabalho, sendo o trabalhador a parte mais prejudicada desta relação, pois por se tratar de pessoa humana a parte psicológica será de alguma forma afetada, levando-o ao adoecimento com consequências negativas para a sua vida social.

6. A TERCEIRIZAÇÃO E A PRECARIZAÇÃO DAS RELAÇÕES SOCIAIS E DE TRABALHO

Com base no que afirma parcela da doutrina, a Consolidação das Leis do Trabalho, instituída em nosso

---

(21) Com a terceirização dos serviços, pode-se ver notadamente o enfraquecimento da relação de trabalho entre trabalhador e seu empregador, e, por conseguinte gerando a insegurança em relação ao emprego. Para exemplificar, vê-se casos de empresas que terceirizam os serviços de porteiros. Quando o tomador resolve substituir a empresa terceirizada, geralmente ocorre o pedido de contratação pelo tomador pela nova empresa, daqueles trabalhadores que eram assíduos no condomínio. Esse dado vem de encontro a perda de identidade com a empresa a qual tem relação de emprego, situação provocada ao trabalhador com sua constante troca de tomadores. Experiência própria na execução de trabalhos em recursos humanos na gestão de condomínios.

(22) Primeiro diálogo nacional sobre o Futuro do Trabalho. Palestra: Novas Tecnologias, Globalização e Relações de Trabalho. Prof. Dr. Hélio Zylberstajn (Usp). 18 maio 2016.

ordenamento jurídico em 1943, na era Vargas, veio por meio de seus artigos e princípios, proteger o hipossuficiente. Em sua época de elaboração, a necessidade de proteção deferida ao trabalhador era, deveras, maior que na atualidade, pois o capitalismo se apresentava com força na implantação de indústrias, principalmente a automobilística.

Já Souto Maior tem seguinte concepção:

> No Brasil, vale lembrar, a legislação trabalhista foi criada dentro do propósito de estimular a formação do capitalismo industrial, vez que a economia oligárquica, que ainda estava pautada pela exportação de matéria-prima produzida com trabalhadores em condições ainda típicas da escravidão, faliu, concretamente, em 1929.
>
> Por meio da legislação, conferindo compensações pela venda da força de trabalho, procurou-se criar um mercado de trabalho, para favorecer a proliferação do parque industrial e isso se fez, inclusive, com o apoio dos industriais, os mesmos que, antes, eram arredios à lei trabalhista.
>
> Regulando e favorecendo o modo de produção capitalista, a legislação só confere direitos ao trabalhador que efetue a venda da sua força de trabalho de forma duradoura, favorecendo os planejamentos necessários ao empreendimento capitalista: salário (depois de 30 dias de trabalho); DRS (trabalho em todos os dias da semana); 30 dias de férias (após 12 meses de duração do contrato de trabalho e desde que não tenha faltado mais de 05 dias ao trabalho no mesmo período); 13º salário (1/12) a cada mês trabalhado); verbas rescisórias integrais (desde que não tenha pedido demissão ou sido dispensado por justa causa).[23]

Desde então, o Brasil e o mundo passaram por enormes mudanças na esfera trabalhista, dentre elas, a flexibilização do trabalho com a consequente terceirização de serviços.

O trabalho relaciona-se diretamente com a dignidade da pessoa humana, insculpida no art. 1º, inciso III, da Constituição Federal, tendo a finalidade primordial de assegurar ao homem um mínimo de direitos que devem ser respeitados pela sociedade e pelo Poder Público de forma a preservar a valorização do ser humano. Na qualidade de fundamento da República e alicerce de todo o ordenamento jurídico pátrio, não há como ser mitigada, sob pena de gerar a instabilidade do regime democrático, o que confere ao dito fundamento caráter absoluto.

Consoante com o artigo citado, encontra-se também o art. 7º, que preceitua sobre os direitos sociais e suas garantias, necessários para garantir a dignidade do trabalhador mediante necessidade básicas individuais e familiares.

A importância do trabalho para o ser humano é significativa, com bem apresenta Cláudio Janotti da Rocha quando cita que "relação entre o homem e o trabalho é uma relação de completude, que não representa uma disputa de forças ou um combate. Muito ao contrário, homem e trabalho completam-se a todo momento, mantendo um vínculo de mútua dependência para o alcance de suas respectivas plenitudes".[24]

Dessa forma, podemos analisar que a relação de trabalho e o trabalho em si, faz parte da vida humana como fator principal para seu bem-estar na sociedade e consigo mesmo.

As relações sociais[25] podem se tornar desprovidas de valores humanos básicos, como a solidariedade, a confiança, o bem-estar e as amizades originadas das relações entre pessoas de uma mesma empresa, ou seja, decorrentes da socialização no trabalho. Com a terceirização e sua ampliação, tais relações serão generalizadas. Ao perder tal referencial, todas as relações ficam ameaçadas, a partir do momento em que as pessoas passam a vislumbrar nas outras apenas a visão de adversárias ou potenciais concorrentes. A terceirização sem limites, a "lógica do mundo de produção", estimulada pela nova lei e a reforma trabalhista, tende a dominar e desumanizar as relações humanas, pois a mão de obra será apenas uma mercadoria que pode ser descartada a qualquer momento.

A precariedade das relações de trabalho também pode ser atestada em documento apresentado pela OIT, intitulado "Trabalho atípico ao redor do mundo: entendendo os desafios, dimensionando as perspectivas", em

---

(23) MAIOR, J. S., 2017. <https://www.jorgesoutomaior.com>. On-line Available at: <https://www.jorgesoutomaior.com/blog/vamos-falar-seria-e-honestamente-sobre-a-reforma-trabalhista>. Acesso em: 27 maio 2018.

(24) ROCHA, C. J., 2017. *A tulela jurisicional metaindividual trabalhista contra a dispensa coletiva no Brasil.* 1. ed. São Paulo: LTr.

(25) É mister que na avaliação geral da terceirização se perceba nitidamente a precarização social do trabalho, como cita DRUCK, 2007, em relação a esta "a Precarização Social do Trabalho, compreendida como um processo em que se instala – econômica, social e politicamente – uma institucionalização da flexibilização e da precarização moderna do trabalho, que renova e reconfigura a precarização histórica e estrutural do trabalho no Brasil, agora justificada pela necessidade de adaptação aos novos tempos globais (...)

que se mostra que o Brasil é conhecido de forma generalizada onde a terceirização sofre uma série de distinções, às vezes com legislações específicas, em vários países. O *outsourcing* por exemplo, que é a transferência de uma etapa da produção para outra empresa (como acontece com *call center*),[26] é diferenciada da subcontratação, quando uma equipe terceirizada faz uma parte do trabalho dentro da companhia – como na construção civil –, e também das agências de emprego – como nos setores de limpeza e segurança, que prestam serviço cotidiano e perene nas companhias. Todas são modalidades da chamada "relação de trabalho multipartidária".[27]

Quando falamos em precarização social das relações de trabalho, se faz necessário acentuar que todos os que se encontram realizando atividades terceirizadas são atingidos por essa precarização que ocorre em vários níveis. Cite-se os baixos salários percebidos, a perda de identidade, as doenças psicossomáticas, a insegurança jurídica e instabilidade na duração dos empregos, correlacionando com os empregados contratados diretamente pela empresa tomadora.

7. DIFERENÇAS ENTRE EMPREGADOS TERCEIRIZADOS E CONTRATADOS

Dentro da terceirização há aqueles que têm seu trabalho mais precarizado em comparação a outros, por diversos fatores, tais como: escolaridade, gênero, idade e cargos. De acordo com a pesquisa realizada pelo DIEESE (Departamento Intersindical de Estatística e Estudos Socioeconômicos) com os códigos do CNAE, é possível verificar com razoável grau de certeza que se tratam de atividades tipicamente terceirizadas:[28]

- Atividades de apoio; manutenção e reparação;
- Atividades relacionadas à recuperação;
- Serviços de preparação;
- Serviços especializados;
- Representantes comerciais;
- Atividades auxiliares;
- Outras atividades;
- Suporte técnico;
- Outras atividades de prestação de serviços;
- Fornecimento e gestão de recursos humanos para terceiros;
- Atividades de monitoramento;
- Serviços combinados;
- Atividades de cobranças;
- Atividades de serviços prestados principalmente às empresas, não especificadas anteriormente, entre outras.

Além das categorias acima é importante citar profissões em que a terceirização incide notoriamente: as profissões voltadas para confecção, fabricação de calçados, tecnologia da informação, atividades de teleatendimento e serviços de engenharia. Nesta última podemos destacar a construção civil, atividade que frequentemente terceirizada ou quarteirizada nos canteiros de obra. Além disso, é atividade que exemplifica com bastante clareza a distinção entre atividade-meio e atividade-fim em processos produtivos fragmentados, questão central na discussão recente sobre a terceirização.

A apresentação dos dados a seguir teve como principal objetivo identificar as características das condições de trabalho nos dois segmentos, que serão aqui designados como atividades tipicamente terceirizadas e atividades tipicamente contratantes, a fim de elucidar sobre a precarização do trabalho na terceirização.

7.1. Total de vínculos e rotatividade

Num primeiro momento o DIEESE mostra a evolução, entre 2007 e 2014, do total de vínculos formais de emprego nas atividades tipicamente terceirizadas e tipicamente contratantes, segundo a situação do vínculo, ou seja, se ativo ou inativo ao final do ano em análise, constatando que 2014 havia 12,5 milhões de vínculos ativos nas atividades tipicamente terceirizadas e 35,6 milhões nas tipicamente contratantes, ou seja, essas últimas respondem por cerca de um quarto dos vínculos de trabalho formais no Brasil.

A alta rotatividade também interfere negativamente no tempo médio de duração do vínculo de emprego e é significativamente maior nas atividades tipicamente terceirizadas. Em 2014, os vínculos nas atividades tipicamente terceirizadas duravam, em média, 34,1 meses ou 2 anos e 10 meses. Já nas atividades tipicamente

---

(26) Braga, da USP, afirma que a ausência de uma regulamentação intermediária para essas diferentes modalidades reforça a avaliação que o texto aprovado pelos deputados e sancionado pelo Presidente é fraco e não passou por uma discussão apropriada.

(27) Disponível em: <http://www.valor.com.br/brasil/4912306/terceirizado-pode-ir-75-do-total-diz-estudo>. Acesso em: 28 maio 2018.

(28) DIEESE, Terceirização e precarização das condições de trabalho – Condições de trabalho e remuneração em atividades tipicamente terceirizadas e contratantes. Nota técnica n. 172, mar. 2017.

contratantes, a duração média dos vínculos era de 70,3 meses ou 5 anos e 10 meses.[29]

A análise comparativa da remuneração nominal média mostra que esta, nas atividades tipicamente terceirizadas, é inferior à praticada nas atividades tipicamente contratantes.

De 2007 a 2014, a diferença se manteve, em média, entre 23% e 27%. Em dezembro de 2014, a remuneração média nas atividades tipicamente contratantes era de R$ 2.639, enquanto nas atividades tipicamente terceirizadas era de R$ 2.021.

7.2. Tempo de duração dos vínculos e salários

Outro enfoque relevante para a análise das diferenças salariais médias entre as atividades tipicamente terceirizadas e tipicamente contratantes é o tempo de duração dos vínculos de emprego. O DIEESE mostra que a diferença salarial é menos acentuada nos contratos de menor duração do que nos contratos de maior duração.

Em tese, quanto mais longo é o tempo no emprego, maiores são os salários e a remuneração. No entanto, quando se comparam os vínculos com o mesmo tempo no emprego nas atividades tipicamente terceirizadas e tipicamente contratantes, as diferenças salariais são expressivas a partir do patamar de 3,4 salários mínimos, alcançando diferença média acumulada de 14,4%.

Com a análise dos dados apresentados, percebe-se a precarização concentrada nas classes que possuem baixa escolaridade e exercem funções em empresas de fácil substituição. Os índices econômicos no Brasil nos apresentam que a oferta de emprego é menor que a procura através dos dados mostrados pelo governo brasileiro, nos quais o desemprego tem aumentado muito nos últimos anos, provocando a subjugação dessa classe que sujeita-se a empregos e remunerações abaixo do preço de mercado.

Em grande parte, essa precariedade é estabelecida pela falta de fiscalização do Estado e empresas de grande porte, como as multinacionais que buscam aumentar o lucro e diminuir o custo com dispensas de empregados antigos e com a contratação de novos trabalhadores por meio da terceirização das suas atividades, sem a preocupação em como as terceirizadas contratam seus empregados, se estão dentro da legalidade ou, ainda, se concedem condições mínimas aos seus empregados para que possam manter uma dignidade mínima em suas atividades.

Quando vencem a licitação, contratam terceirizados da empresa anterior porque já conhecem o local e o serviços a serem prestados, evitando assim o custo com seleção e recrutamento e treinamentos, aumentando, consequentemente, seu lucro por meio da precarização do trabalho. Situação positiva para empresa, mas negativa para o empregado, pois este, para continuar empregado, se sujeita à nova contratação, ficando dessa por forma por anos a fio sem o direito de gozo das férias, uma vez que no momento em que deveria gozar suas férias, inicia suas atividades em outra prestadora de serviços para continuar desempenhando a mesma função.

Diante deste processo, o trabalhador permanece sem expectativa de crescimento, aumentos salariais, sentindo-se cada vez mais em situação de vulnerabilidade e desestimulado.

8. A TERCEIRIZAÇÃO SEM LIMITES APÓS JULGAMENTO DO STF

Necessário se faz atentarmos para a nova situação que poderá figurar após o julgamento ocorrido no dia 30.08.2018, em que o Supremo Tribunal Federal julgou a ADPF n. 324 e o Recurso Extraordinário n. 958.252, com repercussão geral, que versavam sobre a possibilidade de terceirização em todas as atividades da empresa. Por maioria de 7 votos contra 4 contrários, o Tribunal julgou que é lícita a terceirização em todas as etapas do processo produtivo, sejam elas em atividades-meio ou fim. A partir da referida decisão, a modificação realizada pela reforma trabalhista passa a ser reconhecida pelo STF, cuja decisão tem efeito vinculante para todo o Poder Judiciário.

Votaram a favor da licitude da terceirização nas atividades-fim os ministros Luís Roberto Barroso (Relator da ADPF), Luiz Fux (relator do RE), Alexandre de Moraes, Dias Toffoli, Gilmar Mendes, Celso de Mello e Cármen Lúcia. De forma contrária, votaram os ministros Edson Fachin, Rosa Weber, Ricardo Lewandowski e Marco Aurélio.[30]

---

(29) DIEESE, Terceirização e precarização das condições de trabalho – Condições de trabalho e remuneração em atividades tipicamente terceirizadas e contratantes. Nota técnica n. 172, mar. 2017.

(30) Saiba como se posicionaram os 11 ministros, de acordo com a ordem de votação:

Luís Roberto Barroso – "Direitos básicos não podem ser afastados – piso salarial, segurança no trabalho, férias, fundo de garantia. Tudo isso são direitos fundamentais assegurados e não estão em discussão aqui. [...] A questão é saber se é bom para negócio que atividades sejam prestadas pelo terceiro. Isso não é direito, isso é economia, não há como fugir desse modelo. O modelo de produção flexível é realidade em todo o mundo."

Luiz Fux – "As leis trabalhistas devem ser observadas. Não haverá a mínima violação aos direitos dos trabalhadores consagrados

Do julgamento do Recurso Extraordinário (RE) n. 958252 foi firmada a seguinte tese de Repercussão Geral:

> "É lícita a terceirização ou qualquer outra forma de divisão do trabalho entre pessoas jurídicas distintas, independentemente do objeto social das empresas envolvidas, mantida a responsabilidade subsidiária da empresa contratante".

Dessa forma, a terceirização de serviços, independente do objeto social das empresas envolvidas, seja em atividades-meio ou fim, é lícita. Vale ressaltar que o STF manteve a responsabilidade subsidiária da empresa contratante já prevista no art. 5º-A, § 5º da Lei n. 6.019/1974. Se ausente o pagamento das verbas trabalhistas do empregado terceirizado, a empresa tomadora será subsidiariamente responsável.

Os ministros que votaram a favor da terceirização irrestrita argumentaram no sentido de que não haverá precarização da relação de emprego e que essa medida estimularia o aumento no número de postos de trabalho. Além disso, sustentou-se que haveria a redução do custo final do produto ao consumidor, o que ajudaria no crescimento da economia.

Por sua vez, os ministros contrários à terceirização das atividades-fim manifestaram-se no sentido de que a limitação da Justiça do Trabalho apenas às atividades-meio não ensejava nenhuma violação, pois se tratava de uma das interpretações possíveis ao instituto da terceirização. Além disso, argumentaram a necessidade de se conciliar os princípios da livre iniciativa com o valor social do trabalho, ambos previstos na Constituição Federal.

Com a decisão proferida pelo STF, o futuro se tornou incerto aos empregados contratados diretamente pelas empresas. Muitos contratos poderão ser extintos em razão da substituição da contratação direta pelo uso da terceirização. Dessa forma, a quantidade de empregados terceirizados deve aumentar consideravelmente nos próximos anos.

A previsão de terceirização apenas nas atividades-meio ou secundárias da empresa constante na Súmula n. 331 do TST exercia importante função de preservar

---

constitucionalmente. (...) [A terceirização] é uma estratégia garantida pela Constituição de configuração das empresas para fazer frente às exigências dos consumidores, minimizando o risco da atividade."

Alexandre de Moraes – "Não há no sistema capitalista, não compete ao Estado determinar um único modo de organização e fluxo de organização, compete ao empreendedor. (...) Todas as atividades dentro do fluxo de produção, todas, absolutamente todas contribuem para o resultado final. Podemos ter atividades principais e secundárias. Essa classificação é muito mais moderna do que atividade meio e atividade fim."

Luiz Edson Fachin – "Julgo inválidas as contratações de mão de obra terceirizada na atividade-fim das empresas, especialmente se considerando o que alteração desse cabedal normativo cabe, como efetivamente depois o exercitou, ao poder competente, o Poder Legislativo, debatida a questão com todos os processos envolvidos no processo de modificação estrutural no sistema de relações trabalhistas no campo jurídico, econômico e social."

Rosa Weber – "Na atual tendência observada pela economia brasileira, a liberalização da terceirização em atividades fim, longe de interferir na curva de emprego, tenderá a nivelar por baixo nosso mercado de trabalho, expandindo a condição de precariedade hoje presente nos 26,4% de postos de trabalho terceirizados para a totalidade dos empregos formais."

Dias Toffoli – "É óbvio que isso não quer dizer que nós temos que ir à precarização as relações de trabalho, nem à desproteção do trabalhador. Mas é uma realidade econômica, social que perpassa todos os países industrializados do mundo, especialmente os industrializados. E o Brasil é um eles."

Ricardo Lewandowski – "Acompanho integralmente a divergência aberta pelo ministro Edson Fachin e pela ministra Rosa Weber, que nos brindaram com votos que, a meu ver, esgotaram plenamente o assunto e deram resposta satisfatória colocada perante esta Suprema Corte."

Gilmar Mendes – "Se a Constituição Federal não impõe um modelo específico de produção, e uma das pedras angulares do sistema é a livre iniciativa, não faz qualquer sentido de manter as amarras de um modelo verticalizado, fordista, na contramão de um modelo global de descentralização. Isolar o Brasil desse contexto global seria condená-lo à segregação econômica numa economia globalizada."

Marco Aurélio Mello – "Hoje o mercado de trabalho é mais desequilibrado do que era em 1943, quando da promulgação da CLT e do afastamento da incidência das normas civilistas. Hoje nós temos escassez de empregos e mão de obra incrível, com um número indeterminado de pessoas desempregadas."

Celso de Mello – "A terceirização, notadamente em face de sua nova e recente regulação normativa, não acarreta a temida precarização social do direito do trabalho, nem expõe trabalhador terceirizado a condições laborais adversas. Pode a terceirização constituir uma estratégia sofisticada e eventualmente imprescindível para aumentar a eficiência econômica, promover a competitividade das empresas brasileiras e, portanto, para manter e ampliar postos de trabalho."

Cármen Lúcia – "Eu não tenho dúvida de que a precarização do trabalho inviabilizando o pleno emprego contraria a Constituição. O que não me convence é que a terceirização prejudica o trabalho. Mas insisto que todo abuso a direitos, e especialmente quanto a valores do trabalho, tem formas de conter."

os empregos nas atividades principais das empresas, pois era vedada a terceirização na atividade-fim.

Com a autorização expressa de terceirização nas atividades-fim, agora ratificada pelo STF, permitiu-se expressamente a contratação de empregados terceirizados em todas as funções da empresa. Essas modificações poderão ocasionar a perda de empregos em empresas que desejarem contratar terceirizadas ao invés da contratação direta, bilateral, clássica. Esse modelo ocasiona a precarização das relações de trabalho, pois, para se assegurar lucro às duas empresas (empresa de prestação de serviços a terceiros e contratante) será necessário reduzir os salários dos trabalhadores.

9. A TERCEIRIZAÇÃO ANÁLOGA À ESCRAVIDÃO

Para além da precarização das relações de trabalho, a terceirização também dá margem ao potencial reconhecimento do trabalho análogo à condição de escravo em seu bojo, condição esta que deveria ter deixado de existir com o advento da Lei Áurea, mas que, contudo, ainda se faz presente nos dias atuais sob o véu terceirizatório.

Em âmbito nacional e internacional têm-se lutado para extirpar da sociedade esse mal, chamado escravidão, tornando-se uma característica central da economia globalizada atual. As grandes corporações, implacáveis em sua busca por novos mercados, novas tecnologias e custos de produção mais baixos, têm crescido cada vez mais dependentes de cadeias de fornecimento globais complexas para fabricar seus produtos. Na maioria das indústrias, as grandes empresas contam com uma série de contratados e fornecedores em diversos países para produzir e transportar seus produtos.

As cadeias de fornecimento globais de hoje ligam trabalhadores individuais a grandes e pequenas empresas através das fronteiras nacionais, políticas e culturais. As empresas geralmente não possuem ou operam as fábricas nas quais suas mercadorias são produzidas e podem contratar centenas, às vezes milhares, de diferentes fornecedores anualmente. No entanto, essa dependência da terceirização também levou a um aumento da escravidão moderna. Quer as corporações supervisionem ou não seus ambientes de trabalho, elas têm a responsabilidade de garantir que a escravidão não esteja ocorrendo em suas cadeias de suprimento.

A cada ano vem crescendo o número de denúncias por esta prática, em que um fluxo constante de reportagens na mídia expôs as condições deploráveis em que *pescadores tailandeses*[31] são escravizados em barcos que pescam frutos do mar para exportar para o mercado norte-americano. Algumas das práticas alegadamente ocorridas na indústria pesqueira tailandesa incluem a tortura, o encadeamento de trabalhadores e a matança daqueles que tentam escapar dos navios de pesca ilegais. Em 2016, duas grandes empresas – a Costco e a Nestlé – foram acusadas de depender do trabalho escravo para colocar seus produtos no mercado e foram processadas nos tribunais da Califórnia.

Nem a Costco nem a Nestlé foram acusadas de envolver-se expressamente em tais práticas; em vez disso, as acusações diziam respeito a suas relações comerciais com empresas que estão comprando frutos do mar de fornecedores que se envolvem em tais práticas. Essas ações judiciais serviram como um alerta para empresas que fecham os olhos para condições de trabalho perigosas em cadeias de fornecimento corporativas que exporão a empresa a riscos comerciais e de reputação.

São várias as marcas renomadas que envolvidas em trabalho escravo como Coca-Cola, Nike, Hershey's, Victória Secret's,[32] Apple, Zara, Pernambucanas, Riachuelo, Brooksfield[33]. Não obstante o trabalho ocorra

---

(31) REUTERS, 2016. <https://oglobo.globo.com>. *On-line* Available at: <https://oglobo.globo.com/economia/negocios/nestle-reconhece-trabalho-escravo-em-cadeia-de-fornecedores-18130854>. Acesso em: 28 maio 2018.

(32) A Forever 21 já declarou que seus fornecedores de algodão no Uzbequistão têm acordos legais para garantir que o trabalho ali fosse realizado dentro das normas e por pessoas qualificadas. Entretanto, uma petição afirmava que anualmente o governo uzbeque forçava milhões de alunos a abandonar a escola para trabalhar na colheita de algodão. As condições eram de escravidão e em total violação dos direitos humanos. Além da Forever 21, a Aeropostale, outra marca de sucesso no Brasil, também comprava matéria-prima oriunda do Uzbequistão, um dos maiores produtores mundiais de algodão.

A marca também foi alvo de investigação do Ministério do Trabalho dos Estados Unidos em 2012. O órgão do país disse ter encontrado oficinas de fornecedores da empresa em condições de trabalho análogo à escravidão em Los Angeles, onde fica a sede.

(33) O Ministério do Trabalho e Previdência Social responsabilizou a Brooksfield Donna por trabalho análogo ao de escravo na manhã de 20 de junho desse ano. A marca paga R$ 6 em média para cada peça de roupa produzida por um grupo de bolivianos. As roupas da marca são vendidas por mais de R$ 500.

Segundo a BBC, que teve acesso ao relatório da denúncia que evidencia a relação entre a companhia e os fornecedores, cinco bolivianos trabalhavam 12 horas por dia, de segunda a segunda, na zona leste de São Paulo. Eles viviam na própria oficina, onde as condições eram degradantes. Entre os funcionários, uma menor de 14 anos foi resgatada.

em uma das formas de produção de algum produto ou até mesmo o produto final, todas alegam desconhecimento dessa exploração financiadas por estas marcas. A falha em monitorar o recrutamento terceirizado resulta em empresas inadvertidamente empregando vítimas da escravidão moderna.

A exemplo disso temos a multinacional Coca-Cola, envolvida em caso de trabalho escravo em 2012. A notícia foi veiculada pelo The Independent após pesquisa da The Ecologist. A empresa importava laranjas para a fabricação do refrigerante Fanta de uma fazenda em Rosarno, na Calábria, Itália, que trabalhava com mão de obra escrava.

Os empregados eram imigrantes da África, que atravessavam o oceano rumo à costa europeia para tentar uma vida melhor. Na época, a Coca-Cola rompeu o contrato com a empresa denunciada e não se pronunciou sobre o assunto. Ou seja, se não houver o controle sério nestas contratações, não haverá como extirpar o trabalho escravo.

Pesquisa conduzida pela Universidade de Sheffield sugere que camadas de terceirização, subcontratação e contratação informal de funcionários temporários são as culpadas. Isso, dizem os pesquisadores, permite que as vítimas de trabalho escravo sejam escondidas dentro da força de trabalho de empresas e organizações, mesmo aquelas com as melhores intenções.

Estatísticas divulgadas recentemente pela National Crime Agency mostraram que o número de pessoas reportadas como vítimas potenciais de escravidão e tráfico de seres humanos no Reino Unido mais do que duplicou nos últimos três anos, com 3.805 pessoas encaminhadas para ajuda em 2016.

Os pesquisadores concluíram que a questão chave no combate à escravidão moderna é a compreensão da cadeia de fornecimento de mão de obra.

Um CEO de uma cadeia de hotéis do Reino Unido explicou aos pesquisadores: "Resolvemos a rastreabilidade da comida servida em nossos restaurantes. Posso dizer-lhe a fazenda de onde veio o bife no seu prato, provavelmente até o nome da vaca. Mas não temos ideia de onde os trabalhadores vieram desse trabalho em nossas cozinhas".

Os trabalhadores dessas cozinhas podem ter sido fornecidos por agentes inescrupulosos que submetem os trabalhadores a práticas de emprego altamente exploradoras, como reter seus passaportes, forçá-los a trabalhar por pouco ou nada, ameaçá-los ou a suas famílias ou induzi-los a acumulá-los dívidas enormes através de deduções de alojamento, alimentação, transporte e outros "serviços". Alguns até pagaram para conseguir o emprego em primeiro lugar.

O mesmo ocorre no Brasil conforme pesquisas estatísticas desenvolvidas pelo DIEESE (Departamento Intersindical de Estatísticas e Estudos Socioeconômicos), a qual mostra em nota divulgada dois dias após a aprovação do projeto da terceirização, e com base em dados de 2014, que os trabalhadores terceirizados são as maiores vítimas de acidentes, assim como nas dez maiores operações de resgate de trabalhadores em situação análoga à de escravidão, quase 3 mil dos 3.553 casos envolveram empregados terceirizados.[34]

Diante de tantos casos existentes em diversos países e no Brasil, a aprovação da Lei n. 13.429/2017 e a reforma trabalhista, apenas agravará essas condições de trabalho, legalizando, de certa forma, a escravidão,[35]

De acordo com a ONG Repórter Brasil, a casa não contava com extintores e exalava um forte odor. Na cozinha, uma pequena panela de arroz e macarrão servia de alimento a todos eles.

(34) Um aspecto importante nesse processo era a divulgação de uma lista, chamada de "lista suja do trabalho escravo", que permitia o conhecimento público de quem eram flagrados utilizando trabalho escravo. Em 2014, a lista deixou de ser atualizada quando o então presidente do Supremo Tribunal Federal (STF), Ricardo Lewandowski, concedeu uma liminar a pedido da Associação Brasileira de Incorporadoras Imobiliárias para suspender a divulgação. Em maio de 2016, a ministra Cármen Lúcia, atual presidente do STF, revogou a medida cautelar, retirando o impedimento à publicação do cadastro. Mesmo assim, a lista não voltou a ser publicada pelo Ministério do Trabalho. Só em março de 2017, depois de quase três anos sem ser atualizada e após uma intensa disputa judicial entre governo e Ministério Público do Trabalho (MPT), voltou a ser divulgado o cadastro de empresas autuadas por submeter seus empregados a condições análogas à escravidão. No dia 14 de março o Ministro Alberto Bresciani, do Tribunal Superior do Trabalho, derrubou a liminar concedida pelo presidente da corte Ives Gandra Martins Filho. Com isso, voltou a valer a decisão do TRT da 10ª Região que havia determinado a publicação da lista suja do trabalho escravo.

A lista, publicada no dia 23 de março de 2017, tem 68 empregadores que foram flagrados por fiscais submetendo seus empregados a situação análoga à escravidão. De acordo com a lista, de 2011 até o final do ano passado, 503 trabalhadores estavam em situação de trabalho degradante. O total refere-se apenas aos casos em que houve decisão administrativa pela punição aos empregadores sem possibilidade de recurso.

(35) Estatísticas do Sindicato Nacional dos Auditores Fiscais do Trabalho (Sinait) mostram que em 82% dos casos de trabalho análogo à escravidão encontrados em 20 anos de combate a esse tipo de crime, os trabalhadores eram terceirizados. Em 1995 os grupos móveis de fiscalização começaram a atuar. "Os casos mais frequentes estão no setor de confecções e da construção civil. São pessoas sem registro em carteira e principalmente sem documentos", disse o auditor Luis Alexandre Faria, do Ministério do Trabalho e Emprego em São Paulo.

mesmo sendo considerado pela OIT como um dos países com maior nível de combate ao trabalho escravo.[36] Existe uma força tarefa para combater o trabalho escravo por parte do governo, iniciativa privada e a sociedade.

A mão de obra escrava está concentrada nas confecções, nas áreas rurais (Fazenda) e na construção civil. O governo busca o combate desta prática ilícita por meio dos órgãos de fiscalização, como os auditores fiscais, Ministério Público do Trabalho, Grupo Especial de Fiscalização Móvel (GEFM), Ministério do Trabalho e Emprego (MTE), além da lista suja que impede que as empresas flagradas submetendo trabalhadores à condição análoga à de empresa tenham linhas de crédito para investimentos.

É importante conscientizar a população da existência desta prática para que novas vítimas não sejam aliciadas. Somente por meio da educação, políticas públicas e fiscalização será possível erradicar o trabalho escravo no Brasil e no mundo.

10. CONCLUSÃO

O homem e o trabalho estão interligados pela sua existência. O homem necessita do trabalho para dar sentido à sua existência e, por consequência do capitalismo, necessita da remuneração para sua subsistência e de sua família. Dessa forma terminam sendo indissociáveis.

O homem foi criado para ser livre, optar pelo que melhor lhe provir, mas ao longo da história vimos que essa liberdade está sempre sendo cerceada de alguma forma. Enquanto uns se sentem livres por ter um emprego que lhe proporcione liberdade financeira e dignidade, outros são aprisionados em busca desse mesmo desejo.

Vimos ao longo da pesquisa, como a necessidade do homem pelo trabalha às vezes o coloca em situações degradantes, violentas, de risco de morte pela falta de humanidade em outros seres da mesma espécie, que se aproveitam da fragilidade da pessoa humana para exploração do seu trabalho em prol do lucro e diminuição de custos em suas instituições.

É necessária a busca por mecanismos de controle para que o trabalhador não seja a parte mais prejudicada da relação, ou seja, que haja um equilíbrio na aplicação pelo princípio pela primazia da realidade. Além, que as legislações não sejam criadas de forma extremistas, que desequilibram as relações de maneira exponencial, como é o caso da reforma trabalhista que entrou em vigor no ano de 2017. A legislação não deve ter a finalidade de proteger na sua máxima o capitalismo com enfraquecimento de direitos protetivos do trabalhador, afinal do Direito do Trabalho nasceu com o intuito de regular as relações entre empregado e empregador, sem descurar que o empregado tende ser a parte mais frágil dessa relação.

Desse modo, imperioso afirmar que a escravidão existe porque existem pessoas que são aliciadas por desconhecerem essa prática, sendo que a oferta de empregos é muito inferior à procura, provocando o desespero daqueles que necessitam dos recursos para sua sobrevivência e que terminam se sujeitando ao desconhecido para manter o mínimo de dignidade.

Somente com o apoio das instituições que já buscam a eliminação dessas práticas, com legislações mais eficientes, fiscalização adequada, educação, políticas públicas e um Poder Judiciário que seja efetivo haverá a possibilidade de diminuir ou eliminar as práticas ilícitas que hoje ocorrem no âmbito trabalhista.

11. REFERÊNCIAS BIBLIOGRÁFICAS

ESTENDER. (2015). Vantagens e desvantagens em Terceirizar atividades. *Científica do Itpac*.

GOMES, J. A. (2012). *Do trabalho penoso à dignidade no trabalho*. 1. ed. São Paulo: Ideias&Letras.

GOUNET, T. (2002). *Fordismo e toyotismo na civilização do automóvel*. São Paulo: Bomtempo.

MARTINS, S. P. (2018). *Terceirização no Direito do Trabalho*. 15. ed. São Paulo: Saraiva.

MIRAGLIA, L. M. (2008). *A Terceirização Trabalhista no Brasil*. 1. ed. São Paulo: Quatier Latin.

NASCIMENTO, A. M., & NASCIMENTO, S. M. (2014). *Curso de direito do trabalho*. 29. ed. São Paulo: Saraiva.

PORTO, L. V., & ROCHA, C. (2018). *Trabalho*: Diálogos e Criticas, homenagem ao Professor Márcio Túlio Viana. São Paulo: LTr.

RESENDE, R. (2017). *Direito do trabalho esquematizado*. 7. ed. São Paulo: Método.

REUTERS. (2016). <https://oglobo.globo.com>. Acesso em: 28 maio 2018. Disponível em: <https://oglobo.globo.com/economia/negocios/nestle-reconhece-trabalho-escravo-em-cadeia-de-fornecedores-18130854>.

---

[36] Apesar da complexidade do problema, o Brasil é considerado hoje uma referência na implementação de mecanismos de combate à escravidão contemporânea. A eficácia dessas ações deve-se, sobretudo, à capacidade de articulação entre o governo brasileiro, a sociedade civil, o setor privado e os organismos internacionais. Contudo, ainda há um longo caminho a ser percorrido para que o trabalho escravo seja definitivamente erradicado no Brasil (dados a OIT).

ROCHA, C. J. (2017). *A tutela jurisional metaindividual trabalhista contra a dispensa coletiva no Brasil*. 1. ed. São Paulo: LTr.

ROMAR, C. T., & LENZA, P. (2018). *Direito do Trabalho Esquematizado*. 5. ed. São Paulo: Saraiva Educação.

SOUTO MAIOR, J. L. (2017). <https://www.jorgesoutomaior.com>. Acesso em: 27 maio de 2018. Disponível em: <https://www.jorgesoutomaior.com/blog/vamos-falar-seria-e-honestamente-sobre-a-reforma-trabalhista>.

QUEIROZ, Carlos Alberto Ramos Soares. *Manual de Terceirização*: como encontrar os caminhos para a competitividade, com flexibilidade empresarial e atendimento do mercado, ganhando da concorrência e satisfazendo os anseios e interesses dos consumidores. São Paulo: STS Publicações e Serviços Ltda., 1998.

VIANA, Márcio Túlio; DELGADO, Gabriela Neves; AMORIM, Helder Santos. Terceirização: aspectos gerais: a última decisão do STF e a Súmula n. 331 do TST: novos enfoques. In: *Revista do Tribunal Superior do Trabalho*, v. 77, n. 1, p. 54-84, São Paulo, jan./mar. 2011.

CAPÍTULO 8

O CONTRATO DE TRABALHO NO BRASIL: ANÁLISES LEGAIS CONTEMPORÂNEAS

Cláudio Jannotti da Rocha[1]

Lorena Vasconcelos Porto[2]

1. INTRODUÇÃO

Inicialmente cumpre destacar que o Direito do Trabalho brasileiro tem como centro convergente a relação de emprego, que, na área urbana, é regulamentada pela Constituição da República de 1988, pela Consolidação das Leis do Trabalho – CLT (Decreto-lei n. 5.452, de 1943) e pelos tratados internacionais ratificados pelo Brasil, constituindo assim o patamar civilizatório mínimo[3].

A relação de emprego corresponde à relação jurídica que faz o próprio Direito do Trabalho no Brasil ser um ramo jurídico especializado (distinguindo-se dos demais ramos), autônomo e independente, possuindo princípios, regras e institutos próprios. A relação de emprego opera-se por meio do contrato individual de trabalho, previsto no art. 442 da CLT, que estabelece o seguinte: "o contrato individual de trabalho é o acordo tácito ou expresso, correspondente à relação de emprego". A partir da formação do contrato de trabalho, há automaticamente a incidência de todo o ordenamento jurídico trabalhista brasileiro (do próprio Direito do Trabalho), ensejando, assim, os efeitos contratuais trabalhistas, sendo eles próprios e conexos. Isso faz com que os sujeitos desse contrato (empregado e empregador) tenham concomitantemente direitos e deveres precípuos e secundários.

O contrato de trabalho é que dá origem à relação de emprego, podendo ser pactuado de maneira tácita ou expressa, sendo que a primeira ocorre por meio dos atos praticados pelos sujeitos, ajustando-se e aprimorando-se faticamente, dia após dia, sem a necessidade de qualquer tratativa expressa. Já a segunda se dá por meio da manifestação volitiva das partes, podendo ser verbal ou escrita (formal). Existem algumas modalidades contratuais, que correspondem a situações excepcionais, que só podem ser entabuladas de maneira expressa e formal, como o contrato de trabalho intermitente, o teletrabalho, o contrato de aprendizagem e os contratos firmados com o atleta profissional e o artista profissional.

O que faz o contrato de trabalho existir não é necessariamente a manifestação volitiva das partes (que pode não corresponder à realidade dos fatos), e tampouco a

---

[1] Doutor e Mestre em Direito pela Faculdade Mineira de Direito da Pontifícia Universidade Católica de Minas Gerais (PUC Minas). Professor da Universidade Federal do Espírito Santo (UFES). Professor Titular do Centro Universitário do Distrito Federal (UDF), em Brasília-DF, e de seu Mestrado em Direito das Relações Sociais e Trabalhistas. É pesquisador do Grupo de Pesquisa: Constitucionalismo, Direito do Trabalho e Processo, do UDF com registro no Diretório dos Grupos de Pesquisa do CNPq. Membro da Rede Nacional de Grupos de Pesquisas e Estudos em Direito do Trabalho e da Seguridade Social (RENAPEDTS). Membro do Instituto de Ciências Jurídicas e Sociais (ICJS). Pesquisador. Autor de livros e artigos publicados no Brasil e no Exterior. Advogado.

[2] Procuradora do Trabalho. Doutora em Autonomia Individual e Autonomia Coletiva pela Universidade de Roma II. Mestre em Direito do Trabalho pela PUC-MG. Especialista em Direito do Trabalho e Previdência Social pela Universidade de Roma II. Professora Titular do Centro Universitário UDF. Professora Convidada do Mestrado em Direito do Trabalho da *Universidad Externado de Colombia*, em Bogotá.

[3] Expressão desenvolvida e utilizada pelo Professor Mauricio Godinho Delgado.

sua formalização, mas sim os atos por elas praticados no mundo dos fatos. São as condutas praticadas pelos sujeitos que trazem para o mundo jurídico a existência do empregado e do empregador, e por isso que o contrato de trabalho também é denominado de contrato-realidade[4]. É justamente diante dessa circunstância que existe o princípio da primazia da realidade sobre a forma, estabelecido no art. 9º ("Serão nulos de pleno direito os atos praticados com o objetivo de desvirtuar, impedir ou fraudar a aplicação dos preceitos contidos na presente Consolidação") e no art. 442, *caput* ("Contrato individual de trabalho é o acordo tácito ou expresso, correspondente à relação de emprego"), ambos da CLT. Diante dessa conjuntura, para fins da existência do contrato de trabalho e para o conteúdo de suas cláusulas, o que vale não é o formalizado entre as partes, mas sim o que ocorre na realidade dos fatos.

Os elementos fáticos-jurídicos[5] que devem estar presentes para a formação do contrato de trabalho estão previstos nos arts. 2º e 3º da CLT, sendo eles: 1-) trabalho prestado por pessoa física; 2-) pessoalidade (refere-se à contratação de uma determinada pessoa pelo empregador, tendo em vista as suas qualidades pessoais e profissionais que a fizeram ser admitida na qualidade de empregado); 3-) onerosidade (significa dizer que quem trabalhou tem o direito de receber pelo trabalho prestado, devendo ser analisadas as perspectivas objetiva e subjetiva); 4-) habitualidade (não é sinônimo de trabalho diário ou contínuo, mas sim de que o trabalho é prestado de maneira habitual, isto é, o trabalhador se fixa a uma fonte de trabalho e sua prestação laborativa se insere nas atividades normais e regulares do empregador) e 5-) subordinação (o empregador tem o direito de direcionar e controlar as atividades desenvolvidas pelo empregado, desde que estejam dentro das atribuições do cargo e da função estabelecidas no contrato).

Nas hipóteses em que os cinco elementos fáticos-jurídicos estejam presentes concomitantemente, tem-se a formação do contrato do trabalho, que pode ser tácito ou expresso, não sendo necessária sua formalização, e que ensejará a relação de emprego. Portanto, o que vai determinar a existência ou não do contrato de trabalho é aquilo que tiver ocorrido no mundo dos fatos, daí a importância dessa figura contratual democrática e inclusiva, que não compactua com o descompasso entre o fato e o formalizado, prevalecendo sempre aquele perante este, tendo-se como pano de fundo a efetivação da verdade fática.

Metaforicamente, pode-se dizer que o contrato de trabalho é a semente de uma árvore, denominada de relação empregatícia (o tronco e os galhos dessa árvore), que ensejará os frutos – que representam os direitos e deveres trabalhistas destinados ao empregado e empregador –, enquanto que a raiz serão as leis aplicáveis a esse contrato – a Constituição, a CLT e os tratados internacionais ratificados pelo Brasil, isto é, o próprio Direito do Trabalho. Portanto, é o contrato de trabalho que faz o Direito do Trabalho ser aplicado em um caso concreto.

Diante de todo o exposto, tem-se que é o contrato de trabalho que diferencia os empregados dos demais trabalhadores, porquanto ele se destina aos empregados, e não a todos os trabalhadores, como os autônomos, eventuais, avulsos, servidores públicos estatutários e voluntários. Por isso, se diz que o mais correto gramaticalmente, etimologicamente e tecnicamente seria denominá-lo contrato de emprego. Assim, analisar e estudar o contrato de trabalho não consiste em refletir sobre todas as relações de trabalho de trabalho, mas sim somente quanto a uma delas: a empregatícia.

2. CARACTERÍSTICAS DO CONTRATO DE TRABALHO

2.1. *Contrato de direito privado*

Embora o Estado possa fazer parte do contrato de trabalho como empregador, nele atua como se um particular fosse, e não com poder de império, o que faz com que a relação jurídica seja de natureza privada, e não pública.

Importante destacar que, muito embora o contrato de trabalho seja composto por normas de ordem pública, todas previstas em lei (pelo menos o mínimo, devendo a negociação coletiva respeitar o piso estabelecido legalmente), esse fato não o torna um instrumento de direito público. A incidência das normas imperativas e cogentes no contrato de trabalho não conduz à transmutação de sua natureza jurídica de privada para pública.

O que de fato conduz à natureza jurídica contratual

---

(4) Expressão desenvolvida e utilizada por grandes pensadores como Mario de La Cueva, Orlando Gomes, Elson Gottschalk, Carlos Maximiliano, Américo Plá Rodriguez, Arnaldo Süssekind, Délio Maranhão, Segadas Vianna, Mozart Victor Russomano, José Martins Catharino, Octávio Bueno Magano e Márcio Túlio Viana.

(5) Expressão desenvolvida e utilizada pelo Professor Mauricio Godinho Delgado.

pública é a presença do Estado atuando com poder de império, o que não ocorre na relação empregatícia, tratando-se, portanto, de um contrato de Direito Privado.

2.2. Contrato sinalagmático

O contrato de trabalho faz com que empregado e empregador tenham obrigações opostas e recíprocas, as quais se operam constantemente, fazendo com que as obrigações e os direitos advindos do contrato de trabalho se renovem e se acumulem (diariamente ou periodicamente). A realização do trabalho e os efeitos das normas trabalhistas fazem com que empregado e empregador absorvam ao mesmo tempo créditos e débitos, concomitantemente, alcançando-se assim um relativo equilíbrio dessas prestações.

É o que ocorre, por exemplo, por meio da jornada de trabalho, a qual obriga o empregado a trabalhar nos dias pactuados e na forma desejada pelo empregador – dentro das atribuições do cargo e da função para a qual tenha sido contratado –, e que, sendo cumprida, faz com que o empregado tenha o direito de receber o pagamento (credor) e o empregador tenha a obrigação de pagá-lo (devedor).

2.3. Contrato consensual

O contrato de trabalho é considerado consensual pelo fato de advir da realidade fática, e não de regras formais e solenes (como ocorre na seara civilista), podendo ser entabulado até mesmo tacitamente.

Portanto, independentemente da denominação ou tipologia atribuída pelas partes no momento da formalização do contrato de trabalho, bem como durante o seu curso em uma eventual alteração contratual, o que será levado em consideração serão os fatos ocorridos, e não a nomenclatura. A existência do contrato de trabalho é regida pelos atos praticados pelos sujeitos da relação jurídica, superando até mesmo a vontade deles.

Existentes os elementos fáticos-jurídicos, haverá, ainda que tacitamente, um contrato de trabalho e, logo, sobre ele incidirá o arcabouço normativo do Direito do Trabalho.

Importante destacar que, justamente consubstanciada nessa caraterística contratual (consensual), a relação de emprego opera-se no mundo dos fatos, estando presente, não somente nas fábricas e indústrias, mas em todos os segmentos e setores sociais e produtivos, sempre que o seu suporte fático estiver presente. Nesse sentido, tem-se que o Direito do Trabalho se faz presente em todos os lugares em que o homem ocupa espaço, como nas ruas, nas fábricas, nas esquinas, no sertão, nas indústrias, nas usinas, nas praias, nos restaurantes, nas residências, nas universidades, nas obras, nos supermercados, nas lanchonetes, nas carvoarias, no mato, nas florestas, nos lixões, na televisão e até mesmo no alto-mar e no ar. Inexiste no ordenamento jurídico qualquer instrumento capaz de alterar a realidade dos fatos e, por isso, havendo a existência dos elementos fático-jurídicos, o contrato de trabalho estará configurado, independentemente da categoria profissional ou da classe econômica do trabalhador, operando-se aí o Direito do Trabalho.

2.4. Contrato celebrado intuito personae

O contrato de trabalho é personalíssimo no que diz respeito à figura do empregado, tendo em vista que foram as suas qualidades pessoais e profissionais que conduziram à sua contratação. A partir dessa particularização do trabalho prestado pelo empregado, é que ele não pode se fazer substituir por outro trabalhador, pois o seu empregador espera dele a prestação de serviços, e não de uma diversa pessoa. O empregado é "figura subjetivamente infungível no contexto do contrato de trabalho – sob pena de descaracterizar-se esse contrato[6]."

Lado outro, no que tange à figura do empregador, destaca-se que essa característica não lhe é aplicável, já que é permitida a sucessão trabalhista, permanecendo, nessa hipótese, o vínculo empregatício com o sucessor, caso o empregado continue trabalhando.

2.5. Contrato de trato sucessivo

Tendo em vista que o contrato de trabalho opera-se a partir dos fatos, as prestações e as obrigações sucedem-se continuadamente e concomitantemente, no tempo e no espaço em que praticadas, irradiando efeitos imediatos no contrato, principalmente no que diz respeito à jornada, ao salário e aos pagamentos tributários advindos do contrato de trabalho.

No início da jornada, o empregado é o devedor (afinal, ele está ali para trabalhar), porém, quando iniciada, a cada minuto ele vai se tornando credor e o empregador o devedor e, ao final da jornada, esse último é quem deve, tendo a obrigação de pagar pelo trabalho que recebeu. Esse contexto pode ser imaginado pelo leitor por meio de uma ampulheta: de um lado, o empregado no começo da jornada e, do outro, o empregador; quando

---

(6) DELGADO, Maurício Godinho. *Curso de direito do trabalho.* 16. ed., revisto e ampliado. São Paulo: LTr, 2017. p. 578.

se gira esse instrumento, inicia-se a jornada e, à medida que o tempo vai passando, a areia desloca-se para o outro lado, invertendo-se quem é o credor e quem é o devedor, de modo que a areia representa a dívida nessa relação jurídica.

Portanto, o contrato de trabalho não deixa de ser um controlador do tempo e da liberdade do empregado, já que, enquanto ele trabalha, destinando uma parte do seu dia e da sua vida para o empregador, ele tem o direito de receber por essa transferência.

2.6. Contrato de atividade

Toda relação jurídica é formada por um tripé: sujeitos, objeto e negócio jurídico. No que diz respeito à relação jurídica de emprego, enquanto que os sujeitos são o empregado e o empregador; o negócio jurídico é o próprio contrato de trabalho e o objeto é a prestação de trabalho, uma atividade humana, caracterizada pela transformação da natureza humana por parte do ser humano. Portanto, um fazer (o trabalho) é a causa que faz emergir no mundo dos fatos a contratação do empregado pelo empregador, originando o contrato de trabalho.

2.7. Contrato oneroso

Se, por um lado, o empregado destina parte do seu dia para o empregador, que recebe esse tempo/trabalho, inquestionavelmente este deve pagar àquele pela venda da sua liberdade, já que, caso não estivesse trabalhando, poderia estar destinando esse tempo às suas atividades pessoais e, até mesmo, para trabalhar para si próprio.

A onerosidade deve ser observada nas perspectivas objetiva e subjetiva, já que se caracteriza quando o empregador paga o salário ao empregado, bem como nas hipóteses em que o empregado trabalha na expectativa de receber seu salário, ainda que não o receba. Importante destacar que o trabalho voluntário é a exceção, correspondendo, nos termos do art. 1º da Lei n. 9.608/98, a uma atividade não remunerada prestada por pessoa física a entidade pública de qualquer natureza ou a instituição privada de fins não lucrativos que tenha objetivos cívicos, culturais, educacionais, científicos, recreativos ou de assistência à pessoa. Por isso, não gera vínculo empregatício, nem obrigação de natureza trabalhista, previdenciária ou afim, devendo, inclusive, ser pactuado por meio de contrato de adesão entre a entidade, pública ou privada, e o prestador do serviço voluntário, dele devendo constar o objeto e as condições de seu exercício.

A ausência da onerosidade na perspectiva objetiva, quando não se tratar de trabalho voluntário, pode caracterizar o trabalho em condições análogas à de escravo, já que prejudica a melhoria da condição socioeconômica do trabalhador, bem com a sua inclusão social e cidadania, violando a sua dignidade.

2.8. Contrato com alteridade

O contrato de trabalho é caracterizado pela alteridade, o que significa dizer que os riscos do negócio jurídico e da própria atividade empresarial pertencem exclusivamente ao empregador, não podendo ser direcionados à figura do empregado. Conforme leciona Mauricio Godinho Delgado: "o risco inerente à prestação de serviços e a seu resultado, além dos riscos do próprio empreendimento empresarial, todos são estranhos à figura do prestador (o obreiro, portanto), recaindo sobre o adquirente de tais serviços"[7].

Portanto, ao empregador cabe exclusivamente investir, acreditar e assumir os riscos do empreendimento, porquanto ele é o proprietário dos meios de produção, não podendo o empregado tomar parte daquilo que não lhe pertence e tampouco sofrer as consequências das decisões de que não participou.

2.9. Contrato complexo

A complexidade do contrato de trabalho dá-se pela possiblidade de se associar a outras modalidades contratuais, desde que com ele possuam algum vínculo ou relação de acessoriedade, como ocorre nos contratos de depósito de instrumentos de trabalho, comodato de imóvel residencial, fornecimento de automóvel, mandato, complementação de aposentadoria pactuado com os fundos de pensão fomentados pelo empregador etc.

Via de regra os contratos acessórios sofrem os efeitos imediatos do contrato de trabalho, sendo que, na hipótese de término desse pacto, aqueles também ficam extintos, salvo nos casos em que as próprias partes estabelecem em sentido contrário, isto é, da manutenção do liame acessório.

3. MORFOLOGIA DO CONTRATO DE TRABALHO

Analisar a morfologia do contrato de trabalho significa estudar os seus elementos componentes, sendo eles: os elementos essenciais (jurídico-formais),

---

(7) DELGADO, Mauricio Godinho. *Curso de direito do trabalho*. p. 580.

os elementos naturais e os elementos acidentais. Essa classificação corresponde à teoria do fato jurídico[8], podendo ser visualizada sob a trilogia dos planos da existência, validade e eficácia.[9]

Conforme leciona Mauricio Godinho Delgado:

> Os primeiros (elementos essenciais) são imprescindíveis à formação da figura jurídica contratual – sua ausência ou irregularidade pode comprometer a própria existência ou validade do contrato). Os segundos (elementos naturais), embora não sejam imprescindíveis à existência do contrato, são comuns, recorrentes e quase inevitáveis em seu cotidiano concreto. Os últimos (elementos acidentais) são circunstâncias e episódicos na existência de tais contratos[10].

3.1. Elementos essenciais

Os elementos essenciais, também denominados de estruturantes, vinculam-se à existência e validade do contrato de trabalho, sendo quatro no total: capacidade das partes; objeto lícito, possível, determinado ou determinável; forma prevista ou não prescrita em lei (previstos nos arts. 104 do Código Civil) e manifestação de vontade de forma hígida. Destaca-se que esses quatro elementos devem ser devidamente adequados às condições próprias do Direito do Trabalho.

3.1.1. Capacidade das partes

Quanto à capacidade das partes, destaca-se que corresponde à "aptidão reconhecida pelo Direito do Trabalho para o exercício de atos da vida laborativa"[11]. A capacidade para trabalhar inicia-se aos 16 anos, sendo vedado qualquer trabalho abaixo dessa idade, salvo na condição de aprendiz a partir dos 14 anos até aos 24 anos, com duração contratual máxima de 2 anos, salvo quando o aprendiz for deficiente, hipótese em que não possui idade máxima, nem limite de duração contratual bienal. Importante destacar que a capacidade para trabalhar a partir dos 16 anos é relativa, vez que é proibido ao menor dos 18 anos o trabalho noturno, insalubre ou perigoso, bem como o exercício das atividades listadas no Decreto n. 6.481/2008 (Lista das Piores Formas de Trabalho Infantil – Lista TIP). Ademais, deve estar assistido por seu representante legal para requerer a expedição da Carteira de Trabalho (CTPS), celebrar contrato de trabalho e no momento da rescisão contratual. No entanto, pode o menor de 18 anos sozinho assinar recibo de pagamentos contratuais (salário e demais verbas advindas da prestação de serviços).

3.1.2. Objeto lícito, possível, determinado ou determinável

Para que o contrato de trabalho seja válido, é obrigatório que seu objeto seja lícito. Portanto o trabalho realizado pelo empregado não pode envolver uma atividade ilícita. Cumpre salientar que trabalho ilícito não é sinônimo de trabalho irregular (também denominado proibido), pois, enquanto que aquele compõe um tipo penal ou concorre diretamente para ele, este é realizado em descompasso com norma imperativa vedatória do labor em certas circunstâncias ou envolvente de certos tipos.

No que diz respeito à diferença entre trabalho proibido e trabalho ilícito, a Ministra do Tribunal Superior do Trabalho (TST), Maria Cristina Irigoyen Peduzzi, demonstra com propriedade:

> Trabalho proibido é trabalho lícito, mas que o legislador impõe, por motivo especial ou relevante, restrições à sua execução. O critério de idade, por exemplo, leva à proibição do trabalho em condições perigosas ao menor de idade. O trabalho, nesse caso, não é prestado a um empregador que exerce atividade delituosa, mas, ao contrário, tipicamente legal, daí gerar todos os direitos ao menor. Em contrapartida, deve ser punido o empregador que afrontou norma legal de proteção àquele que ainda não adquiriu o necessário desenvolvimento que o torne apto a enfrentar, no desempenho de suas atividades, condições agressivas à sua integridade físico-psíquica. Outro exemplo é o do servidor público contratado para exercer o emprego sem a observância de sua prévia aprovação em concurso público (art. 37, II, da Constituição Federal). Nessa circunstância, o trabalho é, igualmente, lícito, mas o descumprimento da exigência constitucional resulta em nulidade parcial da contratação, gerando ao

---

(8) Teoria idealizada por Pontes de Miranda e utilizada brilhantemente por Marcos Bernardes de Mello.
(9) GARCIA, Gustavo Filipe Barbosa. *Curso de direito do trabalho*. 11. ed., revista, atualizada e ampliada. Rio de Janeiro: Forense, 2017. p. 163.
(10) DELGADO, Mauricio Godinho. *Curso de direito do trabalho*. p. 581.
(11) DELGADO, Mauricio Godinho. *Curso de direito do trabalho*. p. 582.

prestador os serviços apenas as parcelas previstas na Súmula n. 363 do TST. O trabalho ilícito, ao contrário, não pode, nem deve, gerar nenhum benefício, seja trabalhista, seja de qualquer outra natureza, competindo ao Ministério Público formular denúncia contra o 'trabalhador' e o 'bicheiro' ou 'Dono da Banca do jogo do Bicho e todas as demais pessoas envolvidas no ilícito penal. Não cabe, pois, ao Estado, reconhecer como legalmente válida uma relação de trabalho dessa natureza, tipicamente delituosa, que afronta o ordenamento jurídico do País. O argumento de que o Jogo do Bicho está arraigado em nossa sociedade e que representa uma prática inofensiva, *data venia*, só pode ser fruto da ingenuidade. A despeito de certa tolerância pelas autoridades, que têm o dever de combater esse tipo de infração penal, aliado ao argumento de que os prestadores desse serviço são, em regra, pessoas carentes, e, ainda, que se trata de infração de menor gravidade, que, por isso mesmo, o trabalho constituiria uma fonte de ganho indispensável à subsistência daqueles envolvidos nessa atividade, é equivocada. O Jogo do Bicho tem um potencial de destruição de valores sociais, morais, éticos, espirituais etc..., que se reflete em toda a sociedade, como tem noticiado a mídia do País, ao revelar uma variedade de ilícitos penais que se fazem presentes em seu submundo (TST-SDI-E-RR-621.145/2000.8).

Importante destacar que a ilicitude, via de regra, enseja a nulidade do contrato de trabalho, fazendo com que ele não seja considerado válido desde o seu nascedouro, não tendo o condão de ensejar efeitos legais. Porém, existem duas situações excepcionais em que, mesmo diante da ilicitude do objeto, o contrato de trabalho enseja os efeitos jurídicos, sendo elas: 1-) quando o trabalhador desconhece o fim ilícito a que servia a prestação laboral realizada e 2-) nítida dissociação entre o labor prestado e o núcleo da atividade ilícita (por exemplo, o empregado encarregado da limpeza de um prostíbulo)[12]. Nessas duas situações excepcionais, reconhecem-se os efeitos jurídicos ao contrato de trabalho, mas este se extingue face à impossibilidade de sanar o vício que o macula.

Lado outro, o contrato de trabalho com objeto proibido (irregular) ensejará plenos efeitos jurídicos, sendo que, constatada sua proibição/irregularidade, há duas alternativas: corrige-se o vício e mantêm-se o contrato de trabalho e seus efeitos jurídicos, ou então não se sana o vício e realiza-se a extinção do contrato de trabalho, sendo que nesse último caso os efeitos jurídicos operam-se até a data do término contratual. É o que ocorre com o menor de 18 anos trabalhando em condições insalubres: ou ele deixa de trabalhar e de ter contato com o agente insalubre e o contrato permanece vigente, ou então, não sendo possível retificar essa situação, extingue-se o contrato de trabalho.

3.1.3. Forma prescrita ou não defesa em lei

O contrato de trabalho, em regra, é consensual, podendo ser pactuado de maneira tácita ou expressa, sendo que a sua constituição ocorre por meio da realização do trabalho, e não da forma. Portanto, inexistem na área juslaboral regras rígidas quanto à forma dos atos praticados pelos indivíduos, sendo que o contrato de trabalho não é um pacto solene, podendo ser celebrado até mesmo tacitamente e comprovado mediante qualquer meio, inclusive por indícios e presunções. Nesse sentido, consoante a jurisprudência trabalhista consolidada, na dúvida quanto à relação de emprego, presume-se pela existência do contrato de trabalho, devendo o empregador provar o contrário.

Inobstante a regra de que o contrato de trabalho é informal, existem situações excepcionais em que a lei determina que, para ser válido, deve ser formalizado. É o que ocorre, por exemplo, com o teletrabalho, o contrato intermitente, a contrato de aprendizagem, o contrato com atleta profissional de futebol ou com o artista profissional, "sendo que eventual ausência da forma escrita apenas pode fazer com que o pacto permaneça como um contrato de trabalho comum"[13], isto é, por prazo indeterminado e nas condições gerais.

3.1.4. Manifestação de vontade de forma hígida

Para que o contrato de trabalho seja considerado válido, é necessário que nele exista uma manifestação de vontade livre e regular dos seus sujeitos (empregado e empregador). Portanto, o consenso é condição de validade do contrato de trabalho, sendo um dos seus elementos essenciais.

Importante destacar que, no contrato de trabalho, a manifestação de vontade dá-se por meio do trabalho realizado pelo empregado em favor do empregador, vez

---

(12) DELGADO, Mauricio Godinho. *Curso de direito do trabalho*. p. 586.
(13) GARCIA, Gustavo Filipe Barbosa. *Curso de direito do trabalho*. p. 163.

que as normas aplicáveis estão previstas em lei (imperativas e cogentes) ou nos instrumentos coletivos (convenção ou acordo coletivo de trabalho). Em síntese: a manifestação volitiva no espectro trabalhista significa a realização do trabalho, e não necessariamente o desejo de uma ou de ambas as partes.

Na hipótese de ficar comprovada a existência de um vício na manifestação volitiva dos sujeitos (dolo, erro, coação), o contrato poderá ser anulado, devendo a parte lesada/interessada provar essa situação.

3.2. Elementos naturais

Os elementos naturais geralmente são dispensáveis no contrato de trabalho, porquanto encontram-se presentes na própria realização do trabalho. É justamente o que ocorre quanto à jornada de trabalho, vez que será determinada por meio da prestação de serviços, e não do que estiver estipulado formalmente no contrato de trabalho. No Direito do Trabalho, os fatos praticados pelas partes preponderam sobre aquilo que se encontra formalizado, até mesmo porque existem situações em que não é possível preestabelecer uma jornada, como o empregado exercente de cargo de confiança ou de trabalho externo.

Muito embora no contrato de trabalho prevaleça a regra acima demonstrada, duas situações foram criadas e uma alterada por meio da denominada reforma trabalhista (Leis ns. 13.429/2017 e 13.467/2017 e Medida Provisória n. 808/2017), constituindo exceções: o contrato intermitente[14], o teletrabalho[15] e o trabalho em regime de tempo parcial[16], respectivamente, os quais correspondem a modalidades "estratificadas"[17] de trabalho.

No que diz respeito a essas três modalidades estratificadas de trabalho, os elementos naturais de cada uma correspondem às respectivas condições de validade.

Quanto ao trabalho intermitente, introduzido na CLT por meio da reforma trabalhista, o elemento natural corresponde à prestação de serviços, com subordinação, não contínua, alternando períodos de prestação de serviços e de inatividade, determinados em horas, dias ou meses, independentemente do tipo de atividade do empregado e do empregador (exceto para os aeronautas, regidos por legislação própria). O contrato de trabalho intermitente obrigatoriamente deve ser escrito, contendo expressamente a identificação, assinatura e domicílio ou sede das partes; o valor da hora ou do dia de trabalho, que não poderá ser inferior ao valor horário ou diário do salário mínimo, nem àquele devido aos demais empregados do estabelecimento que exerçam a mesma função, assegurada a remuneração do trabalho noturno superior à do diurno; e o local e o prazo para o pagamento da remuneração. A lei determina, ainda, que o empregador deve convocar o empregado, por qualquer meio de comunicação eficaz, informando na convocação a respetiva jornada, com pelo menos três dias corridos de antecedência, sendo que o empregado tem o prazo de um dia útil para responder à convocação. O silêncio corresponde a recusa, que, por seu turno, não descaracteriza a subordinação, sendo que o período de inatividade não será considerado tempo à disposição do empregador, podendo o empregado prestar serviços a outros contratantes.

O teletrabalho, que também foi introduzido na CLT por meio da reforma trabalhista, tem como elemento natural o seguinte binômio: prestação de serviços preponderantemente fora da empresa/utilização de tecnologias de informação e de comunicação. O contrato de trabalho obrigatoriamente deve ser escrito e especificará as atividades que serão realizadas pelo empregado e as disposições relativas à responsabilidade pela aquisição, manutenção ou fornecimento dos equipamentos tecnológicos e da infraestrutura necessária e adequada à prestação do trabalho remoto, bem como ao reembolso de despesas arcadas pelo empregado.

A terceira exceção corresponde ao trabalho em regime de tempo parcial, que foi alterado pela reforma trabalhista, o qual pode ser realizado em duas hipóteses: 1-) duração semanal de trinta horas, sem a possibilidade de horas suplementares e 2-) jornada semanal não superior a vinte e seis horas, com a possibilidade de seis horas extras semanais. Assim, caminhando em sentido contrário à regra, tem-se que, para a validade do contrato de trabalho em regime de tempo parcial, obrigatoriamente os sujeitos devem estipular no contrato formal a jornada de trabalho (limite de trinta horas semanais, sem a possibilidade de horas suplementares, ou vinte e seis horas semanais, com a possibilidade de seis horas extras semanais).

---

(14) Art. 452-A da CLT.

(15) Art. 75-A ao 75-E da CLT.

(16) Art. 58-A da CLT.

(17) Expressão desenvolvida e utilizada pelos Professores Mauricio Godinho Delgado e Gabriela Neves Delgado.

Sendo assim, para essas três modalidades estratificadas de trabalho, é a jornada de trabalho que corresponde a seus elementos naturais e, por isso, possui o condão de diferenciá-las da relação de emprego tradicional. Importante destacar que a jornada de trabalho abrange os seguintes aspectos: tempo de trabalho, local de trabalho e modo que o trabalho é realizado. Por isso, o contrato intermitente, o teletrabalho e o trabalho em regime de tempo parcial diferenciam-se da regra geral empregatícia.

Portanto, o contrato intermitente, o teletrabalho e o trabalho em regime de tempo parcial encontram-se inseridos dentro da relação de emprego (tanto é assim que todos devem ter a CTPS assinada). Contudo, são situações excepcionais, porquanto os seus elementos naturais (no caso, a jornada de trabalho) as tornam modalidades estratificadas. Isso porque o trabalhador em regime intermitente trabalha de maneira alternada (ora presta serviços e ora não, de acordo com a necessidade e vontade do empregador em convocá-lo para trabalhar); o teletrabalho é realizado fora da empresa e obrigatoriamente utiliza instrumentos de informática; e o trabalho em regime de tempo parcial deve ser executado dentro dos limites legais, devendo tais condições constar expressamente do contrato de trabalho, sob pena de essas figuras serem consideradas um contrato de trabalho comum, que constitui a regra geral.

3.3. Elementos acidentais

Os elementos acidentais do contrato de trabalho estão vinculados à sua efetividade e correspondem àquelas situações que possuem o condão de alterar significativamente o tempo de duração do contrato de trabalho, já que a sua regra é que tenha duração por prazo indeterminado[18], fazendo com que possa ter uma efetividade por um lapso temporal condicionado ou alternado.

Portanto, os elementos acidentais utilizados no universo trabalhista são o termo e a condição, já que o encargo é incompatível na seara trabalhista. O termo deve consistir em uma das hipóteses previstas em lei, podendo ser certo ou incerto e devendo constar expressamente no instrumento particular, fazendo com que o contrato de trabalho desde o seu nascedouro seja por prazo determinado (art. 443 da CLT); o segundo corresponde a uma situação fática futura, e não meramente temporal (como um prazo), derivada exclusivamente da vontade das partes e que subordina o efeito do contrato de trabalho a um evento futuro e incerto, que determina a rescisão contratual, como é o caso do art. 475, § 2º, da CLT (retorno do empregado afastado por motivos previdenciários e que foi substituído por outro empregado, que, nesse caso, terá seu contrato rescindido e o direito a receber uma indenização).

4. NULIDADES CONTRATUAIS

O Direito do Trabalho possui sua própria teoria das nulidades, apresentada e aplicada em conformidade com as suas particularidades, tendo como centro gravitacional o trabalho ilícito e o irregular (proibido).

A nulidade é dividida em duas espécies: total e parcial, sendo que a primeira é quando o contrato de trabalho encontra-se eivado de um grave defeito no elemento essencial, fazendo com que o instrumento seja nulo, incapaz de ensejar efeitos jurídicos; a nulidade parcial ocorre quando o contrato de trabalho possui um vício em qualquer dos seus elementos, fazendo com que somente a cláusula viciada seja anulada, mantendo ou rescindindo o contrato, porém dando eficácia e validade para os atos praticados no passado.

Portanto, tem-se que, para o trabalho ilícito (quando o próprio trabalho prestado viola o ordenamento jurídico e a lei penal), aplica-se a nulidade plena. É o que ocorre em trabalho envolvendo o tráfico de pessoas, de entorpecentes e o jogo do bicho. Conforme a Orientação Jurisprudencial (OJ) n. 199, da Seção de Dissídios Individuais (SDI) do TST, o contrato de trabalho não enseja nenhum efeito legal, sendo que ao empregado nenhum direito trabalhista será reconhecido e concedido, pois ele se encontrava ciente de que contribuía diretamente, junto com seu empregador, para a prática do ilícito penal. Ressalta-se que existem duas situações excepcionais em que mesmo diante da ilicitude do objeto, o contrato de trabalho enseja os efeitos jurídicos, sendo elas: 1-) quando o trabalhador desconhece o fim ilícito a que servia a prestação laboral realizada e 2-) nítida dissociação entre o labor prestado e o núcleo da atividade ilícita (por exemplo, o empregado encarregado da limpeza de um prostíbulo)[19]. Nessas duas situações excepcionais, reconhecem-se a validade e os efeitos jurídicos ao contrato de trabalho, mas este é extinto face a impossibilidade de sanar o vício que o macula.

Lado outro, no caso do trabalho irregular ou proibido, realizado em condição destoante da determinação

---

(18) Súmula n. 212 do Tribunal Superior do Trabalho.

(19) DELGADO, Mauricio Godinho. *Curso de direito do trabalho*. p. 586.

legal, incide a nulidade relativa, como é o caso do trabalhador menor de 18 anos que labora em horário noturno. Nessa hipótese, preservam-se os atos praticados pelas partes e aplicam-se os direitos trabalhistas devidos até a data em que os vícios foram reconhecidos, sendo que, a partir daí, ou estes se sanam e mantém-se o contrato de trabalho (Súmula n. 430 do TST), ou então o rescinde, pagando os direitos trabalhistas até a data do término contratual (Súmula n. 363 do TST).

5. MODALIDADES DE CONTRATO DE TRABALHO

5.1. Contratos expressos ou tácitos

O contrato de trabalho de trabalho pode ser tácito ou expresso. Enquanto o primeiro caracteriza-se pela inexistência de manifestação volitiva dos sujeitos, para a caracterização do segundo é necessário que as partes expressem as suas respectivas vontades, seja de maneira verbal ou escrita.

Portanto, a grande diferença entre o contrato tácito e o expresso é a existência da manifestação de vontade dos sujeitos, vez que no tácito não ocorre e no expresso sim. O que faz o contrato tácito existir é a realização do trabalho e o expresso é a vontade dos contratantes – empregado e empregador.

Destaca-se que a regra é que o contrato de trabalho pode ser tácito ou expresso, porém algumas categorias só podem ser entabuladas de maneira escrita (expressa), vez que assim determina a lei, como é o caso do contrato intermitente, do teletrabalho, do atleta profissional de futebol e do artista profissional.

Quanto ao contrato por prazo determinado, a jurisprudência trabalhista entende que deve ser firmado por escrito (muito embora a lei não exija que assim seja), porquanto constitui uma situação excepcional, já que a regra da indeterminação temporal traduz a realidade da própria vida: a grande maioria das pessoas precisa trabalhar por prazo indeterminado para auferir o seu próprio sustento. O curto lapso temporal abrangido pelo contrato por prazo determinado não reflete a necessidade do dia a dia do ser humano.

Tanto o contrato tácito, quanto o expresso, atraem para si a incidência do Direito do Trabalho, formado por normas cogentes, imperativas e de ordem pública, que representam o patamar civilizatório mínimo.

5.2. Contratos individuais ou plúrimos

O contrato de trabalho será considerado individual ou plúrimo de acordo com o número de empregados envolvidos. O fato de figurarem um ou mais empregadores (grupo econômico) é irrelevante para caracterizar o contrato de trabalho como individual ou plúrimo, vez que o grupo econômico é sempre considerado em sua individualidade contratual trabalhista (empregador único), devido à responsabilidade solidária dos seus componentes.

Sendo assim, caso o contrato de trabalho envolva a admissão de um específico empregado, será individual e, na hipótese de envolver a contratação de vários empregados identificados, será considerado como plúrimo.

Cumpre notar que o contrato plúrimo não é sinônimo de contrato coletivo de trabalho. No contrato plúrimo, o sindicato não se faz presente, sendo entabulado diretamente entre empregados e empregador, ao passo que no contrato coletivo, deve a entidade sindical, obrigatoriamente, estar presente.

Em razão de o Direito brasileiro ser silente quanto ao contrato plúrimo, este deve ser considerando como um conjunto de contratos individuais de trabalho firmados entre diversos empregados e um empregador comum, aglutinados em um único instrumento particular. Ou seja, por meio de um instrumento específico, tem-se várias relações jurídicas. Daí o motivo de alguns doutrinadores denominá-lo de contrato de equipe quando exista uma similitude (unidade) de interesses entre os trabalhadores.

5.3. Contratos por tempo indeterminado ou por tempo determinado

O contrato de trabalho, via de regra, é pactuado por prazo indeterminado, refletindo assim a própria vida do trabalhador que necessita laborar dia após dia para alcançar o seu sustento e uma vida digna por meio do seu emprego, bem como pela continuidade da relação empregatícia. Ao mesmo tempo, atende aos anseios da classe empresarial, que também precisa da segurança jurídica de poder contar por prazo indeterminado com a mão de obra do trabalhador para a realização da sua atividade econômica.

Em situações excepcionais, estabelecidas no art. 443 da CLT, o contrato de trabalho pode ser pactuado por prazo determinado, sendo elas: 1-) serviço cuja natureza ou transitoriedade justifique a predeterminação do prazo; 2-) atividade empresariais de caráter transitório; e 3-) contrato de experiência. Nas duas primeiras hipóteses, o limite é de 2 anos e, na terceira, de 90 dias, sendo possível apenas uma prorrogação que deve respeitar esse prazo máximo.

Importante destacar que os contratos por prazo determinado devem ser devidamente formalizados e, na ausência de formalização ou em caso de dúvida, o contrato de trabalho é considerado como indeterminado, pois concede mais direitos rescisórios do que o contrato por tempo determinado.

Cumpre salientar, ainda, que contrato por prazo determinado não é sinônimo de contrato temporário, vez que aquele contrato é bilateral, entabulado diretamente entre empregado e empregador, previsto no art. 443 da CLT, enquanto que no contrato temporário a relação é trilateral, fruto de uma terceirização envolvendo tomadora, prestadora (empregadora, pelo menos *a priori*) e empregado, regulamentado pela Lei n. 6.019/74.

5.4. Contrato intermitente

O trabalho intermitente, introduzido no ordenamento jurídico brasileiro pela Lei n. 13.467/2017 (reforma trabalhista), possui previsão legal nos arts. 443 e 452-A da CLT, sendo sua principal característica a ausência de habitualidade. Essa nova modalidade de trabalho é prestada de maneira não contínua, com alternância de períodos de prestação de serviços e de inatividade, determinados em horas, dias ou meses, independentemente do tipo de atividade do empregado e do empregador, exceto para os aeronautas, que são regidos por legislação própria. Em síntese, o contrato intermitente flexibiliza dois direitos trabalhistas: a jornada e o salário[20]. O contrato do intermitente obrigatoriamente deve ser pactuado por escrito e deve conter especificamente o valor da hora de trabalho, que não pode ser inferior ao valor horário do salário mínimo ou àquele devido aos demais empregados do estabelecimento que exerçam a mesma função em contrato intermitente ou não. O empregador deve convocar o empregado, por qualquer meio de comunicação eficaz, informando na convocação a respectiva jornada, com pelo menos três dias corridos de antecedência, sendo que o empregado tem o prazo de um dia útil para responder à convocação. O silêncio corresponde a recusa, que, por seu turno, não descaracteriza a subordinação. Caso o empregado aceite a oferta, a parte que descumprir o acordado, sem justo motivo, pagará multa de 50% à outra parte, no prazo de 30 dias, da remuneração que lhe seria devida, sendo permitida a compensação em igual prazo. O período de inatividade não será considerado tempo à disposição do empregador, podendo o empregado prestar serviços a outros contratantes.

Destaca-se ainda que, ao final de cada período de trabalho, o empregador deverá pagar ao empregado direitos mínimos como a remuneração, férias proporcionais com acréscimo de um terço, décimo terceiro salário proporcional, repouso semanal remunerado e adicionais legais, devendo o recibo do respectivo pagamento discriminar os valores relativos a cada parcela paga. O empregador deve fazer o recolhimento previdenciário e fundiário, na forma da lei, com base nos valores pagos no período mensal, devendo fornecer ao empregado os respectivos comprovantes. A cada doze meses, o empregado terá direito a férias, devendo ser usufruída nos doze meses posteriores, não podendo ser convocado pelo seu empregador para trabalhar.

Por meio de uma singela análise do trabalho intermitente, percebe-se que ele representa um verdadeiro retrocesso normativo, que inverte toda a ordem trabalhista, colocando a perspectiva econômica antes da humanista, porquanto viola a inclusão social, o pertencimento, o reconhecimento e a melhoria da condição socioeconômica. Com a quebra ou flexibilização da habitualidade (principal elemento acidental dessa modalidade contratual), o trabalhador tem a sua rotina laboral prejudicada, comparecendo no empregador eventualmente quando convocado. Movimento idêntico ocorre com seu salário, pois o recebe somente quando trabalha, na proporção da sua duração. Com isso, o princípio da alteridade, ainda que sutilmente, é transferido para o empregado.

Portanto, o empregado inserido no trabalho intermitente dificilmente se vê pertencente em uma categoria profissional, bem como não se sente reconhecido por meio do seu labor e tem o seu salário vinculado exclusivamente aos anseios do empregador, e não necessariamente à sua atividade e finalidade social, podendo, inclusive, no final do mês, receber muito abaixo do salário mínimo ou até mesmo nada receber, tudo dependendo da quantidade de convocações que receber mensalmente. No que diz respeito às contribuições previdenciárias, pode-se alcançar o absurdo de o trabalhador intermitente ter que completar do próprio bolso o valor devido, caso no mês tenha sido pouco procurado. Justamente devido a essa situação de penúria em que se encontra, o empregado intermitente pode cumprir jornadas exaustivas de trabalho, podendo em um único dia trabalhar em duas ou três empresas, já que o que lhe domina é o sentimento da incerteza do amanhã e a necessidade de hoje, fazendo com que aceite todas (ou a maior parte) das convocações que receber, seja de quem

---

[20] DELGADO, Mauricio Godinho; DELGADO, Gabriela. *A reforma trabalhista no Brasil*: com os comentários à Lei n. 13.467/2017. 1. ed. São Paulo: LTr, 2017. p. 154.

for, afinal o convite de hoje pode não acontecer amanhã, mas ele precisa de dinheiro para sua sobrevivência.

5.5. Contrato de teletrabalho

Quanto ao teletrabalho, cumpre destacar que também foi inserido na CLT pela Lei n. 13.467/2017 (reforma trabalhista), estando previsto nos arts. 75-A a 75-E, que formam o Capítulo II, do Título II, da CLT. Tais dispositivos devem ser interpretados em conjugação com as regras do art. 134 (férias), inciso III do art. 62 e art. 6º, todos da CLT. Os elementos caracterizadores desse contrato são dois: 1-) trabalhar fora da empresa (que não se confunde com trabalho externo), muito embora a sua presença possa ser exigida para a realização de atividades específicas, o que não descaracteriza o teletrabalho e 2-) fazer uso de instrumento de informática, de tecnologia de informação e de comunicação. O contrato de trabalho obrigatoriamente deve ser expresso e formal, sendo que os custos (aquisição, manutenção e fornecimento) dos equipamentos podem ser negociados entre empregado e empregador. Poderá ser realizada a alteração do regime de teletrabalho para o presencial por determinação do empregador, e também do presencial para o teletrabalho, sendo que, nesse caso, é necessário o mútuo acordo. Em ambos os casos, torna-se obrigatório o aditamento contratual.

Nesse sentido, aplica-se ao empregado teletrabalhador os art. 75-A ao 75-E da CLT, bem como as normas estabelecidas na CLT de caráter geral, em harmonia com três que lhes são direcionadas especificamente: art. 6º, inciso III do art. 62 e art. 134.

Assim como no contrato intermitente, o que se vê no teletrabalho é a prevalência do viés econômico sobre o humanístico, porquanto também acarreta uma transferência do princípio da alteridade do empregador ao empregado, já que a lei determina que as partes podem direta e livremente negociar os custos da aquisição, manutenção e fornecimento das ferramentas de trabalho (que, no caso, são obrigatoriamente instrumentos tecnológicos, os quais, via de regra, são caros e dependem de acessórios que também possuem um elevado valor, como internet, energia elétrica, material para impressão e etc.). Por meio dessa possibilidade, dependendo do importe gasto pelo empregado para exercer o teletrabalho e do seu salário, pode ser que o teletrabalhador também receba um valor aquém do mínimo constitucionalmente garantido a todos.

Destaca-se também a previsão legal de que o teletrabalho não se encontra inserido dentro da jornada diária de 8 horas e 44 semanais. Isso faz com que esse empregado venha a trabalhar uma quantidade absurda de horas, podendo seu empregador estabelecer metas muito difíceis (ou quase impossíveis) de serem atingidas, ficando exposto, assim, a doenças ocupacionais (principalmente as mentais), bem como até mesmo ao dano existencial, já que o seu convívio social e o direito à desconexão ficam prejudicados, fazendo com que a casa do trabalhador se torne uma parte da empresa e que ele confunda a sua vida profissional e a pessoal constantemente.

O teletrabalho fomenta um isolamento do empregado que provavelmente não irá lhe fazer bem psicologicamente. Sendo o seu trabalho realizado fora da empresa, ele deixa de criar uma rotina pessoal de trabalho, de comparecer no seu empregador, não encontrando mais os seus colegas de trabalho. Com isso o lado social do trabalho fica prejudicado. Muito embora o salário seja talvez o ponto mais importante da relação de emprego, já que é por meio dele que o trabalhador consegue sua sobrevivência e melhoria de condição socioeconômica, também é necessário reconhecer e valorizar o lado social do trabalho, que permite ao empregado criar uma rotina de vida, fazer novas amizades e interagir com outras pessoas, incluindo-se, assim, na sociedade, bem como ter a sensação de pertencimento a uma categoria profissional e ser reconhecido sujeito de direitos e deveres a partir do trabalho que realiza. O teletrabalho prejudica todo esse contexto, fazendo com que o trabalhador fique cada vez mais isolado (até mesmo dentro de sua própria residência), propenso a adquirir doenças neurológicas, que inclusive em um curto período podem até mesmo afastar essa pessoa do mundo do trabalho.

6. EFEITOS CONTRATUAIS

O contrato de trabalho quando pactuado enseja efeitos para o empregado, para o empregador e para o Estado, já que os dois primeiros passam a ter direito e deveres sinalagmáticos, precípuos e acessórios. Enquanto que o empregado tem o dever de trabalhar nos dias e horários acordados e dentro das atribuições que são destinadas ao seu cargo e à função para a qual foi contratado, possui o direito de receber o seu salário nos exatos termos previstos em lei ou na negociação coletiva. Por seu turno, o empregador possui o direito de direcionar, controlar e fiscalizar o trabalho executado pelo empregado, tudo dentro dos limites legais. Ao mesmo tempo, tem a obrigação de pagar o salário dos empregados em dia, bem como tratá-los com urbanidade e cordialidade, para assim manter um meio ambiente de trabalho saudável e seguro a todos. No que diz respeito ao erário público, tendo em vista que o contrato de trabalho também enseja efeitos além da relação privada entre empregado e empregador, importa dizer que dessa relação nascem obrigações tributárias, como o pagamento do imposto de renda, de contribuições para a Seguridade Social e dos depósitos do Fundo de Garantia do Tempo de Serviço (FGTS), sendo essa última exclusiva do empregador e as duas primeiras devidas pelas duas partes.

Nesse sentido, o contrato de trabalho, ao mesmo tempo que é importante para o empregado e o empregador –, regulamentando essa relação contraditória (em que a polaridade credor/devedor alterna-se a cada minuto da jornada de trabalho), mas que ao mesmo é de completude, ensejando efeitos para ambos –, também é de crucial importância para o Estado. Isso porque é por meio desse instrumento que se arrecadam tributos que representam uma importante fonte de receita e, ao mesmo tempo, também são gerados efeitos para o erário público, como a concessão de benefícios previdenciários. Em síntese: o contrato de trabalho é necessário para toda a sociedade, pois a sua concretização traz, ainda de forma relativa, segurança jurídica e paz social.

7. CONCLUSÃO

O contrato de trabalho é um instrumento particular de fundamental importância para o Estado Democrático de Direito, porquanto propicia uma verdadeira abertura de inclusão social e de melhoria da condição socioeconômica para a grande parte da sociedade brasileira, bem como representa uma das principais fontes de receita para o Estado.

Os direitos e as obrigações advindas do contrato de trabalho decorrem automaticamente da incidência do Direito do Trabalho: Constituição, Consolidação das Leis do Trabalho e tratados internacionais ratificados pelo Brasil. Muito embora a incidência dessas normas decorra de maneira automática e imperativa, o contrato de trabalho é um instrumento privado, podendo ser entabulado de maneira tácita ou expressa. Todavia, é permeado pelo manto da indisponibilidade dos direitos trabalhistas, que correspondem ao patamar civilizatório mínimo necessário para que uma pessoa tenha uma vida digna a partir do trabalho que realiza.

A existência do contrato de trabalho decorre da realização do trabalho no mundo dos fatos e, por isso, quando presentes os cinco elementos fáticos-jurídicos, automaticamente ele estará formado, independentemente da vontade das partes. Sendo assim, o contrato de trabalho significa a própria essência do Direito do Trabalho.

A reforma trabalhista inseriu no ordenamento jurídico brasileiro duas novas formas contratuais, consideradas como estratificadas: o trabalho intermitente e o teletrabalho, que possuem elementos acidentais próprios e propiciam menos direitos trabalhistas quando comparados a uma relação de emprego tradicional, significando um verdadeiro retrocesso normativo trabalhista, violando até mesmo normas constitucionais. É justamente a ocorrência de elementos naturais próprios que fazem com que sejam modalidades de emprego estratificadas e excepcionais, já que possuem particularidades que, quando não observadas, os conduzem à regra geral: relação de emprego tradicional[21].

Diante de todo o exposto, tem-se que, muito embora atualmente existam essas duas novas modalidades de emprego, elas só devem ser reconhecidas e aplicadas nas hipóteses em que de fato estiverem presentes todos seus elementos (em especial os acidentais que lhes são próprios). Isso porque significam situações excepcionais à relação de emprego tradicional, a qual de fato e de direito representa o próprio cerne do Direito do Trabalho, pois oferta à classe trabalhadora uma verdadeira inclusão social, reconhecimento da dignidade, pertencimento a uma categoria, democrática distribuição de renda, melhoria da condição socioeconômica e efetivação da cidadania.

8. REFERÊNCIAS BIBLIOGRÁFICAS

DELGADO, Mauricio Godinho. *Curso de direito do trabalho*. 16. ed. rev. e ampl. São Paulo: LTr, 2017.

_____; DELGADO, Gabriela Neves. *A reforma trabalhista no Brasil*: com os comentários à Lei n. 13.467/2017. 1. ed. São Paulo: LTr, 2017.

GARCIA, Gustavo Filipe Barbosa. *Curso de direito do trabalho*. 11. ed. rev., atual. e ampl. Rio de Janeiro: Forense, 2017.

---

(21) Mesmo diante desse posicionamento, os autores deste artigo entendem que essas novas duas modalidades de relação de emprego devem ser analisadas pelo Supremo Tribunal Federal acerca da sua (in)constitucionalidade.

CAPÍTULO 9

TRABALHO INTERMITENTE: FLEXIBILIZAÇÃO DO CONTRATO DE TRABALHO E (IN)CONSTITUCIONALIDADE DO ART. 443, § 3º, DA CLT

Valdilene Ângela de Carvalho Guimarães[1]

1. INTRODUÇÃO

Como asseveram Érica Fernandes Teixeira e Nicolle Wagner da Silva Gonçalves "as recentes reformas implementadas pelo atual governo brasileiro promoveram um flagrante desmonte do pacto constitucional".[2]

Em vigor desde o dia 11 de novembro de 2017, a Lei n. 13.467 de 2017, alicerçada a partir de uma visão utópica, sob a argumentação de tratar-se da tão aguardada e necessária adequação das leis trabalhistas à realidade social e sob a nomenclatura "modernização", instituiu novos conceitos e comandos legais.

Dentre as principais inovações trazidas pela lei referida está a criação do contrato de trabalho intermitente. Na esteira das tremendas mudanças provocadas pela nova legislação, é a que julgamos ser a que merece ser vista com maior atenção, e eleita como sendo o objeto de estudo deste artigo.

Para entendermos melhor essa nova modalidade de contrato de trabalho, inicialmente nos incumbimos da tarefa de, através do texto legal, extrair o seu conceito.

No segundo momento, nos dedicamos a questionar a constitucionalidade do contrato de trabalho intermitente. Para tanto, elencamos os elementos essenciais do contrato de trabalho, com o intuito de evidenciá-los nos contornos do contrato de trabalho intermitente.

Nessa perspectiva, cumpre verificar, a partir da abordagem dos elementos essenciais do contrato de trabalho, se estão ou não contidos na nova modalidade de contrato de trabalho, qual seja, o contrato de trabalho intermitente.

Melhor explicando, analisaremos se no bojo do contrato de trabalho intermitente estão ou não presentes todos os elementos essenciais ao contrato de trabalho e, nesse contexto, verificar-se-á se esse contrato é ou não constitucional.

Para chegarmos a um entendimento/conclusão sobre o tema abordado, utilizamos os ensinamentos doutrinários conjugados à análise do próprio texto legal.

2. DO CONTRATO DE TRABALHO INTERMITENTE

Com a entrada em vigor da Lei n. 13.467, de 2017, nos deparamos com uma nova modalidade de contrato de trabalho, o contrato de trabalho intermitente. Tal inovação está baseada a partir da nova redação do *caput* do art. 443 da CLT, que consolida em seu texto a nomenclatura "trabalho intermitente". A literalidade da expressão delimita com precisão e clareza a intenção

---

(1) Mestranda do Curso de Direito das Relações Sociais e Trabalhistas do Centro Universitário UDF- Brasília – DF e Pós-Graduada (Especialização) em Direito do Trabalho pela Faculdade Fortim (2008) e Pós-Graduada em Direito Civil e Direito Processual Civil (2012) pela Faculdade de Araraquara em parceria com o Instituto dos Magistrados do Distrito Federal – IMAG/DF e Professora Universitária e Advogada e *e-mail*:<valdileneangela@hotmail.com>.

(2) TEIXEIRA, Érica Fernandes; GONÇALVES, Nicolle Wagner da Silva. *Afrontas ao pacto constitucional*: o trabalho intermitente regulamentado e a flagrante afronta aos direitos trabalhistas no Brasil. Disponível em: <Revista.trt10.jus.br/index.php/revista10/article/download/179/164/>. Acesso em: 21 maio 2018.

do legislador quanto à aplicação desse dispositivo. Vejamos:

> Art. 443. O contrato individual de trabalho poderá ser acordado tácita ou expressamente, verbalmente ou por escrito, por prazo determinado ou indeterminado, ou para prestação de trabalho intermitente. (Redação dada pela Lei n. 13.467, de 2017).

Além disso, inova ao inserir parágrafo 3º ao artigo já mencionado sobrevindo em seu conteúdo o conceito desse novo instituto:

> § 3º Considera-se como intermitente o contrato de trabalho no qual a prestação de serviços, com subordinação, não é contínua, ocorrendo com alternância de períodos de prestação de serviços e de inatividade, determinados em horas, dias ou meses, independentemente do tipo de atividade do empregado e do empregador, exceto para os aeronautas, regidos por legislação própria. (Incluído pela Lei n. 13.467, de 2017).

Verifica-se que o legislador criou uma nova modalidade de contrato de trabalho e de salário, sem, portanto, garantir o mínimo previsto em nossa Carta Maior. Nesse contexto, convém aludir o posicionamento dos professores Mauricio Godinho Delgado e Gabriela Neves Delgado, que pontificam:

> O que os preceitos legais fazem é, nada mais nada menos, do que criar mais uma modalidade de salário por unidade de obra ou, pelo menos, de salário tarefa: o salário contratual será calculado em função da produção do trabalhador no respectivo mês, produção a ser estimada pelo número de horas em que se colocou, efetivamente, à disposição do empregador no ambiente de trabalho, segundo convocação feita por esse empregador.
>
> Tratando-se, pois, de salário por unidade de obra ou salário-tarefa, tem o empregado garantido, sem dúvida, o mínimo fixado em lei (salário mínimo legal), em periodicidade mensal.[3]

De modo semelhante, é o entendimento de Lorena de Mello Resende Colnago, que proclama:

> O trabalho intermitente é uma figura nova para o direito de trabalho pátrio. Assemelha-se em seu regramento ao trabalhador avulso que se ativa sob escalação, porém difere dele porque engloba um período de aceite – três dias. O não aceite não importa ausência de subordinação, porque a ideia é manter o vínculo com o empregado.[4]

Também sobre esse assunto, apontam Isabel Braga, Carolina Villaça, Rogério Brandão que:

> Um dos pontos que provocará mais efeitos danosos ao mercado de trabalho, à estrutura social e à desigualdade no país é o que legaliza a chamada jornada zero hora (Trabalho contratado por hora, que recebeu o nome de "trabalho intermitente" no texto da lei). Nela o trabalhador não tem turno definido nem jornada mínima. É chamado pelo empregador de acordo com critérios unilaterais e recebe apenas pelas horas trabalhadas. Antes da reforma, esse tipo de contrato não existia na CLT.[5]

Por trás de uma aparente simplicidade quanto ao entendimento dos dispositivos acima citados, sobre o novo preceito legal, pairam muitas dúvidas, inclusive quanto à sua real finalidade. O assunto é controverso e alvo de inúmeras críticas.

3. A FLEXIBILIZAÇÃO DO CONTRATO DE TRABALHO COM A CRIAÇÃO DA LEI N. 13.467, DE 2017 QUE INSTITUIU O CONTRATO INTERMITENTE DE TRABALHO

Como atestam Érica Fernandes Teixeira e Nicolle Wagner da Silva Gonçalves, "as tutelas até então asseguradas na legislação celetista foram atacadas e a Lei n. 1.3467/2017 permitiu a flexibilização de direitos imperativos trabalhistas, agredindo direitos do trabalhador."[6]

A reforma promovida na legislação do trabalho, que

---

(3) DELGADO, Mauricio Godinho. DELGADO, Gabriela Neves. *A reforma trabalhista no Brasil*: com os comentários à Lei n. 13.467/2017. São Paulo: LTr, 2017. p. 155.

(4) COLNAGO, Lorena de Mello Rezende. Reforma trabalhista: o Futuro do trabalho, do direito do trabalho e da justiça do trabalho. *Revista LTr. Legislação do trabalho*. Ano 81, setembro de 2017, São Paulo – Brasil, p. 81-09/1086.

(5) Isabel Braga, Carolina Villaça e Rogério Brandão. Modernização? A reforma que mudou mais de 100 artigos da CLT – Labor – *Revista do Ministério Público do Trabalho* – ano IV – n. 8 – 2017), p. 44/57.

(6) TEIXEIRA, Érica Fernandes; GONÇALVES, Nicolle Wagner da Silva. *Afrontas ao pacto constitucional*: o trabalho intermitente regulamentado e a flagrante afronta aos direitos trabalhistas no Brasil. Disponível em: <Revista.trt10.jus.br/index.php/revista10/article/download/179/164/>. Acesso em: 21 maio 2018.

criou o contrato de trabalho intermitente, teve como justificativa retirar da informalidade aqueles empregados que não possuem os requisitos do vínculo de emprego.

Todavia, sobre essa nova modalidade de contrato de trabalho surgiram vários questionamentos quanto à sua constitucionalidade.

Em um primeiro momento, nos ocuparemos com a definição de contrato de trabalho na modalidade relação de emprego e o elo que os une. Para tanto, no que tange o contrato de trabalho, convém citar o *caput* do art. 442 da CLT, que define:

> Art. 442. Contrato individual de trabalho é o acordo tácito ou expresso, correspondente à relação de emprego.

A propósito, o jurista Mauricio Godinho Delgado ao lecionar sobre contrato de trabalho dispõe que ele:

> Pode ser definido o contrato empregatício como o acordo de vontades, tácito ou expresso, pelo qual uma pessoa física coloca seus serviços à disposição de outrem, a serem prestados com pessoalidade, não eventualidade, onerosidade e subordinação ao tomador.[7]

A partir da leitura do art. 442 da CLT, observa-se a flagrante importância concedida pelo legislador para o termo "relação de emprego", que se encontra de forma literal no teor do dispositivo legal. Sobre a relação de emprego, é de suma relevância o entendimento do professor Carlos Henrique Bezerra Leite, ao atestar que:

> A Relação de emprego ocupa-se de um tipo específico da atividade humana: o trabalho subordinado, prestado por um tipo especial de trabalhador, que é o empregado. Aqui, o que importa é a relação jurídica existente entre o empregado e o empregador (mesmo quando este seja pessoa de direito público interno ou externo), para efeito de aplicação do direito do trabalho. O termo relação de emprego também consta expressamente da Constituição Federal (art. 7º, I). Daí a importância da distinção não apenas para o direito do trabalho, como também para o próprio direito constitucional.

Os arts. 2º e 3º da CLT fornecem os seguintes critérios (ou elementos essenciais) para a caracterização da relação de emprego: pessoalidade, não eventualidade, subordinação hierárquica ou jurídica e onerosidade. Destaca-se, desde logo, que a existência da relação empregatícia exige a presença conjunta de todos os elementos essenciais. Noutro falar, a ausência de pelo menos um deles descaracteriza a relação empregatícia.[8]

A improvável dicotomia entre os termos contrato de trabalho e relação de emprego foi objeto de estudo do autor Amauri Mascaro Nascimento, citado pelo professor Carlos Henrique Bezerra Leite em sua obra:

> Não dissocia contrato e relação de emprego (...) o vínculo de emprego é uma relação jurídica (aspecto sócio-normativo) de natureza contratual, pela forma de sua constituição, pelo modo de seu desenvolvimento, neste reduzindo-se muito a liberdade das partes, e pelas características de sua desconstituição. O Contrato é a fonte que instaura o vínculo, mas que pode também determinar alguns dos seus efeitos. A relação de emprego é a relação social e que se transforma em jurídica porque disciplinada pelo direito. A vontade, manifestada de modo escrito, verbal ou meramente tácito, está sempre presente na base de toda relação jurídica entre empregado e empregador.[9]

Presentes os conceitos de contrato de trabalho e relação de emprego, e tendo reconhecido irrefutável vinculação entre eles, passemos ao segundo momento, que é a análise das diretrizes dos arts. 2º e 3º da CLT e posterior verificação da presença ou não, no contrato intermitente de trabalho, de TODOS os elementos essenciais para a construção da relação de emprego.

Para entendermos a relevância desses elementos norteadores, convém analisarmos, pontualmente, cada um deles. Com relação aos elementos essenciais da relação de emprego, aponta o professor Carlos Henrique Bezerra Leite[10] que:

1. Pessoalidade:

> O contrato de trabalho é, via de regra, *intuitu personae* com relação ao empregado, que é sempre pessoa física. Deve prestar pessoalmente o trabalho e somente em casos excepcionais, com consentimento, tácito ou expresso, do empregador tem-se

---

(7) DELGADO, Mauricio Godinho. *Curso de direito do trabalho*. 5. ed. São Paulo: LTr, 2006. p. 489.
(8) LEITE, Carlos Henrique Bezerra. *Curso de direito do trabalho*. 8. ed. São Paulo: Saraiva, 2017. p. 160.
(9) LEITE, Carlos Henrique Bezerra. *Curso de direito do trabalho*. 8. ed. São Paulo: Saraiva, 2017. p. 157.
(10) LEITE, Carlos Henrique Bezerra. *Curso de direito do trabalho*. 8. ed. São Paulo: Saraiva, 2017. p. 162/163.

admitido a substituição do prestador do trabalho.

2. Não eventualidade

O contrato de trabalho exige uma prestação de serviço de forma habitual, constante e regular, levando-se em conta um espaço de tempo ou uma tarefa a ser cumprida. Assim, o trabalho eventual, esporádico, a princípio, não tipifica uma relação empregatícia.

3. Subordinação hierárquica ou jurídica

Há quem sustente que a subordinação decorre da situação de "dependência" (CLT, art. 3º) do empregado em relação ao empregador. Todavia, parece-nos que o empregado não é "dependente" do empregador, e sim, a sua atividade laboral (física, mental ou intelectual) é que fica num estado de sujeição ao poder (diretivo, regulamentar e disciplinar) do empregador, sendo que este critério é, para a maioria dos doutrinadores, o mais relevante para caracterizar a relação empregatícia.

4. Onerosidade

O empregado tem que receber remuneração, seja salário fixo, comissões ou utilidades, cujo pagamento pode ser estabelecido por dia, hora ou mês.

Concernente ao elemento da pessoalidade é possível entrevê-lo dentro do contrato de trabalho intermitente.

Contudo, a partir da leitura da inovação legislativa, evidencia-se notória fragilidade acerca da figura do salário, tão cara ao elemento da onerosidade. O novo preceito legal permite que as empresas contratem trabalhadores ocasionalmente. Dessa forma, o pagamento pode ocorrer apenas pelos dias efetivamente trabalhados, fato que pode resultar em remuneração menor que o mínimo legal previsto em nossa Carta Maior.

É verdade que o legislador faz menção à expressão valor da hora de trabalho e, neste contexto, sem excessos, cabe-nos conduzir o assunto na direção do que dispõe o art. 7º, VII da Constituição Federal[11], vejamos:

Art. 7º São direitos dos trabalhadores urbanos e rurais, além de outros que visem à melhoria de sua condição social:
(...).
VII – garantia de salário, nunca inferior ao mínimo, para os que percebem remuneração variável;

De par com isso, é o ponto de vista dos autores Mauricio Godinho Delgado e Gabriela Neves Delgado:

Em conformidade com o Direito do Trabalho, quer por preceitos da CLT (art. 78, *caput* e parágrafo único), quer por preceito constitucional (art. 7º, VII), é assegurado aos empregados que percebam remuneração variável, a garantia de salário nunca inferior ao mínimo legal – ou seja, o salário mínimo imperativo vigente no País durante a existência do respectivo contrato de trabalho.

Essa garantia constitucional, aliás, é reconhecida por diversos julgados do Supremo Tribunal Federal com respeito aos servidores celetistas da Administração Pública direta, autárquica e fundacional – ou seja, empregados estatais, naturalmente regidos pela CLT (OJ n. 358, II, do TST).[12]

Como bem atesta o jurista Mauricio Godinho Delgado, essa garantia constitucional é reconhecida por diversas decisões da nossa Corte Suprema (Supremo Tribunal Federal). Vejamos o precedente abaixo transcrito:

CONSTITUCIONAL. SERVIÇO MILITAR OBRIGATÓRIO. SOLDO. VALOR INFERIOR AO SALÁRIO MÍNIMO. VIOLAÇÃO AOS ARTS. 1º, III, 5º, *CAPUT*, E 7º, IV, DA CF. INOCORRÊNCIA. RE DESPROVIDO.

I – A Constituição Federal não estendeu aos militares a garantia de remuneração não inferior ao salário mínimo, como o fez para outras categorias de trabalhadores.

II – O regime a que submetem os militares não se confunde com aquele aplicável aos servidores civis, visto que têm direitos, garantias, prerrogativas e impedimentos próprios. III – Os cidadãos que prestam serviço militar obrigatório exercem um múnus público relacionado com a defesa da soberania da pátria.

IV – A obrigação do Estado quanto aos conscritos limita-se a fornecer-lhes as condições materiais para a adequada prestação do serviço militar obrigatório nas Forças Armadas.

V – Recurso extraordinário desprovido. (grifo nosso). (RE 670436 AgR, Relator(a): Min. ROBERTO BARROSO, Primeira Turma, julgado em 27.10.2017, PROCESSO ELETRÔNICO DJe-261 DIVULG 16.11.2017 PUBLIC 17.11.2017).[13]

---

(11) Disponível em: <http://www.planalto.gov.br/ccivil_03/constituicao/constituicaocompilado.htm>.
(12) DELGADO, Mauricio Godinho; DELGADO, Gabriela Neves. *A reforma trabalhista no Brasil*. 1. ed. São Paulo: LTr, 2017. p. 155.
(13) Disponível em: <http://www.stf.jus.br/portal/jurisprudencia/listarJurisprudencia.asp?s1=%28VALOR+INFERIOR+AO+SAL%C1RIO +M%CDNIMO%29&base=baseAcordaos&url=http://tinyurl.com/y8yqzrg3>. Acesso em: 22 maio 2018.

Nesse sentido, vejamos também o entendimento consolidado na Orientação Jurisprudencial n. 358, II, do Tribunal Superior do Trabalho:

> OJ n. 358. SALÁRIO MÍNIMO E PISO SALARIAL PROPORCIONAL À JORNADA REDUZIDA. EMPREGADO. SERVIDOR PÚBLICO (redação alterada na sessão do Tribunal Pleno realizada em 16.02.2016) – Res. n. 202/2016, DEJT divulgado em 19, 22 e 23.02.2016
>
> (...).
>
> II – Na Administração Pública direta, autárquica e fundacional não é válida remuneração de empregado público inferior ao salário mínimo, ainda que cumpra jornada de trabalho reduzida. Precedentes do Supremo Tribunal Federal. (g.n.).[14]

Nesse quadro, os autores Iuri Pereira Pinheiro e Bruno Ruffier apontaram em sua obra, crítica lançada pela Senadora Vanessa GrazziotIn: que advertiu "trata-se de uma forma nefasta de precarização do trabalho e do emprego, pois o empregado poderá receber um salário inferior ao salário mínimo."[15]

Segundo Jorge Souto Maior,

> Essa situação não possui nenhuma base constitucional, vez que a Carta Magna do país, conforme o pacto firmado em 1988, garante a todos os empregados, independente de sua condição pessoal, o recebimento do salário mínimo mensal, mesmo para aqueles que auferem remuneração variável, não se tendo aberto qualquer exceção a essa regra (inciso VII do art. 7º)<ii>. E, como gostam de dizer os defensores da "reforma", as disposições legais estão aí para ser aplicadas e não interpretadas, ainda mais na direção da redução de direitos, porque, como estabelece o caput do art. 7º da CF, os direitos trabalhistas se destinam à melhoria da condição social dos trabalhadores.[16]

Esses mesmos juristas, citando Homero Batista da Silva, dispõem que "a figura é assustadora porque poderá resolver os índices de desemprego do Brasil sem que as pessoas tenham renda assegurada (...). O propósito é apenas blindar a empresa de alegações de mão de obra clandestina."[17]

Ora, se admitirmos o feitio "valor da hora de trabalho", como sendo a medida para o valor das verbas contraprestativas a serem pagas pelo empregador ao obreiro pelo serviço prestado, admitiremos o não cumprimento da garantia constitucional prevista pelo art. 7º, VII, CF e, da mesma forma, um contrato empregatício no qual é possível que não haja pagamento mensal de absolutamente nenhuma quantia, visto que há a possibilidade de haver, dentro do contrato intermitente, período de inatividade. Sobre esse enfoque, nos perguntamos onde estaria o elemento da onerosidade?

Ainda sobre o assunto, é o que dispõem os autores Iuri Pereira Pinheiro e Bruno Ruffier:

> O contrato de emprego também é oneroso e configura-se a partir da expectativa de recebimento de pagamento por parte do empregado. A espécie antagonista do contrato oneroso é o contrato gratuito, em que só uma das partes retira proveito. Também nesse particular já se nota um conflito do contrato intermitente com mais uma característica natural do contrato de trabalho e salário, oficializando um possível "contrato zero" (zero trabalho, zero salário), conforme adverte o sempre perspicaz Homero Batista.[18]

Passando a análise do elemento não eventualidade, verifica-se que se no contrato de trabalho intermitente a prestação de serviço não é contínua, ocorrendo com alternância de períodos de prestação de serviços e de inatividade, não é possível vislumbrar a incidência do elemento da não eventualidade, uma vez que esta exige uma prestação de serviço de forma habitual, constante e regular.

Destaque-se o entendimento dos autores Iuri Pereira Pinheiro e Bruno Ruffier e oportuna citação do doutrinador Homero Batista:

> Ainda, mesmo que a palavra "habitualidade" não esteja expressa no art. 3º da CLT, a doutrina

---

(14) Disponível em: <http://www.tst.jus.br/web/guest/ojs>. Acesso em: 22 maio 2018.

(15) PINHEIRO, Iuri Pereira. *Reforma trabalhista e os novos direitos material e processual do trabalho.* (Orgs.) Cinthia Machado de Oliveira, Iuri Pinheiro, Raphael Miziara. Porto Alegre: verbo jurídico, 2017. p. 188.

(16) MAIOR, Jorge Luiz Souto. Disponível em: <https://www.jorgesoutomaior.com/blog/trabalhador-intermitente-desempregado-permanente>. Acesso em: 22 maio 2018.

(17) PINHEIRO, Iuri Pereira. *Reforma trabalhista e os novos direitos material e processual do trabalho.* (Orgs.) Cinthia Machado de Oliveira, Iuri Pinheiro, Raphael Miziara. Porto Alegre: verbo jurídico, 2017. p. 188.

(18) PINHEIRO, Iuri Pereira. *Reforma trabalhista e os novos direitos material e processual do trabalho.* (Orgs.) Cinthia Machado de Oliveira, Iuri Pinheiro, Raphael Miziara. Porto Alegre: verbo jurídico, 2017. p. 196.

converge no sentido de que este requisito é chave para a relação de emprego. De acordo com Homero Batista, quando o art. 3º da CLT afirma que o trabalho subordinado, pessoal e oneroso passa a ser contrato de trabalho se a atividade for "não eventual", o art. 3º sedimenta as bases para o conteúdo da habitualidade – aquilo que se repete de maneira razoavelmente esperada.[19]

Noutro contexto, enfatize-se que no que diz respeito ao elemento da subordinação também não pode ser visualizado dentro do contrato de trabalho intermitente.

Sobre a ótica do que compreende João Paulo Sérgio, citado pelos autores Iuri Pereira Pinheiro e Bruno Ruffier, a subordinação só existiria a partir da aceitação da convocação para prestar determinado serviço, ou seja, "só há subordinação neste tipo de contrato apenas se o empregado aceitar a convocação".[20]

Basta breve análise dos elementos acima elencados para que reste demostrado inexistir no contrato de trabalho intermitente relação de emprego, uma vez que muitos dos elementos essenciais que ensejam a relação de emprego estão ausentes.

Como expressam Érica Fernandes Teixeira e Nicolle Wagner da Silva Gonçalves, ao citar Jorge Luiz Souto Maior que:

> Toda essa deturpação de direitos permitida pelo atual governo e regulamentada, em especial, pela Lei n. 13.467/2017 ocorre de forma fria e alheia aos ditames constitucionais, como expressa Souto Maior: "Sabe que não possui respaldo constitucional ou apoio democrático para realizar as medidas de supressão de direitos trabalhistas e, então, deixa todo o pudor de lado e adota a estratégia de passar como um trator por cima da classe trabalhadora. Foi assim que se aprovou em seis meses, a PEC 55 e é assim que se planejam aprovar as "reformas" da Previdência e da legislação trabalhista, que não são, de fato reformas, mas eliminação plena de direitos.[21]

Em arremate, assentado na possibilidade de flexibilizar ou mesmo ignorar os contornos e as formalidades essenciais ao contrato empregatício, o contrato intermitente de trabalho, idealizado pelo legislador e instituído pela Lei n. 13.467 de 2017 é inconstitucional em todos os seus aspectos.

4. CONSIDERAÇÕES FINAIS

A compreensão da nova modalidade de contrato de trabalho deveria firmar-se sobre bases capazes de aniquilar quaisquer inseguranças quanto a sua aplicação e quanto aos efeitos produzidos.

Distante dessa realidade, a nova lei revelou-se guiada por regras que violam garantias constitucionais e que afrontam os princípios justrabalhistas que norteiam as relações de trabalho.

Nesse quadro, no tocante às formalidades inerentes ao contrato de trabalho, o contrato de trabalho intermitente flexibiliza o rigor quanto da incidência dos elementos essenciais.

No tocante a flexibilização, Georgenor de Sousa Franco Filho traz o oportuno conceito de Bauman, sobre a palavra flexibilização: "Bauman dizia que a flexibilização é o nome politicamente correto da frouxidão de caráter."[22]

Entendemos que o contrato de trabalho intermitente, da forma como foi sugerido, não é legítimo e tão pouco constitucional.

Assim, como bem conclui Amauri Alves, a legislação "infraconstitucional que desconsidere o valor social do trabalho, ao precarizar a relação jurídica de emprego, pode e deve ser reconhecida como inconstitucional, por afronta a direito fundamental (Constituição da República, art. 1º, IV)."[23]

Finalmente, qualquer prognóstico no tocante a implementação e aplicação dos novos comandos legais, bem como os efeitos que esses podem produzir, demonstram-se precários diante do novo quadro. Entendemos que a aplicação da nova lei deve ser orientada pelos princípios

---

(19) *Idem*, p. 197.

(20) *Ibidem*.

(21) TEIXEIRA, Érica Fernandes; GONÇALVES, Nicolle Wagner da Silva. *Afrontas ao pacto constitucional: o trabalho intermitente regulamentado e a flagrante afronta aos direitos trabalhistas no brasil*. Disponível em: <Revista.trt10.jus.br/index.php/revista10/article/download/179/164/>. Acesso em: 21 maio 2018.

(22) Filho, Georgenor de Sousa Franco. Reforma trabalhista: o Futuro do trabalho, do direito do trabalho e da justiça do trabalho. *Revista LTr. Legislação do trabalho*. Ano 81, setembro de 2017, São Paulo – Brasil, p. 81-09/1049.

(23) ALVES, Amauri. *Neoliberalismo, Flexibilização a SANGUE-FRIO" e perspectivas do direito do trabalho no Brasil*. Revista LTr. São Paulo, ano 74. out. 2010. p. 1245- 1255.

que norteiam o Direito do Trabalho, tão caros e imprescindíveis à obtenção da segurança jurídica.

5. REFERÊNCIAS BIBLIOGRÁFICAS

ALVES, Amauri. Neoliberalismo, Flexibilização a SANGUE-FRIO" e perspectivas do direito do trabalho no Brasil. *Revista LTr*, São Paulo, ano 74. out. 2010.

BRAGA. Isabel; VILLAÇA, Carolina; BRANDÃO, Rogério. Modernização? A reforma que mudou mais de 100 artigos da CLT – Labor – *Revista do Ministério Público do Trabalho*, ano IV, n. 8, 2017.

COLNAGO, Lorena de Mello Rezende. Reforma trabalhista: o Futuro do trabalho, do direito do trabalho e da justiça do trabalho. *Revista LTr. Legislação do trabalho.* Ano 81, setembro de 2017, São Paulo – Brasil, p. 81-09/1086.

DELGADO, Mauricio Godinho. DELGADO, Gabriela Neves. *A reforma trabalhista no Brasil: com os comentários à Lei n. 13.467/ 2017.* São Paulo: LTr, 2017.

_____. *Curso de direito do trabalho.* 5. ed. São Paulo: LTr, 2006.

FRANCO FILHO, Georgenor de Sousa. Reforma trabalhista: o Futuro do trabalho, do direito do trabalho e da justiça do trabalho. *Revista LTr. Legislação do trabalho.* Ano 81, setembro de 2017, São Paulo – Brasil.

LEITE, Carlos Henrique Bezerra. *Curso de direito do trabalho.* 8. ed. São Paulo: Saraiva, 2017.

MAIOR, Jorge Luiz Souto. Disponível em: <https://www.jorgesoutomaior.com/blog/trabalhador-intermitente-desempregado-permanente>.

PINHEIRO, Iuri Pereira. *Reforma trabalhista e os novos direitos material e processual do trabalho.* (Orgs.) Cinthia Machado de Oliveira, Iuri Pinheiro, Raphael Miziara. Porto Alegre: verbo jurídico, 2017.

TEIXEIRA, Érica Fernandes; GONÇALVES, Nicolle Wagner da Silva. *Afrontas ao pacto constitucional: o trabalho intermitente regulamentado e a flagrante afronta aos direitos trabalhistas no Brasil.* Disponível em: <Revista.trt10.jus.br/index.php/revista10/article/download/179/164/>.

<http://www.planalto.gov.br/ccivil_03/constituicao/constituicaocompilado.htm>.

<http://www.stf.jus.br/portal/jurisprudencia/listarJurisprudencia.asp?s1=%28VALOR+INFERIOR+AO+SAL%C1RIO+M%CDNIMO%29&base=baseAcordaos&url=http://tinyurl.com/y8yqzrg3>.

CAPÍTULO 10

ANÁLISE ACERCA DOS TRABALHADORES HIPERSUFICIENTES: RETROCESSO DE DIREITOS E LESÃO DIRETA A PRINCÍPIOS DO DIREITO DO TRABALHO

Horácio Aguilar da Silva Ávila Ferreira[1]

1. INTRODUÇÃO

Com a promulgação da Lei n. 13.467, de 13 de julho de 2017, popularmente conhecida como a Reforma Trabalhista, por meio da inserção do parágrafo único no art. 444 – que já previa a possibilidade de livre negociação de direitos trabalhistas, desde que em situações que garantam direitos mais vantajosos para o trabalhador – surge um novo segmento de empregado, sendo este o empregado "hipersuficiente".

Tal empregado, nos termos previstos no texto da reforma, seria aquele portador de diploma de nível superior e que possua remuneração equivalente ou superior a duas vezes o limite máximo dos benefícios da Previdência Social.

Para esse tipo de trabalhador, o princípio da indisponibilidade ou da irrenunciabilidade dos direitos trabalhistas, tido como um dos pilares do Direito do Trabalho, passaria a poder ser significativamente restringido. Tal restrição torna possível a negociação e até mesmo a supressão de diversos direitos trabalhistas, equiparando o poder de transação de garantias legais previstas na CLT de um trabalhador comum ao de uma Convenção Coletiva ou Acordo Coletivo.

Dessa forma, este artigo tem como objetivo estudar os preceitos básicos que deram origem ao conceito de proteção ao trabalhador, desde o surgimento constitucional que tem como cláusula pétrea a garantia da dignidade da pessoa humana, perpassando pela análise dos principais princípios do direito do trabalho relacionados diretamente com o surgimento desse novo modelo de empregado, trazendo críticas à reforma trabalhista no ponto em que, de certa forma, cria um meio de reduzir ou possibilitar que seja possível reduzir direitos trabalhistas de uma determinada categoria de empregados, ferindo não somente a legislação nacional, como a internacional, além de princípios norteadores do Direito do Trabalho.

2. HISTÓRICO DO DIREITO DO TRABALHO

Para que se possa entender o surgimento do novo paradigma de trabalhador, dotado de força contraposta ao poder potestativo do empregador, capaz de garantir-lhe a autonomia sobre seus direitos trabalhistas, mister se faz apresentar os passos históricos, no Brasil e no mundo, dos direitos dos trabalhadores.

Historicamente, o trabalho encontra-se presente muito antes da relação com o termo etimológico pejorativo que lhe foi dado, pois até mesmo os gregos, na antiguidade, utilizavam-se de termos distintos para separar o trabalho prestados pelos artesãos ou pelas elites, dos trabalhos braçais ou penosos, realizado pelos escravos. Esta mesma diferenciação era utilizada pelas sociedades latinas. Para eles, o trabalho prestado pela elite e pelos artesãos não tinha o condão pejorativo

---

(1) Mestrando em Direito do Trabalho, Processo do Trabalho e Seguridade Social pela UDF. Pós-graduado em Docência para o Ensino Superior pela instituição CESV – Centro de Ensino Superior de Vitória. Pós-graduando em Direito do Trabalho e Previdenciário da Atualidade pela PUC Minas. Administrador formado pela Universidade Federal do Espírito Santo – UFES. Advogado.

interpretado pelo trabalho realizado pelos escravos.[2]

Não obstante o labor estar presente desde a antiguidade, de fato as primeiras relações de trabalho, nas quais se verificavam a prestação de serviço de um indivíduo para um terceiro, ainda que contra sua vontade, originam-se diretamente da escravidão[3]. Através das guerras e conflitos pelo mundo, foi possível suprir a demanda pela mão de obra necessária para manutenção dos grupos civilizatórios, demanda esta com variação regional.[4]

Sérgio Pinto Martins[5] ensina que os trabalhadores escravos não eram considerados sequer indivíduos dotados de direitos e garantias, ao contrário, eram entendidos apenas como uma propriedade daqueles que os subjugava, bem como seu labor era perpétuo ao longo dos anos, permanecendo nesta situação até que por algum motivo saíssem da condição de escravos – o que em raríssimas ocasiões ocorria – ou quando estes viessem a óbito.

Concomitantemente ao período escravagista, em alguns lugares do globo a exploração da mão de obra foi tomando um caráter de pessoalização do trabalhador, ainda que de forma sutil, dando surgimento ao sistema denominado de servidão. Consorte doutrinamento de Vicente Paulo, Marcelo Alexandrino e Glaucia Barreto[6] a servidão caracterizou as relações de trabalho existentes durante o feudalismo, na qual o trabalhador, temporalmente denominado de servo, prestava seus serviços apenas em troca de proteção militar e política, deixando de ser considerado escravo, mas ainda assim privado de sua liberdade. Ressalta-se que nesta época o trabalho ainda era considerado como um castigo, de modo que os nobres não laboravam, apenas gozavam da produção dos servos do feudo.

Na explicação de Mozart Victor Russomano[7] a servidão trouxe alguns avanços importantes para o direito do trabalho:

> (...) o servo, na verdade, não é mais coisa. O direito da época lhe reconhecia determinadas prerrogativas civis. Por exemplo: ele podia contrair núpcias. Embora o casamento dependesse de prévia autorização do senhor feudal, o ato podia consumar-se, pressupondo o direito do servo a constituir família. Pouco a Pouco o trabalhador ressurgiu, na superfície da História, com uma característica inteiramente nova: passou a ser pessoa, muito embora seus direitos subjetivos fossem limitadíssimos. De qualquer modo, entretanto, o senhor de braço e cutelo, que simboliza o momento culminante do feudalismo, já não é o senhor dos escravos da Antiguidade. O trabalhador medieval, na verdade, está no primeiro degrau de uma longa escada, que ele subiria lentamente, com sofrimentos e recuos: a escada da libertação.

Em uma terceira fase, surgem as corporações de ofício, em que se encontravam três personagens: o mestre, o companheiro e os aprendizes. Para Sergio Pinto Martins[8], os mestres eram os proprietários da oficina, os trabalhadores eram os empregados que recebiam remuneração pelos serviços prestados e, por fim, os aprendizes eram os menores que recebiam dos mestres os ensinamentos na arte do ofício. Embora nesta fase houvesse um pouco mais de liberdade aos trabalhadores, os interesses das corporações sempre prevaleceriam sobre qualquer proteção aos trabalhadores.

Exemplo da inobservância da proteção aos trabalhadores é a jornada de trabalho com quantitativo superior a dezoito horas diárias, não por questão de preservação da saúde do trabalhador, mas sim para fins de manter a qualidade do serviço prestado. Somente em meados de 1792, com a invenção do lampião a gás, que as jornadas de trabalho reduziram para doze e quatorze horas, haja vista a possibilidade de se laborar durante o período noturno.

Verifica-se, entretanto, que até o presente momento, embora as liberdades individuais tivessem avançado gradualmente, o trabalhador permanecia preso no que tange aos direitos trabalhistas.

Somente com a Revolução Francesa, considerada um marco tanto na garantia dos direitos de liberdade do homem quanto no surgimento do constitucionalismo moderno, que de fato restou garantido a todos os cidadãos o direito de exercer qualquer ofício, consoante se

---

(2) PREVIDELLO, Adhemar; DUTRA, Ivan. *Elementos de economia.*. Bauru, São Paulo: Javoli, 1973. p. 108-109.

(3) MARTINS, Sérgio Pinto. *Direito do trabalho*. 17. ed. São Paulo: 2014.

(4) SÜSSEKIND, Arnaldo; TEIXEIRA FILHO, João de Lima. *Instituições do direito do tabalho*. 17. ed. São Paulo. LTr. 1997, v. I.

(5) MARTINS, Sérgio Pinto. *Direito do trabalho*. 17. ed. São Paulo: 2014

(6) ALEXANDRINO, Vicente Paulo Marcelo. *Direito do trabalho*. 9. ed. Rio de Janeiro: Impetus, 2006.

(7) RUSSOMANO, Mozart Victor. *Curso de direito do trabalho*. 8. ed. Curitiba: Juará, 2001.

(8) MARTINS, Sérgio Pinto. *Direito do trabalho*. 17. ed. São Paulo: 2014

extrai do Decreto D'Allarde, de 17 de março de 1971.⁽⁹⁾ Com a promulgação do referido decreto, extinguem-se as corporações de ofício.

E, por meio da Revolução Francesa e de sua Constituição, que surgem os primeiros direitos sociais e econômicos, como o Direito do Trabalho. Inclusive, restou imposto ao Estado a obrigação de prover meios aos desempregados de promoverem sua subsistência.

Contudo, foi de fato a Revolução Industrial o ponto de início da construção dos direitos trabalhistas, na qual a vinculação entre o prestador de serviços, ou trabalhador, e a pessoa beneficiária do seu trabalho, ou empregador, passou a consubstanciar a relação que seria posteriormente reconhecida como emprego e, consequentemente, gerando o fruto do sustento do trabalhador, o salário.⁽¹⁰⁾

Características marcantes que demonstram que, após a revolução industrial, os direitos dos trabalhadores passaram a ser alvo de normatização, se extrai da Peel Act, de 1802, na Inglaterra, a qual fixou o limite de jornada de doze horas diárias, com limitação de início e fim entre as seis horas da manhã e as vinte e uma horas. A partir de 1819, restou proibido o trabalho de menores de nove anos. Já no ano de 1813, na França, menores foram proibidos de trabalhar em minas e, em 1814, proibiu-se os trabalhos aos domingos e feriados.⁽¹¹⁾

Com o término da primeira guerra mundial, surgem as constituições sociais trazendo o direito ao exercício de qualquer atividade, mas também a proteção do indivíduo, agora, na figura de trabalhador. As primeiras constituições que marcam essa evolução na proteção aos direitos dos trabalhadores são a constituição do México, em 1917, e a de Weimar, em 1919. Em ambas, se verificam normas de proteção ao trabalhador, como jornada máxima de oito horas diárias, proteção à maternidade, salário mínimo e o direito de sindicalização e greve.⁽¹²⁾

Outro documento de suma importância é o Tratado de Versalhes, também em 1919, que previu a criação da Organização Internacional do Trabalho, órgão de abrangência e competência em nível global, para promover a proteção dos trabalhadores. Destaca-se que o Brasil é signatário de diversos tratados e convenções internacionais de proteção aos direitos do trabalhador.⁽¹³⁾

Verifica-se, portanto, que ao longo da história os trabalhadores saíram de meros escravos, tidos à luz da lei como propriedade de seus senhores, a indivíduos dotados de direitos que garantem a proteção ao legítimo exercício de suas atividades laborais, bem como a sua saúde, física e mental e ao convívio familiar e social.

No Brasil não foi diferente. Conforme ensina Gustavo Filipe Barbosa Garcia,⁽¹⁴⁾ desde a Constituição de 1824, que garantiu o livre exercício de profissões, o Brasil passa progressivamente a garantir aos cidadãos diversos direitos relacionados à proteção do trabalhador. Como exemplo, cite-se a garantia do direito de associação, com previsão constitucional em 1891; a criação da caixa de aposentadorias e pensões aos ferroviários da Lei Eloy Chaves, de 1923; as primeiras normas relacionadas ao direito do trabalho, na constituição de 1934; o direito de greve, em 1946; o direito ao repouso semanal e o labor em feriados, por meio da Lei n. 605 de 1949; o direito ao fundo de garantia por tempo de serviço, criado em 1966 e presente na Constituição de 1967 e, enfim, diversos direitos e garantias relacionados ao labor dispostos na Constituição Federal de 1988.

Contudo, em meio a diversas normas de proteção ao trabalhador, em 13 de julho de 2017, é aprovada a Lei n. 13.467, alterando e inserindo no ordenamento trabalhista, algumas normas trazendo certos tipos de benefício aos trabalhadores, como por exemplo o direito ao fracionamento das férias em três, a majoração da multa aplicada ao empregador pela não assinatura da carteira do empregado, mas, em sentido oposto, reduzindo ou extinguindo inúmeros direitos trabalhistas, como a possível redução do intervalo intrajornada a partir de negociação coletiva, a extinção das horas *In: itinere* e, como será abordado neste artigo, a criação de um tipo específico de trabalhador, que passa a ter a faculdade de negociar seus direitos trabalhistas, por considerar-se como empregado de alta importância para o seu empregador.

Antes de adentrarmos na análise acerca deste novo tipo de empregado, mister se faz que sejam analisados alguns princípios norteadores do direito laboral

---

(9) MARTINS, Sérgio Pinto. *Direito do trabalho*. 17. ed. São Paulo: 2014.
(10) ALEXANDRINO, Vicente Paulo Marcelo. *Direito do trabalho*. 9. ed. Rio de Janeiro: Impetus, 2006.
(11) MARTINS, Sérgio Pinto. *Direito do trabalho*. 17. ed. São Paulo: 2014.
(12) Idem.
(13) Idem.
(14) GARCIA, Gustavo Felipe Barbosa. *Curso de direito do trabalho*. 12 ed. rev, atul. e ampl. Rio de Janeiro: Forense, 2018.

brasileiro, para trazer melhor clareza acerca das mudanças que esta figura pode acarretar ao sistema jurídico do trabalho.

3. PRINCÍPIOS DO DIREITO DO TRABALHO

O conceito de princípio é elucidado por Celso Antônio Bandeira de Mello[15], de forma clara e precisa:

> (...) é, por definição, mandamento nuclear de um sistema, verdadeiro alicerce dele, disposição fundamental que se irradia sobre diferentes normas, compondo-lhes o espírito e servindo de critério para sua exata compreensão e inteligência, exatamente por definir a lógica e a racionalidade do sistema normativo, no que lhe confere a tônica e lhe dá sentido harmônico.

Dessa forma, princípio pode ser entendido como o pilar sustentador das constituições e das leis, como diretriz capaz de basilar a direção da construção, aplicação e interpretação de uma norma.

A CLT, em seu art. 8º, determina que, na ausência de disposições legais, as decisões serão tomadas observando, além da analogia, a jurisprudência e a equidade, os princípios e normas gerais do direito.

Conforme entende Gustavo Filipe Barbosa Garcia[16], o Direito do Trabalho possui princípios específicos, sendo eles o da proteção, da irrenunciabilidade, da continuidade da relação de emprego e o da primazia da realidade.

Além disso, o autor explica que a Constituição Federal traz princípios constitucionais do trabalho, funcionando como alicerce de regulação da matéria trabalhista, sendo eles, o princípio da dignidade da pessoa humana, o princípio do valor social do trabalho, da justiça social, da liberdade de trabalho, da igualdade no tratamento dos trabalhadores urbanos e rurais, da isonomia salarial, da não discriminação, entre outros.

De todos os princípios norteadores do Direito do Trabalho, os princípios da proteção e o da irrenunciabilidade, são diretamente afrontados pela nova classe de trabalhador inserida pela Lei n. 13.467 de 2017 e, a partir de agora, é aceita a possibilidade de alteração e até de supressão de direitos trabalhistas através negociação individual, analisadas posteriormente com mais detalhes.

O princípio da proteção, conforme ensinamentos de Sergio Pinto Martins[17], pode ser desmembrado em três: *in dubio pro operario*, aplicação da norma mais favorável ao trabalhador e aplicação da condição mais benéfica ao trabalhador.

O primeiro deles, *in dubio pro operario*, significa que sempre que houver discussão acerca da interpretação de uma norma, esta deve ser feita a favor do empregado, enquanto o segundo significa que, na existência de mais de uma norma jurídica válida e vigente, deverá ser aplicada aquela que trouxer melhores benefícios aos trabalhadores e, por fim, o terceiro significa que deve haver manutenção de direitos mais favoráveis aos trabalhadores durante a vigência do contrato de trabalho, de modo que as vantagens que vieram a ser adquiridas no curso deste contrato, não poderão ser retiradas, tampouco modificadas *in pejus*.[18]

Resumidamente, este princípio expõe que em qualquer situação, seja na divergência de interpretação de uma norma, na existência de mais de uma norma e ainda acerca de direitos adquiridos no curso do contrato de trabalho, o legislador e o judiciário devem sempre garantir os direitos dos trabalhadores, evitando a redução ou mesmo a abolição de direitos trabalhistas.

Acerca do princípio da irrenunciabilidade, entende-se que o trabalhador não tem a possibilidade de renunciar quaisquer de seus direitos trabalhistas, tampouco podem ser modificados livremente pelo empregador, ainda que com a concordância do empregado, pois as normas de Direito do Trabalho revestem-se, como regra geral, com natureza de direito público, nos ensina Gustavo Filipe Barbosa Garcia.[19]

Ainda segundo o Autor:

> A natureza cogente das normas de Direito do Trabalho é confirmada ao se verificar que o Estado, por meio dos órgãos competentes (Ministério do Trabalho, Superintendências Regionais do Trabalho e Emprego), tem o dever de fiscalizar o seu cumprimento, sancionando orientando e regularizando, quando possível, as condutas contrárias à legislação

---

(15) MELLO, Celso Antônio Bandeira de. *Curso de direito administrativo*. 8 ed. São Paulo: Malheiros. 1997

(16) GARCIA, Gustavo Felipe Barbosa. *Curso de direito do trabalho*. 12 ed. rev, atul. e ampl. Rio de Janeiro: Forense, 2018.

(17) MARTINS, Sérgio Pinto. *Direito do trabalho*. 17. ed. São Paulo: 2014.

(18) GARCIA, Gustavo Felipe Barbosa. *Curso de direito do trabalho*. 12 ed. rev, atul. e ampl. Rio de Janeiro: Forense, 2018.

(19) *Idem*.

trabalhista (CF/1988, art. 21, inciso XXIV e CLT Título VII, art. 626 e ss). Além disso, a violação ou ameaça de lesão de direito trabalhista está sujeita à apreciação do Poder Judiciário (art. 5º, inciso XXXV, da CF/1988), no caso, pela Justiça do Trabalho (art. 114 da CF/1988).

Verifica-se, ainda, que a proteção dos trabalhadores, garantindo a irrenunciabilidade de direitos é expressamente defendida na própria CLT, em especial no seu art. 9º, que afirma serem nulos de pleno direito os atos praticados com o objetivo de desvirtuar, impedir ou fraudar a aplicação dos preceitos contidos em seu texto legal.

Caso haja a retirada de tais princípios, vislumbrar-se-iam situações de miserabilidade de direitos trabalhistas, uma vez que, analisando a situação crítica de desemprego que o país vive, a negociação entre empregado e empregador chegaria a ponto de o trabalhador abrir mão de inúmeros direitos trabalhistas para possibilitar a sua contratação.

Considerando que o poder de contratação, manutenção de emprego e dispensa de um trabalhador reside, única e exclusivamente, no poder potestativo patronal, bem como que a própria Constituição Federal, em seu art. 193, expõe que a ordem social tem como base o primado do trabalho, com o objetivo de se atingir o bem-estar e a justiça social, fazendo com que o empregado seja dependente de sua capacidade laborativa para garantir o seu sustento e de seus familiares, entende-se a razão da evolução dos direitos trabalhistas no Brasil e a criação dos princípios da proteção e da irrenunciabilidade.

4. DO EMPREGADO HIPERSUFICIENTE E O CONFLITO DIRETO COM DIREITOS E PRINCÍPIOS NORTEADORES DO DIREITO TRABALHO

Não obstante as significativas evoluções dos direitos dos trabalhadores e dos princípios norteadores do Direito do Trabalho, sempre com o objetivo de proteção do trabalhador, face à sua vulnerabilidade, o legislador inseriu, por meio da Lei n. 13.467 de 2017, alguns dispositivos legais que confrontam diretamente toda essa progressão de direitos.

Primeiramente, foi alterado o art. 611-A, que determina expressamente quais os direitos que podem ser alvos de modificação e até mesmo extinção pelas negociações coletivas de trabalho, tornando-as superiores à própria lei, dentre os quais, cita-se: jornada de trabalho, descanso intrajornada, feriados, enquadramento do grau de insalubridade e prorrogação de jornada em locais insalubres.

O art. 444 da CLT, também inserido pela Lei n. 13.467/2017, prevê que pode haver livre negociação entre empregado e empregador de forma individual, desde que não conflite com as normas de proteção ao trabalho, contratos coletivos e decisões de autoridades competentes.

Com base apenas no *caput* do referido artigo, verifica-se que a CLT inseriu em seu corpo legal o que de fato ocorre na prática, possibilitando que as partes negociem os termos da contratação, mas garantindo a inviolabilidade de direitos já adquiridos.

Contudo, à luz do parágrafo único deste artigo, observa-se que o legislador inseriu exceção à regra expressada no *caput*, criando espécie de trabalhador com a faculdade de negociar direitos com seu empregador, ainda que referida pactuação contrarie o disposto em leis, contratos coletivos e decisões de autoridades competentes:

> Parágrafo único. A livre estipulação a que se refere o *caput* deste artigo aplica-se às hipóteses previstas no art. 611-A desta Consolidação, com a mesma eficácia legal e preponderância sobre os instrumentos coletivos, no caso de empregado portador de diploma de nível superior e que perceba salário mensal igual ou superior a duas vezes o limite máximo dos benefícios do Regime Geral de Previdência Social.

A este tipo de trabalhador, que tenha formação acadêmica superior e perceba remuneração mensal que uL-Trapasse dois tetos previdenciários, o que atualmente equivale a R$ 11.291,60 (onze mil duzentos e noventa e um reais e sessenta centavos), o legislador concedeu a faculdade de negociação de forma individual de todos os direitos trabalhistas passíveis de negociação coletiva previstos no art. 611-A retrocitado.

Referido trabalhador passa a deter o poder de negociação de direitos equiparados aos de sindicatos que, com a reforma trabalhista, passaram a ter, relativamente a determinados direitos, prevalência sobre a lei. Em outras palavras, ao laborista é conferido maior poder daquele atribuído à própria lei criada para protegê-lo.

Conforme expõem Mauricio Godinho Delgado e Gabriela Delgado Neves:[20]

---

(20) DELGADO, Mauricio Godinho; NEVES, Gabriela Delgado. *A reforma trabalhista no Brasil*: com comentários à Lei n. 13.467/2017. São Paulo: LTr, 2017.

Os fundamentos para a construção da regra jurídica residem na ideia de que, em se tratando de profissional portador de diploma de nível superior e que perceba salário mensal igual ou superior ao padrão de duas vezes o teto dos benefícios previdenciários, ele não se encontraria submetido a subordinação intensa. Com isso, possuiria o poder de também impor a sua vontade no cotidiano da relação empregatícia.

Com base em tal lição, o legislador equiparou o trabalhador supostamente qualificado do ponto de vista da escolaridade média nacional e com salário "relativamente razoável no contexto comparativo da economia e sociedade brasileiras", a um alto executivo de grandes empresas, que gozam anualmente de receitas milionárias e poder de direção gigantesco.

Gustavo Filipe Barbosa Garcia[21] aponta clara contradição do legislador que ao mesmo tempo que abre a possibilidade de redução ou extinção de direitos trabalhistas por meio de negociação individual entende como nulo de pleno direito qualquer disposição de contrato de trabalho contrarie norma coletiva de trabalho, nos termos do art. 619 da própria CLT.

O autor ainda reforça:

> Desconsidera-se que o empregado, por natureza presta serviços de forma subordinada ao empregador, o qual exerce o poder de direção independentemente da formação intelectual e do valor da remuneração recebida pelo empregado, e este, ainda que receba salário mais elevado, não é titular dos meios de produção e precisa trabalhar para manter a sua subsistência.

Nessa linha de raciocínio, pode-se entender que ao contrário do que defende a inserção deste dispositivo no texto celetista, este trabalhador encontra-se, na verdade, ainda mais vulnerável, pois devido ao fato de sua remuneração ser superior, ainda que de forma razoável, à média da população nacional, sua qualidade de vida provavelmente será consequentemente superior à média brasileira, como uma casa melhor, um carro mais seguro, podendo garantir aos seus filhos um ensino de melhor qualidade, prover maior segurança para si e seus familiares, melhor e mais célere acesso à saúde, todos direitos previstos constitucionalmente, mas que o Estado brasileiro é ineficiente em garantir e, portanto, a perda de seu emprego ou mesmo a redução drástica de diversos direitos trabalhistas, agora claramente sob o poder de imposição do seu empregador, acarretarão diretamente a perda de sua qualidade de vida.

Este trabalhador se tornará refém de uma condição que provavelmente batalhou uma vida para atingir, uma capacitação profissional e um nível de profissionalismo que lhe garantissem uma remuneração superior.

Acrescenta-se que, embora não seja diretamente um princípio do Direito do Trabalho, a Constituição Federal tem como um de seus princípios basilares, a isonomia, que defende o tratamento dos iguais de forma igual e dos desiguais de forma desigual e, com base neste princípio, não há fundamento jurídico para a diferenciação de um trabalhador que possua como fundamento apenas o nível de formação e o *quantum* remuneratório.

Inclusive, há de se frisar que o Brasil, por meio da aprovação do Decreto Legislativo n. 86 de 1989, incorporou ao sistema normativo nacional as diretrizes da Convenção n. 111 da OIT, que em seu art. 2º expõe:

> Qualquer Membro para o qual a presente convenção se encontre em vigor compromete-se a formular e aplicar uma política nacional que tenha por fim promover, por métodos adequados às circunstâncias e aos usos nacionais, a igualdade de oportunidade e de tratamento em matéria de emprego e profissão, com objetivo de eliminar toda discriminação nessa matéria.

Outrossim, com base no art. 1º da referida convenção, considera-se discriminação qualquer distinção que tenha por efeito destruir ou alterar a igualdade de oportunidades ou tratamento em matéria de empregou profissão, de modo que o legislador brasileiro, ao inserir norma legal que possibilite tal distinção, por critérios de formação pessoal e remuneração profissional, está claramente discriminando este empregado e, consequentemente, lesando diretamente ao preceituado na Convenção n. 111.

Dessa forma, expressam o descontentamento com o legislador brasileiro Mauricio Godinho Delgado e Gabriela Delgado Neves[22]:

> Trata-se, conforme se percebe, de regra de evidente discriminação entre empregados – outra,

---

(21) GARCIA, Gustavo Felipe Barbosa. *Curso de direito do trabalho*. 12 ed. rev, atul. e ampl. Rio de Janeiro: Forense, 2018.

(22) DELGADO, Mauricio Godinho, NEVES, Gabriela Delgado. *A reforma trabalhista no Brasil*: com comentários à Lei 13.467/2017. São Paulo: LTr, 2017

entre tantas da Lei da Reforma Trabalhista –, largamente afastada da matriz constitucional de 1988 e do universo normativo internacional trabalhista vigorante no plano interno da sociedade e economia brasileiras.

Portanto, as alterações trazidas pela Lei n. 13.467/2017, especificamente quanto ao art. 444, estão cristalinamente em contradição com a evolução histórica dos direitos trabalhistas, com os princípios do trabalho, uma vez que possibilitam a renúncia de direitos trabalhistas e a redução da proteção do trabalhador, bem como ferem diretamente normas de caráter internacional, as quais o Brasil incorporou em seu ordenamento jurídico, não havendo razoabilidade em sua criação e inserção no direito brasileiro.

5. CONCLUSÃO

Como vimos, historicamente o Direito do Trabalho passou por diversas modificações desde a consideração de um escravo, à luz da lei, como uma propriedade, até o surgimento de inúmeros de direitos que visam proteger não só a integridade física e mental dos trabalhadores, mas o direito de exercer livremente qualquer profissão, de se unirem coletivamente para promover a defesa dos direitos ligados a sua categoria profissional, o direito de greve, dentre outros.

Tais direitos foram e são amplamente protegidos pelo ordenamento jurídico brasileiro, observados não só no Texto Constitucional, mas também por meio da incorporação de diversos dispositivos internacionais de proteção ao trabalho.

Dessa forma, o legislador brasileiro, ao criar, por meio da reforma trabalhista, um tipo específico de trabalhador, fundamentando a sua distinção com base no nível de escolaridade e de remuneração, capaz de alterar ou mesmo renunciar direitos trabalhistas, se contrapõe claramente à evolução histórica de construção do direito trabalhista como uma proteção aos trabalhadores.

O legislador reformista contrariou a evolução histórica de proteção aos trabalhadores, bem como descumpriu tratados internacionais sem embargo da vulneração de princípios norteadores de resguardo dos trabalhadores, possibilitando que o descumprimento de preceitos trabalhistas acarrete enormes prejuízos à classe laboral.

6. REFERÊNCIAS BIBLIOGRÁFICAS

ALEXANDRINO, Marcelo. *Direito do trabalho.* 9. ed. Rio de Janeiro: Impetus, 2006.

BRASIL. Constituição (1988). Constituição da Republica Federativa do Brasil. Brasília, DF: Senado Federal.

BRASIL. Decreto-lei n. 5452, de 1º de maio de 1943. Aprova a Consolidação das Leis do Trabalho. Brasília DF, Senado Federal.

BRASIL. Lei n. 13.467, de 13 de julho de 2017. Altera a Consolidação das Leis do Trabalho (CLT), aprovada pelo Decreto-lei n. 5.452, de 1º de maio de 1943, e as Leis ns. 6.019, de 3 de janeiro de 1974, 8.036, de 11 de maio de 1990, e 8.212, de 24 de julho de 1991, a fim de adequar a legislação às novas relações de trabalho. Brasília DF, Senado Federal.

DELGADO, Mauricio Godinho; NEVES, Gabriela Delgado. *A Reforma Trabalhista no Brasil:* com comentários à Lei n. 13.467/2017. São Paulo: LTr, 2017.

GARCIA, Gustavo Felipe Barbosa. *Curso de direito do trabalho.* 12 ed. rev., atual. e ampl. Rio de Janeiro: Forense, 2018.

MARTINS, Sérgio Pinto. *Direito do Trabalho.* 17. ed. São Paulo, 2014.

MELLO, Celso Antônio Bandeira de. *Curso de Direito Administrativo.* 8 ed. São Paulo: Malheiros, 1997.

PREVIDELLO, Adhemar; DUTRA, Ivan. *Elementos de economia.* Bauru, São Paulo: Javoli, 1973. RUSSOMANO, Mozart Victor. *Curso de direito do trabalho.* 8. ed. Curitiba: Juará, 2001.

SÜSSEKIND, Arnaldo; TEIXEIRA FILHO, João de Lima. *Instituições do Direito do Trabalho.* 17. ed. São Paulo: LTr, 1997. v. I.

CAPÍTULO 11

(IN)APLICABILIDADE DA CLÁUSULA VALUTÁRIA AO DIREITO DO TRABALHO: POSSIBILIDADES, CONSEQUÊNCIAS JURÍDICAS E DIÁLOGOS COM O DIREITO CIVIL

Raphael Miziara[1]

1. INTRODUÇÃO

O salário é a mais importante obrigação do empregador no contrato de trabalho e denota a onerosidade inerente à relação e emprego. Em razão da importância do salário, o legislador pátrio prevê que *"a prestação, em espécie, do salário será paga em moeda corrente do País"* e, como consequência da inobservância dessa norma, reputa não feito o pagamento o pagamento (art. 463, da CLT).

O objetivo do presente artigo é examinar com mais vagar o texto legal inscrito no art. 463 da CLT e, a partir daí, extrair as possibilidades normativas que podem dele advir, mormente diante da complexidade fática que permeia as relações de trabalho a partir da mundialização dos mercados.

A análise central do estudo está em perquirir se existem ou não determinadas situações, exceto as legalmente previstas, nas quais o pagamento em descompasso com o art. 463 da CLT terá como consequência a inexistência do ato.

O estudo perpassa, necessariamente, pelo prévio enfrentamento da etimologia e do conceito da chamada "cláusula valutária". Posteriormente, o trabalho enfrenta a (i)licitude de tal cláusula no ordenamento jurídico brasileiro, especificamente no direito civil e, posteriormente, no próprio direito do trabalho.

Igualmente, dedica-se ao enfrentamento das exceções permissivas de tal cláusula contempladas no Brasil, ou seja, demonstra-se as hipóteses excepcionais que admitem a derrogação de proibição cláusula valutária.

Por fim, o estudo trata das consequências fático-jurídicas pela estipulação e/ou pagamento do salário em moeda estrangeira ou congêneres (metais, pedras preciosas etc.).

2. ETIMOLOGIA E CONCEITO DE CLÁUSULA VALUTÁRIA

A palavra "valuta" é de origem italiana e é normalmente considerada sinônimo de moeda ou divisa. Trata-se, segundo o léxico, de termo genérico que indica a moeda em circulação.[2]

A expressão "valuta" deu origem, no português, a "valutário", que é adjetivo relativo a moeda ou divisa estrangeira. Assim, na linguagem corrente, como também no jargão econômico, o termo italiano "valuta" é normalmente considerado sinônimo de moeda.

Por sua vez, na linguagem jurídica italiana, o termo não possui significado unívoco, podendo ser utilizado numa pluralidade de hipóteses. Mas, na principal delas, o termo é utilizado nas regras relativas às relações jurídicas que envolvem a circulação de capitais (entre residentes no Estado e não residentes).

A partir de tais considerações, pode-se conceituar a cláusula valutária como sendo aquela que estipula obrigação pecuniária para pagamento em moeda estrangeira.

---

(1) Mestrando em Direito do Trabalho e das Relações Sociais pela UDF. Professor em cursos de graduação e pós-graduação em direito do trabalho. Autor de livros e artigos na área juslaboral.

(2) TRECCANI. Disponível em: <http://www.treccani.it/enciclopedia/valuta/>. Acesso em: 16 jul. 2018.

No direito comparado, por exemplo, o Código Civil português alberga a licitude da cláusulas valutária em seu art. 558 que, ao tratar das "das obrigações em moeda com curso legal apenas no estrangeiro", prevê que "1. A estipulação do cumprimento em moeda estrangeira não impede o devedor de pagar em moeda nacional, segundo o câmbio do dia do cumprimento e do lugar para este estabelecido, salvo se essa faculdade houver sido afastada pelos interessados. 2. Se, porém, o credor estiver em mora, pode o devedor cumprir de acordo com o câmbio da data em que a mora se deu".

No entanto, na maioria dos países, tal qual se dá no Brasil, como adiante se verá com detalhes, a estipulação da referida cláusula encontra, regra geral, óbice no ordenamento jurídico. Com efeito, lembra Roberto de Ruggiero que o Estado pode limitar a liberdade das partes ao impor que a prestação não se dê por meio de uma moeda que não tenha curso legal ou excluir determinada espécie de moeda. Assim, é interesse do Estado dar ou tirar curso legal às moedas por ele ou por outros Estados emitidas.[3]

Trata-se, pois, de regra imposta pelo Estado que tem por objetivo manter a organização e o correto funcionamento do sistema monetário, evitando desequilíbrios no fluxo de moedas dentro de seu território e, assim, manter o perfeito funcionamento de sua política monetária. Trata-se, pois, de norma que se preocupa com defesa do interesse público primário.

3. A CLÁUSULA VALUTÁRIA NO DIREITO BRASILEIRO

3.1. *A proibição como regra geral no direito civil*

No direito brasileiro, especialmente no que se refere ao direito das obrigações, a cláusula valutária é também conhecida como "cláusula ouro" e é aquela, como já dito, que permite o pagamento das obrigações pecuniárias em moeda estrangeira.

O Código Civil brasileiro, em seu art. 318, em regra, proíbe a estipulação da cláusula valutária, ao estatuir que "são nulas as convenções de pagamento em ouro ou em moeda estrangeira, bem como para compensar a diferença entre o valor desta e o da moeda nacional, excetuados os casos previstos na legislação especial".

O texto contém duas proibições, quais sejam: *a)* veda o pagamento de obrigações em moeda estrangeira ou em ouro. Aqui, a lei disse menos do que queria. Em verdade, proíbe-se o pagamento não só em ouro, mas também em qualquer espécie de pedras ou metais preciosos, tais como pratas, diamantes, dentre outras; e, *b)* impede a fixação de convenção de pagamento em moeda estrangeira ou pedras e metais preciosos para servir de instrumento compensatório da diferença entre o valor da moeda corrente e o valor da moeda estrangeira ou metal precioso. Ou seja, proíbe-se a indexação do valor da obrigação ao valor da moeda estrangeira.

A *mens legis* busca não só impedir o curso de moeda estrangeira no país, mas também evitar qualquer tipo de indexação para compensação da diferença entre o valor desta e o da moeda nacional.

Assim, a melhor interpretação do dispositivo celetista é a que veda não só o pagamento da obrigação em moeda estrangeira, mas também a mera estipulação de pagamento em moeda nacional, observado o valor do câmbio para o pagamento, pois isso encontra óbice na segunda parte do art. 318 do Código Civil.

No mesmo sentido, o art. 1º do Decreto-lei n. 857, de 11 de setembro de 1969, que "consolida e altera a legislação sôbre moeda de pagamento de obrigações exeqüíveis no Brasil" dispõe que "são nulos de pleno direito os contratos, títulos e quaisquer documentos, bem como as obrigações que exequíveis no Brasil, estipulem pagamento em ouro, em moeda estrangeira, ou, por alguma forma, restrinjam ou recusem, nos seus efeitos, o curso legal do cruzeiro".

No decreto citado a lei se preocupou apenas em evitar a restrição *ao curso legal da moeda nacional*, ao contrário do Código Civil que, como visto, se preocupou não só com isso, mas também com a própria indexação de valores.

3.2. *A proibição como regra geral no direito do trabalho*

A aplicação de tal cláusula, no direito do trabalho, em princípio, encontra óbice no art. 463 da CLT, que consagra regra proibitiva do pagamento em moeda estrangeira: "*Art. 463 da CLT – A prestação, em espécie, do salário será paga em moeda corrente do País*".

Igualmente, a Convenção n. 95 da OIT, que trata da proteção do salário, estabelece em seu art. 3º, item 1 que "os salários pagáveis em espécie serão pagos exclusivamente em moeda de curso legal; o pagamento sob forma de ordem de pagamento, bônus, cupons, ou sob qualquer outra forma que se suponha representar a moeda de curso legal, será proibido".

---

(3) RUGGIERO, Roberto de. *Instituições de direito civil*. v. III. Campinas: Bookseller, 1999. p. 80-81.

Essas norma alicerçam-se em quatro fundamentos.

Em primeiro lugar, evita-se que o pagamento seja feito, em sua totalidade, *in natura*. Sabe-se que é permitido o pagamento do salário não apenas em dinheiro, mas também em utilidades (art. 4º da Convenção da OIT c/c art. 82 da CLT). No entanto, pelo menos 30% (trinta por cento) do salário mínimo deve ser pago em espécie e essa previsão legal constitui-se em importante medida de proteção do salário, pois evita abusos por parte do empregador que poderia pagar em vales de uso forçado na localidade ou no armazém da empresa, como exemplifica a doutrina,[4] evitando-se a caracterização do chamado *truck system*, vedado pelo art. 462, § 2º, da CLT.[5]

Em segundo lugar, como já dito linhas anteriores, visa resguardar a própria política monetária implantada pelo Estado, pois, ao impedir o fluxo de moeda estrangeira fora das hipóteses legalmente previstas, o Estado mantém o equilíbrio de sua balança monetária. Trata-se, pois, da defesa do interesse público.

Ainda, em terceiro lugar, a norma alicerça-se mais uma vez no próprio princípio da proteção, mais especificamente na proteção do salário, para evitar com que o trabalhador, mesmo em posse da moeda estrangeira, dela não possa usufruir em razão de suas limitações educacionais, sociais e, até mesmo, geográficas. Basta imaginar a situação de um trabalhador rural que, residente no interior ou até mesmo na propriedade rural, estará impossibilitado de proceder ao câmbio da moeda e, por consequência, do seu salário não poderá usufruir, como se nada tivesse recebido. Ou, ainda, a situação de um trabalhador não afeiçoado ao mercado financeiro – como a generalidade dos trabalhadores brasileiros – que não saberá o que fazer de posse de uma moeda estrangeira.

Por fim, o quarto e derradeiro fundamento da norma consiste na proteção do valor do salário contra as oscilações cambiais, evitando-se com que o empregado seja prejudicado, quando o valor da moeda utilizada no pagamento reste desvalorizado ao tempo de sua liquidação ou câmbio para moeda nacional.[6]

O professor Mauricio Godinho Delgado acertadamente afirma que, quanto aos critérios legais de pagamento, notadamente quanto ao meio de pagamento, a exigência de pagamento em moeda nacional – compreendida esta como a expressão monetária oficial e corrente no país – constitui-se em sistema de garantia de proteção do salário contra os abusos do empregador, concluindo que "é absolutamente nulo o pagamento mediante cartas de crédito, bônus, cupons e outros instrumentos semelhantes, ainda que supondo representar a moeda de curso legal no país (art. 463, CLT, combinado com art. 3º, *caput*, da Convenção 95 da OIT".[7]

Isso significa que a retribuição pelo trabalho deve ser feita, regra geral, em *moeda*. Não a moeda entendida em seu sentido genérico de valor de troca, pois, nesse aspecto, qualquer bem pode ser considerado moeda. Mas, sim, em moeda "*corrente no país*", qual seja, o Real.[8]

3.3. *Hipóteses excepcionais que admitem a derrogação de proibição cláusula valutária*

Embora, regra geral, o ordenamento jurídico brasileiro seja refratário à estipulação das obrigações

---

(4) SAAD, José Eduardo; BRANCO, Ana Maria Saad Castello. *Consolidação das Leis do Trabalho comentada*. 49. ed. São Paulo: LTr, 2016.

(5) "Art. 462, § 2º, da CLT – É vedado à empresa que mantiver armazém para venda de mercadorias aos empregados ou serviços estimados a proporcionar-lhes prestações "In: natura" exercer qualquer coação ou induzimento no sentido de que os empregados se utilizem do armazém ou dos serviços". Guilherme da Rocha Zambrano, citando Orlando Gomes, registra que o *truck system* é repelido com o objetivo de impedir que o empregador se exima do pagamento de qualquer quantia em espécie, apenas fornecendo gêneros de primeira necessidade ao empregado, o que tornaria mais intensa a dependência econômica do empregado, a ponto de reduzi-lo à condição de verdadeiro servo. Ainda, valendo-se das lições de Alice Monteiro de Barros, informa que o sistema surgiu na Inglaterra, no século XV, quando as indústrias se instalavam em regiões isoladas para aproveitar a energia hidráulica e precisavam manter armazéns para fornecer artigo de primeira necessidade aos seus empregados, mas a fixação de preços abusivos provocava o endividamento diante do empregador e um estado de submissão vitalícia. Na América espanhola, informa o autor que esse sistema era conhecido como *tiendas de raya* e foi largamente utilizado nas minas de Potosí. (ZAMBRANO, Guilherme da Rocha. Arts. 457 a 467. In: SOUZA, Rodrigo Trindade de (Org.). *CLT Comentada*. 3. ed. São Paulo: LTr, 2018. p. 330).

(6) CATHARINO, José Martins. *Tratado jurídico do salário*. São Paulo: LTr, 1994. p. 661.

(7) DELGADO, Mauricio Godinho. *Curso de direito do trabalho*. 15. ed. São Paulo: LTr, 2016. p. 878.

(8) Essa norma não proíbe o pagamento em cheque, pois é considerado ordem de pagamento à vista (art. 32, da Lei n. 7.357/85 – Lei do Cheque). Ademais, a Convenção n. 95 da OIT, que trata da proteção do salário, estabelece em seu art. 3º, item 2, que "*A autoridade competente poderá permitir ou prescrever o pagamento do salário em cheque ou vale postal, quando esse modo de pagamento for de prática corrente ou necessária, em razão de circunstâncias especiais, quando uma convenção coletiva ou uma sentença arbitral o determinar, ou quando, apesar de tais disposições, o trabalhador interessado consentir*".

valutárias, o próprio Decreto-lei n. 857/69 elenca algumas exceções em seu art. 2º, *verbis*:

> Art 2º Não se aplicam as disposições do artigo anterior:
> I – aos contratos e títulos referentes a importação ou exportação de mercadorias;
> II – aos contratos de financiamento ou de prestação de garantias relativos às operações de exportação de bens e serviços vendidos a crédito para o exterior; (Redação dada pela Lei n. 13.292, de 2016)
> III – aos contratos de compra e venda de câmbio em geral;
> IV – aos empréstimos e quaisquer outras obrigações cujo credor ou devedor seja pessoa residente e domiciliada no exterior, excetuados os contratos de locação de imóveis situados no território nacional;
> V – aos contratos que tenham por objeto a cessão, transferência, delegação, assunção ou modificação das obrigações referidas no item anterior, ainda que ambas as partes contratantes sejam pessoas residentes ou domiciliadas no país.
> Parágrafo único. Os contratos de locação de bens móveis que estipulem pagamento em moeda estrangeira ficam sujeitos, para sua validade a registro prévio no Banco Central do Brasil.

Por sua vez, no direito do trabalho o ordenamento jurídico contempla expressamente duas exceções nas quais se admite a cláusula valutária: *i)* **a do técnico estrangeiro** (Decreto-lei n. 691/69); e, *ii)* **a do empregado transferido para o exterior** (Lei n. 7.064/85).

Em relação em empregado transferido para o exterior, o art. 5º da legislação de regência acima mencionada prevê que, *verbis*:

> Art. 5º O salário-base do contrato será obrigatoriamente *estipulado* em moeda nacional, mas a remuneração devida durante a transferência do empregado, computado o adicional de que trata o artigo anterior, poderá, no todo ou em parte, ser paga no exterior, em moeda estrangeira. (g.n.)
> § 1º Por opção escrita do empregado, a parcela da remuneração a ser paga em moeda nacional poderá ser depositada em conta bancária.
> § 2º É assegurada ao empregado, enquanto estiver prestando serviços no exterior, a conversão e remessa dos correspondentes valores para o local de trabalho, observado o disposto em regulamento.

Extrai-se do *caput* do dispositivo que a *estipulação*, ou seja, a *convenção* do salário-base deve se dar, obrigatoriamente, em moeda nacional, mas o *pagamento* poderá, <u>no todo</u> ou <u>em parte</u>, <u>ser paga no exterior, em moeda estrangeira</u>.

Consagra-se aqui a figura do *split salary* ou salário repartido, pois a metade do pagamento poderá se dar no território nacional e em moeda corrente e, a outra metade, no exterior, em moeda estrangeira (da localidade em que o trabalho é prestado).

Por sua vez, o Decreto-lei n. 691/69, ao tratar do técnico estrangeiro domiciliado ou residente no exterior, mas com execução do trabalho no Brasil, assim vaticina:

> Art 1º Os contratos de técnicos estrangeiros domiciliados ou residentes no exterior, **para execução, no Brasil**, de serviços especializados, em caráter provisório, **com estipulação de salários em moeda estrangeira**, serão, obrigatoriamente, celebrados por prazo determinado e prorrogáveis sempre a têrmo certo, ficando excluídos da aplicação do disposto nos arts. 451, 452, 453, no Capítulo VII do Título IV da Consolidação das Leis do Trabalho e na Lei n. 5.107, de 13 de setembro de 1966, com as alterações do Decreto-lei n. 20, de 14 de setembro de 1966, e legislação subsequente. (g.n.)

Nesses casos, a *estipulação* dos salários se dá em moeda estrangeira, mas o *pagamento* deve se dar em moeda nacional, pois o art. 3º do referido decreto determina que "*a taxa de conversão da moeda estrangeira será, para todos os efeitos, a da data do vencimento da obrigação*". Ou seja, infere-se que o dispositivo, ao tratar de taxa de conversão, quer que o pagamento seja feito em moeda nacional, nos termos do que determina o já exaustivamente citado art. 463 da CLT.

Portanto, a partir de uma análise detalhada dos dispositivos acima, conclui-se que a lei *a)* para o técnico estrangeiro a *estipulação* dos salários é feita em moeda estrangeira, mas o *pagamento*, necessariamente em moeda nacional, porque o trabalho é executado em território nacional; *b)* para os empregados transferidos para o exterior a *estipulação* dos salários deve necessariamente ser feita em moeda nacional, mas o *pagamento* pode ser dar em moeda estrangeira.

Partindo-se de uma análise gramatical do art. 463 da CLT, conclui-se que ele veda apenas o *pagamento* em moeda estrangeira, mas não sua *estipulação*. Não é outra a lição de Martins Catharino, para quem "*o dispositivo supra veda o pagamento em moeda estrangeira, mas o salário pode ser estipulado nesta moeda*".[9]

---

(9) CATHARINO, José Martins. *Tratado jurídico do salário*. São Paulo: LTr, 1994. p. 661.

Logo, por esse método de interpretação, a situação do técnico estrangeiro não se constituiria em exceção ao art. 463 da CLT, como comumente se prega. Mas, o art. 463 da CLT deve ser lido e interpretado em conjunto com o art. 318 do Código Civil, que proíbe não só o pagamento, mas também a estipulação em moeda estrangeira e, nesse particular, ousa-se discordar das lições do mestra Martins Catharino, para que, como já asseverado, a *estipulação* é permitida.

Nessa ordem de ideias, pode-se afirmar que, no Brasil, a cláusula valutária proíbe tanto a estipulação, como o pagamento em moeda estrangeira, sendo que o direito do trabalho comporta as duas exceções acima alinhavadas, **observadas as peculiaridades de cada qual: a)** técnico estrangeiro, cujo pagamento deverá, necessariamente, se dar em moeda nacional, mas a estipulação pode se dar em moeda estrangeira; e **b)** empregado transferido, cuja estipulação somente pode se dar em moeda nacional, mas o pagamento em moeda estrangeira.

3.4. Consequências fático-jurídicas pela estipulação e/ou pagamento em moeda estrangeira ou congêneres

Qual a consequência fática e jurídica caso o pagamento seja efetivado em moeda estrangeira ou em metais ou pedras preciosas?

A primeira consequência que se pode apontar é a imposição da penalidade administrativa prevista no art. 510 da CLT, com redação dada pela Lei n. 5.562, de 12.12.1968, segundo o qual *"pela infração das proibições constantes deste Título, será imposta à empresa a multa de valor igual a 1 (um) salário mínimo regional, elevada ao dobro, no caso de reincidência, sem prejuízo das demais cominações legais"*. Logo, trata-se de infração administrativa punível na forma da CLT.

Ainda, caso efetivado o pagamento em divisa estrangeira, o ordenamento jurídico estabelece como consequência a inexistência do ato jurídico. Com efeito, vaticina o parágrafo único, do art. 463 da CLT que *"o pagamento do salário realizado com inobservância deste artigo considera-se como não feito"*.

No entanto, essa regra deve ser vista com temperamentos, à luz das circunstâncias fáticas que permeiam o caso concreto e da intenção da lei.

Com efeito, a pedra de toque a ser analisada perpassa, necessariamente, pela ausência ou não de prejuízo ao empregado. Se o pagamento foi feito, por exemplo, para um empregado que reside em um grande centro urbano, acostumado com o mercado financeiro – o que, obviamente, trata-se de exceção – e, ainda, se não houve desvalorização cambial, não haverá motivos para se considerar não feito o pagamento, sob pena de enriquecimento ilícito do empregado. Restará, apenas, a infração administrativa.

Também conferindo uma interpretação teleológica ao dispositivo em comento, José Martins Catharino leciona conclui que:

> (...) não haverá necessariamente violação se o pagamento for feito em moeda estrangeira como havia sido estipulado, desde que o valor da prestação, previsto em moeda nacional, não seja reduzido, ficando apenas variável em virtude da natureza da estipulação e da sua liquidação. Concluindo: a regra proibitiva do art. 463 deve ser interpretada de acordo com a intenção que a inspirou.[10]

Por outro lado, fora dessa situação excepcional, parece ser inafastável a consequência legal de inexistência do ato jurídico caso o pagamento seja realizado com inobservância do art. 463 da CLT. Todavia, mesmo nesses casos, é direito do empregador o recebimento dos valores pagos em moeda estrangeira, via ação própria para tanto.

Num tal contexto, observa-se que nem sempre o pagamento em inobservância ao art. 463 é lesivo ao salário e, por consequência, ao empregado. Assim, se não há evidência de prejuízos decorrentes da adoção dessa forma de pagamento, cujo ônus da prova competirá ao devedor – empregador –, não há que se reputar inexistente o pagamento.

4. CONCLUSÕES

A partir de todas as considerações acima alinhavadas, pode-se chegar às seguintes conclusões:

i) como regra, a cláusula valutária encontra expressa proibição no direito civil, conforme art. 318 do Código Civil. Essa vedação se estende não só ao pagamento da obrigação em moeda estrangeira, mas também a mera estipulação de pagamento em moeda nacional;

ii) de igual modo, a cláusula valutária é proibida, de modo geral, no direito do trabalho e, os principais fundamentais de tal norma proibitiva são:

---

(10) CATHARINO, José Martins. *Tratado jurídico do salário*. São Paulo: LTr, 1994. p. 661.

a) proteger o empregado contra os abusos do empregador, por evitar assim a prática do *truck system*; b) resguardar a própria política monetária implantada pelo Estado, mantendo o equilíbrio de sua balança monetária; c) possibilitar a disponibilidade e liquidez imediata dos valores ao empregado, mormente em se tratando de empregado com limitações de ordem social; d) proteger o valor do salário contra as oscilações cambiais, evitando-se com que o empregado seja prejudicado;

iii) apesar das proibições genéricas, tanto o direito civil, como o direito do trabalho contemplas exceções e permitem a estipulação e/ou pagamento em moeda estrangeira. Quanto ao direito do trabalho, nos seguintes casos: a) para o técnico estrangeiro a **_estipulação_** dos salários é feita em moeda estrangeira, mas o **_pagamento_**, necessariamente em moeda nacional, porque o trabalho é executado em território nacional; b) para os empregados transferidos para o exterior a **_estipulação_** dos salários deve necessariamente ser feita em moeda nacional, mas o **_pagamento_** pode ser dar em moeda estrangeira;

iv) quanto às consequências fático-jurídicas pela estipulação e/ou pagamento em moeda estrangeira ou congêneres, conclui-se que para além das exceções legais acima transcritas, situações excepcionais podem surgir que, mesmo diante do pagamento em moeda estrangeira, o pagamento poderá ser considerado como ato jurídico perfeito, em homenagem ao princípio da vedação ao enriquecimento ilícito e observadas as peculiaridades do caso concreto.

CAPÍTULO 12

SALÁRIO MÍNIMO E DESIGUALDADE NO CAPITALISMO

Karine D. S. Machado[1]

Ana Paula Fleuri de Bastos[2]

1. INTRODUÇÃO

A desigualdade é um dos fenômenos sociais mais discutidos na atualidade, aliás, é uma discussão antiga, sendo suas causas e formas de redução pautadas em diversas doutrinas, discutida por economistas, sociólogos filósofos, juristas etc., e inclusa na maioria dos programas de governo no mundo.

Tão antiga quanto a existência das desigualdades sociais são as fórmulas apresentadas para solução do problema, sendo que nunca se chegou à erradicação, havendo redução ou aumento das desigualdades de acordo com a época e a sociedade paradigma.

É certo que, não obstante seja difícil uma fórmula para diminuição da desigualdade, o trabalho subordinado ocupa papel central no capitalismo, surgindo como importante instrumento para a redução da distância entre pobres e ricos, à medida que possibilita que pessoas desprovidas de riquezas herdadas tenham expectativa de alcançar afirmação social.

Nessa esteira, o Direito do Trabalho surge como importante fator de distribuição de riqueza, visto que impõe normas de cunho imperativo, a serem seguidas por empregados e empregadores, garantindo-se o mínimo existencial para os trabalhadores no desempenho de suas funções laborais para o incremento da economia capitalista.

O presente artigo busca investigar a importância e participação do Direito do Trabalho como instrumento auxiliar para a redução das desigualdades sociais, por meio de políticas de combate à desigualdade de renda decorrente do trabalho, que podem ser implementadas, dentre outros modos, através de políticas de salário mínimo e isonomia salarial.

2. A IMPORTÂNCIA DO TRABALHO NA SOCIEDADE CAPITALISTA

No Brasil, a renda resultante do trabalho é a mais importante fonte de riqueza, tanto para ricos quanto para pobres[3]. Desta forma, o trabalho, em especial na modalidade emprego, possui importante significado na economia e na redução das desigualdades.

A partir do pós-segunda guerra mundial, a centralidade do trabalho na modalidade de emprego, passou a ser a forma mais articulada e comum no capitalismo, tornando-se o epicentro da organização da vida social e da economia, sendo o maior construtor de democracia, o mais importante veículo de afirmação socioeconômica da grande maioria dos indivíduos componentes da sociedade capitalista, despontando como o mais relevante instrumento de democracia na vida social.

A democracia tem em sua essência atribuir poder também ao destituído de riqueza e o trabalho surge como importante mecanismo garantidor de um mínimo de poder social à grande massa da população destituída de riqueza. Importante destacar que referido papel é do trabalho regulamentado, da relação de emprego, por ser a mais importante forma de trabalho no capitalismo e a única garantidora de proteção, ainda que mínima. A esse respeito:

---

(1) Mestranda em Relações Sociais e Trabalhistas pela UDF. Advogada. Professora em cursos de graduação e pós-graduação em Direito.

(2) Mestranda em Relações Sociais e Trabalhistas pela UDF. Advogada. Professora em cursos de graduação e pós-graduação em Direito.

(3) COUTINHO, Diogo R. *Direito, desigualdade e desenvolvimento.* São Paulo: Saraiva, 2013. p. 54.

"... porque o trabalho, especialmente em sua forma empregatícia, mantém-se como a única maneira de a grande maioria das pessoas firmar-se na vida economia e social. É que, excetuada as pessoas com dom ou com qualificação muito especiais ou pessoa inseridas em condição econômica manifestamente favorável, grande parte dos indivíduos têm de se afirmar pelo trabalho e, particularmente, pelo emprego; não há outro caminho, ainda não se descobriu outro caminho relevante e genérico de afirmação social das pessoas."[4]

Desta feita, o emprego visa propiciar a inserção do trabalhador no capitalismo, proporcionando-lhe afirmação individual, social, familiar, econômica e ética, além de reduzir as desigualdades sociais.

3. A TENTATIVA DE DESCONSTRUÇÃO DO PRIMADO DO TRABALHO

Na tentativa de reduzir a importância do trabalho, os neoliberalistas vêm elaborando teorias de desconstrução do primado do trabalho, pois a permanência da ideia de centralidade do trabalho e do emprego, inviabilizaria o império do mercado econômico estruturado pelo pensamento neoliberal. Essa ideologia afirma que o trabalho regulamentado onera a atividade empresarial, dificultando a expansão da economia.[5]

A perspectiva do fim do primado do trabalho e do emprego assume a ideia do suposto surgimento de novo paradigma na vida socioeconômica, que não transitaria pelas noções e realidades do emprego e do trabalho.

Por meio das inovações tecnológicas do final do século XX e dos elevados índices de desemprego a partir de meados dos anos 70, os neoliberalistas afirmaram que o trabalho teria perdido a importância na estrutura e na dinâmica do novo capitalismo.

Desta feita, a partir da década de 70, o primado do trabalho e emprego vem sendo agredido pelos teóricos neoliberais. Em vista de o desemprego ter se tornado notório em inúmeros países capitalistas ocidentais, foram apontados cinco fatores estruturais que levaram a tal fato, sempre no intuito de destruir o primado do emprego e do trabalho, retirando sua centralidade na sociedade capitalista, tais como inovações e alterações tecnológicas (3ª Revolução Industrial), reestruturação empresarial e acentuação da concorrência internacional, fazendo surgir novos paradigmas de inserção de indivíduos no sistema socioeconômico capitalista, diferente da relação empregatícia.

Embora constante a tentativa de reduzir a importância do trabalho no sistema capitalista, referida ideia não deve ser aceita, visto que o emprego e a remuneração estão intimamente ligados à redução da desigualdade, sendo o ataque ao desemprego um caminho para redução da pobreza.

4. CAUSAS DA DESIGUALDADE

Com o objetivo de elucidar as causas da desigualdade na sociedade, a literatura sobre o tema sugere que estas são diversas e se inter-relacionam de forma complexa e não linear. Surgem de fatores relacionados ao trabalho e à apropriação desigual de renda, à distribuição da propriedade, à educação, a questões ligadas a raça, gênero e cultura, bem como aspectos ligados a preferência por risco, lazer e trabalho, além de questões históricas de cada sociedade.[6]

O mercado de trabalho aparece como uma das principais causas da desigualdade, pois o capitalismo faz emergir um conflito de redução salarial versus pleito por maiores parcelas de rendimento.

O mecanismo de oferta e demanda permite explicar a desigualdade dos salários. O aumento da força de trabalho deprime os salários, pois há muitos candidatos para um mesmo posto de trabalho, o que geralmente ocorre em trabalhos menos qualificados; ao contrário, um trabalho que requeira habilidades raras ou capacidades sofisticadas, diminuirá a oferta e com isso aumentará a demanda, elevando o nível dos salários.[7]

Outro fator que interfere na desigualdade é a educação. Aqueles que a possuem em maior medida, se apropriarão de maior parte de riqueza. Pessoas com mais anos de educação ganham mais, obtêm mais prazer em seu trabalho e lazer, tendem a ser mais saudáveis a se envolver menos em atividades criminosas e têm mais disposição para votar e se envolver em atividades voluntárias.[8]

---

(4) DELGADO, Mauricio Godinho, DELGADO, Gabriela Neves. *Constituição da República e Direitos Fundamentais*. 4. ed. São Paulo: LTr, 2017. p. 104.
(5) DELGADO, Mauricio Godinho. *Capitalismo, trabalho e emprego*. 3. ed. São Paulo: LTr, 2017.
(6) COUTINHO, Diogo R. *Direito, desigualdade e desenvolvimento*. São Paulo: Saraiva, 2013. p. 55.
(7) PIKETTY, Thomas; tradução de André Telles. *A economia da desigualdade*. 1. ed. Rio de Janeiro: Intrínseca, 2015. p. 80.
(8) WILKINSON, Richad; PICKETT, Kate. Tradução: Marilene Tombini. *O nível*: por que uma sociedade mais igualitária é melhor para todos. Rio de Janeiro: Civilização Brasileira, 2015.

Também são fatores que influenciam na desigualdade: a globalização, o gênero, a raça, a cultura e o modo como os países se desenvolveram (modelo de colonização, modernização, industrialização, democratização etc.).

Para redução das desigualdades, há de se investir em políticas distributivas, através de tributação, sistemas de seguro público, assistência e previdência social, além de políticas públicas voltadas ao mercado de trabalho, tais como salário mínimo e limitação da desigualdade salarial.

A política do salário mínimo tem fortes impactos positivos sobre os salários dos empregados. Essa intervenção estatal na economia arrasta os rendimentos daqueles trabalhadores cujos salários, determinados pela dinâmica capitalista, eram inferiores ao mínimo até este valor. Ao estabelecer um nível de remuneração obrigatória, o mínimo protege os indivíduos menos capazes de obter um salário alto e, desse modo, reduz a desigualdade salarial e, por consequência, também a pobreza e a desigualdade de renda *per capita*.[9]

5. DESIGUALDADE NA RENDA ORIUNDA DO TRABALHO

Ultrapassada a discussão sobre a importância do trabalho, na modalidade de emprego, no contexto da sociedade capitalista, passemos a analisar a desigualdade de renda como um dos fatos geradores do desequilíbrio social. Alguns estudos são apresentados como justificativa para a existência das desigualdades.

Para Marx (século XIX), a lógica do capitalismo é alargar a desigualdade entre as classes opostas. Assim, a partir da revolução industrial, a desigualdade social e redistribuição de renda reflete a oposição entre o capital e trabalho. Oposição, portanto, entre quem detém os meios de produção e recebem os rendimentos e quem não os detêm, permanecendo com a renda do seu trabalho. Então, a fonte da desigualdade seria a distribuição desigual da propriedade do capital para o trabalho.

Referida ideia é contestada, pois as sociedades contemporâneas se tornaram sociedades de executivos que vivem sobretudo do fruto do trabalho, não mais dos que detinham capital acumulado no passado.

PIKETTY,[10] em sua obra *economia da desigualdade*, defende que mesmo havendo distribuição desigual entre as rendas do capital e do trabalho, a desigualdade se explica pela desigualdade nas rendas do trabalho, ou seja, a diferença entre os salários recebidos pela realização do trabalho.

Sai da esfera acabar com a propriedade privada do capital, taxar lucros e redistribuir riquezas; para: tributação dos salários altos, transferências fiscais para os salários baixos, políticas de educação e formação, salário mínimo, luta contra discriminação pelos empregadores, papel dos sindicatos etc.

A questão não é mais saber se convém abolir a propriedade privada do capital, taxar os lucros ou distribuir riqueza. Os instrumentos adequados à desigualdade das rendas do trabalho têm outros nomes: tributação dos salários altos e transferências fiscais nos casos dos salários baixos, políticas de educação e formação, salário mínimo, luta contra a discriminação por parte dos empregadores, grades salariais, papel dos sindicatos etc.[11]

A desigualdade do salário decorre da desigualdade do capital humano, da diferença de contribuição à produção, que inclui qualificação do empregado, experiências e características individuais para se integrar ao processo de produção de bens e serviços demandados.

Como a renda oriunda do trabalho aparece como fator de desigualdade, ressalte-se a importância do trabalho e da proteção ao trabalhador ao longo do tempo, bem como os efeitos deletérios da ausência de proteção do Estado, o que poderia levar a uma desigualdade acentuada entre os trabalhadores.

Ter um emprego não garante escapar da pobreza, por isso é necessário progredir no combate à redução da desigualdade, especialmente por meio de uma política nacional voltada para remuneração e que reconheça os limites colocados pela oferta e demanda na economia globalizada, sem deixar que o valor-trabalho se defina somente pelas forças de mercado.[12]

Passemos a estudar a tentativa de redução de desigualdade remuneratória advinda do labor através de políticas voltadas para o empregado, tais como proteção ao salário mínimo e às diferenças salariais, especialmente a adotada no Estado Brasileiro.

---

(9) SOARES, Sergei Suarez Dillon. *O impacto distributivo do salário mínimo*: a redistribuição individual dos rendimentos do trabalho. IPEA. Texto para discussão n. 873, 2002.

(10) PIKETTY, Thomas; tradução de André Telles. *A economia da desigualdade*. 1. ed. Rio de Janeiro: Intrínseca, 2015.

(11) PIKETTY, Thomas; tradução de André Telles. *A economia da desigualdade*. 1. ed. Rio de Janeiro: Intrínseca, 2015. p. 76.

(12) ATKINSON, Anthony B. Tradução de Elisa Câmara. *Desigualdade: o que pode ser feito?* São Paulo: LeYa, 2015.

6. FUNÇÃO DO DIREITO DO TRABALHO NA REDUÇÃO DA DESIGUALDADE NAS RENDAS DO TRABALHO

O Direito do Trabalho surgiu na segunda metade do século XIX e afirmou-se no decorrer do século XX, intervindo imperativamente nos contratos empregatícios, através de regras, princípios e institutos. Com isso, atenuou a influência do mercado econômico nesse tipo de relação sociojurídica, auxiliando na desmercantilização do trabalho. Despontou como importante política pública de inclusão social e econômica de grandes maiorias populacionais no âmbito do capitalismo.[13]

O ramo justrabalhista tem como principal objetivo a distribuição de renda e poder, além de levar à pacificação social, preservando o sistema capitalista e a sociedade democrática.

No Brasil a área laboral tem vindo, nos últimos anos, a ser fustigada por um vasto conjunto de transformações, mas sempre buscando a manutenção de seus princípios e objetivos. Assim, após uma reflexão crítica sobre as desigualdades sociais, procura-se investigar, dentro da seara trabalhista, quais direitos podem ser apontados para redução das desigualdades sociais, chegando-se à ideia trazida por PIKETY, à proteção ao salário mínimo e às diferenças salariais.

Devido à política de valorização do salário mínimo, e à crescente formalização das relações de trabalho, as atenções têm se voltado para o papel que o mercado de trabalho e, em particular, o salário mínimo, teria desempenhado na evolução recente da desigualdade de renda. Pelo canal do rendimento do trabalho, o efeito seria direto, à medida em que um número de trabalhadores se formalizariam, alcançando ganhos compatíveis com o salário mínimo.

6.1. Política do salário mínimo

O primeiro elemento da política de remuneração é o salário mínimo, que é obrigatório por lei no Reino Unido, sendo estatutário, também já adotado no Brasil. Leciona ATINKSON como uma das propostas para reduzir a extensão das desigualdades no Reino Unido:

> Proposta 4: deveria haver uma política nacional de pagamento que consistisse em dois elementos: um salário-mínimo estatutário definido como salário digno e um código de prática para o pagamento acima do mínimo, acordado como parte de um "diálogo nacional" que envolvesse do Conselho Econômico e Social.[14]

Com advento do Direito do Trabalho, o Estado passou a intervir na determinação da remuneração pelo mercado, por meio da instituição de um valor mínimo a ser pago como contraprestação pelo trabalho realizado. Em nome do interesse coletivo e da justiça social, foram instituídos métodos de fixação do salário mínimo abaixo dos quais não é permitida a estipulação de salário do empregado.

A concepção internacional segue a mesma linha, definindo o salário mínimo como o menor valor monetário que, por força de lei ou de contratação coletiva, pode ser pago aos trabalhadores em determinada região e período. Em alguns países, é instituído por lei, enquanto em outros é determinado por diálogo tripartite (com negociação entre representantes dos trabalhadores, dos empregadores e do governo) ou por contratação coletiva (com negociação entre representantes de trabalhadores e de empresas).

O conceito de salário mínimo vincula a referência a certo padrão de sobrevivência, identificado como mínimo em determinada sociedade, com o intuito de resguardar o rendimento laboral de trabalhadores vulneráveis no mercado de trabalho e suas condições de vida. Tal patamar pode ser estabelecido em relação aos padrões médios exibidos em determinada sociedade num dado momento ou de acordo necessidades vitais básicas.[15]

Assim, o salário mínimo seria o menor valor que a lei permite que seja pago pelo empregador ao empregado, para que este possa satisfazer as suas necessidades vitais básicas.[16]

Para o Departamento Intersindical de Estatísticas e Estudos Socioeconômicos (DIEESE):

> O salário mínimo é um importante instrumento de regulação do mercado de trabalho. Atua como limite à superexploração e como freio à utilização da rotatividade do trabalho por parte dos empregadores, como forma de reduzir salários. Ademais,

---

(13) DELGADO, Mauricio Godinho; DELGADO, Gabriela Neves. *Constituição da República e Direitos Fundamentais*: dignidade da pessoa humana, justiça social e direito do trabalho. 4. ed. São Paulo: LTr, 2017.
(14) ATKINSON, Anthony B. Tradução de Elisa Câmara. *Desigualdade*: o que pode ser feito? São Paulo: LeYa, 2015.
(15) DIEESE. *Salário mínimo: instrumento de combate à desigualdade*. São Paulo: DIEESE, 2010.
(16) GARCIA, Gustavo Filipe Barbosa. *Curso de direito do trabalho*. 6. ed. Rio de Janeiro: Forense, 2012. p. 502.

devido a seu papel de equalização dos salários de base e de suporte à hierarquia salarial, o salário mínimo constitui um instrumento poderoso para, em combinação com outros instrumentos, estimular a desconcentração de renda e a maior equidade entre mulheres e homens, negros e não negros no mercado de trabalho, e entre as regiões do país.[17]

A política salarial significa a escolha de meios para se alcançar a proteção ao valor do salário, bem como a distribuição da riqueza e combate ao desemprego e à inflação.

No Brasil, o salário mínimo é assegurado pelo art. 7º, IV, da Constituição Federal, sendo aquele "(...) fixado em lei, nacionalmente unificado, capaz de atender a suas necessidades vitais básicas e às de sua família com moradia, alimentação, educação, saúde, lazer, vestuário, higiene, transporte e previdência social, com reajustes periódicos que lhe preservem o poder aquisitivo, sendo vedada sua vinculação para qualquer fim;".

O salário mínimo foi estabelecido na década de 1940 como a média do salário urbano e, à época, era acima do PIB <Produto Interno Bruto> *per capita*, de modo a representar um componente de garantir o mínimo para a força de trabalho. Com a política de arrocho da década de 1960, o mínimo não acompanhou a inflação. Somente a partir do Plano Real, o mínimo se deslocou de elemento de combate à inflação para instrumento de combate à pobreza.

A partir de 2003 foi estabelecida política salarial na qual a cada 4 anos é estabelecida nova forma de reajuste do salário mínimo. A Lei n. 13.152/2015, que implementou a política de valorização do salário mínimo, estipula reajuste com base no Produto Interno Bruto (PIB) de dois anos antes, que valeria como aumento real, e pelo INPC do ano anterior, valendo até 2019, quando será rediscutida.

A valorização do salário mínimo na última década foi responsável por 70% da redução no coeficiente de Gini, que passou de 0,594, em 2001, para 0,527, em 2011. O índice mede a desigualdade de renda no mercado de trabalho e, quanto mais próximo de 0, menor a diferença entre os maiores e os menores salários. Tal fato demonstra a importância do salário mínimo estabelecido para a diminuição das diferenças entre ricos e pobres, dentro da classe trabalhadora.

6.2. Isonomia salarial

A igualdade é um princípio constitucional e, especialmente vinculado à área laboral, propugna a ideia de que a todo trabalhador deve ser deferido igual padrão remuneratório a de outro laborista que execute função semelhante. Integra a noção de justiça aceita universalmente.

Para além da política de salário mínimo, com vistas à redução das desigualdades entre os salários, importante destacar o art. 461 da Consolidação das Leis do Trabalho, que trata de equiparação salarial, estabelecendo a igualdade salarial para trabalho de igual valor, combatendo a discriminação no trabalho humano, em respeito ao princípio constitucional da isonomia.

A equiparação é o procedimento de correção das desigualdades salariais que tem como objetivo igual retribuição, sem distinção de sexo, etnia, nacionalidade ou idade, a quem prestar trabalho de igual valor, em idêntica função, ao mesmo empregador, no mesmo estabelecimento.[18]

Observe-se que outras formas de discriminação também não são toleradas para diferença salarial, como, por exemplo, a religiosa, em razão da norma constitucional de que veda "quaisquer outras formas de discriminação", art. 3º, IV, CF/1988.

Ainda sobre a discriminação salarial, estabelece o § 6º do art. 461 da CLT que "no caso de comprovada discriminação por motivo de sexo e etnia, o juízo determinará, além de pagamento das diferenças salariais devidas, multa, em favor do empregado discriminado, no valor de 50% (cinquenta por cento) do limite máximo dos benefícios do Regime Geral de Previdência Social."

Desta forma, para a correção de tratamento desigual a nível salarial, cabível o manejo de reclamação trabalhista, na qual o empregado deve demonstrar a realização dos critérios objetivos delineados no art. 461 da CLT e da Súmula n. 6 do c. TST, a fim de que o Judiciário dê efetivo cumprimento ao princípio da isonomia no caso concreto.

7. CONSIDERAÇÕES FINAIS

O trabalho, na modalidade emprego, exerce importante papel nas sociedades capitalistas. Embora os neoliberalistas propugnem a retirada trabalho do centro do capitalismo, sob o argumento de desemprego estrutural desde 1970, com base nos argumentos acima expostos,

---

(17) DIEESE. *Salario mínimo: instrumento de combate à desigualdade*. São Paulo: DIEESE, 2010.

(18) MARTINEZ, Luciano. *Curso de direito do trabalho*. 9. ed. São Paulo: Saraiva jur, 2018. p. 598.

factível concluir que referido ideário subsiste constante na maioria dos Estados.

É importante que seja na modalidade emprego, pois é a única em que o Estado interfere diretamente na relação, sendo possível a determinação de regras mínimas a serem cumpridas, inclusive em relação ao salário mínimo e isonomia salarial, levando-se em consideração a legislação brasileira.

A política do salário mínimo impõe ao empregador um valor mínimo de contraprestação a ser paga aos empregados, independentemente de condições mercadológicas ou lei de oferta e demanda, permitindo que haja uma remuneração capaz de atender o mínimo existencial das pessoas que se encontram na condição de emprego.

A imposição de um mínimo salarial reduz a desigualdade entre os empregados, pois diminui eventuais diferenças entre os maiores e menores salários, além de permitir a redução da desigualdade como um todo, fato que se verifica por meio da política de aumento do salário mínimo no Brasil.

8. REFERÊNCIAS BIBLIOGRÁFICAS

ATKINSON, Anthony B. Tradução de Elisa Câmara. *Desigualdade*: o que pode ser feito? São Paulo: LeYa, 2015.

COUTINHO, Diogo R. Direito, Desigualdade e Desenvolvimento. São Paulo: Saraiva, 2013.

DELGADO, Mauricio Godinho. *Capitalismo, trabalho e emprego*. 3. ed. São Paulo: LTr, 2017.

DELGADO, Mauricio Godinho. DELGADO, Gabriela Neves. *Constituição da República e Direitos Fundamentais*: dignidade da pessoa humana, justiça social e direito do trabalho. 4. ed. São Paulo: LTr, 2017.

GARCIA, Gustavo Filipe Barbosa. *Curso de direito do trabalho*. 6. ed. Rio de Janeiro: Forense, 2012.

MARTINEZ, Luciano. *Curso de direito do trabalho*. 9. ed. São Paulo: Saraiva Jur, 2018.

PIKETTY, Thomas; tradução de André Telles. *A economia da desigualdade*. 1. ed. Rio de Janeiro: Intrínseca, 2015.

WILKINSON, Richad; PICKETT, Kate. Tradução: Marilene Tombini. *O nível*: por que uma sociedade mais igualitária é melhor para todos. Rio de Janeiro: Civilização Brasileira, 2015.

CAPÍTULO 13

TELETRABALHO: PERSPECTIVAS NO CONTEXTO DA REFORMA TRABALHISTA

Antonio Capuzzi[1]

1. TELETRABALHO

1.1. Conceito legal

O termo teletrabalho foi cunhado por Jack Nilles no longínquo ano de 1973, como sendo a possibilidade de se enviar o trabalho ao teletrabalhador ao invés do trabalhador ao trabalho[2]. Tem como base a ideia de desvinculação do labor em local físico empresarial, aliado à superação do controle de jornada por aquele que se beneficia da mão de obra laboral.

A Organização Internacional do Trabalho define como teletrabalho a forma de labor realizada em lugar apartado da oficina central ou centro de produção patronal, e que implica uma nova tecnologia a permitir tal separação com facilitação à comunicação[3].

Citada definição se aproxima do conceito legal de teletrabalho insculpido no art. 75-B, *caput*, da CLT, com redação dada pela Lei n. 13.467/2017 (reforma trabalhista), em que é definido como "a prestação de serviços preponderantemente fora das dependências do empregador, com a utilização de tecnologias de informação e de comunicação que, por sua natureza, não se constituam como trabalho externo". Por sua vez, a Convenção n. 177, da OIT[4], não ratificada pelo Brasil, e que trata do trabalho em domicílio, referencia que uma pessoa que tenha o *status* de empregado não deve ser considerada trabalhadora a domicílio apenas porque ocasionalmente desempenha seu trabalho como empregado em sua casa, em vez de no seu local habitual de trabalho (art. 1º).

Nessa medida é que o teletrabalho, com fulcro na leitura conjunta dos art. 75-B, *caput*, da CLT e 1º, da Convenção citada, pode ser delineado por exclusão, de modo que não é teletrabalhador aquele que ocasionalmente preste serviços relacionados ao trabalho em seu domicílio ou em outro local designado que não o plexo empresarial, através de instrumentos telemáticos.

1.2. Parâmetros doutrinários para a sua caracterização

A **doutrina italiana** aponta vetores relevantes para o estudo do que vem a ser teletrabalho e a definição de sua abrangência[5].

Registra como primeiro elemento a <u>inversão do processo de concentração da atividade econômico-produtiva</u> na grande área urbana e metropolitana, com

---

(1) Mestrando em Direito do Trabalho e das Relações Sociais pelo Centro Universitário do Distrito Federal. Especialista em Direito e Processo do Trabalho. Pesquisador do Grupo de Pesquisa Direitos Humanos e Relações Sociais do Centro Universitário do Distrito Federal. Professor de Direito e Processo do Trabalho em cursos preparatórios para concursos públicos e pós-graduação. Coautor de livros e autor de artigos jurídicos. Advogado trabalhista.

(2) J. Nilles citado por ORIHUEL, Francisco Pérez de los Cobos; ARANDA, Javier Thibault. *El teletrabajo en España*: Perspectiva jurídico laboral. Informes y Estudios. Ministerio de Trabajo y Asuntos Sociales. p. 11.

(3) *Idem. ibidem.* p. 16.

(4) Art. 1º Para os fins desta Convenção: (...)
(b) uma pessoa que tenha o status de empregado não deve ser considerada trabalhadora a domicílio para os propósitos deste Acordo, meramente porque ocasionalmente desempenha seu trabalho como empregado em sua casa, em vez de no seu local habitual de trabalho;

(5) SCARPITTI, Giovanna; ZINGARELLI, Delia. *Il telelavoro. Teorie e applicazioni. La destrutturazione del tempo e dello spazio nel lavoro post-industriale*. Franco Angeli. p. 44-46.

descentralização de serviços e atividades. Relega a prestação do serviço levado a efeito nos grandes centros urbanos e vinculado ao plexo físico empresarial, a fim de dilui-lo nos mais diversos locais possíveis de realização, sempre por meio de instrumentos telemáticos.

Outro importante fator é a ausência de espacialização da atividade laboral, termo derivante de espaço referente a um local ou objeto. É o que a doutrina denomina de "desespacialização da atividade", ensejadora da libertação do tradicional vínculo espacial e temporal da prestação do trabalho vinculado a um determinado local físico patronal. Desponta como terceiro elemento, a flexibilidade operativa que vise primordialmente perpetrar que, por meio do teletrabalho, se afira melhores resultados, decorrente da interconexão direta entre teletrabalhador e seu tomador dos serviços.

No bojo do mesmo espectro de atuação, a **doutrina espanhola** assinala três pressupostos para a parametrização do teletrabalho sendo eles: topográfico, tecnológico e organizativo[6].

Em primeiro lugar, evidencia-se o elemento topográfico, no qual se dilui a ideia de limitação da prestação laboral ao local em que é desenvolvido o trabalho. Guarda intrínseca relação com a "desespacialização espacial" referenciada pela doutrina italiana, tendo em vista que o trabalhador se ativa em qualquer local em que seja possível a prestação laboral, seja em escritório satélite ou, ainda, em seu domicílio[7].

O trabalho desenvolvido em local físico, estático, no qual se fixa o empreendimento patronal é superado por aquele levado a efeito através do escritório virtual. O professor Paulo Emílio Ribeiro de Vilhena equipara o trabalhador ativado em tal regime a uma miniempresa que, com maior ou menor intensidade, mantém contato com o seu tomador dos serviços, de modo particular, através do acesso à internet[8].

Alinhado a isso, o festejado professor afirma, com precisão, que a matéria-prima do teletrabalho são todos os equipamentos utilizados pelo trabalhador com disponibilidade de troca do fluxo de informações por meio da rede virtual de comunicação. E nesse particular, enquadra-se o elemento tecnológico sobredito anteriormente como salutar para a caracterização do teletrabalho. Sem equipamento que permita a comunicação do trabalhador com o seu tomador de serviços, é impossível a realização do teletrabalho (telearbeit), uma vez que a comunicação pela troca do fluxo de informações diretas resta prejudicada[9].

Nessa linha, ensina a professora Ivani Contini Bramante que a telecomunicação e a informática são instrumentos que conferem suporte ao teletrabalho, sem a exigência de que o trabalhador seja um expert em informática, mas tão somente se utilize do apoio da informática[10]. Ou seja, é o meio pelo qual o teletrabalho é realizado, e não o teletrabalho em si mesmo.

O apoio laboral que a telecomunicação e a informática deferem ao teletrabalho, vincula-se à flexibilidade operativa citada pela doutrina italiana, transformando de modo sem precedentes o modo de prestação laborativa, a ensejar o surgimento de uma nova realidade trabalhista.

Dessa maneira, o elemento organizativo é um modo diferente de prestação laborativa, vinculado à utilização de tecnologia que promove a ruptura com o modelo tradicional de trabalho e que exige maior disciplina do trabalhador nesse modelo[11].

O conceito de teletrabalho é trazido por Estrada[12] sendo "aquele realizado com ou sem subordinação por meio do uso de antigas e novas formas de telecomunicação em virtude de uma relação, permitindo a sua execução à distância, prescindindo da presença física do trabalhador em lugar específico de trabalho". Complementando, anota o autor que o teletrabalho pode ser executado através da internet bidirecional, tridimensional, profunda ou escura e, também, por meio da comunicação somente entre robôs, avatares, nanorrobôs, ciborgues ou programas de computador ou destes com o ser humano[13].

A definição é irretocável, pois abarca a noção de

---

(6) Cf. ORIHUEL, Francisco Pérez de los Cobos; ARANDA, Javier Thibault. *El teletrabajo en España*: Perspectiva jurídico laboral. Op. cit., p. 17.

(7) VILHENA, Paulo Emílio Ribeiro de. *Relação de emprego*: estrutura legal e supostos. 3. ed. São Paulo. LTr, 2005. p. 589.

(8) Idem. ibidem. p. 589.

(9) Idem. ibidem. p. 589.

(10) BRAMANTE, Ivani Contini. *Teletrabalho – teledireção, telessubordinação e teledisposição*. Revista LTr, 76-04/391.

(11) ESTRADA, Manuel Martín Pino. Teletrabalho: conceitos e a sua classificação em face aos avanços tecnológicos. In: COLNAGO, Lorena de Mello Rezende; JUNIOR, José Eduardo de Resende Chaves; ESTRADA, Manuel Martín Pino (Coords.). *Teletrabalho*. São Paulo: LTr, 2017. p. 11.

(12) Idem. ibidem. p. 11.

(13) Cf. Colnago, Junior e Estrada. Obra citada. p. 17.

telecomunicação, que consiste em toda espécie de comunicação à distância, compreendendo telefonia, televisão, satélite etc.[14], como também de telemática, conceituada como um tipo de transmissão da informação que combina o uso de computadores e os demais meios de telecomunicação[15].

O art. 75-E, da CLT, incluído pela Lei n. 13.467/2017, consagra conceito similar ao preceituar que o teletrabalho é a prestação de serviços por meio de "tecnologias de informação e de comunicação". Trata-se de definição legal que abarca o uso de computadores (tecnologias de informação) e os meios de telecomunicação (comunicação).

2. TELETRABALHADOR EMPREGADO

O art. 6º, parágrafo único, da CLT, dispõe que qualquer instrumento telemático que sirva para controlar, comandar e/ou supervisionar o desempenho do labor se equipara a qualquer meio pessoal e direto de controle do labor.

O dispositivo prevê a subordinação em sua dimensão subjetiva, pois alude a controle, comando e/ou supervisão direta do empregador para com o serviço desempenhado pelo trabalhador. Com efeito, independente da dimensão subordinativa consagrada no preceito legal, é certo que presente a subordinação em quaisquer de seus aspectos, subjetivo, objetivo ou estrutural, factível o reconhecimento do vínculo de emprego, desde que presentes os demais elementos do art. 3º, da CLT.

Embora parcela da doutrina sustente que a previsão celetista sirva para a fiscalização do controle da jornada do empregado sob o aspecto do horário em que o labor é prestado, entendo que o dispositivo não pretendeu regular tal situação, já que o empregador dirige a atividade empresarial (controle) com a autoridade que o poder diretivo lhe concede (comando), aferindo resultados por meio da inspeção (supervisão), sendo certo que o trabalho poderá desenvolver-se sem a fiscalização estrita do controle de jornada, como será analisado em tópico à frente.

3. CONTRATO DE TRABALHO

3.1. Atividades específicas a serem desenvolvidas

O contrato de trabalho do teletrabalhador deverá obedecer a solenidade escrita e conter as atividades que por ele serão realizadas (art. 75-C, *caput*, da CLT). A previsão se afina com o preceito do art. 456, *caput*, da CLT, em que a prova do contrato individual do trabalho poderá ser feita por instrumento escrito.

Contudo, o parágrafo único do art. 456 não tem aplicabilidade ao teletrabalhador, porque o art. 75-C, *caput*, da CLT determina que as atividades devem ser especificadas, elidindo a consagração de falta de prova ou inexistência de cláusula expressa, a fim de compreender que o trabalhador tenha se obrigado a todo e qualquer serviço compatível com a sua condição pessoal.

Dessa maneira, a ausência de prova ou inexistência de cláusula expressa de que trata o parágrafo único refere-se às atribuições/atividades a serem desempenhadas pelo autor, e não sobre a previsão de adicional por acúmulo de função, de modo que delimitadas contratualmente as atividades a serem exercidas pelo teletrabalhador, a exigência de atividades diversas dará direito a plus salarial, ainda que compatíveis com o plexo de deveres laborativos.

3.2. Alternância entre regimes laborativos

Os §§ 1º e 2º do art. 75-C da CLT dispõem sobre a possibilidade de alteração do lugar de trabalho – do presencial para o telelaboral e do telelaboral para o presencial. No primeiro caso deve haver mútuo acordo entre empregador e trabalhador, já no segundo a transição pode se dar por imposição patronal.

A questão reside em recobrar o por que o legislador estampou tal distinção entre a alternância de regimes.

Quanto a alteração do regime de trabalho presencial para o telelaboral, a exigência de mútuo acordo entre as partes se justifica, tendo em vista as vicissitudes que o trabalhador poderá encontrar para desempenhar suas atividades em âmbito residencial, de uma lan house, de um *shopping center* etc. Como exemplo, cite-se a falta de estrutura em sua residência, a atenção que os cuidados familiares exigem quando o trabalhador se faz presente, principalmente com os filhos ou, ainda, a falta de adaptação/concentração no regime telelaboral de um empregado que sempre se ativou no *campus* empresarial, independentemente do local em que se realizará o teletrabalho.

De modo oposto à previsão inserta no § 1º, a transição do regime de teletrabalho para o presencial poderá ser imposta pelo empregador, condicionada a uma carência mínima de 15 dias para adaptação do trabalhador,

---

(14) Dicionário Michaelis Uol.

(15) Dicionário Michaelis Uol.

bem como ser assentada em aditivo contratual.

Houve consagração expressa de modalidade de *jus variandi* extraordinário, viabilizando ao empregador, através do poder diretivo patronal, determinar qual o local adequado para a prestação do trabalho. Considerando que a autorização para a ativação do empregado em regime de teletrabalho é faculdade do empregador, tal modalidade laboral poderá ser alterada com o escopo de fazer com que o empregado retorne ao regime presencial, à luz do poder diretivo patronal.

Portanto, com lastro no exposto, *data vênia*, divirjo de doutrina que interpreta o parágrafo 2º em comento à luz do art. 468, parágrafo único, da CLT, exigindo mútuo acordo para o retorno do empregado ao labor intramuros empresarial[16].

3.3. *Responsabilidade por equipamentos, infraestrutura e despesas*

O art. 75-D, *caput*, da CLT, prevê que as disposições relativas à responsabilidade pela aquisição, manutenção e fornecimento dos equipamentos e infraestrutura para o desenvolvimento do labor, assim como o reembolso das despesas custeadas pelo empregado, deverão ser previstas em contrato escrito.

No tocante à aquisição ou fornecimento dos **equipamentos**, há que se fazer uma distinção.

Na hipótese de o trabalhador possuir o(s) instrumento(s) para o trabalho, não há motivo para se imputar ao empregador a responsabilidade pelo custo. O termo "equipamento", no particular, deve ser compreendido como qualquer ferramenta ou utensílio que conflua diretamente para o desempenho das atividades específicas inerentes ao teletrabalho, como por exemplo, computador, *smartphone* etc.

Lado outro, caso o trabalhador não detenha equipamentos necessários para o telelabor, inegavelmente o empregador deve adquiri-los e fornecê-los ao prestador dos serviços.

Quanto à manutenção dos **equipamentos**, o mesmo raciocínio se aplica, de forma que se os equipamentos forem de propriedade do trabalhador, caberá a este a responsabilidade pelos custos de sua manutenção, e sendo de propriedade do empregador este arcará com das despesas correspondentes.

Em se tratando de aquisição ou fornecimento de **infraestrutura** para o teletrabalho, critério idêntico ao exposto quanto aos equipamentos se aplica. Existindo, como exemplo, mobiliário adequado na residência do trabalhador ou no local em que é desenvolvido o labor ou, mesmo, o empregado possuir no computador *software* necessário para o desempenho daquele, não se faz necessária a aquisição ou fornecimento pelo empregador.

Com relação à manutenção da **infraestrutura**, cite-se como exemplo o pagamento de aluguel de local para o desempenho das atividades telelaborativas ou a mensalidade de um *software* imprescindível para trabalho, que devem ser imputados ao empregador.

Tratando-se de restituição de gastos arcados pelo empregado, como por exemplo, energia elétrica e internet, a aferição da parcela de consumo que se destina para uso pessoal ou profissional é impraticável, seja pela ausência de exclusividade dos bens unicamente para o desenvolvimento do labor[17], seja pela impossibilidade de se divisar quais despesas se destinam para uso pessoal e quais se reservam para uso profissional[18]. Desse modo, sob tal ótica, as custas detêm limitada relevância jurídica para fins de reembolso dos danos materiais.

Assim, no pacto firmado entre as partes, é possível que os custos básicos para o desenvolvimento do trabalho permaneçam sob a responsabilidade do

---

(16) MELO, Geraldo Magela. *O teletrabalho na nova CLT*. Disponível em: <https://www.anamatra.org.br/artigos/25552-o-teletrabalho-na-nova-clt>. Acesso em: 2 jan. 2018.

No parágrafo primeiro do art. 75-C previu-se que para o início do teletrabalho é necessário mútuo acordo. Porém, o parágrafo segundo afirma que o empregador pode determinar, sem anuência do obreiro, o retorno do empregado ao ambiente empresarial. A disposição conflita com o art. 468 da CLT, que exige bilateralidade nas alterações contratuais, em razão do princípio da inalterabilidade contratual lesiva, bem como por força do art. 7º da CF/1988 que diz que os direitos devem visar a melhoria da condição social do trabalhador.

Nesse contexto, entende-se que o parágrafo segundo deve ser lido à luz do princípio da inalterabilidade e da CF/1988. Assim, apenas se o teletrabalhador entrar em acordo com o empregador é que poderá retornar ao ambiente intramuro empresarial, garantindo-se o prazo de transição mínimo de quinze dias. Essa é a determinação do art. 166, item 6, do Código do Trabalho de Portugal, aplicável como direito comparado por força do art. 8º da CLT.

(17) TRT-14 – RO: 73700 RO 0073700, Relator: DESEMBARGADOR CARLOS AUGUSTO GOMES LÔBO, Data de Julgamento: 11.12.2009, SEGUNDA TURMA, Data de Publicação: DETRT14 n. 0231, de 14.12.2009.

(18) TRT-7 – RO: 1484007120075070007 CE 0148400-7120075070007, Relator: JOSÉ ANTONIO PARENTE DA SILVA, Data de Julgamento: 16.05.2011, Primeira Turma, Data de Publicação: 06.06.2011 DEJT.

empregado, caracterizando-se como despesas ordinárias. A título de exemplo, se o trabalhador já possui o serviço de internet em sua residência, utilizando-a também para o labor, coerente que o pagamento siga às suas expensas.

De outra banda, necessitando contratar um plano de internet com valor superior ao que habitualmente utiliza, a despesa desloca-se de ordinária para extraordinária, devendo o empregador arcar com a diferença, tudo registrado em contrato escrito. Nessa linha entende Raphael Miziara[19], argumentando que é possível aplicar analogicamente o art. 456-A, parágrafo único, da CLT, pelo qual a higienização do uniforme é de responsabilidade do trabalhador, exceto nos casos em que forem necessários procedimentos ou produtos específicos para a higienização das vestimentas.

Enfim, dentro desta perspectiva, a título de aproximação de raciocínio e reforço de argumento, o art. 23, inciso XII, da Lei n. 8.245/91, Lei de Locações, descreve como responsabilidade do locatário quitar as despesas ordinárias de condomínio, de sorte que impende ao locador o pagamento das despesas extraordinárias, previsão que fortalece o raciocínio acima exposto.

4. ART. 62, INCISO III, DA CLT X NECESSIDADE DE CONTROLE DE JORNADA

O regime do teletrabalho pressupõe, como regra geral, a ausência de controle de jornada do trabalhador pelo empregador, de modo que o labor é executado fora do alcance deste e livremente organizado o horário de prestação dos serviços. A jurisprudência, antes mesmo da publicação da Lei n. 13.467/2017, já reconhecia o enquadramento do teletrabalhador, via de regra, no modelo excetivo do art. 62, inciso I, da CLT[20].

De par com isso, a Reforma Trabalhista inseriu o inciso III no art. 62, da CLT, para apartar o teletrabalhador do regime de duração do trabalho do Capítulo II do Texto Celetista.

A previsão do art. 62, inciso III, da CLT é modelo excetivo à regra geral prevista no art. 7º, inciso XIII, da Constituição Federal, eis que esta regula a jornada de trabalhadores que a possuam regulada/aferida, ao passo que aquela dispõe sobre os que não têm jornada controlada. Assim é porque, como ensinam os professores Mauricio Godinho Delgado e Gabriela Neves Delgado, "(...) em várias situações de teletrabalho mostra-se difícil enxergar controle estrito da duração do trabalho, em face da ampla liberdade que o empregado ostenta, longe das vistas de seu empregador, quanto à escolha dos melhores horários para cumprir os seus misteres provenientes do contrato empregatício"[21].

Similarmente se posicionam Francisco Pérez de los Cobos e Javier Thibault Aranda[22]:

> Serán calificadas como horas extraordinárias aquellas que son imputables al empresário, porque el teletrabajo assignado requiere más tempo que el próprio de la jornada laboral, de modo que el trabajador se ve, por ejemplo, en la obrigación de trabajar durante el fin: de semana a fin: de cumplir con los prazos de entrega estipulados. Por contra, no gozarán de tal consideración las que se originan voluntariamente, por ejemplo, por el prurito de dar el último toque a la tarea encomendada.

A nova previsão celetista projeta presunção jurídica de que a jornada do teletrabalhador não é controlada, fazendo com que, em processo judicial, o ônus probatório de demonstrar situação contrária seja sua incumbência, nos moldes do art. 818, inciso I, da CLT[23]. Assim já decidiu o Tribunal Superior do Trabalho antes mesmo da previsão da Reforma Trabalhista[24].

---

(19) MIZIARA, Raphael. O novo regime jurídico do teletrabalho no Brasil. In: OLIVEIRA, Cinthia Machado; PINHEIRO, Iuri; MIZIARA, Raphael (Org.). *Reforma trabalhista e os novos direitos material e processual do trabalho*. Porto Alegre: Verbo Jurídico, 2017. p. 178.

(20) TST – AIRR – 62141-19.2003.5.10.0011 Data de Julgamento: 07.04.2010, Relator Ministro: Mauricio Godinho Delgado, 6ª Turma, Data de Publicação: DEJT 16.04.2010.
TRT-3 – RO: 00727201301803001 0000727-42.2013.5.03.0018, Relator: Convocado Vitor Salino de Moura Eca, Quarta Turma, Data de Publicação: 21.09.2015

(21) DELGADO, Mauricio Godinho; DELGADO, Gabriela Neves. *A reforma trabalhista no Brasil*: com os comentários à Lei n. 13.467/2017. São Paulo: LTr, 2017. p. 138.

(22) ORIHUEL, Francisco Pérez de los Cobos; ARANDA, Javier Thibault. *El teletrabajo en España*: perspectiva jurídico laboral. Informes y Estudios. Ministerio de Trabajo y Asuntos Sociales. p. 58.

(23) DELGADO, Mauricio Godinho; DELGADO, Gabriela Neves. *A reforma trabalhista no Brasil*: com os comentários à Lei n. 13.467/2017. São Paulo: LTr, 2017. p. 138.

(24) (...) HORAS EXTRAS. TRABALHO EXTERNO. CONTROLE DE JORNADA. ÔNUS DA PROVA. Da leitura dos fundamentos decisórios constata-se ser incontroverso que o reclamante executava suas tarefas no sistema HOME OFFICE, isto é, em casa. Assim, existe

O mero fornecimento de instrumentos telemáticos ou informatizados pelo empregador, como computador, *smartphone* etc., não é capaz de impingir a presunção de ausência de controle de jornada, até porque tais instrumentos são necessários para o desempenho do teletrabalho. Referido posicionamento reflete a inteligência da Súmula n. 428, do TST[25]. Também não descura o regime de teletrabalho o comparecimento do empregado ao plexo empresarial para o desempenho de atividades específicas, conforme enuncia o parágrafo único do art. 75-B, da CLT.

Registre-se a doutrina do professor Homero Batista pela inconstitucionalidade do inciso III do art. 62, da CLT, alinhado ao disposto no Enunciado n. 71, da 2ª Jornada de Direito Material e Processual do Trabalho[26], sob o fundamento de afronta ao disposto no art. 7º, XIII, da CF.

Com o devido respeito, discordo da inconstitucionalidade relatada, pois o inciso III do art. 62, da CLT, aplica-se, exclusivamente, às circunstâncias em que o trabalhador não se submete a controle de horário laboral ou quando a aferição do controle de jornada determine-se impraticável[27].

Nesse aspecto, não há obrigatoriedade de o empregador envidar medidas capazes de aferir o horário de trabalho do empregado quando desnecessário para o regular desenvolvimento do teletrabalho. De modo que se houver controle efetivo do horário de trabalho, o empregado fará jus ao recebimento das horas extras que prestar, leitura que permite compatibilizar a disposição celetista com o mandamento constitucional do art. 7º, XIII.

5. LIBERDADE UTÓPICA TELELABORAL

A ativação do trabalhador em regime de teletrabalho implica efeitos relegados por parte dos estudiosos do tema. Enaltece a ideia difundida hodiernamente de liberdade no exercício do teletrabalho, descurando pontos importantes acerca da saúde mental do obreiro ativado neste tipo de regime.

Verificar-se-á abaixo que o teletrabalho, se levado a efeito sem responsabilidade patronal e laboral, promove a fictícia ideia de trabalho livre, extremamente benéfico à condição humana do trabalhador, premissa deveras falsa, gerando, consequentemente, as repercussões expostas nas próximas linhas.

5.1. *Ausência de controle de jornada e imposição de metas patronais abusivas*

A principal questão é a do teletrabalhador que não possui controle de jornada, mas que pelos mais diversos motivos, tais como a exigência de cumprimento de metas, envida esforços sobremaneira exaustivos para a sua realização.

Registre-se, *a priori*, a positivação, pelo legislador brasileiro, da presunção de veracidade acerca da ausência de controle de jornada por parte do empregador, em face ao trabalho desenvolvido pelo teletrabalhador[28]. Enuncia o art. 62, inciso III, da CLT, com redação dada pela Lei n. 13.467/2017 (Reforma Trabalhista), que não são abrangidos pelo regime previsto no capítulo "Da Duração do Trabalho", os empregados em regime de teletrabalho[29].

---

a presunção de que não havia controle de horário, sendo do reclamante o ônus da prova em sentido contrário, porquanto fato constitutivo do direito pleiteado. Recurso de revista conhecido e provido. (TST – RR: 5625220145020029, Relator: Márcio Eurico Vitral Amaro, Data de Julgamento: 04.10.2017, 8ª Turma, Data de Publicação: DEJT 06.10.2017)

(25) Súmula n. 428. SOBREAVISO APLICAÇÃO ANALÓGICA DO ART. 244, §2º DA CLT (redação alterada na sessão do Tribunal Pleno realizada em 14.09.2012) – Res. n. 185/2012, DEJT divulgado em 25, 26 e 27.09.2012
I – O uso de instrumentos telemáticos ou informatizados fornecidos pela empresa ao empregado, por si só, não caracteriza o regime de sobreaviso.

(26) Enunciado n. 71, da 2ª Jornada de Direito Material e Processual do Trabalho.
Teletrabalho: horas extras. São devidas horas extras em regime de teletrabalho, assegurado em qualquer caso o direito ao repouso semanal remunerado. Interpretação do art. 62, III e do parágrafo único do art. 6º da CLT conforme o art. 7º, XIII e XV, da Constituição da República, o art. 7º, *e*, *g* e *h* Protocolo Adicional à Convenção Americana sobre Direitos Humanos em matéria de Direitos Econômicos, Sociais e Culturais ("Protocolo de San Salvador"), promulgado pelo Decreto 3.321, de 30 de dezembro de 1999, e a Recomendação 116 da OIT.

(27) TRT-15 – RO: 12689 SP 012689/2004, Relator: LORIVAL FERREIRA DOS SANTOS, Data de Publicação: 16.04.2004.

(28) Consoante ensinam os professores Mauricio Godinho Delgado e Gabriela Neves Delgado: "A nova regra legal, entretanto, fixa apenas uma presunção jurídica: a de que, em se tratando de empregado que se encontra em efetivo regime de teletrabalho, ele não se acha em situação compatível com o controle de horários; por essa razão, ele fica excluído das regras da CLT que regulam, ilustrativamente, assuntos como jornada de trabalho, horas suplementares e/ou extraordinárias, além de intervalos trabalhistas. (DELGADO, Mauricio Godinho; DELGADO, Gabriela Neves. *A reforma trabalhista no Brasil*: com os comentários à Lei n. 13.467/2017. São Paulo: LTr, 2017. p. 113).

(29) Em sentido contrário ao previsto no novel art. 62, inciso III, da CLT, apresenta-se o enunciado n. 71, da 2ª Jornada de Direito Material e Processual do Trabalho, realizada pela ANAMATRA em Brasília-DF, no ano de 2017.

À luz do positivado no art. 62, inciso III, da CLT, o regime do teletrabalho pressupõe, como regra geral, a ausência de controle de jornada do trabalhador pelo empregador, de modo que o labor é executado fora do alcance deste e livremente organizado o horário de prestação dos serviços.

Aliando a ausência do controle de jornada com a instituição do cumprimento de metas, há de se dizer que a problemática guarda intrínseca relação com o que Focault denominou de Panóptico, explicitado por Zygmunt Bauman[30] como o poder que os supervisores ocultos na torre central do Panóptico opera face aos internos mantidos nas alas de um edifício em formato de estrela, revelando a forma ideal para a constante visibilidade dos últimos e consequente invisibilidade dos primeiros por parte dos encarcerados. Trata-se de um estado de vigilância constante, alijando o resguardo da saúde física e mental em vista do alcance da meta imposta.

Nessa medida, revela o poder econômico a capacidade de incutir na mente do trabalhador diluída autocensura sob o aspecto da autogestão na busca por resultados específicos, atribuindo, *de per si*, um enfoque disciplinar individual a fim da busca pela preservação do emprego. A conduta se agrava quando se interfere, com o máximo de influência, antecipando condutas a serem adotadas pelo trabalhador, sabidamente regulares e previsíveis, de modo a influenciar a incerteza acerca do desafio acerca da permanência no emprego.

O objetivo, em última medida, é mapear o espaço e limites em que se realiza o trabalho, a fim de tornar os atos variáveis totalmente cognoscíveis, objetivando mensurar o quanto cada trabalhador está disposto a contribuir na busca por produtividade. Quando se desconhece potencialmente o resultado de outros colegas de labor, a incerteza se torna ponto chave a permitir que se extraia o máximo de cada ser humano, descurando do cuidado com a saúde, principalmente mental. É cediço que o trabalhador engajar-se-á com notável intensidade na aferição por resultados, ainda que para isso relegue seu tempo de lazer e desconexão telemática-laboral.

Conquanto preocupante o até aqui exposto, deve-se avançar no trato do tema.

A ativação em teletrabalho sob a regime de produção (engajamento/cumprimento de metas), para além do exposto, pode piorar a situação de pressão vivenciada. Até um determinado limite de controle do ser humano, o panóptico gera resultados expressivos que, em dado momento, devem ser aferidos. Nesse instante, o ideal panóptico, nas palavras de Bauman[31], não é abandonado por completo, mas meramente situado em banho-maria, à espera de uma tecnologia mais poderosa, no presente caso, até o ser humano se acomodar com as metas até então potencialmente difíceis de serem alcançadas para, posteriormente, elevar a exigência a ponto de gerar o esgotamento laboral[32].

Teletrabalho: horas extras. São devidas horas extras em regime de teletrabalho, assegurado em qualquer caso o direito ao repouso semanal remunerado. Interpretação do art. 62, III e do parágrafo único do art. 6º da CLT conforme o art. 7º, XIII e XV, da Constituição da República, o art. 7º, *e*, *g* e *h* Protocolo Adicional à Convenção Americana sobre Direitos Humanos em matéria de Direitos Econômicos, Sociais e Culturais ("Protocolo de San Salvador"), promulgado pelo Decreto n. 3.321, de 30 de dezembro de 1999, e a Recomendação n. 116 da OIT.

(30) BAUMAN, Zygmunt. *Globalização*: as consequências humanas. Jorge Zahar Editor.
(31) Cf. BAUMAN, Zygmunt. *Globalização*: as consequências humanas. Jorge Zahar Editor. Op. cit.
(32) A respeito, magnífico acórdão do Ministro José Roberto Freire Pimenta:
REPARAÇÃO POR DANOS MORAIS. SÍNDROME DE *BURNOUT*. DOENÇA OCUPACIONAL EQUIPARADA A ACIDENTE DE TRABALHO. VALOR ARBITRADO À CONDENAÇÃO. R$ 30.000,00 (TRINTA MIL REAIS), A TÍTULO DE DANOS MORAIS, REDUZIDO PARA R$ 10.000,00 (DEZ MIL REAIS) PELO TRIBUNAL REGIONAL. STRESS OCUPACIONAL E QUALIDADE DE VIDA NO TRABALHO. MAJORAÇÃO DEVIDA. R$ 60.000,00 (SESSENTA MIL REAIS). Dallegrave Neto define o *burnout* como "um esgotamento profissional provocado por constante tensão emocional no ambiente de trabalho", ocasionado por um sistema de gestão competitivo, com sujeição do empregado às agressivas políticas mercantilistas da empresa. Segundo Michael P. Leiter e Christina Maslach "a carga de trabalho é a área da vida profissional que está mais diretamente associada à exaustão. Exigências excessivas de trabalho provenientes da qualidade de trabalho, da intensidade dos prazos ou da complexidade do trabalho exaurem a energia pessoal". Os autores também identificam que, do ponto de vista organizacional, a doença está associada ao absenteísmo (faltas ao trabalho), maior rotatividade, má qualidade dos serviços prestados e maior vulnerabilidade de acidentes no local de trabalho. A síndrome de *burnout* integra o rol de doenças ocupacionais do Ministério do Trabalho e Emprego. Está inserida no Anexo II do Regulamento da Previdência Social. O mencionado Anexo identifica os agentes patogênicos causadores de doenças profissionais ou do trabalho, conforme previsão do art. 20 da Lei n. 8.213/1991. Entre os transtornos mentais e de comportamento relacionados ao trabalho (Grupo V da CID-10) consta, no item XII, a síndrome de *burnout* – "Sensação de Estar Acabado (Síndrome de *Burnout*, Síndrome do Esgotamento profissional)", que na CID-10 é identificado pelo número Z73.0. No caso específico dos autos, a gravidade do distúrbio psicológico que acometeu a reclamante é constatada pelas informações de natureza fática registradas no acórdão regional: longo período de afastamento do trabalho, com a concessão de benefício acidentário pelo INSS e o consumo de medicamentos antidepressivos, além

Rememorando, instiga-se ao cumprimento de metas pautado num primeiro estágio para, após, sucessiva e continuamente, remodelar o paradigma anteriormente exigido a fim de extrair mais produtividade.

Obviamente que se está tratando de exigência de metas excessivamente absurdas e/ou sabidamente difíceis de obter êxito, de modo a tornar o meio ambiente telelaboral extremamente inóspito, caracterizando a prática que se denomina "assédio moral organizacional ou estrutural"[33].

Pertinente salientar que é comum os trabalhadores adotarem o regime de controle laboral retrocitado como legítima conduta patronal, pois com o espírito de modernidade imbuído em si, relegam o SER em vista do TER, ao inverso das previsões civis da eticidade e socialidade amainadas no Código Reale de 2002.

Tanto isso é verdade que Bauman[34] afirma com precisão que:

> A visão do panóptico não tinha origem na maldade, no ressentimento ou na misantropia, do mesmo modo que não era conscientemente cruel. Autêntico reformador intoxicado pela esplendorosa visão do progresso humano e impelido a agir pela urgência de acelerar aquele, Bentham procurava acima de tudo, e com cada um dos seus pensamentos, a <felicidade do maior número>. Acreditava que o produto derivado da fábrica panóptica da ordem seria a felicidade dos internados.

A fragmentação da liberdade afeta significativamente a qualidade de vida do trabalhador que, no mais das vezes, passa despercebida quando se expõe desmesuradamente a um cotidiano laboral inóspito. Trata-se de não se sentir adequadamente confortável em um ambiente inadequado, vislumbrando uma possibilidade de saída, sem, contudo, deter meios para tal. Dessa feita, tolera as coisas como se apresentam, emancipando os atos de controle exacerbados que deságuam em alterações psíquicas no indivíduo trabalhador, com reflexos imediatos em sua qualidade de vida.

E sobre o conceito de qualidade de vida, a Organização Mundial de Saúde[35] a definiu como a percepção do indivíduo acerca de sua posição na vida inserido no contexto cultural e no bojo dos sistemas de valores a

---

de dois laudos periciais reconhecendo que a incapacidade laboral da autora é total, a doença é crônica e não há certeza sobre a possibilidade de cura. Por oportuno, este Relator já teve a oportunidade de se manifestar em matéria semelhante, em que se reconhece como passível de reparação por dano moral a exigência excessiva de metas de produtividade, isso porque o sentimento de inutilidade e fracasso causado pela pressão psicológica extrema do empregador não gera apenas desconforto, é potencial desencadeador de psicopatologias, como a síndrome de *burnout* e a depressão, o que representa prejuízo moral de difícil reversão ou até mesmo irreversível, mesmo com tratamento psiquiátrico adequado. Atenta-se ao fato de que, além da observância ao meio ambiente de trabalho seguro e saudável, conforme assegura a Constituição Federal de 1988, imprescindível considerar, ainda, que cada indivíduo deve ser respeitado em sua singularidade, daí a necessidade de se ajustar o contexto ocupacional à capacidade, necessidade e expectativas razoáveis de cada trabalhador. O Tribunal Regional de origem, ao fixar o valor da reparação por danos morais em R$ 10.000,00 (dez mil reais), não atentou para as circunstâncias que geraram a psicopatologia que acarretou a invalidez da reclamante, oriunda exclusivamente das condições de trabalho experimentadas no Banco reclamado, período em que sempre trabalhou sob a imposição de pressão ofensiva e desmesurada, com o objetivo de que a trabalhadora cumprisse as metas que lhe eram impostas. Portanto, cabível a majoração do valor da indenização por dano moral para R$ 60.000,00 (sessenta mil reais). Recurso de revista conhecido e provido. (TST – RR: 9593320115090026, Relator: José Roberto Freire Pimenta, Data de Julgamento: 29.04.2015, 2ª Turma, Data de Publicação: DEJT 08.05.2015)

(33) A jurisprudência se manifesta no sentido que a cobrança de metas, por si só, não revela a caracterização de danos morais.
INDENIZAÇÃO POR DANOS MORAIS. COBRANÇA DE METAS. ABUSO DO PODER DIRETIVO. A cobrança de metas de produtividade, por si só, especialmente em setores competitivos, não se revela suficiente à caracterização dos danos morais. Lado outro, o abuso do poder diretivo com o intuito de forçar o cumprimento de metas abusivas justifica a condenação da ré ao pagamento de indenização por danos morais e pode caracterizar, inclusive, assédio moral organizacional. (TRT-3 – RO: 00109251920155030035 0010925-19.2015.5.03.0035, Relator: Adriana Goulart de Sena Orsini, Decima Primeira Turma)
DANO MORAL. ASSÉDIO MORAL. COBRANÇA EXCESSIVA DE METAS. ABUSO DO PODER DIRETIVO. CONFIGURAÇÃO. A cobrança de metas de produtividade, por si só, especialmente em setores competitivos, não se revela suficiente à caracterização do dano moral. Por outro lado, o exercício do poder diretivo com o intuito de estipular e forçar o cumprimento de metas abusivas, de forma reiterada ou sistematizada, justifica a condenação ao pagamento de indenização por danos morais, podendo caracterizar, inclusive, assédio moral organizacional. (TRT-3 – RO: 00106013820165030053 0010601-38.2016.5.03.0053, Relator: Convocado Antonio G. de Vasconcelos, Decima Primeira Turma)

(34) BAUMAN, Zygmunt. *A vida fragmentada – ensaios sobre a moral pós-moderna*. Relógio D'Água Editores, 1995. p. 113-114.

(35) FLECK, Marcelo Pio de Almeida. O instrumento de avaliação de qualidade de vida da Organização Mundial da Saúde (WHOQOL-100): características e perspectiva. *Revista Ciênc. saúde coletiva* v. 5 n. 1, Rio de Janeiro, 2000. Disponível: <http://www.scielo.br/scielo.php?script=sci_arttext&pid=S1413-81232000000100004>. Acesso em: 28 fev. 2018.

qual se insere num contexto de objetivos, perspectivas, padrões, preocupações[36].

A título de exemplo de como a exigência de cumprimento de metas inalcançáveis pode afetar a qualidade de vida do ser humano trabalhador, cite-se interessante caso apreciado pelo Tribunal Regional do Trabalho da 3ª Região, denominado de "ilha sem papel". Para a aferição da produção laboral, havia na empresa um programa de computador nominado de "ilha sem papel", no qual a cada hora, era gerado e enviado um relatório a todos os trabalhadores a informar o nível de produtividade individual. Aqueles que não alcançavam a meta determinada eram comparados a "perdedores", "fracassados", e demais termos pejorativos com ofensa à honra. O Regional condenou a empresa a indenizar o trabalhador em vista do dano moral sofrido[37].

5.2. Isolamento do teletrabalhador

Outro fator relativo ao teletrabalho levado a efeito sem responsabilidade é o isolamento do teletrabalhador. O desenvolvimento de telelabor em domicílio, mormente em casos nos quais o trabalhador reside sozinho, é passível de ensejar experiência de solidão e alienação da vida social que o cerca.

O empenhamento no incessante cumprimento dos serviços designados pode desaguar na ausência de capacidade de exprimir juízo crítico acerca de fatos sociais que permeiam a vida cotidiana. A inércia em que submerge o trabalhador é capaz, fatalmente, de imputá-lo à segregação social e a dificuldade no convívio com as pessoas, especialmente colegas de trabalho que se ativam no polo patronal físico.

Certo é que num primeiro momento a utópica liberdade de trabalho aliada à aspiração pelo labor livre sobeja qualquer espécie de fundamento negativo acerca de tal modalidade de trabalho, mormente os trabalhadores intelectuais, grande maioria dos presentes em tal regime. Contudo, por traz da aparente liberdade encontra-se uma dose de ostracismo laboral resultante das remotas possibilidades de convívio social, considerando, para tanto, a máxima de que "quanto mais tempo se tem, menos se produz". A liberdade laboral a qualquer custo tem por objetivo (tentar) justificar o oculto controle do tempo e do espaço em que o trabalho é desenvolvido.

O nível de apartamento pode ocorrer de forma tão intensa a ponto de o trabalhador ver-se obrigado a redescobrir suas opiniões acerca de fatos sociais, culturais, pessoais, que tempos atrás exprimia com singular facilidade e singeleza. De modo que o teletrabalho, se levado a efeito sem responsabilidade, carrega o gérmen da desagregação do indivíduo sob os aspectos sociais, culturais, políticos etc., desconcentrando o que primordialmente o Direito do Trabalho visou fortalecer: o sentimento de classe.

5.3. Perda da identidade laboral-pessoal

O terceiro ponto que sobreleva expor é o teletrabalho como propulsor da perda da identidade laboral-pessoal do indivíduo trabalhador, através da aceleração na execução de seus misteres laborativos.

É cediço que a atividade laboral desempenhada em domicílio é apta a promover uma significativa deterioração das condições de trabalho, em vista do peculiar liame entre a vida pessoal e a vida profissional que decorre de potenciais conflitos familiares advindos da falta de espaço domiciliar reservado para atividades cotidianas.

Somado a isso, tem-se a aceleração do processo produtivo laboral vertido na execução das tarefas diárias, cumulado ao grau de ansiedade que poderá vir a ser desenvolvido pelo obreiro. Para além das cobranças patronais indubitavelmente existentes, os desígnios familiares são inúmeros, especialmente para aquele trabalhador que se encontra em domicílio sob o rótulo de "sempre à disposição". A exposição não se reveste exagerada quando, sob outro ângulo, certifica-se que

---

(36) Ensina Marcelo Pio de Almeida Fleck: "A Organização Mundial da Saúde (OMS) definiu saúde como um completo estado de bem--estar físico, mental e social e não meramente a ausência de doença (WHO, 1946). No entanto, as políticas em saúde e a própria formação dos profissionais sempre colocaram a prioridade no controle da morbidade e mortalidade. Apenas recentemente vem havendo uma crescente preocupação não só com a frequência e a severidade das doenças, mas também com a avaliação de medidas de impacto da doença e comprometimento das atividades diárias (Bergner et al., 1981), medidas de percepção da saúde (Hunt et al., 1985) e medida de disfunção/status funcional (Ware et al. 1992).

(...)

A ausência de um instrumento que avaliasse qualidade de vida per se, com uma perspectiva internacional, fez com que a OMS constituísse um Grupo de Qualidade de Vida (Grupo WHOQOL) com a finalidade de desenvolver instrumentos capazes de fazê-lo dentro de um perspectiva transcultural". (FLECK, Marcelo Pio de Almeida. O instrumento de avaliação de qualidade de vida da Organização Mundial da Saúde (WHOQOL-100): características e perspectiva. *Revista Ciênc. saúde coletiva* v. 5 n. 1 Rio de Janeiro, 2000).

(37) Processo TRT3 – 01260-2011-143-03-00-3-RO. Disponível em: <www.jusbrasil.com.br>.

no teletrabalho é exigida produtividade superior à alcançada pelo trabalhador ativado no plexo empresarial.

É possível verificar concretamente tal fato a partir da Resolução n. 227/2016, do Conselho Nacional de Justiça, regulamentadora do teletrabalho no âmbito do Poder Judiciário, ao determinar que a meta de desempenho estipulada aos servidores ativados em tal regime será superior à dos demais superiores exercentes da mesma atividade nas dependências do órgão[38]. A conexão diuturna que, não raras vezes, deve se submeter o teletrabalhador, provoca mal-estar mental com origem na aceleração produtiva, interligando-se estritamente com o cumprimento das metas mencionadas acima. A obsessão produtiva pode acarretar descontrole mental e emocional desencadeando distúrbios psíquicos de origem notoriamente ocupacional.

O insigne filosófico Bauman pontua com propriedade acerca da identidade, sua perda e consequências correlatas, afirmando que referidos problemas são atuais e que somente *post facto*, ou seja, somente após a ocorrência do infortúnio que a pessoa começa e dar conta de que a forma a que se ativava era incorreta[39].

Portanto, necessário implementar-se um direito fundamental à desconexão do labor, da produtividade, do tempo e da aceleração telelaboral[40], como um novo padrão de necessidades do indivíduo, a permitir o gozo do correspondente lazer e, consequentemente, do direito à desconexão.

6. RESPONSABILIDADE CIVIL PATRONAL FRENTE ÀS PRÁTICAS ACIMA ENGENDRADAS

As práticas referenciadas acima são passíveis de ofender a liberdade e a privacidade do teletrabalhador, componentes dos direitos da personalidade de todo indivíduo, também denominados por Carlos Alberto Bittar, de direito inatos, com proteção própria, seja contra o arbítrio do poder público, seja contra as incursões de ordem privada[41]. Os direitos à liberdade e a honra, por gozarem de proteção constitucional específica (art. 5º, *caput* e inciso X, da Constituição Federal), consubstanciam-se como liberdades públicas aptas a serem resguardadas de toda e qualquer afronta direta ou indireta.

Em visto disso, o princípio da convivência das liberdades públicas, propulsor do Estado Democrático de Direito, pretende equalizar os princípios da liberdade econômica e livre iniciativa com os da dignidade da pessoa humana e do valor que rege o labor, especialmente ao se considerar que a ordem econômica finca estacas na valorização do trabalho humano, com o escopo de assegurar a existência digna a todos, à luz do princípio da justiça social[42].

Dessa feita, corolário do ataque a tais direitos poderá despontar um dano de ordem existencial apto a gerar prejuízo a um projeto de vida do trabalhador ou, ainda, à sua vida de relações de ordem social ou individual[43].

---

(38) Art. 6º A estipulação de metas de desempenho (diárias, semanais e/ou mensais) no âmbito da unidade, alinhadas ao Plano Estratégico da instituição, e a elaboração de plano de trabalho individualizado para cada servidor são requisitos para início do teletrabalho.
(...)
§ 2º A meta de desempenho estipulada aos servidores em regime de teletrabalho será superior à dos servidores que executam mesma atividade nas dependências do órgão.

(39) Cf. BAUMAN, Zygmunt. *A Vida Fragmentada – Ensaios sobre a Moral Pós-Moderna*. Relógio D'Água Editores. 1995. *Op. cit.*, p. 87.

(40) Sobre o tema, em acórdão de sua lavra, a Desembargadora e Professora Sayonara Grillo Coutinho Leonardo da Silva, traz interessante conceito de tempo livre:

Tempo livre é aquele no qual a subjetividade do trabalhador se distancia dos problemas, questões e compromissos – potenciais ou efetivos – concernentes ao mundo do trabalho permitindo-lhe "esquecer" e descansar, repousar e usufruir de seu direito ao lazer (CRFB, art. 6º). Em contraponto, o tempo em que o empregado deve permanecer conectado à empresa, ainda que por meio do aparelho celular, é tempo de trabalho e deve ser remunerado. As horas de sobreaviso, diante da desterritorialidade do trabalho no mundo contemporâneo, não se definem pela exigência da fixação a um local aguardando ordens, mas pela fixação a um aparelho móvel que aprisiona seu portador às demandas potenciais do empregador. A utilização da analogia é admitida expressamente pelo art. 8º da CLT e se constitui em importante recurso de integração das lacunas surgidas diante das transformações tecnológicas e produtivas e se constitui em importante modo de atualização do Direito do Trabalho e uma das razões para a permanência da (TRT-1 – RR: 01538005420095010204 RJ, Relator: Sayonara Grillo Coutinho Leonardo da Silva, Data de Julgamento: 16.03.2015, Sétima Turma, Data de Publicação: 24.04.2015)

(41) BITTAR, Carlos Alberto. Os direitos da personalidade e o projeto de Código Civil Brasileiro. *Revista Inf. Legisl.* Brasília. Ano 15. n. 60. out./dez. 1978.

(42) TST – RR: 1313007820085170011 131300-78.2008.5.17.0011, Relator: José Roberto Freire Pimenta, Data de Julgamento: 20.11.2013, 2ª Turma, Data de Publicação: DEJT 29.11.2013.

(43) Nesse sentido:
RECURSO DE REVISTA – DANO EXISTENCIAL – DANO À PERSONALIDADE QUE IMPLICA PREJUÍZO AO PROJETO DE VIDA OU À VIDA DE RELAÇÕES – NECESSIDADE DE COMPROVAÇÃO DE LESÃO OBJETIVA – NÃO DECORRÊNCIA IMEDIATA DA

A afronta a um projeto de vida poderá ocorrer, por exemplo, em se tratando de trabalhador que tenha o direito à educação suprimido por conta de exigências patronais incessantes, impedindo-o de matricular-se em curso superior. Também se denota eventual impedimento ao desfrute de uma vida harmoniosa de relações, subjacente na impossibilidade de convívio familiar e/ou social em vista de compromissos laborais.

7. MEIO AMBIENTE TELELABORAL

O meio ambiente do trabalho é o local no qual o trabalhador, autônomo ou subordinado, desenvolve o seu ofício. Goza de proteção constitucional como espécie do gênero meio ambiente (art. 200, VIII c/c art. 225, *caput*, ambos da Constituição Federal), constituindo-se como um direito fundamental de terceira geração.

No cerne do meio ambiente do trabalho aloca-se o telelaboral, que dissocia a presença do trabalhador em *loco* laboral específico, pois o *mister* se desenvolve por meio de dispositivos telemáticos. A atividade laborativa é praticada em qualquer ambiente, desvinculando a antiga ideia de que o meio ambiente do trabalho se restringe ao espaço em que o empregador concentra as suas atividades.

O meio ambiente telelaboral pode ser conceituado como o lugar ou espaço em que o trabalhador, empregado ou autônomo, desenvolva as suas atividades laborativas por meio de instrumentos telemáticos, a fim de cumprir deveres para com o empregador ou tomador dos serviços, ao qual se vincula mediante um contrato de trabalho em sentido amplo.

Inegavelmente, a expansão do conceito de meio ambiente, na medida em que gera maiores deveres ao trabalhador, também acarreta maior responsabilidade empresarial sob o enfoque da promoção de um *habitat* laboral salubre[44].

O ambiente telelaboral é regido pelo princípio matriz da cautela[45], do qual são espécies os princípios da precaução e da prevenção. O princípio da cautela está disposto no art. 4º, item 1, da Convenção n. 174, da Organização Internacional do Trabalho, devendo haver uma política de disposições preventivas e de proteção quando as instalações empresariais apresentarem riscos de acidentes, utilizando-se, sempre, dos melhores aparatos de tecnologias de segurança disponíveis.

Os subprincípios da precaução e prevenção são referenciados, há muito, pelos estudiosos do meio ambiente do trabalho, contudo, no bojo do telelabor têm incidência peculiar.

O princípio da precaução consiste na garantia de medidas empresariais frente a riscos potenciais que ainda não podem ser identificados, mas que de alguma forma possam atingir o ser humano trabalhador.

PRESTAÇÃO DE SOBREJORNADA – NÃO CARACTERIZAÇÃO. O dano existencial é um conceito jurídico oriundo do Direito civil italiano e relativamente recente, que se apresenta como aprimoramento da teoria da responsabilidade civil, vislumbrando uma forma de proteção à pessoa que transcende os limites classicamente colocados para a noção de dano moral. Nesse sentido, o conceito de projeto de vida e a concepção de lesões que atingem o projeto de vida passam a fazer parte da noção de dano existencial, na esteira da jurisprudência da Corte Interamericana de Direitos Humanos. No âmbito da doutrina justrabalhista, o conceito tem sido absorvido e ressignificado para o contexto das relações de trabalho como representativo das violações de direitos e limites inerentes ao contrato de trabalho que implicam, além de danos materiais ou porventura danos morais ao trabalhador, igualmente, danos ao seu projeto de vida ou à chamada "vida de relações". Embora exista no âmbito doutrinário razoável divergência a respeito da classificação do dano existencial como espécie de dano moral ou como dano de natureza extrapatrimonial estranho aos contornos gerais da ofensa à personalidade, o que se tem é que dano moral e dano existencial não se confundem, seja quanto aos seus pressupostos, seja quanto à sua comprovação. Isto é, embora uma mesma situação de fato possa ter por consequência as duas formas de lesão, seus pressupostos e demonstração probatória se fazem de forma peculiar e independente. No caso concreto, a Corte regional entendeu que não restou demonstrado o dano existencial, não podendo haver um corolário lógico de que a jornada prolongada em alguns dias causou efetivo prejuízo às relações sociais ou ao projeto de vida do trabalhador. Logo, conforme decidido pelo Tribunal Regional, o dano existencial não pode ser reconhecido à míngua de prova específica do efetivo prejuízo pessoal, social ou familiar. Nessa situação, vale ressaltar, é inviável a presunção de que, no caso dos autos, o dano existencial efetivamente aconteceu, em face da ausência de provas neste sentido. Embora a possibilidade, abstratamente, exista, é necessário que ela seja constatada no caso concreto para que sobre o indivíduo recaia a reparação almejada. Demonstrado concretamente o prejuízo às relações sociais e a ruína do projeto de vida do trabalhador, tem-se como comprovados, *in re ipsa*, a dor e o dano à sua personalidade. O que não se pode admitir é que, comprovada a prestação de horas extraordinárias, extraia-se daí automaticamente a consequência de que as relações sociais do trabalhador foram rompidas ou que seu projeto de vida foi suprimido do seu horizonte. Recurso de revista não conhecido. (TST – RR: 13924220145120028, Relator: Luiz Philippe Vieira de Mello Filho, Data de Julgamento: 16.03.2016, 7ª Turma, Data de Publicação: DEJT 18.03.2016)

(44) Expressão cunhada por Rodolfo de Camargo Mancuso In: Ação Civil Pública trabalhista: análise de alguns pontos controvertidos. Revista de Processo, São Paulo: RT, v. 93, p. 161, jan/março de 1999, obtida em TRT-2 – RO: 00004312120145020371 SP, Relator: CÂNDIDA ALVES LEÃO, 10ª TURMA, Data de Publicação: 21.07.2016.

(45) CAMARGO, Thaísa Lustosa de; MELO, Sandro Nahmias. *Princípios de direito ambiental do trabalho*. São Paulo: LTr, 2013. p. 79 e 80.

Reside internacionalmente no Princípio 15 da Declaração do Rio – Eco 92 – e propugna que a ausência de conhecimento absoluto sobre determinado agente que gere degradação ambiental, não deve servir de fundamento para a ausência de medidas eficazes a fim de elidir o ataque ao meio ambiente. Isso porque, nas palavras de Raimundo Simão de Melo[46], ainda na incerteza de um risco potencial, mas presente a irreversibilidade de prejuízos à saúde humana, devem ser envidados esforços para o combate ao(s) agente(s) nocivo(s), eis que o aspecto humano prevalece frente ao econômico, nos moldes do que dispõe o *caput* do art. 170, da Constituição Federal.

A Consolidação das Leis do Trabalho dispõe literalmente em seu art. 157, inciso II, que é dever das empresas instruir os empregados quanto às precauções a serem adotadas no ambiente laboral, com o intuito de evitar acidentes do trabalho e doenças ocupacionais. Anote-se que a referência à precaução não é por acaso, tendo em vista que se trata de qualidade de quem age com cautela a fim de evitar riscos[47]. Portanto, a função do princípio da precaução é o de evitar o próprio risco ainda imprevisto[48].

O princípio da prevenção imputa ao empregador a responsabilidade de identificar riscos labor-ambientais concretos para que haja rastreamento e diagnóstico dos potenciais danos futuros[49].

Aludido princípio é tratado no art. 7º, inciso XXII, da CF, que dispõe ser direito do trabalhador a redução dos riscos inerentes ao trabalho, por meio de normas de saúde, higiene e segurança. Previsão nesse sentido indica que os riscos são conhecidos e delimitados, alinhando-se ao que propõe o supracitado princípio.

Também possui respaldo normativo no art. 4º, item 2, da Convenção n. 155, da OIT, idealizando-o como integrante de uma política nacional do Estado Membro de prevenção de acidentes e danos à saúde relacionados ao trabalho. Igualmente, detém base na Convenção n. 161, da OIT, que em seu art. 1º, alínea *a*, itens I e II, consagra o dever de se instituir um serviço investido de funções de ordem preventiva, de modo a orientar o empregador e os trabalhadores acerca dos requisitos necessários a manter um ambiente de trabalho seguro e salubre.

Conjuntamente, o art. 161, *caput*, da CLT atribui ao Superintendente Regional do Trabalho, respaldado em laudo técnico que indique grave e iminente risco para o trabalhador, o poder de interditar estabelecimento, setor de serviço, máquina ou equipamento, com o escopo de que sejam adotadas providências para a prevenção de infortúnios laborais. Saliente-se que a indicação de grave e iminente risco para o trabalho faz com que o diagnóstico do risco seja concreto e definido, reforçando o fundamento de que o texto celetista previu, expressamente, o princípio da prevenção.

Assim, a **distinção primordial** entre princípio da precaução e princípio da prevenção é que naquele busca-se prevenir o surgimento do risco que, consequentemente, acarreta o potencial surgimento de um dano; neste, acautela-se frente a riscos existentes, até porque conhecidos cientificamente e dos quais, logicamente, poderão advir danos concretos para a saúde obreira.

Portanto, especialmente na seara do teletrabalho, deve o empregador atuar com vistas a repelir todo e qualquer agente ou situação que gere riscos concretos e definidos ao trabalhador (princípio da prevenção – art. 157, inciso I, da CLT), como por exemplo, adequação imobiliária para fins de cumprimento das regras ergonômicas dispostas na Norma Regulamentadora n. 17, do Ministério do Trabalho e Emprego. Ademais, deve orientar de forma expressa e ostensiva o trabalhador acerca de potenciais riscos que o descumprimento possa ocasionar para a sua saúde, o que deverá ser objeto de previsão em termo de responsabilidade a ser assinado pelo empregado (art. 75-E, *caput* e parágrafo único, da CLT – redação dada pela Lei n. 13.467/2017 c/c art. 158, inciso II, da CLT).

Sob o viés do princípio da precaução, explícito no *caput* do art. 75-E, da CLT, é dever do empregador agir para elidir todo e qualquer agente ou situação que, à míngua de riscos científicos determinados, eventualmente gerem danos à saúde do trabalhador. Mencionado princípio valoriza a mentalidade do *"agir antes"*, com fulcro no comportamento cuidadoso, marcado pelo bom senso e valorizando a adoção de medidas antecipadas ao risco[50].

---

(46) MELO, Raimundo Simão de. *Direito ambiental do trabalho e a saúde do trabalhador*. 4. ed. São Paulo: LTr, 2010. p. 52 a 54.
(47) *Dicionário Michaelis Uol*.
(48) RODRIGUES, Marcelo Abelha. *Elementos de Direito Ambiental. Parte geral*. São Paulo: RT, 2005. p. 207.
(49) OLIVEIRA, Sebastião Geraldo de. *Indenizações por acidente do trabalho ou doença ocupacional*. São Paulo: LTr, 2016.
(50) BELCHIOR, Germana Parente Neiva. *Hermenêutica jurídica ambiental*. São Paulo: Saraiva, 2011. p. 208 e seguintes. Citado no TRT-21 – ACP: 00007079620165210001, Data de Julgamento: 13.12.2016, Data de Publicação: 13.12.2016.

8. CONDIÇÃO INSEGURA E ATO INSEGURO

A diferenciação entre condição insegura e ato inseguro é de salutar importância para a aferição da culpa em sentido estrito do empregador na ocorrência de acidentes de trabalho e/ou doenças ocupacionais.

O termo condição insegura relaciona-se a imperfeição ou anormalidade de ordem técnica no plexo empresarial, seja referente às condições labor-ambientais, seja especificamente a um equipamento[51]. No meio ambiente telelaboral, cita-se como exemplo a iluminação imprópria para o exercício do *mister*.

Já ato inseguro refere-se a uma conduta do trabalhador que afronta normas relativas à higiene, segurança e medicina do trabalho, singularmente ao previsto nas Normas Regulamentadoras do MTE. Como exemplo, a orientação patronal ao trabalhador para que desenvolva suas atividades no meio ambiente telelaboral acomodado adequadamente no mobiliário disponibilizado, mas que, por decisão própria do empregado, passa a laborar deitado em sua cama, em posição notoriamente inadequada.

9. RESPONSABILIDADE PATRONAL POR INFORTÚNIOS DE ORDEM TELELABORAL

A Constituição Federal enuncia que a responsabilidade civil do empregador concernente a infortúnios decorrentes do trabalho prestado pelo empregado é de ordem subjetiva (art. 7º, inciso XXVIII). Desse modo, deve ser verificada a presença do dano, do nexo de causalidade ou concausalidade e culpa em sentido estrito.

Saliente-se, de início, que o mero fato de o empregador se utilizar do regime do teletrabalho para a ativação de seus trabalhadores, *de per si*, é incapaz de isentá-lo de eventual responsabilidade civil resultante de acidente do trabalho ou doença ocupacional[52]. Nessa linha de raciocínio, foi aprovado o Enunciado n. 72, na 2ª Jornada de Direito Material e Processual do Trabalho[53].

O dano é toda lesão de ordem patrimonial ou moral e sua caracterização independe da extensão no caso concreto[54]. Deve decorrer de forma direta e imediata do labor prestado, emergindo o nexo de causalidade ou concausalidade, nos moldes do previsto no art. 403, do Código Civil[55].

A culpa em sentido estrito ou *stricto sensu* caracteriza-se, regra geral, pela via da negligência empresarial na adoção de medidas adequadas a garantir um meio ambiente do trabalho hígido e salubre, dentre as quais, particularmente no *loco* telelaboral.

A informação sobre como o labor telemático será levado a efeito é medida imperativa decorrente do preceito insculpido no art. 75-E, da CLT, com redação dada pela Lei n. 13.467/2017. A conclusão já era possível de

---

(51) Conceitos do laudo técnico pericial no TRT-3 – RO: 00422201103603000 0000422-72.2011.5.03.0036, Relator: Heriberto de Castro, Turma Recursal de Juiz de Fora, Data de Publicação: 09.08.2012,08/08/2012. DEJT. p. 182. Boletim: Não.

(52) INDENIZAÇÃO POR DANOS MORAIS. DOENÇA PROFISSIONAL. CULPA DO EMPREGADOR. EMPREGADO EM DOMICÍLIO. O fato de o empregado trabalhar em domicílio não constitui, por si só, motivo para eximir o empregador da observância das normas de segurança e medicina do trabalho, colocando o trabalhador à margem da proteção legal que deve abranger "todos os locais de trabalho", sem distinção (art. 154 da CLT). É certo que não há como exigir do empregador, em semelhante circunstância, a fiscalização cotidiana dos serviços prestados, inclusive quanto à efetiva observância pelo empregado das normas de segurança e medicina, mesmo porque a casa é asilo inviolável do indivíduo, ninguém nela podendo penetrar sem o consentimento do morador, salvo em caso de flagrante delito ou desastre, ou para prestar socorro, ou, durante o dia, por determinação judicial, nos termos da garantia estatuída no art. 5º, inciso XI, da Constituição Federal. Essa particularidade, sem dúvida, constitui elemento que vai interferir na gradação da culpa do empregador em relação a eventual doença profissional constatada, mas não permite isentá-lo do cumprimento de obrigações mínimas, como a de instruir os empregados quanto às precauções a tomar no sentido de evitar acidentes do trabalho ou doenças ocupacionais, nos termos do art. 157, II, da CLT, além de fornecer mobiliário adequado, orientando o empregado quanto à postura correta (art. 199 da CLT), pausas para descanso etc. Verificado o descumprimento dessas obrigações primordiais pelo empregador, em face da sua omissão negligente no tocante aos cuidados com a saúde da empregada, é inegável a sua culpa no surgimento da doença profissional constatada, incidindo sua responsabilidade pela compensação do dano moral sofrido pela obreira. (TRT-3 – RO: 1626808 00208-2006-143-03-00-2, Relator: Heriberto de Castro, Turma Recursal de Juiz de Fora, Data de Publicação: 17.9.2008, DJMG. p. 14. Boletim: Sim.)

(53) Teletrabalho: responsabilidade civil do empregador por danos. A mera subscrição, pelo trabalhador, de termo de responsabilidade em que se compromete a seguir as instruções fornecidas pelo empregador, previsto no art. 75-E, parágrafo único, da CLT, não exime o empregador de eventual responsabilidade por danos decorrentes dos riscos ambientais do teletrabalho. Aplicação do art. 7º, XXII, da Constituição c/c art. 927, parágrafo único, do Código Civil.

(54) NADER, Paulo. *Curso de direito civil*: responsabilidade civil. 6. ed. Rio de Janeiro: Forense, 2016. v. 7.

(55) RECURSOS ORDINÁRIOS DAS RECLAMADAS. DANO MORAL. NEXO DE CAUSALIDADE. TEORIA DO DANO DIRETO E IMEDIATO. O dever de indenizar surge quando o evento danoso é efeito necessário de determinada causa. Conforme vaticina a teoria do dano direto e imediato, tal expressão, constante do art. 403 do CC, deve ser interpretada em conjunto com a subteoria da necessariedade da causa. (...) (TRT-1 – RO: 00104112220155010003, Relator: ENOQUE RIBEIRO DOS SANTOS, Data de Julgamento: 20.06.2017, Gabinete do Desembargador Enoque Ribeiro dos Santos, Data de Publicação: 06.07.2017)

ser extraída do dever empresarial de "cumprir e fazer cumprir normas relativas à medicina e segurança do trabalho", disposto no art. 157, inciso I, da CLT, contudo, a novel previsão da Reforma reforça a ideia.

Deve o empregador proceder periodicamente à elaboração do Programa de Controle Médico de Saúde Ocupacional, especialmente circunscrito aos trabalhadores que se ativam em teletrabalho. Assim procedendo, poderá verificar a condição de saúde do empregado e detectar o surgimento ou recidiva de moléstia decorrente do labor em teletrabalho.

É primordial anotar que a função do programa é promover um estudo *in loco* do ambiente telelaboral, a fim de mensurar eventuais riscos ocupacionais existentes, com base no procedimento laborativo, posto de trabalho, mapa de risco, dentre outros. A partir disso, a avaliação médica é feita através de exames clínicos e complementares, momento em que será possível determinar a conduta empresarial a ser pautada, as condutas preventivas e a periodicidade dos exames[56].

De igual modo, deve certificar que os riscos ambientes circunscritos ao ambiente telelaboral sejam passíveis de eliminação e/ou atenuação através da elaboração do Programa de Prevenção de Riscos Ambientais, que guarda intrínseca articulação com PCMSO acima exposto. Para fins do PPRA, riscos ambientais compreendem os agentes físicos, químicos e biológicos presentes no ambiente laboral que podem gerar danos à saúde obreira, seja por sua natureza, concentração/intensidade ou, ainda, tempo de exposição, nos termos do item 9.1.5, da Norma Regulamentadora n. 9, do MTE.

O Programa detém correlata vinculação com o princípio da precaução, pois uma de suas funções é antecipar a ocorrência de riscos ambientais ou que, porventura, surjam no meio ambiente do trabalho, o que denota sua importância na elaboração pelo empregador.

Ademais, deve o empregador implementar o Laudo de Condições Ambientais de Trabalho, que não se trata de ferramenta com o objetivo de minimizar ou eliminar riscos ambientais, ao contrário, pretende facilitar a comprovação perante o INSS de que o trabalhador esteve exposto a riscos específicos durante o contrato de trabalho com a empresa[57].

Consagrando a compreensão de adequação do meio ambiente telelaboral pelo empregador, via observância das NR 7 e 9, do MTE, foi aprovado o Enunciado n. 83, na 2ª Jornada de Direito Material e Processual do Trabalho[58].

Como regra geral, os elementos dano, nexo e culpa têm que ser provados pelo trabalhador acidentado. Atualmente, grande parte das empresas relegam a observância das medidas acima expostas, mormente quando se trata de teletrabalho, no qual o desenvolvimento de infortúnios de ordem física e psíquica tendem a se potencializar, seja pela questão ergonômica, seja pelo isolamento laboral-social.

Dito isso, como vetor interpretativo, pertinente invocar o princípio *pro acidentado* oriundo do ordenamento jurídico espanhol, em que se presume a culpa empresarial quando não é possível ter certeza absoluta da existência do nexo de causalidade entre o acidente e a lesão. A presunção somente é elidida quando demonstrada a falta de absoluta relação entre trabalho e acidente[59].

Nesse sentido, pontuam Los Cobos e Javier Thibault[60]:

> (...) La potencialidad ampliadora del concepto de \accidente que lleva consigo esta presunción es evidente: toda lesión ocurrida em el tempo y en lugar de trabajo se considera, en principio, accidente de trabajo, quedando exonerado el accidentado de la prueba de la relación de causalidad. Y la misma no abarca sólo a las actividades realizadas en el centro de trabajo sino también los supuestos de trabajo a domicilio. Pues aunque a LGSS no da uma definición de lugar de trabajo, por tal debe entenderse también em domicilio cuando el trabajador realiza allí su prestación, dado que la misma Ley se refiere en otras ocasiones específicamente al centro de trabajo.

---

(56) NR 07 – PCMSO. Despacho da Secretaria de Segurança e Saúde no Trabalho (1º de outubro de 1996).

(57) Disponível em: <http://blog.inbep.com.br/ltcat-o-que-e-e-para-que-serve/>.

(58) Teletrabalho: controle dos riscos labor-ambientais. O regime de teletrabalho não exime o empregador de adequar o ambiente de trabalho às regras da NR-7 (PCMSO), da NR-9 (PPRA) e do art. 58, § 1º, da Lei 8.213 (LTCAT), nem de fiscalizar o ambiente de trabalho, inclusive com a realização de treinamentos. Exigência dos arts. 16 a 19 da Convenção n. 155 da OIT.

(59) Roj: STSJ CLM 3169/2009 – ECLI: ES:TSJCLM:2009:3169. Tribunal Superior de Justicia. Sala de lo Social. Albacete. Roj STSJ CAT 10174/2013 – ECLI: ES:TSJCAT:2013:10174. Tribunal Superior de Justicia. Sala de lo Social. Barcelona.

(60) ORIHUEL, Francisco Pérez de los Cobos; ARANDA, Javier Thibault. El teletrabajo em España: Perspectiva jurídico laboral. Informes y Estudos. Ministerio de Trabajo y Asuntos Sociales. 2001. p. 82.

Assim também se posiciona o Ministro Mauricio Godinho Delgado[61], em acórdão de sua relatoria, entendendo que "(...) embora usualmente a culpa tenha de ser provada por aquele que alega sua presença, no caso dos autos (infortunística laboral; meio ambiente do trabalho), a culpa é presumida: é que o empregador, com seu poder empregatício, planeja, institui, organiza e administra o meio ambiente laborativo, presumindo-se sua negligência em situações de aparecimento e, principalmente, de recidiva de doenças conectadas ao contexto da prestação de serviços por seus empregados".

10. FISCALIZAÇÃO DO MEIO AMBIENTE TELELABORAL E INVIOLABILIDADE DO DOMICÍLIO

A inviolabilidade de domicílio é direito fundamental insculpido no art. 5º, inciso XI, da CF. Assim, a partir de uma leitura superficial do preceito constitucional, é direito do trabalhador impedir a imissão do empregador em sua residência com o escopo de fiscalizar o meio ambiente telelaboral.

De outro flanco, é dever do empregador promover um meio ambiente do trabalho hígido e salubre para a ativação do empregado em teletrabalho, sob o respaldo do art. 7º, inciso XXII, da CF, que também goza da qualidade de direito fundamental.

Para iniciar as atividades laborativas, todo novo estabelecimento necessita de aprovação do órgão regional competente do MTE (art. 2.1, NR-2, do MTE). Considere-se, para tanto, estabelecimento como cada uma das unidades da empresa, funcionando em lugares diferentes (art. 1.6, alínea *d*, NR 1, do MTE), de modo que o ambiente telelaboral está abarcado pelo conceito, já que se consubstancia como um *loco* empresarial à distância.

No teletrabalho, a preocupação com a questão ergonômica é primordial, na medida em que cabe ao empregador avaliar a adaptação das condições de trabalho às características psicofisiológicas dos trabalhadores, ajustando o mobiliário dos postos de trabalho quando o trabalho for executado na posição sentada (art. 17.3.1).

O dever de cooperação do trabalhador para com o empregador no tocante à observância das normas relativas à saúde e segurança no trabalho está disposto expressamente em nosso ordenamento jurídico.

A Convenção n. 155, da OIT, ratificada pelo Estado Brasileiro e que trata de segurança e saúde dos trabalhadores e meio ambiente de trabalho, é enfática ao preceituar que *"local de trabalho"* são todos os lugares onde os trabalhadores devem permanecer ou onde têm que comparecer, e que esteja sob o controle, direto ou indireto, do empregador (3, alínea *c*), e que os trabalhadores, ao executarem seu trabalho devem cooperar com o cumprimento das obrigações imputadas ao empregador (art. 19, alínea *a*).

Prevê o art. 157, inciso I, da CLT, que é dever do empregador cumprir e fazer cumprir normas relacionadas a segurança e medicina do trabalho, sob pena de incorrer em contravenção penal (art. 19, § 2º, da Lei n. 8.213/1991). De igual modo, cabe ao trabalhador observar as normas de segurança e medicina do trabalho, bem como colaborar com a empresa em sua efetivação, frente ao que dispõe o art. 158, incisos I e II, da CLT, em nítida positivação do princípio da boa-fé objetiva do empregado para com o empregador.

Tomando por base o ensinamento do catedrático professor da Universidade de Munique, Claus-Wilhelm Canaris[62], os direitos fundamentais, como imperativos de tutela, são realizados por intermédio do direito infraconstitucional, sendo mediados por este, e mais, o direito infraconstitucional deve ser desenvolvido quando a função dos direitos fundamentais, *de per si*, não satisfaz os imperativos de proteção desejados.

Assim, a proibição de fiscalização do ambiente telelaboral sob o fundamento da inviolabilidade de domicílio afronta, além do art. 7º, inciso XXII retrocitado, um dos princípios matrizes da Constituição Federal de 1988, a saber: livre iniciativa. A partir do instante em que o trabalhador é contratado pelo empregador para exercer seu mister por meio do teletrabalho, mas obsta o acesso ao local em que será desempenhado o labor, vulnera a livre iniciativa empresarial em exercer sua atividade observando os ditames regulatórios determinados pelo ordenamento jurídico.

11. CONCLUSÃO

Em vista do exposto nas linhas anteriores, constata-se que o teletrabalho tem como característica primordial a "desespacialização da atividade", ensejadora da libertação do tradicional vínculo espacial e temporal

---

(61) TST – RR: 1980420125020465, Relator: Mauricio Godinho Delgado, Data de Julgamento: 11.11.2015, 3ª Turma, Data de Publicação: DEJT 13.11.2015.
(62) CANARIS, Claus-Wilhelm. *Direitos fundamentais e direito privado*. Portugal: Almedina, 2016. p. 116.

da prestação do trabalho, vinculado a um determinado local físico patronal aliado a um processo de inversão de concentração da atividade econômico-produtiva na grande área urbana e metropolitana, com descentralização de serviços e atividades.

O regime de telelabor é levado a efeito por meio da telecomunicação e da informática, que são instrumentos que conferem suporte ao teletrabalho, sendo o meio pelo qual o teletrabalho é realizado, e não o teletrabalho em si.

Deduz-se também que a ausência do controle de jornada com a instituição do cumprimento de metas guarda intrínseca relação com o que Focault denominou de Panóptico, explicitado na vigilância constante do empregador. Ainda, verificou-se que o desenvolvimento de telelabor em domicílio, mormente em casos nos quais o trabalhador reside sozinho, é passível de ensejar experiência de solidão e alienação da vida social que o cerca, bem como que que a aceleração do processo produtivo laboral vertido na execução das tarefas diárias poderá desaguar em doenças ocupacionais mentais a afetar o obreiro.

Enfim, restou consignado que os direitos à liberdade e a honra, por gozarem de proteção constitucional específica (art. 5º, *caput* e inciso X, da Constituição Federal), consubstanciam-se como liberdades públicas aptas a serem resguardadas de toda e qualquer afronta direta ou indireta, especialmente por conta do regime de ativação em teletrabalho, sob pena de potencial dano de ordem existencial de responsabilidade do ofensor.

O conceito de meio ambiente telelaboral emerge com significativa importância, mormente em vista de sua regulamentação pelo Texto Celetista a partir da Lei n. 13.467/2017, sendo que os princípios da precaução e da prevenção permeiam o desenvolvimento do labor a partir dos meios telemáticos.

Em seguida, a responsabilidade patronal por infortúnios labor-ambientais é de ordem subjetiva atenuada pela presunção de culpa, por meio de uma leitura holística do art. 7º, inciso XXVIII, da CF.

Enfim, o direito fundamental à inviolabilidade do domicílio, particularmente em se tratando de teletrabalho, deve sofrer a mitigação necessária *apenas e tão somente* para permitir a fiscalização patronal no ambiente telelaboral, direito de igual estatura que goza de maior prestígio no caso concreto, conforme exposto acima.

12. REFERÊNCIAS BIBLIOGRÁFICAS

BAUMAN, Zygmunt. *Globalização*: as consequências humanas. Jorge Zahar Editor.

BAUMAN, Zygmunt. *A vida fragmentada – ensaios sobre a moral pós-moderna*. Relógio D'Água Editores, 1995.

BITTAR, Carlos Alberto. Os direitos da personalidade e o projeto de Código Civil Brasileiro. *Revista Inf. Legisl*. Brasília. Ano 15. n. 60. out./dez. 1978.

BRAMANTE, Ivani Contini. Teletrabalho – teledireção, telessubordinação e teledisposição. *Revista LTr*, 76-04/391.

CAMARGO, Thaísa Lustosa de; MELO, Sandro Nahmias. *Princípios de direito ambiental do trabalho*. São Paulo: LTr, 2013.

CANARIS, Claus-Wilhelm. *Direitos fundamentais e direito privado*. Portugal: Almedina, 2016.

DELGADO, Mauricio Godinho; DELGADO, Gabriela Neves. *A reforma trabalhista no Brasil*. Com os comentários à Lei n. 13.467/2017. São Paulo: LTr, 2017.

ESTRADA, Manuel Martín Pino. Teletrabalho: conceitos e a sua classificação em face aos avanços tecnológicos. In: COLNAGO, Lorena de Mello Rezende; CHAVES JUNIOR, José Eduardo de Resende; ESTRADA, Manuel Martín Pino (coord.). *Teletrabalho*. São Paulo: LTr, 2017.

FLECK, Marcelo Pio de Almeida. O instrumento de avaliação de qualidade de vida da Organização Mundial da Saúde (WHOQOL-100): características e perspectiva. *Revista Ciênc. saúde coletiva* v. 5 n. 1, Rio de Janeiro, 2000.

MELO, Geraldo Magela. *O teletrabalho na nova CLT*. Disponível em:<https://www.anamatra.org.br/artigos/25552-o-teletrabalho-na-nova-clt>.

MELO, Raimundo Simão de. *Direito ambiental do trabalho e a saúde do trabalhador*. 5. ed. São Paulo: LTr, 2010.

MIZIARA, Raphael. O novo regime jurídico do teletrabalho no Brasil. In: OLIVEIRA, Cinthia Machado; PINHEIRO, Iuri; MIZIARA, Raphael (Org.). *Reforma trabalhista e os novos direitos material e processual do trabalho*. Porto Alegre: Verbo Jurídico, 2017.

NADER, Paulo. *Curso de direito civil*: responsabilidade civil. 6. ed. Rio de Janeiro: Forense, 2016. v. 7.

OLIVEIRA, Sebastião Geraldo de. *Indenizações por acidente do trabalho ou doença ocupacional*. São Paulo: LTr, 2016.

ORIHUEL, Francisco Pérez de los Cobos; ARANDA, Javier Thibault. *El teletrabajo em España*: Perspectiva jurídico laboral. Informes y Estudos. Ministerio de Trabajo y Asuntos Sociales, 2001.

ROCHA, Cláudio Jannoti da; MELO, Raimundo Simão de (coords.). *Constitucionalismo, trabalho, seguridade social e as reformas trabalhista e previdenciária*. São Paulo: LTr, 2017.

RODRIGUES, Marcelo Abelha. *Elementos de Direito Ambiental*. Parte geral. São Paulo: RT, 2005.

SCARPITTI, Giovanna; ZINGARELLI, Delia. *Il telelavoro. Teorie e applicazioni. La destrutturazione del tempo e dello spazio nel lavoro post-industriale*. Franco Angeli.

VILHENA, Paulo Emílio Ribeiro de. *Relação de emprego*: estrutura legal e supostos. 3. ed. São Paulo. LTr, 2005.

CAPÍTULO 14

A CONFIGURAÇÃO DO ACIDENTE DE TRABALHO NO TELETRABALHO

Fernanda da Rocha Teixeira[1]

1. INTRODUÇÃO

As relações flexíveis impulsionadas pelos sistemas de produção contemporâneos modificaram a estrutura das relações trabalhistas, com o claro intuito de fazer com que o empregado passe a assumir os riscos das relações de trabalho, diminuindo, assim, a responsabilidade do empregador.

A realidade fática vai de encontro aos ditames da Carta Magna que, sustentada pelos fundamentos do Estado Democrático Direito, não permite que o empregado arque com os custos sociais das relações de trabalho; afinal, a ordem econômica, não obstante reconheça e garanta a livre iniciativa, não permite que haja desenvolvimento econômico sem a valorização do trabalho.

A famigerada reforma trabalhista – Lei n. 13.467/2017 – inseriu o Capítulo II-A no Título II da CLT, mitigando os efeitos da redação do art. 6º da CLT, que equiparava para todos os fins o teletrabalho ao trabalho realizado nas dependências do empregador.

A referida modificação acabou por gerar extrema insegurança jurídica, que, em superficial interpretação, passa a assumir os riscos acidentários e a responsabilidade exclusiva pelo meio ambiente laboral.

No entanto, em um Estado Democrático de Direito, inserido num sistema global de proteção ao trabalhador, deve-se analisar a nova sistemática à luz do controle de constitucionalidade e convencionalidade. É o que pretende este artigo.

2. O MEIO AMBIENTE LABORAL DO TELETRABALHADOR

Não há dúvida de que o teletrabalho é um mecanismo de descentralização da produção, no entanto, a depender da regulação que o ordenamento lhe impor pode se transformar em importante instrumento de inclusão e facilitação das relações de trabalho na modernidade. Para tanto a sua regulação, deve primar pela adaptação do trabalho ao trabalhador e não o contrário. Nessa linha, o teletrabalho brasileiro está carente de regulação que de fato garanta que seus objetivos positivos sejam implementados.

A modificação do art. 6º da CLT, em 2011, confirmando a existência de subordinação jurídica nos casos de profissionais que trabalham a partir de meios telemáticos e informatizados, ainda que distantes do estabelecimento empresarial, trouxe importante avanço jurídico. Não obstante a famigerada reforma trabalhista ter introduzido o Capítulo II-A (arts. 75-A ao 75-E da CLT), o teletrabalho ainda carece de regulação efetiva no que concerne às peculiaridades do controle de jornada e das medidas de saúde e segurança.

Diante do laconismo legal, o Direito deverá se socorrer da hermenêutica para sanar lacunas e evitar a aplicação da legislação eventualmente inconstitucional e que vá de encontro aos ditames internacionais de proteção de direitos humanos.

Nesse passo, a análise do regramento do meio-ambiente do teletrabalhador não pode limitar-se à análise isolada da nova legislação com o fito de garantir a aplicação de princípios constitucionais basilares, fundamento do Estado Democrático de Direito.

---

[1] Mestra em Direito no Centro Universitário UDF. Mestrado em Direito das Relações Sociais e Trabalhistas. Advogada.

Partindo-se da escola jusfilosófica do pós-positivismo, observando o seu marco histórico pós Segunda Guerra, bem como a sua introdução doutrinária pelo constitucionalista Paulo Bonavides, a interpretação da norma não mais limita-se à letra fria da lei, mas sim à sistematização da constitucionalização dos direitos privados, e é sob este marco filosófico que analisaremos a configuração do acidente de trabalho no teletrabalho.

A partir do paradigma estatal pluriclassista – democrático e de direito, há uma clara tentativa de evitar que novamente o Direito banalize o mal por meio da instituição de Direitos Humanos Universais. A Declaração Universal dos Direitos do Homem (DUDH) de 1948, não obstante a ausência de força vinculante, é de assinatura obrigatória para aqueles países que integram o rol das Nações Unidas e vem, cada vez mais, tendo reconhecido seu efeito vinculativo de *jus cogens*.

A Constituição de 1988 eleva a dignidade da pessoa humana como fundamento do Estado Democrático de Direito, reconhecendo a aplicabilidade imediata das normas constitucionais e o arcabouço de normas internacionais ratificadas pelo Brasil.

O sistema brasileiro de direitos fundamentais é claramente aberto e flexível, exigindo interpretação sistemática, tendo, sempre, como valor absoluto a dignidade da pessoa humana. Esta é uma condição para inserção do Estado nas relações político-econômicas globalizadas. Assim, salienta-se que o art. 5º, § 2º, da CF teve clara influência da IX Emenda à Constituição Norte-Americana.

Com fulcro no art. 5º, § 3º, da CF, bem como na decisão proferida por meio do RE n. 466.343, as Convenções e Tratados internacionais que versem sobre direitos humanos possuem caráter de norma supralegal quando não adentrarem ao ordenamento jurídico brasileiro pelo rito qualificado das emendas constitucionais.

É inconteste a natureza jurídica de direitos humanos do Direito do Trabalho, como bem salienta o Ministro Sepúlveda Pertence no julgamento da ADI-MC n. 1.675:

> Parece inquestionável que os Direitos Sociais dos trabalhadores enunciados no art. 7º da Constituição Federal se compreendem entre os direitos e garantias constitucionais incluídos no âmbito normativo do art. 5º, § 2º, da CF/1988, de modo a reconhecer a alçada constitucional às convenções internacionais anteriormente codificadas no Brasil.

Na sistemática pós-positivista, adotada claramente pela Constituição em seu art. 5º, § 1º, ao determinar que os direitos fundamentais possuem aplicação imediata e, ainda, considerando o atual conceito de norma jurídica, dividido em regra e princípio, os princípios deixam de ser mecanismos de mera hermenêutica para sanar lacunas legais para ocuparem *status* hierárquico superior dentro da aplicação da norma jurídica, em especial quando se relacionarem à dignidade da pessoa humana. Nesse passo, segue o entendimento de Evaristo de Moraes Filho:

> (...) apresenta-se o direito do trabalho, desde a sua origem, dominado por inequívoco espírito cosmopolita. Em que pese as pequenas diferenças locais, criaram a técnica moderna e os meios de comunicação e locomoção os mesmos problemas humanos e sociais por toda parte. A chamada sociedade industrial, com todas as suas consequências, é a mesma no mundo moderno, com maiores ou menores desenvolvimentos. Com ela instalou-se um estado econômico, de produção e de consumo, mais ou menos uniforme, que somente poderia condicionar uma capa de cultura jurídica também homogênea e uniforme.[2]

A CLT limita-se a transferir ao empregado a responsabilidade da própria saúde e segurança:

> Art. 75-E. O empregador deverá instruir os empregados, de maneira expressa e ostensiva, quanto às precauções a tomar a fim de evitar doenças e acidentes de trabalho.
>
> Parágrafo único. O empregado deverá assinar termo de responsabilidade comprometendo-se a seguir as instruções fornecidas pelo empregador.

O movimento legislativo na tentativa de desregulamentar o teletrabalho e destacá-lo do arcabouço protetivo trabalhista, em especial no tocante à duração do trabalho e à regulamentação ao meio ambiente, saúde e segurança do trabalho, deixou lacunas legais que geram importantes indagações.

A grande dificuldade dessa nova fórmula de gestão laborativa, por meio do teletrabalho, consiste em responder à seguinte indagação: como garantir segurança e saúde ao trabalhador que presta seus serviços longe do local da empresa? Como o empregador pode garantir a fiscalização do uso de EPI's pelo obreiro e como pode garantir a utilização de meios ergonômicos de trabalho?

---

(2) MORAES FILHO, Evaristo de; MORAES, Antonio Carlos Flores de. *Introdução ao direito do trabalho*. 7. ed. São Paulo: LTr, 1995. p. 63.

Diante do laconismo legal, o trabalhador está aparentemente desamparado quanto aos acidentes de trabalho que poderão advir dessa modalidade de prestação de serviços. Nessa situação concreta, corre-se o risco de se colocar em perigo até mesmo o enquadramento previdenciário do infortúnio, vez que não há na Lei n. 8.213/1991 previsão expressa quanto ao acidente ocorrido na residência do próprio empregado.

Naturalmente que se pode – e se deve – elaborar interpretação extensiva do conceito legal de acidente do trabalho equiparado, como fórmula de abranger as novas situações de infortunística criadas pelo teletrabalho. Dessa maneira, se a legislação previdenciária entende como acidente de trabalho equiparado o que ocorre no caminho casa-trabalho/trabalho-casa, e até o acidente ocorrido no momento de intervalo intrajornada, é possível inferir-se que a intenção da lei é abranger situações reais de efetivo trabalho, ainda que verificadas dentro da residência do trabalhador.

Acerca do art. 75-E da CLT, inserido pela Reforma Trabalhista, a 2ª Jornada de Direito Material e Processual do Trabalho, organizada pela ANAMATRA, publicou o seguinte Enunciado:[3]

> Título: TELETRABALHO: CONTROLE DOS RISCOS LABOR-AMBIENTAIS
> Ementa: O REGIME DE TELETRABALHO NÃO EXIME O EMPREGADOR DE ADEQUAR O AMBIENTE DE TRABALHO ÀS REGRAS DA NR-7 (PCMSO), DA NR-9 (PPRA) E DO ART. 58, § 1º, DA LEI N. 8.213/1991 (LTCAT), NEM DE FISCALIZAR O AMBIENTE DE TRABALHO, INCLUSIVE COM A REALIZAÇÃO DE TREINAMENTOS. EXIGÊNCIA DOS ARTS. 16 A 19 DA CONVENÇÃO N. 155 DA OIT.

Não obstante a recente publicação da Lei n. 13.467/2017, a doutrina já se posiciona no sentido de realizar o devido controle difuso de constitucionalidade e convencionalidade da legislação.

No que concerne ao meio ambiente do trabalho, resta claro que a sistemática trazida pela reforma, que na realidade apenas desregulamentou o pouco arcabouço jurídico-protetivo anterior, não pode ser interpretado sem a devida observância das Convenções da OIT, em especial a de n. 155, bem como o regramento constitucional acerca do meio ambiente do Trabalho.

Trata-se do entendimento consubstanciado também pela Convenção n. 177 da OIT, ainda não ratificada pelo Brasil, mas que pode servir, desde já, de fonte material. A referida Convenção estabelece, em seu art. 4º, item 1, que:

> Na medida do possível, a política nacional em matéria de trabalho em domicílio deverá promover a igualdade de trado entre os trabalhadores em domicílio e os outros trabalhadores assalariados, levando em conta as características particulares do trabalho a domicílio (...).

Não obstante a não ratificação da Convenção n. 177 da OIT pelo Brasil, percebe-se que o disposto na referida Convenção é apenas a confirmação do que consta da Constituição da OIT[4] e da Constituição brasileira de 1988, em especial o princípio fundamental de que o trabalho não é uma mercadoria e de que todo trabalhador terá direito ao meio ambiente do trabalho digno.

Com a Constituição de 1988 o direito à saúde, conforme a doutrina majoritária, alcançou o status de direito subjetivo público exigível do Estado e, mais especificamente no caso do trabalhador, exigível também do empregador, já que é impossível alcançar vida saudável sem ter qualidade de trabalho saudável.

O empregador, no exercício da livre iniciativa, tem a obrigação de garantir o meio ambiente do trabalho saudável, respondendo de forma objetiva pela infortunística causada por danos ao meio ambiente laboral, conforme estabeleceu o Enunciado n. 38 da 1ª Jornada de Direito Material e Processual na Justiça do Trabalho:

> Responsabilidade civil. Doenças ocupacionais decorrentes dos danos ao meio ambiente do trabalho. Nas doenças ocupacionais decorrentes dos danos ao meio ambiente do trabalho a responsabilidade do empregador é objetiva, Interpretação sistemática do art. 7º, XXVIII, 200, VIII, 225, § 3º, da Constituição Federal e do art. 14, § 1º, da Lei n. 6.938/81.

Ao reconhecer o meio ambiente como um princípio da Ordem Econômica, a Constituição Federal, claramente limita a livre iniciativa empresarial, tutelando o meio ambiente, e por corolário o meio ambiente do trabalho, como *macrobem* de interesse difuso.

José Afonso da Silva, ao analisar a natureza jurídica do meio ambiente, a partir da conceituação civilista de

---

(3) ANAMATRA (Brasília-DF) (Comp.). **2ª Jornada de Direito Material e Processual.** 2017. Enunciado 1 – Comissão 6TELETRABALHO. CONTRATO DE TRABALHO INTERMITENTE. CONTRATO DE TRABALHO A TEMPO PARCIAL. TERCEIRIZAÇÃO. Disponível em: <http://www.jornadanacional.com.br/listagem-enunciados-aprovados.asp?ComissaoSel=6>. Acesso em: 22 out. 1017.

(4) O Brasil ratificou o instrumento de emenda da Constituição da OIT em 13 de abril de 1948, conforme Decreto de Promulgação n. 25.696, de 20 de outubro de 1948.

bem público e privado, conceitua o meio ambiente como bem de interesse público:

> A doutrina vem procurando configurar outra categoria de bens, os bens de interesse público, em que se inserem tanto bens pertencentes a entidades públicas, como bens dos sujeitos privados, subordinados a uma particular disciplina para consecução de um fim público. Ficam eles subordinados a um peculiar regime de intervenção e de tutela pública.[5]

Dessume-se que independentemente da classificação de meio ambiente no que concerne ao gênero civilista *bem*, a proteção constitucional suplanta a titularidade, elevando a noção de meio ambiente a direito difuso, inclusive no ambiente laboral.

Em relação ao meio ambiente de trabalho, não podemos deixar de ressaltar as palavras do Professor Dr. Raimundo Simão de Melo, do Mestrado em Direito das Relações Sociais e Trabalhistas do UDF:

> O meio ambiente de trabalho adequado e seguro é um direito fundamental do cidadão brasileiro (*lato sensu*). Não é um mero direito trabalhista vinculado ao contrato de trabalho, pois a proteção daquele é distinta da assegurada ao meio ambiente de trabalho, porquanto esta última busca salvaguardar a saúde e a segurança do trabalhador onde desenvolve as suas atividades. De conformidade com as normas constitucionais atuais, a proteção do meio ambiente do trabalho está vinculada à saúde do trabalhador enquanto cidadão, razão por que se trata de um direito de todos, a ser instrumentalizado pelas normas gerais que aludem à proteção dos interesses difusos e coletivos. O Direito do Trabalho, por sua vez, regula as relações diretas entre empregado e empregador, aquele considerado estritamente.

A Lei n. 6.938, de 31 de agosto de 1981, em seu art. 3º, estabelece que meio ambiente é *o conjunto de condições, leis, influências e interações de ordem física, química e biológica, que permite, abriga e rege a vida em todas as suas formas*". Não há dúvidas que o meio ambiente do trabalho está inserido no contexto de proteção ambiental e, por conseguinte, está inserido no âmbito de proteção dos direitos humanos fundamentais. Nesse sentido, ressalta-se a aplicação do princípio do desenvolvimento sustentável, no qual, deve-se compatibilizar o desenvolvimento econômico-social com a preservação da qualidade do meio ambiente.

Considerando que o meio ambiente do trabalho está inserido também no macro sistema de direito ambiental, aduz o professor Gustavo Garcia:

> Em razão da interpretação sistemática (do sistema jurídico como um todo) e teleológica dos princípios da proteção e da aplicação da norma mais favorável no âmbito trabalhista, evoluiu-se, aqui, para o entendimento de que a incidência da responsabilidade objetiva também é uma forma legítima e válida de *melhoria da condição social do trabalhador*. Torna-se viável, desse modo, o efetivo recebimento da devida indenização por danos morais e materiais, mesmo quando decorrente de acidente de trabalho, em plena e total conformidade com o *caput* do art. 7º da CF/1988.[6]

Não obstante a incontestável inserção do meio ambiente do trabalho no sistema de Direito Ambiental, o sistema protetivo parece ignorar que a monetização da saúde e segurança é algo que ocorre com bastante força no Direito do Trabalho, ao contrário do que acontece com no Direito Ambiental.

A monetização da saúde do trabalhador, já abandonada em países da Europa, vai de encontro aos objetivos do sistema constitucional de proteção total, incluindo mecanismos de prevenção, tratamento e readaptação. Nesse sentido argumenta Sebastião Geraldo de Oliveira:

> Pela análise do Direito comparado, observa-se que o legislador três estratégias básicas diante dos agentes agressivos: a) aumentar a remuneração para compensar o maior desgaste do trabalhador (monetarização do risco); b) proibir o trabalho; c) reduzir a duração da jornada. A primeira alternativa é a mais cômoda e a mais aceitável; a segunda é a hipótese ideal, mas nem sempre possível, e a terceira representa o ponto de equilíbrio cada vez mais adotado. Por um erro de perspectiva o Brasil preferiu a primeira opção desde 1940 e, pior ainda, insiste em mantê-la, quando praticamente o mundo inteiro já mudou de estratégia.[7]

---

(5) SILVA, José Afonso da. *Direito ambiental constitucional*. São Paulo: Malheiros, 1994. p. 56.

(6) GARCIA, Gustavo Filipe Barbosa. Meio ambiente do trabalho no contexto dos Direitos Humanos Fundamentais e responsabilidade civil do empregador. In: DELGADO, Mauricio Godinho; DELGADO, Gabriela Neves (Org.). *Doutrinas Essenciais:* Direito do Trabalho e Seguridade Social. São Paulo: Revista dos Tribunais, 2012. Cap. 33. p. 544-561.

(7) OLIVEIRA, Sebastião Geraldo de. *Proteção jurídica à saúde do trabalhador*. 6. ed. São Paulo: LTr, 2011. p. 154.

A monetização da saúde garante apenas a convivência com o mal, e não a resolução do problema, prova disso é que o foco jurídico das lides trabalhistas tem sido os valores e cabimento dos adicionais e não a efetiva extinção dos riscos. Nesse sentido assevera Camille Simonin, professor de Medicina do Trabalho:

> Pensamos que o adicional dito de insalubridade é imoral e desumano; é uma espécie de adicional do suicídio; ele encoraja os mais temerários a arriscar a saúde para seu salário; é contrário aos princípios da Medicina do Trabalho e à Declaração dos Direitos do Homem: nenhuma consideração de ordem econômica deverá jamais compelir a um trabalho que implique o risco de comprometer a saúde de quem o realiza.[8]

É incompreensível que se permita ao trabalhador vender a saúde em troca de um sobressalário. Tendo em vista que a proibição do trabalho insalubre, perigoso ou penoso é inviável, a via mais coerente seria a redução da jornada de trabalho com atenção à utilização de equipamentos de segurança e redução dos riscos. A jornada deve ser proporcional à qualidade do trabalho.

A opção política acerca do valor saúde deve ser debatida e adequada ao ditame constitucional, sob pena de se reduzir o direito à saúde a mero direito material, como bem preleciona Michael J. Sandel:

> Parece, portanto, à primeira vista, existir uma nítida diferença entre dois tipos de bens: as coisas (como os amigos e o Prêmio Nobel) que o dinheiro *não* pode comprar e aquelas (como os rins e os filhos) que o dinheiro pode comprar, mas talvez não devesse. Mas gostaria de ponderar que esta distinção é menos clara do que parece em princípio. Ao examinar mais atentamente, podemos identificar um vínculo entre os casos óbvios, em que a troca monetária corrompe o bem que está sendo comprado, e os casos polêmicos, nos quais o bem sobrevive à venda, mas pode ser considerado com isso degradado, corrompido ou diminuído.[9]

A opção pela monetização da saúde do trabalhador está relacionada às metamorfoses da centralidade do trabalho que atingem em especial a classe-que-vive-do--trabalho, como bem-dispõe Ricardo Antunes:

Houve uma diminuição da classe operária industrial tradicional. Mas, paralelamente, efetivou--se uma significativa subproletarização do trabalho, decorrência das formas diversas de trabalho parcial, precário, terceirizado, subcontratado, vinculado à economia informal, ao setor de serviços etc. Verificou-se, portanto, uma significativa heterogeneização, complexificção e fragmentação do trabalho.

A liquidez da relação moderna de trabalho faz com o empregador não tenha interesse na proteção da saúde do trabalhador a longo prazo. O empregado, por sua vez, não se identifica concretamente com um único empregador, trazendo a falsa sensação de que a responsabilidade também é diluída.

As relações flexíveis impulsionadas pelos sistemas de produção contemporâneos modificaram a estrutura das relações trabalhistas, com o claro intuito de fazer com que o empregado passe a assumir os riscos das relações de trabalho, diminuindo, assim, a responsabilidade do empregador.

A realidade fática vai de encontro aos ditames da Carta Magna que, sustentada pelos fundamentos do Estado Democrático Direito, não permitem que o empregado arque com os custos sociais das relações de trabalho; afinal, a ordem econômica, não obstante reconheça e garanta a livre iniciativa, não permite que haja desenvolvimento econômico sem a valorização do trabalho.

Com efeito, a limitação de jornada de trabalho[10] em atividades em que há graves riscos e acidentes e doenças do trabalho, ou em atividades em que estatisticamente é alto o número de acidentes e adoecimentos, é medida necessária para conferir-se eficácia ao direito fundamental à saúde do trabalhador.

Percebe-se uma disparidade entre a teleologia constitucional e a própria CLT, disparidades estas que a jurisprudência e a doutrina devem sanar.

3. A CONFIGURAÇÃO DO ACIDENTE DE TRABALHO NO TELETRABALHO

Poder-se-ia afirmar que o empregador é responsável pelo meio ambiente de trabalho do trabalhador que

---

(8) SIMONIN, Camille. *Médicie du Travail*. 1956, apud NOGUEIRA, Diogo Pupo. A insalubridade na empresa e o médico do trabalho. *Revista Brasileira de Saúde Ocupacional*, São Paulo, v. 12, n. 45, p. 42, jan./mar. 1984.

(9) SANDEL, Michael J. *O que o dinheiro não compra*: os limites morais do mercado. 6. ed. Rio de Janeiro: Civilização Brasileira, 2014. p. 96.

(10)

labora em sua própria residência? Poder-se-ia configurar culpa do empregador em um acidente de trabalho ocorrido no âmbito residencial obreiro, fora do poder de controle e fiscalização do empregador? Este poderia ser responsabilizado pela não utilização de determinado EPI efetivamente fornecido?

Há, portanto, desafios interpretativos e de aplicação do Direito que não despontam como plenamente resolvidos na hipótese do teletrabalho. Em princípio, surgem inegáveis dificuldades técnico-jurídicas para a pura e simples aplicação da teoria subjetivista ao caso vertente, enxergando-se culpa do empregador em situações distanciadas de seu real poder direito e fiscalizatório.

Na verdade, a tendência é que seja a jurisprudência cautelosa na configuração da responsabilização civil por acidente de trabalho em situações efetivas de teletrabalho. Por essa razão, faz-se necessário que o legislador se debruce sobre o tema a fim de especificar as hipóteses de responsabilidade para que não permita que o empregado arque sozinho com os custos das novas formas flexíveis de trabalho.

Mesmo diante do amplo espectro de enquadramento acidentário inserto na Lei n. 8.213/1991, nenhum dispositivo legal menciona expressamente o acidente ocorrido no teletrabalho.

Não obstante a ausência de previsão legal expressa, é possível enquadrar na infortunística do trabalho acidentes ocorridos durante o teletrabalho, considerada a principiologia previdenciária e as hipóteses de acidente de trabalho equiparado descritas no art. 21 da Lei n. 8.213/1991, em especial em seus incisos II, IV e § 1º:

II – o acidente sofrido pelo segurado no local e no horário do trabalho, em consequência de:

a) ato de agressão, sabotagem ou terrorismo praticado por terceiro ou companheiro de trabalho;

b) ofensa física intencional, inclusive de terceiro, por motivo de disputa relacionada ao trabalho;

c) ato de imprudência, de negligência ou de imperícia de terceiro ou de companheiro de trabalho;

d) ato de pessoa privada do uso da razão;

e) desabamento, inundação, incêndio e outros casos fortuitos ou decorrentes de força maior;

(...)

IV – o acidente sofrido pelo segurado ainda que fora do local e horário de trabalho:

a) na execução de ordem ou na realização de serviço sob a autoridade da empresa;

b) na prestação espontânea de qualquer serviço à empresa para lhe evitar prejuízo ou proporcionar proveito;

c) em viagem a serviço da empresa, inclusive para estudo quando financiada por esta dentro de seus planos para melhor capacitação da mão de obra, independentemente do meio de locomoção utilizado, inclusive veículo de propriedade do segurado;

d) no percurso da residência para o local de trabalho ou deste para aquela, qualquer que seja o meio de locomoção, inclusive veículo de propriedade do segurado.

§ 1º Nos períodos destinados a refeição ou descanso, ou por ocasião da satisfação de outras necessidades fisiológicas, no local do trabalho ou durante este, o empregado é considerado no exercício do trabalho.

Depreende-se, por meio da interpretação extensiva, que em situações de suspensão contratual – como o intervalo para descanso e alimentação –, a Lei Previdenciária prevê hipóteses de acidente de trabalho equiparado. Nesse quadro, deve-se entender a lista legal de acidentes de trabalho como *rol meramente exemplificativo*. Assim, bastaria para a configuração do acidente equiparado da ordem jurídica previdenciária a subsunção ao previsto no *caput* do art. 19 da Lei n. 8.213/1991:

Art. 19. Acidente do trabalho é o que ocorre pelo exercício do trabalho a serviço de empresa ou de empregador doméstico ou pelo exercício do trabalho dos segurados referidos no inciso VII do art. 11 desta Lei, provocando lesão corporal ou perturbação funcional que cause a morte ou a perda ou redução, permanente ou temporária, da capacidade para o trabalho.

Não se pode olvidar que o teletrabalhador realiza atividades sob o comando do empregador e em função do trabalho.

Dúvida maior surge quando se trata de responsabilidade civil compensatória, além da responsabilidade objetiva previdenciária. Em tal hipótese, entende-se que a culpa do empregador deve ser comprovada para a condenação de pagamento de indenização compensatória.

Em recente decisão, o Tribunal Superior do Trabalho (acórdão publicado em 26.08.2016) condenou uma empresa a indenizar um trabalhador por agressão policial sofrida durante movimento grevista dentro do estabelecimento da empresa.

DANO MORAL. AGRESSÃO POLICIAL DENTRO DO ESTABELECIMENTO. DEVER DO EMPREGADOR DE PRESERVAR A INTEGRIDADE FÍSICA DO EMPREGADO. INDENIZAÇÃO DEVIDA. A agressão gratuita de empregado por policiais, dentro dos limites da propriedade em que trabalha, sem nenhum motivo que autorizasse a utilização de força repressiva, caracteriza dano passível de reparação, uma vez que é dever o empregador preservar a integridade física do empregado (art. 7º, XXII da CF, art. 157, incisos I, II e III da CLT e § 1º do art. 19 da Lei n. 8.213/1991) – RR – 1184-19.2010.5.18.0000.

O entendimento do Tribunal foi no sentido de que mesmo que o empregado esteja em paralisação grevista, o empregador deve zelar pela segurança do trabalhador e pela higidez do meio ambiente de trabalho dentro de suas dependências.

A realidade fática vai de encontro aos ditames da Carta Magna que, sustentada pelos fundamentos do Estado Democrático Direito, não permite que o empregado arque com os custos sociais das relações de trabalho; afinal, a ordem econômica, não obstante reconheça e garanta a livre iniciativa, não permite que haja desenvolvimento econômico sem a valorização do trabalho.

Desse modo, faz-se necessário resguardar os trabalhadores insertos no regime de teletrabalho que, mesmo diante das peculiaridades do regime, não estão imunes a infortúnios laborais.

A pessoa humana vítima de acidente de trabalho possui proteção constitucional, concretizada em um sistema organizado de seguro previdenciário e acidentário, acoplado à incidência da responsabilidade civil visando indenização compensatória pelo próprio agente responsável pelo dano. A previsão constitucional busca atender à escala de preferência dos princípios da Ordem Econômica[11], em especial a função social da empresa, corolário da função social da propriedade.

A Constituição, em seu art. 7º, XXVIII, estabelece como regra a responsabilidade subjetiva do empregador no que concerne à indenização reparatória, ao passo que a proteção previdenciária se realiza mediante a responsabilidade objetiva do sistema previdenciário, pelo risco integral do dano.

Atualmente, esboça-se movimento jurídico contrário à fundamentação subjetiva da responsabilidade civil. Sentiu-se que a responsabilidade focada exclusivamente na culpa não assegurava a reparação integral do dano e, assim, ter-se-ia que analisar a responsabilidade com base na exata extensão do dano sofrido pela vítima, e não na extensão da culpa do ofensor.

Nesse contexto, a responsabilidade objetiva ganha força e, conforme o parágrafo único do art. 927 do Código Civil de 2002, passa a ser a regra em atividades de risco. Sendo assim, independentemente da caracterização da culpa do empregador, o empregado receberá o benefício acidentário e terá a estabilidade acidentária reconhecida. A par disso, caso haja a demonstração da culpa do empregador ou a verificação de atividade de risco, haverá também a reparação indenizatória.

Quanto à aplicação do parágrafo único do art. 927 do Código Civil na temática reparatória privada pelos danos decorrentes da infortunística do trabalho, é interessante trazer os ensinamentos de Gustavo Filipe Barbosa Garcia:

> Apesar da controvérsia na jurisprudência sobre o tema, tendo em vista a incidência do princípio da norma mais benéfica, decorrente do princípio protetor, inerente ao Direito do Trabalho e da hierarquia constitucional, o mais coerente é concluir que a aplicação da regra do art. 927, parágrafo único, do Código Civil de 2002, torna possível assegurar aos empregados a incidência de direitos trabalhistas superiores ao patamar legislativo mínimo, com vistas à melhoria de sua condição social.
>
> Nesse sentido, a regra geral da exigência de culpa para a responsabilização do empregador por danos decorrentes de acidente de trabalho seria apenas um patamar mínimo (art. 7º, inciso XXVIII, parte final da CF/1988), o qual pode (e deve) ser ampliado e aperfeiçoado em benefício dos trabalhadores e da melhoria da condição social, por meio de outras disposições infraconstitucionais, estabelecendo a incidência da responsabilidade objetiva.[12]

Ademais, o Enunciado n. 37, aprovado na 1ª Jornada de Direito Material e Processual na Justiça do Trabalho, assim dispõe:

> Responsabilidade civil objetiva no acidente de trabalho. Atividade de risco. Aplica-se o art. 927, parágrafo único, do Código Civil nos acidentes de trabalho. O art. 7º, XXVIII, da Constituição da República, não constitui óbice à aplicação desse dispositivo legal, visto que seu *caput* garante a inclusão de outros direitos que visem à melhoria da condição social dos trabalhadores.

Há que se agregar a circunstância de as lesões inerentes à infortunística laboral serem, ao mesmo tempo, de maneira geral, efeitos deletérios de um inadequado *meio ambiente do trabalho*, circunstância que atrai

---

(11) BRASIL. Constituição (1988). *Constituição da República Federativa do Brasil*. Art. 170.

(12) GARCIA, Gustavo Filipe Barbosa. *Acidentes do trabalho*: doenças ocupacionais e nexo técnico epidemiológico. 5. ed. São Paulo: Método, 2013. p. 83.

a maior possibilidade da objetivação da responsabilidade, inclusive por força de comandos constitucionais importantes. Nessa linha, vejam-se as regras dispostas no art. 200, VIII, da CF (meio ambiente do trabalho como parte do conceito constitucional de meio ambiente), combinado com o art. 225, § 3º, da mesma Constituição (responsabilização objetiva em caso de danos ambientais).

Corroborou a tese da objetivação da responsabilidade o Enunciado 38 da 1ª Jornada de Direito material e Processual na Justiça do Trabalho:

> Responsabilidade civil. Doenças ocupacionais decorrentes dos danos ao meio ambiente do trabalho. Nas doenças ocupacionais decorrentes dos danos ao meio ambiente do trabalho a responsabilidade do empregador é objetiva, Interpretação sistemática do art. 7º, XXVIII, 200, VIII, 225, § 3º, da Constituição Federal e do art. 14, § 1º, da Lei n. 6.938/1981.

Em relação ao meio ambiente de trabalho, não podemos deixar de ressaltar as palavras do Professor Dr. Raimundo Simão de Melo[13]:

> O meio ambiente de trabalho adequado e seguro é um direito fundamental do cidadão brasileiro (*lato sensu*). Não é um mero direito trabalhista vinculado ao contrato de trabalho, pois a proteção daquele é distinta da assegurada ao meio ambiente de trabalho, porquanto esta última busca salvaguardar a saúde e a segurança do trabalhador onde desenvolve as suas atividades. De conformidade com as normas constitucionais atuais, a proteção do meio ambiente do trabalho está vinculada à saúde do trabalhador enquanto cidadão, razão por que se trata de um direito de todos, a ser instrumentalizado pelas normas gerais que aludem à proteção dos interesses difusos e coletivos. O Direito do Trabalho, por sua vez, regula as relações diretas entre empregado e empregador, aquele considerado estritamente.

Sendo assim, e tendo em vista que a previsão lançada no parágrafo único do art. 927 do Código Civil é mais protetiva à vítima do acidente de trabalho ou doença profissional ou ocupacional, ao menos em atividade de risco, a doutrina e a jurisprudência vêm aplicando essa teoria a algumas espécies acidentárias, inclusive a teoria do risco integral.

Quanto à responsabilização previdenciária acidentária, a Constituição Federal, em especial a partir da Emenda Constitucional n. 20/1998, adotou o modelo de seguro obrigatório germânico e vem evoluindo no que concerne às doutrinas de responsabilidade civil aplicadas aos casos de acidente do trabalho.

Evolui das teorias de responsabilidade civil típicas do Direito Civil (teorias da culpa do empregador; da responsabilidade contratual; da responsabilidade objetiva) para teorias específicas do Direito de Seguridade Social, tais como, teorias da responsabilidade pelo risco profissional, do risco da atividade e do risco social.

O art. 21 da Lei n. 8.213/1991 expande de tal maneira a responsabilidade do empregador que possibilita, inclusive, a sua responsabilidade em momentos de suspensão do contrato de trabalho, como "nos períodos destinados à refeição ou descanso, ou por ocasião da satisfação de outras necessidades fisiológicas, no local do trabalho ou durante este, o empregado é considerado no exercício do trabalho" – art. 21, § 1º.

Desse modo, percebe-se claramente a intenção normativa de proteger o trabalhador quando acidentado em situações que ocorram em função do trabalho, demonstrando claramente a opção pela responsabilização do risco social pelo acidente de trabalho.

Nesse sentido, ensina Gustavo Filipe Barbosa Garcia[14]:

> Cabe ressaltar que para a incidência da responsabilidade civil decorrente de acidente do trabalho, e respectiva indenização por danos morais e materiais, o nexo causal exigido é mais restrito do que aquele nexo causal amplo e elástico previsto na Lei n. 8.213/1991, para a simples existência do acidente de trabalho para fins previdenciários, relacionados ao seguro acidentário, de caráter social e fundado na teoria do risco integral.
>
> Efetivamente, como se observa na previsão do art. 21, inciso II, da Lei n. 8.213/1991, até mesmo o acidente sofrido pelo segurado em consequência de "casos fortuitos ou decorrentes de força maior" são equiparados a acidente de trabalho para fins previdenciários, configurando a chamada causalidade indireta.

A possível compensação entre o benefício acidentário e a indenização reparatória já foi tese objeto de

---

(13) MELO, Raimundo Simão de. *Meio ambiente do trabalho e a saúde do trabalhador.* São Paulo: LTr, 2004. p. 31.

(14) GARCIA, Gustavo Filipe Barbosa. *Acidentes do trabalho:* doenças ocupacionais e nexo técnico epidemiológico. 5. ed. São Paulo: Método, 2013. p. 77.

debates doutrinários e jurisprudenciais, tendo sido suplantada mesmo antes da promulgação da Carta Magna de 1988, por meio do Decreto-lei n. 7.036/44 e da Súmula n. 229 do STF. Desse modo, não há que se falar em compensação de institutos e parcelas que possuam naturezas jurídicas distintas, como na hipótese em exame.

Não se pode olvidar que a complexidade das novas relações de trabalho exige esforço jurídico interpretativo hercúleo, a fim de que a multiplicidade crescente dos fatores de risco propiciada pela revolução tecnológica, pela pressão demográfica e por outros riscos difusos e multifatoriais, venha a ensejar efeitos antiéticos ao objetivo evidente da ordem jurídica, qual seja, o de acentuar – ao invés de diminuir – as garantias e proteções advindas da infortunística do trabalho.

Hodiernamente, cabe à jurisprudência adequar a sistemática protetiva aos casos concretos, ainda que inusitados ou inovadores. Foi o que fez o TJ-RS ao reconhecer a condição de acidente de trabalho em caso de suicídio:

> TJ-RS – Embargos Infringentes EI 194166534 RS (TJ-RS) – Data de publicação: 20.10.1995. Ementa: ACIDENTE DO TRABALHO. PROVADO QUE O SUICÍDIO DO EMPREGADO, NO LOCAL DE TRABALHO, DECORREU, ENTRE OUTRAS RAZÕES, PELA EXCESSIVA JORNADA LABORAL A QUE ERA SUBMETIDO, EM ATIVIDADES QUE, PELA IMPORTÂNCIA, EXIGIAM ACENTUADA DEDICAÇÃO, MOSTRAM-SE INDUVIDOSOS O NEXO CAUSAL E A CULPA DAS EMPREGADORAS. COM ISSO, FAZ-SE PRESENTE A OBRIGAÇÃO A REPARAÇÃO. VOTO VENCIDO. EMBARGOS INFRINGENTES ACOLHIDOS. (Embargos Infringentes n. 194166534, Segundo Grupo de Câmaras Cíveis, Tribunal de Alçada do RS, Relator: Luiz Otávio Mazeron Coimbra, Julgado em 20.10.1995)-Encontrado em: CAUSAL. *IN DUBIO PRO MISERO.* – PERTURBAÇÃO PSÍQUICA. SUICÍDIO. NEXO CAUSAL. CULPA DO EMPREGADOR

Diante do conflito entre a segurança jurídica e a reparação dos danos sofridos pelo trabalhador, deve-se ponderar pela prevalência da reparação dos danos sofridos, uma vez que o critério ponderador da proporcionalidade, fundado na dignidade da pessoa humana, não pode permitir que o trabalhador arque com o ônus advindo do risco da atividade econômica.

Sendo assim, constata-se ser possível a configuração do acidente do trabalho para fins previdenciários em casos de lesões ocorridas no contexto de teletrabalho. Constata-se também que, havendo comprovação de culpa ou dolo do empregador, nesse mesmo contexto fático, a reparação compensatória do dano torna-se igualmente possível, do ponto de vista da ordem jurídica.

4. CONSIDERAÇÕES FINAIS

A partir da análise doutrinária e jurisprudencial perfilada, conclui-se que a interpretação lógica e teleológica da ordem jurídica, constitucional e legal, fundada na ponderação entre os direitos fundamentais, tendo como critério de proporcionalidade a dignidade da pessoa humana, torna possível a proteção significativamente ampla do meio ambiente de trabalho, viabilizando substancial proteção para os trabalhadores inseridos em modelos flexíveis de gestão.

Percebe-se, de toda maneira, que o trabalhador não pode ficar à mercê da simples interpretação doutrinária e jurisprudencial nesse relevante segmento da vida social e laborativa. Mostra-se necessária, até mesmo urgente, a atualização legislativa no País, a fim de se melhor explicitar a inserção dos trabalhadores submetidos a sistemas de gestão flexível, em especial do teletrabalhador, no manto da ampla proteção acidentária e previdenciária, inclusive quanto a seus efeitos na seara da responsabilidade civil.

Chama especial atenção o fato de que a proteção e o fortalecimento do Direito Ambiental possuem maior receptividade quando comparado ao Direito do Trabalho, tanto é que não se propaga a flexibilização da legislação ambiental, enquanto que, no Direito do Trabalho, a flexibilização é bandeira febrilmente agitada pelos setores conservadores da sociedade civil e da sociedade política.

No Direito Ambiental, conforme se sabe, existe, por outro lado, expressa e pacífica previsão da responsabilidade pelo risco integral, da responsabilidade objetiva, ao passo que no campo das relações trabalhistas ainda viceja com força o domínio da responsabilidade subjetiva.

Os modelos de gestão da força de trabalho cada vez mais flexíveis estão claramente na contramão dos ditames constitucionais que visam preciosamente a relação de emprego protegida. Quanto mais se flexibiliza com fundamento no eufemismo da modernização, mais se distancia o empregado do empregador. Nesse quadro, no contexto da ordem jurídica existente, nem sempre explícita e minudente nesse campo temático, cabe aos operadores jurídicos a correta aplicação do Direito, não se esquecendo dos direitos fundamentais estruturantes do Estado Democrático de Direito.

5. REFERÊNCIAS BIBLIOGRÁFICAS

ALEXY, Robert. *Teoria dos direitos fundamentais.* 2. ed. São Paulo: Malheiros, 2015.

ALVES, Daniela Alves de. *Tempo e trabalho*: gestão, produção e experiência do tempo no trabalho. Porto Alegre: Escritos, 2014.

AMORIM JÚNIOR, Cleber Nilson. *Segurança e saúde no trabalho*: princípios norteadores. 2. ed. São Paulo: LTr, 2017.

ANAMATRA (Brasília-DF) (Comp.). 2ª Jornada de Direito Material e Processual. 2017. Enunciado 1 – Comissão 6 TELETRABALHO. CONTRATO DE TRABALHO INTERMITENTE. CONTRATO DE TRABALHO A TEMPO PARCIAL. TERCEIRIZAÇÃO. Disponível em: <http://www.jornadanacional.com.br/listagem-enunciados-aprovados.asp?ComissaoSel=6>. Acesso em: 22 out. 2017.

ANTUNES, Ricardo. *Os sentidos do trabalho*: ensaio sobre a afirmação e a negação do trabalho. 2. ed. São Paulo: Boitempo, 2013.

_____. *Riqueza e miséria do trabalho*. São Paulo: Boitempo, 2015.

BAUMAN, Zygmunt. *Vida para o consumo*: a transformação das pessoas em mercadoria. Rio de Janeiro: Zahar, 2008.

BOBBIO, Norberto. *A era dos direitos*. 8. ed. Rio de Janeiro: Campus, 1992.

BONAVIDES, Paulo. *Do Estado Liberal ao Estado Social*. 11. ed. São Paulo: Malheiros, 2014. 2ª tiragem.

BORSIO, Marcelo. Coleção Prática Previdenciária. v. 22. *Processo previdenciário administrativo fiscal e judicial das contribuições previdenciárias*. São Paulo: JusPodivm, 2016.

CHOMSKY, Noam. *A ciência da linguagem*: conversas com James McGilvray. São Paulo: Unesp, 2012.

_____. *O lucro ou as pessoas?* Neoliberalismo e ordem global. 2. ed. Rio de Janeiro: Bertrand Brasil, 2002.

COUTINHO, Grijalbo Fernandes. *Terceirização – Máquina de moer gente trabalhadora*: a inexorável relação entre a nova marchandage e a degradação laboral, as mortes e mutilações no trabalho. São Paulo: LTr, 2015.

DEJOURS, Christofe. *A banalização da injustiça social*. 7. ed. São Paulo: Fundação Carlos Chagas, 2007.

DELGADO, Mauricio Godinho. *Capitalismo, trabalho e emprego*: entre o paradigma da destruição e os caminhos da reconstrução. São Paulo: LTr, 2008.

_____. *Curso de direito do trabalho*. 15. ed. São Paulo: LTr, 2016.

_____. *Direito coletivo do trabalho*. 6. ed. São Paulo: LTr, 2015.

_____; DELGADO, Gabriela Neves. *Tratado Jurisprudencial de Direito Constitucional do Trabalho*. São Paulo: Revista dos Tribunais, 2013. Coleção Tratado Jurisprudencial de Direito do Trabalho, v. I.

ENRIQUEZ, Eugéne. O indivíduo preso na armadilha da estrutura estratégica. *Revista de Administração de Empresas*. São Paulo, v. 37, n. 1, 1997.

FARIAS, Cristiano Chaves de; NETTO, Felipe Peixoto Braga; ROSENVALD, Nelson. *Novo tratado de responsabilidade civil*. São Paulo: Atlas, 2015.

GARCIA, Gustavo Filipe Barbosa. *Acidentes do trabalho*: doenças ocupacionais e nexo técnico epidemiológico. 5. ed. São Paulo: Método, 2013.

HARVEY, David. *Condição pós-moderna*. 25. ed. São Paulo: Edições Loyola, 2014.

HOBSBAWN, Eric. *Mundos do trabalho*: novos estudos sobre a classe operária. 6. ed. Rio de Janeiro: Paz e Terra, 2015.

HONETH, Axel. Labour and recognition: a redefinition. In: HONETH, Axel. *The I and We*: Studies In: the theory oh recognition. Cambridge: Polity Press, 2014.

KERSTENETZKY, Celia Lessa. *O Estado do bem-estar social na idade da razão*: a reinvenção do estado social no mundo contemporâneo. São Paulo: Elsevier, 2012.

LAZZARATO, Maurizio; NEGRI, Antonio. *Trabalho imaterial*: Formas de vida e produção de subjetividade. 2. ed. São Paulo: Lamparina, 2000. 121 p.

MELO, Raimundo Simão de. *Meio ambiente do trabalho e a saúde do trabalhador*. São Paulo: LTr, 2004.

_____; ROCHA, Cláudio Jannotti da (Org.). *Constitucionalismo, trabalho, seguridade social e as reformas trabalhista e previdenciária*. Brasília: LTr, 2017.

OLIVEIRA, Sebastião Geraldo de. *Indenizações por acidente do trabalho ou doença ocupacional*. 5. ed. São Paulo: LTr, 2009.

PORTO, Noemia. *O trabalho como categoria constitucional de inclusão*. São Paulo: LTr, 2013.

POSTONE, Moishe. *Tempo, trabalho e dominação social*. São Paulo: Boitempo, 2014.

RIFKIN, Jeremy. *O fim dos empregos*: o contínuo crescimento do desemprego em todo o mundo. São Paulo: M. Books, 2004.

RIZZARDO, Arnaldo. *Responsabilidade civil*. 7. ed. Rio de Janeiro: Forense, 2015.

SANDEL, Michael J. *O que o dinheiro não compra*: os limites morais do mercado. 6. ed. Rio de Janeiro: Civilização Brasileira, 2014.

_____. *Justiça*: o que é fazer a coisa certa? São Paulo: Civilização Brasileira, 2015.

SARLET, Ingo Wolfgang. *A eficácia dos direitos fundamentais*: uma teoria geral dos direitos fundamentais na perspectiva constitucional. 12. ed. Porto Alegre: Livraria do Advogado, 2015.

SENNETT, Richard. *A corrosão do caráter*: consequências pessoais do trabalho no novo capitalismo. 17. ed. Rio de Janeiro: Record, 2012.

SERAU JUNIOR, Marco Aurélio; COSTA, José Ricardo Caetano (Org.). *Benefício assistencial*: temas polêmicos – Lei n. 8.742/93. São Paulo: LTr, 2015.

SUPIOT, Alain. *O espírito de Filadélfia*: a justiça social diante do mercado total. Porto Alegre: Sulina, 2014.

CAPÍTULO 15

IRREDUTIBILIDADE E IRRENUNCIABILIDADE DAS NORMAS DE PROTEÇÃO À SAÚDE, HIGIENE E SEGURANÇA NO TRABALHO NO ESTADO DEMOCRÁTICO DE DIREITO: A REFORMA TRABALHISTA E O RETROCESSO SOCIAL

Alexandre Bittencourt Amui de Oliveira[1]

1. INTRODUÇÃO

Com a publicação da Lei n. 13.467, de 13 de julho de 2017, iniciou-se um intenso debate sobre a inconstitucionalidade de alterações que suprimiram ou reduziram direitos mínimos garantidos ao trabalhador para efetivação da sua dignidade como pessoa humana e, a partir de então, voltaram-se as atenções sobre o papel do Direito do Trabalho no Estado Democrático de Direito.

O discurso neoliberal de que os direitos trabalhistas no Brasil oneram demasiadamente a atividade empresarial, repetido, inclusive, durante o julgamento da ADI n. 5.766 pelo Supremo Tribunal Federal[2] pelo Relator, ensejou a criação da Lei n. 13.467/2017 a qual, dentre outros fatores, permitiu a negociação coletiva para reduzir direitos essenciais à proteção da saúde, higiene e segurança do trabalhador, em especial quanto à jornada e ao intervalo.

Conforme assinala Cláudio Janotti Rocha[3], os direitos trabalhistas surgem para atender às necessidades da classe trabalhadora em se manter fisiologicamente viva e dos empregadores/capital em se manterem ideologicamente vivos, ou seja, o direito laboral teve por finalidade, em seus primórdios, inibir a revolta da classe operária com o estabelecimento de direitos sociais mínimos e permitir que o capital se desenvolvesse com a exploração continuada da mão de obra.

Mauricio Godinho Delgado[4] afirma que o Direito do Trabalho, na forma de proteção decorrente do constitucionalismo social, institucionalizado no Brasil em 1943 com a Consolidação das Leis do Trabalho, teve por finalidade impedir as abusividades praticadas durante o Estado Liberal e a irracionalidade do próprio capital, e proteger a sua fonte de subsistência: a mão de obra.

A partir da promulgação da Constituição Federal de 1988 e, posteriormente, com as Emendas Constitucionais 24/99 e 45/2004, superou-se o modelo trabalhista corporativista criado durante o Estado Novo e consolidado após 1943, com um modelo sindical decorrente de um estado autoritário, e se ingressou num sistema democrático do Direito do Trabalho, com clara vertente de proteção à dignidade da pessoa humana, embora mantendo ainda alguns critérios ultrapassados, tais como a unicidade e enquadramento sindicais.

---

(1) Mestrando em Direito das Relações Sociais e Trabalhistas pelo Centro Universitário do Distrito Federal – UDF. Advogado trabalhista e previdenciário. Professor em cursos de graduação, especialização em direito e cursos preparatórios para a prova da OAB e concursos públicos. Articulista.

(2) Ação Direta de Inconstitucionalidade 5766, de Relatoria do Ministro Roberto Barroso, com julgamento suspenso após pedido de vista antecipada do Ministro Luiz Fux.

(3) ROCHA, Cláudio Jannotti da. Porto, Lorena Vasconcelos. *Trabalho: diálogos e críticas.* São Paulo: LTr, 2018. p. 37.

(4) DELGADO, Mauricio Godinho. *Curso de direito do trabalho.* 14. ed. São Paulo. LTr, 2017. p. 114.

Entretanto, mesmo diante de uma nova ordem social, em que o direito do trabalho é claramente um dos meios de se efetivar o Estado Democrático de Direito para possibilitar, além da justiça social, a dignidade humana desta mão de obra que fomenta o capital, o capitalismo manipulatório tenta, a todo modo preservar a proteção econômica, e minimizar as lutas sociais por igualdade, distribuição de renda e proteção dos socialmente excluídos.

Para Gorz[5], o capitalismo busca, de todas as formas, monetizar e quantificar tudo aquilo que se relaciona à vida humana, numa condição de sobrepor o interesse econômico sobre qualquer outra forma de razão social, ou seja, por mais que o capital dependa da mão de obra do trabalhador como instrumento para manutenção ou elevação dos seus lucros, tenta frear ou reduzir o Direito do Trabalho, o qual serve como contrapeso à livre e imoderada expansão sem preservação de direitos sociais, já que evita a degradação do labor humano.

Prova disso foi a famigerada "reforma trabalhista" que, dentre outros pontos de efetivo retrocesso social, permitiu à norma coletiva suprimir ou reduzir direitos mínimos estabelecidos em lei, em especial jornada, inclusive os seus intervalos, enquadramento do grau de insalubridade e realização de horas extraordinárias em ambientes insalubres, mesmo sem autorização da autoridade administrativa competente, permitindo, assim, a relativização de normas essenciais à proteção da saúde, higiene e segurança do trabalhador.[6]

Entretanto, no ordenamento jurídico pátrio a análise e hermenêutica de quaisquer diplomas normativos deve ser submetida à compatibilidade com o sistema constitucional e seus pilares fundamentais, quais sejam: estado democrático de direito, arquitetura principiológica humanística e social da Constituição Federal e direitos fundamentais da pessoa humana.[7]

Assim, necessário se faz entender o papel do Direito do Trabalho no Estado Democrático de Direito, a sua condição como direito fundamental para se efetivar a justiça social e garantir a todo trabalhador os direitos mínimos e essenciais à preservação da sua dignidade como pessoa humana, em especial naquilo que lhe coloca em situação de extrema vulnerabilidade, como as normas de saúde, higiene e segurança do trabalho.

2. O ESTADO DEMOCRÁTICO DE DIREITO

2.1. Evolução e conceituação

O Estado Democrático de Direito, na forma como atualmente é compreendido, começou a ser construído na Europa após o holocausto da 2ª Grande Guerra mundial, constituindo-se verdadeira transição entre o Estado Liberal, reconhecido pela institucionalização das liberdades civis, limitados a uma pequena elite e o Estado Social, deflagrado nas constituições Mexicana (1917) e Alemã (1919), com grande evolução em relação à matriz liberalista, pois inseria como norma

---

(5) GORZ, André. *Metamorfoses do trabalho*: crítica da razão econômica. Tradução de Ana Montoia. Anablumme, 2003.

(6) Art. 611-A. A convenção coletiva e o acordo coletivo de trabalho têm prevalência sobre a lei quando, entre outros, dispuserem sobre:

I – pacto quanto à jornada de trabalho, observados os limites constitucionais;

II – banco de horas anual;

III – intervalo intrajornada, respeitado o limite mínimo de trinta minutos para jornadas superiores a seis horas;

IV – adesão ao Programa Seguro-Emprego (PSE), de que trata a Lei n. 13.189, de 19 de novembro de 2015;

V – plano de cargos, salários e funções compatíveis com a condição pessoal do empregado, bem como identificação dos cargos que se enquadram como funções de confiança;

VI – regulamento empresarial;

VII – representante dos trabalhadores no local de trabalho;

VIII – teletrabalho, regime de sobreaviso, e trabalho intermitente;

IX – remuneração por produtividade, incluídas as gorjetas percebidas pelo empregado, e remuneração por desempenho individual;

X – modalidade de registro de jornada de trabalho;

XI – troca do dia de feriado;

XII – enquadramento do grau de insalubridade.

XIII – prorrogação de jornada em ambientes insalubres, sem licença prévia das autoridades competentes do Ministério do Trabalho;

XIV – prêmios de incentivo em bens ou serviços, eventualmente concedidos em programas de incentivo;

XV – participação nos lucros ou resultados da empresa.

(7) DELGADO, Mauricio Godinho; DELGADO, Gabriela Neves. *A reforma trabalhista no Brasil*: com os comentários à Lei n. 13.467/2017. São Paulo, LTr, 2017.

constitucional a proteção aos direitos sociais, tais como o Direito do Trabalho e Direito Previdenciário (atualmente, no Estado Democrático de Direito, Seguridade Social).

O Estado Social contrapunha o liberalismo primitivo, com a inserção no texto constitucional de normas que ampliavam o conceito de cidadania, elencava direitos sociais de relevância para a classe dominada, em especial trabalhadores, mulheres e outros grupos sociais, intervencionismo estatal na economia e nas relações sociais, limitando-se o direito de propriedade e o poder exclusivamente privado do capitalismo, dentre outros.

Para José Afonso da Silva[8], o objetivo fundamental do Estado Liberal ou de Direito seria assegurar o princípio da legalidade, de forma que todas as ações do Estado se norteiam pelas diretrizes taxativas da lei, afirmando ainda que estas foram suas características principais:

a) submissão ao império da lei, que era a nota primária de seu conceito, sendo a lei considerada como ato emanado formalmente do Poder Legislativo, composto de representantes do povo, mas do povo-cidadão;

b) divisão de poderes, que separe de forma independente e harmônica dos poderes legislativo, executivo e judiciário, como técnica que assegure a produção das leis ao primeiro e a independência e imparcialidade do último em face dos demais e das pressões dos poderosos particulares;

c) enunciado e garantia dos direitos individuais.

Entretanto, embora o Estado Social trouxesse de forma mais evidente os critérios de democracia, essa não era plena e possuía inúmeras ressalvas antidemocráticas e de inclusão social, pois os direitos sociais não eram partes estruturantes das Constituições e não se tinha uma matriz voltada para os direitos humanistas e sociais.

Em razão disso, e após as atrocidades decorrentes da segunda guerra teve início, no mundo, a nova concepção constitucional voltada à pessoa humana e à justiça social, amparado num constitucionalismo humanístico e social, decorrente do Estado Democrático de Direito.

O Estado Democrático de Direito não decorre da junção formal do Estado Democrático com o Estado de Direito, mas num novo tipo de conceito em que todo processo democrático decorrerá da convivência social, numa sociedade justa, livre e solidária, em que o poder emana do povo, com a sua participação nos atos do governo, inclusive decisórios, de modo pluralista, ou seja, com pluralidade de ideias, de etnias e culturas, o qual, de acordo com José Afonso da Silva, decorre de um "processo de liberação da pessoa humana das formas de opressão que não depende apenas do reconhecimento formal de certos direitos individuais, políticos e sociais, mas especialmente da vigência de condições econômicas suscetíveis de favorecer o seu pleno exercício".

Para Mauricio Godinho Delgado, o Estado Democrático de Direito decorre de um alicerce balizado pela dignidade da pessoa humana e sociedades política e civil democráticas e inclusivas, em busca de justiça social, de modo que a centralidade é a pessoa humana, extirpando as exclusões e segregações sociais, econômicas e políticas.

Desta feita, a finalidade do Estado Democrático de Direito é a de extirpar ou superar as desigualdades sociais, através de um processo democrático, com efetivação da justiça social e, principalmente, tendo como centro a pessoa humana e sua dignidade, por meio de princípios como o da igualdade e com a proteção aos direitos fundamentais humanos individuais e coletivos.

2.2. O papel do Direito do Trabalho no Estado Democrático de Direito e a vedação do retrocesso social

As políticas liberais e neoliberais, evidenciadas em épocas de crise do capital, que impõem uma cultura econômica dominante e exclusivamente materialista, sem dar a todos os cidadãos igualdade de oportunidades, tendem a buscar o crescimento ilimitado na ordem financeira e política, sem, contudo, preocupar-se, adequadamente, com os direitos sociais, uma vez que a finalidade é a riqueza e a prosperidade[9].

A procura pela riqueza e proteção exclusiva do capital, por meio de políticas liberais e neoliberais, prejudica as classes sociais menos privilegiadas, num primeiro momento a dos trabalhadores, a ferir, inclusive, princípios como o da igualdade, com tratativas discriminatórias e segregatórias da camada que não tem qualquer apoio da massa ou respeito constitucional

---

(8) SILVA, José Afonso da. *O Estado Democrático de Direito*. Disponível em <http://bibliotecadigital.fgv.br/ojs/index.php/rda/article/%20viewFile/45920/44126>. Acesso em: 30 maio 2018.

(9) MAMANI, Juan Ramos. *Novo Constitucionalismo latino-americano*: o debate sobre novos sistemas de justiça, ativismo judicial e formação de juízes. Belo Horizonte: Arraes Editores Ltda., 2014. p. 5.

social, indicando quais cidadãos poderão aproveitar-se das atuais políticas e quais estão fadados ao esquecimento, o que é um contraponto ao Estado Democrático de Direito e seus direitos humanos fundamentais.[10]

Com a reforma trabalhista, fica nítido que Estado, Direito e Economia voltam-se para si, protegendo-os uns aos outros para a manutenção do poder e do capital, aproveitando-se de uma cultura imposta pela opressão e marginalidade, as quais somente os escolhidos poderão ser sujeitos de direito, ou seja, aqueles que pertencem a uma minoria dominante. No entanto, não se poderão criar mecanismos de igualdade e condições de humanidade, sem, contudo, humanizar leis econômicas e estatais, políticas públicas ou de Estado, sem a consciência do povo como ativista social e política e precursor de mudança, a fim de se promover justiça social e democrática.

A garantia da dignidade da pessoa humana somente ocorrerá com a efetiva libertação dos homens naquilo que, rotineiramente, tem sido mais violentada, agredida e ignorada[11] e não com políticas públicas voltadas exclusivamente à proteção do capital, com criação de leis que reduzam ou minimizem direitos fundamentais basilares do Estado Democrático de Direito, assim como ocorreu sequencialmente no Brasil através de leis que sabiamente colocaram os trabalhadores em condição de fragilidade, em especial no ano de 2017 (Leis ns. 13.429 e 13.467).

A criação de um sistema de diferenciação na seara trabalhista, sem a efetiva necessidade social ou de evolução, demonstra clara ofensa aos princípios constitucionais sociais:

> A lei não deve ser fonte de privilégios ou perseguições, mas instrumento regulador da vida social que necessita tratar equitativamente todos os cidadãos.

Em suma: Dúvida não padece que, ao se cumprir uma lei, todos os abrangidos por ela hão de receber tratamento parificado, sendo certo, ainda, que ao próprio ditame legal é interdito deferir disciplinas diversas para situações equivalentes[12].

A criação pelo legislador de obstáculos ao constitucionalismo social, como ocorreu com a "reforma trabalhista", com a nítida intenção de aplicação de ideologias neoliberais de crescimento econômico imediatista, prejudica indivíduos que, em momento de risco social, se veem desprotegidos e discriminados e, com isso, continuam à margem da sociedade e taxados como engodos sociais e, principalmente, ficam à mercê da vontade do empregador ou do interesse do capital em relação a direitos humanos fundamentais.

O constitucionalismo social, fundado na ideia da pluralidade e do pluralismo político, econômico, jurídico, cultural e linguístico, busca garantir o "viver bem"[13], em detrimento do liberalismo econômico. Trata-se de uma concepção coletiva de vida, partindo do respeito à natureza e a todos os indivíduos, numa relação de superação da opressão das políticas governamentais, que por anos é submetido ao labor exclusivamente para o sucesso profissional dos dominantes[14], o que demonstra o quão relevante é o Direito do Trabalho no Estado Democrático de Direito.

Para Gabriela Neves Delgado[15], o Direito do Trabalho tem por finalidade "regular as relações bilaterais e multilaterais do mundo empregatício, fixando regras imperativas", estabelecendo-se um patamar civilizatório mínimo àqueles que dependem do trabalho para a sua sobrevivência e, portanto, tem relevante papel na distribuição de renda, efetivação de justiça social e centralização na pessoa humana e sua vida social, essenciais no Estado Democrático de Direito.

A sociedade, justa e solidária, deve primar pela ideia de superação das dicotomias e segmentação do Estado para proteção de uma minoria dominante, a fazer um verdadeiro Estado do povo para o povo, que delimita as reais necessidades, principalmente sociais, para que haja a redescoberta da consciência. E tal construção de sociedade ideal, passando pelo constitucionalismo social perpassa a ideia do ativismo político. O ativismo político como meio de pressão e coerção social para que o Estado reaja às pautas sociais, tem por finalidade a proteção daqueles que se encontram em situação de desvantagem,

---

(10) MELLO, Celso Antônio Bandeira. *Conteúdo jurídico do princípio da igualdade*. São Paulo: Malheiros Editores, 1999. p. 25.

(11) BONAVIDES, Paulo. *Teoria Constitucional da Democracia Participativa. Por um Direito Constitucional de luta e resistência. Por uma nova hermenêutica. Por uma repolitização da legitimidade*. São Paulo: Malheiros Editores, 2001. p. 231.

(12) MELLO, Celso Antônio Bandeira. *Conteúdo jurídico do princípio da igualdade*. São Paulo: Malheiros Editores, 1999. p. 5.

(13) MAMANI, Juan Ramos. *Novo Constitucionalismo latino-americano*: o debate sobre novos sistemas de justiça, ativismo judicial e formação de juízes. Belo Horizonte: Arraes Editores, 2014. p. 5.

(14) DUSSEL, Enrique. *Filosofia da libertação na América Latina*. São Paulo: Edições Loyola, 1977. p. 146.

(15) DELGADO, Mauricio Godinho; DELGADO, Gabriela Neves. *A reforma trabalhista no Brasil*: com os comentários à Lei n. 13.467/2017. São Paulo, LTr, 2017. p. 40/41.

desigualdade e de opressão e não a de exclusão ou limitação de direitos, como ocorreu com a reforma trabalhista.

Para Boaventura[16], a ofensa maciça aos direitos humanos é resultado de joguetes daqueles sujeitos não integrantes do Estado que, em razão da corrupção generalizada e da ausência de políticas públicas efetivas de proteção social, utilizam do seu poder econômico para que o Poder Público seja objeto de manobra dos seus interesses pessoais ou de interesses da classe dominante, resultando na diminuição ou precarização dos direitos fundamentais, em especial do Direito do Trabalho.

A evolução da política neoliberal no mundo, assim como no Brasil, principalmente na década de 1990, movimentou-se "em sentido contrário à tendência de acumulação de direitos e de ampliação dos espaços de reivindicação e de exercício da cidadania", o que demonstra ser a teoria de proteção à dignidade do homem questão que depende da participação mais ativa da sociedade, a fim de se evitar a continuidade de intervenção de grandes multinacionais nas decisões de cunho coletivo e individual de países com maior carência social[17], assim como o Brasil.

A Declaração Universal dos Direitos Humanos, quando buscou resguardar a proteção do ser humano, no intuito de garantir-lhes a justiça social tornou-se, em alguns países, como agora, no Brasil, um simples documento de caráter meramente formal, política e legalmente inaplicável em razão de vários fatores, tais como a política neoliberal e a intervenção de grandes empresas que, de forma avassaladora, reduzem e retroagem os direitos sociais já adquiridos[18].

É cediço que em países com grandes problemas sociais e pouco investimento em políticas públicas de auxílio às classes menos favorecidas, com a exploração de mão de obra barata (baixos salários) e ínfima fiscalização para a garantia dos direitos dos trabalhadores, é indubitável que o legislador envide seus esforços para atender aos interesses das classes dominantes, culpabilizando a vítima, ou seja, fomentando, inclusive, o discurso de ódio contra quem os protege, a Justiça do Trabalho, e contra os próprios trabalhadores, acusando-os de deslealdade contratual e processual ao buscar direitos que, na opinião deles, onerariam demasiadamente a atividade empresarial.

Todos estes fatores alhures elencados, somados à ausência de proteção aos trabalhadores, em especial os de baixa renda, enseja um afastamento dos princípios e fundamentos basilares da Constituição Federal e das normas internacionais de direitos humanos, pois observa-se uma clara intenção em favorecer as ideologias do capital, que enseja retrocessos sociais em busca do crescimento econômico indiscriminado da pequena parcela da classe dominante.

O retrocesso social e as ofensas aos direitos humanos das classes menos favorecidas ocorre por um simples motivo: a imposição de uma política neoliberal de formação de riquezas e de exclusão opressora. O Estado tem o importante papel de sopesar os interesses externos e meramente econômicos em prol de proteção social, com a criação de políticas de igualdade material e não de segregação, como ocorreu em 2017, com a Lei n. 13.467/2017, pois deveria resgatar o ativismo social, defendido por Dussel, como exercício da pressão social para garantir a participação igualitária de oportunidades a todos, indiscriminadamente.

Importante destacar que o ativismo social, sempre protegendo o ser coletivo, pode garantir melhores condições à sociedade e aos oprimidos, no intuito de buscar a criação de produções jurídicas que efetivem as políticas sociais decorrentes dos princípios da igualdade e da dignidade da pessoa humana[19].

É indubitável a ocorrência de retrocesso social no Brasil após a Lei n. 13.467 que entrou em vigor no dia 11 de novembro de 2017, inclusive porque se comparada a normas internacionais de proteção aos direitos humanos, com base nos fundamentos teóricos de direitos humanos e do Estado Democrático de Direito, ela nitidamente causa prejuízo aos sujeitos em situação de risco social, em face de normas de caráter meramente neoliberal para atender aos interesses da classe dominante e, em especial, permitindo a negociação coletiva de direitos fundamentais irrenunciáveis e inegociáveis para fins de redução ou supressão, tais como aquelas normas que envolvem saúde, higiene e segurança do trabalhador.

Os direitos fundamentais surgiram da ideia de limitação do poder absoluto do Estado, com a centralidade na dignidade da pessoa humana e na busca por

---

(16) SANTOS, Boaventura de Sousa. *Derechos humanos, democracia y desarrollo*. Bogotá: Centro de Estudios de Derecho, Justicia y Sociedad, Dejusticia, 2014.

(17) SÁNCHES RUBIO, Davi; HERRERA FLORES, Joaquín; CARVALO, Salo. *Direitos humanos e globalização*: fundamentos e possibilidades desde a teoria crítica. Porto Alegre: EDIPUCRS, 2010. p. 110-111.

(18) HERRERA FLORES, Joaquín. *A reinvenção dos direitos humanos*. Tradução Carlos Roberto Diogo Garcia; Antonio Henrique Graciano Suxberger e Jefferson Aparecido Dias. Florianópolis: Fundação Boiteux, 2009. p. 23.

(19) WOLKMER, Antônio Carlos. *Pluralismo jurídico. Fundamentos de uma nova cultura no direito*. São Paulo: Alfa Ômega, 2001. p. 151-153.

justiça social e tem o direito do trabalho como matriz constitucional essencial para se proteger aqueles que são diretamente explorados pelo capital, os trabalhadores, hipossuficientes na relação de emprego e expostos a condições de opressão.

Para Delgado, o Direito do Trabalho é uma vertente dos direitos humanos e, por isso, com a "reforma trabalhista surge a necessidade da defesa de novos direitos fundamentais ou, pelo menos, intensificar o debate pelos direitos já esculpidos nas normas legais e no próprio texto constitucional, evitando-se o retrocesso social.

A aplicação do direito do trabalho como matriz constitucional essencial no Estado Democrático de Direito exige do Estado e da sociedade que confiram eficácia aos direitos dos mais necessitados, com a efetiva proteção aos preceitos de dignidade da pessoa humana e justiça social.

A Constituição Federal não pode se limitar a criar direitos fundamentais, devendo-se exigir o cumprimento destas disposições, a fim de que os direitos sociais sejam efetivados na prática, motivo pelo qual o legislador não poderá, simplesmente, reduzir ou mitigar aquilo que já fora socialmente conquistado, em especial porque deverá a referida norma ser avaliada com base na eficácia vertical e diagonal de proteção do trabalhador perante as supressões e reduções de direitos mínimos já sedimentados e essenciais à dignidade da grande maioria da população, sob pena de se configurar efetivo retrocesso social[20].

3. NORMAS DE SAÚDE, HIGIENE E SEGURANÇA DO TRABALHO E SUA MATRIZ CONSTITUCIONAL – IRREDUTIBILIDADE E IRRENUNCIABILIDADE POR NORMA COLETIVA

No Estado Democrático de Direito, foi alçado como questão de direito fundamental dos trabalhadores um ambiente de trabalho livre ou com efetiva redução dos riscos inerentes ao trabalho, por meio de normas de saúde, higiene e segurança, alinhado também como condição fundamental de trabalho e segurança, conforme vaticinam os arts. 6º e 7º, XXII, da Constituição da República.

Fábio de Assis Fernandes[21], retrata que a saúde e o trabalho estão, também, diretamente ligados ao direito fundamental à vida, e o ambiente de trabalho deve proteger a incolumidade física e psíquica dos trabalhadores:

Para que se torne efetivo o direito fundamental à vida, assegurado no art. 5º, cabeça, do Texto Constitucional, faz-se mister que se assegure e viabilize o exercício, com a mesma densidade normativa de outros dois direitos tidos como pressupostos para sua existência, que são a saúde e o trabalho, sob pena de inviabilizar-se o exercício daquele, dito fundamental, porquanto suporte, por óbvio, de todos os demais.

A garantia constitucional do ambiente ecologicamente equilibrado tem por finalidade tutelar a vida humana.

O ambiente de trabalho equilibrado, com o estabelecimento de normas mínimas que envolvem a saúde, higiene e segurança do trabalhador é resguardado, também, pelo art. 225, *caput* e § 1º, V, da Constituição da República[22], com o nítido propósito de se proteger a dignidade da pessoa humana do trabalhador e, com isso, evitar a exposição do trabalhador a riscos acentuados que lhe possam trazer lesões, doenças ou até a morte.

Raimundo Simão de Melo[23] defende ainda que "o meio ambiente de trabalho adequado e seguro é um dos mais importantes e fundamentais direitos do cidadão trabalhador, o qual se desrespeitado, provoca a agressão a toda a sociedade". Continua dizendo, ainda, que "as normas de saúde, higiene e segurança não são normas de direito privado atinentes exclusivamente ao contrato individual do trabalho, embora a este se integrem".

Nota-se, assim, que as normas que envolvem a saúde, higiene e segurança do trabalhador estão incluídas no rol de direitos fundamentais e, por isso, nenhuma autoridade poderá desrespeitar direitos mínimos individuais e coletivos, vinculando ao Estado o dever de fiscalização e de proteção das garantias mínimas já esculpidas no Texto Constitucional ou em normas específicas que regulam a matéria.

---

(20) O princípio de proibição do retrocesso social foi citado no voto vencido do ex-Ministro do Supremo Tribunal Federal Sepúlveda Pertence no julgamento da ADI n. 2.065-DF e, também, no voto do Ministro do Supremo Tribunal Federal, Celso de Mello na ADI n. 3.105-DF.

(21) FERNANDES, Fábio de Assis F. A Constituição de 1988 e o Meio Ambiente do Trabalho. O Princípio da Prevenção no Meio Ambiente do Trabalho. Ministério Público do Trabalho e o Licenciamento Ambiental. Estudo Prévio e Relatório de Impacto Ambiental. Audiência Pública. Cipa e os Programas de Prevenção e Controle da Saúde e Segurança do Trabalhador. *Revista do Ministério Público do Trabalho* n. 28, Brasília: LTr, 2004. p. 60.

(22) PADILHA, Norma Sueli. *Do meio ambiente do trabalho equilibrado*. São Paulo: LTr, 2002, p. 32.

(23) MELO, Raimundo Simão de. *Direito ambiental do trabalho e a saúde do trabalhador*. São Paulo: LTr, 2013. p. 30-31.

Para Dimitri Dimoulis:

Os direitos fundamentais vinculam o poder do Estado, proibindo-lhe de restringi-los por meio da legislação comum ou eximir-se da obrigação de respeito. Em outras palavras, os direitos fundamentais garantem, mediante a supremacia da Constituição, que nenhuma autoridade estatal, nem mesmo o Poder Legislativo, desrespeitará os direitos dos indivíduos. Isso constitui o efeito vertical dos direitos fundamentais que se manifesta nas relações caracterizadas pela desigualdade entre o "inferior" (indivíduo) e o "superior" (Estado), que detém, privativamente, o poder de legislar e um enorme potencial de violência organizada.

Com a entrada em vigor da Lei n. 13.467/2017 e a possibilidade de se estabelecer por norma coletiva a redução do intervalo intrajornada, destinado à alimentação e descanso, para até 30 minutos, fixar compensação de jornada num período de até 6 (seis) meses em regime de banco de horas por contrato individual, possibilitar o enquadramento do grau de insalubridade, a prorrogação da jornada em ambiente insalubre, dentre outros itens vinculados à jornada de trabalho, percebe-se, claramente, a intenção do legislador em minimizar direitos diretamente vinculados à proteção da saúde, higiene e segurança do trabalhador.

Ato contínuo, estabeleceu no art. 611-B, parágrafo único, da CLT a ideia de que as questões que norteiam jornada e intervalo não se constituem normas de saúde, higiene e segurança do trabalhador, ou seja, tentou limitar direitos fundamentais em prol do capital, o que fere a teoria de Konrad Hesse, aplicada pelo Supremo Tribunal Federal[24] em inúmeros julgados, em que a limitação de um direito fundamental deve ser proporcional em sentido restrito, de modo a resguardar aquilo que efetivamente proteja os interesses da sociedade, o que não foi o caso da "reforma trabalhista".

Num primeiro momento, nota-se tratar de alteração legislativa que busca flexibilizar, de forma inconstitucional, os poderes da negociação coletiva de trabalho, inclusive, permitindo a redução de direitos socialmente já consolidados sem a exigência de cláusula compensatória (art. 611-A, § 2º, da CLT), já que, na lição de Mauricio Godinho Delgado, rejeita o princípio da adequação setorial negociada, que estabelece a priorização da norma autônoma sobre a heterônima.

Para o Delgado, a prevalência da norma coletiva sobre o legislado, em especial, naquilo que se estabelece como direito fundamental, deve respeitar os seguintes critérios:

a) Quando as normas autônomas juscoletivas implementam um padrão setorial de direitos superior ao padrão geral oriundo da legislação heterônoma aplicável;

b) Quando as normas autônomas juscoletivas transacionam setorialmente parcelas justrabalhistas de indisponibilidade apenas relativa (e não de indisponibilidade absoluta).

Ao se permitir que a negociação coletiva reduza ou suprima direitos mínimos estabelecidos em lei fere não somente o art. 7º da Constituição da República, como também as convenções internacionais da OIT (Organização Internacional do Trabalho) ns. 87 e 98 (liberdade de associação e negociação coletiva), o que enseja além da inconstitucionalidade, a inconvencionalidade da Lei n. 13.467 de 2017.

Num segundo e último momento, nota-se que, simultaneamente, a Lei n. 13.467 de 2017 flexibilizou, de modo inconstitucional, as normas de saúde, higiene e segurança do trabalhador, em afronta direta e literal ao art. 7º, XXII, da Constituição da República, já citado, e a Convenção n. 155 da OIT.

Conforme já dito, as normas de saúde, higiene e segurança do trabalhador constituem-se como de direito fundamental e, portanto, são regidas pelo princípio da imperatividade, de modo que é absolutamente inconstitucional qualquer tentativa de flexibilização dos direitos daí decorrentes, seja por norma coletiva ou contrato individual de trabalho.

Conclui-se, assim que a jornada de trabalho e, em especial, os intervalos, constituem-se como normas de saúde, higiene e segurança do trabalhador[25], já que estão diretamente ligados às doenças profissionais, ocupacionais e demais acidentes de trabalho provocados na pessoa humana envolta naquele contrato de trabalho e, portanto, são irrenunciáveis e inegociáveis para supressão ou redução de direitos mínimos já estabelecidos em lei.

4. CONSIDERAÇÕES FINAIS

Diante de tudo que fora analisado, relevante se faz à hermenêutica jurídica subsidiar o Poder Judiciário para a prevalência dos direitos humanos fundamentais em face das injustiças e agressões cometidas pela Lei n. 13.467,

---

(24) Consta menção no julgamento do RMS 23.452/RJ do Supremo Tribunal Federal.
(25) DELGADO, Mauricio Godinho; DELGADO, Gabriela Neves. *A reforma trabalhista no Brasil*: com os comentários à Lei n. 13.467/2017. São Paulo: LTr. 2017. p. 77-80.

de 13 de julho de 2017, quando da transgressão deliberada de normas constitucionais e internacionais de direitos humanos, em especial daquelas que norteiam o núcleo essencial de uma sociedade justa e solidária, o meio ambiente de trabalho que proteja a saúde, higiene e segurança dos seus trabalhadores, possibilitando-lhes o ápice da dignidade da pessoa humana.

As normas de saúde, higiene e segurança do trabalhador, conforme dito, são tipificadas como direitos fundamentais e, portanto, devem prevalecer, pelo princípio da proporcionalidade, aos interesses do capital privado para proteção, inclusive, da propriedade.

Neste ínterim, todas as questões que se refiram especificamente a jornada, em especial intervalo, não podem ser minimizadas ou extirpadas pelo legislador, o qual deve preservar a saúde, higiene e segurança em prol da sociedade, nem tampouco podem ser objeto de livre deliberação por norma coletiva ou contrato individual de trabalho, sob pena de se proteger o capital privado e ignorar a essência do Estado Democrático de Direito, qual seja, a dignidade da pessoa humana, o que enseja, assim, pela consideração de inconstitucionalidade e inconvencionalidade dos dispositivos que flexibilizem estas normas de proteção do trabalhador.

5. REFERÊNCIAS BIBLIOGRÁFICAS

BOBBIO, Norberto. *A era dos direitos*. Tradução Carlos Nelson Coutinho. Rio de Janeiro: Campus, 1992.

BONAVIDES, Paulo. *Teoria Constitucional da Democracia Participativa. Por um Direito Constitucional de luta e resistência. Por uma nova hermenêutica. Por uma repolitização da legitimidade.* São Paulo: Malheiros, 2001.

BRAGATO, Fernanda Frizzo. Uma crítica descolonial ao discurso eurocêntrico dos direitos humanos. In: LOPES, Ana Maria D'Ávila; MAUÉS, Antonio Moreira (Orgs). *A eficácia nacional e internacional dos direitos humanos.* Rio de Janeiro: Lumen Juris, 2013.

DELGADO, Mauricio Godinho. *Curso de direito do trabalho.* 14. ed. São Paulo: LTr, 2017.

_____; DELGADO, Gabriela Neves. *A reforma trabalhista no Brasil*: com os comentários à Lei n. 13.467/2017. São Paulo: LTr. 2017.

DIMOULIS, Dimitri; MARTINS, Leonardo. *Teoria geral dos direitos fundamentais.* São Paulo: RT, 2007.

DOUZINAS, Costas. *O fim dos Direitos Humanos.* São Leopoldo: Editora UNISINOS, 2009. (Cap. 13: Os direitos humanos do outro).

DUSSEL, Enrique. *Filosofia da libertação na América Latina.* São Paulo: Edições Loyola, 1977.

_____. *Ética da libertação na idade da globalização e da exclusão.* Petrópolis: Vozes, 2002.

FERNANDES, Fábio de Assis F. A Constituição de 1988 e o Meio Ambiente do Trabalho. O Princípio da Prevenção no Meio Ambiente do Trabalho. Ministério Público do Trabalho e o Licenciamento Ambiental. Estudo Prévio e Relatório de Impacto Ambiental. Audiência Pública. Cipa e os Programas de Prevenção e Controle da Saúde e Segurança do Trabalhador. *Revista do Ministério Público do Trabalho* n. 28, Brasília: LTr, 2004, p. 60.

FLORES, Alberto Vivar. *Antropologia da libertação latino americana.* São Paulo: Edições Paulinas, 1991.

GORZ, André. *Metamorfoses do trabalho*: crítica da razão econômica. Tradução de Ana Montoia. Anablumme, 2003.

GRUBBA, Leilane Serratine; CADEMARTORI, Luiz Henrique Urquhart. *Direitos humanos e direitos fundamentais*: convergências entre Joaquín Herrera Flores e Luigi Ferrajoli. Joaçaba: Espaço Jurídico, 2012.

HERRERA FLORES, Joaquín. *A reinvenção dos direitos humanos.* Tradução Carlos Roberto Diogo Garcia; Antonio Henrique Graciano Suxberger e Jefferson Aparecido Dias. Florianópolis: Fundação Boiteux, 2009.

MAMANI, Juan Ramos. *Novo constitucionalismo latino-americano*: o debate sobre novos sistemas de justiça, ativismo judicial e formação de juízes. Belo Horizonte: Arraes, 2014.

MARTINEZ, Luciano. *Curso de direito do trabalho.* 8. ed. São Paulo: Saraiva, 2018. p. 440

MAXIMILIANO, Carlos. *Hermenêutica e aplicação do direito.* 19. ed. Rio de Janeiro: Forense, 2006.

MELLO, Celso Antônio Bandeira. *Conteúdo jurídico do princípio da igualdade.* São Paulo: Malheiros Editores, 1999.

PADILHA, Norma Sueli. *Do meio ambiente do trabalho equilibrado.* São Paulo: LTr, 2002.

ROCHA, Cláudio Jannotti da; PORTO, Lorena Vasconcelos. *Trabalho*: diálogos e críticas. LTr, 2018.

RUIZ, Castro M. M. Bartolomé. Mimese, memória e violência: aberturas críticas para uma cultura dos direitos humanos. In: RODINO, Ana Maria; et al (Orgs). *Cultura e educação em direitos humanos na América Latina.* João Pessoa: Editora UFPB, 2014.

SÁNCHES RUBIO, Davi; FRUTOS, Juan Antonio Senent. *Teoría crítica Del Derecho*: Nuevos Horizontes. Aguascalientes, San Luis Potosí, San Cristóbal de Las Casas: Centro de Estudos Jurídicos y Sociales Mispat; Maestría en Derechos Humanos de la Universidad Autónoma de San Luis Potosí, 2013.

_____; HERRERA FLORES, Joaquín; CARVALO, Salo. *Direitos humanos e globalização*: Fundamentos e possibilidades desde a teoria crítica. Porto Alegre: EDIPUCRS, 2010.

SANTOS, Boaventura de Sousa. *Para uma revolução democrática da justiça.* São Paulo: Cortez, 2011.

_____. *A crítica da razão indolente*: contra o desperdício da experiência. São Paulo: Cortez, 2011.

_____. *Derechos humanos, democracia y desarrollo.* Bogotá: Centro de Estudios de Derecho, Justicia y Sociedad, Dejusticia, 2014.

SCOTT, Joan Wallach. *O enigma da igualdade.* Tradução. Florianópolis: Revista Estudos Feministas, 2005.

SILVA, José Afonso da. *Curso de direito constitucional positivo.* 28. ed. São Paulo: Malheiros, 2007.

_____. *O estado democrático de direito.* Disponível em <http://bibliotecadigital.fgv.br/ojs/index.php/rda/article/%20viewFile/45920/44126>. Acesso em: 30 maio 2018.

VALÉRIO, Juliana Herek. *Reforma trabalhista*: retrocesso em 20 pontos. Jota: 26 de abril de 2017. Disponível em: <https://jota.info/artigos/reforma-trabalhista-retrocesso-em-20-pontos-2604 2017>. Acesso em: 30 maio 2018.

WOLKMER, Antônio Carlos. *Pluralismo jurídico. Fundamentos de uma nova cultura no direito.* São Paulo: Alfa Ômega, 2001.

CAPÍTULO 16

BANCO DE HORAS: LIMITES CONSTITUCIONAIS À SUA UTILIZAÇÃO

Carolina Silva Silvino Assunção[1]

1. INTRODUÇÃO

A duração do trabalho e a contraprestação paga pelo tempo que o empregado se colocou à disposição do empregador são os parâmetros que delimitam o valor atribuído ao trabalho humano. A alteração desarmônica desses dois fatores é vedada pelo ordenamento jurídico pátrio por corresponder a violação a um dos fundamentos da República (art. 1º, IV, CR/1988).

Como forma de proteger o trabalho decente, a Constituição da República de 1988 estabeleceu critérios mínimos de jornada e de pagamento das horas extras (art. 7º, XIII e XVI, CR/1988) como forma de garantir saúde e segurança aos trabalhadores e de manter proporcionalidade entre jornada e salário, questão indispensável à manutenção do patamar civilizatório mínimo e à valorização do trabalho.

Apesar de proteger o trabalho humano em diversas facetas, o próprio texto constitucional possibilitou a flexibilização da duração do trabalho ao autorizar a compensação de horários e redução da jornada mediante acordo ou convenção coletiva de trabalho (art. 7º, XIII, CR/1988).

Segundo Konrad Saraiva Mota, "a distribuição compensatória da jornada de trabalho alinha-se ao modo de produção flexível, notadamente aquele disseminado a partir da década de 1970, mundialmente conhecido como *toyotismo*, vocábulo cunhado em referência à fábrica japonesa de automóveis Toyota Motors. No paradigma toyotista, a rigidez da jornada de trabalho destoa das premissas flexibilizatórias apregoadas. Haja vista a fórmula do estoque zero ou *just in time*, é preciso uma maleabilidade de horário para que a produção seja intensificada na mesma proporção da demanda, daí o encaixe perfeito entre o modelo toyotista e o regime de compensação de horário".[2]

A Carta Constitucional não tratou de fixar os parâmetros de compensação de jornada, ficando tal tarefa à cargo da legislação infraconstitucional. A figura do banco de horas não existia na redação originária da Consolidação das Leis do Trabalho. O art. 59, § 2º previa apenas a compensação de horários, dispensando o pagamento de horas extras caso, mediante acordo ou contrato coletivo, o excesso de horas de um dia fosse compensado em outro, respeitado o limite máximo de dez horas diárias e quarenta e quatro semanais[3].

---

(1) Mestranda em Direito das Relações Sociais e Trabalhistas pelo Centro Universitário do Distrito Federal (UDF). Pós-graduanda em Direito do Trabalho pela Fundação Getúlio Vargas (FGV). Especialista em Direito Material e Processual do Trabalho pela Faculdade Milton Campos. Graduada pela Faculdade de Direito Milton Campos. Membro do Grupo de Estudos "Constitucionalismo, Direito do Trabalho e Processo" do Centro Universitário do Distrito Federal (UDF). Membro da Oficina de Estudos Avançados "Interfaces entre o Processo Civil e o Processo do Trabalho" da FDMC/MG. Professora do curso de pós-graduação da Faculdade de Direito Milton Campos (FDMC/MG). Advogada.

(2) MOTA, Konrad Saraiva. Compensação de jornada e jornada flexível. In: *A reforma trabalhista e seus impactos*. MIESSA, Élisson; CORREIA, Henrique (Org.). Salvador: JusPodivm. 2017. p. 316.

(3) PEREIRA, Ricardo José Macedo de Britto. O banco de horas no contexto do trabalho socialmente protegido. In: *Como aplicar a CLT à luz da Constituição*: alternativas para os que militam no foro trabalhista. Obra em homenagem à Profa. Gabriela Neves Delgado. VIANA, Márcio Túlio; ROCHA, Cláudio Jannotti da (coords.). São Paulo: LTr, 2016. p. 354.

A inclusão da possibilidade de se firmar banco de horas se deu com a Lei n. 9.601/98, que modificou a redação do art. 59, § 2º da CLT para alterar o limite de compensação semanal para o período máximo de cento e vinte dias.

Segundo Homero Batista, "o objetivo era claramente a preservação do contrato de trabalho, sobretudo nas empresas que padecem, de forma mais acentuada, do fenômeno que os economistas denominam de sazonalidade, ou seja, intensa atividade em determinadas estações do ano (...). As estações podem ser as climáticas, como na indústria de produtos de inverno e verão, como podem ser as estações do consumismo como a indústria dos produtos natalinos, a indústria do Carnaval, dos brinquedos e dos chocolates, se bem que existe um grande exagero na afirmação de que esses segmentos não vendem nada foram dos momentos de pico, mas isso é outra história. Desse modo, anuiu o legislador com a ideia desses e de outros segmentos de aproveitar a mão de obra de forma intensa e acentuada, valendo-se integralmente da carga de dez horas do art. 59, § 2º, durante o ciclo produtivo e, depois, deixá-los "em casa", pagando, em qualquer hipótese, apenas o salário-base – na primeira etapa, o salário-base ficava aquém do que era devido, pois as horas suplementares são omitidas dos recibos, ao passo que na segunda etapa o salário-base mostra-se superior ao que era devido, pois o empregado está "em casa", "de folga"[4].

Em 2001, o Presidente da República editou a Medida Provisória n. 2.164/41 que elasteceu o período máximo de compensação para um ano. É necessário registrar que a referida medida provisória não perdeu sua vigência em razão do disposto no art. 2º da EC n. 32/2001.

A ordem adotada pelo constituinte para tratar das formas pelas quais seria possível a utilização de compensação de jornada ("acordo ou convenção coletiva") trouxe intenso debate na doutrina e na jurisprudência acerca da possibilidade de flexibilizar a jornada por meio de acordo individual[5].

Ao interpretar o ordenamento jurídico juslaboral no que diz respeito à compensação de jornada, o c. Tribunal Superior do Trabalho editou a Súmula n. 85:

COMPENSAÇÃO DE JORNADA (inserido o item VI) – Res. n. 209/2016, DEJT divulgado em 01, 02 e 03.06.2016
I. A compensação de jornada de trabalho deve ser ajustada por acordo individual escrito, acordo coletivo ou convenção coletiva. II. O acordo individual para compensação de horas é válido, salvo se houver norma coletiva em sentido contrário. III. O mero não atendimento das exigências legais para a compensação de jornada, inclusive quando encetada mediante acordo tácito, não implica a repetição do pagamento das horas excedentes à jornada normal diária, se não dilatada a jornada máxima semanal, sendo devido apenas o respectivo adicional. IV. A prestação de horas extras habituais descaracteriza o acordo de compensação de jornada. Nesta hipótese, as horas que ultrapassarem a jornada semanal normal deverão ser pagas como horas extraordinárias e, quanto àquelas destinadas à compensação, deverá ser pago a mais apenas o adicional por trabalho extraordinário. V. **As disposições contidas nesta súmula não se aplicam ao regime compensatório na modalidade "banco de horas", que somente pode ser instituído por negociação coletiva.** VI – Não é válido acordo de compensação de jornada em atividade insalubre, ainda que estipulado em norma coletiva, sem a necessária inspeção prévia e permissão da autoridade competente, na forma do art. 60 da CLT.

Da análise da referida Súmula observa-se que o Tribunal Superior do Trabalho considerou válido o acordo firmado de forma individual apenas para as compensações que ocorressem dentro do mesmo módulo semanal[6]. O entendimento exarado na súmula se harmoniza com o preceito constitucional que determina duração semanal máxima do trabalho de quarenta e quatro horas semanais.

Quanto ao banco de horas, a Súmula n. 85 demonstrou verdadeiro avanço em não admitir a sua realização por acordo individual. Como o banco de horas constituiu interferência excepcional ao regime de duração normal de trabalho e pagamento de salário correspondente, deve sua utilização se pautar pelo princípio da proporcionalidade. Sua adoção só se mostra legítima em contextos de dificuldade econômico-financeira e se não houver medida mais branda. Ainda nesses casos,

---

(4) SILVA, Homero Batista Mateus. *Curso de Direito do Trabalho Aplicado*. v. 2. Jornadas e Pausas. 3. ed. São Paulo: Revista dos Tribunais. 2015. p. 58.

(5) Art. 7º, XIII, CR/1988: duração do trabalho normal não superior a oito horas diárias e quarenta e quatro semanais, facultada a compensação de horários e a redução da jornada, **mediante acordo ou convenção coletiva de trabalho.**

(6) Extrai-se essa conclusão em razão de o entendimento consubstanciado na Súmula 85 determinar o pagamento do adicional de 50% caso a compensação não seja realizada no mesmo módulo semanal. Há que se ressaltar, contudo, a existência de julgamentos que admitem a compensação mensal.

é necessário garantir contrapartida aos trabalhadores, sob pena de se diminuir o valor social atribuído ao trabalho humano[7].

Por se tratar de medida que afeta substancialmente os direitos minimamente conferidos à proteção do trabalhador, considera-se correta a opção adotada pelo Tribunal Superior do Trabalho de que a instituição de banco de horas se dê com a participação do sindicato profissional, ente capaz de negociar com paridade de armas com o empregador[8].

A Lei n. 13.467/2017, que ficou conhecida como a lei que instituiu a reforma trabalhista, alterou novamente a redação do art. 59 da Consolidação das Leis do Trabalho para incluir a possibilidade de pactuação de banco de horas de período máximo de seis meses por acordo individual escrito. A partir da nova redação conferida ao texto celetista é possível extrair que permanece a possibilidade de se definir, mediante norma coletiva, banco de horas anual (art. 59, § 2º CLT), bem como há a possibilidade de pactuação de banco de banco de horas semestral se o empregador firmar acordo individual escrito com o empregado.

A lei da reforma trabalhista, ao incluir o § 6º ao art. 59, permitiu também que a compensação clássica de jornada se dê dentro do mesmo mês, podendo ser estabelecida por acordo individual tácito ou escrito[9]. Segundo Mauricio Godinho Delgado e Gabriela Neves Delgado, o regime compensatório clássico é benéfico[10] não apenas para o empregador, mas também, grande parte das vezes, para o empregado[11]. É de se ressaltar que, considerando que o pagamento do salário é, via de regra, feito de forma mensal (art. 459 CLT), não se verifica na hipótese desarmonia entre a duração do trabalho e a contraprestação pactuada de forma a configurar desvalorização do trabalho humano.

Além disso, o art. 611-A, II, CLT permitiu que os entes coletivos firmem acordo coletivo ou convenção coletiva de trabalho, que terá prevalência frente à legislação nacional, para dispor de modo diverso acerca do banco de horas anual. O parágrafo único do art. 611-B, por sua vez, em clara tentativa de alterar a natureza das coisas, declara que regras sobre duração do trabalho não são consideradas normas de saúde, higiene e segurança do trabalho.

É certo que as alterações perpetradas pela Lei n. 13.467/2017, no que diz respeito ao banco de horas, trazem certo estranhamento em razão de subverterem a lógica constitucional da necessidade de intervenção sindical em questões de ordem coletiva e em matérias que alteram o patamar civilizatório mínimo instituído pelo ordenamento jurídico brasileiro.

Este ensaio visa a analisar a constitucionalidade do banco de horas instituído por norma coletiva e aquele instituído de forma individual, tanto no aspecto da saúde e segurança do trabalhador quanto no que diz respeito ao valor social do trabalho.

2. O TRABALHO DIGNO COMO LIMITADOR DA INSTITUIÇÃO INDISCRIMINADA DO BANCO DE HORAS

O direito ao trabalho é considerado pela doutrina e pelas normas internacionais o direito social de maior importância porquanto é, além de direito subjetivo, ferramenta indispensável à concretização dos demais direitos humanos fundamentais. A fundamentalidade do direito ao trabalho é verificada por meio da leitura da Resolução n. 34/46 da Assembleia Geral da ONU: "(...) a fim de garantir cabalmente os direitos humanos e a plena dignidade pessoal, é necessário garantir o direito ao trabalho"[12].

---

(7) PEREIRA, Ricardo José Macedo de Britto. *Op. cit.*, p. 358.

(8) "Em face de o banco de horas (regime de compensação anual) não apresentar os aspectos favoráveis do regime de compensação clássico, considerou-se, no Direito brasileiro, razoável e proporcional que fosse pactuado necessariamente por instrumento negocial coletivo (CCT ou ACT), em vista das maiores garantias propiciadas por essas fontes normativas autônomas do Direito do Trabalho (Súmula n. 85, V, TST) In: DELGADO, Mauricio Godinho; DELGADO, Gabriela Neves. *A reforma trabalhista no Brasil com os comentários à Lei n. 13467/2017*. São Paulo: LTr, 2017. p. 130.

(9) Art. 59, § 6º: É lícito o regime de compensação de jornada estabelecido por acordo individual, tácito ou escrito, para a compensação no mesmo mês.

(10) Necessário salientar que os autores, apensar de entenderem ser benéfico o sistema de compensação mensal, não admitem que a pactuação entre empregado e empregador seja feita de forma tácita.

(11) DELGADO, Mauricio Godinho; DELGADO, Gabriela Neves. *A reforma trabalhista no Brasil com os comentários à Lei n. 1.3467/2017*. São Paulo: LTr, 2017. p 128.

(12) WANDELLI, Leonardo Vieira. O direito fundamental ao conteúdo próprio do trabalho: uma reconstrução normativa do direito ao trabalho In: *Constitucionalismo, trabalho, seguridade social e as reformas trabalhista e previdenciária*. MELO, Raimundo Simão; ROCHA, Cláudio Jannotti (Coords.). São Paulo: LTr, 2017. p. 231.

Nesse contexto, observa-se no plano internacional significativo acervo de normas que visam o reconhecimento e a implementação do trabalho digno e decente em todas as nações como meio de se alcançar a plena dignidade do homem, a justiça social e a paz universal[13]. A centralidade do trabalho é verificada na Declaração Universal dos Direitos Humanos (art. 23), no Pacto Internacional de Direitos Econômicos, Sociais e Culturais (PIDESC – art. 6º, 7º e 8º), no Protocolo de San Salvador (art. 6º), na Carta da Organização dos Estados Americanos (art. 45, b), na Constituição da Organização Internacional do Trabalho, em todas as Convenções e Recomendações da OIT e em diversos outros diplomas internacionais[14].

A constitucionalização dos direitos sociais se deu inicialmente com as Constituições Mexicanas (1917) e Alemã (1919), precursoras no processo de afirmação do Estado Social e de positivação nas Cartas dos países ocidentais dos direitos de segunda dimensão[15]. A inclusão desses direitos no rol dessas cartas, no entanto, se deu de forma tímida porquanto foram positivados em localização periférica, como se tratassem de verdadeiro apêndice do texto principal.

Os direitos humanos, inclusive os de índole social, só ganharam posição de destaque nas constituições ocidentais após o advento da 2ª grande Guerra Mundial, fato histórico que marcou o início do florescimento da filosofia pós-positivista.

A Constituição da República de 1988, fortemente influenciada pelos ideários de centralidade do ser humano na ordem jurídica, deu tratamento diferenciado ao direito ao trabalho, erigindo-o a direito fundamental e dando-o localização topográfica privilegiada como forma de evidenciar sua importância para a concretização do Estado Democrático de Direito. Além disso, estabeleceu a valorização do trabalho humano, ao lado da livre iniciativa, como elemento fundante da República (art. 1º, IV CR/1988).

No art. 7º, elencou diversas garantias que constituem parte do patamar civilizatório mínimo do cidadão trabalhador[16]. No inciso XIII trouxe proteção à jornada prevendo que a duração do trabalho normal não ultrapassaria oito horas diárias e quarenta e quatro semanais. Possibilitou, contudo, sua flexibilização ao permitir compensação de horários e redução de jornada "mediante acordo ou convenção coletiva de trabalho".

A jornada, juntamente com o salário estipulado, são os elementos balizadores para se aferir a medida de troca da força de trabalho. É por meio desses fatores que se verifica o valor dado ao trabalho humano. Por tal razão, a compensação de jornada deve ser analisada com parcimônia, porquanto sua alteração sem o correspondente aumento no fator salário (art. 7º, XVI, CR/1988), implica em desequilíbrio do caráter sinalagmático do contrato e em desvalorização do trabalho humano, o que vai de encontro aos valores do Estado Democrático de Direito.

A despeito de prever a possibilidade de se adotar flexibilização da jornada, a Constituição da República não disciplinou o formato do sistema de compensação, haja vista não ter regulamentado em quais contextos a distribuição das horas de trabalho pode ser realizada. Preferiu o constituinte deixar a cargo da legislação infraconstitucional e da jurisprudência a sedimentação das possibilidades de compensação.

Apesar de a Carta Maior não trazer as balizas para a adoção da compensação, é certo que o comando constitucional de flexibilização da jornada não se configura como carta branca para o exercício da autonomia da vontade dos atores sociais. A implementação de modalidades de compensação de jornada fica condicionada à concretização do trabalho digno e decente em razão de o conjunto normativo constitucional expressar nítido compromisso com um modelo de trabalho socialmente protegido[17].

É de se observar que a flexibilização de jornada autorizada pelo texto constitucional deve ser interpretada e harmonizada com os demais direitos fundamentais. Verifica-se que o constituinte também conferiu aos

---

(13) Nesse sentido é o preambulo da Constituição da Organização Internacional do Trabalho.

(14) WANDELLI, Leonardo Vieira, op. cit., p. 232.

(15) DELGADO, Mauricio Godinho; DELGADO, Gabriela Neves. As normas internacionais de direitos humanos e a lei da reforma trabalhista no Brasil. In: *Constitucionalismo, trabalho, seguridade social e as reformas trabalhista e previdenciária*. MELO, Raimundo Simão; ROCHA, Cláudio Jannotti (Coords.). São Paulo: LTr, 2017. p. 208.

(16) De acordo com Mauricio Godinho Delgado e Gabriela Neves Delgado o patamar civilizatório mínimo não é composto apenas pelas normas constitucionais, mas também pelas normas internacionais vigorantes no âmbito interno do país e pelas normas federais trabalhistas em vigência. DELGADO, Mauricio Godinho; DELGADO, Gabriela Neves, op. cit., p. 207.

(17) PEREIRA, Ricardo José Macedo de Britto. O banco de horas no contexto do trabalho socialmente protegido. In: *Como aplicar a CLT à luz da Constituição*: alternativas para os que militam no foto trabalhista. Obra em homenagem à Profa. Gabriela Neves Delgado. VIANA, Márcio Túlio; ROCHA, Cláudio Jannotti da (Coords.). São Paulo: LTr, 2016. p. 354.

trabalhadores a garantia da redução dos riscos inerentes ao trabalho por meio de normas de saúde, higiene e segurança (art. 7º, XXII CR/1988).

Nesse contexto, pode-se afirmar que a compensação de jornada encontra limites constitucionais. Além da necessidade de se observar as normas de saúde e segurança do trabalho, deve a flexibilização autorizada no texto constitucional ser considerada medida excepcional que se justifica apenas em situações pontuais e para se evitar medidas mais drásticas como, por exemplo, a demissão em massa.

De todos os regimes de compensação de jornada admitidos pela legislação infraconstitucional e pela jurisprudência nacional, o banco de horas é, sem dúvidas, o que mais rompe a rigidez da duração do trabalho tradicionalmente implantada pelo direito brasileiro[18].

Ricardo José Macedo de Britto Pereira critica o elastecimento do banco de horas pelo período de um ano, operado pela Medida Provisória n. 2.164-21/2001, sob o argumento de que ele é incompatível com a limitação à flexibilização do direito do trabalho a situações excepcionais e provisórias[19].

A instituição de banco de horas por período de um ano, que permite ao empregador apropriar do tempo livre do empregado de acordo com as necessidades do empreendimento, rompe com o caráter sinalagmático do contrato de trabalho e transfere ao trabalhador parte dos riscos do empreendimento, subvertendo o princípio da alteridade e o caráter forfetário da contraprestação.

A possibilidade de estabelecimento de outros limites para o banco de horas por meio convenção ou acordo coletivo de trabalho (art. 611-A, II, CLT) traz ainda maiores preocupações que acendem o alerta para os limites constitucionais da negociação coletiva nesse aspecto.

Além disso, a autorização para prestação de horas extras de forma habitual, sem a correspondente compensação dentro do mesmo módulo semanal ou mensal, implica em ofensa à saúde do trabalhador por prejudicar o tempo de descanso assegurado pela carta constitucional[20], que é imprescindível para o reestabelecimento de suas forças e para o gozo do direito à desconexão.

A Constituição da República, ao prever no inciso XIII do art. 7º a necessidade de acordo ou convenção coletiva para a compensação da jornada consagrou a opção pela democratização das relações de trabalho ao retirar poder unilateral dos empresários e transferi-lo para o âmbito da deliberação com a participação de todos os interessados, por meio da atuação dos sindicatos profissionais[21]. A opção do legislador reformista pela adoção do banco de horas individual (art. 59, § 2º, CLT) se mostra, portanto, contrária à ordem constitucional.

Observa-se assim que, para que o banco de horas seja considerado medida de compensação afinada aos preceitos constitucionais, é necessário que não prejudique a saúde do trabalhador e que seja adotado em situações excepcionais nas quais a compensação se mostra mais vantajosa do que outras medidas. Além disso, como se verá adiante, a autorização do banco de horas semestral por acordo individual viola o comando constitucional de valorização do trabalho humano decente.

3. BALIZAS À CONSTITUCIONALIDADE DO BANCO DE HORAS FIRMADO PELA VIA COLETIVA

A limitação da jornada de trabalho foi um dos primeiros direitos conquistados pela classe trabalhadora[22]. A conquista desse direito deu-se na conturbada transição do Século XIX para o Século XX, no contexto das insurgências desencadeadas como resposta à desigualdade social proporcionada pelos exageros do modelo de produção adotado à época, que caracterizou-se pela excessiva exploração dos trabalhadores[23].

Trata-se de direito diretamente relacionado à saúde e segurança do trabalho e que é indispensável à concretização da dignidade humana. Em razão da sua fundamentalidade, foi densificado em normas

---

(18) MOTA, Konrad Saraiva. Compensação de jornada e jornada flexível. In: *A reforma trabalhista e seus impactos*. MIESSA, Élisson; CORREIA, Henrique (Org.). Salvador: JusPodivm, 2017. p. 316.

(19) PEREIRA, Ricardo José Macedo de Britto, *op. cit.*, p. 357.

(20) É certo que, ao estabelecer jornada máxima de oito horas e quarenta e quatro semanais, a Constituição da República garantiu aos trabalhadores as demais horas do dia e da semana como tempo de descanso.

(21) PEREIRA, Ricardo José Macedo de Britto, *op. cit.*, p. 357.

(22) A importância da limitação da jornada é tamanha que foi o tema escolhido pela Organização Internacional do Trabalho para figurar na primeira Convenção da Instituição – Convenção n. 1 da OIT.

(23) DARONCHO, Leomar; MESQUITA, Rodrigo Assis. Trabalho, tempo, saúde e jabuticabeira In: *Reforma trabalhista na visão dos procuradores do trabalho*. Salvador: JusPodivm, 2018. p. 192.

internacionais[24], constitucionais e na legislação infraconstitucional.

No plano constitucional, fixou-se jornada de oito horas e quarenta e quatro horas semanais (art. 7º, XIII CR/1988). No plano infraconstitucional, autorizou-se a prorrogação da jornada para até dez horas (art. 59 CLT). Como forma de desestimular o empregador a requerer dos seus empregados o trabalho extraordinário, fixou o constituinte remuneração superior em no mínimo cinquenta por centro para o trabalho nesse período (art. 7º, XVI CR/1988).

Atualmente existem diversas evidências científicas que demonstram que o trabalho extraordinário é prejudicial à saúde humana[25]. Segundo Sebastião Geraldo de Oliveira, "os estudos aprofundados dos fisiologistas, ergonomistas, psicólogos, médicos do trabalho e outros profissionais têm servido para respaldar os fundamentos científicos da tendência mundial de redução da jornada de trabalho. Todavia, não adianta limitar a duração da jornada, sem controlar, com rigor, o trabalho extraordinário. A simples oneração do valor da hora extra não tem sido suficiente para desestimular a sua prática"[26].

A opção do legislador brasileiro pela monetização dos riscos à saúde é bastante criticada pela doutrina[27]. A figura do banco de horas, no entanto, se mostra ainda mais perversa porquanto retira o desestímulo adotado pelo constituinte para evitar que o empregador opte pelo trabalho extraordinário.

Com efeito, ao adotar o sistema de banco de horas, o empregador passa a controlar o tempo livre do empregado, exigindo trabalho extra sem que isso traga repercussões negativas em seu fluxo de caixa.

Pelo contrário.

A adoção do sistema de banco de horas promove verdadeiro benefício econômico ao empregador em detrimento do direito do empregado de gozar do seu tempo livre à sua maneira.

Como bem pontua Homero Batista, "(...) a outra crítica, talvez a mais contundente, é a insistência do legislador de autorizar a compensação no regime de banco de horas à razão de uma hora de descanso para cada uma hora extra: ora, se o pagamento da hora extra é à razão de 1,5 hora, também a compensação deveria ser de uma hora e meia para cada uma hora de sobretempo (...). Essa explicação sobre o custo mais barato das horas extras a serem compensadas em banco de horas justifica por que as empresas tendem a adotá-lo, mesmo sem sazonalidade, picos de produção ou atividades capazes de ensejar oscilação brusca de demanda (...)"[28]

Observa-se que a opção pelo banco de horas se mostra como verdadeira estratégia empresarial de redução de custos de mão de obra. Ao passo que essa modalidade de compensação de jornada afigura como vantajosa ao empregador, ela se desnuda como medida extremamente prejudicial ao trabalhador, haja vista que, além de retirar do seu campo de autonomia a escolha de como gozar do seu tempo livre, sequer lhe remunera pelo trabalho extraordinário prestado.

Verifica-se, portanto, que a utilização indiscriminada do banco de horas, sem que haja alguma condição fática específica que autorize sua adoção como medida capaz de evitar consequências mais drásticas à classe trabalhadora, caracteriza violação à determinação constitucional de progressiva valorização do trabalho humano por imputar ao trabalhador condição de trabalho que, além de ser mais prejudicial à sua saúde, prejudica o equilíbrio entre a vida profissional e a vida pessoal e familiar.

4. INCONSTITUCIONALIDADE DO BANCO DE HORAS FIRMADO EM ACORDO INDIVIDUAL

A ordem adotada pelo constituinte para tratar das formas pelas quais seria possível a utilização de compensação de jornada ("acordo ou convenção coletiva"), trouxe intenso debate na doutrina e na jurisprudência acerca da possibilidade de flexibilizar a duração do trabalho por meio de acordo individual[29].

---

(24) Cita-se, como exemplo, a Convenção n. 155 da OIT, que dispõe sobre Segurança e Saúde dos Trabalhadores, e a A Declaração Universal dos Direitos Humanos, que reconhece que todo ser humano tem direito ao trabalho em condições favoráveis.

(25) OLIVEIRA, Sebastião Geraldo de. *Proteção jurídica à saúde do trabalhador*. 6. ed. São Paulo: LTr, 2011. p. 175.

(26) OLIVEIRA, Sebastião Geraldo de. *op. cit.*, p. 177.

(27) "Pela análise do Direito do Trabalho comparado, observa-se que o legislador adotou três estratégias básicas diante dos agentes agressivos: a) aumentar a remuneração para compensar o maior desgaste do trabalhador (monetização do risco); b) proibir o trabalho; c) reduzir a duração da jornada. A primeira alternativa é a mais cômoda e a menos aceitável. (...) Por um erro de perspectiva, o Brasil preferiu a primeira opção desde 1940 e, pior ainda, insiste em mantê-la, quando praticamente o mundo inteiro já mudou de estratégia." OLIVEIRA, Sebastião Geraldo de. *op. cit.*, p. 154.

(28) SILVA, Homero Batista Mateus da. *Comentários à reforma trabalhista*. São Paulo: Revista dos Tribunais, 2017. p. 42.

(29) Art. 7º, XIII, CR/1988: duração do trabalho normal não superior a oito horas diárias e quarenta e quatro semanais, facultada a compensação de horários e a redução da jornada, **mediante acordo ou convenção coletiva de trabalho**.

Conforme já exposto acima, o c. Tribunal Superior do Trabalho, ao interpretar as normas concernentes à duração do trabalho, estabeleceu a necessidade de o banco de horas ser estabelecido mediante negociação coletiva em razão das maiores garantias propiciadas por essas fontes normativas autônomas do Direito do Trabalho[30].

A Lei n. 13.467/2017, que elencou como uma das principais razões para a sua edição a necessidade de se privilegiar a negociação coletiva, expressão da vontade dos atores sociais, se contradisse em retirar algumas atribuições antes conferidas apenas aos entes coletivos e alocá-las no âmbito da autonomia da vontade individual.

Conforme aduz Fábio Túlio Barroso, "é justamente no contexto de descaracterização do conteúdo mínimo do Direito do Trabalho e suas condições de inserção do trabalhador na dinâmica da sociedade capitalista que vários artigos da CLT foram modificados e outros criados pela Lei n. 13.467/2017, impondo um modelo contratualista pleno entre sujeitos de integral desigualdade, um retorno à autonomia liberal de suposta igualdade material, como elemento de "liberdade das relações" e "modernização da legislação:, sendo estes epítetos alguns que justificaram e brandaram os motivos para implementar a reforma, além da suposta criação de postos de trabalho"[31].

A flexibilização encampada pelo art. 59, § 5º da Consolidação das Leis do Trabalho não se justifica. Não é razoável e nem mesmo proporcional a restrição da intervenção coletiva em tema de interesse de toda a categoria[32]. O art. 7º, XIII da Constituição da República deve ser interpretado de forma a se extrair sua máxima efetividade. A interpretação do dispositivo que mais se coaduna com o ideário do constituinte de se estabelecer no país o trabalho digno e decente é de que a flexibilização de jornada deve ser, via de regra, realizada mediante a presença do ente coletivo profissional.

Conforme lições de Mauricio Godinho Delgado e Gabriela Neves Delgado, a determinação constitucional somente pode ser atenuada em relação ao regime compensatório clássico, por ser ele, de maneira geral, benéfico ao trabalhador[33]. Além disso, é necessário registrar que o regime de compensação clássico não desequilibra a necessária harmonia que deve existir entre a duração do trabalho e o salário pago ao trabalhador para que não se restrinja o patamar já alcançado de valorização do trabalho humano.

Como bem apontam os autores: "Ora, como o banco de horas não ostenta, efetivamente, a mesma qualidade benéfica – ao invés, pode permitir que o indivíduo labore por quase um ano em sobrejornada, sem qualquer pagamento! – é natural que seja ela pactuado exclusivamente por negociação coletiva trabalhista"[34].

A Constituição da República de 1988, através da redação conferida ao *caput* do art. 7º, não admite a redução do patamar civilizatório mínimo do trabalhador pela via do direito individual do trabalho. O constituinte apenas permitiu a flexibilização de alguns direitos conferidos, por meio da atuação dos entes coletivos, que, analisando as particularidades do caso concreto, conferem concessões que irão beneficiar, em última análise, uma coletividade de trabalhadores[35].

A participação do sindicato na instituição do banco de horas se mostra, portanto, fundamental porquanto o referido ente estabelecerá limites mais compatíveis com a medida excepcional do banco de horas, autorizando sua utilização apenas em situações de demonstrada baixa produtividade. Além disso, terá o ente coletivo a possibilidade de estabelecer garantias para que os trabalhadores sejam prejudicados o menos possível[36].

A autorização legislativa que autoriza o estabelecimento desse modelo prejudicial de compensação de jornada por acordo individual desconsidera a desigualdade material naturalmente existente entre empregador e trabalhador, impondo modelo contratualista

---

(30) DELGADO, Mauricio Godinho; DELGADO, Gabriela Neves. *Op. cit.*, p. 130.
(31) BARROSO, Fábio Túlio. Potencialização da autonomia da vontade individual na reforma trabalhista: restrições estruturais e constitucionais In: *Constitucionalismo, trabalho, seguridade social e as reformas trabalhista e previdenciária*. MELO, Raimundo Simão; ROCHA, Cláudio Jannotti (Coords.). São Paulo: LTr. 2017. p. 247.
(32) DELGADO, Mauricio Godinho; DELGADO, Gabriela Neves. *Op. cit.*, p. 130.
(33) *Ibidem*.
(34) *Ibidem*.
(35) A redução de direitos pela via da negociação coletiva somente é admitida como medida excepcional e quando se mostrar necessária para se assegurar direitos, ainda que menores, a um número maior de trabalhadores. Observa-se assim ser condicionante da validade do instrumento negocial a existência de efetivas transações. A instituição do banco de horas, por exemplo, só poderia ser admitida para se evitar mal maior, tal como a dispensa de trabalhadores em situações de crise em que se observa baixa produtividade.
(36) PEREIRA, Ricardo José Macedo de Britto, *op. cit.*, p. 357.

eminentemente civilista que, ao contrário do universo do trabalho, garante a plena autonomia privada sob o pressuposto de que os entes contratantes estão em pleno gozo de suas liberdades.

A Lei n. 13.467/2017, de maneira absolutamente questionável sob o ponto de vista da sua constitucionalidade, estabeleceu patamares mínimos para que o empregado negocie diretamente com o seu empregador (art. 444, parágrafo único)[37]. O legislador fundamentou sua opção sob a justificativa de que tais empregados têm subordinação mais rarefeita, o que lhe permite negociar em pé de igualdade com o empregador.

Por outro lado, em clara contradição, deixou totalmente ao alvedrio das partes o pacto de banco de horas semestral, possibilitando o estabelecimento pacto por qualquer empregado, independentemente do grau de subordinação a que está submetido.

Verifica-se, portanto, que a opção adotada pelo legislador, além de violar diretamente o art. 7º, XIII da Constituição da República, vai de encontro ao princípio da proteção, princípio esse que constitui a base estruturante do Direito do Trabalho.

5. CONCLUSÃO

Para que se garanta o trabalho decente e a constante valorização do labor humano, é necessário que se mantenha afinada harmonização entre a contraprestação estipulada entre as partes e a duração do trabalho.

O banco de horas firmado por negociação coletiva não pode ser usado de forma indiscriminada, porquanto sua adoção se deve dar apenas como medida capaz de evitar consequências mais drásticas à classe trabalhadora.

A opção do legislador reformista pela possibilidade de se pactuar banco de horas por acordo individual coletivo não é compatível com a atual ordem constitucional. O art. 7º, XIII da Constituição da República deve ser interpretado de forma a se extrair sua máxima efetividade. A interpretação do dispositivo que mais se coaduna com o ideário do constituinte de se estabelecer no país o trabalho digno e decente é de que a flexibilização de jornada deve ser, via de regra, realizada mediante a presença do ente coletivo profissional.

6. REFERÊNCIAS BIBLIOGRÁFICAS

BARROSO, Fábio Túlio. Potencialização da autonomia da vontade individual na reforma trabalhista: restrições estruturais e constitucionais In: *Constitucionalismo, trabalho, seguridade social e as reformas trabalhista e previdenciária.* MELO, Raimundo Simão; ROCHA, Cláudio Jannotti (Coords.). São Paulo: LTr. 2017.

DARONCHO, Leomar; MESQUITA, Rodrigo Assis. Trabalho, tempo, saúde e jabuticabeira. In: *Reforma trabalhista na visão dos procuradores do trabalho.* Salvador: JusPodivm, 2018.

DELGADO, Mauricio Godinho; DELGADO, Gabriela Neves. As normas internacionais de direitos humanos e a lei da reforma trabalhista no Brasil. In: *Constitucionalismo, trabalho, seguridade social e as reformas trabalhista e previdenciária.* MELO, Raimundo Simão; ROCHA, Cláudio Jannotti (Coords.). São Paulo: LTr. 2017.

_____; DELGADO, Gabriela Neves. *A reforma trabalhista no Brasil com os comentários à Lei n. 13.467/2017.* São Paulo: LTr. 2017.

MOTA, Konrad Saraiva. Compensação de jornada e jornada flexível In: *A reforma trabalhista e seus impactos.* MIESSA, Élisson; CORREIA, Henrique (Org.). Salvador: JusPodivm, 2017.

OLIVEIRA, Sebastião Geraldo de. *Proteção jurídica à saúde do trabalhador.* 6. edição. São Paulo: LTr. 2011.

PEREIRA, Ricardo José Macedo de Britto. O banco de horas no contexto do trabalho socialmente protegido. In: *Como aplicar a CLT à luz da Constituição: alternativas para os que militam no foto trabalhista.* Obra em homenagem à Profa. Gabriela Neves Delgado. VIANA, Márcio Túlio; ROCHA, Cláudio Jannotti da (Coords.). São Paulo: LTr. 2016.

SILVA, Homero Batista Mateus da. *Comentários à reforma trabalhista.* São Paulo: Revista dos Tribunais, 2017.

_____. *Curso de direito do trabalho aplicado.* v. 2. Jornadas e Pausas. 3. ed. São Paulo: Revista dos Tribunais, 2015.

WANDELLI, Leonardo Vieira. O direito fundamental ao conteúdo próprio do trabalho: uma reconstrução normativa do direito ao trabalho. In: *Constitucionalismo, trabalho, seguridade social e as reformas trabalhista e previdenciária.* MELO, Raimundo Simão; ROCHA, Cláudio Jannotti (Coords.). São Paulo: LTr, 2017.

---

(37) Art. 444, parágrafo único: A livre estipulação a que se refere o *caput* deste artigo aplica-se às hipóteses previstas no art. 611-A desta Consolidação, com a mesma eficácia legal e preponderância sobre os instrumentos coletivos, **no caso de empregado portador de diploma de nível superior e que perceba salário mensal igual ou superior a duas vezes o limite máximo dos benefícios do Regime Geral de Previdência Social.**

CAPÍTULO 17

O DIREITO HUMANO FUNDAMENTAL DE LIBERDADE RELIGIOSA E O PODER DIRETIVO DO EMPREGADOR: INCLUSÃO, DISCRIMINAÇÃO E A JURISPRUDÊNCIA

Moara Silva Vaz de Lima[1]

1. INTRODUÇÃO

Os direitos humanos fundamentais têm como centro a garantia da dignidade da pessoa humana. Mesmo em meio a inúmeras diferenças sociais, culturais e religiosas é o respeito à dignidade que possibilita ao indivíduo inserção social. Em outras palavras, assegurar dignidade também é assegurar igualdade.

A dignidade da pessoa humana perpassa diferentes aspectos da vida, entre eles as crenças e convicções religiosas de cada indivíduo. O ser humano existe e vive em função de suas (não)crenças e visão de mundo.

As crenças religiosas, via de regra, exercem influência em todos aspectos da vida do indivíduo refletindo em suas atitudes na esfera individual (forma de se vestir ou comer), convivência familiar (dogmas sobre perpetuidade ou não dos laços matrimoniais), social (dever em relação ao próximo e em relação à sociedade) e trabalho (limites de exploração da mão de obra, tempo de descanso, atividades lícitas).

O mundo globalizado e multicultural é chamado a viver em harmonia com uma infinidade de convicções religiosas, visões de mundo e ideologias. Nesse contexto formam-se maiorias e minorias que, em boa medida, defendem crenças que se opõem, porém, cada crença é fundamental para seu grupo e para cada um desses grupos a vida digna somente existe quando resguardado o exercício dessas crenças fundamentais.

A história comprova que a consolidação das maiorias e minorias religiosas ocorre de forma dinâmica no tempo e no espaço. Sendo assim, é primordial o entendimento que a garantia de liberdade religiosa é causa que une todas as crenças, assegurando o direito de liberdade de crença independente dos ventos do poder das maiorias.

O ápice da proteção à liberdade de crença (que ainda é insuficiente) ocorreu com a transição do Estado confessional ao Estado laico, que apesar de não estar atrelado a nenhuma concepção religiosa, garante a liberdade dos seus tutelados de ter ou não religião, empenhando sua força para evitar tratamento segregador ou discriminatório em função do exercício desse direito.

O direito de liberdade religiosa, por sua natureza, não é direito humano fundamental apenas da classe trabalhadora e sim de todo indivíduo. O presente artigo visa analisar os limites do poder diretivo do empregador ao restringir o direito fundamental de liberdade de crença do empregado e trazer exemplos de como a jurisprudência trabalhista tem lidado com a matéria.

Sendo assim, o principal foco da análise do presente artigo se dará na perspectiva das minorias religiosas que, por se diferenciarem do padrão uniforme das maiorias, acabam por sofrer restrições em virtude da simbiose existente na dinâmica laboral com a cosmovisão majoritária.

2. OS DIREITOS HUMANOS FUNDAMENTAIS E A

---

(1) Mestranda em Direitos das Relações Sociais e Trabalhistas pelo Centro Universitário do Distrito Federal (UDF). Pesquisadora do Grupo de Pesquisa: Constitucionalismo, Direito do Trabalho e Processo, do UDF. Advogada e Orientadora do Núcleo de Prática Jurídica Trabalhista do UniCeub.

LIBERDADE RELIGIOSA

Diferentes autores destacam que o estudo dos direitos humanos não é tarefa fácil. Nesse sentido é o posicionamento da professora Gabriela Neves Delgado ao constatar que "a formulação teórica sobre os Direitos Humanos é tarefa vasta e complexa, que exige do interprete a sistematização de seus principais aspectos e prismas a partir de perspectivas diferenciadas de ordem filosófica, internacional e constitucional."[2]

Em primeiro lugar, importa esclarecer a diferença entre direitos humanos e direitos fundamentais.

Os direitos humanos são aqueles direitos que visam proteger a dignidade da pessoa humana na ordem internacional.[3] Por sua vez, os direitos fundamentais, em regra, são aqueles direitos garantidos no âmbito internacional positivados na ordem constitucional interna de cada país.[4] No entanto, essa lógica nem sempre é verdadeira, tendo em vista que algumas constituições, como a Constituição Brasileira de 1988, excedem e muito o rol de direitos humanos consagrado na ordem internacional, ampliando a sua proteção.

A expressão "direitos humanos fundamentais" abarca os dois termos anteriores e, segundo os ensinamentos de Alexandre de Moraes, constituem:

> O conjunto institucionalizado de direitos e garantias do ser humano que tem por finalidade básica o respeito a sua dignidade, por meio de sua proteção contra o arbítrio do poder estatal e o estabelecimento de condições mínimas de vida e desenvolvimento da personalidade humana pode ser definido como direitos humanos fundamentais.[5]

O autor ainda acrescenta que esses direitos "colocam-se como uma das previsões absolutamente necessárias a todas as Constituições, no sentido de consagrar o respeito à dignidade humana, garantir a limitação de poder e visar ao pleno desenvolvimento da personalidade humana."[6]

Esses direitos, por serem essenciais à vida digna, possuem características próprias e se consagram como direitos imprescritíveis, inalienáveis, irrenunciáveis, invioláveis, universais, efetivos, interdependentes e complementares.[7]

Por sua vez, o direito de liberdade religiosa não esteve desde sempre garantido, ao contrário, passou por longo período de não reconhecimento no qual se perpetuaram graves violações. Na preciosa lição da professora Flávia Piovesan, a história testemunha "que as mais graves violações aos direitos humanos tiveram como fundamento a dicotomia do "eu *versus* o outro", em que a diversidade era cooptada como elemento para aniquilar direitos." [8]

O direito humano fundamental de liberdade religiosa vigora tanto no ordenamento jurídico nacional como internacional. A Declaração Universal de Direitos Humanos o consagra em seu art. 18:

> Art. 18. Todo homem tem direito à liberdade de pensamento, consciência e religião; este direito inclui a liberdade de mudar de religião ou crença e a liberdade de manifestar essa religião ou crença pelo ensino, pela prática, pelo culto e pela observância isolada ou coletivamente, em público ou em particular.[9]

A referida garantia é reafirmada e ampliada na Resolução n. 35/55, chamada Declaração sobre a eliminação de todas as formas de intolerância e discriminação baseadas em religião ou crença:

> Art. 2º
>
> § 1º Ninguém será objeto de discriminação por motivos de religião ou convicções por parte de nenhum Estado, instituição, grupo de pessoas ou particulares.
>
> § 2º Aos efeitos da presente declaração, entende-se por "intolerância e discriminação baseadas na religião ou nas convicções" toda a distinção, exclusão, restrição ou preferência fundada na religião ou nas convicções e cujo fim

---

(2) DELGADO, Mauricio Godinho; DELGADO, Gabriela Neves. *A reforma trabalhista no Brasil:* com os comentários à Lei n. 13.467/2017. São Paulo: LTr, 2017. p. 61.

(3) MORAES, Alexandre de. *Direitos humanos fundamentais.* 9. ed. São Paulo: Atlas, 2011. p. 20. Nota 05.

(4) SARLET, Ingo Wolfgang. *A eficácia dos direitos fundamentais.* 6. ed. Porto Alegre: Livraria do Advogado, 2006. p. 36.

(5) MORAES, Alexandre de. *Direitos Humanos Fundamentais:* teoria geral, comentários aos arts. 1º a 5º da Constituição da República Federativa do Brasil, doutrina e jurisprudência. 9. ed. São Paulo: Atlas, 2011. p. 20.

(6) *Ibidem*, p. 2.

(7) *Ibidem*, p. 22

(8) PIOVESAN, Flávia. *Temas de direitos humanos.* 8. ed. São Paulo: Saraiva, 2015. p. 327.

(9) *Declaração Universal dos Direitos Humanos.* Disponível em: <https://www.unicef.org/brazil/pt/resources_10133.htm>. Acesso em: 17 jun. 2018.

ou efeito seja a abolição ou o fim do reconhecimento, o gozo e o exercício em igualdade dos direitos humanos e das liberdades fundamentais."

(...)

Art. 6º (...) O direito à liberdade de pensamento, consciência, religião ou crença incluirá as seguintes liberdades:

(...)

h) A de observar dias de descanso e de comemorar festividades e cerimônias de acordo com os preceitos de uma religião ou convicção.[10]

No mesmo sentido, a Convenção Americana sobre Direitos Humanos, que integra o ordenamento jurídico nacional por força do no § 2º, do art. 5º, da CF/88 e do Decreto n. 678/92, estabelece:

Art. 12. Liberdade de Consciência e de Religião

(...)

2. Ninguém pode ser objeto de medidas restritivas que possam limitar sua liberdade de conservar sua religião ou suas crenças, ou de mudar de religião ou de crenças.

Art. 26. Todas as pessoas são iguais perante a lei e têm direito, sem discriminação alguma, a igual proteção da lei. A este respeito, deverá proibir qualquer forma de discriminação e garantir a todas as pessoas proteção igual e eficaz contra qualquer discriminação por motivo de raça, cor, sexo, língua, religião, opinião política ou de outra natureza, origem nacional ou social, situação econômica, nascimento ou qualquer opinião.

A Conferência Geral da Organização Internacional do Trabalho, em sua Declaração dos fins e objetivos da Organização Internacional do Trabalho e dos princípios (Declaração de Filadélfia), em que se deveria inspirar a política dos seus Membros consignou:

II – a) todos os seres humanos, qualquer que seja a sua raça, a sua crença ou o seu sexo, têm o direito de efetuar o seu progresso material e o seu desenvolvimento espiritual em liberdade e com dignidade, com segurança econômica e com oportunidades iguais;[11]

De igual modo a Constituição Federal consagra no art. 5º, incisos VI e VIII:

Art. 5º Todos são iguais perante a lei, sem distinção de qualquer natureza, garantindo-se aos brasileiros e aos estrangeiros residentes no País a inviolabilidade do direito à vida, à liberdade, à igualdade, à segurança e à propriedade, nos termos seguintes:

VI – é inviolável a liberdade de consciência e de crença, sendo assegurado o livre exercício dos cultos religiosos e garantida, na forma da lei, a proteção aos locais de culto e a suas liturgias;

VIII – ninguém será privado de direitos por motivo de crença religiosa ou de convicção filosófica ou política, salvo se as invocar para eximir-se de obrigação legal a todos imposta e recusar-se a cumprir prestação alternativa, fixada em lei;[12]

A Consolidação das Leis Trabalhistas, em seu novel art. 501-B, incluído pela Lei n. 13.467/2017, também prevê mecanismo interno de proteção contra a discriminação religiosa:

Art. 510-B. A comissão de representantes dos empregados terá as seguintes atribuições:

(...)

V – assegurar tratamento justo e imparcial aos empregados, impedindo qualquer forma de discriminação por motivo de sexo, idade, religião, opinião política ou atuação sindical;

Porém, apesar de toda essa proteção legal e a despeito de estarmos em um Estado Democrático de Direito, que eleva a liberdade religiosa a patamar de direito fundamental, nos deparamos com violações, na maioria das vezes, veladas e disfarçadas – diluídas nas convicções e percepção de mundo da maioria – mas com poder de devastar a dignidade humana e gerar imensurável sofrimento. Na lúcida visão de Bruno Miragem, ao tratar sobre o pleno exercício do direito Humano Fundamental de Liberdade Religiosa:

ainda são identificados aspectos que traduzem um impedimento ao seu pleno exercício, não mais pela negação expressa da possibilidade de uma nova religião, senão por obstáculos estabelecidos por força de normas jurídicas restritivas ou costumes sociais que, a rigor, restringem a diversidade religiosa.[13]

---

(10) Declaração sobre a eliminação de todas as formas de intolerância e discriminação baseadas em religião ou crença. Disponível em; <http://www2.camara.leg.br/atividade-legislativa/comissoes/comissoes-permanentes/cdhm/comite-brasileiro-de-direitos-humanos-e-politica-externa/DecElimFormIntDisc.html> Acesso em: 16 jun. 2018.

(11) OIT. *Declaração relativa aos fins e objetivos da Organização Internacional do Trabalho*. Disponível em: <https://www.dgert.gov.pt/declaracao-de-filadelfia>: Acesso em: 17 jun. 2018.

(12) BRASIL. Constituição (1988). *Constituição da República Federativa do Brasil*. Brasília, DF

(13) MIRAGEM, Bruno. Direito à diferença e autonomia: proteção da diversidade no direito privado em relação ao exercício individual das liberdades sexual e religiosa. In: FERRAZ, Carolina Valença; SALOMÃO, Glauber (Coords.). *Direito à diversidade*. São Paulo: Atlas, 2015. p. 82.

A religião, as crenças, não crenças ou a cosmovisão de uma pessoa perpassam todos os prismas da existência humana, pois é a partir desse ponto de vista que o indivíduo irá se relacionar consigo e com o outro. Em outras palavras, determinada crença pode ser a norma de regência que pauta a forma de o indivíduo se alimentar, vestir, casar, trabalhar e se relacionar com o próximo.

No entanto, essa garantia fundamental, como todas as outras, não é ilimitada e pode sofrer restrições ao entrar em conflito com outras garantias.

Os direitos e garantias fundamentais consagrados pela Constituição Federal, portanto, não são ilimitados, uma vez que encontrar seus limites dos demais direitos igualmente consagrados pela Carta Magna (Princípio da relatividade ou convivência das liberdades públicas).

Dessa forma, quando houver conflito entre dois ou mais direitos ou garantias fundamentais, o intérprete deve utilizar-se do princípio da concordância prática ou da harmonização, de forma a coordenar e combinar os bens jurídicos em conflito, evitando o sacrifício total de uns em relação aos outros, realizando uma redução proporcional do âmbito de alcance de cada qual (contradição dos princípios), sempre em busca do verdadeiro significado da norma e da harmonia do texto constitucional com suas finalidades precípuas.[14]

O direito de liberdade de crença de um empregado pode limitar o poder diretivo do empregador? Como a jurisprudência tem harmonizado o exercício desses direitos quando entram em conflito? Deve prevalecer a dignidade ou o poder econômico?

3. LIBERDADE RELIGIOSA E PODER DIRETIVO: INCLUSÃO, DISCRIMINAÇÃO E A JURISPRUDÊNCIA

Como bem defende a professora Flávia Piovesan, "A ética emancipatória dos direitos humanos demanda transformação social, a fim de que cada pessoa possa exercer, em sua plenitude, suas potencialidades, sem violência e discriminação."[15]

O direito de liberdade religiosa, balizado no princípio da igualdade e da dignidade da pessoa humana, inclui a liberdade de crer, de não crer, de mudar de crença e de manifestar essa crença por meio de cultos e liturgias[16]. A liberdade de religião possibilita a cada um ser aquilo que é sem sofrer qualquer tipo de restrição por esse motivo, pois como explica o professor Boaventura de Souza Santos, "temos o direito a ser iguais quando a nossa diferença nos inferioriza; e temos o direito a ser diferentes quando a nossa igualdade nos descaracteriza."[17]

Porém, como já foi destacado, o Direito de Liberdade Religiosa ou de Liberdade de Crença não é ilimitado e pode sofrer restrições quando colidir com outro direito fundamental. No entanto, é absolutamente necessário destacar que no contexto laboral é inegável, como destaca a professora Alice Monteiro de Barros, "o estado de inferioridade em que se encontra o indivíduo que aspira a um trabalho e as oportunidades que o empregador tem de violar seu direito à intimidade"[18] ou qualquer outro direito fundamental.

Apesar de a referida violação ser de difícil comprovação por parte do empregado, a pluralidade religiosa e cultural, principalmente nos grandes centros urbanos[19], tem ocasionado recorrentes situações de discriminação religiosa.

A despeito de perguntas sobre convicção religiosa serem consideradas discriminatórias, a discriminação religiosa frequentemente ocorre em situação pré-contratual nos processos seletivos de contratação e entrevistas de emprego, quando o candidato é indiretamente questionado sobre tais aspectos ou analisado em função de suas vestimentas e aparência. Na posição da Professora Alice Monteiro de Barros, o candidato não

---

(14) MORAES, Alexandre de. *Direitos Humanos Fundamentais:* teoria geral, comentários aos arts. 1º a 5º da Constituição da República Federativa do Brasil, doutrina e jurisprudência. 9. ed. São Paulo: Atlas, 2011. p. 27.

(15) PIOVESAN, Flávia. *Temas de direitos humanos.* 8. ed. São Paulo: Saraiva, 2015. p. 326.

(16) BELMONTE, Alexandre Agra. *A tutela das liberdades nas relações de trabalho:* limites e reparação das ofensas às liberdades de consciência, crença, comunicação, manifestação do pensamento, expressão, locomoção, circulação, informação, sindical e sexual do trabalhador. São Paulo: LTr, 2013. p. 21.

(17) SANTOS, Boaventura de Sousa. *Reconhecer para libertar:* os caminhos do cosmopolitanismo multicultural. Introdução: para ampliar o cânone do reconhecimento, da diferença e da igualdade. Rio de Janeiro: Civilização Brasileira, 2003. p. 56.

(18) BARROS, Alice Monteiro. *Proteção à intimidade do empregado.* São Paulo: LTr, 1997. p. 66.

(19) Cf. IBGE. "Os resultados do Censo Demográfico 2010 mostram o crescimento da diversidade dos grupos religiosos no Brasil, revelando uma maior pluralidade nas áreas mais urbanizadas e populosas do País". Censo Demográfico 2010. Características gerais da população, religião e pessoas com deficiência. Disponível em: <https://biblioteca.ibge.gov.br/visualizacao/periodicos/94/cd_2010_religiao_deficiencia.pdf>. Acesso em: 17 jun. 2018.

é obrigado a prestar informações dessa ordem caso seja indagado.[20]

Estudos realizados pelo Secretaria de Estado de Assistência Social e Direitos Humanos (SEASDH), do Rio de Janeiro, demonstram que no Brasil referido tipo de discriminação ocorre principalmente em relação aos trabalhadores que adotam religiões de matriz africana e trabalhadoras muçulmanas que acabam sendo contratados apenas para funções sem interação pessoal com o público, ocupando principalmente os postos de atendentes de telemarketing[21], perpetrando verdadeira discriminação religiosa de viés estético. Citada conduta não contribui para a diminuição do preconceito, pois priva a sociedade de conviver e interagir com esses grupos minoritários.

Na jurisprudência nacional, caso similar foi enfrentado pelo Tribunal Regional do Trabalho da 17ª Região, que entendeu não haver violação à liberdade religiosa da empregada obrigada a usar maquiagem para interagir com o público. O Tribunal optou por reformar a sentença e fazer prevalecer o poder diretivo do empregador, decisão ementada da seguinte forma:

DANOS MORAIS – INEXISTÊNCIA – SE NÃO HAVIA NENHUMA INTERFERÊNCIA NA LIBERDADE DE CULTO, GARANTIDO CONSTITUCIONALMENTE, NÃO HÁ FALAR-SE EM DOR MORAL PASSÍVEL DE INDENIZAÇÃO PELO SIMPLES FATO DE O EMPREGADOR EXIGIR DE SEUS EMPREGADOS QUE LIDAM COM O PÚBLICO O USO DE MAQUIAGEM PARA UMA BOA APRESENTAÇÃO. (ACÓRDÃO – TRT 17ª REGIÃO – 01723.2005.010.17.00.3, RELATORA JUÍZA ANABELLA ALMEIDA GONÇALVES, D.O. 06.09.2006.)[22]

Patente o caso de discriminação religiosa, pois algumas religiões, como no caso da reclamante, vedam a utilização de adornos e maquiagens, como também a discriminação estética vinculada ao gênero, já que para uma boa apresentação do funcionário masculino nada se exige.

A não utilização de maquiagem por parte de empregada de uma loja de departamento seria adequação mínima do empregador, que sequer acarretaria ônus econômico à empresa. Por outro lado, obrigar a empregada a escolher entre o trabalho e a obediência, sua convicção religiosa a coloca em situação de extrema vulnerabilidade e violação do seu direito de crença. O posicionamento do Tribunal sequer levou em consideração que o não uso de maquiagem é expressão da convicção religiosa da reclamante ao afirmar que "não existe violação ao direito de culto" e que a não utilização da maquiagem não inviabilizaria ou prejudicaria a atividade da empresa, que sequer atuava no ramo de vendas de maquiagem. [23]

Matéria similar foi enfrentada pelo Tribunal Europeu de Direitos Humanos que em primeira análise consolidou entendimento no sentido que a vedação de utilização de símbolos religiosos por parte do empregador deveria ser fundamentada em regras de segurança ou regras sanitárias. No emblemático caso *Eweida v United Kingdom*, a trabalhadora, aeromoça, foi solicitada a não usar um crucifixo de forma ostensiva, pois a conduta era vedada pelo regulamento interno da empresa. A Corte Europeia entendeu pela configuração de discriminação religiosa e salientou que a empresa permitia o uso de turbante ou véu a outros funcionários e que o uso do crucifixo era ato discreto sem o condão de atrapalhar a formação da identidade visual da empresa, que deveria fazer a adequação para salvaguardar o direito da trabalhadora de expressar sua crença religiosa.[24]

---

(20) BARROS, Alice Monteiro. *Proteção à intimidade do empregado*. São Paulo: LTr, 1997. p. 107.

(21) MOREIRA, Mariana. *Intolerância religiosa reduz chances no mercado de trabalho*. Extra Globo. Disponível em: <https://extra.globo.com/emprego/intolerancia-religiosa-reduz-chances-no-mercado-de-trabalho-15876508.html>. Acesso em: 17 jun. 2018.

(22) TRT 17ª Região. ACÓRDÃO – RO – 01723.2005.010.17.00.3. Disponível em: <http://www.trtes.jus.br/principal/publicacoes/leitor/471205141?formato=pdf>. Acesso em: 17 jun. 2018.

(23) Cf. "A interferência da empregadora (ou da tomadora) na aparência física do empregado apenas se justifica em casos restritos, em que determinada condição do indivíduo seja capaz de interferir substancialmente no desempenho de sua função no trabalho. Não é esse o caso dos autos. Não é justificável que, para exercer a função de porteiro da biblioteca da Universidade, o empregado seja proibido de usar cavanhaque." Relatoria de MAURO CÉSAR SILVA. TRT 3ª Região. ACÓRDÃO-01419-2012-071-03-00-1-RO. Disponível em: <http://as1.trt3.jus.br/consulta/detalheProcesso1_0.htm>. Acesso em: 17 jun. 2018.

(24) European Court of Human Rights. *Eweida and others v. the United Kingdom*. 48420/10 36516/10 51671/10 59842/10 – HEJUD <2013> ECHR 37: 15 Janeiro de 2013 – "It is clear, In: the view of the Court, that these factors combined to mitigate the extent of the interference suffered by the applicant and must be taken into account. Moreover, In: weighing the proportionality of the measures taken by a private company In: respect of its employee, the national authorities, In: particular the courts, operate withIn: a margIn: of appreciation. Nonetheless, the Court has reached the conclusion In: the present case that a fair balance was not struck. On one side of the scales was Ms Eweida's desire to manifest her religious belief. As previously noted, this is a fundamental right: because a healthy

Em caso semelhante, a requerente – enfermeira – alegava discriminação religiosa por ter sofrido penalização do empregador pelo uso do crucifixo. O Tribunal Europeu entendeu não haver conduta ilícita por parte da empregadora em função da vedação ser para qualquer adereço, religioso ou não, por força de normas sanitárias para prevenir infecções ou contaminações no ambiente hospitalar.(25)

Vale destacar a peculiaridade das organizações de tendência(26) que, como ensina a professora Alice Monteiro de Barros, demandam que *"a convicção política ou a fé religiosa do empregado"* esteja em *"consonância com a orientação ideológica e crença difundidas pela organização empregadora, sem que tal fato implique atentado a liberdade de consciência do trabalhador"*(27) e destaca:

> nas empresas de tendência os limites aos direitos fundamentais das pessoas são mais extensos, podendo ser afetados não só a liberdade matrimonial, mas também a liberdade religiosa a liberdade de opinião e a liberdade de expressão.(28)

Sendo assim, é entendimento majoritário que as organizações de tendência podem basear os processos de seleção e dispensa por critérios que envolvam as (não) convicções religiosas do candidato/empregado. Vale ressaltar que essa "discriminação" pode ocorrer apenas nas atividades essenciais ao desempenho das atividades da organização de tendência e não em atividade meio (limpeza e conservação, por exemplo).(29)

Nesse sentido, ensina a professora Rúbia Zanotelli Alvarenga, que o controle do empregador sobre a vida particular do empregado *"deve ser realizado de forma justificada e equilibrada, tendo-se em vista que a aplicação indiscriminada e absoluta de tal controle pode conduzir o trabalhador a uma inadmissível situação de sujeição permanente ao interesse contratual do empresário."*(30)

Por fim, temos o exemplo do choque entre o direito de liberdade religiosa e não discriminação em contraste com o poder diretivo do empregador nos casos em que o empregado tem a obrigatoriedade de descanso semanal nos dias de sábado.

Parte da doutrina defende que a recusa de trabalho em dias sagrados configura falta grave pelo empregado e que "outra seria a situação se o trabalho aos sábados constituísse uma novidade; nesse caso, o empregador deveria respeitar a religião do trabalhador."(31)

A jurisprudência nacional vai além e adota visão mais humanista no sentido de garantir a liberdade religiosa do empregado quando a dinâmica empresarial permitir a adequação do horário e/ou a compensação de jornada, reafirmando que a atividade empresarial não deve ser pautada exclusivamente pela visão econômica, mas que a empresa tem a função social e deve promover a proteção e inclusão das minorias. Nesse sentido, vale destacar partes das seguintes ementas:

CONFLITO DE NORMAS COM NATUREZA DE PRINCÍPIO – SOLUÇÃO PELO CRITÉRIO DO VALOR – TÉCNICA DA PONDERAÇÃO – LIBERDADE DE

---

democratic society needs to tolerate and sustaIn: pluralism and diversity; but also because of the value to an individual who has made religion a central tenet of his or her life to be able to communicate that belief to others. On the other side of the scales was the employer's wish to project a certaIn: corporate image. The Court considers that, while this aim was undoubtedly legitimate, the domestic courts accorded it too much weight. Ms Eweida's cross was discreet and cannot have detracted from her professional appearance. There was no evidence that the wearing of other, previously authorised, items of religious clothing, such as turbans and hijabs, by other employees, had any negative impact on British Airways' brand or image. Moreover, the fact that the company was able to amend the uniform code to allow for the visible wearing of religious symbolic jewellery demonstrates that the earlier prohibition was not of crucial importance.". Disponível em: <http://www.bailii.org/eu/cases/ECHR/2013/37.html>. Acesso em: 17 jun. 2018.

(25) BBC NEW. *Cross case nurse Shirley ChaplIn:* plans to appeal ruling. Disponível em: <https://www.bbc.com/news/uk-england-devon-21028691>. Acesso em: 17 jun. 2018.

(26) Cf. "Os empregadores de tendência ideológica são entidades empregadoras que, por sua própria natureza, possuem determinada e específica linha ideológica, filosófica ou religiosa. Incluem-se aí os sindicatos, os colégios religiosos, os partidos políticos, entre outros." In: ALVARENGA, Rúbia Zanotelli. *A liberdade religiosa e o empregador de tendência ideológica.* Disponível em: <http://facefaculdade.com.br/antigo/arquivos/revistas/LiberdadeReligiosa.pdf>: Acesso em: 17 de junho de 2018.

(27) BARROS, Alice Monteiro. *Proteção à intimidade do empregado.* São Paulo: LTr, 1997. p. 111.

(28) *Ibidem*, p. 111.

(29) *Ibidem*, p. 111.

(30) ALVARENGA, Rúbia Zanotelli. As limitações aos direitos Fundamentais Trabalhistas e o controle extralaboral realizado pelo empregador a vida privada do empregado. In: CALSING, Renata de Assim; ALVARENGA, Rúbia Zanotelli (Coords.). *Direitos Humanos e relações sociais trabalhistas.* São Paulo: LTr, 2017. p. 306.

(31) LAMARCA, Antônio. Manual das Justas Causas. p. 462. *Apud* BARROS, Alice Monteiro. *Proteção à intimidade do empregado.* São Paulo: LTr, 1997. p. 110.

RELIGIÃO E CRENÇA DO EMPREGADO DIANTE DO PODER DIRETIVO DO EMPREGADOR – SOLUÇÃO ÓTIMA SEM OFENSA A QUALQUER NORMA LEGAL OU CONSTITUCIONAL E SEM PROMOVER ALTERAÇÃO CONTRATUAL – Diferentemente das normas constitucionais com natureza de regra, que podem entrar em conflito, e cuja solução se perfaz pelo critério da validade (tudo ou nada), as normas constitucionais com natureza de princípio não entram em conflito, pela singela razão de que um princípio jamais invalida outro. Pelo contrário, convivem de modo harmônico, em nome da unidade da Constituição. Princípios, por conterem mandados de otimização, permitem o balanceamento de valores e interesses, conforme seu peso e a ponderação de outros princípios eventualmente em colisão, de sorte que cada um deles deve ceder proporcionalmente, com o mínimo de sacrifício, a fim de manter-se a integridade da Constituição como um todo. Isto porque eles não se dobram à lógica do tudo ou nada. Eles podem perfeitamente recuar, cada qual em proporção razoável, no caso concreto, sem que se declare inválido um ou outro, de maneira que o conflito se resolve, não no âmbito da validade, mas ao contrário, na dimensão do valor proporcional, segundo a técnica da ponderação de bens e interesses envolvidos. Assim, no caso concreto, diante da colisão entre o poder diretivo do empregador – Que embora não seja expresso no texto constitucional, deflui logicamente dos postulados da livre iniciativa (art. 1º, IV), do direito de propriedade (art. 5º, XXII) e da livre concorrência (art. 170, IV) – E o fundamental direito de liberdade de crença religiosa do empregado, expresso no art. 5º VI, deve prevalecer este último, devendo, portanto, recuar proporcionalmente o poder diretivo do empregador; Sem que isso implique alteração contratual, porque não se está negando o poder diretivo que tem o empregador de fixar o horário do labor de emergência em fim de semana. Apenas se está compatibilizando tal horário com o mencionado direito fundamental do obreiro. (...) (TRT 21ª R. – RO 51400-80.2009.5.21.0017 – (99.077) – Rel. Carlos Newton Pinto – DJe 05.01.2011)[32]

RECURSO DE REVISTA. EMPRESA PÚBLICA. DISPENSA DISCRIMINATÓRIA. CUNHO RELIGIOSO. CARACTERIZAÇÃO. REINTEGRAÇÃO. RECURSO MAL APARELHADO. 1. O egrégio Tribunal Regional consignou que a reclamante teria sido vítima de discriminação religiosa, sendo que a sua "despedida sem justa causa", assim denominada pelo empregador, teria ocorrido, na verdade, de forma arbitrária, ilegal e discriminatória. Explicou que, após o ingresso da autora nos quadros da reclamada em 07.05.2010, "Cientificada de que a reclamante possuía como imperativo de consciência a guarda do sétimo dia da semana, por professar a fé Adventista do Sétimo Dia, desde outubro/2006, conforme Certificado de Batismo de fl. 28 e Declaração de fl. 60, a reclamada passou a inexigir (sic) o seu labor aos sábados, consoante documentos de fls. 26/27 e 30", sendo que "A sua dispensa imotivada se deu em 25.07.2011 (fl. 108), 'por não possuir disponibilidade de horário para atender às necessidades do setor, e tendo em vista que não há outra vaga compatível para remanejamento'. Acrescentou que "não restou evidenciada nos autos a real necessidade da Administração Pública em relação ao trabalho da obreira aos sábados, e tampouco os eventuais prejuízos causados com a manutenção de suas atividades, deixando a ré de comprovar, ainda, a inexistência de vagas compatíveis para o respectivo remanejamento. Registrou que "caberia à empregadora demonstrar que a dispensa foi determinada por motivo outro, que não a circunstância de ordem religiosa ora retratada, ônus do qual não desincumbiu nos termos do art. 333, II do CPC c/c art. 818 da CLT". Em razão disso, considerou nula a dispensa imotivada da reclamante e determinou a reintegração da autora no emprego. 2. Violação do art. 173, § 1º, II, da Constituição Federal e contrariedade à Orientação Jurisprudencial n. 247 da SBDI-1 do TST não demonstradas, porque nada dispõem acerca da reintegração ao emprego fundada em ocorrência de dispensa discriminatória. Recurso de revista não conhecido. (RR – 745-84.2011.5.03.0066, Relator Ministro: Hugo Carlos Scheuermann, Data de Julgamento: 10.05.2017, 1ª Turma, Data de Publicação: DEJT 19.05.2017)[33]

RECURSO DE REVISTA. PRETENSÃO DO RECLAMANTE DE NÃO TRABALHAR AOS SÁBADOS EM RAZÃO DE PROFESSAR A RELIGIÃO ADVENTISTA. 1. O e. TRT da 21ª Região manteve a condenação da Reclamada a "fixar o repouso semanal remunerado do Reclamante das 17:30 horas da sexta-feira às 17:30 horas do sábado, com anotação na CTPS", tendo em vista que o Reclamante é adventista. 2. A Reclamada aponta inúmeras inconstitucionalidades em tal decisão, basicamente por não haver lei que ampare a pretensão e porque seu eventual acolhimento prejudicaria a organização de escala de plantões de eletricistas nos finais de semana. 3. Realmente, conforme doutrina de Hermenêutica hoje majoritariamente aceita, o conflito aparente entre princípios constitucionais (diferentemente do que se dá entre meras regras do ordenamento) resolve-se por meio da busca ponderada de um núcleo essencial de cada um deles, destinada a assegurar que nenhum seja inteiramente excluído daquela determinada relação jurídica. 4. Ora, no presente caso, mesmo que por absurdo se considere que o poder diretivo do empregador seja não

---

(32) TRT 21ª Região. Acórdão – RO 51400-80.2009.5.21.0017. Disponível em: <http://www.trt21.jus.br/Asp/Online/I2_DetalheProcesso.asp?ID_PROCESSO=132173&Instancia=0>. Acesso em: 17 jun. 2018.

(33) TST. Acórdão – RR – 745-84.2011.5.03.0066. Disponível em: <http://aplicacao4.tst.jus.br/consultaProcessual/resumoForm.do?consulta=1&numeroInt=159290&anoInt=2012>. Acesso em: 17 jun. 2018.

uma simples contrapartida ontológica e procedimental da assunção dos riscos da atividade econômica pelo empregador, mas sim um desdobramento do princípio da livre iniciativa com o mesmo *status* constitucional que a cláusula pétrea da liberdade de crença religiosa, ainda assim não haveria como reformar-se o v. acórdão recorrido. 5. Isso porque a pretensão deduzida pelo Reclamante de não trabalhar aos sábados é perfeitamente compatível com a faceta organizacional do poder diretivo da Reclamada: afinal, o e. TRT da 21ª Região chegou até mesmo a registrar a localidade em que o Reclamante poderia fazer os plantões de finais de semana (a saber, escala entre as 17:30h de sábado e as 17:30h do domingo, no Posto de Atendimento de Caicó-RN), sendo certo que contra esse fundamento a Reclamada nada alega na revista ora *sub judice*. 6. Tem-se, portanto, que, conforme brilhantemente destacado pelo i. Juízo *a quo*, a procedência da pretensão permite a aplicação ponderada de ambos os princípios em conflito aparente. 7. Já a improcedência da pretensão levaria ao resultado oposto: redundaria não apenas na impossibilidade de o Reclamante continuar a prestar serviços à Reclamada – posto que as faltas ocorridas em todos os sábados desde 2008 certamente implicariam alguma das condutas tipificadas no art. 482 da CLT – e na consequente privação de direitos por motivo de crença religiosa de que trata a parte inicial do art. 5º, VIII, da Constituição Federal de 1988; como também, de quebra, na afronta também à parte final daquele mesmo dispositivo, já que a obrigação a todos imposta pelos arts. 7º, XV, da Constituição e 1º da Lei n. 605/49 é apenas de trabalhar no máximo seis dias por semana, e não de trabalhar aos sábados. 8. Por outro lado, para ser considerada verdadeira, a extraordinária alegação de que a vedação de trabalho do Reclamante aos sábados poderia vir a colocar em xeque o fornecimento de energia elétrica no Estado do Rio Grande do Norte demandaria prova robusta, que não foi produzida – ou pelo menos sobre ela não se manifestou o i. Juízo *a quo*, o que dá na mesma, tendo em vista a Súmula n. 126 do TST. 9. Incólumes, portanto, os arts. 468 da CLT, 1º, IV, *in fine*, 5º, II, VI e XXII, 7º, XV, 170, IV, e 175 da Constituição Federal de 1988. Recurso de revista não conhecido. (RR – 51400-80.2009.5.21.0017, Relator Ministro: Hugo Carlos Scheuermann, Data de Julgamento: 24.06.2015, 1ª Turma, Data de Publicação: DEJT 30.06.2015)[34]

A valorização e proteção da diversidade é essência do Estado Democrático de Direito, sendo dever do Estado, inclusive *"combater não apenas leis discriminatórias, mas também práticas discriminatórias. Para tanto, essenciais mostram-se as políticas estatais voltadas a propiciar a transformação cultural e a mudança de práticas discriminatórias."*[35] Nos casos supramencionados, em vista da possibilidade de compatibilização da crença religiosa do empregado com o horário de funcionamento da empresa, é dever do empregador ajustar o horário de trabalho para respeitar o período sagrado de descanso do empregado.

4. CONSIDERAÇÕES FINAIS

Como escreveu o autor irlandês C. S Lewis, no famoso conto infantil conhecido como As Crônicas de Nárnia, "o que você ouve e vê depende do lugar em que se coloca, como depende também de quem você é"[36]. Talvez o autor tenha colocado a referida afirmação em um livro infantil por ser um pressuposto básico e de fácil entendimento ou mesmo porque queria incutir nas jovens mentes a empatia que os "adultos" esquecem ou fazem questão de ignorar.

As crenças religiosas do trabalhador não devem ser empecilho para sua contratação e nem para a manutenção do contrato de trabalho. Na existência de choque entre o exercício da liberdade religiosa e o poder diretivo do empregador, deve o empregador optar pela compatibilização da garantia de liberdade religiosa com a dinâmica empresarial a fim de tentar ao máximo promover a inclusão do empregado e evitar contribuir para a segregação de determinado grupo religioso. Essa compatibilização deve respeitar os limites do possível e não podem inviabilizar a atividade empresarial ou colocar outras pessoas em situação de risco ou ameaça a outro direito fundamental (como no caso da enfermeira que pretendia usar crucifixo mesmo contra as normas de sanitárias hospitalares).

Nas palavras do professor Boaventura de Souza Santos "temos direitos a ser iguais quando a nossa diferença nos inferioriza: e temos o direito a ser diferentes quando a nossa igualdade nos descaracteriza. Daí a necessidade de uma igualdade que reconheça as diferenças e de uma diferença que não produza, alimente ou reproduza as desigualdades"[37].

---

(34) TST. Acórdão – RR – 51400-80.2009.5.21.0017. Disponível em: <http://aplicacao4.tst.jus.br/consultaProcessual/resumoForm.do?consulta=1&numeroInt=127804&anoInt=2011>. Acesso em: 17 jun. 2018.

(35) PIOVESAN, Flávia. *Temas de direitos humanos*. 8. ed. São Paulo: Saraiva, 2015. p. 325.

(36) LEWIS, CLIVE STAPLES LEWIS. O sobrinho do mago. In: *As Crônicas de Nárnia*. São Paulo. 2011. p. 69.

(37) SANTOS, Boaventura de Souza. *Reconhecer para libertar: os caminhos do cosmopolitanismo multicultural*. Rio de Janeiro: Civilização Brasileira, 2003, p. 56. *Apud* PIOVESAN, Flávia. *Temas de direitos humanos*. 8. ed. São Paulo: Saraiva, 2015. p. 330.

Enxergar o outro e respeitar aquilo que ele valoriza como essencial é o caminho para encontrar a harmonia entre liberdade religiosa e poder diretivo. Os ganhos advindos do esforço empresarial para manter e proteger um empregado nessa situação refletem valorização pela dignidade dos empregados e consequentemente na formação de uma sociedade mais fraterna e igual.

5. REFERÊNCIAS BIBLIOGRÁFICAS

ALVARENGA, Rúbia Zanotelli. As limitações aos direitos Fundamentais Trabalhistas e o controle extralaboral realizado pelo empregador a vida privada do empregado. In: CALSING, Renata de Assim; ALVARENGA, Rúbia Zanotelli (Coords.). *Direitos humanos e relações sociais trabalhistas.* São Paulo: LTr, 2017.

_____. *A liberdade religiosa e o empregador de tendência ideológica.* Disponível em: <http://facefaculdade.com.br/antigo/arquivos/revistas/LiberdadeReligiosa.pdf>: Acesso em: 17 jun. 2018.

BARROS, Alice Monteiro. *Proteção à intimidade do empregado.* São Paulo: LTr, 1997.

BBC NEW. *Cross case nurse Shirley ChaplIn:* plans to appeal ruling. Disponível em: <https://www.bbc.com/news/uk-england-devon-21028691>. Acesso em: 17 jun. 2018.

BELMONTE, Alexandre Agra. *A tutela das liberdades nas relações de trabalho:* limites e reparação das ofensas às liberdades de consciência, crença, comunicação, manifestação do pensamento, expressão, locomoção, circulação, informação, sindical e sexual do trabalhador. São Paulo: LTr, 2013.

BRASIL. Constituição (1988). *Constituição da República Federativa do Brasil.* Brasília, DF.

Declaração sobre a eliminação de todas as formas de intolerância e discriminação baseadas em religião ou crença. Disponível em: <http://www2.camara.leg.br/atividade-legislativa/comissoes/comissoes-permanentes/cdhm/comite-brasileiro-de-direitos-humanos-e-politica-externa/DecElimFormIntDisc.html>. Acesso em: 16 jun. 2018.

Declaração Universal dos Direitos Humanos. Disponível em: <https://www.unicef.org/brazil/pt/resources_10133.htm>. Acesso em: 17 jun. 2018.

DELGADO, Mauricio Godinho; DELGADO, Gabriela Neves. *A reforma trabalhista no Brasil:* com os comentários à Lei n. 13.467/2017. São Paulo: LTr, 2017.

European Court of Human Rights. *Eweida and others v. the United Kingdom.* 48420/10 36516/10 51671/10 59842/10 – HEJUD <2013> ECHR 37: 15 Janeiro de 2013. Disponível em: <http://www.bailii.org/eu/cases/ECHR/2013/37.html>. Acesso em: 17 jun. 2018.

LAMARCA, Antônio. Manual das Justas Causas. p. 462. *Apud* BARROS, Alice Monteiro. *Proteção à intimidade do empregado.* São Paulo: LTr, 1997.

LEWIS, Clive Staples. O sobrinho do mago. In: *As Crônicas de Nárnia.* São Paulo. 2011.

MIRAGEM, Bruno. Direito à diferença e autonomia: proteção da diversidade no direito privado em relação ao exercício individual das liberdades sexual e religiosa. In: FERRAZ, Carolina Valença; SALOMÃO, Glauber (Coords.). *Direito à diversidade.* São Paulo: Atlas, 2015.

MORAES, Alexandre de. *Direitos Humanos Fundamentais:* teoria geral, comentários aos arts. 1º a 5º da Constituição da Republica Federativa do Brasil, doutrina e jurisprudência. 9. ed. São Paulo: Atlas, 2011.

_____. *Direitos humanos fundamentais.* 9. ed. São Paulo: Atlas, 2011.

MOREIRA, Mariana. *Intolerância religiosa reduz chances no mercado de trabalho.* Extra Globo. Disponível em: <https://extra.globo.com/emprego/intolerancia-religiosa-reduz-chances-no-mercado-de-trabalho-15876508.html>. Acesso em: 17 jun. 2018.

OIT. *Declaração relativa aos fins e objetivos da Organização Internacional do Trabalho.* Disponível em: <https://www.dgert.gov.pt/declaracao-de-filadelfia>. Acesso em: 17 jun. 2018.

PIOVESAN, Flávia. *Temas de direitos humanos.* 8. ed. São Paulo: Saraiva, 2015.

SANTOS, Boaventura de Sousa. *Reconhecer para libertar:* os caminhos do cosmopolitanismo multicultural. Introdução: para ampliar o cânone do reconhecimento, da diferença e da igualdade. Rio de Janeiro: Civilização Brasileira, 2003.

_____. Reconhecer para libertar: os caminhos do cosmopolitanismo multicultural. Rio de Janeiro: Civilização Brasileira, 2003, p. 56. *Apud* PIOVESAN, Flávia. *Temas de direitos humanos.* 8. ed. São Paulo: Saraiva, 2015.

SARLET, Ingo Wolfgang. *A eficácia dos direitos fundamentais.* 6. ed. Porto Alegre: Livraria do Advogado, 2006.

TRT 17ª Região. ACÓRDÃO – RO – 01723.2005.010.17.00.3. Disponível em: <http://www.trtes.jus.br/principal/publicacoes/leitor/471205141?formato=pdf>. Acesso em: 17 jun. 2018.

TRT 21ª Região. Acórdão – RO 51400-80.2009.5.21.0017. Disponível em: <http://www.trt21.jus.br/Asp/Online/I2_DetalheProcesso.asp?ID_PROCESSO=132173&Instancia=0>. Acesso em: 17 jun. 2018.

TST. Acórdão – RR – 51400-80.2009.5.21.0017. Disponível em: <http://aplicacao4.tst.jus.br/consultaProcessual/resumoForm.do?consulta=1&numeroInt=127804&anoInt=2011>. Acesso em: 17 jun. 2018.

TST. Acórdão – RR – 745-84.2011.5.03.0066. Disponível em: <http://aplicacao4.tst.jus.br/consultaProcessual/resumoForm.do?consulta=1&numeroInt=159290&anoInt=2012>. Acesso em: 17 jun. 2018.

CAPÍTULO 18

A INSERÇÃO DO TRABALHADOR DEFICIENTE NO MERCADO DE TRABALHO COMO MEDIDA DE INCLUSÃO SOCIAL

Ana Paula Fleuri de Bastos[1]

> "Temos o direito de ser iguais quando a nossa diferença nos inferioriza; e temos o direito de ser diferentes quando a nossa igualdade nos descaracteriza. Daí a necessidade de uma igualdade que reconheça as diferenças e diferença de uma que não produza, alimente ou reproduza as desigualdades"
> (Boaventura de Souza Santos)

1. INTRODUÇÃO

A Constituição Federal, em seu art. 1º, assegura decisivamente a dignidade da pessoa humana, preceituando ainda em seu inciso IV, os valores sociais do trabalho. De tal modo, em seu Título II (Direitos e Garantias Fundamentais), especificamente no art. 5º, vem de modo taxativo estabelecer a igualdade de todo o cidadão. Já em seu art. 7º, inciso XXXI, traduz a proibição de qualquer discriminação no tocante a salário e critérios de admissão no caso de trabalhadores portadores de deficiência.[2]

O objetivo do presente artigo é entender de forma clara e concisa até que ponto o portador de deficiência encontra-se incluído no mercado de trabalho e de que forma as empresas se adequam às diversidades.

Dentro deste viés, o conceito de deficiente começa desde a antiguidade clássica, não sendo uma preocupação apenas da atualidade. A seguir uma evolução histórica, a priorização da dignidade da pessoa humana e, principalmente o papel social de inclusão, não apenas da forma literal da lei e sim nos moldes práticos de uma sociedade participativa e contributiva às diferenças sociais, é que se espera do Estado, por meio de ações positivas e o que se perquire também das empresas que detêm os mecanismos de adaptação do portador de deficiência, tanto no ambiente laboral quanto no ambiente social, vez que assim podemos falar do cumprimento do papel social.

A sociedade empresarial necessita ir além do categórico sistema de "cotas", para pautar no respeito, na aceitação e na inclusão meios de harmonia e qualidade do ambiente laboral. Dessa forma, desde a fase pré-contratual do portador de deficiência, deve prevalecer o respeito às diferenças de molde a equilibrar as relações de natureza prioritariamente essencial.

Ainda assim, sob a perspectiva do Estado Democrático de Direito, a Constituição Federal se concentra nos fundamentos do trabalho digno. Não há que se falar em dignidade se não há inclusão e aceitação das diferenças. Isso porque, com a evolução da sociedade, as necessidades vão se modificando, fazendo-se necessário significativo esforço da própria sociedade e do Estado, bem como da iniciativa privada nas adequações do trabalhador deficiente.

Certo é que a análise do direito fundamental ao trabalho se relaciona diretamente com a sucessão histórica de cada época, dada a característica da não linearidade, pautada nas limitações e progressões contínuas

---

[1] Mestranda em Relações Sociais e Trabalhistas pela UDF. Advogada. Professora em cursos de graduação e pós-graduação em Direito.

[2] Disponível em: <http://www.planalto.gov.br/ccivil_03/Constituicao/ConstituicaoCompilado.htm>.

provenientes da ação dos próprios sujeitos da história. Dito isso, factível afirmar que o processo de concretização do direito fundamental ao trabalho será sempre dinâmico e jamais pleno ou acabado, submetendo-se, seus significados e valores em normas jurídicas que se encontram em permanente movimento.[3]

A proteção ao portador de deficiência encontra-se no rol dos direitos fundamentais, vez que ainda deve ser preservada a cidadania, a dignidade da pessoa humana e o valor social do trabalho, devendo o Estado agir positivamente para o estabelecimento da garantia da igualdade de oportunidades, com a consequente inclusão social, equiparando assim o trabalhador deficiente às mesmas regras previstas na nossa legislação trabalhista vigente.

2. CONCEITO, EVOLUÇÃO E COMPREENSÃO HISTÓRICA

Tem-se a consciência de que, por óbvio, o conceito de deficiente não pode ser equiparado ao conceito de incapaz. De modo sucinto, o incapaz, via de regra, é restrito para realizar atividades normais e corriqueiras do ser humano. Contudo, tal conceito nem de longe se deve aplicar ao portador de deficiência.

A conceituação do que seja "deficiência" não é empreitada de pequena monta, embora o conceito, que encerra um determinado entendimento histórico da expressão, esteja espalhado em diversos diplomas e dispositivos que garantem, separadamente, inúmeros direitos.[4]

Nota-se que o Estatuto da Pessoa com Deficiência, em seu art. 2º, "considera-se pessoa com deficiência aquela que tem impedimento de longo prazo de natureza física, mental, intelectual ou sensorial, o qual, em interação com uma ou mais barreiras, pode obstruir sua participação plena e efetiva na sociedade em igualdade de condições com as demais pessoas."

Infelizmente, a discriminação caminhou e caminha junto com a sociedade humana. Analisando a evolução, verifica-se que diversas lutas pelos direitos mínimos foram realizadas e as limitações do ser humano próximo nunca foram facilmente aceitas pela sociedade.

A primeira fase, conhecida como primitiva, foi marcada pela Lei de XXII Tábuas, na Grécia, a qual compreendia a deficiência como um castigo divino. Segundo o pensador Aristóteles "deve haver uma lei que proíba alimentar toda criança disforme".[5]

Para Platão, na clássica obra *A República*, a sociedade deveria ser governada por filósofos esclarecidos, sendo que todos deviam cuidar do corpo através de ginástica, embora não deva ter-se a finalidade de torná-los atletas. Segundo este pensador, a alimentação será simples, cabendo à medicina o cuidado com os acidentes banais. Aos inválidos, por outro lado, não serão dados cuidados, vez que devem ser simplesmente abandonados.[6]

Nesse modelo, pode-se afirmar que na Idade Média (sec. V a XV), a criança nascida deficiente, era condenada, pois as anomalias eram diretamente ligadas a aspectos do misticismo. A Idade Moderna, a partir do século XV, já não mais interligava a deficiência com as crenças e culturas místicas, mas passava ao largo do que a sociedade deveria compreender no tocante às necessidades do deficiente.

A 2ª Guerra Mundial foi grande marco para o surgimento da preocupação com os deficientes, face ao excesso de quantidade de pessoas mutiladas em vista dos combates. Entre os anos de 1930 a 1945, iniciou-se uma participação mais efetiva no que tange à reabilitação, à educação e à reinserção, mas ainda um tanto quanto tímida. Assim, a partir do século XX nota-se maior evolução conceitual dos direitos de proteção ao deficiente e principalmente ao deficiente empregado.

3. PAPEL DAS ORGANIZAÇÕES INTERNACIONAIS NA PROTEÇÃO DOS DEFICIENTES E SEUS REFLEXOS NO BRASIL

A preocupação com a defesa dos direitos humanos não é recente. A Magna Carta de João Sem Terra deles tratou, como também o fizeram as Declarações da Independência dos EUA e a Francesa de Direitos do Homem e do Cidadão. Em 1948, foram consagrados internacionalmente com a Declaração das Nações Unidas, e tornados efetivamente obrigatórios a partir de 1966, com os Pactos Civis e Políticos e de Direitos Econômicos, Sociais e culturais.[7]

---

(3) DELGADO, Mauricio Godinho; DELGADO, Gabriela Neves. *Constituição da República e direitos fundamentais*. 4. ed. São Paulo: LTr, 2017. p. 59-60.
(4) MAUSS, Adriano; COSTA, José Ricardo Caetano. *Aposentadoria especial dos deficientes*. 4. ed. São Paulo: LTr, 2018. p. 30.
(5) Apud ARISTÓTELES. *A política*. São Paulo: Martin Claret, 1988. p. 153.
(6) MAUSS, Adriano; COSTA, José Ricardo Caetano. *Aposentadoria especial dos deficientes*. 4. ed. São Paulo: LTr, 2018. p. 24.
(7) FILHO, Georgenor de Sousa Franco. *Curso de direito do trabalho*. 4. ed. São Paulo: LTr 2018. p. 57.

Dentro do aspecto do trabalhador deficiente, através da Resolução n. 31/123, em 1981 (Year Of Disabled Persons), ano internacional das pessoas com deficiência, deteve como lema "Participação Plena e Igualdade" enviada às nações unidas buscou a realização de ações de nível nacional e internacional que enfatizasse a igualdade de oportunidades, buscando assim a participação plena das pessoas com deficiência no desenvolvimento da sociedade.

No plano internacional, ainda, a proteção aos deficientes se tornou mais concreta através da Convenção Internacional sobre os Direitos das Pessoas com Deficiência e seu Protocolo Facultativo, no ano de 2007, em Nova Iorque.

Segundo esta Convenção, a incapacidade/deficiência, "é um conceito em evolução e que resulta da interação entre as pessoas com deficiência e as barreiras devidas às atitudes ao meio ambiente, que impedem a plena e efetiva participação dessas pessoas na sociedade em igualdade de oportunidades com as demais pessoas" (conforme exposto pela Convenção Internacional sobre os Direitos das Pessoas com Deficiência, da ONU, ratificado pelo Brasil por meio de Decreto Legislativo n. 186, de 09.07.2008 e promulgados pelo Decreto n. 6.949, de 25.08.2009).[8]

Há a clara percepção de preocupação com as barreiras que o deficiente é exposto diariamente, barreiras da própria sociedade que dificultam o ingresso/inclusão deste em igualdade aos demais cidadãos.

Por outro lado, as *"ações afirmativas"*[9] buscam incansavelmente a igualdade de todos os cidadãos no que tange às oportunidades, objetivando a reversão da discriminação e da desigualdade. No plano internacional, o art. 27 da Convenção sobre os Direitos das Pessoas com Deficiência, trata do trabalho e emprego do deficiente de modo específico, *In: verbis*:

1. Os Estados Partes reconhecem o direito das pessoas com deficiência ao trabalho, em igualdade de oportunidades com as demais pessoas. Esse direito abrange o direito à oportunidade de se manter com um trabalho de sua livre escolha ou aceitação no mercado laboral, em ambiente de trabalho que seja aberto, inclusivo e acessível a pessoas com deficiência. Os Estados Partes salvaguardarão e promoverão a realização do direito ao trabalho, inclusive daqueles que tiverem adquirido uma deficiência no emprego, adotando medidas apropriadas, incluídas na legislação, com o fim de, entre outros:

a) Proibir a discriminação baseada na deficiência com respeito a todas as questões relacionadas com as formas de emprego, inclusive condições de recrutamento, contratação e admissão, permanência no emprego, ascensão profissional e condições seguras e salubres de trabalho;

b) Proteger os direitos das pessoas com deficiência, em condições de igualdade com as demais pessoas, às condições justas e favoráveis de trabalho, incluindo iguais oportunidades e igual remuneração por trabalho de igual valor, condições seguras e salubres de trabalho, além de reparação de injustiças e proteção contra o assédio no trabalho;

(...)

d) Possibilitar às pessoas com deficiência o acesso efetivo a programas de orientação técnica e profissional e a serviços de colocação no trabalho e de treinamento profissional e continuado;

e) Promover oportunidades emprego e ascensão profissional para pessoas com deficiência no mercado de trabalho, bem como assistência na procura, obtenção e manutenção do emprego e no retorno ao emprego;

f) Promover oportunidades de trabalho autônomo, empreendedorismo, desenvolvimento de cooperativas e estabelecimento de negócio próprio;

g) Empregar pessoas com deficiência no setor público;

h) Promover o emprego de pessoas com deficiência no setor privado, mediante políticas e medidas apropriadas, que poderão incluir programas de ação afirmativa, incentivos e outras medidas;

i) Assegurar que adaptações razoáveis sejam feitas para pessoas com deficiência no local de trabalho;

j) Promover a aquisição de experiência de trabalho por pessoas com deficiência no mercado aberto de trabalho;

k) Promover reabilitação profissional, manutenção do emprego e programas de retorno ao trabalho para pessoas com deficiência.

2. Os Estados Partes assegurarão que as pessoas com deficiência não serão mantidas em escravidão ou servidão e que serão protegidas, em igualdade de condições com as demais pessoas, contra o trabalho forçado ou compulsório.

A preocupação, no plano internacional, no tocante à igualdade de oportunidades, aceitação laboral, respeito à acessibilidade com a adoção de medidas inclusivas, proibindo qualquer discriminação e promovendo condições justas e favoráveis, inclusive com ascensão profissional, sendo taxativamente proibida qualquer situação de escravidão ou servidão, é evidente.

---

(8) MAUSS, Adriano; COSTA, José Ricardo Caetano. *Aposentadoria especial dos deficientes*. 4. ed. São Paulo: LTr, 2018. p. 44.

(9) GOMES, Joaquim B. Barbosa. A recepção do instituto da ação afirmativa pelo direito constitucional brasileiro. *Revista de Informação Legislativa*, v. 38, n. 151 jul.-set./2001.

A ratificação da referida Convenção pelo Brasil se deu por meio do Decreto Legislativo n. 186, de 09.07.2008 e do Decreto n. 6.949, de 25.08.2009. Importante salientar que o art. 20, da Lei n. 8.742/93, teve sua redação alterada pela Lei n. 12.435/2011, que modificou expressivamente o conceito de deficiente, de acordo com o art. 20, § 2º *in verbis*:

§ 2º Para efeito de concessão deste benefício, considera-se:

I – pessoa com deficiência: aquela que tem impedimentos de longo prazo de natureza física, intelectual ou sensorial, os quais, em interação com diversas barreiras, podem obstruir sua participação plena e efetiva na sociedade com as demais pessoas;

II – impedimentos de longo prazo: aqueles que incapacitam a pessoa com deficiência para a vida independente e para o trabalho pelo prazo mínimo de 2 (dois) anos

Percebe-se que a inserção do inciso II, delimitando um lapso temporal mínimo de 2 (dois) anos, prejudica e retarda a inserção do deficiente ao mercado de trabalho. Por outro lado, a CF/1988, em vários dispositivos, concretiza as ações afirmativas como meio de inclusão não só do deficiente, como das demais categorias mais frágeis, seguindo inclusive as convenções internacionais.

Ainda assim, a *Convenção n. 159 da OIT* (ratificada pelo Brasil em 1989, através do Decreto Legislativo n. 51), em seu art. 1º, traduz que a pessoa deficiente obtenha e conserve um emprego e progrida no mesmo, e que se promova assim, a integração e/ou a reintegração dessa pessoa na sociedade. Na mesma linha, as especificações da *Convenção n. 168 da OIT* (ratificada pelo Brasil e internalizada pelo Decreto n. 2.682/1998) trata de diretrizes para a promoção do emprego e proteção contra o desemprego.

A título de confirmação da importância das normas internacionais da OIT na proteção dos deficientes, das quais o Brasil é signatário, necessário frisar Convenções e Recomendações que traduziram e reafirmaram ainda o respeito ao deficiente e sua inclusão na sociedade, citando ainda as de n. 99/55, 111/58, 168/83 e 169/84. Nota-se que tais convenções e recomendações deram embasamento para a prática protetiva dentro do estado brasileiro.

4. O ORDENAMENTO JURÍDICO BRASILEIRO E SUA APLICAÇÃO NO TRABALHO DO DEFICIENTE

No ordenamento jurídico brasileiro há a Constituição Federal – que em seu art. 1º prioriza a cidadania, dignidade da pessoa humana e valor social do trabalho e o art. 7º, XXXI, VIII em que define a Garantia dos direitos fundamentais – e diversas leis, decretos, súmulas e entendimentos jurisprudenciais que materializam a garantia dos direitos do deficiente de modo geral.

O Decreto n. 7.853/1989 (Política Nacional para integração de deficiência) instituiu regime especial de trabalho, dispondo sobre o apoio às pessoas portadoras de deficiência, sua integração, tutela jurisdicional de interesses coletivos ou difusos dessas pessoas, disciplinando ainda a atuação do Ministério Público.

Não obstante, a Lei n. 8.231/91 (lei de quotas) concedeu ao trabalhador deficiente a garantia de a inserção junto ao mercado de trabalho. De acordo com Georgenor de Sousa Franco Filho, "O trabalhador reabilitado e o deficiente têm garantia de emprego decorrente de seu estado mesmo, que, por tal circunstância excepcional, os coloca nesta condição de merecer tratamento especial. Nota-se que o deficiente habilitado não deve ser entendido como deficiente físico, inclusive o visual e auditivo, habilitado, mas também aquele que tem inteligência reduzida (autistas, portadores de síndrome de *dows* etc.)"[10]

Verifica-se, assim, que o art. 93 da Lei n. 8.213/1991 estabeleceu limites garantidores de emprego e condições de acessibilidade ao mercado de trabalho, impondo para isso a inserção destes trabalhadores no quadro de pessoal das empresas, garantindo a manutenção deste deficiente no trabalho, com condições de que esta inclusão não seja feita somente de modo formal e sim de modo inclusivo e integrador, vez que tem como escopo proporcionar ao deficiente efetiva igualdade de oportunidades.

Outra normativa protetiva de especial relevância é a Lei n. 12.470/2011 (Lei Romário), que permitiu aos deficientes trabalharem como aprendizes, sem limitação de idade, excluindo o termo final de contrato em dois anos (prazo determinado), mantendo ainda o Benefício de Prestação Continuada. Permite, ainda, o labor do deficiente em condições de empregado, não percebendo o Benefício de Prestação Continuada, mas em caso de rompimento contratual, lhe é garantido, o retorno do benefício sem que haja necessidade de realizar nova perícia médica.

5 CONCLUSÃO

Denota-se que, caso não seja incutida na mentalidade da sociedade o direito de igualdade e oportunidade

---

(10) FILHO, Georgenor de Sousa Franco. *Curso de direito do trabalho*. 4. ed. São Paulo: LTr, 2018. p. 281.

a todos, automaticamente surge a discriminação e a exclusão dos deficientes. A Convenção n. 111 da OIT objetivou excluir a discriminação e proporcionar a igualdade de direitos. Se houvesse consciência efetiva e participativa da sociedade, diversas normas e/ou regramentos não necessitariam se efetivar junto a normas técnicas, posto que se trataria de costumes cotidianos de uma sociedade consciente e inclusiva.

O presente texto não pretendeu exaurir o tema, mas pautar acerca da preocupação com o trabalhador deficiente como dever de toda a sociedade, nesta incluída de modo especial as empresas. Ainda, não se deve descurar sobre o dever do Estado em promover a inclusão, inserção e manutenção do trabalhador deficiente junto ao mercado de trabalho. O papel estatal, com ações positivas, conferindo acesso e suporte aos laboristas, proporciona cada vez mais a igualdade laboral.

O estudo social de aspectos socioeconômicos e culturais por meio de visitas a núcleos familiares, possibilita compreender quais as melhores formas de inclusão do deficiente no ambiente de trabalho. Isso se afere pela ausência de acessibilidade de trabalhadores deficientes ao mercado laboral que, face às dificultadas encontradas, mantem-se reclusos.

As empresas que não cumprem as normas ou atendem todos os requisitos exigidos por lei para o recebimento dos deficientes em condições humanizadas e inclusivas, estão sujeitas às penalidades legais oriundas da fiscalização pelo Ministério do Trabalho e, por vezes, intervenção do Ministério Público do Trabalho mediante assinatura de termos de ajuste de conduta e/ou manejo de medidas judiciais.

Desse modo, o preceito "inclusão" deve ir além de sanções ou multas por descumprimentos de regras legais, valorizando, primordialmente, a inclusão concretizada em normas internacionais das quais o Brasil é signatário, com vistas à adaptação razoável do local de trabalho ao portador de deficiência (art. 27, item I, alínea i, Pacto de Nova Iorque), e o exercício e gozo de igualdade de oportunidades no mercado de trabalho (art. 2º da Convenção Internacional sobre os Direitos das Pessoas com Deficiência).

O Tribunal Superior do Trabalho, por meio do SB-DI-1, entendeu que é ônus da empresa demonstrar que envidou esforços para cumprir a exigência prevista na lei, havendo responsabilização quando resta comprovado que a reclamada não tomou as providências cabíveis para se tentar preencher a cota prevista no art. 93, da Lei n. 8.213/1991, seja com publicações em jornais de grande circulação, seja por meio de agências de empregos, dentre outras formas.

Os princípios da dignidade da pessoa humana e da não discriminação dão suporte à repressão estatal frente a atos patronais preconceituosos, na busca constante de condições dignas de labor ao deficiente, exaltando seu sentimento produtivo, a busca de sonhos e ideais e a perspectiva de crescimento pessoal e profissional.

6. REFERÊNCIAS BIBLIOGRÁFICAS

Apud ARISTÓTELES. *A política*. São Paulo: Martin Claret, 1988.

Disponível em: <http://www.planalto.gov.br/ccivil_03/Constituicao/ConstituicaoCompilado.htm>.

DELGADO, Mauricio Godinho; DELGADO, Gabriela Neves. *Constituição da República e direitos fundamentais*. 4. ed. São Paulo: LTr, 2017.

FRANCO FILHO, Georgenor de Sousa. *Curso de direito do trabalho*. 4. ed. São Paulo: LTr, 2018.

GOMES, Joaquim B. Barbosa. A recepção do instituto da ação afirmativa pelo direito constitucional brasileiro. *Revista de Informação Legislativa* v. 38, n. 151 jul.-set./2001.

MAUSS, Adriano; COSTA, José Ricardo Caetano. *Aposentadoria especial dos deficientes*. 4. ed. São Paulo: LTr, 2018.

CAPÍTULO 19

O DIREITO À IMAGEM DO EMPREGADO QUE UTILIZA EM SEUS UNIFORMES PROPAGANDAS COMERCIAIS E SEUS DESDOBRAMENTOS NA CLT PÓS-REFORMA TRABALHISTA

Joel Sousa do Carmo[1]

1. INTRODUÇÃO

Não raras vezes, empresas exigem, por parte de seus empregados, o uso de uniformes contendo logomarcas dos produtos por ela comercializados. Consequentemente, os Tribunais estão sendo convocados a discutir a questão do direito à imagem do funcionário frente à mencionada exigência.

A jurisprudência, anteriormente à edição da Lei n. 13.467/2017, se apresentava divergente em relação à matéria.

Para parcela de juristas não há abusividade na compulsoriedade de utilização de propagandas em uniformes, sob a fundamentação de que tal exigência não foge do campo do poder patronal. Considera-se, para tanto, que o empregado desenvolve uma de suas funções, no caso, a de promover a qualidade dos produtos com os quais trabalha em prol de divulgá-los e vendê-los. Nessa senda, a compulsoriedade de utilização de uniformes se vincula, em realidade, à própria atividade laborativa e não à imagem do funcionário, a impedir o reconhecimento do ilícito patronal em tais casos.

De forma diametralmente oposta, existem os que tutelam a imagem do empregado de modo a concluir que a utilização de uniforme que contenha logomarca de outras empresas, sem a correspondente autorização, representa violação ao direito de imagem do trabalhador. Isso porque ao empregador é vedado utilizar o corpo do empregado com intuito comercial de forma que, ao empregado que teve sua imagem indevidamente utilizada, é assegurado o direito de auferir indenização correspondente, com fundamento legal alojado no art. 20, do Código Civil, aplicável de forma subsidiária ao Direito Laboral por permissão do art. 8º da CLT.

Não é aceito o argumento de que haveria a concordância tácita dos empregados, pois pela natural hipossuficiência deste polo da relação empregatícia, não é crível que se oponham à utilização da vestimenta concedida pelo empregador.

Referidos entendimentos dissonantes refletiam-se na jurisprudência trabalhista, apresentando os Tribunais Regionais do Trabalho posições divergentes acerca do assunto. A par disso, o Poder Judiciário, a bem da segurança jurídica das relações laborais, instado a unificar posicionamento sobre a questão que, sem maiores questionamentos, é extremamente delicada, deve dizer qual será a interpretação a partir da vigência da Lei n. 13.467/2017, conhecida no meio jurídico como Reforma Trabalhista.

É fato que a divergência jurisprudencial verificada deixa os operadores do direito ao sabor da sorte, criando instabilidade nas relações sociais, de modo que o objeto do presente estudo traz a discussão à tona com vistas a pacificar a matéria em nome da estabilização das relações trabalhistas, ora patrocinada pela edição da Lei n. 13.467/2017, que introduziu o art. 456-A da CLT, que reza ser *"lícita a inclusão no uniforme de logomarcas da própria empresa ou de empresas parceiras"*, de modo que a temática receberá, novamente, a atenção

---

(1) Mestrando em Direito em Relações Sociais e Trabalhistas pela Universidade do Distrito Federal – UDF. Pós-graduado em Advocacia Trabalhista pela Universidade Anhanguera. Bacharel em Direito pelas Universidade Federal do Ceará – UFC. Advogado.

dos holofotes da comunidade jurídica.

Com isso exposto, considerando a conjuntura atual do Direito do Trabalho, abordaremos ao longo do presente artigo posicionamentos jurisprudenciais acerca da temática como supedâneo para a análise dos posicionamentos contrários e favoráveis à possibilidade de postulação de indenização por danos morais devido à determinação de utilização de propagandas comerciais em uniformes e, agora sim, sob a perspectiva da nova regulamentação legal.

2. POSICIONAMENTOS JURISPRUDENCIAIS EXISTENTES ACERCA DA OBRIGATORIEDADE DE UTILIZAÇÃO DE UNIFORMES CONTENDO PROPAGANDAS

A Magna Carta de 1988 trouxe uma nova roupagem ao Ordenamento Jurídico Brasileiro, assegurando, de maneira inarredável, a dignidade da pessoa humana como suporte axiológico e normativo para o direito fundamental ao trabalho.[2] Por conta disso, a concepção de dignidade da pessoa humana deve ser encarada como epicentro de todo o ordenamento jurídico[3], como valor fonte do Direito[4].

Dentro desse processo, convém destacar que o trabalhador, na condição de pessoa humana, passou a gozar de direitos fundamentais acobertados constitucionalmente, impondo-se limites naturais e legais ao poder diretivo patronal. Nessa senda, afirma-se que o direito à imagem é alvo de tutela no ambiente laborativo, por ser valor caro à proteção da dignidade do trabalhador.

Dentro dessa discussão, a jurisprudência pátria vem enfrentando temas tormentosos acerca da tutela do referido direito, entre os quais a possibilidade – ou não – de configuração de dano à personalidade pela utilização indevida da imagem do empregado pelo uso de fardas, nas dependências da empresa, contendo propaganda de fornecedores de produtos comercializados pela empregadora.

2.1. Entendimento jurisprudencial que tutela o poder patronal

Preambularmente, convém fazer estudo das decisões que espelham posicionamento a favor da parte empregadora, no sentido de que o ambiente interno da empresa pode ser utilizado de forma razoável, buscando aproveitar o uso dos uniformes em prol da divulgação dos nomes e produtos comercializados pelo empreendimento:

DANO MORAL. UNIFORME COM PROPAGANDAS COMERCIAIS. USO INDEVIDO DA IMAGEM. INEXISTÊNCIA. AUSÊNCIA DE ABUSO. O art. 5º, V, da Constituição Federal, expressamente indica ser passível de indenização por dano material, moral ou à imagem. O dano à imagem, no caso em exame, decorre da alegação de uso indevido da imagem do empregado, pela propaganda existente no uniforme concedido pelo empregado. A indenização foi concedida tão-somente pela ausência de autorização da empregada para que em seu uniforme fosse incluída propaganda em prol das empresas cujas marcas são vendidas pelo Supermercado. Para a configuração do dano à imagem é necessário que a conduta tenha causado prejuízos consumados, devendo ser robustamente comprovado nos autos ou inerentes a alguma situação vexatória em que colocado o empregado. Não há razoabilidade em se entender que há uso indevido da imagem do empregado o fato de utilizar uniforme com propagandas de empresas, que tão-somente remetem a produtos comerciais utilizados pelas pessoas que se dirigem à empresa. Recurso de revista conhecido e provido, no tema. (...)[5]

A mesma conclusão se extrai de outros julgados do Tribunal Superior do Trabalho[6]. O fundamento central do entendimento espelhado reside na asserção de que tal exigência não fugiria do campo do poder patronal, considerando que, ao proceder de tal modo, o empregado estaria desenvolvendo uma de suas funções, no caso, a de promover a qualidade dos produtos com os quais trabalha, em prol de divulgá-los e vendê-los. Ou seja, para os que advogam a favor da não concessão da indenização por dano moral em casos análogos, a

---

(2) DELGADO, Gabriela Neves. *Direito fundamental ao trabalho digno*. São Paulo: LTr, 2006. p. 26.

(3) DELGADO, Mauricio Godinho. *Princípios de Direito Individual e Coletivo do Trabalho*. 4. ed. São Paulo: LTr, 2013. p. 38.

(4) DELGADO, Mauricio Godinho; DELGADO, Gabriela Neves. *Constituição da República e direitos fundamentais*: dignidade da pessoa humana, justiça social e direito do trabalho. 3. ed. São Paulo: LTr, 2015. p. 174.

(5) BRASIL. TST. RR 93800-22.2008.5.01.0011, Rel. Min. Aloysio Corrêa da Veiga, Sexta Turma, julgado em 09.11.2011.

(6) RR 70500-45.2006.5.01.0029, Rel. Min. Mauricio Godinho Delgado, julgado em 15.06.2011; RR 32040-82.2008.5.01.0040, Rel. Min. Aloysio Corrêa da Veiga, julgado em 07.04.2010; RR 89540-19.2006.5.01.0027, Rel. Min. Mauricio Godinho Delgado, julgado em 30.03.2011; RR 79240-55.2006.5.01.0008, Rel. Min. Augusto César Leite de Carvalho, julgado em 24.11.2010; RR 162340-36.2005.5.01.0009, Rel. Min. Augusto César Leite de Carvalho, julgado em 25.08.2010.

utilização de uniformes não está vinculada à imagem do funcionário, mas **à própria atividade laborativa, de modo a impedir o reconhecimento do ilícito patronal.**

Nesse contexto, a inclusão de logomarcas nas indumentárias seria, efetivamente, uma ação de propaganda, entretanto, não seria propriamente a imagem do trabalhador que alavancaria a venda do produto, mas a própria propaganda lançada nas fardas de forma que, por ausência de utilização da imagem do trabalhador, não haveria que se falar em deferimento da indenização perseguida.

2.2. Entendimento jurisprudencial que tutela a imagem do empregado

Em sentido diametralmente oposto, existe posicionamento que se curva à proteção do trabalhador, concluindo que a utilização da imagem do empregado, mediante a utilização de uniformes contendo logotipos de fornecedores e/ou de produtos comercializados pela empregadora, sem autorização expressa correspondente, foge ao campo do poder patronal, configurando o ato ilícito e consequente dano, passível de indenização[7]. Existe farta jurisprudência dos Regionais que seguem essa trilha[8].

O Tribunal Superior do Trabalho pautou o tema à deliberação da Seção Especializada de Dissídios Individuais, que concluiu ser legitima a postulação de indenização a título de dano moral pela utilização indevida da imagem do colaborador:

RECURSO DE EMBARGOS. DANO MORAL. DIREITO DE IMAGEM. SUPERMERCADO. CAMISETAS COM LOGOMARCAS DE FORNECEDORES E PROPAGANDA DE PRODUTOS. USO OBRIGATÓRIO PELOS EMPREGADOS. FINALIDADE COMERCIAL. CONFIGURAÇÃO. ART. 20 DO CÓDIGO CIVIL. INCIDÊNCIA. 1. O art. 5º, incisos V e X, da Constituição Federal, consagrou o direito fundamental à reparação do dano moral. 2. O dano moral, no âmbito do direito do trabalho, concerne ao agravo ou ao constrangimento infligido quer ao empregado, quer ao empregador, mediante a violação de direitos fundamentais inerentes à personalidade (intimidade, privacidade, sigilo bancário, sigilo industrial, honra, dignidade, honestidade, imagem, bom nome, reputação, liberdade, dentre outros), como decorrência da relação de emprego. 3. Não obstante as particularidades do dano moral trabalhista, a sua respectiva indenização ostenta natureza civil, porquanto tem arrimo precipuamente nos arts. 186, 187 e 927 do Código Civil de 2002, que impõem a obrigação de indenizar a todo aquele que comete ato ilícito, causando dano material ou imaterial a outrem. 4. Consoante se depreende do art. 20 do Código Civil de 2002, o uso da imagem de uma pessoa, sem autorização, para fins comerciais, ainda que não haja ofensa, constitui ato ilícito. 5. Empregador que determina o uso de camisetas com logotipos de empresas fornecedoras e de produtos comercializados, sem possibilidade de recusa pelo empregado e sem compensação pecuniária. Destinação comercial inequívoca, haja vista que os empregados, em ambiente frequentado por muitos consumidores, divulgavam marcas dos clientes do seu empregador. 6. Cabe ao empregador, por conseguinte, responsabilizar-se pelo ilícito praticado em face de direito personalíssimo dos empregados, daí defluindo a respectiva obrigação de reparar o dano moral causado pelo uso indevido da imagem. 7. Embargos conhecidos, por divergência jurisprudencial e, no mérito, desprovidos.[9]

Para os defensores desse entendimento, a pretensão de indenização decorre do uso indevido da imagem, com fundamento legal alojado no art. 20 do Código Civil, aplicável de forma subsidiária ao Direito do Trabalho por permissão do art. 8º da CLT. Como reforço argumentativo, sustentam a impossibilidade de reconhecimento da concordância tácita do empregado, tendo em vista que, em face de sua posição de hipossuficiente perante o empregador, não seria crível que pudesse se opor ao uso da vestimenta concedida pela empresa com propagandas de terceiros, tema que será abordado adiante.

---

(7) RR 102500-64.2009.5.05.0035, Rel. Min. Delaíde Miranda Arantes, julgado em 14.11.2012; RR 40900-51.2006.5.01.0005, Rel. Min. Pedro Paulo Manus, julgado em 07.08.2012; RR 113-14.2012.5.03.0037, Rel. Min. Alberto Luiz Bresciani de Fontan Pereira, julgado em 08.05.2013; RR 119700-79.2005.5.01.0021, Rel. Min. Alberto Luiz Bresciani de Fontan Pereira, julgado em 11/04/2012; RR 114-05.2012.5.03.0035, Rel. Min. Kátia Magalhães Arruda, julgado em 06.11.2013 e RR 117600-11.2007.5.01.0045, Rel. Des. Aloysio Corrêa da Veiga, julgado em 09.04.2014.

(8) TRT-1, RO 12286620105010079, Rel. Des. Cláudia Regina Vianna Marques Barrozo, julgado em 28.08.2013; TRT-3, RO 0001951-59.2012.5.03.0144, Rel. Des. Sercio da Silva Pecanha, julgado em 24.10.2013; TRT-5, RO 0001323-23.2010.5.05.0035, Rel. Des. Luíza Aparecida Oliveira Lomba, julgado em 20.06.2012; TRT-7, RO 0000426-84.2013.5.07.0018, Rel. Des. Emmanuel Teófilo Furtado, julgado em 09.07.2014; TRT-10, RO 01447-2013-014-10-00-7, Rel. Des. 01447-2013-014-10-00-7, julgado em 27.08.2014; TRT-23, RO 0002059-62.2013.5.23.0026, Rel. Des. Maria Aparecida de Oliveira Oribe, julgado em 12.09.2014.

(9) BRASIL. TST. E-RR 40540-81.2006.5.01.0049, Rel. Min. João Oreste Dalazen, Subseção I, Especializada em Dissídios Individuais, julgado em 13.12.2012.

2.3. A redação do art. 20 do Código Civil e a autorização do trabalhador

A autorização do empregado para utilização dos uniformes contendo propaganda é tema que se reveste sensível e que gera dissenso nos operadores do Direito acerca da elisão do direito à indenização em tal caso.

Para essa hipótese, o dissenso gira em torno de saber se o prévio consentimento do funcionário para divulgação de sua imagem-retrato afasta o direito à postulação de indenização respectiva.

O professor Arion Sayão Romita entende que a regra contida no art. 20 do Código Civil não se apresenta incompatível com os princípios fundamentais do Direito do Trabalho de modo que, em havendo a autorização por parte do empregado de divulgação da sua imagem, inexiste direito à indenização.[10]

Contrariamente, Manoel Jorge e Silva Neto entende que é vedado ao empregador lançar no contrato de trabalho cláusula contratual permissiva da divulgação de imagem por se tratar de direito da personalidade que, por sua condição, não pode aderir ao pacto laboral, afora as exceções legais, caso dos atletas profissionais de futebol e dos artistas, cuja prestação de serviço guarda intrínseca relação com a divulgação da imagem-retrato.[11] Não se pode olvidar que, em face da natural posição de hipossuficiente do empregado perante o empregador, não é crível que possa se opor ao uso da vestimenta concedida pela empresa com propagandas de terceiros, em negativa de concessão de autorização.

Com efeito, onde há risco real de indigência, mormente no caso brasileiro em que há níveis alarmantes de desemprego, não se pode falar verdadeiramente em autonomia da vontade.[12]

Para esse último posicionamento a melhor interpretação que deve ser conferida ao art. 20 do Código Civil, especificamente para a relação empregatícia, é no sentido de que a autorização para divulgação da imagem deve vir acompanhada de contraprestação por parte do empregador, sob pena de configuração do enriquecimento sem causa. Nessa quadra, eventual autorização seria viciada, a menos que oferecida contraprestação pecuniária para tanto.

2.4. O arquivado projeto de Lei n. 1.935/2011

Na esfera legislativa, para fins de ilustração de como o legislativo entendia a matéria antes da Lei n. 13.467/2017, importante colocar como objeto de estudo o Projeto de Lei, que previa a obrigatoriedade de concessão de uma gratificação aos trabalhadores em razão da utilização de uniformes para fazerem propaganda de marcas e produtos de terceiros.

O Projeto de Lei n. 1.935/2011, de autoria do deputado Assis Melo (PCdoB-RS), dispunha *"sobre a fixação de propaganda de produtos e marcas no uniforme do trabalhador"*. A proposição legislativa tencionava deixar o pagamento do adicional para negociação coletiva e, na ausência de regulamentação própria, condicionava o pagamento de, no mínimo, 10% (dez por cento) da remuneração do trabalhador.

A Comissão de Trabalho, Administração e de Serviço Público da Câmara dos Deputados, contudo, exarou parecer opinando pela rejeição do mencionado projeto, entendendo que *"não se mostra razoável o entendimento de que há uso indevido da imagem do empregado pelo fato de utilizar uniforme com divulgação de marcas e/ou produtos no ambiente e horário de trabalho"*.[13]

O Projeto de Lei restou arquivado na Câmara dos Deputados, caminhando o Legislativo, portanto, para a regulamentação da matéria a favor da permissão de colocação de propagandas nos uniformes, o que veio a efetivamente ocorrer com a edição da Lei n. 13.467/2017.

3. A REGULAMENTAÇÃO DA MATÉRIA PELA LEI N. 13.467/2017 – REFORMA TRABALHISTA

Pelo até aqui exposto, observou-se que a divergência jurisprudencial deixa os operadores do Direito ao sabor da sorte, criando instabilidade nas relações sociais. A esse título, conforme lembram Arruda Alvim, Aragen de Assis e Eduardo Arruda Alvim, o entendimento divergente dos tribunais, no mesmo momento histórico e a respeito de uma mesma legislação representa inconveniente jurídico, endossando incerteza ao Direito.[14]

---

(10) ROMITA, Arion Sayão. *Direitos fundamentais nas relações de trabalho*. São Paulo: LTr, p. 274.

(11) SILVA NETO, Manoel Jorge e. *Direitos fundamentais e o contrato de trabalho*. São Paulo: LTr, 2005. p. 72-74.

(12) MEIRINHO, Augusto Griego Sant'Anna; PORTO, Lorena Vasconcelos. O trabalho autônomo e a reforma trabalhista. In: *Trabalho*: diálogos e críticas. v. 1. LTr, São Paulo/SP, 2018. p. 82.

(13) Disponível em: <http://www.camara.gov.br/proposicoesWeb/prop_mostrarintegra;jsessionid=79815FCD2623D0A51427E23683A9A172.proposicoesWeb1?codteor=985295&filename=Parecer-CTASP-19-10-2011>. Acesso em: 15 maio 2018, às 16:25 horas.

(14) ALVIM, Arruda; ALVIM, Eduardo Arruda; ASSIS, Araken. *Comentários ao Código de Processo Civil*. 1. ed. Rio de Janeiro: GZ Ed., 2012. p. 742.

Por esta trilha de raciocínio, é de se concluir pela necessidade de uniformização da jurisprudência, mormente diante da edição da multicitada Lei n. 13.467/2017, conhecida no meio jurídico como Reforma Trabalhista, que introduziu na CLT o art. 456-A, que reza ser "*lícita a inclusão no uniforme de logomarcas da própria empresa ou de empresas parceiras*".

A leitura do dispositivo em estudo não dá margem à dúvida, eis que o legislador fez a sua escolha, tutelando o poder patronal. Ao mencionar ser lícita a inclusão no uniforme de logomarcas, é de se concluir que não há como haver incidência da indenização por dano moral, pois na sistemática jurídica atual, apenas o ato ilícito garante o direito à indenização, vejamos:

> Art. 186. Aquele que, por ação ou omissão voluntária, negligência ou imprudência, violar direito e causar dano a outrem, ainda que exclusivamente moral, comete ato ilícito.
>
> Art. 927. Aquele que, por ato ilícito (arts. 186 e 187), causar dano a outrem, fica obrigado a repará-lo.
>
> Parágrafo único. Haverá obrigação de reparar o dano, independentemente de culpa, nos casos especificados em lei, ou quando a atividade normalmente desenvolvida pelo autor do dano implicar, por sua natureza, risco para os direitos de outrem.

A par do exposto, inexistindo ato ilícito pela nova redação legal, que acrescentou o art. 456-A ao Texto Consolidado, conclui-se pela inexistência de obrigação de indenizar por parte do empregador.

No âmbito da tutela da imagem, deve-se dizer que tal direito se encontra alçado ao patamar constitucional, assegurando-se aos prejudicados o direito de obter indenização pelos danos morais e materiais decorrentes da sua violação (art. 5º, incisos V e X da Constituição Federal), como também em nível infraconstitucional, a teor do estabelecido no art. 20 do Código Civil.

A esse respeito, Mauricio Godinho Delgado esclarece:

> A imagem da pessoa humana trabalhadora pode ser violada (...). De outro lado, por meio da utilização não autorizada ou não retribuída da imagem do indivíduo. É o que prevê o art. 20 do CCB/2002, que estipula indenização pelo uso irregular da imagem: 'Salvo se autorizadas, ou se necessárias à administração da justiça ou à manutenção da ordem pública, a divulgação de escritos, a transmissão da palavra, ou a publicação, a exposição ou a utilização da imagem de uma pessoa poderão ser proibidas, a seu requerimento e sem prejuízo da indenização que couber, se lhe atingirem a honra, a boa fama ou a respeitabilidade, ou se destinarem a fins comerciais'. O preceito legal menciona, como se percebe, três condutas mais próximas de ocorrência no contrato de emprego: a) condutas que violam a imagem, em face de agredi-la; b) condutas que se utilizam da imagem — sem a ofender, é claro —, porém sem autorização; c) condutas que se utilizam da imagem — também sem ofensas —, mas sem autorização e com fins comerciais. Segundo o Código Civil, é cabível falar-se em reparação indenizatória em qualquer desses três casos hipotéticos.[15]

A par das considerações detalhadas, seria de se concluir, inicialmente, que a conduta patronal de exigir do colaborador a utilização de material publicitário em seus uniformes, em ação comercial, sem o seu consentimento, excedia os limites objetivos do contrato de trabalho, independentemente de que de tal procedimento resulte em consequências danosas, eis que, nos termos da Súmula n. 403, do Superior Tribunal de Justiça, "*independe de prova do prejuízo a indenização pela publicação não autorizada da imagem de pessoa com fins econômicos ou comerciais*".

Esse, aliás, era o posicionamento desse pesquisador em estudo anterior[16], entretanto, com a edição da legislação, fica evidente que o texto impede o reconhecimento de ato ilícito em tal postura empresarial, sendo, dessa forma, de se rejeitar pleitos de reparação civil na vigência da Lei n. 13.467/2017.

Obviamente que não se pode olvidar, conforme conclusão extraída pelo Professor Cláudio Janotti da Rocha, ser dever dos magistrados, no âmbito da reforma trabalhista, efetuar controle difuso de constitucionalidade e convencionalidade, garantindo que as normas constantes na Lei n. 13.467/2017 não contrariem a Constituição da República de 1988 e nem os tratados internacionais aprovados pelo Brasil[17].

---

(15) DELGADO, Mauricio Godinho. *Curso de direito do trabalho*. São Paulo: LTr, 2012. p. 652.

(16) CARMO, Joel Sousa do. *A tutela do direito à imagem do empregado que utiliza propagandas comerciais em seus uniformes*: tentativa de contribuir com a renovação do trabalhismo no Brasil. Orientador: Fabiano Guadagnucci dos Santos. Dissertação em Especialização. Universidade Anhanguera, UNIDERP, Fortaleza, 2015.

(17) ROCHA, Cláudio Janotti. *Reflexões Temporais acerca do direito do trabalho brasileiro e do seu constitucionalismo*: a obrigatoriedade do controle difuso de constitucionalidade e de convencionalidade da reforma trabalhista. Trabalho: diálogos e críticas. v. 1. São Paulo: LTr, 2018. p. 55-56.

Contudo, o dispositivo ora retratado não parece conter vício de constitucionalidade ou convencionalidade na medida em que a matéria não contraria dispositivo constitucional, nem tampouco de tratado internacional, tratando-se de interpretação acerca da possibilidade – ou não – de ingerência patronal sobre os uniformes e não sobre a imagem do funcionário em si.

Em realidade, é cediço que a proteção da ordem jurídica ao direito à imagem abrange a imagem-atributo da personalidade e a imagem-retrato. A primeira pode ser exteriorizada nas relações sociais do indivíduo, representando a reputação social da pessoa humana, de modo que sua exposição resulta em ofensa à honra. Ao contrário, a imagem-retrato diz respeito a mera reprodução da imagem da pessoa por qualquer forma representativa, por exemplo, pela televisão[18].

Dentro dessa ótica, ao lançar nas indumentárias dos funcionários logotipos comerciais, o empregador não vulnera, via de regra, a imagem-atributo da personalidade do colaborador, mas, em tese, apenas sua imagem-retrato, obviamente também passível de indenização.

Por conta disso, o multicitado art. 20 do Código Civil faz a ressalva "*salvo se autorizadas*"[19], autorização que, embora não possa vir do empregado no âmbito da relação de emprego, em face da discutida hipossuficiência, é razoável se considerar que possa vir do Poder Legislativo dentro de suas atribuições legais, de modo que aparentemente não há nenhum vício de constitucionalidade ou convencionalidade na regulamentação da matéria.

Ainda acerca da reforma trabalhista, deve-se dar destaque a uma alteração no regramento do procedimento de edição de Súmula por parte do Tribunal Superior do Trabalho, que ficará mais limitado, tendo em vista que, por força da multicitada lei, foi acrescentado um parágrafo ao art. 8º da CLT, que reza: "*Súmulas e outros enunciados de jurisprudência editados pelo Tribunal Superior do Trabalho e pelos Tribunais Regionais do Trabalho não poderão restringir direitos legalmente previstos nem criar obrigações que não estejam previstas em lei*".

Limitou-se, com tal regramento, a atividade interpretativa protetiva dos Tribunais Trabalhistas, que deverão, em tese, se submeter ao reconhecimento da possibilidade de inclusão, nos uniformes dos empregados, de propagandas, se curvando ao entendimento constante no novel art. 456-A da CLT.

4. A INVIOLABILIDADE DA HONRA DO EMPREGADO – UTILIZAÇÃO DE FANTASIAS, ROUPAS SENSUAIS E OUTROS ASPECTOS VEXATÓRIOS

No tópico, deve-se ressaltar que a nova legislação apenas garante ao empregador lançar propagandas de parceiros comercias. Não lhe confere o direito, e nem poderia conferir, de vilipendiar a imagem do indivíduo fora dos estritos limites da atividade exercida.

Dessa arte, desde que a honra do empregado seja lesionada, incidirá invariavelmente a proteção constitucional (art. 5º, incisos V e X da Constituição Federal), assegurando ao trabalhador o direito à reparação, caso a exigência não tenha nenhuma vinculação com a atividade contratada.

Nesse sentido, o Tribunal Superior do Trabalho entende, a título de exemplo, ser vexatória a utilização de fantasias, desde que desconectadas com a atividade contratada[20].

Com efeito, o poder de direção não pode ser encarado de forma absoluta, encontrando limitação na dignidade da pessoa humana, pois o estado de subordinação jurídica presente na relação de emprego não retira do colaborador a garantia de seus direitos fundamentais, que nunca se dissociam do indivíduo, acompanhando-o em todas as relações[21], sendo de se mencionar que a

---

(18) FARIA, Cristiano Chaves de; ROSENVALD, Nelson. *Direito civil*: teoria geral. 6. ed. Rio de Janeiro: Lumen Juris, 2007. p. 104.

(19) Art. 20. Salvo se autorizadas, ou se necessárias à administração da justiça ou à manutenção da ordem pública, a divulgação de escritos, a transmissão da palavra, ou a publicação, a exposição ou utilização da imagem de uma pessoa poderão ser proibidas, a seu requerimento e sem prejuízo da indenização que couber, se lhe atingirem a honra, a boa fama ou a respeitabilidade, ou se se destinarem a fins comerciais.

(20) RECURSO DE REVISTA – RESPONSABILIDADE CIVIL – IMPOSIÇÃO DE USO DE ADEREÇOS E FANTASIAS EM CAMPANHAS DE *MARKETING* – DANO MORAL – CONFIGURAÇÃO. (...) Cinge-se o debate à investigação da existência de dano à moral do trabalhador em hipóteses de imposição de uso de adereços e fantasias em campanha de *marketing*. O Eg. Tribunal Regional concluiu que referida conduta acarreta dano à moral do trabalhador por si só, bastando, para tanto, a comprovação da prática lesiva denunciada. O TST, por seu turno, vem se posicionando em idêntico sentido, registrando tratar-se de *damnum in: re ipsa*, ou seja, presumido desde que constatado o ato lesivo denunciado. Precedentes. (...) TST, RR n. 144100-74.2012.5.13.0023, Rel. Des. Convocado JOÃO PEDRO SILVESTRIN, Oitava Turma, julgado em 21 de maio de 2014.

(21) DUARTE, Juliana Bracks; TUPINAMBÁ, Carolina. Direito à intimidade do empregado x direito de propriedade e poder diretivo do empregador. *RDT*, São Paulo, Revista dos Tribunais, jan.-mar., 2002, p. 234.

lei em estudo igualmente introduziu o art. 223-C, que tutela os seguintes bens inerentes à pessoa física: honra, imagem, intimidade e autoestima.[22]

A doutrina também entende nesse sentido, exsurgindo o dever de indenizar nos casos em que o empregado seja exposto ao ridículo, citando exemplo de empregador que impõe a utilização de fantasia, sem que isso guarde relação com sua função.[23]

Nesse sentido, Mauricio Godinho Delgado e Gabriela Neves Delgado esclarecem que o dispositivo não permite interpretação excessiva no sentido de submeter o empregado à exposição pública ou ao ridículo, por intermédio de uniformes exóticos, depreciativas ou congêneres.[24]

O direito à imagem do indivíduo, portanto, não pode ser visto de forma restritiva à ponto de permitir que o funcionário seja compelido a utilizar fantasias do tipo de palhaço, roupas sensuais para atrair clientes, entre outros.

Obviamente, caso diverso seria a hipótese de um trabalhador que preste serviços em uma empresa cujo objeto social é a venda de produtos para crianças, pois estaria diretamente relacionado com o desempenho de sua função, admitindo, nos estritos limites da razoabilidade, se utilizar indumentárias condizentes com esse objetivo específico.

Conclui-se, dessa forma, que a nova legislação apenas garante ao empregador lançar propagandas de parceiros comercias, não lhe conferido o direito a vulnerar a imagem do indivíduo fora dos estritos limites da atividade exercida.

5. CONSIDERAÇÕES FINAIS

Tudo exposto, observou-se que, antes da edição da Lei n. 13.467/2017, os Tribunais Pátrios e também o Tribunal Superior do Trabalho não possuíam entendimento consolidado acerca da possibilidade de o empregador incluir nos uniformes dos trabalhadores propagandas de empresas parceiras.

A Reforma Trabalhista, contudo, reza ser lícita a inclusão, no uniforme, de logomarcas de empresas parceiras do empregador, pacificando a questão a favor do poder patronal.

O art. 456-A, da CLT, não parece, pelo discutido no presente estudo, conter vício de constitucionalidade ou de convencionalidade, pois a matéria não contraria dispositivo constitucional, nem tampouco de tratado internacional, dispondo apenas de interpretação acerca da possibilidade – ou não – de ingerência patronal sobre os uniformes e não sobre a imagem do funcionário.

Por conta disso, o art. 20 do Código Civil já faz a ressalva "*salvo se autorizadas*", permissão que, embora não possa vir do empregado no âmbito da relação de emprego, em face da sua hipossuficiência, é razoável se considerar que possa vir do Poder Legislativo dentro de suas atribuições legais, de modo que aparentemente não há nenhum vício de constitucionalidade ou convencionalidade na regulamentação da matéria.

Adiante, observou-se que a nova legislação apenas garante ao empregador lançar propagandas de parceiros comercias, não comportando interpretação excessiva no sentido de submeter o empregado à exposição ao ridículo.

Nesse sentido, verificou-se que o empregador continua não podendo impor o uso de adereços espalhafatosos capazes de provocar desnecessário constrangimento humilhante e vexatório ao indivíduo fora dos estritos limites da atividade desempenhado, firme no princípio da dignidade da pessoa humana.

Assim, certo de que o amadurecimento da Ciência do Direito deve guiar os pesquisadores, o presente estudo teve o escopo de revisar o assunto, abordando-o sob a perspectiva da rede axiológica do ordenamento jurídico pátrio. Tencionou-se, ao mesmo passo, consolidar as bases para a aplicação da teoria da responsabilidade civil por vulneração do direito à imagem no campo das relações laborais após a edição da Lei n. 13.467/2017, em prol da harmonização da jurisprudência pátria e em atenção à segurança jurídica nos contratos laborais.

6. REFERÊNCIAS BIBLIOGRÁFICAS

BRASIL. *Código Civil*. Lei n. 10.406, de 10 de janeiro de 2002. Disponível em: <http://www.planalto.gov.br/ccivil_03/Leis/2002/L10406.htm>. Acesso em: 10 maio 2018.

_____. *Consolidação das Leis do Trabalho*. Decreto-lei n. 5.452, de 1º de maio de 1943. Disponível em: <http://www.planalto.gov.br/ccivil_03/Decreto-Lei/Del5452.htm>. Acesso em: 5 abr. 2018.

---

(22) Art. 223-C. A honra, a imagem, a intimidade, a liberdade de ação, a autoestima, a sexualidade, a saúde, o lazer e a integridade física são os bens juridicamente tutelados inerentes à pessoa física.

(23) PAROSKI, Mauro Vasni. *Dano moral e sua reparação no direito do trabalho*. Juruá Editora, 2007, p. 113.

(24) DELGADO, Gabriela Neves; DELGADO, Mauricio Godinho. *A reforma trabalhista no Brasil com os comentários à Lei n. 13.467/2017*. 1. ed. São Paulo: LTr, 2017. p. 162.

_____. *Constituição da República Federativa do Brasil*; promulgada em 5 de outubro de 1988, atualizada até a Emenda Constitucional n. 71, de 29 de novembro de 2012. Disponível em: <http://www.planalto.gov.br/ccivil_03/constituicao/constituicaocompilado.htm>. Acesso em: 4 mar. 2018.

_____. *Projeto de Lei n. 1.935/11*. Disponível em <http://www.camara.gov.br/proposicoesWeb/fichadetramitacao?idProposicao=513983>. Acesso em: 15 maio 2018.

_____. *Superior Tribunal de Justiça*. Súmula n. 403, Corte Especial, julgado em 28.01.2009.

_____. Tribunal Superior do Trabalho. E-RR 40540-81.2006.5.01.0049, Rel. Min. João Oreste Dalazen, Subseção I, Especializada em Dissídios Individuais, julgado em 26.04.2013.

_____. RR n. 144100-74.2012.5.13.0023, Rel. Des. Convocado João Pedro Silvestrin, Oitava Turma, DEJT 21.05.2014.

_____. RR 93800-87.2011.5.13.0009, Rel. Min. Alberto Luiz Bresciani de Fontan Pereira, Terceira Turma, DEJT 26.04.2013.

_____. RR 70500-45.2006.5.01.0029, Rel. Min. Mauricio Godinho Delgado, Sexta Turma, julgado em 15.06.2011, DJET 24.06.2011.

_____. RR 32040-82.2008.5.01.0040, Rel. Min. Aloysio Corrêa da Veiga, Sexta Turma, julgado em 07.04.2010, DJET 16.04.2010.

_____. RR 89540-19.2006.5.01.0027, Rel. Min. Mauricio Godinho Delgado, Sexta Turma, julgado em 30.03.2011, DJET 08.04.2011.

_____. RR 79240-55.2006.5.01.0008, Rel. Min. Augusto César Leite de Carvalho, Sexta Turma, jugado em 24.11.2010, DJET 03.12.2010.

_____. RR 162340-36.2005.5.01.0009, Rel. Min. Augusto César Leite de Carvalho, Sexta Turma, julgado em 25.08.2010, DJET 03.09.2010.

_____. RR 102500-64.2009.5.05.0035, Rel. Min. Delaíde Miranda Arantes, Sétima Turma, julgado em 14.11.2012, DEJT 23.11.2012.

_____. RR 40900-51.2006.5.01.0005, Rel. Min. Pedro Paulo Manus, Sétima Turma, julgado em 07.08.2012, DEJT 10.8.2012.

_____. RR 113-14.2012.5.03.0037, Rel. Min. Alberto Luiz Bresciani de Fontan Pereira, Terceira Turma, julgado em 08.05.2013, DJET 17.05.2013.

_____. RR 119700-79.2005.5.01.0021, Rel. Min. Alberto Luiz Bresciani de Fontan Pereira, Terceira Turma, julgado em 11.04.2012, DJET 13.04.2012.

_____. RR 114-05.2012.5.03.00351, Rel. Min. Kátia Magalhães Arruda, Sexta Turma, julgado em 06/11/2013, DEJT 08.11.2013.

_____. RR 117600-11.2007.5.01.0045, Rel. Des. Aloysio Corrêa da Veiga, Sexta Turma, julgado em 09.04.2014, DEJT 15.04.2014.

ALVIM, Arruda; ALVIM, Eduardo Arruda; ASSIS, Araken. *Comentários ao Código de Processo Civil*. Rio de Janeiro: GZ Ed., 2012.

CÂMARA DOS DEPUTADOS. *Parecer da Comissão de Trabalho, administração e de serviço público*. Disponível em: <http://www.camara.gov.br/proposicoesWeb/prop_mostrarintegra;jsessionid=51B6E6EA7A91477683308DF696701786.proposicoesWeb1?codteor=985295&filename=Parecer-CTASP-19-10-2011>. Acesso em: 15 maio 2018.

CARMO, Joel Sousa do. *A tutela do direito à imagem do empregado que utiliza propagandas comerciais em seus uniformes*: tentativa de contribuir com a renovação do trabalhismo no Brasil. Orientador: Fabiano Guadagnucci dos Santos. Dissertação em Especialização. Universidade Anhanguera, UNIDERP, Fortaleza, 2015.

DELGADO, Gabriela Neves; DELGADO, Mauricio Godinho. *A reforma trabalhista no Brasil com os comentários à Lei n. 13.467/2017*. 1. ed. São Paulo: LTr, 2017.

_____. *Constituição da República e direitos fundamentais*: dignidade da pessoa humana, justiça social e direito do trabalho. 3. ed. São Paulo: LTr, 2015.

DELGADO, Mauricio Godinho. *Curso de direito do trabalho*. São Paulo: LTr, 2012.

_____. *Princípios de direito individual e coletivo do trabalho*. 4. ed. São Paulo: LTr, 2013.

DUARTE, Juliana Bracks; TUPINAMBÁ, Carolina. Direito à intimidade do empregado x direito de propriedade e poder diretivo do empregador. *RDT*. São Paulo, Revista dos Tribunais, jan.-mar., 2002.

FARIA, Cristiano Chaves de; ROSENVALD, Nelson. *Direito Civil*: teoria geral. 6. ed. Rio de Janeiro: Lumen Juris, 2007.

MEIRINHO, Augusto Griego Sant'Anna; PORTO, Lorena Vasconcelos. O trabalho autônomo e a reforma trabalhista. In: *Trabalho*: diálogos e críticas. v. 1. São Paulo: LTr, 2018.

OLIVEIRA, Conrado Di Mambro. *O direito de imagem e o uso de uniformes*. Disponível em <http://russomano.adv.br/trabalhista/o-direito-de-imagem-e-o-uso-de-uniformes-ambiente-de-trabalho-2>. Acesso em: 3 mar. 2017.

ROCHA, Cláudio Janotti. Reflexões temporais acerca do direito do trabalho brasileiro e do seu constitucionalismo: a obrigatoriedade do controle difuso de constitucionalidade e de convencionalidade da reforma trabalhista. In: *Trabalho*: diálogos e críticas. v. 1. São Paulo: LTr, 2018.

ROMITA, Arion Sayão. *Direitos fundamentais nas relações de trabalho*. 5. ed. São Paulo: LTr, 2014.

SILVA NETO, Manoel Jorge e. *Direitos fundamentais e o contrato de trabalho*. São Paulo: LTr, 2005.

TRIBUNAL REGIONAL DO TRABALHO DA 1ª REGIÃO. *RO 00198-2007-032-01-00-5*, Rel. Des. Alexandre de Freitas Bastos Cunha, Sétima Turma, julgado em 23.01.2008, DJET 27.08.2007.

_____. RO 12286620105010079, Rel. Des. Cláudia Regina Vianna Marques Barrozo, Sexta Turma, julgado em 28.08.2013, DEJT 25.09.2013.

TRIBUNAL REGIONAL DO TRABALHO DA 2ª REGIÃO. RO 0000078-11.2012.5.02.0028, Rel. Des. Eduardo de Azevedo Silva, 11ª Turma, julgado em 22.04.2014, DJET 04.04.2014.

TRIBUNAL REGIONAL DO TRABALHO DA 3ª REGIÃO. RO 0002261-23.2011.5.03.0137, Primeira Turma, Rel. Maria Laura Franco Lima de Faria; julgado 24.07.201, DJET 31.07.2013.

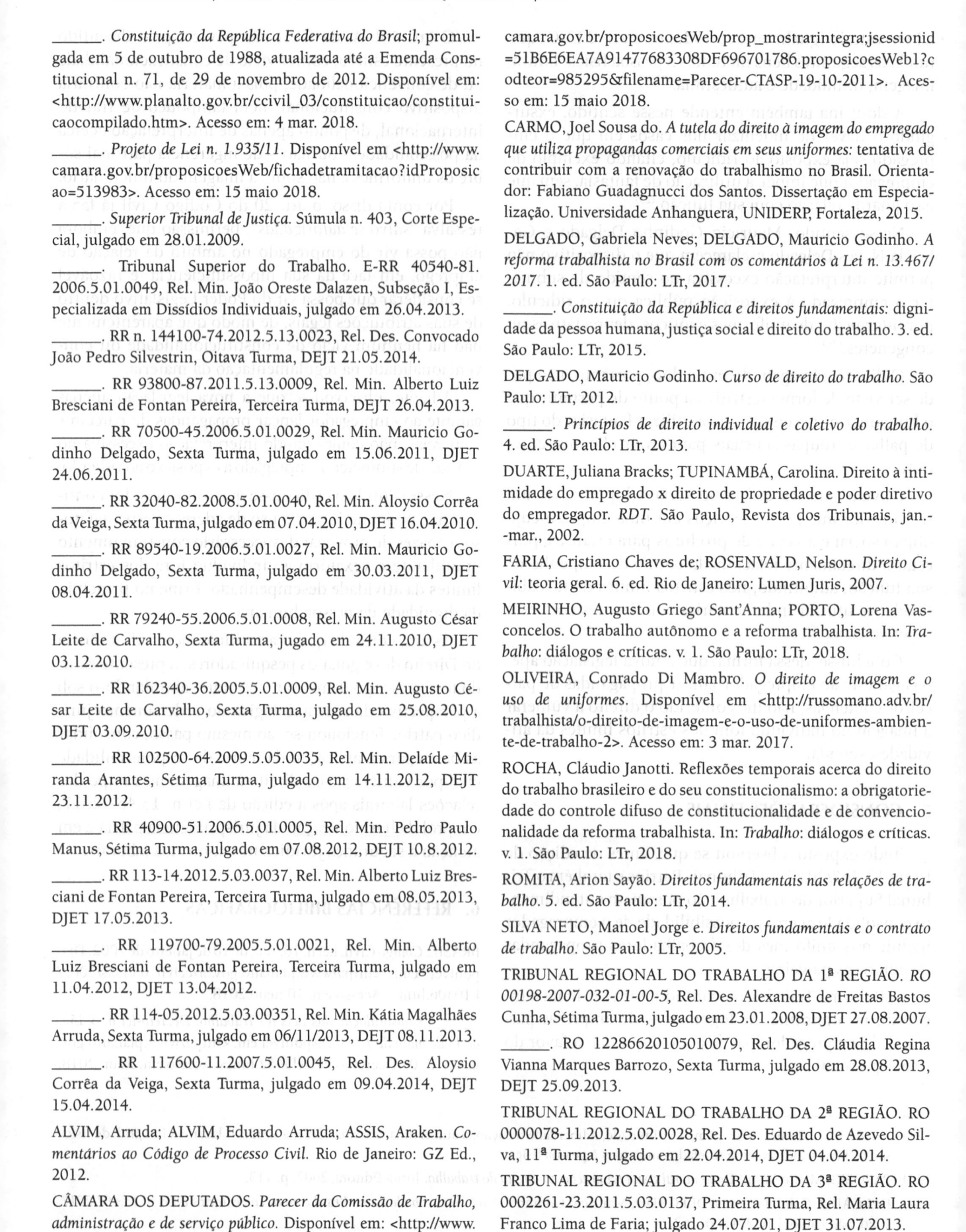

_____. RO 0001951-59.2012.5.03.0144, Rel. Des. Sercio da Silva Pecanha, Oitava Turma, julgado em 24.10.2013, DEJT 24.10.2013.

TRIBUNAL REGIONAL DO TRABALHO DA 4ª REGIÃO. RO 0145700-29.2009.5.04.0010, Rel. Des. ANA ROSA PEREIRA ZAGO SAGRILO, Oitava Turma, julgado em 02.07.2011, DJ 20.07.2011.

TRIBUNAL REGIONAL DO TRABALHO DA 5ª REGIÃO. RO 0102500-64.2009.5.05.0035, Rel. Des. Luiz Tadeu Leite Vieira, julgado em 23.05.2011, DJET 25.05.2011.

_____. RO 0001323-23.2010.5.05.0035, Rel. Des. Luíza Aparecida Oliveira Lomba, Segunda Turma, julgado em 20.06.2012, DEJT 21.06.2012.

TRIBUNAL REGIONAL DO TRABALHO DA 6ª REGIÃO. RO 1868200500206000, Rel. Des. Maria Helena Guedes Soares de Pinho Maciel, julgado em 21.06.2006, DJET 02.08.2006.

TRIBUNAL REGIONAL DO TRABALHO DA 7ª REGIÃO. RO 0000392-39.2013.5.07.0009, Rel. Des. José Antônio Parente, Oitava Turma, julgado em 14.07.2014, DJET 31.03.2014.

_____. RO 0000426-84.2013.5.07.0018, Rel. Des. Emmanuel Teófilo Furtado, Primeira Turma, julgado em 09.07.2014, DJET 15.07.2014.

TRIBUNAL REGIONAL DO TRABALHO DA 8ª REGIÃO. RO 0000037-88.2012.5.08.0121, Rel. Des. Marcus Augusto Losada Maia, Primeira Turma, julgado em 02.10.2012, DJET 10.10.2012.

TRIBUNAL REGIONAL DO TRABALHO DA 10ª REGIÃO. RO 1002201200810004 Rel. Des. José Leone Cordeiro Leite, Terceira Turma, julgado em 20.11.2013, DEJT 29.11.2013.

_____. RO 01447-2013-014-10-00-7, Rel. Des. 01447-2013-014-10-00-7, Segunda Turma, julgado em 27.08.2014, DEJT 12.09.2014.

TRIBUNAL REGIONAL DO TRABALHO DA 13ª REGIÃO. RO 0093800-87.2011.5.13.0009, Rel. Des. Ubiratan Moreira Delgado, Primeira Turma, julgado em 23.05.2012, DJET 28.05.2012.

TRIBUNAL REGIONAL DO TRABALHO DA 18ª REGIÃO. RO 0011826-37.2013.5.18.0003, Rel. Des. Gentil Pio de Oliveira, Primeira Turma, julgado em 31.10.2014, DJET 18.11.2014.

TRIBUNAL REGIONAL DO TRABALHO DA 23ª REGIÃO. RO 0002059-62.2013.5.23.0026, Rel. Des. Maria Aparecida de Oliveira Oribe, Segunda Turma, julgado em 12 de setembro de 2014, DJET 17.09.2014.

CAPÍTULO 20

ATIVIDADE PESQUEIRA: UMA FACETA DA ESCRAVIDÃO CONTEMPORÂNEA

Eduardo Antonio Martins Guedes[1]

1. INTRODUÇÃO

O objetivo do presente artigo é dialogar sobre a atividade pesqueira, que vem ganhando um perfil de exploração inaceitável, perdendo a identidade social do trabalhador para o trabalho escravo. Apresentar-se-á um panorama dos direitos humanos fundamentais, o qual tem como aspecto principal estabelecer garantias mínimas para o trabalho decente, com o intuito principal de promoção de respeito à dignidade, como também o estabelecimento de condições mínimas de vida e de desenvolvimento da personalidade.

Expõe-se também a caracterização jurídica do trabalho escravo contemporâneo, que detém várias facetas, como as condições degradantes, trabalho forçado, jornada exaustiva, restrição de locomoção por dívidas contraídas, retirando cruelmente a dignidade humana, principalmente na atividade pesqueira.

A pesca é atividade regulamentada no país e internacionalmente, principalmente pela OIT, sendo um modelo proposto por essa organização um espelho a ser seguido.

2. BREVE DIÁLOGO SOBRE DIREITOS HUMANOS FUNDAMENTAIS À LUZ DO PRINCÍPIO DA DIGNIDADE HUMANA

É essencial termos esse estudo antes de debatemos a escravidão contemporânea, visto que entender os objetivos dos direitos humanos fundamentais fará com que nos tornemos mais críticos ao trabalhar o tema explorado. Os direitos humanos se estabelecem como direitos inerentes à condição humana, sendo antecedentes ao reconhecimento do direito positivo. Desta forma, é importante fixar a distinção entre direitos humanos e direitos fundamentais.

A professora Jackeline Guimarães menciona que:

> O grande objetivo dos direitos humanos consiste em atribuir proteção eficaz à dignidade da pessoa humana, incluindo-se, aí, valores como direito a vida, à liberdade, à segurança e à propriedade, dentro outros. Tal proteção vai além do amparo individual das pessoas, abrangendo toda a coletividade.[2]

Ingo Wolfgang Sarlet explica sobre o tema:

> Em pese sejam ambos os termos (direitos humanos e direitos fundamentais) comumente utilizados como sinônimos da explicação corriqueira e, diga-se de passagem, procedente para a distinção é de que os termos direitos fundamentais se aplicam para aqueles direitos do ser humano reconhecido e positivados na esfera do direito constitucional positivo de determinado Estado, ao passo que a expressão direitos humanos guardaria relação com os documentos de direito internacional, por referir-se àquelas posições jurídicas que se reconhecem ao ser humano como tal, independentemente de sua

---

(1) Mestrando em Relações Sociais e Trabalhistas pela UDF. Pós Graduado em Direito do Trabalho e Processo do Trabalho. Advogado. Professor em cursos de graduação. Autor de artigos jurídicos.

(2) FRANZOI, Jackeline Guimarães Almeida. Dos direitos humanos: breve abordagem sobre seu conceito, sua história e sua proteção segundo a Constituição Brasileira de 1988 e a (sic) nível internacional. Paraná. *Revista Jur*.

vinculação com determinada ordem constitucional, e que, portanto, aspiram à validade universal para todos os povos e tempos, de tal sorte que revelam um inequívoco caráter supranacional (internacional).[3]

Carlos Henrique Bezerra Leite também atribui crucial distinção entre direitos humanos e direitos fundamentais. Os direitos humanos, que são universais, estão reconhecidos tanto na Declaração Universal de 1948, quanto nos costumes, nos princípios jurídicos e nos tratados internacionais, ao passo que os direitos fundamentais estão positivados nos ordenamentos internos de cada estado, especialmente nas suas constituições.[4]

Samuel Sales Fonteles explica que os direitos humanos estão previstos em tratados internacionais e os direitos fundamentais estão positivados em uma Constituição.[5]

Em resumo, a distinção entre direitos humanos e direitos fundamentais não está na definição conceitual, pois ambos consagram substância de modo que a diferenciação se vincula à estrutura e não na essência.

Alguns autores compreendem que os direitos humanos são modernamente entendidos como aqueles direitos fundamentais que o homem possui pelo fato de ser homem, sendo direitos que independem de outorga da sociedade política. Alexandre de Moraes explica que:

> A previsão do termo direitos humanos fundamentais direciona-se basicamente para a proteção à dignidade humana em seu sentido mais amplo, de valor espiritual e moral inerente à pessoa, que se manifesta singularmente na autodeterminação consciente e responsável da própria vida e que traz consigo a pretensão ao respeito por parte das demais pessoas, constituindo-se um mínimo invulnerável que todo estatuto jurídico deve assegurar, de modo que, somente excepcional, possam ser feitas limitações ao exercício dos direitos fundamentais, mas sempre sem menosprezar a necessária estima que merecem todas as pessoas enquanto seres humanos.[6]

A dignidade da pessoa humana, portanto, é o norte da positivação dos direitos humanos e fundamentais, tanto em tratados internacionais, quanto em constituições nacionais, consistindo, assim, no fim maior do Direito.

Beltramelli Neto[7] discorre que a dignidade da pessoa humana possui um aspecto multidimensional e individual. Multidimensional, porque congrega diversos atributos intrínsecos do ser humano, como a liberdade, a igualdade, e a integridade física e psíquica. Individual, pois embora inerente a todo ser humano, é moldada com características próprias, delineadas pelo contexto histórico-cultural que circunda o indivíduo.[8]

3. TRABALHO ESCRAVO CONTEMPORÂNEO NO BRASIL

Com o decorrer dos anos, a palavra escravidão passou a ter seu conceito ampliado, abrangendo uma pluralidade de violações dos direitos humanos. No livro Disposable People, KevIn: BRALES ensina que na escravidão contemporânea o trabalhador é tratado como mercadoria, mesmo não havendo recibo.[8]

Há quatro componentes propulsores do conceito de escravidão contemporânea no Brasil: 1) condições degradantes (cenário humilhante, condições subumanas, colocando a segurança, a saúde e a vida do trabalhador em risco); 2) jornadas exaustivas (esgotamento das forças, tanto da saúde física como mental); 3) trabalho forçado (restrição à liberdade); e 4) servidão por dívida.[9]

O conceito estabelecido legalmente no Brasil sobre o trabalho escravo está tipificado no art. 149, do Código Penal, in verbis:

> Art. 149. Reduzir alguém a condição análoga à de escravo, quer submetendo-o a trabalhos forçados ou a jornada exaustiva, quer sujeitando-o a condições degradantes de trabalho, quer restringindo, por qualquer meio, sua locomoção em razão de dívida contraída com o empregador ou preposto: (Redação dada pela Lei n. 10.803, de 11.12.2003) (...)[10]

---

(3) SARLET, Ingo Wolfang. *A eficácia dos direitos fundamentais*. São Paulo: LTr, 2004.

(4) LEITE, Carlos Henrique Bezerra. *Direitos humanos*. 2. ed. Rio de Janeiro: Lumen Juris, 2011

(5) Fontelles, Samuel Sales. *Direitos fundamentais para concursos*. Salvador: JusPodivm, 2017.

(6) MORAES, Alexandre de. *Direitos humanos fundamentais*. 9. ed. São Paulo: Atlas, 2014.

(7) BELTRAMELLI NETO, Sílvio. *Direitos humanos*. Salvador: JusPodivm, 2014.

(8) SAKAMOTO, Leonardo. Este homem é um escravo brasileiro. *Revista Terra*, out. 2003.

(9) MONTEIRO, José Claudio. *Trabalho escravo*. São Paulo: LTr, 2014.

(10) Código Penal Brasileiro.

A citada redação reforçou a estrutura do combate ao trabalho escravo com os grupos móveis, além de auxiliar a política pública com o resgate de mais cinquenta mil trabalhadores de situações análogas à escravidão entre os anos de 1995 e 2016.[11]

A escravidão contemporânea acontece quando o empregador imprudente expõe a vida e a integridade física do trabalhador a risco e, ainda, quando o diminui enquanto pessoa (retirando o seu valor intrínseco), forçando-o a situações degradantes, removendo o valor da pessoa humana.[12]

As nomenclaturas "análogas à escravidão" ou "escravidão contemporânea" são debatidas pelo Ministério do Trabalho, o qual menciona que a exploração ocorre em:

> (...) qualquer trabalho que reúna as mínimas condições necessárias para garantir os direitos do trabalhador, ou seja, cerceie sua liberdade, avilte a sua dignidade, sujeite-o a condições degradantes, inclusive em relação ao meio ambiente de trabalho, há que ser considerado trabalho em condição análoga à de escravo.[13]

Nessa abordagem é importante debater que, para a Organização Internacional do Trabalho, a escravidão contemporânea promove a coerção/privação de liberdade, sendo o elemento principal na definição do trabalho forçado. Consequentemente, as condições de trabalho impróprias, tais como jornadas exaustivas e remuneração baixa não constituem situação de trabalho forçado, a não ser que a coerção se vincule com a manutenção de quitação de dívidas.[14]

Já no Brasil, a escravidão contemporânea está interligada não somente em coagir o indivíduo, mas sim em vulnerar o princípio da dignidade humana, submetendo o trabalhador a condições inaceitáveis. A professora Rebecca Scott, traz o conceito de dignidade neste cenário:

> (...) captura uma dimensão da dignidade humana conhecida por séculos, uma dimensão que traça um limite moral fundamental entre seres humanos e animais. Certas condições de trabalho são percebidas como humilhantes e degradantes precisamente porque elas turvam essa linha que separa humanos de animais, ao sujeitar homens, mulheres e criança a condições que são essencialmente as mesmas experimentadas pelos animais de fazendas – obrigando-os a dormir sobre o chão sujo, ou diretamente no campo, sob lonas de plástico, e oferecendo-lhes apenas água não tratada, diretamente de um riacho, para beber.[15]

A Ministra do Supremo Tribunal Federal, Rosa Weber, afirmou que:

> Priva-se alguém de sua liberdade e de sua dignidade tratando-o como coisa e não como pessoa humana, o que pode ser feito não só mediante coação, mas também pela violação intensa e persistente de seus direitos básicos, inclusive do direito ao trabalho digno. A violação do direito ao trabalho digno impacta a capacidade da vítima de realizar escolhas segundo a sua livre determinação. Isso também significar reduzir alguém a condições análogas à de escravo".[16]

O professor Leonardo Barbosa explica que mesmo que a definição de escravidão contemporânea adotada no Brasil tenha raízes pragmáticas, o discurso jurídico e a prática administrativa naturalmente buscará enquadrar o conceito em um quadro explicativo coerente, permitindo a aplicação da lei de forma previsível e consistente.[17]

É importante esclarecer que a titulação "escravidão contemporânea" vincula-se a uma profanação grave, que retira do indivíduo a sua dignidade humana, não podendo expandir a situações de mero cunho

---

(11) PAIXÃO Cristiano; CAVALCANTI, Tiago Muniz. *Combate ao trabalho escravo*: conquistas, estratégias e desafios. São Paulo: LTr, 2017.

(12) PAIXÃO Cristiano; CAVALCANTI, Tiago Muniz. *Combate ao trabalho escravo*: conquistas, estratégias e desafios. São Paulo: LTr, 2017 p. 176.

(13) MINISTÉRIO DO TRABALHO E EMPREGO. *Manual de combate ao tralho em condições análogas ás de escravo*. Brasília: MTE, 2011. p. 12.

(14) COSTA, Patricia T. M. *Fighting forced labour*: the example af Brazil. Geneva: ILO, 2009.

(15) SCOTT, Rebecca J. Dignité/diginidade: organizing against threats to dignity in societies after slavery. In: MCCRUDDEN, Christopher (ed). *Understanding human dignity*. Oxford: Oxford University, 2013. p. 74.

(16) STF. Inquérito n. 2.131. Rel p/ acórdão Min. Luiz Fux. Tribunal Pleno. DJe. 7.8.2012 STF. Inquérito n. 3.412. Rel p/ acórdão Min. Rosa Weber. Tribunal Pleno. DJe 12.11.2012.

(17) PAIXÃO Cristiano; CAVALCANTI, Tiago Muniz. *Combate ao trabalho escravo*: conquistas, estratégias e desafios. São Paulo: LTr, 2017. p. 183.

infracional trabalhista (um dano apartado ou de curto prazo para o direito do trabalhador), sendo que essa distinção deve ser observada.

4. RELAÇÃO DE EXPLORAÇÃO NA ATIVIDADE PESQUEIRA

Por muito tempo a utilização do trabalho escravo foi predominante verificado na zona rural, entretanto, foram surgindo diversas facetas da exploração nas mais diversas atividades do setor econômico, tais como têxtil, construção civil e na atividade pesqueira. Em todas elas o trabalho análogo ao de escravo tem o mesmo intuito, ampliar os lucros dos empresários a custas da exploração (redução de custos produtivos e como consequência o aumento do lucro).

É fato que o mecanismo moderno de escravidão é sutil e, por vezes, invisível. Nos últimos anos, as práticas de abuso em alto mar têm se intensificado. O trabalho na pesca, por ser atividade com características específicas, é considerada uma das mais perigosas atividades comerciais do mundo, ainda que as embarcações possuam toda a estrutura suficiente para a realização da atividade.

O trabalho escravo pesqueiro emerge com longas e exaustivas jornadas de trabalho, sendo desenvolvido em embarcações deploráveis, despidas de condições mínimas de segurança, bem como em ambientes nocivos à saúde. O Procurador do Trabalho Marcelo Freire Sampaio Costa menciona que as condições precárias são preocupantes:

> Há embarcações, por exemplo, que chegam a realizar viagens redondas de trinta dias e nem ao menos possuem banheiros (isto mesmo, à tripulação precisa satisfazer as necessidades básicas no costado da embarcação), locais de descanso e refeitórios, por exemplo. A degradação desse meio ambiente laboral levará ao reconhecimento da submissão desses trabalhadores à condições de trabalho escravo ou análogo à escravidão. (...)[18]

Os auditores do Ministério do Trabalho, quando em operação, surpreenderam 11 pescadores em condições degradantes na Ilha da Conceição:

Uma operação do Ministério do Trabalho e Emprego autuou duas embarcações comerciais na Ilha da Conceição depois de flagrar, na última segunda-feira, 11 pessoas trabalhando em situação análoga à de escravidão. Fiscais do Ministério do Trabalho e Emprego (MTE) flagraram, na última segunda feira, 11 pessoas trabalhando em situação análoga à de escravidão em duas embarcações de pesca comercial que tinham acabado de atracar na Ilha da Conceição. Os donos das embarcações foram autuados e terão de pagar multas referentes às verbas indenizatórias para os trabalhadores, e só poderão voltar para o mar quando cumprirem todas as exigências trabalhistas e sanitárias. Caso não cumpram as determinações, os donos dos barcos ficam sujeitos a ação penal. As ações fazem parte de uma ofensiva do MTE que, desde 2012, já encontrou 85 pescadores em condições semelhantes nos estados de Amapá, Pará, Ceará e Rio.[19]

Ainda, os fiscais do Trabalho com experiência de atuação nos setores aquaviário e portuário elencaram as seguintes irregularidades corriqueiras:

> (...) falta de água potável e para banho; ausência de sanitários, vaso sanitário sem caixa d'água; cama e colchões em situação precária; falta de limpeza e higienização; falta de material para primeiros socorros; praça de máquinas em situação precária, sem nenhuma proteção nas máquinas: armazenamento de matérias diversos com ferramentas, óleo do motor, roupas, botas na área de acesso à praça de máquinas, estando todas essas matérias sujeitas a deslocamento com o navio em viagem, por falta de peação; baterias sem enclausuramento e sem graxa nas conexões e sem protetor de terminal; quadro elétrico deficiente; cabos elétricos desprotegidos; utilização dos botijões de gás contra a água salgada (corrosão); falta de botões de parada de emergência dos equipamentos de guindar; inexistência de colete na cabine de comando; falta capacitação para situações de emergência; falta de certificado de segurança – sinalizadores; equipamentos de primeiros socorros inadequados e sem caixa de guarda; boia sem sinalizador e sem cabo de arremesso e retorno; cabo de aço emendado; roldana deforma; porão sem

---

(18) COSTA, Marcelo Freira Sampaio. Pesca trabalho escravo e desembarque compulsório humanitário. In: MEIRINHO, Augusto Grieco Sant'Anna; MELO, Maurício Coentro Pais de (Org.) *Trabalho portuário e aquaviário*. Homenagem aos 10 anos da Coordenadoria Nacional do Trabalho e Aquaviário. São Paulo: LTr, 2014. p. 229-230.

(19) Disponível em: <https://oglobo.globo.com/rio/bairros/donos-de-embarcacoes-de-pesca-sao-autuados-por-trabalho-escravo-em-niteroi-1-16365975>. Acesso em: 20 maio 2018.

escada e acesso; falta de abafadores para quem trabalha no porão e nas praças de máquinas.[20]

Na esfera internacional, há graves relatos de trabalho escravo na pesca. Na Tailândia, por exemplo, as práticas de abusos em alto mar têm se intensificado. Sendo o terceiro maior exportador de frutos do mar do mundo, a frota tailandesa tem sofrido com a escassez de trabalhadores na área, surgindo como solução escravizar pessoas, principalmente imigrantes que na busca de melhores condições de vida são atraídos por traficantes para, enfim, serem transformados em escravos do mar.

Os relatos de pessoas vítimas do trabalho forçado no mar trazem situações de exploração deploráveis, que incluem marinheiros doentes atirados ao mar, trancados em porões, agressões graves, alimentação precária etc.

Phil Robertson, vice-diretor da ONG Human Rights Watch, explica:

> A indústria pesqueira está cada vez mais dependente da pesca de longos percursos, em que os barcos ficam no mar, às vezes durante anos, fora do alcance das autoridades. Com o aumento dos preços do combustível e menos peixes perto do litoral, os especialistas preveem que os barcos tendem a se aventurar cada vez mais longe, aumentando as chances de maus-tratos aos trabalhadores. "A vida no mar é barata", "E as condições lá são cada vez piores."[21]

O governo tailandês dispõe de poucos elementos para prevenir esse tipo de abuso, já que conta com interferências inabituais e com fracas leis trabalhistas marítimas. Alguns contrabandistas, aproveitando a situação, aliada à falta de fiscalização, negociam pessoas como mercadorias.

No ano de 2014, ocorrências de escravidão e maus tratos na costa litorânea do Uruguai foram identificadas pelos militantes e dirigentes do sindicato do Mar do Uruguai (SUNTMA). Foram encontrados aproximadamente 47 marinheiros, a maioria de países africanos, com indícios de tortura. A SUNTMA menciona que esses imigrantes supostamente foram atraídos por uma empresa chinesa, que os iludiu com propostas de prestação de serviço como pescadores com salários atraentes.[22]

Os trabalhadores relataram que a alimentação se restringia em arroz e água, e que eram amarrados com correntes entre as pernas. O sindicato ainda identificou que alguns trabalhadores se encontravam com malária e tuberculose.

5. NORMAS REGULAMENTADORAS PARA A ATIVIDADE DE AQUAVIÁRIOS

Estabelecer cuidados com a estrutura do meio ambiente de trabalho dos pescadores é essencial em razão da grande exposição à saúde a que esses trabalhadores são submetidos. A portaria SIT n. 36/2008 (Anexo I sobre pesca) foi incluída na Norma Regulamentadora n. 30/2002, normativa que possui como objetivo parametrizar a proteção e a regulamentação das condições de segurança e saúde dos trabalhadores. A Portaria trouxe especificações das condições propícias e de habitabilidade para o exercício da profissão. O art. 4º detalha a segurança envolvida nas embarcações:

4.1. Os barcos de pesca novos, ou que sofreram reformas ou modificações importantes, devem atender às disposições mínimas de segurança e saúde previstas no Apêndice I do presente Anexo.

4.2. No caso de barcos de pesca existentes, devem ser cumpridas as disposições previstas no Apêndice II.

4.3. A observância do disposto neste Anexo não exime os barcos dos controles periódicos previstos nas demais normas que a eles se aplicam.

4.4. Cabe ao armador, sem prejuízo da responsabilidade do patrão de pesca:

a) zelar pela manutenção técnica dos barcos, de suas instalações e equipamentos, especialmente no que diz respeito ao disposto nos Apêndices I e II do presente Anexo, de forma a eliminar o quanto antes os defeitos que possam afetar a segurança e saúde dos trabalhadores;

b) tomar medidas para garantir a limpeza periódica dos barcos e do conjunto de instalações e equipamentos, de modo a manter condições adequadas de higiene e segurança;

c) manter a bordo dos barcos os meios de salvamento e de sobrevivência apropriados, em bom estado de

---

(20) MOREIRA, Klinger Fernandes Santos; CAVALCANTE FILHO, Mauro Costa; BRASIL, Raul Vital. O trabalho escravo na atividade de pesca. In: MEIRINHO, Augusto Grieco Sant'Anna; MELO, Maurício Coentro Pais de (Org.) *Trabalho portuário e aquaviário*. Homenagem aos 10 anos da Coordenadoria Nacional do Trabalho e Aquaviário. São Paulo: LTr, 2014. p. 215-216.

(21) Disponível em: http://www1.folha.uol.com.br/mundo/2015/08/1662374-escravos-do-mar-sustentam-industria-de-pescados-usados--em-racoes-animais.shtml>. Acesso em: 20 maio 2018.

(22) Disponível em: <https://brasil.elpais.com/brasil/2014/09/13/internacional/1410564911_010722.html>. Acesso em: 20 maio 2018.

funcionamento e em quantidade suficiente, de acordo com as normas da autoridade marítima;

d) atender às disposições mínimas de segurança e saúde relativas aos meios de salvamento e sobrevivência previstas no Apêndice III deste Anexo e nas normas da autoridade marítima;

e) fornecer os equipamentos de proteção individual necessários, quando não for possível evitar ou diminuir suficientemente os riscos para a segurança e saúde dos trabalhadores com meios ou técnicas coletivas de proteção, de acordo com a Norma Regulamentadora n. 6; e

f) garantir o aprovisionamento de víveres e água potável em quantidade suficiente, de acordo com o número de pescadores profissionais e outros trabalhadores a bordo, a duração, a natureza da viagem e as situações de emergência.(23)

O Anexo trouxe disposições de segurança e saúde nas embarcações, exames médicos e primeiros socorros, disposições mínimas de segurança e saúde aplicáveis aos barcos de pesca novos e existentes e meios de salvamento e sobrevivência. Apesar de a norma regulamentadora conceder o parâmetro de como deve ser o cenário da pesca, a portaria sofre dificuldades para a sua implementação. Em âmbito internacional, a Convenção n. 188 da OIT aborda situações e condições laborais específicas do setor pesqueiro. A Convenção traz uma flexibilidade, tentando ser pertinente para todos os tipos de pesca comercial e para que possa ser aplicada pelos governos em todo o mundo, independente de suas circunstâncias particulares. Referida convenção foi concebida para refletir as características particulares do setor pesqueiro e as situações enfrentadas pelos pescadores em sua vida laboral cotidiana. As condições de trabalho dos pescadores são diferentes das experimentadas pelos trabalhadores de outros setores. A taxa de mortalidade dos pescadores é muito superior à de outros trabalhadores.

Na convenção são abordadas questões essenciais para assegurar o trabalho decente a bordo dos barcos de pesca, como por exemplo:

- São estabelecidas as responsabilidades dos proprietários de barcos pesqueiros e dos comandantes ou patrões de pesca a respeito da segurança dos pescadores embarcados e da segurança operacional do barco (art. 8º);
- É fixada idade mínima para trabalhar a bordo de um barco pesqueiro e se exige uma proteção especial para os pescadores jovens (art. 9º);
- São exigidos exames médicos periódicos para os pescadores poderem trabalhar a bordo de barcos de pesca (arts. 10 a 12);
- É exigido que os barcos tenham tripulação eficiente e que garanta segurança, sob o controle de um comandante ou patrão de pesca competente, e que os pescadores gozem de períodos de descanso com duração sufi ciente (arts. 13 e 14);
- Se exige aos barcos de pesca que levem a bordo a lista de tripulantes e pescadores que devem estar amparados por um acordo de trabalho assinado, no qual estejam estabelecidas as condições do trabalho que estão realizando (arts. 15 a 20 e anexo II);
- Autoriza-se que os pescadores sejam repatriados após o término de seus contratos – e por outros motivos – e se proíbe que sejam imputados aos pescadores os gastos correspondentes ao seu trabalho, ou que sejam incluídos em listas destinadas a impedir que obtenham um emprego ou a dissuadi-los desse emprego (arts. 21 e 22);
- É abordado o modo pelo qual o pescador é remunerado e é exigido que estes disponham de meios para transferir às suas famílias, sem custo algum, a totalidade ou parte das remunerações recebidas (arts 23 e 24);
- São estabelecidas normas de alojamento e alimentação a bordo (arts. 25 a 28 e anexo III);
- Estabelecem-se requisitos em matéria de segurança e saúde no trabalho, e se exige uma atenção médica básica a bordo dos barcos de pesca (arts. 31 a 33), e
- Assegura-se que os pescadores se beneficiarão da proteção da seguridade social em condições não menos favoráveis que as que são aplicadas a outros trabalhadores do país e, no mínimo, sejam disponibilizadas proteção em caso de doenças, lesões ou morte relacionadas com o trabalho (arts. 34 a 39).(24)

O ex-diretor-geral da OIT, Juan Somavia, afirma que:

"A aplicação da rede de proteção social e trabalho decente para os trabalhadores do setor pesqueiro são importantes para o cumprimento do

---

(23) Normas Regulamentadora n. 30/2002, Portaria SIT n. 36/2008, Anexo I (Pesca).

(24) TRABALHO NA PESCA Convenção n. 188 Recomendação n. 199 da OIT.

compromisso da OIT com a justiça social. No setor pesqueiro, existem muitas pessoas que enfrentam riscos extraordinários e inesperados trabalhando durante longas horas para trazer alimentos para o nosso mercado. Estes instrumentos ajudarão e protegê-los contra a exploração", ressaltou.

A OIT argumenta que está comprometida com a promoção de oportunidades de trabalho decente e produtivo para homens e mulheres, em condições de igualdade, segurança e dignidade humana. Um trabalho decente significa um trabalho produtivo em que se protegem direitos, que gera retorno financeiro adequado e que oferece proteção social adequada. Os pescadores, assim como os demais trabalhadores, têm direito a um trabalho decente. Convém ressaltar que o Brasil ainda não ratificou essa convenção.

6. A DECADÊNCIA DO COMBATE AO TRABALHO ESCRAVO CONTEMPORÂNEO NO BRASIL

O combate ao trabalho escravo se torna um procedimento cada dia mais dificultoso, principalmente pelas várias novas formas de exploração de mão de obra e também pelos desafios que o Brasil vem enfrentando. Para Leonardo Sakamoto, existem vertentes para o declínio do combate ao trabalho escravo, sendo: a redução do conceito, a falta de transparência, a terceirização e a responsabilidade estatal.[25]

A redução do conceito diz respeito às propostas de retirar 2 aspectos do art. 149 do código penal, quais sejam, as condições degradantes e a jornada exaustiva.

O Procurador Tiago Muniz Cavalcante registra que:

> Seguindo uma tendência internacional e se curvando ao entendimento da melhor doutrina, o legislador deixou claro que o eixo valorativo central tutelado pelo tipo penal é a dignidade humana, aviltada pela supressão ou significativa mitigação da autonomia do trabalho, indevidamente subjugado e corrompido a uma mercadoria (...).[26]

O conceito de escravidão não pode se limitar à verificação da coação da liberdade, do direito de ir e vir. Um exemplo é do trabalho pesqueiro, que vai além de um cativeiro em alto mar, tendo um aspecto de vivência de submundo, devido às condições subumanas. A redução do conceito dificultará o combate, principalmente com as explorações de mão de obra de mais difícil acesso, como é o caso da atividade pesqueira.

Já a falta de transparência está conectada, com a censura dos cadastros de empregadores envolvidos em trabalho escravo, censura que durou 27 meses. Sendo o cadastro uma medida de extrema relevância no enfrentamento do tema.

A obrigação do Ministério do Trabalho em divulgar os nomes dos empregadores que exploram o trabalho escravo decorre de compromissos assumidos pela República Federativa do Brasil em âmbito internacional, os quais impedem retrocessos nos passos já trilhados em prol de erradicação da escravidão contemporânea, afirmou o procurador do trabalho Tiago Cavalcanti.[27]

Com a Lei n. 13.467, de 13 de junho de 2017, a terceirização da atividade-fim foi autorizada validando uma prática já existente na qual as pequenas empresas terceirizadas são utilizadas como artifício por empresas maiores para tentar afastar a responsabilidade pelos trabalhadores em situação análoga à de escravo. Com a reforma trabalhista essa prática ganha um verniz de legalidade, de legitimidade, dificultando totalmente combater a esse crime.

É, por último, a visão da Leonardo Sakamoto de responsabilidade do Poder Público que, pela falta de incentivo na implementação de novas medidas previstas do II Plano Nacional para Erradicação do trabalho escravo, como também pelas ações para tornar pouco efetivas, faz com que o sistema brasileiro de combate ao trabalho escravo entre num momento de refluxo e dúvida.

7. CONSIDERAÇÕES FINAIS

Diante das exposições, é notório que a escravidão mudou de forma, tomou outro corpo, mas tem a mesma alma. Combatê-la é tão necessário quanto difícil. Na modalidade apresentada (pescadores), enfrenta perigos específicos em consequência do seu trabalho. Na pesca não existe uma clara separação entre o tempo de

---

(25) SAKAMOTO. Leonardo Por que o Brasil está desistindo de combater o trabalho escravo? PAIXÃO, Cristiano; CAVALCANTI, Tiago Muniz (Coords.). *Combate ao trabalho escravo*: conquistas, estratégias e desafios. São Paulo: LTr, 2017. p. 191-199.

(26) SAKAMOTO, Leonardo. Por que o Brasil está desistindo de combater o trabalho escravo? PAIXÃO, Cristiano; CAVALCANTI, Tiago Muniz (Coords.). *Combate ao trabalho escravo*: conquistas, estratégias e desafios. São Paulo: LTr, 2017. p. 194.

(27) SAKAMOTO, Leonardo. Por que o Brasil está desistindo de combater o trabalho escravo? PAIXÃO, Cristiano; CAVALCANTI, Tiago Muniz (Coords.). *Combate ao trabalho escravo*: conquistas, estratégias e desafios. São Paulo: LTr, 2017. p. 194.

trabalho e o tempo de lazer ou atividades particulares, como se observa em muitos trabalhos. A pesca traz um estilo de vida singular.

O trabalho no setor pesqueiro tem que ser guiado por relações laborais que respeitem as raízes do trabalho decente, pois é aquele em que se encontra os conjuntos mínimos de direitos do trabalhador. E pelos relatos apresentados nessa modalidade de labor, verifica-se o desrespeito aos direitos básicos humanos, de sua dignidade, aproximando-o os trabalhadores da coisificação.

Em vista da reflexão a essa problemática, faz-se necessário criar medidas de prevenção e políticas públicas para que esse mecanismo desapareça, se reinvente de uma forma que se estabeleça sem violar a dignidade da pessoa humana. A Convenção n. 188 da OIT e a Norma Regulamentadora n. 30/2002 precisam de aplicação e, principalmente, de efetividade, pois são exigências da globalização em um setor totalmente sensível que precisa da proteção ao ser humano.

8. REFERÊNCIAS BIBLIOGRÁFICAS

AUDI, Patrícia; SAKAMOTO, Leonardo. *Trabalho escravo no Brasil no século XXI*. Disponível em: <http://www.oitbrasil.org.br/download/sakamoto_final.pdf>. Acesso em: 20 maio 2018.

ARENDT, Hannah. *A condição humana*. 11. ed. São Paulo: Forense Universitária, 2010.

BELTRAMELLI NETO, Sílvio. *Direitos humanos*. Salvador: JusPodivm, 2014.

BRITO FILHO, Monteiro, José Claudio, *Trabalho escravo*. São Paulo: LTr, 2014.

COSTA, Patricia T. M. *Fighting forced labour*: the example af Brazil. Geneva: ILO, 2009.

COSTA, Marcelo Freira Sampaio. Pesca trabalho escravo e desembarque compulsório humanitário. In: MEIRINHO, Augusto Grieco Sant'Anna; MELO, Maurício Coentro Pais de (org.). *Trabalho portuário e aquaviário*. Homenagem aos 10 anos da Coordenadoria Nacional do Trabalho e Aquaviário. São Paulo: LTr, 2014.

FONTELLES, Samuel Sales. *Direitos fundamentais para concursos*. Salvador: JusPodivm, 2017.

LEITE, Carlos Henrique Bezerra. *Direitos humanos*. 2. ed. Rio de Janeiro: Lumen Juris, 2011.

MORAES, Alexandre de. Direitos humanos fundamentais. 9. ed. São Paulo: Atlas, 2014.

MINISTÉRIO DO TRABALHO E EMPREGO. *Manual de combate ao tralho em condições análogas ás de escravo*. Brasília: MTE, 2011.

Normas Regulamentadora n. 30/2002, Portaria SIT n. 36/2008, Anexo I (Pesca).

TRABALHO NA PESCA. Convenção n. 188. Recomendação n. 199 da OIT.

PAIXÃO, Cristiano; CAVALCANTI, Tiago Muniz. *Combate ao trabalho escravo*: conquistas, estratégias e desafios. São Paulo: LTr, 2017.

SAKAMOTO, Leonardo. Por que o Brasil está desistindo de combater o trabalho escravo? PAIXÃO, Cristiano; CAVALCANTI, Tiago Muniz (Coords.). *Combate ao trabalho escravo*: conquistas, estratégias e desafios. São Paulo: LTr, 2017.

Disponível em: <http://www1.folha.uol.com.br/mundo/2015/08/1662374-escravos-do-mar-sustentam-industria-de-pescados-usados-em-racoes-animais.shtml>. Acesso em: 20 maio 2018.

SCOTT, Rebecca J. Dignité/diginidade: organizing against threats to dignity In: societies after slavery. In: MCCRUDDEN, Christopher (ed). *Understanding human dignity*. Oxford: Oxford University, 2013.

CAPÍTULO 21

CONTRIBUIÇÃO SINDICAL

Luís Antônio Camargo de Melo[1]

Zilmara David de Alencar[2]

Camila Alves da Cruz[3]

1. INTRODUÇÃO

O sistema sindical brasileiro, estabelecido pela Constituição Federal de 1988 está sustentado em três pilares fundamentais: a unicidade sindical (art. 8º, II), a representação estruturada por categoria (art. 8º, III) e a contribuição sindical (art. 8º, IV, parte final), *litteris*:

> Art. 8º É livre a associação profissional ou sindical, observado o seguinte:
>
> (...)
>
> II – é vedada a criação de mais de uma organização sindical, em qualquer grau, representativa de categoria profissional ou econômica, na mesma base territorial, que será definida pelos trabalhadores ou empregadores interessados, não podendo ser inferior à área de um Município;
>
> III – ao sindicato cabe a defesa dos direitos e interesses coletivos ou individuais da categoria, inclusive em questões judiciais ou administrativas;
>
> IV – a assembleia geral fixará a contribuição que, em se tratando de categoria profissional, será descontada em folha, para custeio do sistema confederativo da representação sindical respectiva, **independentemente da contribuição prevista em lei** (grifo nosso);

Contudo, propostas flexibilizatórias dirigidas à legislação do trabalho, repercutindo, inclusive, na referida estrutura sindical, foram recentemente aprovadas pelo Congresso Nacional, por meio da Lei n. 13.467/2017, que alterou mais de cem dispositivos da Consolidação das Leis do Trabalho (Decreto-lei n. 5.452, de 1º de maio de 1943), podendo perpetuar e aprofundar o quadro de desigualdade social e de fragilização do trabalhador brasileiro.

Vale dizer, ainda, que referida alteração imposta pelo governo não estabeleceu qualquer forma satisfatória de diálogo com as organizações sindicais, em especial de trabalhadores, em clara afronta ao art. 2º da Convenção n. 144, da Organização Internacional do Trabalho, que dispõe[4]:

---

(1) Advogado Trabalhista-Sindical. Mestrando em Direito das Relações Sociais e Trabalhistas (Centro Universitário do Distrito Federal--UDF). Subprocurador-Geral do Trabalho, aposentado. Procurador-Geral do Trabalho (2011-2015). Especialização em Advocacia Trabalhista (UFRJ/OAB-RJ). Professor de Direito do Trabalho do Centro Universitário IESB. Membro Honorário do Instituto dos Advogados Brasileiros-IAB. Membro da Associação Luso-Brasileira dos Juristas do Trabalho-JUTRA. Fundador e Membro da Academia Brasiliense de Direito do Trabalho-ABRADT.

(2) Advogada. Mestranda em Ciências Jurídicas (Universidade Autônoma de Lisboa – UAL). Especialização em Direito Processual (*lato sensu*) da UNAMA/PA. Pós-graduação em Negociação Coletiva no Setor Público – Universidade Federal do Rio Grande do Sul – UFRGS. Consultora de Relações Sindicais e Trabalhista de Centrais Sindicais, Confederação, Federação e Sindicatos. Membro integrante da Associação Ibero-americana de juristas de Direito do Trabalho e da Seguridade Social. Membro da Comissão e Direito Sindical da OAB/DF. Membro da Comissão Especial da OAB/Federal. Ex-Secretária de Relações de Trabalho do Ministério do Trabalho e Emprego e Ex-Procuradora do Departamento de Estadas de Rodagem e Transportes do Estado do Ceará- DERT/CE.

(3) Advogada. Especialista em Direito e Processo do Trabalho pelo Instituto de Direito Público (IDP). Pós-Graduanda em Direito Sindical pelo Instituto de Educação Superior de Brasília – IESB.

(4) Aprovada pelo Decreto Legislativo n. 6, de 01.06.1989 – DOU 05.06.1989. Promulgada pelo Decreto n. 2.518, de 12 de março de 1998 – DOU 13.03.1998.

Art. 2º

1. Todo Membro da Organização Internacional do Trabalho que ratifique a presente Convenção compromete-se a pôr em prática procedimentos que assegurem consultas efetivas, entre os representantes do Governo, dos Empregadores e dos Trabalhadores, sobre os assuntos relacionados com as atividades da Organização Internacional do Trabalho a que se refere o art. 5º, § 1º, adiante.

2. A natureza e a forma dos procedimentos a que se refere o § 1º deste artigo deverão ser determinados em cada país de acordo com a prática nacional, depois de ter consultado as organizações representativas, sempre que tais organizações existam e onde tais procedimentos ainda não tenham sido estabelecidos.

Esse novo conjunto de regras, aprovado sem a participação efetiva dos atores sociais envolvidos, desencadeou o desequilíbrio do sistema sindical, pois restou prejudicada (ou praticamente inviabilizada) a cobrança da contribuição sindical obrigatória. Isso porque, com o advento da referida lei, houve a modificação na sua forma de cobrança e desconto que, a partir de então, passou a necessitar de autorização prévia e expressa dos membros da categoria representada.

Nas palavras do Ministro Edson Fachin, relator da Ação Direta de Inconstitucionalidade 5.794, bem como de outras apensadas, todas tratando do custeio das entidades sindicais, "é preciso reconhecer que a mudança de um desses pilares pode ser desestabilizadora de todo o regime sindical, não sendo recomendável que ocorra de forma isolada"[5], sob pena de dificultar ou impedir que as entidades se organizem e promovam ações eficazes para manter a defesa dos direitos de seus representados.

Ocorre que, em que pese a contribuição sindical estar prevista no art. 8º, IV, da Constituição Federal, e da, até então, inquestionável natureza tributária dessa fonte, o Supremo Tribunal Federal, no julgamento das referidas ADI's, realizado nos dias 28 e 29 de julho de 2018, declarou constitucionais as alterações promovidas pela nova lei sobre o tema.

Esse cenário resultou em um ordenamento jurídico com regras incompatíveis entre si. Se por um lado, foi retirada a obrigatoriedade da contribuição sindical, por outro, as funções das entidades sindicais foram mantidas e até mesmo elevadas, em razão da possibilidade da norma negociada prevalecer sobre a legislada, conforme se depreende da leitura do art. 611-A, da CLT.

Portanto, tal celeuma pode ocasionar a precarização permanente das relações de trabalho, em decorrência da violação de diversos princípios e regras constitucionais garantidores da dignidade da pessoa humana, do valor social do trabalho e do trabalho decente, pois, para que as entidades possam desenvolver sua ação, destinada a atingir os fins para os quais foram constituídas, inclusive para cumprir as novas responsabilidades que lhes foram conferidas pela Lei n. 13.467/2017, devem ser assegurados os devidos meios, sendo, um destes, uma fonte de custeio segura, efetiva e que seja devida por todos os integrantes da categoria que é beneficiada pela atuação sindical.

Nesse sentido, DELGADO e DELGADO afirmam[6]:

A Lei de Reforma Trabalhista, entretanto, apresenta regramento distinto, vislumbrando no Direito Coletivo do Coletivo um instrumento adicional de regressão no patamar civilizatório mínimo assegurado pelo Direito Individual do Trabalho na ordem jurídica do País. Ao invés de ser um instrumento de harmonização, agregação e, em certas situações, de adequação em face do patamar civilizatório mínimo fixado no Direito Individual do Trabalho, o Direito Coletivo do Trabalho passaria a se direcionar, nos termos da nova lei, para o caminho de se tornar mais um meio de redução do patamar civilizatório mínimo trabalhista garantido pela ordem jurídica especializada da República brasileira. (...)

Em primeiro lugar, pela eliminação do financiamento compulsório dos sindicatos (a denominada contribuição sindical obrigatória, regulada há mais de sete décadas na CLT) – eliminação que se faz sem o estabelecimento de uma gradação temporal para essa transição. É que, pela nova lei, a contribuição compulsória se torna, desde 13 de novembro de 2017 (data de vigência da Lei n. 13.467/2017), meramente facultativa: arts. 545, *caput*; 578; 579; 582, *caput*; 583; 587 e 602, todos da CLT, em sua nova redação. Ora, a ausência de uma regra de transição para o fim da compulsoriedade dessa contribuição sindical torna difícil o processo de adaptação do sindicalismo.

A par disso – ainda dentro do tema do custeio sindical –, a nova lei não autoriza a cobrança, em face dos trabalhadores representados, da *cota de*

---

(5) STF. AÇÃO DIRETA DE INCONSTITUCIONALIDADE. ADI n. 5.794. Relator: Ministro Edson Fachin. DJE n. 109, divulgado em 01.06.2018.

(6) DELGADO, Mauricio Godinho; DELGADO, Gabriela Neves. *A reforma trabalhista no Brasil*: com os comentários à Lei n. 13.467/2017. São Paulo: LTr, 2017. p. 45/46.

solidariedade (também chamada de contribuição negocial ou contribuição assistencial), que é fixada em convenção coletiva de trabalho ou acordo coletivo de trabalho como fórmula de reforço do sindicalismo, após alcançada a vitória na negociação coletiva trabalhista. Nesse quadro, a nova lei não elimina as severas restrições jurisprudenciais hoje existentes quanto a essa cobrança perante os trabalhadores não associados (Orientação Jurisprudencial n. 17 e Precedente Normativo n. 119, ambos da Seção de Dissídios Coletivos do TST).

Na mesma perspectiva, a Nota Técnica n. 01, de 27 de abril de 2018, da CONALIS – Coordenadoria Nacional de Promoção da Liberdade Sindical do MPT:

> A capacidade econômica das entidades sindicais influi diretamente no poder da ação sindical. A alteração da natureza jurídica da contribuição sindical (perda da compulsoriedade) implicará na debilidade econômica das entidades sindicais e, por conseguinte, no prejudicial enfraquecimento da ação sindical de tutela dos interesses e direitos de seus representados.

A reforma fixa, portanto, uma mistura de regras incongruentes que provocará um desgaste ainda maior dos sindicatos, alguns já enfraquecidos pelo sistema atual (pouco representativos e pulverizados[7]), e, desprovidos de uma fonte segura de receita, ficarão ainda mais frágeis, fragmentados[8] e impossibilitados de defender os interesses da categoria que representam.

E não se diga que a mudança visa garantir a liberdade de associação prevista no art. 8º da Constituição da República, pois, como integrantes da categoria, beneficiados pelas negociações entabuladas pela entidade de classe, aqueles que não são sócios devem contribuir para manutenção dessa mesma associação. É uma questão de raciocínio lógico.

2. CONTRIBUIÇÃO SINDICAL. REPRESENTAÇÃO SINDICAL. AUTORIZAÇÃO COLETIVA

Originariamente denominada imposto sindical, a contribuição sindical sempre manteve seu caráter de pagamento obrigatório para empregados, empresas e profissionais liberais. Na redação anterior à reforma, portanto, o art. 579 da Consolidação das Leis Trabalhistas estabelecia:

> A contribuição sindical é devida por todos aqueles que participarem de uma determinada categoria econômica ou profissional, ou de uma profissão liberal, em favor do sindicato representativo da mesma categoria ou profissão ou, inexistindo este, na conformidade do disposto no art. 591. (Redação dada pelo Decreto-lei n. 229, de 28.02.1967).

A nova redação excluiu o caráter obrigatório, assim disciplinando a matéria, *litteris*:

> Art. 545. Os empregadores ficam obrigados a descontar, da folha de pagamento dos seus empregados desde que por eles devidamente autorizados, as contribuições devidas ao sindicato, quando por este notificados.
> (...)
> Art. 578. As contribuições devidas aos sindicatos pelos participantes das categorias econômicas ou profissionais ou das profissões liberais representadas pelas referidas entidades serão, sob a denominação de contribuição sindical, pagas, recolhidas e aplicadas na forma estabelecida neste Capítulo, **desde que prévia e expressamente autorizadas.** (grifo nosso)
> Art. 579. O desconto da contribuição sindical está condicionado à autorização prévia e expressa dos que participarem de uma determinada categoria econômica ou profissional, ou de uma profissão liberal, em favor do sindicato representativo da mesma categoria ou profissão ou, inexistindo este, na conformidade do disposto no art. 591 desta Consolidação.
> (...)

---

(7) Em respeito à pulverização das entidades sindicais, é esclarecedora a posição de Mauricio Godinho Delgado, pois "tem se espraiado, no âmbito do sindicalismo, uma interpretação restritiva de categoria profissional, com o consequente fracionamento de sindicatos obreiros anteriormente importantes. (...) Essa interpretação restritiva – comum ao próprio sindicalismo brasileiro atual e também à autoridade administrativa que realiza o registro (Ministério do Trabalho), assim como até mesmo à jurisprudência que julga disputas intersindicais – fundamenta-se no critério da especialização da entidade sindical, ao invés de se basear na ideia mais própria à estrutura e objetivos sindicais, a saber, a ideia da agregação. (...) Neste campo jurídico sabe-se que as entidades sindicais visam, precipuamente, por meio de seu fortalecimento, a criar condições mais equânimes de equilíbrio e diálogo perante o poder empresarial. Tais condições não se alcançam com o fracionamento, com a incessante especialização, porém, ao invés, com a agregação, a unificação das respectivas entidades associativas". (DELGADO, Mauricio Godinho. *Direito coletivo do trabalho*. 7. ed. São Paulo: LTr, 2017. p. 105)

(8) Na sequência da nota anterior, importante consultar o mesmo autor, na mesma obra, à p. 352, o prejuízo trazido às entidades sindicais face a opção pela fragmentação.

Art. 582. Os empregadores são obrigados a descontar da folha de pagamento de seus empregados relativa ao mês de março de cada ano a contribuição sindical dos empregados que autorizaram prévia e expressamente o seu recolhimento aos respectivos sindicatos.

Como se vê, trata-se de sensível mudança, transformando a contribuição sindical obrigatória em facultativa, condicionando a sua cobrança à autorização prévia e expressa dos integrantes da categoria. A alteração legislativa afetou a estrutura e a atuação das entidades sindicais, prejudicando os seus compromissos já assumidos, bem como do Estado, que é destinatário de 10% da contribuição sindical, no caso das organizações laborais, e 20%, no caso das organizações patronais, conforme art. 589, da CLT.

Nessa conjuntura, imperativo lembrar, mais uma vez, que os sindicatos, federações, confederações, direta ou supletivamente, são os destinatários do comando insculpido no art. 7º, XXVI, bem como, no art. 8º, I, II, III e VI, todos da Carta da República de 1988. Destarte, são entidades de classe complexas, com deveres, direitos e prerrogativas com esteio constitucional, concentrados na defesa e incremento de interesses coletivos e individuais da categoria.

De acordo com AMAURI MASCARO NASCIMENTO[9]:

Por defesa dos direitos deve-se entender a exigência do cumprimento da lei ao conferir que é direito dos trabalhadores (art. 7º, CF).

Por defesa dos interesses dos representados o que se deve interpretar é a faculdade que tem o sindicato de postular para os seus representados vantagens não estabelecidas pela lei por meio da negociação coletiva ou dissídio coletivo.

Interesses coletivos são os que abrangem a totalidade da categoria.

Interesses individuais da categoria são aqueles atribuídos aos membros da categoria de forma singular como a reivindicação por substituição processual de direitos não assegurados pelos empregadores.

E, assim, por força da extrema importância de tamanha responsabilidade, sequer podem ser confundidas com "simples associações". GOMES e GOTTSCHALK apontam a natureza *sui generis* das entidades sindicais:[10]

A associação profissional para existir precisa constituir-se por negócio jurídico plurilateral, mas a aquisição da personalidade condiciona-se a formalidades e à autorização, que a distinguem das formas comuns de associação.

Sobre o tema, enfatizam LIMA e LIMA:[11]

(...) Ora, se o sindicato defende toda a categoria, é justo que toda ela contribua. É isso que diferencia o sindicato da associação. E é por isso que se exige uma formalidade a mais – o registro sindical. Ademais, para cada trabalhador é um valor que não maltrata, um dia de salário a cada 365 dias. Se o sindicato só receber dos associados não poderá representar a categoria. Então ficará igual uma associação qualquer.[12]

E justamente por esse caráter coletivo e de representação das entidades sindicais e da diferença das demais associações é que se mostra necessário abordar a forma de autorização prévia e expressa para a cobrança da contribuição sindical.

A nova lei não estabelece em qualquer dispositivo que a referida autorização deve ser individual, ao contrário, o art. 579 da CLT dispõe expressamente que o desconto da contribuição sindical está condicionado à **AUTORIZAÇÃO PRÉVIA E EXPRESSA DOS QUE PARTICIPAM DE UMA DETERMINADA CATEGORIA**.

Assim, considerando que a assembleia geral[13] é o órgão máximo e soberano de expressão da vontade da

---

(9) NASCIMENTO, Amauri Mascaro, 1932-2014. *Compêndio de direito sindical*. Amauri Mascaro Nascimento (In: *memorian*), Sônia Mascaro Nascimento, Marcelo Mascaro Nascimento. 8. ed. São Paulo: LTr, 2015.

(10) GOMES, Orlando; GOTTSCHALK, Elson. *Curso de direito do trabalho*. 18. ed. Rio de Janeiro: Forense, 2007. p. 562.

(11) LIMA, Francisco Meton Marques de; LIMA, Francisco Péricles Rodrigues Marques. *Reforma trabalhista*: entenda ponto por ponto. 1. ed. São Paulo: LTr, 2017. p. 93.

(12) E o sindicato não pode ser confundido com uma simples associação profissional, como já vimos na nota número 10, acima.

(13) Materializando a autonomia do ser coletivo sindicato, a assembleia geral é, sem sombra de dúvida, o órgão máximo de deliberação de uma entidade sindical. Nela são decididas as mais importantes questões: eleições da diretoria, pauta para a negociação coletiva, bem como, a própria autorização para a diretoria do sindicato iniciar as tratativas negociais, entre outras. Tal poder não existiria sem o comando constitucional contido na Carta Política de 1988. Com pertinência, Mauricio Godinho Delgado discorre sobre a autonomia das entidades sindicais, primeiramente explicitando o princípio da Autonomia Sindical, afirmando que "tal princípio sustenta a garantia de autogestão às organizações associativas e sindicais dos trabalhadores, sem interferências empresariais ou do Estado. Trata

categoria, consistindo em meio democrático e transparente, há de se entender que a autorização prévia e expressa para a cobrança da contribuição sindical deve ser feita por esse meio.

Nas relações coletivas de trabalho, a manifestação da vontade dos trabalhadores faz-se por meio da assembleia, sendo fundamental a participação

Ainda mais se considerarmos que os instrumentos coletivos frutos da negociação vincula todos os trabalhadores representados e os direitos ali colocados são aprovados de forma coletiva em assembleia geral.

No mesmo sentido, os enunciados aprovados em dois eventos organizados pela ANAMATRA, a 2ª Jornada de Direito Material e Processual do Trabalho e XIX CONAMAT – Congresso Nacional dos Magistrados da Justiça do Trabalho:

Enunciado n. 38: I – É lícita a autorização coletiva prévia e expressa para o desconto das contribuição sindical e assistencial, mediante assembleia geral, nos termos do estatuto, se obtida mediante convocação de toda a categoria representada especificamente para esse fim, independentemente de associação e sindicalização; II – A decisão da assembleia geral será obrigatória para toda a categoria, no caso das convenções coletivas, ou para todos os empregados das empresas signatárias do acordo coletivo. III – O poder de controle do empregador sobre o desconto da contribuição sindical é incompatível com o *caput* do art. 8º da Constituição Federal e com o art. 1º da Convenção 98 da OIT, por violar os princípios da liberdade e da autonomia sindical e da coibição aos atos antissindicais.[14]

Enunciado n. 18: A FIXAÇÃO DE CONTRIBUIÇÃO, CONFORME TOMADA DE DECISÃO EM ASSEMBLEIA GERAL DOS MEMBROS DA CATEGORIA, NÃO SE CONTRAPÕE AO PRINCÍPIO DA LIBERDADE DE ASSOCIAÇÃO SINDICAL CONSAGRADO PELA CONSTITUIÇÃO FEDERAL DE 1988[15].

Ademais, o Tribunal Superior do Trabalho também vem se posicionando no sentido de homologar instrumentos coletivos que contenham cláusula dispondo que a deliberação dos trabalhadores em assembleia geral é fonte de anuência prévia e expressa, conforme se verifica no processo PMPP-1000302-94.2017.5.00.0000[16].

O Ministério Público do Trabalho, que já havia se posicionado corroborando esse entendimento por meio da Nota Técnica 01, de 27 de abril de 2018 da CONALIS[17], também celebrou o Termo de Ajustamento de Conduta 06/2018 instituindo a possibilidade de cobrança de contribuição aprovada em assembleia geral.

---

ele, portanto, da livre estruturação interna do sindicato, sua livre atuação externa, sua sustentação econômico-financeira e sua desvinculação de controles administrativos estatais ou em face do empregador". E prossegue, garantindo que o "princípio da autonomia sindical está expressamente assegurado pelo art. 8º, I, da Constituição ('a lei não poderá exigir autorização do Estado para a fundação de sindicato, ressalvado o registro no órgão competente, vedadas ao Poder Público a interferência e a intervenção na organização sindical')". E, afastando qualquer dúvida quanto ao comando do legislador constituinte de 1988, registra que a "afirmação da autonomia dos sindicatos está consagrada também em outros preceitos constitucionais: no art. 8º, III, por exemplo, que alarga as prerrogativas de atuação dessas entidades em questões administrativas e judiciais, mediante a substituição processual; no art. 8º, VI, que determina a participação dos sindicatos na negociação coletiva trabalhista; no art. 7º, VI, XIII, XIV e XXVI, que incentiva e fortalece a negociação coletiva trabalhista, sempre por meio dos sindicatos; no art. 9º, que assegura o direito de greve como direito individual e coletivo constitucional fundamental". (DELGADO, Mauricio Godinho. *Direito coletivo do trabalho*. 7. ed. São Paulo: LTr, 2017. p. 67, 69, e 349/350)

(14) Disponível em: <www.jornadanacional.com.br>. Acesso em: 24 nov. 2017.

(15) Disponível em: <https://www.anamatra.org.br/conamat>.

(16) Cláusula 53 da CCT homologada pelo TST: O desconto da contribuição em favor dos sindicatos de trabalhadores, fixado pela assembleia geral da categoria e devidamente registrado em ata, será efetuado em folha de pagamento dos empregados, associados ou não aos sindicatos, conforme valores e datas fixadas pela assembleia da categoria. Parágrafo primeiro – A deliberação dos trabalhadores em assembleia será tida como fonte de anuência prévia e expressa dos empregados para efeito de desconto.

(17) A autorização prévia e expressa para desconto em folha da contribuição sindical deverá ser extraída em assembleia, considerando-se a obrigação atribuída ao sindicato de fazer a defesa dos direitos e interesses individuais e coletivos da categoria e para estabelecer em negociação coletiva condições de trabalho em nome de toda a categoria (CF, art. 8º, III e VI, c/c CLT, art. 611 e Lei n. 5.584/1970, art. 14). A assembleia geral do sindicato o local e momento adequados para que os indivíduos integrantes da categoria, seguindo os valores supremos de nossa Constituição, com liberdade, igualdade e segurança manifestem suas opiniões e, em harmonia social, realizem a concertação e a solução pacífica dos eventuais conflitos de interesses existentes no seio da categoria, em tudo no que diz respeito ao exercício da liberdade e autonomia sindical, aí incluídos a forma de organização e de administração sócio-econômico-financeira do sindicato, a condução e aprovação da negociação coletiva e o livre exercício do direito de greve. Não se mostra constitucionalmente legítimo, adequado, ou razoável, interpretar que a autorização prévia e expressa possa ser a individual, pois, historicamente, não foi, não é e não será que, supervalorizando o individualismo, conseguiremos construir uma sociedade livre, justa e solidária e os demais objetivos da República insertos no art. 3º da CF. Não sem razão que, nas seis oportunidades em que o legislador recorre à expressão autorização prévia e expressa, em nenhuma delas se apura a expressão individual (CLT, arts. 578, 579, 582, 583, 602, 611-B, XXVI).

3. CONCLUSÃO

A força que impulsionou o desenvolvimento das entidades sindicais representativas de interesses comuns é a representação dos interesses gerais da categoria. Nesse sentido é o art. 8º, III, da Constituição Federal de 1988.

Além da representação sindical por categoria, a Constituição Federal de 1988 manteve o modelo de unicidade sindical, que significa a existência de apenas um sindicato por categoria econômica ou profissional em uma dada base territorial (art. 8º, II). Portanto, ainda permanece vigente a estrutura sindical brasileira apoiada em seus três pilares: representação por categoria, unicidade sindical e contribuição sindical.

Assim sendo, a interpretação da nova legislação deve ser feita com base nessa sistemática sindical integral, a fim de evitar o desmantelamento de direitos fundamentais sociais.

Dessa forma, mesmo após a declaração de constitucionalidade, pelo Supremo Tribunal Federal, dos arts. 545, 578, 579, 582, 583, 587 e 602 da Consolidação das Leis do Trabalho – CLT alterados pela Lei n. 13.467/2017, que versam sobre a contribuição sindical, as entidades sindicais devem atuar no fortalecimento do sistema sindical brasileiro, a fim de garantir condições de continuar representando e defendendo os interesses maiores de sua categoria, participando ativamente das negociações coletivas e, sobretudo, contribuindo para trazer uma pacificação às relações de trabalho.

É certo que, para efetivar tais atribuições, é necessária uma fonte de custeio devida por todos os integrantes da categoria, razão pela qual deve prevalecer o entendimento de que a assembleia geral pode suprir a nova exigência introduzida na CLT pela Lei n. 13.467/2017 – autorização prévia e expressa – atendendo de forma mais célere aos interesses da categoria, haja vista que todos os trabalhadores se beneficiam das negociações coletivas pactuadas entre as entidades sindicais, sejam sindicalizados ou não.

Ademais, para fins de planejamento estratégico, isto é, olhos voltados para o futuro, ressalte-se que resta, ainda, a possibilidade de instituição de outra forma de contribuição, aprovada pela categoria representada, por meio de assembleia geral, soberana, como se sabe, em observância à autonomia coletiva, com fundamento no art. 513, *e*, da CLT[18].

4. REFERÊNCIAS BIBLIOGRÁFICAS

BRITO FILHO, José Claudio Monteiro de. *Direito sindical*: análise do modelo brasileiro de relações coletivas de trabalho à luz do Direito Comparado e da doutrina da OIT – proposta de inserção da comissão de empresa. 5. ed. São Paulo: LTr, 2015.

DELGADO, Mauricio Godinho; DELGADO, Gabriela Neves. *A reforma trabalhista no Brasil*: com os comentários à Lei n. 13.467/2017. São Paulo: LTr, 2017.

_____. *Direito coletivo do trabalho*. 7. ed. São Paulo: LTr, 2017.

Face sindical da reforma trabalhista: Lei n. 13.467, de 13 de julho de 2017. Zilmara Alencar Consultoria Jurídica, Departamento Intersindical de Assessoria Parlamentar, Brasília/DF. 2017.

GOMES, Orlando; GOTTSCHALK, Elson. *Curso de direito do trabalho*. 18. ed. Rio de Janeiro: Forense, 2007.

LIMA, Francisco Meton Marques de; LIMA, Francisco Péricles Rodrigues Marques. *Reforma trabalhista*: entenda ponto por ponto. 1. ed. São Paulo: LTr, 2017.

MANUS, Pedro Paulo Teixeira. A contribuição sindical segundo a nova reforma trabalhista. *Revista Consultor Jurídico*, 28 de julho de 2017.

NASCIMENTO, Amauri Mascaro, 1932-2014. *Compêndio de direito sindical*. Amauri Mascaro Nascimento (In: *memorian*), Sônia Mascaro Nascimento, Marcelo Mascaro Nascimento. 8. ed. São Paulo: LTr, 2015.

Se assim o desejasse, o teria feito, não sem ferir, mais uma vez, os princípios fundantes da Constituição. (...) Deve-se considerar que o trabalhador não estará disposto, salvo raríssimas exceções, a expor-se perante o empregador e externalizar seu compromisso para com a manutenção das atividades sindicais. A esse respeito, a exigência da autorização individual tem grande risco de resultar na prática de atos discriminatórios e antissindicais em prejuízo do trabalhador que sinalizar ao empregador seu interesse em descontar a contribuição sindical em favor do sindicato profissional que desempenha papel de contraposição ao empregador.

(18) Art. 513. São prerrogativas dos sindicatos:

a) representar, perante as autoridades administrativas e judiciárias os interesses gerais da respectiva categoria ou profissão liberal ou interesses individuais dos associados relativos à atividade ou profissão exercida;

b) celebrar contratos coletivos de trabalho;

c) eleger ou designar os representantes da respectiva categoria ou profissão liberal;

d) colaborar com o Estado, como órgãos técnicos e consultivos, no estudo e solução dos problemas que se relacionam com a respectiva categoria ou profissão liberal;

e) impor contribuições a todos aqueles que participam das categorias econômicas ou profissionais ou das profissões liberais representadas (grifo nosso).

CAPÍTULO 22

CONTRIBUIÇÃO SINDICAL E A LEI N. 13.467/2017

Rafael Lara Martins[1]

1. INTRODUÇÃO

O presente artigo científico possui como objeto de estudo uma breve apresentação do histórico e conceito da contribuição sindical no Brasil. Vencida essa etapa, passa-se a analisar sua regulamentação no país, desde sua criação pela Constituição Federal de 1937 até as mudanças recentes, ocorridas pela alterações legislativas promovidas pela Lei n. 13.467/2017, com a consequente comoção social ocorrida e a análise da matéria pelo Supremo Tribunal Federal na ADI n. 5.794.

Nesse contexto, o presente trabalho visa discutir a constitucionalidade dessa mudança e, logicamente, expor os questionamentos e polêmicas que a envolvem.

2. SINDICALISMO EM SUA ORIGEM

A semente do sindicalismo remonta ao Direito Romano, logicamente não com o formato que conhecemos hoje, mas, aos colégios romanos, que dividiam os trabalhadores de acordo com seu ofício ou arte, posteriormente no século XII surgem as primeiras corporações de ofício e guildas germânicas que representavam seus membros respondendo de forma colegiada, sendo a reunião de pessoas que desenvolviam atividades similares, ou seja, desde os tempos mais remotos, os seres humanos tem a necessidade de se agrupar, de se reconhecer enquanto membro de um coletivo.

Segundo José Carlos Arouca:

> As primeiras associações teriam sido as corporações de Roma, criadas, segundo uns, por Numa Pompílio (736-671 a.C.), segundo outros, por Sérvio Túlio, sem que representassem instrumentos de defesa dos interesses coletivos, pois foram pensadas para distribuir o povo conforme seus ofícios: músicos, carpinteiros, sapateiros etc. A origem das corporações de ofícios em seus mais remotos antecedentes se perde na história e no tempo. Os colégios romanos distinguiam-se em públicos e privados, conforme sua atuação, mas sempre formados por trabalhadores autônomos, sem vinculação com um empregador. Foram dissolvidos no ano 64 a. C. (2016, p. 14)

Entretanto, existem autores que tecem críticas quanto a fixação desses marcos históricos e acreditam que só é possível falar em sindicalismo após a revolução industrial, segundo Alfredo J. Ruprecht (1995, p. 60), tratando-se de antiguidade, "é muito difícil pretender achar nas uniões daqueles tempos, semelhanças com os sindicatos modernos".

Aqui vale apontar as considerações de Karl Marx acerca das corporações na idade média e moderna pré revolução, uma vez que tal filosofo é autor de uma das teorias mais conhecidas e aceitas sobre a organização do capital e da luta de classes existente entre empregados e empregadores:

> As leis corporativas, limitando totalmente o número de que um mestre tinha o direito de ocupar, impediam metodicamente esse mestre de transformar-se em capitalista. Em outras palavras, patrão não podia empregar auxiliares senão exclusivamente do ofício onde ele era o próprio mestre. A corporação repelia ciumentamente toda intromissão do capital mercantil, a única forma livre de capital

---

[1] Mestrando em direito do trabalho pela UDF. Diretor da Escola Superior de Advocacia da OAB/GO. Professor em cursos de graduação e pós-graduação em direito. Advogado.

que enfrentava. Esse capital só era tolerável porque permitia o escoamento produtos do ofício. (...) A organização corporativa, embora premissa material para o suprimento do período manufatureiro, excluiu a divisão do trabalho. Em suma, o operário e seus meios de produção permaneciam unidos como caramujos à sua concha, faltando assim a base da manufatura, isto é, a constituição dos meios de produção como capital frente ao operário. (1982, p. 75)

Sendo assim, podemos considerar o sindicalismo como fenômeno próprio da primeira Revolução Industrial, quando o surgimento de novos métodos de produção, consistentes no uso de maquinário em substituição ao trabalho braçal e repetitivo, possibilitou a ampliação da escala da produção dos bens. Portanto, ocorreu a substituição em larga escala do trabalho artesanal pelo maquinário, some-se a isso a migração do homem do campo para a cidade e surge o momento histórico perfeito para nascimento do sindicalismo moderno.

Nesse contexto, as relações de trabalho estabelecidas eram tratadas pelas normas civis, e sobre o assunto Manuel Carlos Palomeque Lopez ensina que

O processo de substituição do trabalho humano pela máquina e suas sequelas anexas (incremento dos rendimentos, divisão do trabalho, concentrações urbanas etc.), originaria um verdadeiro excedente de mão de obra propício à exploração. Embora os princípios liberais da contratação contidos nos Códigos Civis não deixassem de proclamar a liberdade e igualdade das partes na determinação do conteúdo do contrato, um singular mecanismo ligado às leis do mercado encarregava-se, contrariamente, de esvaziar o conteúdo daquelas formulações igualitárias. Com efeito, a troca de trabalho por salário estava submetida, tal como quaisquer outras relações econômicas, à lei da oferta e da procura dos bens objeto de transação (trabalho e salário). Por um lado, a oferta de trabalho não cessava de crescer como consequência da destruição do emprego, decorrente da generalizada industrialização da produção. (...) Por outro lado, a procura de trabalho controlada pelo empresário era cada vez mais reduzida, por idênticas razões de substituição da máquina pelo homem. (...) O empresário podia assim livremente dispor de condições de trabalho a baixo custo (tempos de trabalho prolongados e salários reduzidos), sabendo que seriam aceites por um ou outro indivíduo de uma superpovoada oferta de trabalho. (...) As terríveis consequências do maquinismo e da exaltação capitalista dos princípios liberais, haveriam de conduzir a resultados negros: jornadas de trabalho esgotantes (de sol a sol), salários de fome (no limite da subsistência física do trabalhador, que permitisse a reprodução da força de trabalho), condições laborais precárias e ambientes nocivos e insalubres; exploração qualificada do trabalho feminino e dos menores; (...) desenvolvimento de procedimentos como o regime do *truck*, que consistia no pagamento dos baixos salários em espécie e não em dinheiro ou em vales permutáveis por determinados produtos unicamente dos estabelecimentos pertencentes ao empresário e nos quais os níveis de preços, muito superiores ao habitual do mercado, reduziam ao mínimo o poder aquisitivo dos já insuficientes salários. (...) Em suma, tinha-se atingido a exploração sistemática do proletariado industrial, que via, realmente, ameaçada a sua permanência histórica como grupo social diferenciado.

Os sindicatos surgiram com a função precípua de garantir melhorias nas condições de trabalho, e por conseguinte na condição de vida dos trabalhadores. Essas melhorias são alcançadas através de negociações coletivas intermediadas ou provocadas pelos sindicatos.

Enquanto representantes dos interesses de uma determinada categoria específica, eles tem se ocupado de proteger interesses particulares dos seus representados, pois o que normalmente acontece é que o legislador não cuidou de questões atinentes a esse coletivo, ou se tratou, a norma existente aplicou tratamento genérico para situações de singularidade desse pequeno universo de trabalhadores.

2.1. Sindicalismo no Brasil

No Brasil, o sindicalismo iniciou-se com a liga operária, surgida em 1879, porém, foi a Lei n. 19.770/31, que estabelecia a unicidade sindical e outras regras que deu origem de fato ao movimento sindical brasileiro. Hoje temos mais de 15 mil sindicatos e estamos passando por um momento crítico e que com toda certeza marcará essa trajetória histórica, importante portanto, entender a evolução do nosso direito sindical para compreender o que agora se debate.

Já na Primeira República, em um país que acabava de abandonar o modelo escravagista de produção, que possuía uma economia centrada na agricultura e um processo de industrialização que dava os primeiros passos o movimento sindical era pálido e embrionário.

Porém, em 1903 foi editado o Decreto n. 979 que trazia em bojo o direito a organização para agricultores e trabalhadores da indústria rural, para defenderem os interesses de sua categoria. Para a fundação do sindicato, era necessária a existência de sete sócios, resguardou-se o direito de ingresso e de saída de cada membro do sindicato e destacava-se, entre suas atribuições, a função assistencial: criação de caixas para os sócios, cooperativas de crédito e facilitação do comércio da produção. (NASCIMENTO, 2015, p. 101)

Em 1907 o Decreto n. 1.637 regulamentou a criação do sindicatos urbanos, organizando a situação de trabalhadores de uma mesma categoria, bem como daqueles que desenvolviam atividades conexas, além disso tratou da sua forma de registro e estabeleceu quais seriam os campos de atuação da entidade, apontando o estudo, a defesa e o desenvolvimento dos interesses gerais da profissão e dos interesses individuais de seus membros como sua missão primordial. Previu ainda a criação de Conselhos Permanentes de Conciliação e Arbitragem para resolver conflitos surgidos entre empregados e empregadores.

No início da década de 1930 aconteceu um movimento de fortalecimento sindical, havendo a edição de vários decretos, entre eles o Decreto n. 19.770/1931, conhecido como Lei dos Sindicatos, o Decreto n. 21.7631/1932, que deu nome aos instrumentos de negociação coletiva atribuindo aos sindicatos legitimidade para negocia-los e o Decreto n. 24.694/1934 que previu a unicidade sindical. Sobre esse período esclarece Amauri Mascaro Nascimento:

> O Estado transformou-se. Tornou-se intervencionista a partir de 1930. Dessa fase permanecem, ainda, traços não afastados da CLT. A fase da estrutura legal interferiu na organização e na ação dos sindicatos. (...)
>
> Seguindo essa linha, o Estado atribuiu aos sindicatos funções de colaboração com o Poder Público, publicizou a concepção dos sindicatos para que, sob o seu controle, não se atirassem, em lutas, o capital e o trabalho. O governo criou o Ministério do Trabalho, Indústria e Comércio (1930), atribuiu-lhe, como uma das funções, pôr em prática a política trabalhista e administrar a organização do proletariado como força de cooperação com o Estado, e passou a regulamentar, por meio de decretos, direitos específicos de algumas profissões. (NASCIMENTO, 2015, p.)

Aqui cabe a apresentação da metáfora desenvolvida por Luciano Martinez, que brilhantemente compara a estrutura sindical a um filme:

> O Decreto n. 19.770, de 19 de março de 1931, criou de modo artificial os protagonistas e o cenário de um filme que permanece em cartaz a partir de então, com insignificantes mudanças de roteiro. Aos personagens principais desse espetáculo (sindicatos) foram garantidas cadeira cativa (unicidade sindical) e suporte financeiro, independentemente dos resultados da bilheteria (contribuição sindical), ainda que nenhum espectador tivesse interesse por ele. Não é de se admirar, por isso, que a insistência do diretor (Estado) na manutenção das condições oferecidas para o referido espetáculo tenha produzido um imenso desinteresse da crítica especializada (trabalhadores e segmentos laborais) e do público (sociedade), e uma lamentável e viciosa estagnação dos atores nessa trama, que, verdadeiramente, perderam o elã de atuar. (MARTINEZ, 2013, p. 99)

A Constituição Republicana do Brasil, de 1937 estabeleceu a organização corporativista dos sindicatos, dentro do capítulo da ordem econômica, no art. 140 há expressa previsão

> Art. 140. A economia da produção será organizada em entidades representativas das forças do trabalho e que, colocadas sob a assistência e a proteção do Estado, são órgãos deste e exercem funções delegadas de Poder Público.

Além disso criou o conselho da economia nacional que era composto por representantes indicados pelas associações profissionais e possuía entre seus atributos editar normas reguladoras dos contratos coletivos de trabalho. Veja-se:

> Art. 57. O Conselho da Economia Nacional compõe-se de representantes dos vários ramos da produção nacional designados, dentre pessoas qualificadas pela sua competência especial, pelas associações profissionais ou sindicatos reconhecidos em lei, garantida a igualdade de representação entre empregadores e empregados.
> (...)
> Art. 61. São atribuições do Conselho da Economia Nacional:
> a) estabelecer normas relativas à assistência prestada pelas associações, sindicatos ou institutos;
> b) editar normas reguladoras dos contratos coletivos de trabalho entre os sindicatos da mesma categoria da produção ou entre associações representativas de duas ou mais categorias;

Em 1º de maio de 1943 ocorreu a publicação da Consolidação das Leis do Trabalho, porém, ela apenas reuniu a legislação esparsa já existente, trazendo para seu texto o que já era previsto no Decreto-lei n. 1.402, de 1939, sobre organização sindical, no Decreto-lei

n. 2.381, de 1940, sobre enquadramento sindical e no Decreto-lei n. 2.377, de 1940, sobre contribuição sindical.

Com a constituinte de 1946 restabeleceu-se o direito de greve, que não havia sido previsto na carta de 1937 porém, não houve modificação na organização sindical ou qualquer mudança na ideologia corporativista reinante.

Até a Constituição de 1988 praticamente não houveram mudanças na ordem legal estabelecida, ocorrendo pequenas alterações pontuais como a revogação da proibição da centrais sindicais e a Portaria n. 3.117/85 que dispunha sobre as eleições sindicais.

Assim, chegamos ao texto da CRFB 1988, que optou por continuar a sustentar o sindicalismo brasileiro sobre o tripé da unicidade sindical, representatividade compulsória e a contribuição sindical, sendo que todos esses pilares possuem previsão no art. 8º do nosso texto magno

> Art. 8º É livre a associação profissional ou sindical, observado o seguinte:
>
> I – a lei não poderá exigir autorização do Estado para a fundação de sindicato, ressalvado o registro no órgão competente, vedadas ao Poder Público a interferência e a intervenção na organização sindical;
>
> II – é **vedada a criação de mais de uma organização sindical**, em qualquer grau, representativa de categoria profissional ou econômica, na mesma base territorial, que será definida pelos trabalhadores ou empregadores interessados, não podendo ser inferior à área de um Município.
>
> III – **ao sindicato cabe a defesa dos direitos e interesses coletivos ou individuais da categoria**, inclusive em questões judiciais ou administrativas;
>
> IV – a assembleia geral fixará a contribuição que, em se tratando de categoria profissional, será descontada em folha, para custeio do sistema confederativo, da representação sindical respectiva, **independentemente da contribuição prevista em lei**. (Grifo nosso).

Mesmo com a manutenção desses pilares fundamentais, a Constituição de 1988 trouxe em seu bojo importantes inovações quanto ao direito sindical, não podemos olvidar que o supracitado art. 8º aponta em seu inciso I que a Lei não poderá exigir autorização do Estado para a fundação de sindicato, vedando ao poder público a interferência e intervenção na organização sindical.

Nesse cenário, sabendo que as normas constitucionais originárias não guardam relação de hierarquia entre si, pelo princípio da unicidade da constituição, devemos considerar o sistema sindical constitucional brasileiro em sua totalidade, observadas a técnicas de ponderação de bens como forma de interpretar a constituição.

Assim, a argumentação desenvolvida no tópico seguinte sobre a compulsoriedade da contribuição sindical terá como plano de fundo a totalidade da sistemática do modelo constitucional vigente, pois, discutir apenas a contribuição sindical, como meio e fim em si mesma, seria como tentar encontrar resposta para um questionamento, sem sequer ouvir a pergunta formulada.

3. A REFORMA TRABALHISTA

As mudanças ocorridas na forma de financiamento do Sindicatos integram uma ambiência maior, qual a seja, o cenário político, cultural, histórico e sociológico que possibilitaram a denominada Reforma Trabalhista, a qual possui como pedra angular o aperfeiçoamento das relações de trabalho no Brasil e a adequação da nossa realidade laboral a um novo modelo de trabalho, surgido e impulsionado pela revolução tecnológica pela qual caminhamos.

No dicionário encontramos as seguintes definições para reforma: melhorar, extirpar o mal introduzido em, retificar e corrigir. Tal definição soa perfeitamente adequada quando estamos diante de uma alteração legal que nada mais buscou, além de adequar a norma aos fatos que aconteciam diariamente nas empresas. Diante dessa realidade o Congresso Nacional aprovou a Lei n. 13.467/2017.

Seguindo a linha da teoria desenvolvida por Miguel Reale, podemos verificar que o direito como contemporaneamente interpretamos é formado por três dimensões, quais sejam: fato, valor e norma, existindo uma correlação de elas, sendo possível que um fato possa ter alterado a sua valoração social resultando na alteração da norma, o que é absolutamente congruente uma vez que a norma não surge sem uma movimentação social.

> O Direito é um processo aberto exatamente porque é próprio dos valores, isto é, das fontes dinamizadoras de todo o ordenamento jurídico, jamais se exaurir em soluções normativas de caráter definitivo. (REALE, 2003, p. 574)

Portanto, a edição da "Reforma Trabalhista", não se deu de forma dissociada da realidade, ela surgiu como resposta a uma insatisfação generalizada com a direção que o modelo trabalhista ultrapassado obrigava as empresas e trabalhadores a seguirem.

Com a edição de tal norma os sindicatos se viram obrigados a enfrentar questões com as quais nunca antes haviam se preocupado. Elucida-se: como será possível a sobrevivência dos sindicatos sem o recebimento do "imposto sindical"? Quais serão as medidas tomadas para garantir a geração de receita? Como será implementada a manifestação volitiva dos trabalhadores? Como providenciar a tão discutida "expressa e prévia" autorização do trabalhador?

A articulação entre os atores sociais eleitos e os não eleitos é um dos movimentos-chave da democracia, de acordo com António Casimiro Ferreira:

> Com a nova separação de poderes estamos perante uma "classe executiva" organizacional, de base internacional, que intervém na criação de direito, apresentando-se como uma "meta-fonte" de legitimidade em conflito com as regras da democracia representativa, e que tende a ofuscar, ou mesmo afastar, o procedimento de controle recíproco entre os poderes legislativo, executivo e judicial. Como demonstra a experiência portuguesa, sob estas condições, a relação entre o poder executivo e legislativo, ao ocorrer no âmbito de governos maioritários, tende a limitar a capacidade de interferência das oposições. A eficácia das suas atuações não impede a promulgação de legislação de exceção. Menos previsível, e a deixar antever uma centralidade renovada, é a situação do poder judicial. No quadro das suas funções, a atividade dos tribunais, no contexto de crise, revela a existência de uma jurisprudência da "austeridade" que tem por objeto o direito de exceção. É sabido que os tribunais desempenham um forte papel de racionalização da legislação, tanto maior quanto ela assuma um caráter politicamente controvertido. Do ponto de vista político, a sua capacidade de ponderação sobre a atividade dos poderes executivo e legislativo torna-os sujeitos ativos na atual fase de transformação da sociedade portuguesa. (2012, p. 11-12)

Nesses moldes não podemos concluir que os clamores sindicais sejam isentos e sem interferência, não trata-se apenas da discussão de constitucionalidade da legislação promulgada mas, há também toda movimentação de uma classe social (sindicatos) lutando pela manutenção de sua receita e clamando por uma inconstitucionalidade que não se sustenta, conforme ficará claro adiante.

4. CONTRIBUIÇÃO SINDICAL

Essa modalidade de financiamento do custeio sindical era apenas uma dentre os vários tipos de cobranças possíveis de incidir sobre o trabalhador.

Os sindicatos representativos da categoria dos trabalhadores eram até recentemente e de forma pacífica, destinatários de: contribuição sindical, assistencial, associativa, confederativa ou qualquer outra criada dentro da legalidade, por meio de negociação coletiva.

Vale a pena transcrever os artigos que estavam vigentes na CLT e possibilitavam a cobrança da contribuição compulsória.

Os arts. 545, 578, 579, 582, 583, 587 e 602 sofreram significativa alteração vejamos:

> Art. 545. Os empregadores ficam obrigados a descontar na folha de pagamento dos seus empregados, desde que por eles devidamente autorizados, as contribuições devidas ao Sindicato, quando por este notificados, **salvo quanto à contribuição sindical, cujo desconto independe dessas formalidades.**
>
> Art. 578. As contribuições devidas aos Sindicatos pelos que participem das categorias econômicas ou profissionais ou das profissões liberais representadas pelas referidas entidades serão, **sob a denominação do "imposto sindical", pagas, recolhidas e aplicadas na forma estabelecida neste Capítulo.**
>
> Art. 579. **A contribuição sindical é devida por todos aqueles que participarem de uma determinada categoria econômica ou profissional**, ou de uma profissão liberal, em favor do sindicato representativo da mesma categoria ou profissão ou, inexistindo este, na conformidade do disposto no art. 591.
>
> Art. 582. Os empregadores são **obrigados a descontar**, da folha de pagamento de seus empregados relativa ao mês de março de cada ano, a **contribuição sindical por estes devida aos respectivos sindicatos.**
>
> Art. 583. O recolhimento da **contribuição sindical** referente aos empregados e trabalhadores avulsos será efetuado no mês de abril de cada ano, e o relativo aos agentes ou trabalhadores autônomos e profissionais liberais realizar-se-á no mês de fevereiro.
>
> Art. 587. O recolhimento da **contribuição sindical dos empregadores** efetuar-se-á no mês de janeiro de cada ano, ou, para os que venham a estabelecer-se após aquele mês, na ocasião em que requeiram às repartições o registro ou a licença para o exercício da respectiva atividade.
>
> Art. 602. Os **empregados que não estiverem trabalhando** no mês destinado ao desconto do imposto sindical **serão descontados no primeiro mês subsequente ao do reinício do trabalho.** (Grifos nossos)

Agora observemos o teor dos dispositivos após sofrerem alteração pela Lei n. 13.467, de 2017:

> Art. 545. Os empregadores ficam obrigados a descontar da folha de pagamento dos seus empregados, **desde que**

por eles devidamente autorizados, as contribuições devidas ao sindicato, quando por este notificados.

Art. 578. As contribuições devidas aos sindicatos pelos participantes das categorias econômicas ou profissionais ou das profissões liberais representadas pelas referidas entidades serão, sob a denominação de contribuição sindical, pagas, recolhidas e aplicadas na forma estabelecida neste Capítulo, desde que prévia e expressamente autorizadas.

Art. 579. O desconto da contribuição sindical está condicionado à autorização prévia e expressa dos que participarem de uma determinada categoria econômica ou profissional, ou de uma profissão liberal, em favor do sindicato representativo da mesma categoria ou profissão ou, inexistindo este, na conformidade do disposto no art. 591 desta Consolidação.

Art. 579. O desconto da contribuição sindical está condicionado à autorização prévia e expressa dos que participarem de uma determinada categoria econômica ou profissional, ou de uma profissão liberal, em favor do sindicato representativo da mesma categoria ou profissão ou, inexistindo este, na conformidade do disposto no art. 591 desta Consolidação.

Art. 583. O recolhimento da contribuição sindical referente aos empregados e trabalhadores avulsos será efetuado no mês de abril de cada ano, e o relativo aos agentes ou trabalhadores autônomos e profissionais liberais realizar-se-á no mês de fevereiro, observada a exigência de autorização prévia e expressa prevista no art. 579 desta Consolidação.

Art. 587. Os empregadores que optarem pelo recolhimento da contribuição sindical deverão fazê-lo no mês de janeiro de cada ano, ou, para os que venham a se estabelecer após o referido mês, na ocasião em que requererem às 2 repartições o registro ou a licença para o exercício da respectiva atividade.

Art. 602. Os empregados que não estiverem trabalhando no mês destinado ao desconto da contribuição sindical e que venham a autorizar prévia e expressamente o recolhimento serão descontados no primeiro mês subsequente ao do reinício do trabalho.

Essa mudança de paradigma quanto a compulsoriedade da cobrança gerou grande controvérsia e ampla discussão, o que absolutamente saudável e necessário a um Estado Democrático de Direito, porém, no momento que uma norma entra em vigor e não existe clareza na forma que suas mudanças impactarão nas relações sob sua égide e quais são as medidas adequadas a serem tomadas para sua observância e fiel cumprimento, temos todos os requisitos para instauração do caos e da insegurança jurídica.

Na prática o que presenciamos foi um enorme desgaste por parte de todos que estavam envolvidos no processo de negociação de convenções coletivas de trabalho, uma vez que a dúvida quanto a constitucionalidade da norma gerou um verdadeiro "cabo de guerra" negocial.

A raiz do antigo "imposto sindical" está no art. 138 da Constituição Federal de 1937, sendo regulamentado pelo Decreto-lei n. 1.402 de 1939 e pelo Decreto-lei n. 2.337 em 1940, a posteriori ele foi integrado a Consolidação das Leis do Trabalho em 1943, recebendo o nome de contribuição sindical.

A Constituição de 1967 no § 1º do art. 159 – permanecendo no § 1º do art. 166 da Emenda Constitucional de 1969 – preservou como obrigação sindical a representação de toda a categoria, independente dos trabalhadores serem associados ou não, sendo que a norma infraconstitucional ainda preservava a possibilidade de imposição de outras contribuições nos termos da CLT.

Com a Assembleia Nacional Constituinte de 1988 ocorreu a recepção da contribuição sindical junto ao novo regime constitucional tributário no gênero de contribuições especiais, elencada no art. 149 da Constituição Federal.

Art. 149. Compete exclusivamente à União instituir contribuições sociais, de intervenção no domínio econômico e de interesse das categorias profissionais ou econômicas, como instrumento de sua atuação nas respectivas áreas, observado o disposto nos arts. 146, III, e 150, I e III, e sem prejuízo do previsto no art. 195, § 6º, relativamente às contribuições a que alude o dispositivo.

O Supremo Tribunal Federal já havia pacificado a desnecessidade de Lei complementar para a criação das contribuições de intervenção no domínio econômico

SINDICATO: CONTRIBUIÇÃO SINDICAL DA CATEGORIA: RECEPÇÃO. A recepção pela ordem constitucional vigente da contribuição sindical compulsória, prevista no art. 578 CLT e exigível de todos os integrantes da categoria, independentemente de sua filiação ao sindicato, resulta do art. 8º, IV, In: fine , da Constituição; não obsta à recepção a proclamação, no caput do art. 8º, do princípio da liberdade sindical, que há de ser compreendido a partir dos termos em que a Lei Fundamental a positivou, nos quais a unicidade (art. 8º, II) e a própria contribuição sindical de natureza tributária (art. 8º, IV) – marcas características do modelo corporativista resistente –, dão a medida da sua relatividade (cf. MI 144, Pertence, RTJ 147/868, 874); nem impede a recepção questionada a falta da lei complementar prevista no art. 146, III, CF, à qual alude o art. 149, à vista do disposto no art. 34, §§ 3º e 4º, das Disposições Transitórias (cf. RE 146733, Moreira Alves, RTJ 146/684, 694). (RE 180745 SP, Relator SEPÚLVEDA PERTENCE, Primeira Turma, DJ 08.05.1998) (grifamos)

CONSTITUCIONAL. CONTRIBUIÇÃO SINDICAL. SERVIDORES PÚBLICOS. Art. 8º, IV, DA CONSTITUIÇÃO FEDERAL. I. – <u>A contribuição sindical instituída pelo art. 8º, IV, da Constituição Federal constitui norma dotada de autoaplicabilidade, não dependendo, para ser cobrada, de lei integrativa</u>. II. – Compete aos sindicatos de servidores públicos a cobrança da contribuição legal, independentemente de lei regulamentadora específica. III. – Agravo não provido. (AI-AgR 456.634 RJ, Relator Min. CARLOS VELLOSO, Julgamento: 13.12.2005, Segunda Turma, DJ 24.02.2006) (grifamos)

É cristalino que o art. 149 da Constituição Federal, facultou à União a competência para instituir as contribuições de interesse das categorias profissionais ou econômicas, espécie de tributo da qual a contribuição sindical é subespécie.

Porém, vale ressaltar que o exercício do poder tributário entretanto integra um conjunto de decisões a serem tomadas por cada ente da federação, não sendo nenhuma dessas pessoas de direito público que esteja obrigada a exercê-lo. Não fazendo parte do espectro de incidência dessa lógica tributos como o ICMS e ISS, pois, se fossem livres os estados e municípios para institui-los ocorreria a famigerada guerra fiscal, na qual cada ente tentaria se tornar mais atrativo para os investidores locais que o outro e isso acabaria por gerar prejuízos ao erário.

A determinação de que apenas lei complementar poderia instituir tributos contempla apenas hipóteses excepcionais e expressamente previstas pela Constituição Federal, como empréstimos compulsórios (art. 148) e impostos e contribuições sociais criados no exercício da competência residual (arts. 154, I e 195, § 4º).

Já o art. 146 da Constituição da República determina que a competência da lei complementar para a prescrição de normas voltadas à definição de tributos e de suas espécies, com relação aos impostos, seus fatos geradores, bases de cálculo e contribuintes exige-se apenas a edição de leis ordinárias para se desenhar a regra-matriz de incidência e tornar-lhes aplicáveis.

Art. 146. Cabe à lei complementar:

I – dispor sobre conflitos de competência, em matéria tributária, entre a União, os Estados, o Distrito Federal e os Municípios;

II – regular as limitações constitucionais ao poder de tributar;

<u>III – estabelecer normas gerais em matéria de legislação tributária, especialmente sobre:</u>

<u>a) definição de tributos e de suas espécies, bem como, em relação aos impostos discriminados nesta Constituição, a dos respectivos fatos geradores, bases de cálculo e contribuintes;</u>

b) obrigação, lançamento, crédito, prescrição e decadência tributários;

c) adequado tratamento tributário ao ato cooperativo praticado pelas sociedades cooperativas.

d) definição de tratamento diferenciado e favorecido para as microempresas e para as empresas de pequeno porte, inclusive regimes especiais ou simplificados no caso do imposto previsto no art. 155, II, das contribuições previstas no art. 195, I e §§ 12 e 13, e da contribuição a que se refere o art. 239.

Parágrafo único. A lei complementar de que trata o inciso III, d, também poderá instituir um regime único de arrecadação dos impostos e contribuições da União, dos Estados, do Distrito Federal e dos Municípios, observado que:

I – será opcional para o contribuinte;

II – poderão ser estabelecidas condições de enquadramento diferenciadas por Estado;

III – o recolhimento será unificado e centralizado e a distribuição da parcela de recursos pertencentes aos respectivos entes federados será imediata, vedada qualquer retenção ou condicionamento;

IV – a arrecadação, a fiscalização e a cobrança poderão ser compartilhadas pelos entes federados, adotado cadastro nacional único de contribuintes.

Assim, são distintas as finalidades de atribuições de leis complementares e ordinárias no momento de fixação de obrigações tributárias, sendo a criação de tributo de competência da legislação ordinária que traz as regras específicas das relações jurídicas tributárias que surgirão com a realização de seu fato gerador, desde que cumpra as normas gerais estabelecidas em lei complementar.

Além disso, importante frisar que o plenário do STF já havia manifestado entendimento nesse sentido no RE 635.682/RJ, bem como no RE 396.266/SC.

Em outra ocasiões já havia ocorrido alterações, no que diz respeito a contribuição sindical, por meio de lei ordinária sem que houvesse tamanha comoção ou repercussão social. Salta aos olhos o fato de o questionamento envolver matéria eminentemente técnica consubstanciada na alegação de vício formal de constitucionalidade.

Tanto é assim que a Lei n. 8.906/94 ao dispor sobre a obrigatoriedade de contribuição sindical pelo advogado empregado determinou

Art. 47. O pagamento da contribuição anual à OAB isenta os inscritos nos seus quadros do pagamento obrigatório da contribuição sindical.

Conforme o exposto acima, já se admitiu que Lei ordinária fizesse alterações na compulsoriedade de pagamento de contribuição sindical. Sendo reiteradamente julgado pelo Supremo Tribunal Federal que o fato de a contribuição de intervenção no domínio econômico sujeitar-se ao art. 146, III, *a*, não leva obviamente a obrigatoriedade de sua instituição por lei complementar.

Rememorando os argumentos apresentados pelos Ministros do STF podemos afirmar que tais contribuições sujeitam-se, sim, às normas gerais estabelecidas pela legislação complementar em matéria tributária, mas não é possível exigir que elas próprias só possam adentrar ao ordenamento jurídico por meio de lei complementar.

Tanto assim o é que o ministro Celso de Melo, ao não admitir ADPF sobre o assunto, esclareceu

> Poder-se-ia alegar que a própria Constituição prevê a existência da contribuição sindical, no inciso IV do art. 8º e na cabeça do art. 149. Mas tais dispositivos não fazem qualquer referência à obrigatoriedade da contribuição. É a Consolidação das Leis do Trabalho que torna impositivo o pagamento da contribuição sindical (ADPF 126, Relator(a): Min. Celso de Melo, julgado em 19.12.2007, publicado em DJe-018 DIVULG 31.01.2008 PUBLIC 01.02.2008)

Vale dizer ainda que, em nosso ordenamento jurídico as Leis e atos normativos gozam de presunção *iuris tantum* de validade. Disso decorre que as mudanças trazidas pela Lei n. 13.467 de 2017 estão absolutamente vigentes, não sendo possível a aplicação de norma revogada. Nesse sentido o Ministro Barroso:

> A presunção de constitucionalidade das leis encerra, naturalmente, uma presunção *iuris tantum*, que pode ser infirmada pela declaração em sentido contrário do órgão jurisdicional competente (...) Em sua dimensão prática, o princípio se traduz em duas regras de observância necessária pelo intérprete e aplicados do direito: (a) **não sendo evidente a inconstitucionalidade, havendo dúvida ou possibilidade de razoavelmente se considerar a norma como válida, deve o órgão competente abster-se da declaração de inconstitucionalidade;** (b) havendo alguma interpretação possível que permita afirmar se a compatibilidade da norma com a Constituição, em meio a outras que carreavam para ela um juízo de invalidade, deve o intérprete optar pela interpretação legitimadora, mantendo o preceito em vigor. (grifo nosso) (2014, p. 164-165)

Mesmo diante de toda argumentação acima exposta, o Supremo Tribunal Federal teve que se pronunciar sobre a constitucionalidade da matéria, dia 29 de junho de 2018 por seis votos a três declarou-se a constitucionalidade dos dispositivos questionados na Ação Direta de Inconstitucionalidade n. 5.794, além dela foram ajuizadas outras 18 (dezoito) ações diretas de inconstitucionalidade, sendo elas: ADI n. 5.912; ADI n. 5.923; ADI n. 5.859; ADI n. 5.865; ADI n. 5.813; ADI n. 5.887; ADI n. 5.913; ADI n. 5.810; ADI n. 5.811; ADI n. 5.888; ADI n. 5.815; ADI n. 5.850; ADI n. 5.900; ADI n. 5.945; ADI n. 5.885; ADI n. 5.892, ADI n. 5.806, todas apensadas a ADI n. 5.794, e a uma ação declaratória de constitucionalidade, a ADC 55, que pelo efeito dúplice existente entre elas, foi também apensada. Como tais ações tramitaram de forma conjunta, a decisão aplicou-se a todos os processos.

Nesse diapasão, Novelino esclarece que:

> Apesar de terem o sentido inverso, não há nenhuma diferença entre os efeitos da decisão proferida nas duas ações, sendo que, quando o mesmo objeto é questionado na ADI e na ADC, as ações são reunidas para o julgamento em conjunto. (2010, p. 274-275)

O relator do da ADI n. 5794, Ministro Edson Fachin: votou pela total procedência dos pedidos das ADI's para julgar inconstitucionais as alterações realizadas na CLT que incluíram a expressões que garantem que a contribuição sindical só se dará mediante autorização do trabalhador.

Votaram no sentido dos argumentos expostos por Fachin: também o ministro Dias Toffoli e a ministra Rosa Weber, sustentando que o fim da obrigatoriedade do tributo vai impedir os sindicatos de buscarem formas de organização mais eficazes para defender os direitos dos trabalhadores perante os interesses patronais.

Inaugurando a divergência, o ministro Luiz Fux, que pediu para antecipar seu voto por ausência na próxima sessão, pontuou que a reforma trabalhista não contempla normas gerais de Direito Tributário, então, a por óbvio, não reclama para esse tema uma exigência de lei complementar.

Para ele, não se pode admitir que a contribuição sindical seja imposta a todos os integrantes de todas as categorias, sendo que a Constituição Federal determina que ninguém é obrigado a se filiar-se ou se manter-se filiado a nenhuma entidade sindical.

Destacou que a reforma trabalhista ampliou as formas de financiamento dos sindicatos, passando a prever, inclusive, o direito aos advogados sindicais à percepção de honorários sucumbenciais.

Votaram no mesmo sentido os ministros Alexandre de Moraes, Luís Roberto Barroso, Gilmar Mendes, Marco Aurélio e Cármen Lúcia.

5. CONCLUSÃO

Cristalino se torna que no sistema constitucional brasileiro um eventual abuso poder por parte dos sindicatos quanto a sua forma geração de receita, tentando manter a qualquer custo uma contribuição, legitimamente extinta, parece atender unicamente aos interesses dos próprios sindicatos.

Ao se falar em regulamentação de financiamento dos sindicatos no Brasil, a única regra de ordem prática era a que excluía dos trabalhadores a possibilidade de escolher se desejavam ou não contribuir com a sistemática de representação vigente.

Mais do que nunca os sindicatos devem exercer a representatividade e realizar um bom serviço para os seus associados, uma vez que agora somente serão feitos pagamentos voluntários. De toda sorte, diante desse novo cenário, um relacionamento cordial e de mútua cooperação entre sindicatos, patrões e empregados tornará a transição menos traumática e levará ao surgimento de uma nova realidade, mediante a qual todos saem ganhando.

Enquanto se aguardamos a intenção legislativa de progresso nas relações trabalhistas e sociais, é importante primar pela legislação celetista que está posta, afastando insegurança jurídica das relações de trabalho do país.

6. REFERÊNCIAS BIBLIOGRÁFICAS

AROUCA, José Carlos. *Curso básico de direito sindical*. 5. ed. São Paulo: LTr, 2016.

BRASIL. Constituição (1891). *Constituição da República Federativa do Brasil*. Rio de Janeiro, RJ: Senado Federal, 1891.

BRASIL. Constituição (1988). *Constituição da República Federativa do Brasil*. Brasília, DF: Senado Federal, 1988.

BRASIL. Decreto-lei n. 5.452, de 1º de maio de 1943. *Consolidação das Leis do Trabalho*. Diário Oficial dos Estados Unidos do Brasil, Poder Executivo, Rio de Janeiro, DF, 9 ago. 1943.

BARROSO, Luís Roberto. *Interpretação e aplicação da constituição*. São Paulo: Saraiva, 1998.

FERREIRA, António Casimiro. *Sociedade da austeridade e direito do trabalho de exceção*. Porto: Vida Económica Editorial, 2012.

LOPEZ, Manuel Carlos Palomeque. Tradução MOREIRA, António. *Direito do trabalho e ideologia*. Coimbra: Almedina, 2001.

MARTINEZ, Luciano. *Condutas antissindicais*. São Paulo: Saraiva, 2013.

MARX, Karl. Tradução SCHMIDT, Ronaldo Alves. *O capital*. Edição resumida por Julian Borchardt. 7. ed. Rio de Janeiro: LTC, 1982.

NASCIMENTO, Amauri Mascaro; NASCIMENTO, Sônia Mascaro; NASCIMENTO, Marcelo Mascaro. *Direito sindical*. 8. ed. São Paulo: LTr, 2015.

NOVELINO, Marcelo. *Direito constitucional*. 4. ed. São Paulo: Método, 2010.

REALE, Miguel. *Teoria tridimensional do direito*. 5. ed., São Paulo: Saraiva, 2003.

RUPRECHT, Alfredo J. *Relações coletivas de trabalho*. Tradução Edilson Alkmin Cunha. São Paulo: LTr, 1995.

CAPÍTULO 23

OS LIMITES DA NEGOCIAÇÃO COLETIVA TRABALHISTA ANTE OS PRINCÍPIOS CONSTITUCIONAIS DA LIVRE INICIATIVA E DA VALORIZAÇÃO SOCIAL DO TRABALHO HUMANO

Evellyn Thiciane Macêdo Coêlho Clemente[1]

1. INTRODUÇÃO

O Direito Coletivo do Trabalho busca remontar na atualidade a aplicabilidade prática das Negociações Coletivas de Trabalho. Ao debater acerca do papel do Direito Coletivo do Trabalho no ordenamento jurídico brasileiro, faz-se necessária uma análise constitucional principiológica à luz dos fundamentos que regem o Estado Democrático de Direito.

O progresso da sociedade exige atenção ao Direito Coletivo para as relações de trabalho, ante os impactos sociais, jurídicos, econômicos e políticos vivenciados na atualidade. Assim, importante investigação científica acerca dos métodos de solução dos casos judiciais para que, a partir do conhecimento adquirido, seja possível apontar o caminho a ser tomado pelo ordenamento jurídico brasileiro.

A importância que o atual constitucionalismo representa para a valorização do trabalho como direito fundamental social, ao garantir a preservação dos direitos fundamentais no Estado Democrático de Direito, deve ser balizada na análise prática e jurídica das discussões legais, políticas e sociais e alterações do Direito do Trabalho brasileiro. A posição alcançada pelo trabalho na Constituição Federal de 1988 é precedida de um longo e penoso trajeto percorrido pelo Direito ao Trabalho nas Constituições anteriores, conquistando vantagens de maneira vagarosa se comparadas à necessidade do trabalhador, demonstrando o merecido valor nos âmbitos social, econômico e jurídico atuais.

Inevitável o estudo dos direitos fundamentais, com base na concepção doutrinária de Robert Alexy, focado no uso problemático da máxima da proporcionalidade, em comparativo aos princípios da centralidade da pessoa humana na ordem jurídica, da dignidade da pessoa humana, da valorização do trabalho e emprego, do bem-estar individual e social, da inviolabilidade física e psíquica, do direito à vida, da justiça social, em contraponto, ao princípio da livre iniciativa, bem como ao princípio da livre-contratação, usualmente flexibilizados pelos juristas liberais, ao argumento de que deveria preponderar (segundo eles) na negociação coletiva trabalhista.

Conforme propõe o presente artigo, pretende-se aprimorar o conhecimento quanto à utilização do princípio da proporcionalidade como forma de resolução dos problemas jurídicos que envolvem os direitos fundamentais. Denota-se que em inúmeros conflitos entre princípios jurídicos, a rigidez conceitual e metodológica apresentada por Robert Alexy é desconsiderada, menosprezando a proporcionalidade em inexplicável recurso à resolução das questões sobre a aplicação do Direito ou aferição dos limites de restrição aos Direitos Fundamentais.

Eis o que ora se propõe a preciso exame nesta oportunidade.

---

(1) Mestre em direito das relações sociais e trabalhistas pela UDF. Professora titular do Centro Universitário de Anápolis. Advogada.

2. OS PRINCÍPIOS CONSTITUCIONAIS DA DIGNIDADE DA PESSOA HUMANA E DA VALORIZAÇÃO SOCIAL DO TRABALHO EM CONTRAPONTO AO PRINCÍPIO DA LIVRE INICIATIVA

A análise de normas diretivas de Direito do Trabalho à luz da Constituição Federal de 1988 acarretou relevantíssimas consequências jurídicas que se delineiam a partir da alteração da tutela, para proteção, assegurada pela Constituição, à dignidade da pessoa humana, elevada à condição de fundamento da República Federativa do Brasil. O princípio constitucional visa garantir o respeito e a proteção da dignidade humana não apenas no sentido de assegurar um tratamento humano e não degradante, mas busca garantir os valores ético-jurídicos advindos pelo Estado Democrático de Direito.

Diante o modelo da normatização autônoma e privatística trabalhista que assegura um padrão de legitimação do conflito entre particulares, "(...) a ampla realização do conflito gesta meios de seu processamento no âmbito da própria sociedade civil, através dos mecanismos de negociação coletiva autônoma, hábeis a induzir à criação da norma jurídica"[2].

Sob tal prisma, quando ocorre a intervenção do Estado, o modelo tende a gerar uma legislação que reflete as necessidades efetivas da sociedade por manter-se democrática. Com a combinação dos modelos, a legislação heterônoma surge como produto social que se adiciona à atuação coletiva obreira.

Diante da relação entre particulares, é necessária a observação quanto à garantia da proteção efetiva dos direitos fundamentais, sendo dever do Estado a garantia contra a violação intentada por terceiros. Amoldando-se às bases constitucionais, Ingo Wolfgang Sarlet, com muita sapiência, demonstra a posição dos direitos fundamentais, alegando serem aqueles concernentes às pessoas,

(...) que do ponto de vista do direito constitucional positivo foram, por seu conteúdo e importância, integradas ao texto da Constituição e, portanto, retiradas da esfera de disponibilidade dos poderes constituídos, bem como as que, por seu conteúdo e significado, possam lhe ser equiparados, agregando-se à Constituição material, tendo, ou não assento na Constituição Formal. [3]

As relações de trabalho são conflituosas, submetendo-se a duas vertentes do Direito, onde cada uma defenderá seu âmbito de atuação, estando o trabalho pautado de um lado como direito fundamental do empregado e, do outro, os direitos que circundam o empregador, no exercício legítimo do direito à livre-iniciativa.

A vinculação essencial dos direitos fundamentais à liberdade e à dignidade da pessoa humana, enquanto valores históricos e filosóficos, conduzem ao significado de universalidade inerente a esses direitos como ideal da pessoa humana. Assim, estando a ordem econômica sustentada pelos pilares da livre-iniciativa e da valorização do trabalho humano, em situações conflituosas nas negociações coletivas, necessário a aplicabilidade dos limites impostos às categorias sociais, a fim de evitar renúncia reiterada e crônica dos direitos constitucionais trabalhistas.

Sob a ótica assertiva, os direitos sociais direitos de segunda dimensão, encontram-se interligados ao direito da igualdade, ante a busca pela promoção da igualdade social, por meio da criação de condições materiais que possibilitam a efetivação de uma igualdade real entre os indivíduos. Logo, a partir do art. 7°, inciso XXVI[4], da Constituição Federal de 1988, a negociação coletiva é um importante meio para se gerar direitos e obrigações para a empresa e seus empregados, permitindo a solução de interesses divergentes e garantindo a necessária segurança jurídica para a condução de suas ações coletivas.

É preciso destacar que a função do Direito em regular condutas, interesses, relações e instituições, com a harmonização da convivência social e na busca pela pacificação de conflitos, preserva-se no período histórico caracterizado pelo advento da Democracia. O Direito Coletivo, expressão do direito material do trabalho, traz a possibilidade e edição de normas autônomas, sendo uma concessão do Estado, que reconhece a normatividade das regras construídas coletivamente.

Sendo assim, a negociação coletiva trabalhista ganhou força constitucional na Carta Cidadã de 1988, sendo forma de autocomposição democrática, com papel primordial em gerir interesses profissionais e econômicos de grande relevância social. A concessão estatal ainda impõe alguns limites constitucionais, denominado pela doutrina de "contrato mínimo".

Nesse cotejo, o Tribunal Superior do Trabalho – TST, em análise aos limites da negociação coletiva

---

(2) DELGADO, Mauricio Godinho. *Curso de direito do trabalho*. 15. ed. São Paulo: LTr, 2016. p. 105.
(3) SARLET, Ingo Wolfgang. *A eficácia dos direitos fundamentais*. Porto Alegre: Livraria do Advogado, 2001. p. 82.
(4) CF/1988. Art. 7°, XXVI – reconhecimento dos acordos e convenções coletivas de trabalho.

trabalhista, finca posicionamento de que no Estado Democrático de Direito estruturado pela Constituição de 1988, prevalece o império do Texto Máximo da República e das leis federais imperativas, salvo nos aspectos em que a normatividade permitir espaço de criatividade jurídica à negociação coletiva trabalhista.

Mauricio Godinho Delgado, Ministro do Tribunal Superior do Trabalho, ao proferir decisão sobre os limites da negociação coletiva trabalhista estatui que, "(...) o império normativo heterônomo acentua-se quando se tratar de regras constitucionais ou legais que buscam fixar vantagens adicionais para trabalhadores que laborem em circunstâncias tipificadas mais gravosas, situações desfavoráveis que o Direito busca compensar".[5]

Sob tal aspecto, a Constituição Federal de 1988, em seu art. 170, projetou uma ordem econômica fundada na valorização do trabalho humano e na livre-iniciativa, com a finalidade de assegurar existência digna a todos, conforme os preceitos da justiça social. Desse modo, as normas autônomas juscoletivas, construídas para incidirem sobre certa comunidade econômica-profissional, podem prevalecer sobre o padrão geral heterônomo justrabalhista, desde que respeitados certos critérios objetivamente fixados. Nessa vertente, a negociação coletiva trabalhista, conquanto seja mecanismo desejável de solução dos conflitos entre o capital e o trabalho no ordenamento jurídico brasileiro, não pode flexibilizar, de modo amplo, direitos básicos.

A constitucionalização do valor social do trabalho no Texto Maior de 1988, acompanhado da livre iniciativa, à condição de um dos fundamentos da República (art. 1º, IV) e integrando um bloco constitucional de valorização do trabalho humano, conjunto aos direitos fundamentais e princípios correlatos ao trabalho como elemento primordial da própria dignidade humana, conquista um novo patamar no processo de reconhecimento jurídico do trabalho.

Diante da problemática apresentada, importante demonstração que com a aplicação do contraponto entre princípios constitucionais que podem circundar a matéria, Robert Alexy assegura que a resolução do problema jurídico demandaria a consideração de mais de um princípio jurídico envolvido e, conforme apresentado, exigiria recorrer-se à teoria da proporcionalidade como guia à harmonização da relação entre princípios. Para o renomado constitucionalista, a proporcionalidade apresenta um sistema que coordena a aplicação e a fundamentação das normas de direitos fundamentais.[6]

Existem inúmeras possibilidades de validade e eficácia jurídicas das normas autônomas coletivas em face das normas heterônomas imperativas, à luz do princípio da adequação setorial negociada. No entanto, tais possibilidades não são plenas e irrefreáveis, havendo limites objetivos à criatividade jurídica da negociação coletiva trabalhista. Desse modo, ela não prevalece se concretizada mediante ato estrito de renúncia ou se concernente a direitos revestidos de indisponibilidade absoluto (e não indisponibilidade relativa), os quais não podem ser transacionados nem mesmo por negociação sindical coletiva.

Os limites legais considerados impositivos encontram guaridas no princípio da dignidade da pessoa, por constituir unidade dos direitos e garantias individuais e sociais, que para Rúbia Zanotelli de Alvarenga repele "(...) qualquer comportamento que atente contra a pessoa humana. A dignidade de cada homem consiste em ser essencialmente uma pessoa, um ser cujo valor ético é superior a todos os demais no mundo"[7], constituindo desrespeito à dignidade da pessoa humana um sistema de profundas desigualdades.

Dessa forma, a Carta Magna de 1988 estabelece um piso vital mínimo imposto pela dignidade da pessoa humana como conquista da razão ética e jurídica da humanidade, atribuída a todas as pessoas, prescrevendo limitações à atividade do Estado e da guarida à liberdade humana nos lugares onde esta tem sido mais lesionada e desrespeitada por todos que abusam do poder, com o cometimento de arbitrariedades.

Por meio deste pensamento, vê-se que a dignidade é o princípio legitimador, ao atribuir sustentação moral ao Estado e ao sistema jurídico, descartando governos autoritários ou totalitários, que olham os indivíduos como objetos, com a imposição de procedimentos antidemocráticos, que levam à degradação da vida humana.

É justamente nesse contexto que a negociação coletiva surge, sendo o modo como capital e trabalho estabelecem regras de convivência pacífica, sendo por meio dela a garantia do trabalhador às condições para

---

(5) TST – RR: 18601820125020072, Relator: Mauricio Godinho Delgado, Data de Julgamento: 19.08.2015, 3ª Turma, Data de Publicação: DEJT 21.08.2015.

(6) ALEXY, Robert apud MORAIS, Fausto. Las Principales Operaciones Metodológico Jurídicas Propuestas Por Robert Alexy: de la subsunción a la comparación. *Revista Novos Estudos Jurídicos* – Eletrônica, v. 21, n. 1, jan-abri 2016. Disponível em: V-lex. Acesso em: 8 dez. 2016.

(7) ALVARENGA, Rúbia Zanotelli. *O direito do trabalho como dimensão dos direitos humanos*. São Paulo: LTr, 2009. p. 91.

que essa convivência continue existindo, para além do mínimo concedido por um Estado declaradamente liberal. Assim, talvez o sindicato seja a última arma de resistência contra o aniquilamento dos direitos dos trabalhadores, contribuindo de forma decisiva quando do exame das normas coletivas.

Para o Ministro e Professor Mauricio Godinho Delgado:

> (...) o sujeito empregador age naturalmente como um ser coletivo, um agente socioeconômico e político cujas ações, ainda que intraempresariais, têm a natural aptidão de produzir impacto na comunidade mais ampla. Em contrapartida, no outro polo da relação, inscreve-se um ser individual, consubstanciado no trabalhador, que, enquanto sujeito desse vínculo sociojurídico, não é capaz, isoladamente, de produzir, como regra, ações de impacto comunitário. Essa disparidade de posições na realidade na realidade concreta fez despontar um Direito Individual do Trabalho largamente protetivo, caracterizado por métodos, princípios e regras que buscam reequilibrar, juridicamente, a relação desigual vivenciada na prática cotidiana da relação de emprego.[8]

Sobre esse aspecto, a pragmática ideia de que o princípio da dignidade da pessoa humana deve atuar como critério informador, numa situação real em que ocorrer a colisão de um princípio fundamental com outros princípios também considerados essenciais, é de grande relevância nas discussões para elaboração das normas coletivas. A Constituição Federal de 1988 não descreve o conteúdo da dignidade, nem informa seu campo de proteção jurídica, cabendo à doutrina e à jurisprudência definirem as bases de um conceito jurídico de dignidade, sem o interesse de fazê-lo em definitivo, dado tratar-se de um instituto de densidade aberta.

Diante das considerações, no campo coletivo do trabalho sua interpretação deve estar atrelada à efetividade do princípio da valorização social do trabalho, fator de dignidade e valorização do ser humano, em todos os aspectos de sua vida, seja profissional ou pessoal. Razão pela qual, denota-se o trabalho como direito humano e fundamental, por assegurar ao homem o acesso a bens materiais, ao bem-estar, à satisfação profissional e ao completo desenvolvimento de suas potencialidades e de sua realização pessoal, bem como o direito à integração social (art. 6º, CF/1988).

A valorização do trabalho humano deve-se fazer valer em leis que coíbam a exploração irrestrita da força de trabalho e em iniciativas que previnam a degradação do homem por intermédio de seu labor. A intervenção do Estado nessa seara é de suma importância, com vistas a corrigir e reprimir as tentativas de prevalência do mercado sobre a humanidade de cada um, conforme propugna a própria Constituição Federal de 1988. Ainda, a ordem social, segundo o art. 193 da Carta Magna de 1988, tem como primado o trabalho, exercendo este uma função relevante, tendo estreitas relações com a educação, a saúde, a seguridade social, cultura, dentre outros direitos sociais. Ou seja, estabeleceu-se uma conexão entre trabalho e cidadania e trabalho e dignidade.

No campo da negociação coletiva trabalhista, por possuir poder de produzir normas jurídicas e não simples cláusulas contratuais, àquelas devem conferir a prerrogativa de definir a natureza jurídica de nova vantagem, devendo discutir o respeito da harmonização das normas coletivas negociadas ao conjunto da normatividade estatal trabalhista, tratado especificamente pelo princípio da adequação setorial negociada.

Diante da crescente informalização do trabalho e desregulamentação do emprego, relevante é o papel da união coletiva e da busca de soluções negociadas, discutidas o mais próximo possível do seio de seu surgimento, isto é, o ambiente de trabalho. Sendo assim, por meio do princípio acima delineado, as negociações coletivas encontram limites que diferentemente do campo cível, em que a renúncia é permitida, a irrenunciabilidade dos direitos pelo trabalhador constitui um dos princípios fundamentais, encontrando no Direito do Trabalho a realização de uma nova faceta de sua antiga finalidade protetiva, impondo condições tais que, caso sejam ultrapassadas, invalidada restará a cláusula que o infringir.

Em consonância com a visão de Mauricio Godinho Delgado, precursor do princípio em apreço no Direito do Trabalho brasileiro, são duas as hipóteses possíveis para que a negociação coletiva, por meio da transação, seja válida:

> As normas autônomas juscoletivas devem implementar um padrão setorial de direitos superior ao padrão geral oriundo da legislação heterônoma aplicável (...). As normas autônomas juscoletivas podem transacionar setorialmente parcelas justrabalhista de indisponibilidade apenas relativa – não de indisponibilidade absoluta.[9]

---

(8) DELGADO, Mauricio Godinho. *Direito coletivo do trabalho*. 6. ed. São Paulo: LTr, 2016. p. 48.

(9) DELGADO, Mauricio Godinho. *Princípios de direito individual e coletivo de trabalho*. 2. ed. São Paulo: LTr, 2004. p. 154.

Sob a ótica da primeira hipótese, as normas coletivas ampliam os direitos conferidos pela legislação heterônoma, atendendo à finalidade do princípio tutelar, outorgando legitimidade e validade à norma. Já na segunda hipótese, ocorrendo afronta ao princípio da indisponibilidade dos direitos trabalhistas, é importante que se verifique se a transação realizada atinge, tão-somente, direitos caracterizados por indisponibilidade relativa. Diante da exposição, a transação somente poderá dizer respeito a parcelas trabalhistas dotadas de indisponibilidade relativa.

A Constituição da República de 1988 optou claramente pela economia de mercado, sendo um dos princípios basilares da Ordem Econômica Brasileira, o respeito à liberdade de iniciativa. No ordenamento jurídico brasileiro, a livre iniciativa se encontra positivada em dois dispositivos constitucionais distintos: primeiramente entre os fundamentos da República (art. 1º, VI, CF/1988) e, após, como elemento fundador da Ordem Econômica (art. 170, *caput*, CF/1988).

Sobre as diferentes concepções de liberdade de contratar, importante trazer à baila as lições de Cristiane Derani:

> A iniciativa do sujeito é livre. Este mandamento expresso na forma assertiva é uma norma constitucional (norma-princípio). Ou seja, pela liberdade de ação ao indivíduo, para que ele concretize seus intentos, seus desejos, seus sonhos. Da expressão livre iniciativa é tudo que se pode apreender. É açoado e impreciso equivaler livre iniciativa a livre iniciativa de empreender no mercado. Esta é uma espécie de ação livre, é uma determinação específica da liberdade de agir. A Constituição Brasileira se recusa a tomar a parte pelo todo e por isso trata da livre iniciativa, não como princípio-base do modo de produção capitalista, mas o considera princípio essencial à sociedade brasileira, prescrevendo-o como fundamento da Nação brasileira (art. 1º) e como pressuposto da concretização dos demais princípios-base para o desenvolvimento da atividade econômica de mercado (art. 170, *caput*). [10]

É preciso destacar que o princípio da livre contratação corresponde ao velho princípio do Direito Civil. Os liberais tentam levar esse princípio para dentro da negociação coletiva, contrariando as bases e limites impostos pelo ordenamento constitucional, ante os limites da negociação claramente fincados no Direito brasileiro, que necessitam observar o patamar civilizatório mínimo.

Como observa Tércio Sampaio Ferraz Júnior *apud* Eros Roberto Grau:

> O art. 170, ao proclamar a livre iniciativa e a valorização do trabalho humano como fundamentos da ordem econômica está nelas reconhecendo a sua base, aquilo sobre o que ela se constrói, ao mesmo tempo sua *conditio per quam* e *conditio sine qua non*, os fatores sem os quais a ordem reconhecida deixa de sê-lo, passa a ser outra, diferente, constitucionalmente inaceitável. Particularmente a afirmação da livre iniciativa, que mais de perto nos interessa neste passo, ao ser estabelecida como fundamento, aponta para uma ordem econômica reconhecida então como contingente. Afirmar a livre iniciativa como base é reconhecer na liberdade um dos fatores estruturais da ordem, é afirmar a autonomia empreendedora do homem na conformação da atividade econômica, aceitando a sua intrínseca contingência e fragilidade; é preferir, assim uma ordem aberta ao fracasso a uma estabilidade supostamente certa e eficiente. Afirma-se, pois, que a estrutura da ordem está centrada natividade das pessoas e dos grupos e não na atividade do Estado. Isto não significa, porém, uma ordem do *laissez faire*, posto que a livre iniciativa se conjunta a valorização do trabalho humano, mas a liberdade, como fundamento, pertence a ambos. Na iniciativa, em termos de liberdade negativa, da ausência de impedimentos e da expansão da própria criatividade. Na valorização do trabalho humano, em termos de liberdade positiva, de participação sem alienações na construção da riqueza econômica. Não há, pois, propriamente, um sentido absoluto e ilimitado na livre iniciativa, que por isso não exclui a atividade normativa e reguladora do Estado. Mas há ilimitação no sentido de principiar a atividade econômica, de espontaneidade humana na produção de algo novo, de começar algo que não estava antes. Esta espontaneidade, base da produção da riqueza, é o fator estrutural que não pode ser negado pelo Estado. Se, ao fazê-lo, o Estado a bloqueia e impede, não está intervindo, no sentido de normar e regular, mas está dirigindo e, com isso, substituindo-se a ela na estrutura fundamental do mercado. [11]

---

(10) DERAN DERANI, Cristiane. *Privatização e serviços públicos*: ações do Estado na produção econômica. São Paulo: Max Limonad, 2002. p. 201.

(11) GRAU, Eros Roberto. *A ordem econômica na constituição de 1988*. 5. ed. São Paulo: Malheiros, 2000. p. 232.

Embora o princípio da liberdade de iniciativa seja de vital relevância em uma ordem econômica de matriz capitalista, é preciso destacar que tal liberdade não pode ser interpretada de forma absoluta, haja vista a necessidade de um juízo de ponderação com as demais liberdades econômicas previstas na Carta Política de 1988.

3. O PRINCÍPIO DA ADEQUAÇÃO SETORIAL NEGOCIADA COMO LIMITADOR DAS NEGOCIAÇÕES COLETIVAS TRABALHISTAS

Segundo Mauricio Godinho Delgado, um dos pontos centrais de inter-relação entre o Direito Coletivo e o Direito Individual do Trabalho reside na fórmula de penetração e harmonização das normas juscoletivas negociadas perante o estuário normativo heterônomo clássico ao Direito Individual do Trabalho. O objetivo é a busca pela constatação dos critérios de validade jurídica e extensão de eficácia das normas advindas de convenção, acordo ou contrato coletivo do trabalho, em contraponto a legislação estatal imperativa, que tanto demarca o ramo justrabalhista individual especializado.[12]

Como limitador, deve-se atentar para as exceções que a própria Constituição Federal de 1988 prevê, possibilitando, via negociação coletiva, a diminuição de direitos de indisponibilidade absoluta, devendo tais exceções estar sob a análise de forma restritiva, jamais sendo utilizada como fundamento para a abrangência de outros direitos, ou seja, dois critérios serão autorizativos da validade da norma:

> a) quando as normas autônomas juscoletivas implementam um padrão setorial de direitos superior ao padrão geral oriundo da legislação heterônoma aplicável, elevando o patamar setorial de direitos trabalhistas e; b) quando as normas autônomas juscoletivas transacionam setorialmente parcelas justrabalhistas de indisponibilidade apenas relativa (e não de indisponibilidade absoluta).[13]

Insta ressaltar que o Supremo Tribunal Federal vem flexibilizando a interpretação quanto à incidência das negociações coletivas nas relações de trabalho, sob o argumento de que no âmbito do direito coletivo do trabalho não se verifica a mesma situação de assimetria de poder presente nas relações individuais de trabalho. Assim, entende-se que a autonomia coletiva da vontade não se encontra sujeita aos mesmos limites que a autonomia individual.

Para o Órgão Máximo Jurisdicional:

> A Constituição de 1988, em seu art. 7º, XXVI, prestigiou a autonomia coletiva da vontade e a autocomposição dos conflitos trabalhistas, acompanhando a tendência mundial ao crescente reconhecimento dos mecanismos de negociação coletiva, retratada na Convenção n. 98/1949 e na Convenção n. 154/1981 da Organização Internacional do Trabalho. O reconhecimento dos acordos e convenções coletivas permite que os trabalhadores contribuam para a formulação das normas que regerão a sua própria vida.[14]

Na assaz apropriada visão do Ministro do Supremo Tribunal Federal, Luís Roberto Barroso:

> (...) justamente porque se reconhece, no âmbito das relações individuais, a desigualdade econômica e de poder entre as partes, as normas que regem tais relações são voltadas à tutela do trabalhador. Entende-se que a situação de inferioridade do empregado compromete o livre exercício da autonomia individual da vontade e que, nesse contexto, regras de origem heterônoma – produzidas pelo Estado – desempenham um papel primordial de defesa da parte hipossuficiente. Também por isso a aplicação do direito rege-se pelo princípio da proteção, optando-se pela norma mais favorável ao trabalhador na interpretação e na solução de antinomias (...). O empregador, ente coletivo provido de poder econômico, contrapõe-se à categoria dos empregados, ente também coletivo, representado pelo respectivo sindicato e munido de considerável poder de barganha, assegurado, exemplificativamente, pelas prerrogativas de atuação sindical, pelo direito de mobilização, pelo poder social de pressão e de greve. No âmbito do direito coletivo, não se verifica, portanto, a mesma assimetria de poder presente nas relações individuais de trabalho. Por consequência, a autonomia coletiva da vontade não se encontra sujeita aos mesmos limites que a autonomia individual.[15]

---

(12) DELGADO, Mauricio Godinho. *Direito coletivo do trabalho*. 6. ed. São Paulo: LTr, 2016. p. 71.

(13) *Idem*.

(14) STF – Recurso Extraordinário 590.415, Relator: Luís Roberto Barroso, Data de Julgamento: 30.04.2015, Pleno, Data de Publicação: DJ 30.04.2015.

(15) STF – Recurso Extraordinário 590.415, Relator: Luís Roberto Barroso, Data de Julgamento: 30.04.2015, Pleno, Data de Publicação: DJ 30.04.2015.

Diante da decisão apresentada, reconheceu-se que o Direito Coletivo do Trabalho está diante de peculiaridades e fundamentos próprios, destacando os princípios da equivalência dos contratantes coletivos, da lealdade na negociação coletiva e da adequação setorial negociada.

Estudando o julgado exposto, Gustavo Filipe Barbosa Garcia, com muita sapiência ensina:

> Prevaleceu, assim, o entendimento de que os referidos programas, quando aprovados por meio de convenções e acordos coletivos, (...) desempenham a relevante função de minimizar riscos e danos trabalhistas. Logo, o descumprimento dos PDIs por parte dos empregados, que, após perceberem proveitosa indenização, ingressam na Justiça do Trabalho para *pleitear parcelas já quitadas*, prejudica a seriedade de tais ajustes e pode fazer com que os empresários quantifiquem tal risco, optando por não mais adotar planos de demissão incentivada, ou, ainda, optando por reduzir os benefícios ofertados por meio desse instrumento, mais uma vez, em prejuízo dos próprios trabalhadores.[16]

Verifica-se, pois, conforme o Ministro do STF, Luís Roberto Barroso, que:

> (...) não há qualquer argumento que justifique o não reconhecimento da quitação plena outorgada pela reclamante ou que enseje a invalidade do acordo coletivo que a autorizou. Ao fazê-lo, a decisão recorrida incorreu em violação ao art. 7º, XXVI, da Constituição, uma vez que negou reconhecimento ao acordo coletivo com base em fundamentos ilegítimos, sendo de se destacar que o respeito a tais acordos preserva o interesse da classe trabalhadora de dispor desse instrumento essencial à adequação das normas trabalhistas aos momentos de crise e à minimização dos danos ensejados por dispensas em massa.[17]

Ainda, o julgado destaca que não se pode tratar como absolutamente incapaz e inimputável para a vida civil toda uma categoria profissional, em detrimento do explícito reconhecimento constitucional de sua autonomia coletiva (art. 7º, XXVI, CF/1988).

No viés desta temática, Gustavo Filipe Barbosa Garcia assinala que em termos reais e concretos, a nova orientação da jurisprudência parece não se sensibilizar com o fato de que, apesar de a cláusula que institui o plano de incentivo à demissão poder ser pactuada na esfera das relações coletivas de trabalho, mais especificamente por meio de negociação coletiva, em que as partes estão em condição relativamente isonômica, a adesão, em si, é feita pelo próprio empregado, no âmbito da relação individual de emprego, na qual vigora o princípio da indisponibilidade, pois a sua posição é de nítida assimetria, bem como de vulnerabilidade social e econômica em face do empregador.[18]

A matéria objeto deste Recurso Extraordinário tem provocado considerável controvérsia na Justiça do Trabalho. No âmbito dos Tribunais Regionais do Trabalho encontram-se decisões em sentidos antagônicos acerca da validade da quitação ampla do contrato de trabalho, em consequência de adesão a plano de demissão voluntária.

Realizando uma análise quanto à limitação da autonomia da vontade do empregado em razão da assimetria de poder entre os sujeitos da relação individual de trabalho, o STF assim se posiciona:

> O direito individual do trabalho tem na relação de trabalho, estabelecida entre o empregador e a pessoa física do empregado, o elemento básico a partir do qual constrói os institutos e regras de interpretação. Justamente porque se reconhece, no âmbito das relações individuais, a desigualdade econômica e de poder entre as partes, as normas que regem tais relações são voltadas à tutela do trabalhador. Entende-se que a situação de inferioridade do empregado compromete o livre exercício da autonomia individual da vontade e que, nesse contexto, regras de origem heterônoma – produzidas pelo Estado – desempenham um papel primordial de defesa da parte hipossuficiente. Também por isso a aplicação do direito rege-se pelo princípio da proteção, optando-se pela norma mais favorável ao trabalhador

---

(16) GARCIA, Gustavo Filipe Barbosa. *Planos de demissão incentivada na jurisprudência do STF*: confusões conceituais e principiológicas. São Paulo: LexMagister, 2016. p. 10.

(17) (TF – Recurso Extraordinário 590.415, Relator: Luís Roberto Barroso, Data de Julgamento: 30.04.2015, Pleno, Data de Publicação: DJ 30.04.2015.

(18) GARCIA, Gustavo Filipe Barbosa. *Planos de demissão incentivada na Jurisprudência do STF*: confusões conceituais e principiológicas. São Paulo: LexMagister. Disponível em: <http://editoramagister.com/doutrina_27041320_PLANOS_DE_DEMISSAO_INCENTIVADA_NA_JURISPRUDENCIA_DO_STF_CONFUSOES_CONCEITUAIS_E_PRINCIPIOLOGICAS.aspx>.

na interpretação e na solução de antinomias (...). Essa lógica protetiva está presente na Constituição, que consagrou um grande número de dispositivos à garantia de direitos trabalhistas no âmbito das relações individuais. Essa mesma lógica encontra-se presente no art. 477, § 2º, da CLT e na Súmula 330 do TST, quando se determina que a quitação tem eficácia liberatória exclusivamente quanto às parcelas consignadas no recibo, independentemente de ter sido concedida em termos mais amplos. (...) No momento da rescisão de seu contrato, tenha condições de avaliar se as parcelas e valores indicados no termo de rescisão correspondem efetivamente a todas as verbas a que faria jus. Considera-se que a condição de subordinação, a desinformação ou a necessidade podem levá-lo a agir em prejuízo próprio. Por isso, a quitação, no âmbito das relações individuais, produz efeitos limitados.[19]

Por conseguinte:

(...) no que tange às relações coletivas de trabalho, concluiu que a Constituição de 1988 restabeleceu o Estado Democrático de Direito, afirmando como seus fundamentos a cidadania, a dignidade humana, o pluralismo político, reconhecendo direitos sociais que se prestam a assegurar condições materiais para a participação do cidadão no debate público. Quanto ao Direito Coletivo do Trabalho, trouxe o prestígio da autonomia coletiva da vontade como mecanismo pelo qual o trabalhador contribuirá para formular as normas que regerão a sua própria vida, inclusive no trabalho (art. 7º, XXVI, CF). Diante a questão, o julgado em estudo de relatoria do Ministro Luís Roberto Barroso, sustenta que "se este não é o espírito das normas infraconstitucionais que regem a matéria, cabe ao intérprete rever o conteúdo destas últimas à luz da Constituição. Ocorre que, a doutrina trabalhista, de forma especializada assegura que a negociação coletiva contribui para a normalidade das relações coletivas e da harmonia no ambiente de trabalho, "(...) dela se valendo, inclusive, a lei, que para ela transfere solução de inúmeras questões de interesse social e de participação social. (NASCIMENTO, Amauri Mascaro, p. 347-348, apud MOTA, Paulo Henrique).[20]

Por todo o exposto, observa-se que o papel da negociação coletiva trabalhista extravasa o ambiente da relação coletiva entre empresa e empregados, produzindo efeitos também na sociedade em geral. Conforme se pode extrair do conceito de função social da empresa e das funções de negociação coletiva, denota-se um alinhamento para ambas do binômio poder-dever em exercer seus misteres também para atender aos anseios da coletividade, tanto mediante a observância dos limites ou pelas possibilidades de suas atuações com vistas a produzirem efeitos benéficos para a classe trabalhadora e, por consequência, para a sociedade.

4. CONCLUSÃO

A negociação coletiva trabalhista não deve ser adotada como via de cumprimento da função social da empresa somente a partir de cenários de dificuldade econômica, mas deve ser praticada com vistas a proporcionar a valorização social do trabalho humano, trazendo melhorias para a condição socioeconômica do trabalhador.

Os princípios constitucionais da dignidade da pessoa humana e da valorização social do trabalho, em contraponto ao princípio da livre iniciativa, prevalecerão nas negociações coletivas trabalhistas, em virtude da denominada crise do sindicalismo, que, em parte, é o resultado da crise maior do Estado de Bem-Estar Social, fustigado que vem sendo pelo neoliberalismo.

Para o cumprimento dos preceitos constitucionais, com observância da valorização do trabalho como direito fundamental, são necessários sindicatos fortes, a fim de que o Direito do Trabalho continue sendo construído sob a premissa ou princípio da proteção ao trabalho humano.

Os direitos sociais possuem a característica da progressividade, estando entre este os direitos laborais, considerados direito fundamentais, conforme Texto Constitucional de 1988, jungidos à garantia constitucional do não retrocesso, principalmente em face da expressa natureza progressiva estampada no caput do art. 7º da Constituição Federal de 1988, sendo o mencionado princípio soma do princípio da norma mais favorável com o princípio da progressividade dos direitos econômicos, sociais e culturais.

---

(19) STF – Recurso Extraordinário 590.415, Relator: Luís Roberto Barroso, Data de Julgamento: 30.04.2015, Pleno, Data de Publicação: DJ 30.04.2015.

(20) STF – Recurso Extraordinário 590.415, Relator: Luís Roberto Barroso, Data de Julgamento: 30.04.2015, Pleno, Data de Publicação: DJ 30.04.2015.

Por fim, cumpre ressaltar que estando o Estado Democrático de Direito solidificado sobre três eixos centrais – a dignidade da pessoa humana, a sociedade política, democrática e inclusiva, e a sociedade civil –, ocorrendo a permissividade de negociações sindicais sem a observância do arcabouço constitucional, dos princípios humanísticos e sociais fundamentais, será latente a incompatibilidade ao desenvolvimento da economia produtiva e capitalista, com o consequente enfraquecimento das bases constitucionais e o retrocesso de toda a construção jurídico-laboral no Direito Brasileiro.

5. REFERÊNCIAS BIBLIOGRÁFICAS

ALEXY, Robert *apud* MORAIS, Fausto. Las Principales Operaciones Metodológico Jurídicas Propuestas Por Robert Alexy: de la subsuncióna la comparación. *Revista Novos Estudos Jurídicos – Eletrônica*, v. 21, n. 1, jan-abri 2016. Disponível em: V-lex. Acesso em: 8 dez. 2016.

ALVARENGA, Rúbia Zanotelli. *O direito do trabalho como dimensão dos direitos humanos*. São Paulo: LTr, 2009.

BRASIL. Constituição (1988). *Constituição da República Federativa do Brasil*. Brasília: Senado, 1988.

_____. Decreto-lei n. 5.452 (1943). *Consolidação das Leis do Trabalho*. Brasília: Presidência da República, 1943.

_____. Supremo Tribunal Federal. *Recurso Extraordinário 590.415, Santa Catarina, Plenário*. Brasília, DF. Disponível em: <http://www.stf.jus.br/arquivo/cms/noticiaNoticiaStf/anexo/RE-590415Voto.pdf>.Acesso em: 9 dez. 2016.

_____.Tribunal Superior do Trabalho. *Recurso de Revista* RR: 18601820125020072, 3ª Turma. Brasília, DF. Disponível em <http://tst.jusbrasil.com.br/jurisprudencia/183617562/recurso-de-revista-rr 104848520135120058>.Acesso em: 09 dez. 2016.

DELGADO, Mauricio Godinho; DELGADO, Gabriela Neves. *Constituição da república e direitos fundamentais*: dignidade da pessoa humana, justiça social e direito do trabalho. 3. ed. São Paulo: LTr, 2015.

_____. *Direito coletivo do trabalho*. 6. ed. São Paulo: LTr, 2016.

_____. *Curso de direito do trabalho*. 15. ed. São Paulo: LTr, 2016.

DERANI, Cristiane. *Privatização e serviços públicos*: ações do Estado na produção econômica. São Paulo: Max Limonad, 2002.

FERRAZ JUNIOR, Tércio Sampaio. A economia e o controle do Estado, parecer publicado no *Jornal O Estado de São Paulo*, p. 50, em 04.06.1989, *apud* GRAU, Eros Roberto. *A ordem econômica na Constituição de 1988*. 5. ed. São Paulo: Malheiros, 2000.

GARCIA, Gustavo Filipe Barbosa. *Curso de direito do trabalho*. Rio de Janeiro: Forense, 2016.

_____. Planos de Demissão Incentivada na Jurisprudência do STF: confusões conceituais e principiológicas. In: *Lex Editora*, 2016. Disponível em: <http://editoramagister.com/doutrina_270 41320_PLANOS_DE_DEMISSAO_INCENTIVADA_NA_JU-RISPRUDENCIA_DO_STF_CONFUSOES_CONCEITUAIS_E_PRINCIPIOLOGICAS.aspx>. Acesso em: 9 dez. 2016.

MOTA, Paulo Henrique da. *Negociação coletiva de trabalho*: função social da empresa e valorização do trabalho humano. São Paulo: LTr, 2016.

NASCIMENTO, Amauri Mascaro; NASCIMENTO, Sônia Mascaro. *Iniciação ao direito do trabalho*. 40. ed. São Paulo: LTr, 2015.

RAMOS, Emerson. *A eficácia das sentenças da Justiça do Trabalho nas ações de natureza previdenciária*. In: Oliveira e Silva Advogados, 2014. Disponível em: <http://www.oliveiraesilvaadvogados.com.br/senteca-trabalhista-justica-federal.html> Acesso em: 14 fev. 2016.

SANTOS, Enoque Ribeira. *Direitos humanos da negociação coletiva*: teoria e pratica jurisprudencial. São Paulo: LTr, 2004.

SARLET, Ingo Wolfgang. *A eficácia dos direitos fundamentais*. Porto Alegre: Livraria do Advogado, 2001.

SEVERO, Valdete Souto; ALMEIDA, Almiro Eduardo de. *Direito do trabalho avesso da precarização*. V. I. São Paulo: LTr, 2014.

TEODORO, Maria Cecília Máximo. *O princípio da adequação setorial negociada no direito do trabalho*. São Paulo: LTr, 2007.

CAPÍTULO 24

O NEGOCIADO SOBRE O LEGISLADO: ARTS. 611-A E 611-B DA LEI N. 13.467, DE 13 DE JULHO DE 2017

Rúbia Zanotelli de Alvarenga[1]

1. INTRODUÇÃO

À guisa de elucidar e de fortalecer as noções basilares relativas aos objetivos do Direito Coletivo do Trabalho, faz-se mister destacar a sua importância, em especial quanto ao princípio da adequação setorial negociada, haja vista o impacto da recente "reforma trabalhista" no âmbito das relações coletivas de trabalho, destacadamente no tocante à nova disposição contida nos arts. 611-A e 611-B da nova Lei n. 13.467 de 13 de julho de 2017.

Os artigos supramencionados e destacados afrontam os preceitos humanísticos e sociais contidos no texto constitucional da Carta Magna de 1988 e o sistema internacional de proteção aos direitos humanos dos trabalhadores, visto que autorizam a flexibilização e a revogação de vários direitos fundamentais dos trabalhadores já garantidos pela ordem pública interna e internacional.

Tais dispositivos da Lei n. 13.467/2017 não respeitam o Direito Constitucional do Trabalho e os instrumentos internacionais de proteção ao trabalhador, pois permitem que se negocie, coletivamente, a aplicação dessas normas constitucionais e internacionais, ao admitir a redução de direitos dos trabalhadores por meio de mera negociação coletiva trabalhista, ferindo, ainda, a obrigação e o compromisso internacional do Brasil de cumprir e de garantir as diretrizes sociais trabalhistas estabelecidas nos acordos ou nos tratados internacionais de direitos humanos ratificados por ele.

O Brasil tem a obrigação de garantir a aplicação efetiva dos direitos humanos fundamentais dos trabalhadores pela preservação e pela elevação do patamar mínimo civilizatório já estabelecido pelo ordenamento jurídico trabalhista brasileiro e pelas normas internacionais de direitos humanos.

É preciso respeitar os convênios concernentes à proteção aos direitos humanos dos trabalhadores ratificados pelo Brasil, motivo pelo qual não se pode rebaixar, por meio de acordos ou de convenções coletivas de trabalho, como «autorizam» os arts. 611-A e 611-B da recente Lei n. 13.467/2017, a proteção social já conferida pelo Direito Constitucional e Internacional do Trabalho.

Por isso, serão invocados os magistérios de ilustres autores justrabalhistas e evocadas as suas preciosas lições, a fim de restarem claras as mais substantivas questões concernentes à realização da justiça social, que se faz pela aplicação do princípio da adequação setorial negociada em prevalência aos arts. 611-A e 611-B da Lei n. 13.467/2017.

Eis o que ora se propõe a exame nesta oportunidade.

2. O PAPEL DA NEGOCIAÇÃO COLETIVA TRABALHISTA NO SINDICALISMO E NA SOCIEDADE

Conforme elucida Homero Batista Mateus da Silva, "reformas desse gênero não têm a capacidade de produzir renda, muito menos gerar empregos e menos ainda

---

[1] Professora Titular do Centro Universitário do Distrito Federal (UDF) e de seu Mestrado em Direito das Relações Sociais e Trabalhistas. Professora de Direitos Humanos e de Direito do Trabalho em Cursos de Pós Graduação. Doutora em Direito pela PUC Minas e Mestre em Direito do Trabalho pela PUC Minas.

de gerar trabalho decente – o trabalho suficiente, digno e envolvido no diálogo social, como ensina a Organização Internacional do Trabalho".[2]

A negociação coletiva trabalhista se traduz em um procedimento sofisticado e criativo responsável por constituir importante fonte de elaboração de normas autônomas juscoletivas, com a finalidade de suprir a insuficiência do contrato individual de trabalho e das regras estatais existentes, buscando refletir o interesse das partes contratantes e a busca de melhor eficácia para o conjunto do ordenamento jurídico trabalhista.

A Organização Internacional do Trabalho (OIT) possui claras diretrizes em favor da valorização da negociação coletiva pela via dos sindicatos. O art. 4º de sua Convenção Internacional n. 98 procura promover o papel da negociação coletiva trabalhista, *in verbis*:

> Art. 4º Deverão ser tomadas, se necessário for, medidas apropriadas às condições nacionais para fomentar e promover o pleno desenvolvimento e a utilização de meios de negociação voluntária entre empregadores ou organizações de empregadores e organizações de trabalhadores, com o objetivo de regular, por meio de convenções coletivas, os termos e as condições de emprego.

É por meio das negociações coletivas trabalhistas que categorias podem implementar novas condições de trabalho não determinadas por Lei. Isso possibilita não só a elaboração como também a revisão de cláusulas normativas mais vantajosas para os trabalhadores.

Como o ordenamento jurídico-trabalhista não consegue prever peculiaridades inerentes às diversas empresas e categorias, cabe aos sindicatos complementá-las por meio da atuação negocial em um cenário de conformação e de balizas estruturadas pelas normas constitucionais e internacionais legais ratificadas de caráter trabalhista. Em geral, a negociação coletiva atua em um universo desenhado e regulamentado pelo ordenamento jurídico estatal e institucional a que deve moldar-se e com que tem de harmonizar-se.

A negociação coletiva contribui para a maior democratização da sociedade, instituindo fórmulas de autogestão dos grupos sociais, sem, contudo, submeter-se ao império do pensamento ideológico neoliberal, o que consiste, segundo Martins Catharino, na "luta pela maior liberdade no mundo econômico e pela redução da intervenção do Estado em todas as ordens".[3]

Desse modo, as normas autônomas juscoletivas têm por objetivo melhorar as condições sociais e econômicas dos trabalhadores, mas sem o escopo de se prestarem à diminuição das garantias já auferidas.

Seu objetivo visa ao estabelecimento de condições mais benéficas para a classe coletiva dos trabalhadores com vistas a atingir a aplicação do princípio constitucional da dignidade da pessoa humana nas relações de trabalho.

Como observa Emerson Malheiro: "O princípio da dignidade da pessoa humana constitui um núcleo essencial de irradiação dos direitos humanos, pois sua função é propagar os interesses fundamentais dos indivíduos".[4]

De acordo com Enoque Ribeiro dos Santos:

> Os sindicatos modernos, portanto, exercem um papel de grande importância no cenário jurídico atual. São essenciais no mundo do trabalho, porque conseguem reduzir as desigualdades econômicas e sociais, ajudam a aumentar salários e benefícios, são fontes de educação profissional e treinamento, proveem serviços médicos, odontológicos, planos de pensão, recolocação profissional. São substitutos processuais dos associados e parceiros de empregadores responsáveis interessados em prover produtos de qualidade para seus consumidores.[5]

Sob tal aspecto, ensina Amauri Mascaro Nascimento que os documentos coletivos negociados (acordos e convenções coletivos) permitem o nivelamento daqueles em posições desiguais, visto que o empresário é detentor do poder econômico, pelo qual naturalmente já se eleva, ao passo que o trabalhador não tem como a ele se equiparar. Nesse sentido, os acordos negociais coletivos, via sindicatos, fazem se nivelar os dois sujeitos e realidades desiguais, na mesa de discussões, cumprindo, assim, a negociação coletiva uma função maior na qualidade de meio para a busca e para a realização de igualdade e de justiça social.[6]

Vê-se, então, que as normas autônomas juscoletivas não podem acarretar a diminuição ou a supressão dos direitos fundamentais trabalhistas, tendo em vista que

---

(2) SILVA, Homero Batista Mateus. *Comentários à reforma trabalhista*. São Paulo: Revista dos Tribunais, 2017. p. 12.
(3) CATHARINO, José Martins. *Neoliberalismo e sequela*. São Paulo: LTr, 1997. p. 42.
(4) MALHEIRO, Emerson. *Curso de direitos humanos*. 2. ed. São Paulo: Atlas, 2015. p. 101.
(5) SANTOS, Enoque Ribeiro. *Direitos humanos na negociação coletiva*. São Paulo: LTr, 2004. p. 152.
(6) NASCIMENTO, Amauri Mascaro. *Iniciação ao direito do trabalho*. 33. ed. São Paulo: LTr, 2007. p. 482.

a autonomia coletiva não é, como qualquer poder, simplesmente ilimitada: ela encontra fronteiras nas normas constitucionais do trabalho, na CLT e nos demais diplomas legais trabalhistas, nas Convenções Internacionais da OIT e nos princípios do Direito Individual do Trabalho e do Direito Coletivo do Trabalho.

Enoque Ribeiro dos Santos, ao destacar o papel social da negociação coletiva, assevera que ela atua como um importante meio de realização da justiça social e da igualdade, na medida em que visa a equiparar os empregadores e os trabalhadores no processo de elaboração dos acordos coletivos e das convenções coletivas.[7]

O art. 7º, XXVI, da Constituição de 1988 prevê o direito ao "reconhecimento das convenções e acordos coletivos de trabalho". Evidentemente, tal reconhecimento se dá em conformidade e em harmonia com a Constituição da República e seus princípios e regras humanísticos e sociais, bem como em harmonia e em conformidade com a ordem jurídica trabalhista internacional ratificada legal.

Nesse mesmo quadro constitucional, o art. 8º, VI, exige a participação obrigatória dos sindicatos nas negociações coletivas de trabalho. Quer isso dizer que a negociação coletiva somente existe procedida por intermédio das entidades sindicais representativas da correspondente categoria profissional, pois apenas desse modo se torna mais viável o alcance, ainda que em parte, do princípio trabalhista da equivalência entre os contratantes coletivos.

Na diretriz da Constituição Federal de 1988, a negociação coletiva trabalhista, como manifestação da autonomia coletiva dos sindicatos, deve representar um dos meios eficazes de diminuição das desigualdades sociais e de fortalecimento da autoestima e da capacidade dos cidadãos trabalhadores, haja vista que facilita a sua participação, por meio do sindicato, no processo de tomada e de implementação de decisões que afetam o seu próprio desenvolvimento.

Assim, Amauri Mascaro Nascimento acentua que "a principal função do sindicato é a negocial, uma vez que dela resultam normas de trabalho para toda a categoria, e, com essa atividade, o sindicato desempenha um papel criativo na ordem jurídica como fonte de produção do direito positivo".[8]

Ainda consoante o autor, além da função normativa, a negociação coletiva trabalhista também apresenta as seguintes funções: a) função obrigacional; b) função compositiva; c) função política; d) função econômica; e) função social.[9]

É preciso destacar que a *função obrigacional* objetiva atribuir à negociação coletiva trabalhista o papel de criar obrigações e direitos entre os próprios sujeitos estipulantes, sem reflexo significativo (ou qualquer reflexo) sobre as relações individuais de trabalho. Dessa forma, o seu objetivo é o de apenas estabelecer obrigações e faculdades que se restringem às organizações pactuantes, de caráter nitidamente vinculativo entre elas, sem qualquer projeção fora da esfera dos sujeitos pactuantes, não atingindo os empregadores e os empregados do respectivo segmento econômico e profissional.

No tocante à *função compositiva*, também designada como a função de propiciar a pacificação de conflitos de natureza sociocoletiva, a negociação coletiva trabalhista ou o Direito Coletivo do Trabalho atuam "como forma de superação dos conflitos entre as partes, alinhando-se entre as demais formas compositivas existentes na ordem jurídica, que vão até a solução jurisdicional".[10]

Mauricio Godinho Delgado leciona: "Os diversos instrumentos do Direito Coletivo são meios de solução de importantes conflitos sociais, que são aqueles que surgem em torno da relação de emprego, ganhando projeção grupal, coletiva".

Acresce o autor Ministro do Tribunal Superior do Trabalho (TST):

> É evidente que a negociação coletiva, como mecanismo de autocomposição, constitui-se no mais relevante desses instrumentos pacificadores. Entretanto, o Direito Coletivo apresenta outros meios de solução de conflitos, de significação diferenciada, é claro, mas que, em seu conjunto, cumprem a função pacificadora referida. Trata-se, por exemplo, da arbitragem e da mediação trabalhistas, do dissídio coletivo e de sua sentença normativa, das comissões ou dos delegados intra-empresariais de solução de conflitos (essas comissões não são comuns, é verdade, na tradição brasileira, sendo, porém, célebres em outras experiências democráticas, como Itália, Inglaterra, Alemanha etc.).[11]

---

(7) SANTOS, *op. cit.*, 2007, p. 155, nota 4.
(8) NASCIMENTO, *op. cit.*, 2007, p. 461, nota 5.
(9) NASCIMENTO, Amauri Mascaro. *Iniciação ao direito do trabalho*. 33. ed. São Paulo: LTr, 2007. p. 461.
(10) *Ibidem*, 2007, p. 461.
(11) DELGADO, Mauricio Godinho. *Direito coletivo do trabalho*. 6. ed. São Paulo: LTr, 2015. p. 34.

Outra função específica notável da negociação coletiva trabalhista ou do Direito Coletivo do Trabalho é a denominada *função social e política*.

A *função política* da negociação coletiva trabalhista possui o papel de promover o diálogo entre grupos sociais em uma sociedade democrática, cuja estrutura política valoriza a ação dos interlocutores sociais, confiando-lhes poderes para que, no interesse geral, superem as suas divergências. Destarte, o equilíbrio do sistema político pode ser atingido pelas perturbações na ordem social, resultantes, às vezes, dos conflitos trabalhistas e na medida da generalização destes; a negociação coletiva trabalhista atua, portanto, como veículo de diálogo e de pacificação social.[12]

Nessa temática, destaca-se também a abordagem de Amauri Mascaro Nascimento:

> Não é interesse do governo a luta permanente entre as classes sociais, de modo que a adoção de mecanismos adequados para evitar o atrito é do interesse geral da sociedade como um todo. A instabilidade política pode ainda resultar dos conflitos trabalhistas, de tal forma que, sendo a negociação um instrumento de estabilidade nas relações entre os trabalhadores e as empresas, a sua utilização passa a ter um sentido que ultrapassa a esfera restrita das partes interessadas para interessar à sociedade política.[13]

Torna-se imperioso registrar a visão de Mauricio Godinho Delgado para o qual o Direito Coletivo do Trabalho ou a negociação coletiva trabalhista apresentam certas funções juscoletivas que lhe são específicas, a saber: a) geração de normas jurídicas; b) pacificação de conflitos de natureza sociocoletiva; c) função sociopolítica; d) função econômica.[14]

Na clarificadora visão de Mauricio Godinho Delgado, a geração de normas jurídicas:

> (...) é o marco distintivo do Direito Coletivo do Trabalho em todo o universo jurídico. Trata-se de um dos poucos segmentos do Direito que possui, em seu interior, essa aptidão, esse poder, que, desde a Idade Moderna, tende a se concentrar no Estado.

> A geração de regras jurídicas que se distanciam em qualidades e poderes das meras cláusulas obrigacionais, dirigindo-se a normatizar os contratos de trabalho das respectivas bases representadas na negociação coletiva, é um marco de afirmação do segmento juscoletivo, que confere a ele papel econômico, social e político muito relevante na sociedade democrática.[15]

Consoante Maurício Godinho Delgado: "Gera o Direito Coletivo, por meio da negociação coletiva, dispositivos obrigacionais, que irão se dirigir essencialmente aos sujeitos da própria negociação efetivada e não ao universo de trabalhadores geridos pelos instrumentos coletivos".[16]

Por conseguinte, a negociação coletiva trabalhista e as entidades sindicais evidenciam possuir notável papel na democratização da sociedade e na gestão dos conflitos coletivos trabalhistas, dando efetividade à própria ideia de "democracia" no sentido mais contemporâneo e amplo da expressão. Como expõe Maurício Godinho Delgado:

> O Direito Coletivo do Trabalho cumpre função social e política de grande importância. Ele é um dos mais relevantes instrumentos de democratização de poder, no âmbito social, existentes nas modernas sociedades democráticas — desde que estruturado de modo também democrático, é claro. Assim como o Direito Individual do Trabalho é um dos mais clássicos e eficazes instrumentos de distribuição de riqueza, no plano da sociedade, criados no sistema capitalista, o Direito Coletivo do Trabalho é um dos mais significativos instrumentos de democratização social gerados na história desse mesmo sistema socioeconômico.[17]

Outro aspecto concernente à negociação coletiva trabalhista ou ao Direito Coletivo do Trabalho corresponde ao seu importante papel econômico. Sobre esse aspecto, destaca Amauri Mascaro Nascimento:

> A negociação coletiva cumpre uma função econômica de meio de distribuição de riquezas numa economia em prosperidade, ou, também, uma

---

(12) NASCIMENTO, *op. cit.*, 2007. p. 461, nota 9.
(13) NASCIMENTO, Amauri Mascaro. *Iniciação ao direito do trabalho*. 33. ed. São Paulo: LTr, 2007. p. 461.
(14) DELGADO, Mauricio Godinho. *Direito coletivo do trabalho*. 6. ed. São Paulo: LTr, 2015. p. 33-35 e p. 151-153.
(15) *Ibidem*, 2015. p. 33.
(16) *Ibidem*, 2015. p. 33.
(17) *Ibidem*, 2015. p. 34.

função ordenadora numa economia em crise. A melhoria da condição social do trabalhador não pode prescindir de uma técnica que, sendo adequada em relação às possibilidades de cada empresa ou de cada setor da economia, permite que, sem maiores traumas, sejam atendidas as reivindicações operárias perante o capital.[18]

Mauricio Godinho Delgado também esclarece o papel econômico da negociação coletiva ou do Direito Coletivo do Trabalho:

> Consiste em sua aptidão para produzir a adequação às particularidades regionais ou históricas de regras de indisponibilidade apenas relativa características do Direito Individual do Trabalho. Com a negociação coletiva, esse segmento ajusta vários aspectos próprios à generalidade das leis trabalhistas a setores ou a momentos específicos vivenciados no mercado laborativo. Nesse quadro, ele confere dinamismo econômico ao próprio Direito do Trabalho.[19]

Cumpre ainda à negociação coletiva trabalhista uma função social. Em consonância com a visão de Amauri Mascaro Nascimento, a função social da negociação coletiva trabalhista pretende garantir a participação dos trabalhadores no processo de decisão empresarial, em proveito da normalidade das relações coletivas e de harmonia no ambiente de trabalho, dela se valendo inclusive a lei, que transfere para a negociação a solução de certas questões de interesse social.[20]

Desse modo, na apropriada visão de Amauri Mascaro Nascimento:

> Os acordos prestam-se a uma função pacificadora, funcionando como uma fumaça da paz aspirada entre os interessados e por certo prazo, em que não haverá guerra entre os contendores; os sindicatos trabalhistas compenetram-se de que não devem reivindicar, e os patrões sabem que nenhuma nova exigência lhes será feita, com o que a harmonia nas relações de trabalho se estabelece em proveito dos interessados diretos, da sociedade, que não sofrerá os inconvenientes de uma greve, e do Estado, que contará com a colaboração dos parceiros sociais.[21]

3. LIMITES JURÍDICOS À NEGOCIAÇÃO COLETIVA TRABALHISTA

Um dos temas mais importantes e interessantes do Direito Coletivo do Trabalho diz respeito aos poderes e aos limites das entidades sindicais e da negociação coletiva trabalhista.

Tais poderes são absolutos? Tais poderes atingem tamanha dimensão a ponto de autorizarem que as entidades sindicais construam ordenamento jurídico paralelo ao estatal, resultante da Constituição Federal, das Convenções Internacionais ratificadas pelo Brasil e das leis federais imperativas do País?

No imaginário ultraliberalista, voltado à implementação, não apenas na gestão empresarial e nas políticas públicas, como também no Direito, de concepções economicistas de sobrevalorização dos interesses específicos do poder econômico, a resposta seria, inegavelmente, sim. Conforme expõe o inesquecível jurista José Martins Catharino, essa poderosa corrente ideológica "luta pela maior liberdade no mundo econômico e pela redução da intervenção do Estado em todas as ordens".[22]

Entretanto, uma compreensão isenta a respeito do tema, pautada a rigor nos planos científico e técnico-jurídico, dentro de uma perspectiva essencialmente constitucional quanto ao assunto, conduz a conclusões opostas.

A uma, porque não se aceita, em sociedades democráticas, poder absoluto, de qualquer natureza e origem. Dessa maneira, não existe espaço, em uma verdadeira democracia, por óbvio, para uma concepção absolutista de poder, mesmo com relação ao maior dos poderes do mundo contemporâneo: o econômico.

A duas, porque a ordem constitucional contemporânea ocidental coloca no centro do ordenamento do Direito a pessoa humana e a sua dignidade, sendo contraditório que a Constituição autorizasse ou permitisse à negociação coletiva trabalhista, na qualidade de simples mecanismo de poder existente na vida social, afrontar tal centralidade construída pelo Direito Constitucional mais atualizado.

A três, porque os princípios constitucionais mais relevantes da atualidade são afirmativos da importância da pessoa humana na vida social, econômica, jurídica e institucional, tais como os princípios da dignidade da

---

(18) NASCIMENTO, Amauri Mascaro. *Iniciação ao direito do trabalho*. 33. ed. São Paulo: LTr, 2007. p. 461.
(19) DELGADO, Mauricio Godinho. *Direito coletivo do trabalho*. 6. ed. São Paulo: LTr, 2015. p. 34.
(20) NASCIMENTO, *op. cit.*, 2007. p. 461, nota 17.
(21) *Ibidem*, 2007. p. 461.
(22) CATHARINO, José Martins. *Neoliberalismo e sequela*. São Paulo: LTr, 1997. p. 42.

pessoa humana, da inviolabilidade do direito à vida, do bem-estar individual e social, da justiça social, da valorização do trabalho e, especialmente, do emprego, além de outros princípios de caráter social e humanístico.[23]

Mauricio Godinho Delgado, Ministro do TST e Magistrado do Trabalho desde o final dos anos de 1980, idealizador do *princípio da adequação setorial negociada* no Brasil, ao estabelecer os limites à negociação coletiva e, por conseguinte, à criatividade jurídica da negociação coletiva trabalhista, face à flexibilização dos direitos fundamentais trabalhistas por negociação coletiva, estipula que não prevalece a adequação setorial negociada caso concernente a direitos revestidos de indisponibilidade absoluta (e não indisponibilidade relativa), pois os mesmos não podem ser transacionados por negociação coletiva.[24]

Concorde Mauricio Godinho Delgado, os direitos de indisponibilidade absoluta são:

> (...) parcelas imantadas por uma tutela de interesse público, por constituírem um patamar civilizatório mínimo que a sociedade democrática não concebe ver reduzido em qualquer segmento econômico-profissional, sob pena de se afrontarem a própria dignidade da pessoa humana e a valorização mínima deferível ao trabalho (arts. 1º, III e 170, *caput*, CF/1988). Expressam, ilustrativamente, essas parcelas de indisponibilidade absoluta a anotação de CTPS, o pagamento do salário-mínimo, as normas de saúde e de segurança no ambiente do trabalho, em suma, todas as vantagens e normas que ostentem caráter imperativo por força da ordem jurídica heterônoma estatal.[25]

O jurista ainda classifica o *patamar mínimo civilizatório* do seguinte modo:

> Na ordem jurídica brasileira, esse patamar civilizatório mínimo está dado, essencialmente, por três grupos convergentes de normas trabalhistas heterônomas: as normas constitucionais em geral (respeitadas, é claro, as ressalvas parciais expressamente feitas pela própria Constituição: art. 7º, VI, XIII e XIV, por exemplo); as normas de tratados e convenções internacionais vigorantes no plano interno brasileiro (referidas pelo art. 5º, § 2º, CF/1988, já expressando um patamar civilizatório no próprio mundo ocidental em que se integra o Brasil); as normas legais infraconstitucionais, que asseguram patamares de cidadania ao indivíduo que labora (preceitos relativos à saúde e à segurança no trabalho, normas concernentes a bases salariais mínimas, normas de identificação profissional, dispositivos antidiscriminatórios, em síntese, todos os dispositivos que ostentem imperatividade em sua incidência no âmbito do contrato de trabalho etc.).[26]

Conforme essa concepção, não prevalece a adequação setorial negociada, se concernente a direitos revestidos de indisponibilidade absoluta (e não indisponibilidade relativa), pois tais direitos não podem ser transacionados por negociação coletiva.

Os direitos de indisponibilidade relativa são aqueles que se qualificam quer pela natureza própria à parcela mesma (ilustrativamente: modalidade de pagamento salarial, tipo de jornada pactuada, fornecimento ou não de utilidades e suas repercussões no contrato etc.), quer pela existência de expresso permissivo jurídico heterônomo a seu respeito (por exemplo: montante salarial – art. 7º, VI, CF/1988; ou montante de jornada – art. 7º, XIII e XIV, CF/1988).[27]

Por essa ótica, quando do estabelecimento dos limites à negociação coletiva trabalhista, as normas imantadas por uma tutela de interesse público – como as regras sobre saúde, segurança, higiene e medicina do trabalho – não podem ser objeto de transação via negociação coletiva; portanto, não podem ser restringidas por norma autônoma juscoletiva.

Ainda Mauricio Godinho Delgado defende em seu magistério:

> Relativamente aos poderes e aos limites da negociação coletiva trabalhista: esta constitui veículo para o aperfeiçoamento da ordem jurídica, em harmonia aos princípios e às regras constitucionais fundamentais – jamais um mecanismo para o desprestígio ou precarização dessa ordem jurídica e das relações socioeconômicas por ela regulamentadas.[28]

---

(23) DELGADO, Mauricio Godinho, *Princípios de direito individual e coletivo do trabalho*. 4. ed. São Paulo: LTr, 2013. p. 30-53.
(24) Idem. *Direito coletivo do trabalho*. 6. ed. São Paulo: LTr, 2015. p. 71.
(25) *Ibidem*, 2015. p. 72.
(26) DELGADO, Mauricio Godinho. *Direito coletivo do trabalho*. 6. ed. São Paulo: LTr, 2015. p. 72.
(27) *Ibidem*, 2015. p. 72.
(28) *Ibidem*, 2015. p. 74.

Ademais, consoante o autor:

> A negociação coletiva trabalhista, por instituir parcelas novas e, nessa dimensão, inclusive formular os contornos, a extensão e as repercussões jurídicas dessas parcelas novas criadas, pode também transacionar aspectos efetivamente duvidosos existentes em certa comunidade trabalhista validamente representada pelos seres coletivos laborais, desde que se trate de parcela realmente de disponibilidade relativa. Entretanto, está claro que não ostenta a negociação coletiva o poder de reduzir ou de normatizar *in pejus* parcela instituída pela ordem jurídica heterônoma estatal, salvo nos limites – se houver – em que essa ordem jurídica imperativa especificamente autorizar.[29]

Assim sendo, não é permitido à negociação coletiva trabalhista prejudicar os direitos já considerados conquistas e garantias dos trabalhadores, haja vista que a função central e teleológica do Direito do Trabalho, conforme a assaz apropriada visão de Mauricio Godinho Delgado, consiste "na melhoria das condições de pactuação da força de trabalho na ordem sócio econômica. Sem tal valor e direção finalística, o Direito do Trabalho sequer se compreenderia, historicamente, e sequer justificar-se-ia, socialmente, deixando, pois, de cumprir sua função principal na sociedade contemporânea".[30]

Nesse sentido, de acordo com o princípio da adequação setorial negociada, as normas autônomas juscoletivas estão autorizadas a estabelecer direitos mais benéficos aos empregados, conforme demonstra o *princípio da norma mais favorável*, que está insculpido no *caput* do art. 7º da Constituição Federal de 1988 – princípio que busca elaborar um nível mínimo de direitos sociais para o desempenho do trabalho – tendo notório caráter ampliativo.

Ana Virgínia Moreira Gomes assevera que a regra da norma mais favorável, ao manter um núcleo duro de direitos que devem ser respeitados pelos contratantes, retirando do âmbito de negociação a alteração In: *pejus* de certos aspectos da relação laboral, tem como base o *princípio protetor*, ou seja, a possibilidade da intervenção direta do Estado nas relações de trabalho, assegurando, assim, a diminuição da desigualdade material entre as partes. Da mesma forma, esse princípio também é fundamentado pela busca da dignidade humana e da realização do trabalho como valor social e não apenas econômico.[31]

Logo, se o acordo coletivo confere ao empregado direito trabalhista superior àquele previsto na Constituição, é o primeiro que deve ser aplicado por ser mais benéfico ao trabalhador (*caput* do art. 7º da CF/1988).

Então, a negociação coletiva somente será válida se os entes coletivos, por intermédio das normas autônomas juscoletivas, respeitarem os parâmetros propugnados pelo princípio da adequação setorial negociada, pois não existe a possibilidade, por este princípio, de o ser coletivo obreiro, nos trâmites de uma negociação coletiva trabalhista, proceder à renúncia ou à transação lesiva de direitos trabalhistas, por vez estarem imantados de indisponibilidade absoluta.

Em razão disso, o princípio da adequação setorial negociada constitui uma forma de impor limites jurídicos à negociação coletiva trabalhista, ao estipular condições que devem ser observadas pelos entes coletivos, quando da elaboração das normas autônomas juscoletivas.

As normas de proteção trabalhista são fruto do embate histórico entre capital e trabalho, que persiste até os dias de hoje. Sob tal prisma, Enoque Ribeiro dos Santos defende que "a negociação coletiva constitui um produto original de evolução do Direito, que se renova dia a dia, de acordo com os fatos políticos, sociais, econômicos e culturais de um povo".[32]

No mesmo enleio, propugnam Valdete Souto Severo e Almiro Eduardo de Almeida:

> Não há sentido para uma negociação coletiva que, na prática atual, resulta renúncia reiterada e crônica dos direitos constitucionais trabalhistas. Sequer há sentido em tratar como negociação o que, historicamente, forja-se como argumento de pressão da classe trabalhadora em relação ao capital.[33]

Ainda na visão dos autores em tela:

> Admitir que os trabalhadores se reúnam e abram mão do que é irrenunciável, do que é reconhecido pelo Estado como o mínimo necessário à prática do

---

(29) *Ibidem*, 2015. p. 74.
(30) DELGADO, Mauricio Godinho. *Direito coletivo do trabalho*. 6. ed. São Paulo: LTr, 2015. p. 26.
(31) GOMES, Ana Virgínia Moreira. *A aplicação do princípio protetor no direito do trabalho*. São Paulo: LTr, 2001. p. 57.
(32) SANTOS, Enoque Ribeiro. *Direitos humanos na negociação coletiva*. São Paulo: LTr, 2004. p. 105.
(33) SEVERO, Valdete Souto; ALMEIDA, Almiro Eduardo de. *Direito do trabalho*: avesso da precarização. v. 1. São Paulo: LTr, 2014. p. 110.

princípio da proteção, é um modo de aniquilar a força coletiva. É um modo de cooptar o movimento sindical, que não por acaso figura no discurso flexibilizador como a razão de ser da mitigação de direitos trabalhistas. Inúmeras são as decisões que justificam a renúncia contida na norma coletiva, com o argumento de que há um direito constitucional ao reconhecimento dessas normas (art. 7º, XXVI, da Constituição).[34]

Destarte, para os dois autores em comento, fica clara a inversão interpretativa do verdadeiro comando constitucional no interior do discurso daqueles que defendem a largueza precarizante dos poderes da negociação coletiva trabalhista:

> O fato de haver a Constituição reconhecido como fundamental o direito dos trabalhadores brasileiros a organizarem-se em sindicatos (art. 8º) e a editarem normas jurídicas autônomas (art. 7º, XXVI), torna-se, numa clara inversão do discurso, motivo para admitir que haja renúncia coletiva a direitos trabalhistas.[35]

Isso posto, o princípio da adequação setorial negociada, ao indicar os limites à negociação coletiva trabalhista, estatui que os direitos fundamentais trabalhistas não podem ser flexibilizados, nem mesmo por negociação coletiva, haja vista constituírem um patamar mínimo de existência digna ao trabalhador.

Ademais, as normas necessárias à proteção da dignidade e da vida do trabalhador, bem como aquelas de ordem pública referentes à saúde, à higiene, à segurança e à medicina do trabalho, não podem ser objeto de flexibilização *in pejus*, ainda que se trate de instrumento normativo proveniente de negociação coletiva.

Como observa Davi Furtado Meirelles:

> O *caput* do art. 7º da Constituição Federal traz um dos princípios mais importantes para o Direito do Trabalho: a melhoria da condição social do trabalhador, ou a vedação do retrocesso social. Tal significa que, quando o legislador constitucional expressou que "são direitos dos trabalhadores urbanos e rurais", quis o mesmo elencar não apenas aqueles que estão previstos nos incisos do mesmo art. 7º, mas também outros que puderem contribuir para "a melhoria de sua condição social.[36]

Verifica-se, pois, seguindo-se o pensamento de Enoque Ribeiro dos Santos, que:

> A negociação coletiva encontra limites na norma trabalhista imperativa, porque não se trata de acordo de vontade (negociação), mas da necessidade de transigir para evitar situações piores do que aquelas já conquistadas. Não há combinação de interesses, mas necessidade de manter o conflito sob controle para evitar a ruptura do sistema.[37]

Nesta esteira, é imperioso observar a aplicação da Lei em contundente decisão relativa ao princípio da adequação setorial negociada proferida pelo Ministro do TST Mauricio Godinho Delgado, leia-se:

> EMENTA: EMPREGADA GESTANTE. ESTABILIDADE CONDICIONADA À COMUNICAÇÃO DA GRAVIDEZ AO EMPREGADOR. PRINCÍPIO DA ADEQUAÇÃO SETORIAL NEGOCIADA. LIMITES JURÍDICOS. CONSTITUIÇÃO FEDERAL. ARTS. 6º, 7º, XVIII, 226, 227 E 10, II, *b*, DO ADCT. A garantia de emprego da gestante encontra amparo não só no art. 10, II, *b*, do ADCT, mas também em toda a normatização constitucional voltada para a proteção da maternidade (arts. 6º e 7º, XVIII), da família (art. 226), da criança e do adolescente (227) e todos os demais dispositivos dirigidos à proteção da saúde pública. Por isso, não pode ser homologada disposição negocial que limita direito revestido de indisponibilidade absoluta, garantido na Constituição Federal (art. 10, II, *b*, do ADCT). Incide, ademais, na hipótese, a OJ n. 30 da SDC/TST). Recurso ordinário provido no ponto. NORMA REGULMENTAR N. 7 APROVADA PELA PORTARIA N. 3214/78 DO MTE. PRINCÍPIO DA ADEQUAÇÃO SETORIAL NEGOCIADA. REDUÇÃO DOS RISCOS INERENTES À SEGURANÇA E À SAÚDE DO TRABALHADOR. CONSTITUIÇÃO FEDERAL. ARTS. 1º, III, 7º, VI, XIII, XIV, XXII, 170, *CAPUT* e 225. CONVENÇÃO 155 DA OIT. DIREITO REVESTIDO DE INDISPONIBILIDADE ABSOLUTA. IMPOSSIBILIDADE DE FLEXIBILIZAÇÃO. A Constituição Federal estipulou, como direito dos trabalhadores, a redução dos riscos inerentes ao trabalho, por meio de normas de saúde, higiene e segurança. Essa, inclusive, é a orientação que se extrai da Convenção n. 155 da OIT, ratificada pelo Brasil

---

(34) SEVERO, Valdete Souto; ALMEIDA, Almiro Eduardo de. *Direito do trabalho*: avesso da precarização. v. 1. São Paulo: LTr, 2014. p. 110.

(35) *Ibidem*, p. 110.

(36) MEIRELLES, Davi Furtado. A ultratividade das normas coletivas: reflexões sobre a nova redação da Súmula n. 227 do TST. In: ALMEIDA, Renato Rua (Coord.). *Aplicação da teoria do diálogo das fontes no direito do trabalho*. São Paulo: LTr, 2015. p. 91.

(37) SEVERO, V. S.; ALMEIDA, A. E. de., *op. cit.*, 2014. p. 111, nota 33.

em 18.05.1992, que expressamente estabelece a adoção de normas relativas à segurança, à higiene e ao meio ambiente do trabalho. Nesse aspecto, a Norma Regulamentar n. 7 do Ministério do Trabalho e Emprego estabelece a obrigatoriedade de elaboração e de implementação, por parte de todos os empregadores e instituições que admitam trabalhadores como empregados, do Programa de Controle Médico de Saúde Ocupacional – PCMSO, com o objetivo de promoção e de preservação da saúde do conjunto dos seus trabalhadores. A referida norma regulamentar traz, em seu conteúdo, medidas relativas à medicina e à segurança do trabalho, que são garantidas por norma de ordem pública (art. 7º, XXII, da CF), não podendo, portanto, ser amplamente flexibilizada, porquanto o seu caráter imperativo restringe o campo de atuação da vontade das partes. Assim, os parágrafos segundo, terceiro e quarto das cláusulas impugnadas constantes nos acordos homologados devem ser anulados, por estarem em desacordo com as previsões contidas nos itens 7.3.1.1.2, 7.4.3.5.1 e 7.4.3.5.2, uma vez que não há, nos presentes autos, comprovação de assistência por profissional indicado de comum acordo entre as partes ou por profissional do órgão regional competente em segurança e saúde no trabalho. Por outro lado, não há de se falar em nulidade do parágrafo primeiro das respectivas cláusulas, porquanto se encontra em consonância com os termos da NR-07 (item 7.3.1.1.1). Recurso ordinário parcialmente provido, no ponto. (TST – 6ª Turma – RR-406000-03.2009.5.04.0000 – Relator Ministro Mauricio Godinho Delgado – 04.09.2012).

Destaque-se, a propósito, que a pesquisa jurisprudencial nas Cortes Trabalhistas do País, inclusive nas diversas Turmas que compõem o Tribunal Superior do Trabalho (o TST é integrado por oito turmas), em tudo demonstra que esse princípio constitucional e que tais diretrizes imperativas reguladoras dos poderes e dos limites da negociação coletiva trabalhista reinam firmemente na jurisprudência trabalhista brasileira dominante.

Razão pela qual enfatizam Mauricio Godinho Delgado e Gabriela Neves Delgado:

> Não existe espaço, na Constituição da República Federativa do Brasil, para a concepção de negociação coletiva trabalhista como mecanismo de precarização e de rebaixamento do valor do trabalho e das condições de contratação e de gestão da força de trabalho na economia e na sociedade brasileiras.[38]

4. O NEGOCIADO SOBRE O LEGISLADO: OS ARTS. 611-A E 611-B DA LEI N. 13.467, DE 2017

Os artigos elencados violam o princípio da adequação setorial negociada, visto que autorizam a transação coletiva negociada ser instituída em desarmonia com as diretrizes constitucionais do trabalho e com os limites que a norma jurídica trabalhista imperativa institui no âmbito da autonomia privada coletiva.

Em tal contexto, explanam Mauricio Godinho Delgado e Gabriela Neves Delgado:

> A flexibilização trabalhista pela via coletiva negociada é uma das marcas e sentidos dominantes da Lei n. 13.467/2017. Esse padrão normativo inviabiliza a materialização do potencial civilizatório da negociação coletiva de atuar como veículo de aperfeiçoamento das condições de vida e de trabalho das pessoas humanas trabalhadoras e como mecanismo para a elevação das condições de pactuação da força de trabalho no sistema econômico capitalista.[39]

Ainda de acordo com os autores em comento: "O texto legal apresenta menoscabo ao princípio constitucionalizado da norma mais favorável, inscrito de maneira enfática no art. 7º, *caput*, da Constituição da República Federativa do Brasil".[40]

Assim sendo:

> Com a prevalência do negociado sobre o legislado (*caput* do art. 611-A da CLT), a Lei n. 13.467/2017 autoriza a supressão ou a atenuação, pela negociação coletiva trabalhista, de regras imperativas estatais incidentes sobre o contrato de trabalho, com evidente negligência à noção de centralidade da pessoa humana na ordem jurídica e na vida social.[41]

Preceitua o art. 611-A da CLT, *in verbis*:

Art. 611-A. A convenção coletiva e o acordo coletivo de trabalho têm prevalência sobre a lei quando, entre outros, dispuserem sobre:

I – pacto quanto à jornada de trabalho, observados os limites constitucionais;

---

(38) DELGADO, Mauricio Godinho; DELGADO, Gabriela Neves. *A reforma trabalhista no Brasil*: com os comentários à Lei n. 13.467/2017. São Paulo: LTr, 2017. p. 249.

(39) *Ibidem*, 2017. p. 255.

(40) *Ibidem*, 2017. p. 255.

(41) *Ibidem*, 2017. p. 255.

II – banco de horas anual;

III – intervalo intrajornada, respeitado o limite mínimo de trinta minutos para jornadas superiores a seis horas;

IV – adesão ao Programa Seguro-Emprego (PSE), de que trata a Lei n. 13.189 de 19 de novembro de 2015;

V – plano de cargos, salários e funções compatíveis com a condição pessoal do empregado, bem como identificação dos cargos que se enquadram como funções de confiança;

VI – regulamento empresarial;

VII – representante dos trabalhadores no local de trabalho;

VIII – teletrabalho, regime de sobreaviso e trabalho intermitente;

IX – remuneração por produtividade, incluídas as gorjetas percebidas pelo empregado, e remuneração por desempenho individual;

X – modalidade de registro de jornada de trabalho;

XI – troca do dia de feriado;

XII – enquadramento do grau de insalubridade;

XIII – prorrogação de jornada em ambientes insalubres, sem licença prévia das autoridades competentes do Ministério do Trabalho;

XIV – prêmios de incentivo em bens ou serviços, eventualmente concedidos em programas de incentivo;

XV – participação nos lucros ou resultados da empresa.

Verifica-se, então, que o referido artigo se contrapõe ao princípio da adequação setorial negociada, pois, conforme Vólia Bomfim Cassar e Leonardo Dias Borges, "o *caput* do art. 611-A da CLT autoriza a ampla flexibilização, aumentando o leque de possibilidades de direitos previstos em lei que podem ser reduzidos ou suprimidos".[42]

Ainda em consonância com os autores, o texto afirma que a enumeração desses direitos nos incisos do artigo é meramente exemplificativa. Por ser de tal modo:

> A prevalência do negociado sobre o legislado enfraquece o princípio da indisponibilidade dos direitos legais trabalhistas, assim como derruba o princípio da prevalência da norma mais favorável. Torna os direitos trabalhistas menos públicos e mais privados, transformando a maioria dos direitos contidos na CLT, que não se encontram na Constituição, em direitos disponíveis.[43]

É preciso ressaltar que a negociação coletiva trabalhista é válida, desde que as normas autônomas juscoletivas sejam implementadas de forma harmônica com a valorização do patamar mínimo civilizatório que busca, como alicerce, a proteção digna ou decente do trabalho humano.

Neste diapasão, seguem-se aqui os ensinamentos de Mauricio Godinho Delgado e de Gabriela Neves Delgado.

Em conformidade com os mesmos, sendo preceito legal menos favorável, em contraponto ao princípio disposto no art. 7º, *caput*, da Constituição Federal de 1988, o rol inserido no art. 611-A tem de ser interpretado como restritivo no tocante aos temas e aos direitos trabalhistas que podem ser negociados coletivamente, com prevalência sobre a legislação heterônoma posta. Aspecto pelo qual, embora o *caput* do art. 611-A mencione a expressão "*entre outros*", sugerindo se tratar de rol exemplificativo, os autores ensinam que a inserção de novos temas deve ser vista com profunda cautela, de modo a não se desrespeitar, às escâncaras, o princípio constitucional da norma mais favorável.[44]

E, ademais, Mauricio Godinho Delgado e de Gabriela Neves Delgado reiteram:

> A regra do inciso XXVI do art. 7º ("reconhecimento das convenções e acordos coletivos de trabalho") – que representa, aliás, simples continuidade de preceito inserido, desde 1934, nos textos constitucionais brasileiros – **não traduz, obviamente, autorização para que tais instrumentos coletivos privados suprimam direitos e garantias trabalhistas. Traduz apenas o reconhecimento de sua existência como fonte normativa no Direito brasileiro, submetida, é claro, às diretrizes e às restrições constitucionais, inclusive ao princípio da norma mais favorável**, que foi constitucionalizado pelo *caput* do art. 7º da Constituição de 1988: "Art. 7º. São direitos dos trabalhadores urbanos e rurais, além de outros que visem à melhoria de sua condição social.[45] (grifo nosso)

---

(42) CASSAR, Vólia Bomfim; BORGES, Leonardo Dias. *Comentários à reforma trabalhista*. São Paulo: Método, 2017. p. 76.

(43) *Ibidem*, 2017. p. 76.

(44) DELGADO, Mauricio Godinho; DELGADO, Gabriela Neves. *A reforma trabalhista no Brasil*: com os comentários à Lei n. 13.467/2017. São Paulo: LTr, 2017. p. 255.

(45) DELGADO, Mauricio Godinho; DELGADO, Gabriela Neves. *A reforma trabalhista no Brasil*: com os comentários à Lei n. 13.467/2017. São Paulo: LTr, 2017. p. 256.

E ainda concorde os autores em tela:

> Tais fontes normativas negociais privadas **estão também submetidas à imperatividade dos princípios e das regras internacionais de Direitos Humanos econômicos, sociais e culturais, inclusive trabalhistas, vigorantes no Brasil**, os quais ostentam, a propósito, *status* jurídico de norma supralegal.[46] (grifo nosso)

Os autores indicam com destacada precisão: "Essas mesmas fontes estão submetidas, por fim, à imperatividade da legislação federal trabalhista, ressalvadas as cuidadosas e prudentes possibilidades abertas pelo princípio da adequação setorial negociada".[47]

Nesta toada, as normas autônomas juscoletivas devem melhorar as condições sociais dos trabalhadores, porque, de acordo com o princípio da norma mais benéfica ao empregado, a negociação coletiva somente pode contemplar condições que assegurem melhoria da situação social do trabalhador, se comparado ao que já se encontra assegurado pela Lei.

Insta destacar que a Constituição Federal de 1988 dispõe, em seu art. 1º, que a dignidade da pessoa humana e os valores sociais do trabalho são pilares da República Federativa do Brasil, ao passo que estipula, em seu art. 3º, III, ser objetivo fundamental da República Federativa do Brasil a redução das desigualdades sociais. Ora, neste quadro constitucional imperativo, é evidente que a negociação coletiva trabalhista não pode atuar em desconformidade com tais parâmetros constitucionais, piorando o patamar de vida e de trabalho dos segmentos profissionais representados.

O princípio constitucional da dignidade da pessoa humana, aliado ao princípio constitucional da centralidade da pessoa humana na ordem institucional, jurídica, social e econômica, configura-se como o ponto nuclear a partir do qual se desdobram todos os direitos fundamentais do ser humano, vinculando o poder público em seu todo, assim também os particulares, pessoas naturais ou jurídicas. Isso porque a dignidade da pessoa humana – inserida na Constituição Federal de 1988, em seu art. 1º, III, como fundamento da República Federativa do Brasil e núcleo axiológico de todo o ordenamento jurídico – atrai a tutela de todas as situações que envolvem violações à pessoa natural, mesmo que não previstas taxativamente.

Sob tal prisma, a dignidade da pessoa humana figura como uma estrutura cultural e jurídica multiforme que exprime e que sintetiza, em cada tempo e em cada espaço, o mosaico dos direitos humanos fundamentais, em um processo expansivo e inexaurível de realização daqueles valores da convivência humana que impedem o aviltamento e a instrumentalização do ser humano. Haja vista a dignidade ser inerente à pessoa humana e à sua condição e à sua inserção na comunidade, não há como se admitir trabalho sem respeito à dignidade da pessoa humana e ao seu valor intrínseco.

Mantendo-se na esteira da elucidativa visão de Mauricio Godinho Delgado e de Gabriela Neves Delgado:

> A interpretação das regras concretas explicitadas pela negociação coletiva trabalhista, dentro do rol exposto pelo art. 611-A, em seus 15 incisos, deve se fazer tomando-se em conta os métodos científicos de interpretação jurídica, ou seja, o método lógico-racional, o método sistemático e o método teleológico, **de maneira a não se alcançar resultado interpretativo absurdo**, ainda que coletivamente negociado.[48] (grifo nosso)

No viés da temática, preceitua também o art. 611-B da CLT, *in verbis*:

> Art. 611-B. **Constituem objeto ilícito de convenção coletiva ou de acordo coletivo de trabalho, exclusivamente, a supressão ou a redução dos seguintes direitos:**
>
> I – normas de identificação profissional, inclusive as anotações na Carteira de Trabalho e Previdência Social;
>
> II – seguro-desemprego, em caso de desemprego involuntário;
>
> III – valor dos depósitos mensais e da indenização rescisória do Fundo de Garantia do Tempo de Serviço (FGTS);
>
> IV – salário-mínimo;
>
> V – valor nominal do décimo terceiro salário;
>
> VI – remuneração do trabalho noturno superior à do diurno;
>
> VII – proteção do salário na forma da lei, constituindo crime sua retenção dolosa;
>
> VIII – salário-família;
>
> IX – repouso semanal remunerado;
>
> X – remuneração do serviço extraordinário superior, no mínimo, em 50% (cinquenta por cento) à do normal;

---

(46) *Ibidem*, 2017. p. 256.

(47) *Ibidem*, 2017. p. 256.

(48) DELGADO, Mauricio Godinho; DELGADO, Gabriela Neves. *A reforma trabalhista no Brasil*: com os comentários à Lei n. 13.467/2017. São Paulo: LTr, 2017. p. 256.

XI – número de dias de férias devidas ao empregado;

XII – gozo de férias anuais remuneradas com, pelo menos, um terço a mais do que o salário normal;

XIII – licença-maternidade com a duração mínima de cento e vinte dias;

XIV – licença-paternidade nos termos fixados em lei;

XV – proteção do mercado de trabalho da mulher, mediante incentivos específicos, nos termos da lei;

XVI – aviso-prévio proporcional ao tempo de serviço, sendo no mínimo de trinta dias, nos termos da lei;

XVII – normas de saúde, higiene e segurança do trabalho previstas em lei ou em normas regulamentadoras do Ministério do Trabalho;

XVIII – adicional de remuneração para as atividades penosas, insalubres ou perigosas;

XIX – aposentadoria;

XX – seguro contra acidentes de trabalho a cargo do empregador;

XXI – ação, quanto aos créditos resultantes das relações de trabalho, com prazo prescricional de cinco anos para os trabalhadores urbanos e rurais, até o limite de dois anos após a extinção do contrato de trabalho;

XXII – proibição de qualquer discriminação no tocante a salário e a critérios de admissão do trabalhador com deficiência;

XXIII – proibição de trabalho noturno, perigoso ou insalubre a menores de dezoito anos e de qualquer trabalho a menores de dezesseis anos, salvo na condição de aprendiz, a partir de quatorze anos;

XXIV – medidas de proteção legal de crianças e de adolescentes;

XXV – **igualdade de direitos entre o trabalhador com vínculo empregatício permanente e o trabalhador avulso;**

XXVI – **liberdade de associação profissional ou sindical do trabalhador, inclusive o direito de não sofrer, sem sua expressa e prévia anuência, qualquer cobrança ou desconto salarial estabelecidos em convenção coletiva ou em acordo coletivo de trabalho;**

XXVII – direito de greve, competindo aos trabalhadores decidir sobre a oportunidade de exercê-lo e sobre os interesses que devam por meio dele defender;

XXVIII – definição legal sobre os serviços ou as atividades essenciais e disposições legais sobre o atendimento das necessidades inadiáveis da comunidade em caso de greve;

XXIX – tributos e outros créditos de terceiros;

XXX – **as disposições previstas nos arts. 373-A, 390, 392, 392-A, 394, 394-A, 395, 396 e 400 desta Consolidação.** (grifos nossos)

Segue-se, por fulcral, o magistério de Mauricio Godinho Delgado e de Gabriela Neves Delgado no tocante à disposição contida no art. 611-B da Lei n. 13.467/2017. Em conformidade com os autores, a interpretação deste artigo se mostra bastante censurável, conduzindo a resultados interpretativos defeituosos absurdos, haja vista que outros temas estão excluídos, peremptoriamente, da negociação coletiva trabalhista, por força do conjunto geral da ordem jurídica brasileira ou, até mesmo, de alguns de seus preceitos normativos específicos.[49]

Desse modo, com extremada propriedade magistram:

Citem-se, ilustrativamente: autorização para discriminações que escapem à regra específica do inciso XXII do art. 611-B da CLT; autorização para modalidades de trabalho servil, à base de remuneração *in natura*; eliminação ou redução dos documentos contratuais considerados imperativos pelo ordenamento jurídico brasileiro etc.[50]

Acerca deste aspecto, seguindo a sempre mui acertadíssima análise dos autores em voga:

O parágrafo único do art. 611-B promove alargamento extremado dos poderes da negociação coletiva trabalhista, **em particular no que toca à sua nova prerrogativa de deteriorar as condições contratuais e ambientais de trabalho**. Se prevalecer a interpretação meramente gramatical e literalista desse dispositivo – ao invés de ser ele decantado pelos métodos científicos de interpretação do Direito, **a nova regra irá se apresentar como inusitado veículo de desconstrução direta e/ou indireta do arcabouço normativo constitucional e infraconstitucional de proteção à saúde e à segurança do trabalhador no âmbito das relações trabalhistas**.[51] (grifos nossos)

Portanto:

A interpretação gramatical e literalista do novo preceito legal pode abrir seara de negligência com

---

(49) DELGADO, Mauricio Godinho; DELGADO, Gabriela Neves. *A reforma trabalhista no Brasil*: com os comentários à Lei n. 13.467/2017. São Paulo: LTr, 2017. p. 257.

(50) *Ibidem*, 2017. p. 257.

(51) *Ibidem*, 2017. p. 257.

a saúde, o bem-estar e a segurança dos indivíduos inseridos no mundo do trabalho, além de comprometer as igualmente imprescindíveis dimensões familiar, comunitária e cívica que são inerentes a qualquer ser humano. **Se não bastasse, essa censurável interpretação também comprometeria o combate ao desemprego**, desestimulando a criação de novos postos laborativos pelas entidades empresariais.[52] (grifo nosso)

No mesmo viés, encontra-se o pensamento de Vólia Bomfim Cassar e de Leonardo Dias Borges, para os quais, apesar da expressão "exclusivamente" contida no *caput* do art. 611-B da CLT, por óbvio, há outros vícios potenciais de anular a norma coletiva ou mesmo uma cláusula contida no instrumento coletivo.[53]

Em tal perspectiva, reiteram em suas palavras:

> Apesar do vocábulo "exclusivamente" contido no *caput* do art. 611-B da CLT, é claro que a norma não é taxativa, mas sim restritiva, pois se esqueceu de impedir que a negociação coletiva que viole, por exemplo, os direitos da personalidade e liberdades garantidas na Constituição, além dos princípios e dos valores constitucionais. Não poderá, assim, a norma coletiva violar a dignidade, a intimidade, a privacidade, a honra do trabalhador, determinando, por exemplo, utilização de uniforme indecente que exponha as partes íntimas ou autorizando o monitoramento nos banheiros; excluir a responsabilidade extrapatrimonial decorrente da violação de algum bem imaterial contido no inciso X do art. 5º da CF; restringir a liberdade do trabalhador, impedindo, por exemplo, seu afastamento do local de trabalho durante os intervalos; ou impedir a contratação ou a promoção de algum trabalhador por motivo de crença, etnia, gênero ou opção sexual etc.[54]

Por conseguinte:

> Além daqueles descritos no art. 611-B da CLT, não será possível a norma coletiva afastar o vínculo de emprego (art. 611-B, I); reduzir o adicional noturno, insalubre ou perigoso (por serem normas de medicina e de segurança do trabalho – art. 611-B, VII); induzir, de qualquer forma, os trabalhadores a se associarem, pois fere a liberdade sindical (art. 611-B, XXVI); ajustar banco de horas com prazo de compensação superior ao ano (art. 611-B, II) etc.[55]

Resta, pois, clara violação do *princípio da adequação setorial negociada* pelos artigos destacados, por vez que eles "autorizam" a transação coletiva negociada em desacordo com as diretrizes constitucionais do trabalho e colidem frontalmente com os limites instituídos pela norma jurídica trabalhista imperativa concernente à autonomia privada coletiva.

5. CONCLUSÃO

O presente artigo buscou evidenciar que, respeitada uma perspectiva de análise constitucional e internacional, não há espaço jurídico nem científico no Brasil para se considerar *a negociação coletiva trabalhista* um instrumento apto *a piorar as condições de vida e de trabalho das bases profissionais representadas pelos sindicatos de trabalhadores*.

Logo, é imprescindível deixar evidente e indiscutível que *a negociação coletiva trabalhista* exerce a função *de assegurar a vedação do retrocesso dos direitos sociais dos trabalhadores*, ao estabelecer a progressividade dos direitos fundamentais trabalhistas por meio da sua ampliação. Tal função consiste em ampliar as possibilidades de obtenção de melhores condições sociais de trabalho e de remuneração para a classe trabalhadora brasileira.

A compreensão constitucional e internacional acerca do presente tema, arrolada em parte significativa da produção doutrinária do Direito do Trabalho brasileiro, bem como na jurisprudência dominante dos tribunais trabalhistas no Brasil, estabelece ou até mesmo impõe *claras e objetivas fronteiras* ao exercício de poder no que diz respeito à criatividade jurídica dos documentos coletivos negociais existentes no País, da convenção coletiva de trabalho e do acordo coletivo de trabalho.

Em tempo, cumpre enfatizar-se – ainda e muito mais – que **a dignidade da pessoa humana tem de ser o fim primeiro do Direito do Trabalho para a realização dos direitos sociais trabalhistas**. Também é fulcral ressaltar-se – ainda e muito mais – que a **Justiça Social**

---

(52) DELGADO, Mauricio Godinho; DELGADO, Gabriela Neves. *A reforma trabalhista no Brasil*: com os comentários à Lei n. 13.467/2017. São Paulo: LTr, 2017. p. 257.

(53) CASSAR, Vólia Bomfim; BORGES, Leonardo Dias. *Comentários à reforma trabalhista*. São Paulo: Método, 2017. p. 82.

(54) *Ibidem*, 2017. p. 82.

(55) *Ibidem*, 2017. p. 82.

tem de ser concretizada nas relações sociais em um espaço democrático no seio do qual o bem-estar da pessoa humana é o objetivo maior a se alcançar pelo Direito. Para tanto, torna-se imperativo que a negociação coletiva trabalhista – sempre e quanto mais – esteja comprometida com a garantia da ampliação das conquistas sociais já alcançadas pelos trabalhadores brasileiros em defesa da proteção do trabalho humano digno e decente. Então, inscreve-se: é dever; não, favor.

6. REFERÊNCIAS BIBLIOGRÁFICAS

CASSAR, Vólia Bomfim; BORGES, Leonardo Dias. *Comentários à reforma trabalhista*. São Paulo: Método, 2017.

CATHARINO, José Martins. *Neoliberalismo e sequela*. São Paulo: LTr, 1997.

DELGADO, Mauricio Godinho, *Princípios de direito individual e coletivo do trabalho*. 4. ed. São Paulo: LTr, 2013.

_____. *Direito coletivo do trabalho*. 6. ed. São Paulo: LTr, 2015.

_____; DELGADO, Gabriela Neves. *A reforma trabalhista no Brasil:* com os comentários à Lei n. 13.467/2017. São Paulo: LTr, 2017.

GOMES, Ana Virgínia Moreira. *A aplicação do princípio protetor no direito do trabalho*. São Paulo: LTr, 2001.

MALHEIRO, Emerson. *Curso de direitos humanos*. 2. ed. São Paulo: Atlas, 2015.

MEIRELLES, Davi Furtado. *A uLTratividade das normas coletivas:* reflexões sobre a nova redação da súmula n. 227 do TST. In: ALMEIDA, Renato Rua (Coord.), *Aplicação da teoria do diálogo das fontes no direito do trabalho*. São Paulo: LTr, 2015.

NASCIMENTO, Amauri Mascaro. *Iniciação ao direito do trabalho*. 33. ed. São Paulo: LTr, 2007.

SANTOS, Enoque Ribeiro. *Direitos humanos na negociação coletiva*. São Paulo: LTr, 2004.

SEVERO, Valdete Souto; ALMEIDA, Almiro Eduardo de. *Direito do trabalho:* avesso da precarização. v. 1. São Paulo: LTr, 2014.

SILVA, Homero Batista Mateus. *Comentários à reforma trabalhista*. São Paulo: Revista dos Tribunais, 2017.

CAPÍTULO 25

LIMITES CONSTITUCIONAIS DAS DISPENSAS COLETIVAS NO BRASIL

Ricardo José Macêdo de Britto Pereira[1]

1. INTRODUÇÃO

O professor do Centro Universitário UDF e ministro do Tribunal Superior do Trabalho, Mauricio Godinho Delgado, conquistou autoridade inquestionável no campo do Direito do Trabalho no Brasil. Suas ideais e ações expressadas em inúmeras obras e julgados têm desempenhado o importante papel de atrair e agregar juristas e estudantes dos mais variados locais e perfis. Sob a liderança do ministro e professor, a comunidade jurídica a sua volta vem difundindo e reproduzindo uma consistente construção teórica, cuja base é a proteção constitucional da dignidade humana das trabalhadoras e trabalhadores.

O professor e ministro Mauricio explora todo o potencial dos princípios constitucionais presentes na Constituição de 1988. Sua linha interpretativa tem sido fundamental para elevar o patamar protetivo do Direito do Trabalho, bem como para servir de ponto de resistência às investidas para transformar o trabalho em mercadoria. A sua capacidade de abordagem inovadora para a revisão de conceitos se faz presente em praticamente todos os pontos do Direito do Trabalho.

O tópico escolhido para ser tratado no presente texto, limites constitucionais das dispensas coletivas no Brasil, se deve ao fato de o ministro Mauricio, além de estudioso do tema, ter sido relator do dissídio coletivo no TST que examinou a matéria no caso da Embraer.

Seu voto faz análise primorosa da dispensa coletiva a partir dos princípios constitucionais, enfocando o tema na sua dimensão coletiva, uma vez que a tutela voltada para os trabalhadores, considerados individualmente, não seria capaz de oferecer respostas aos intricados problemas que essa modalidade de dispensa engendra.

O caso aguarda julgamento no Supremo Tribunal Federal e há uma expectativa em relação ao posicionamento que será adotado, considerando que a denominada "reforma trabalhista" equiparou a dispensa coletiva à dispensa individual.

A pergunta em razão da qual o presente texto busca oferecer elementos para a resposta é: a Constituição autoriza o legislador a tratar a dispensa coletiva como se individual fosse? Como será visto, a resposta é negativa e, portanto, referida equiparação padece de inconstitucionalidade.

Além de afrontar a Constituição, a equiparação da dispensa coletiva à dispensa individual está em total desacordo com a própria ideia central da reforma de ampliar o campo de atuação da negociação coletiva. Vai, também, na contramão de vários ordenamentos jurídicos, cuja tendência, como será visto, é diferenciar as dispensas coletivas, mediante tratamento e procedimento próprios, tendo em vista a necessidade de preservar os trabalhadores afetados, suas famílias e a comunidade como um todo. Por fim, a opção do legislador representa uma enorme ameaça ao funcionamento do sistema

---

[1] Pós-Doutor pela Escola de Relações Industriais e Trabalhistas da Universidade de Cornell (NY). Doutor pela Universidade Complutense de Madri. Professor Titular e Coordenador Acadêmico do Mestrado das Relações Sociais e Trabalhistas do Centro Universitário do Distrito Federal, UDF-Brasília. Mestre pela Universidade de Brasília. Master of Law Univideade de Syracuse (NY). Pesquisador colaborador do Programa de Pós-graduação da Faculdade de Direito da Universidade de Brasília. Colíder do Grupo de Pesquisa da Faculdade de Direito da UNB "Trabalho, Constituição e Cidadania". Subprocurador Geral do Ministério Público do Trabalho. Coordenador da Coordenadoria Nacional de Promoção da Liberdade Sindical do MPT (CONALIS) no período de 2009 a 2012.

judicial, levando em conta o seu potencial de aumentar, em lugar de resolver os conflitos trabalhistas.

O texto será dividido nas seguintes partes: limites constitucionais ao poder de dispensa do empregador; titularidade do direito de negociação coletiva na Constituição de 1988; princípios constitucionais e internacionais da negociação coletiva; a dispensa coletiva no direito comparado; e as correções da reforma para o funcionamento do sistema de resolução dos conflitos trabalhistas.

2. LIMITES CONSTITUCIONAIS AO PODER DE DISPENSA DO EMPREGADOR

A dispensa é o ato do empregador que melhor expressa o exercício de seu poderio sobre a pessoa do empregado, que em geral não possui meios para resistir e enfrentá-lo. É usual denominar o poder de dispensa do empregador como um direito potestativo, ou seja, correspondente a uma declaração receptícia de vontade, segundo a qual o destinatário não possui alternativa senão aceitá-la.

Os estudiosos do tema chegam a equipar referido poder à violência. Entre as consequências de seu exercício, os trabalhadores ficam totalmente privados de seus direitos trabalhistas, inviabilizando a sua integração socioeconômica.[2]

A evolução do Direito do Trabalho retrata justamente o estabelecimento de controles sobre o poder empregatício, retirando de sua esfera uma gama de decisões unilaterais que afetam os direitos dos trabalhadores. Limites a essas decisões são estabelecidos pela Constituição e pelas leis, como também por convenções e acordos coletivos. Por outro lado, preserva-se o poder de decisão do empregador em vários aspectos das relações de trabalho, a fim de que ele possa perseguir modelos de gestão que levem o seu empreendimento a prosperar.

A previsão do valor social do trabalho e da dignidade da pessoa humana é estruturante na Constituição e, portanto, modela o estado e a sociedade brasileira. No aspecto dogmático, a referência ao trabalho é conceitual, de modo que uma teoria da Constituição brasileira de 1988 que não leve em conta a centralidade do trabalho no ordenamento jurídico brasileiro apresenta-se deficitária.

A proteção ao trabalho em toda a sua dimensão decorre da exigência de respeito à dignidade da pessoa humana. A partir dela, estabelecem-se as condições para a efetivação dos direitos fundamentais nas relações de trabalho, convertendo locais, onde as atividades eram exercidas com observância de uma lógica de absoluta supremacia do poderio empresarial, em espaços democráticos de exercício da cidadania. Dessa forma, eliminam-se potenciais âmbitos de exploração e exclusão em razão do trabalho. Além disso, a ideia de trabalho digno não almeja a eliminação do trabalho subordinado. O que se rechaça é o trabalho desregulado, que converte o trabalhador em mercadoria e instrumento de exploração alheia.

O texto constitucional, logo em seu artigo introdutório, consagra os valores sociais do trabalho e da livre iniciativa (art. 1º, IV, CF). O trabalho socialmente protegido figura ao lado da liberdade reconhecida para os empreendedores, que é direcionada ao cumprimento de sua função social, assim como se verifica em relação ao direito de propriedade e sua função social (art. 5º, XXII e XXIII, CF).

Em relação à dispensa dos empregados, a Constituição brasileira de 1988 estabeleceu no art. 7º, I, proteção contra a dispensa arbitrária ou sem justa causa, remetendo à lei complementar a sua implementação, mediante a previsão de direitos, além da indenização compensatória.

A reforma trabalhista, operada pela Lei n. 13.467, de 2017, introduziu na Consolidação das Leis do Trabalho o art. 477-A, que prevê que as "dispensas imotivadas individuais, plúrimas ou coletivas equiparam-se para todos os fins, não havendo necessidade de autorização prévia de entidade sindical ou de celebração de convenção coletiva ou acordo coletivo de trabalho para sua efetivação".

De plano, constata-se que o legislador ordinário não possui qualquer margem para negar ou afastar uma proteção relativa à dispensa dos trabalhadores, uma vez que se trata de matéria reservada a lei complementar. Como será examinado, o novo art. 477-A da CLT viola outros artigos constitucionais.

Ressalte-se que os mecanismos de controle do poderio do empregador são benéficos não apenas aos trabalhadores e seus familiares, mas a sociedade como um todo, na medida em que impede a exploração pelo trabalho e, ao mesmo tempo, reforça a capacidade de consumo dos trabalhadores, contribuindo para o crescimento econômico.

A dispensa coletiva não afeta apenas os trabalhadores diretamente, mas também os seus familiares e

---

(2) Baylos Grau; Antonio y Pérez-Rey, Joaquín. *El despido o la violencia del poder privado*. Madrid: Trotta, 2009.

a comunidade local, que deve enfrentar os problemas decorrentes de um número repentino e elevado de desempregos, com enorme impacto negativo na produção e no consumo.

Aliás, o Direito do Trabalho desempenha um papel relevantíssimo para o desenvolvimento do país, ponto sempre ressaltado nas obras do professor Maurício.

A conciliação entre capital e trabalho foi possível mediante uma fórmula notável, por meio da qual se assegura a possibilidade de o empregador perseguir a lucratividade de sua atividade, bem como a de se apropriar desse resultado. Por outro lado, a liberdade do trabalho é garantida com a observância de um patamar mínimo, que deve ser rigorosamente observado pelas partes, e da organização e ação sindicais para a defesa de interesses comuns. O trabalho dependente foi assimilado pelo ordenamento jurídico, na qualidade de subordinação jurídica, como elemento necessário para a configuração da relação de emprego, espécie de relação de trabalho a qual é destinada a maior carga de proteção jurídica. A subordinação é a contrapartida de poderes reconhecidos pelo ordenamento jurídico aos empregadores voltados à organização e ao controle da atividade empresarial, justamente para perseguir o resultado lucrativo em seu empreendimento.

Como é possível observar, toda essa construção é própria do sistema capitalista, que assegura o valor social do trabalho, por um lado, e o valor social da livre iniciativa, por outro. Apenas no contexto do trabalho protegido é que a Constituição pode chegar ao modelo de sociedade nela estabelecido. A previsão de patamares mínimos de condições de trabalho impulsionou consideráveis avanços para a consolidação de um modelo protetivo de relações de trabalho, que é fundamental para a elevação do padrão geral de cidadania.

Porém, no curso do processo de releitura e ressignificação do ordenamento infraconstitucional e da própria Constituição para se adaptar ao seu tempo, experimentam-se momentos não apenas de constitucionalização do direito, mas também de desconstitucionalização, intercalados por períodos de estagnação.

O processo de desconstitucionalização do Direito do Trabalho apresenta-se de alto risco para a sociedade brasileira, com consequências totalmente imprevisíveis, cujo proveito para poucos só pode ocorrer por curto prazo e a um elevado custo. Na atualidade, o modelo constitucionalmente consagrado sofre resistências para o seu desenvolvimento, com tendências de reversão do que foi construído ao longo do tempo. Condições degradantes e precárias de trabalho foram recriadas com a reforma trabalhista, em franco ataque às normas constitucionais. A ausência de inovação ou a reversão normativas podem provocar sérios danos não apenas às vítimas diretas, mas aos trabalhadores em geral e a sociedade como um todo.

3. TITULARIDADE DO DIREITO DE NEGOCIAÇÃO COLETIVA NA CONSTITUIÇÃO DE 1988

A análise dos arts. 7º, XXVI e 8º, VI, da Constituição, aponta para a titularidade coletiva do direito de negociação coletiva. A obrigatoriedade da participação do sindicato nas negociações coletivas de trabalho refere-se ao sindicato dos trabalhadores, não incluindo o dos empregadores. É a interpretação que se extrai da Constituição, uma vez conjugados os citados arts. 8º, VI, e 7º, XXVI, este reconhecendo as convenções e os acordos coletivos de trabalho. O acordo coletivo é feito diretamente pelo empresário, sem a presença da entidade de classe. Para o direito coletivo do trabalho os empregadores, ainda que se apresentem isoladamente, são considerados sujeitos coletivos, não em razão de sua constituição e enquadramento jurídicos propriamente ditos, mas do impacto gerado por seus atos e decisões na coletividade a sua volta[3].

A titularidade coletiva das convenções e dos acordos coletivos é relevante também na determinação da supremacia desses instrumentos normativos em relação aos contratos individuais de trabalho. Fossem os titulares os trabalhadores considerados individualmente tais cláusulas estariam à disposição deles, podendo ser afastadas se assim o entendessem. A defesa de uma titularidade individualizada neutralizaria o intuito do Direito do Trabalho de reduzir o campo da autonomia individual da vontade na determinação nas condições de trabalho.

Ou seja, o conteúdo do art. 7º, XXVI, assegura o direito de que os acordos e convenções coletivas prevaleçam em relação às disposições dos contratos individuais de trabalho. Como regra geral, isso se verifica quando as disposições dos instrumentos coletivos são mais benéficas.

A compreensão desse dispositivo constitucional é importante para a determinação do alcance da negociação coletiva prevista na Constituição. Além da previsão do direito de negociação coletiva propriamente dito,

---

(3) DELGADO, Mauricio Godinho. *Direito coletivo do trabalho*. 2. ed. São Paulo, LTr, 2003. p. 39.

afigura-se o direito dos trabalhadores de ter suas relações de trabalho disciplinadas por esses instrumentos coletivos nos atos que tenham impacto na coletividade. Ou seja, os dispositivos mencionados não possuem apenas um caráter institucional para criar condições para a celebração de convenções e acordos coletivos de trabalho. Eles preveem principalmente o direito subjetivo dos trabalhadores, como coletividade, de terem as questões coletivas negociadas para serem objeto desses instrumentos coletivos, retirando do empregador o poder de defini-las unilateralmente.

De acordo com a Constituição, todas as medidas que afetem a coletividade de trabalhadores, além de respeitarem o patamar mínimo estabelecido nas normas constitucionais e legais, devem ser objeto de negociação coletiva, em lugar de serem estabelecidas unilateralmente pelo empregador.

Também se pode extrair do art. 7º, XXVI, garantias para que os acordos e convenções possam ser alcançados e cumpridos. Neste aspecto, a negociação coletiva como liberdade prevista no art. 8º já assegura tal possibilidade, uma vez que está implícito em seu conteúdo o dever de negociar de boa-fé, que será objeto do próximo tópico. Por outro lado, a dimensão institucional do direito de negociação coletiva do art. 7º, XXVI, impõe ao legislador a preservação de um sistema que, em todo caso, garanta a eficácia normativa das convenções e acordos coletivos.

As disposições que fazem menção aos acordos e convenções coletivas, especialmente os incisos VI e XIII do art. 7º, atribuem uma eficácia normativa a ambos instrumentos, na medida em que sua celebração produz consequências jurídicas, independentemente de qualquer providência complementar do legislador. A eles se soma o inciso XXVI do mesmo artigo, que reconhece os acordos e as convenções coletivas de trabalho. Ou seja, traslada-se para a Constituição a eficácia normativa desses instrumentos coletivos prevista na CLT para, como norma jurídica, primar sobre a autonomia privada dos contratantes.

Portanto, afronta a Constituição a equiparação da dispensa coletiva com a dispensa individual, uma vez que nas dispensas coletivas os trabalhadores possuem o direito subjetivo constitucionalmente assegurado de negociação coletiva sobre a matéria.

Como será visto em seguida, não faz sentido exigir negociação coletiva para a redução salarial, que no plano lógico antecede a despedida coletiva, e considerar dispensável o instrumento coletivo para a última, que é a medida mais drástica.

4. PRINCÍPIOS CONSTITUCIONAIS E INTERNACIONAIS DA NEGOCIAÇÃO COLETIVA

A Constituição brasileira de 1988, para realizar os valores fundamentais nela consagrados, estabeleceu um modelo de relações de trabalho, por meio do qual cabe ao empregador dirigir e controlar a sua empresa, incluindo-se o comando da atividade prestada pelos empregados por ele contratados, observando-se os direitos sociais trabalhistas ali enumerados. Além dos direitos previstos no art. 7º da Constituição, aplicam-se outros que visem à melhoria da condição social dos trabalhadores urbanos e rurais.

Esse dispositivo merece todo o destaque. A previsão expressa na Constituição de direitos buscando a melhoria da condição social do trabalhador resulta do reconhecimento constitucional de uma posição de desvantagem dos trabalhadores urbanos e rurais em comparação com a outra parte da relação jurídica, os empregadores. Os direitos ali enumerados constituem um mínimo e devem ser progressivamente elevados para se alcançar o equilíbrio da relação. De um lado o sujeito empregado que se apresenta individual e sem capacidade de negociação efetiva para defender seus interesses, e, de outro, o sujeito coletivo empregador, que além de impor seus interesses na determinação das condições de trabalho, possui enorme poder de controle sobre o que se encontra no seu círculo de ação.

A melhoria das condições sociais dos trabalhadores urbanos e rurais somente é possível num regime de indisponibilidade dos direitos. Se todos os direitos trabalhistas fossem disponíveis ou transacionáveis, a condição social dos trabalhadores seria aspecto totalmente irrelevante para o constituinte originário. A melhoria das condições sociais se contrapõe à indiferença e ao relativismo, no sentido de que tanto faz a melhora ou piora das condições de trabalho.

Sendo assim, extraem-se do texto constitucional limites à disposição dos direitos trabalhistas tanto pela via da negociação coletiva quanto pela individual[4].

---

(4) Mauricio Godinho Delgado, ao citar o princípio da *adequação setorial negociada*, defende que as normas autônomas juscoletivas prevalecem sobre o padrão heterônomo trabalhista quando implementam padrão superior ou transacionam parcelas de indisponibilidade apenas relativa. Para o autor, as parcelas de indisponibilidade absoluta constituem um *patamar civilizatório mínimo* sem a observância do qual afronta-se a dignidade da pessoa humana e a valorização do trabalho. Esse patamar mínimo compreende três grupos de

Elemento integrante do modelo de relações de trabalho adotado na Constituição de 1988 é a consideração do trabalhador na sua subjetividade e intersubjetividade, ou seja, como sujeito de direitos, cuja identidade é moldada, sobretudo, em função do trabalho que realiza e das relações que em razão dele estabelece. A finalidade do ramo especializado sempre foi a de que o empregado detivesse a condição de sujeito e não objeto de direito, como ocorreu anteriormente em boa parte da história da prestação de trabalho na humanidade.

No aspecto normativo, a Constituição consagrou, no âmbito do princípio de proteção, o princípio da norma mais favorável. Pelo princípio protetor, o trabalho é algo distinto de uma mercadoria e o trabalhador um ser humano e não uma ferramenta. Está diretamente vinculado à dignidade do trabalhador. O princípio opera criando desigualdades a seu favor para compensar o desequilíbrio na relação de trabalho, protegendo o trabalhador contra imposições patronais abusivas.

O princípio de proteção no trabalho consagrado no texto constitucional orienta a interpretação de todos os direitos trabalhistas, no plano individual ou coletivo. Ele não é desconsiderado no Direito Coletivo do Trabalho em razão da equivalência das partes contratantes, como sujeitos coletivos. A proteção constitucional dirige-se às condições de trabalho e sociais, ou seja, de caráter objetivo, como espécie de cláusula de irreversibilidade ou de vedação de retrocesso.

Tome-se, como exemplo, o inciso VI do art. 7º, da Constituição, que *assegura a irredutibilidade do salário, salvo o disposto em convenção ou acordo coletivo de trabalho*. Não é possível extrair de referido texto autorização aos sindicatos para reduzir salários, de forma discricionária. A regra é a irredutibilidade do salário, que se insere dentro do princípio de proteção. Para que a exceção prevaleça e produza efeitos válidos, faz-se necessária a observância do princípio. A redução do salário, como medida severa que afeta condição fundamental de trabalho, só se justifica se a empresa passa realmente por situação econômico-financeira grave, comprovada mediante informações fornecidas ao sindicato profissional. Constatada a necessidade da providência, verifica-se sua idoneidade e adequação, no sentido de certificar que outras medidas mais amenas, como flexibilização de jornada, suspensão dos contratos de trabalho para capacitação dos trabalhadores, não serão suficientes para resolver os problemas da empresa. Além disso, deve-se exigir algo em contrapartida. Se os trabalhadores vão contribuir para o empresário superar momento de crise, por lapso temporal determinado, nada mais razoável do que resguardar os empregos por um período. O direito (irredutibilidade dos salários) deve ser garantido em toda sua amplitude e o sacrifício ali previsto (redução) deve consistir em medida excepcional, mediante vantagem compensatória. Por todas essas razões é que a medida mais danosa aos trabalhadores, que é a dispensa coletiva, só pode ser considerada válida mediante convenção ou acordo coletivo de trabalho.

O regime dos direitos trabalhistas é definido considerando-se a centralidade do trabalho digno na Constituição e o princípio de proteção daí decorrente. Esse regime se baseia no caráter fundamental de todos os direitos sociais que integram o Título II da Constituição, da aplicação direta e imediata desses direitos, da progressividade e proibição de retrocesso e da proteção máxima conferida pelo ordenamento jurídico (cláusulas pétreas).

As investidas para a desconstitucionalização dos direitos sociais dos trabalhadores se baseiam numa possível disponibilidade de alguns direitos incluídos no texto constitucional, o que retiraria o seu caráter fundamental. Interpretações nesse sentido desprezam a centralidade do trabalho digno no ordenamento constitucional e os alicerces que o estruturam.

Após a promulgação da Constituição de 1988, o tema da flexibilização do Direito do Trabalho foi retomado, lastreado na previsão constitucional de alteração de direitos estabelecidos, mediante convenção e acordos coletivos de trabalho. São quatro os dispositivos relacionados com essa discussão: os incisos VI, XIII, XIV e XXVI do art. 7º da Constituição, que tratam respectivamente da "irredutibilidade do salário, salvo o disposto em convenção ou acordo coletivo", duração normal do trabalho, facultando "a compensação de horários e a redução da jornada, mediante acordo ou convenção coletiva de trabalho"; "jornada de seis horas para o trabalho realizado em turnos ininterruptos de revezamento, salvo negociação coletiva"; e o "reconhecimento das convenções e acordos coletivos de trabalho".

Tais dispositivos figuram como cláusulas de abertura para que, por meio de negociação coletiva livre e de boa fé, seja possível adequar norma e realidade. O conjunto normativo constitucional estabelece nítido

---

normas trabalhistas heterônomas: as normas constitucionais (com as ressalvas parciais do art. 7º, VI, XIII e XIV), as normas de tratados internacionais em vigor no ordenamento brasileiro e as normas infraconstitucionais, tais como relativas à saúde e segurança no trabalho, bases salariais mínimas, identificação profissional, dispositivos antidiscriminatórios etc. *Direito coletivo* cit., p. 61.

compromisso com um modelo de trabalho socialmente protegido e consagra a indisponibilidade dos direitos, justamente para lograr a melhoria da condição social dos trabalhadores.

Os avanços sociais apenas são possíveis no contexto do trabalho regulado e protegido. Na ausência de condições adversas ou justificativas plausíveis momentâneas, a paralisia ou o retrocesso são inconstitucionais. Repita-se, a Constituição não é indiferente à situação dos trabalhadores, de modo que não é razoável a interpretação que nega valor jurídico ao *caput* de seu art. 7º, que impõe a melhoria da condição social dos trabalhadores. O referido *caput* é reforçado pelo disposto no § 2º do art. 114 da Constituição, que prevê limites de reversão pelo poder normativo ante a lei, acordos e convenções coletivas de trabalho, como instrumento também para a melhoria das condições sociais de trabalho.

Integra os princípios sobre negociação coletiva a Convenção n. 98 da Organização Internacional do Trabalho, ratificada pelo Brasil[5], que é integrante da Declaração de Princípios e Direitos Fundamentais do Trabalho de 1998.

O Comitê de Liberdade Sindical considera o direito de livre negociação das condições de trabalho com os empregadores "um elemento essencial da liberdade sindical". Nas atividades preparatórias para a aprovação da Convenção 87, houve o registro dos fins relevantes mediante a garantia da liberdade sindical, entre os quais se encontrava a possibilidade de as organizações criadas sem a intervenção dos poderes públicos "determinar, por meio de convenções coletivas levadas a cabo livremente, os salários e outras condições de trabalho".[6] Para a OIT, o "direito de organização é essencial para a representação coletiva dos interesses, e o exercício do direito de negociação coletiva é a chave para que essa representação converta-se em realidade".[7]

São pelo menos três os pilares que orientam esse direito genérico de negociação coletiva, segundo os instrumentos da OIT. O primeiro deles é a negociação livre e voluntária, que expressamente consta do art. 4º da Convenção 98. De acordo com esse princípio, qualquer medida governamental destinada a imposição de alcançar um acordo é com ele incompatível. O segundo é a liberdade para decidir o nível da negociação, de maneira que se uma legislação prevê limitação neste aspecto viola a liberdade dos interessados de decidir o mais conveniente para eles. Por último, o princípio da boa-fé, que se traduz na exigência de que as partes negociadoras assumam a postura de estabelecer uma negociação autêntica, com o propósito de chegar a um acordo ou, quando isso não seja possível, que se evidenciem os esforços para a obtenção daquele resultado. Uma vez realizado o acordo, deve ser cumprido e aplicado nos termos pactuados.[8]

Para a satisfação do dever de negociação de boa-fé, as partes devem iniciar o processo dispostas a dialogar e rever posições, determinadas a encontrar as bases para o acordo.

De acordo com o direito norte-americano, viola o dever de negociar de boa-fé a parte que está disposta a construir soluções conjuntas para os problemas, mas se apoia numa única proposta do tipo "pegar ou largar (take-it-or-leave-it)". A negociação de boa fé exige o reconhecimento das partes de que a negociação coletiva é um processo de cooperação que deverá satisfazer os interesses de ambos.[9]

A Suprema Corte dos Estados Unidos confirmou decisão em que a agência de relações coletivas daquele país (National Labor Relations Board) considerou violação do dever de negociar de boa-fé a alegação do empregador de que não teria condições de conceder os reajustes salariais reivindicados, porém recusando-se a provar essa situação de impossibilidade pelos meios previstos.[10]

As informações necessárias para assegurar uma negociação coletiva de boa-fé não se restringem a condições de trabalho propriamente ditas. Um sindicato pode, por exemplo, levar à pauta de discussão o questionamento de uma política discriminatória por parte do empregador no momento da contratação de empregados. Neste caso, é possível ter acesso aos documentos de contratação

---

(5) Decreto Legislativo n. 49, de 27.08.1952, D.C.N. de 28.08.1952. p. 8.607.

(6) Cfr. *La libertad sindical. Recopilación de decisiones y principios del Comité de Libertad Sindical del Consejo de Administración de la OIT.* 5. ed. Ginebra: Oficina Internacional do Trabalho, 2006. p. 171 e 174, verbetes. 782 e 799.

(7) Cfr. *Su voz en el trabajo. Informe del director general. Informe global con arreglo al seguimiento de la Declaración de la OIT relativa a los principios y derechos fundamentales en el trabajo.* Conferencia Internacional del Trabajo. 88ª Reunión, Informe I (B). Ginebra: Oficina Internacional del Trabajo, 2000. p. 37.

(8) GERNIGON, Bernard; ODERO, Alberto; GUIDO, Horacio. Principios de la OIT sobre la negociación colectiva. *Revista Internacional del Trabajo.* Vol. 119, n. 1, 2000, p. 44/7.

(9) General Eletric CO. National Labor Relations Board 150 N.L.R.B 192 (1964).

(10) NLRB v. TRUITT MANUFACTURING CO. 351 U.S. 149, 76 S. Ct. 753, 100 L. Ed. 1027 (1956).

para verificar questões de nacionalidade, origem, raça e gênero dos candidatos e dos selecionados.[11]

A informação é fundamental na construção de um modelo negociado de resolução de conflitos. Países da Europa há muito vêm reconhecendo o direito de informação, participação e consulta e a União Europeia possui norma a esse respeito.[12]

Não é possível estabelecer um modelo de negociação coletiva pautado pela boa-fé sem o dever de fornecimento das informações necessárias para se chegar a um acordo que reflita os interesses em disputa e as circunstâncias do momento. Sem a observância dessa condição, a negociação passa a ser utilizada como instrumento para uma parte levar vantagem em detrimento da outra.

5. DISPENSA COLETIVA NO DIREITO COMPARADO

No presente tópico, não se pretende fazer estudo aprofundado sobre a dispensa coletiva em outros ordenamentos jurídicos, mas apenas um apanhado geral e exemplificativo, para mostrar como o tema tem sido tratado e as diferenciações feitas entre dispensa individual e coletiva.[13]

Em geral, as legislações estabelecem, em primeiro lugar, a definição de dispensa coletiva, mediante números de dispensas, de acordo com o porte do empregador. A Diretiva da União Europeia 98/59/CE, do Conselho, de 20 de julho de 1998 faz uma aproximação dos Estados membros da União Europeia em matéria de dispensa coletiva, estabelecendo números de trabalhadores dispensados e um período no qual essas dispensas ocorrem. Espanha, França, Alemanha e Itália são exemplos, entre outros, de países em que os ordenamentos jurídicos se ocupam da definição da dispensa coletiva. Na Espanha, uma dispensa de dez trabalhadores no período de noventa dias em empresa com menos de cem empregados é considerada dispensa coletiva. Se a empresa possui entre cem e trezentos ou mais de trezentos o número mínimo passa a ser de dez por cento do quadro. Na França é considerada coletiva a dispensa de pelo menos cinco trabalhadores no período de trinta dias se a empresa possui entre vinte e sessenta trabalhadores. Com mais de sessenta trabalhadores, o número mínimo é estabelecido em dez por cento, sendo reduzido para trinta se a empresa possui mais de quinhentos empregados.[14]

Esses ordenamentos jurídicos em geral se referem às causas da dispensa, como no caso espanhol, em que essa modalidade se dá por causas econômicas, técnicas, organizativas ou de produção. Na Alemanha, a terminação decorre de decisão organizativa do empresário, por necessidades urgentes não previstas nas normas. Na Itália, a causa prevista é a redução, transformação ou a cessação da atividade empresarial.

A intervenção administrativa se dá tanto em relação a organismo estatal de fiscalização do trabalho quanto à representação dos trabalhadores. Na Espanha, a consulta aos representantes dos trabalhadores deve conter as seguintes informações: causas da dispensa; número e classificação profissional dos trabalhadores afetados; período previsto para a realização das dispensas; critérios para a designação de trabalhadores afetados; e informe da Inspeção do Trabalho sobre os tópicos anteriores. Na França, o empregador, nas empresas com mais de cinquenta empregados, elabora um projeto de salvaguarda do emprego como condição para a dispensa coletiva e encaminha com informações aos representantes dos trabalhadores. A autoridade administrativa fiscaliza a comunicação e consulta aos representantes dos trabalhadores acerca das medidas sociais elaboradas exigidas por lei para serem implementadas. Além disso, dita autoridade pode apresentar propostas para completar ou modificar o plano de salvaguarda do emprego. Alemanha e Itália também preveem consulta à representação dos trabalhadores e o controle do procedimento pela autoridade administrativa.

A representação dos trabalhadores possui papel fundamental no procedimento das dispensas coletivas. Na Espanha, ela pode atuar para evitar ou reduzir as dispensas, bem como atenuar suas consequências, mediante o recurso a medidas sociais de acompanhamento, tais como recolocação ou ações de formação ou reciclagem profissional para a melhora da empregabilidade. Na França a representação dos trabalhadores examina

---

(11) Hertz Corp. v. NLRB, 105 F .3d 868 (3d Cir. 1997)

(12) Diretiva 2002/14/CE do Parlamento Europeu e do Conselho. "DOCE" núm. 80, de 23 de março de 2002. p. 29 a 34.

(13) Para o aprofundamento do tema ver ROCHA, Claudio Jannotti. *A tutela jurisdicional metaindividual trabalhista contra a dispensa coletiva no Brasil*. São Paulo, LTr, 2017.

(14) Espanha – Art. 51 Ley del Estatuto de los Trabajadores. França – Arts. L-1233 e seguintes do Code du Travail. Alemanha – Kundigungsschutzgesetz (KSchG) de 25 de agosto de 1969 e arts. 112 e 112a Betriebsverfassungsgesetz de 21 de setembro de 2001. Itália – Art. 24 da Legge 223/1991, de 23 de julho.

as razões econômicas, financeiras ou técnicas do projeto de dispensa, o número de dispensas projetadas, as categorias afetadas e os critérios para a ordem das dispensas, o calendário, medidas que possam evitar as dispensas ou limitar o seu número e facilitar a recolocação do trabalhador que será dispensado. Na Alemanha, a representação dos trabalhadores também recebe informações sobre as causas, o número de trabalhadores afetados, o critério de seleção e o calendário. A empresa deve negociar a possibilidade de reduzir o número de dispensas ou diminuir os seus efeitos. Nas empresas com mais de quinhentos empregados, há uma espécie de coparticipação, com acordos obrigatórios, e nas empresas com mais de vinte empregados pode ser solicitado um plano social. Na Itália, os representantes dos trabalhadores devem receber comunicação com indicação dos motivos técnicos, organizativos ou produtivos que indiquem não ser possível adotar outras medidas idôneas para resolver a situação e evitar as dispensas; número de dispensas, postos de trabalho e perfis profissionais afetados; calendário; e medidas para afrontar as consequências sociais. Há um exame conjunto obrigatório das causas e alternativas para evitar a redução de pessoal ou adotar medidas de acompanhamento para a requalificação ou a reconversão profissional.

Por fim, o ordenamento jurídico desses países prevê indenizações e acompanhamento tanto pela representação dos trabalhadores quanto pela autoridade administrativa, considerando o impacto econômico e social das dispensas coletivas.

O que fica evidente dessa rápida exposição comparativa é que as dispensas coletivas afetam a ordem pública e não podem ficar exclusivamente nas mãos dos empregadores, de acordo com decisões unilaterais, ou seja, sem a participação da representação dos trabalhadores e da autoridade estatal. Os ordenamentos jurídicos mencionados também sofreram reformas trabalhistas em vários pontos, porém, em matéria de dispensa coletiva, não há qualquer sinalização de eventual equiparação com a dispensa individual, como procedeu o legislador brasileiro.

6. A CORREÇÃO DA REFORMA PARA O FUNCIONAMENTO DOS MECANISMOS DE RESOLUÇÃO DOS CONFLITOS TRABALHISTAS

O caso Embraer marcou importante posição sobre a necessidade de negociação coletiva para a dispensa coletiva. Como ressaltou o relator, Ministro Mauricio[15]:

A massificação das dinâmicas e dos problemas das pessoas e grupos sociais nas comunidades humanas, hoje, impacta de modo frontal a estrutura e o funcionamento operacional do próprio Direito. Parte significativa dos danos mais relevantes na presente sociedade e das correspondentes pretensões jurídicas têm natureza massiva. O caráter massivo de tais danos e pretensões obriga o Direito a se adequar, deslocando-se da matriz individualista de enfoque, compreensão e enfrentamento dos problemas a que tradicionalmente perfilou-se. A construção de uma matriz jurídica adequada à massividade dos danos e pretensões característicos de uma sociedade contemporânea – sem prejuízo da preservação da matriz individualista, apta a tratar os danos e pretensões de natureza estritamente atomizada – é, talvez, o desafio mais moderno proposto ao universo jurídico...

As dispensas coletivas realizadas de maneira maciça e avassaladora, somente seriam juridicamente possíveis em um campo normativo hiperindividualista, sem qualquer regulamentação social, instigador da existência de mercado hobbesiano na vida econômica, inclusive entre empresas e trabalhadores, tal como, por exemplo, respaldado por Carta Constitucional como a de 1891, já há mais um século superada no país. Na vigência da Constituição de 1988, das convenções internacionais da OIT ratificadas pelo Brasil relativas a direitos humanos e, por consequência, direitos trabalhistas, e em face da leitura atualizada da legislação infraconstitucional do país, é inevitável concluir-se pela presença de um Estado Democrático de Direito no Brasil, de um regime de império da norma jurídica (e não do poder incontrastável privado), de uma sociedade civilizada, de uma cultura de bem-estar social e respeito à dignidade dos seres humanos, tudo repelindo, imperativamente, dispensas massivas de pessoas, abalando empresa, cidade e toda uma importante região. Em consequência, fica fixada, por interpretação da ordem jurídica, a premissa de que a negociação coletiva é imprescindível para a dispensa em massa de trabalhadores.

DISPENSAS COLETIVAS TRABALHISTAS. EFEITOS JURÍDICOS. A ordem constitucional e infraconstitucional democrática brasileira, desde

---

(15) TST-RODC-309/2009-000-15-00.4,

a Constituição de 1988 e diplomas internacionais ratificados (Convenções OIT ns. 11, 87, 98, 135, 141 e 151, ilustrativamente), não permite o manejo meramente unilateral e potestativista das dispensas trabalhistas coletivas, por de tratar de ato/fato coletivo, inerente ao Direito Coletivo do Trabalho, e não Direito Individual, exigindo, por consequência, a participação do(s) respectivo(s) sindicato(s) profissional(is) obreiro(s). Regras e princípios constitucionais que determinam o respeito à dignidade da pessoa humana (art. 1º, III, CF), a valorização do trabalho e especialmente do emprego (arts. 1º, IV, 6º e 170, VIII, CF), a subordinação da propriedade à sua função socioambiental (arts. 5º, XXIII e 170, III, CF) e a intervenção sindical nas questões coletivas trabalhistas (art. 8º, III e VI, CF), tudo impõe que se reconheça distinção normativa entre as dispensas meramente tópicas e individuais e as dispensas massivas, coletivas, as quais são social, econômica, familiar e comunitariamente impactantes. Nesta linha, seria inválida a dispensa coletiva enquanto não negociada com o sindicato de trabalhadores, espontaneamente ou no plano do processo judicial coletivo. A d. Maioria, contudo, decidiu apenas fixar a premissa, *para casos futuros*, de que – a negociação coletiva é imprescindível para a dispensa em massa de trabalhadores –, observados os fundamentos supra. **Recurso ordinário a que se dá provimento parcial.**

Após o julgamento pelo TST, a Embraer interpôs recurso extraordinário, que teve repercussão geral reconhecida.[16] O parecer da Procuradoria Geral da República foi pelo desprovimento do recurso, baseado na ADI 1.625, que trata da validade da denúncia da Convenção n. 158 da OIT e prejudica o recurso extraordinário em questão. Referida denúncia é vista como inválida pela PR e suas previsões complementam a Constituição de 1988.

Posteriormente, foi aprovada a reforma trabalhista, equiparando a dispensa coletiva à dispensa individual. Sobre essa previsão introduzida no art. 477-A da CLT, manifestaram os professores Mauricio Godinho Delgado e Gabriela Neves Delgado[17]:

> A leitura gramatical e literalista do novo preceito normativo apenas demonstra a compulsão da Lei n. 13.467/2017 no sentido de enxergar, no mundo do trabalho, estritamente os interesses unilaterais dos empregadores. Demonstra também, lamentavelmente, a depreciação do diploma legal ordinário com respeito ao Estado Democrático de Direito construído no País pela Constituição de 1988, com seus pilares normativos estruturantes de natureza democrática e inclusiva – todos manifestamente negligenciados pelo recém aprovado art. 477-A da Consolidação das Leis do Trabalho. Ademais, todo o universo de princípios humanísticos e sociais da Constituição da República é desrespeitado pela nova regra legal, sob qualquer perspectiva que se queira examinar a matéria. Princípios como da centralidade da pessoa humana na ordem socioeconômica e jurídica, da dignidade da pessoa humana, do bem-estar individual e social, da inviolabilidade física e psíquica do direito à vida, da igualdade em sentido material, da segurança em sentido amplo e social, ao invés de apenas em sua antiga acepção patrimonial, além do princípio da valorização do trabalho e emprego – este em paridade e simetria (ao contrário de subordinação) com o princípio da livre iniciativa –, sem contar, ainda, o princípio da subordinação da propriedade à sua função social, todos esses princípios e normas constitucionais de 1988 são descurados pela literalidade da regra inserida no recente art. 477-A da CLT.

Posteriormente, o TST deu um passo atrás na matéria, ao afastar a possibilidade de o tribunal analisar a validade de dispensa coletiva pela via do dissídio de natureza jurídica, como ocorreu no caso Embraer.[18]

Paralelamente, o então presidente do tribunal passou a deferir monocraticamente pedidos dispensando a negociação coletiva nas dispensas coletivas, considerando a previsão de equiparação e desnecessidade de negociação coletiva na reforma trabalhista.[19]

É inquestionável que esse enorme retrocesso produzirá um grande impacto no sistema de resolução de conflitos, com grande potencial para desencadear inúmeros conflitos. A consequência é que mais questões serão levadas ao Poder Judiciário. No caso da dispensa coletiva, talvez alguns empregadores vejam como vitória a opção do legislador reformador de equiparar a dispensa coletiva com a individual. Contudo, o resultado

---

(16) STF-RE 999435. Tema n. 638. Necessidade de negociação coletiva para a dispensa em massa de trabalhadores.
(17) *A reforma trabalhista no Brasil*. Com os comentários à Lei n. 13.467/2017. São Paulo: LTr, 2017. p. 181.
(18) TST-RO 10782-38.2015.5.03.0000, DJe 16.04.2018.
(19) CorPar-1000011-60.2018.5.00.0000, 11.01.2018m DJe 01.02.2018.

será transferir a prevenção e a resolução antecipada dos conflitos pelos próprios autores para a discussão dos danos na Justiça do Trabalho.

O fato é que a reforma trabalhista demanda um profundo processo de revisão. O próprio governo assim reconheceu ao editar em seguida à sanção da lei uma medida provisória alterando diversos pontos da reforma, para eliminar ou diminuir situações prejudiciais por ela trazidas[20]. A situação chega a ser curiosa, pois o instrumento de exceção, medida provisória, corrigia vários pontos da reforma feita pela lei, que é o instrumento legítimo de inovação da ordem jurídica.

O Congresso Nacional ao tratar da dispensa coletiva ignorou inclusive os projetos que tramitavam no legislativo, como por exemplo o Projeto de Lei n. 5.353, de autoria da Deputada Manuela Ávila e outros, que define a dispensa coletiva, prevê a intervenção de autoridades estatais e negociação com o sindicato da categoria, plano para a dispensa, critérios, indenizações e apoio aos dispensados, entre outras providências, alinhando-se com os mencionados ordenamentos jurídicos.

Portanto, é necessário indagar aos defensores da reforma e da possibilidade de dispensa coletiva independentemente de qualquer condição ou procedimento prévio: qual é o real benefício para o país que o legislador pretendeu alcançar com a opção de igualar as dispensas coletivas às dispensas individuais?

Se há uma real preocupação com o funcionamento do sistema de resolução dos conflitos trabalhistas e, mais especificamente, com o sistema judicial, a revisão de diversos pontos da reforma trabalhista se impõe com caráter urgente e um dos primeiros pontos a ser revisto é a equiparação da dispensa coletiva com a dispensa individual.

7. CONCLUSÃO

A equiparação da dispensa coletiva com a dispensa individual feita pelo art. 477-A da CLT é claramente inconstitucional, na medida em que afeta inúmeros dispositivos constitucionais: afronta a reserva de lei complementar, desconsidera o direito subjetivo da coletividade de trabalhadores de negociação coletiva e malfere o princípio de proteção.

Além de inconstitucional, referida equiparação desprestigia a negociação coletiva, retirando poder dos trabalhadores e, indiretamente, da própria comunidade que será afetada pelas dispensas coletivas.

Em matéria de dispensa coletiva, o legislador reformista foi na contramão de vários ordenamentos jurídicos, ao desprezar o caráter de ordem pública da proteção contra os efeitos da dispensa coletiva, bem como seu controle. A dispensa coletiva foi tratada como uma questão privada, deixando nas mãos exclusivas do empregador a definição dos critérios de sua oportunidade e conveniência, independentemente dos danos que ela pode causar.

Espera-se que o Supremo Tribunal Federal analise cuidadosamente essas questões, na perspectiva dos julgados e das lições do ministro e professor Mauricio Godinho Delgado, que são valiosas para a atribuição de significados às disposições constitucionais e legais, bem como para o funcionamento adequado do sistema de resolução dos conflitos trabalhistas.

8. REFERÊNCIAS BIBLIOGRÁFICAS

BAYLOS GRAU, Antonio y PÉREZ-REY, Joaquín. *El despido o la violencia del poder privado*. Madrid, Trotta, 2009.

DELGADO, Mauricio Godinho. *Direito coletivo do trabalho*. 2. ed. São Paulo, LTr, 2003.

DELGADO, Mauricio Godinho e DELGADO, Gabriela neves. *A Reforma Trabalhista no Brasil*. Com os comentários à Lei 13.467/2017. São Paulo, LTr, 2017.

GERNIGON, Bernard; ODERO, Alberto e GUIDO, Horacio. Principios de la OIT sobre la negociación colectiva. *Revista Internacional del Trabajo*. Vol 119, n. 1, 2000.

Lalibertad sindical. Recopilación de decisiones y principios del Comité de Libertad Sindical del Consejo de Administración de la OIT. 5ª. Ed., Ginebra, Oficina Internacional do Trabalho, 2006.

ROCHA, Claudio Jannotti da. *A tutela jurisditional metaindividual trabalhista contra a dispensa coletiva no Brasil*. São Paulo, LTr, 2017.

Su voz en el trabajo. Informe del director general. Informe global con arreglo al seguimiento de la Declaración de la OIT relativa a los principios y derechos fundamentales en el trabajo. Conferencia Internacional del Trabajo. 88ª Reunión, Informe I (B) Ginebra, Oficina Internacional del Trabajo, 2000.

---

(20) Medida Provisória n. 808, de 14 de novembro de 2017, que não foi votada pelo Congresso Nacional.

CAPÍTULO 26

HERMENÊUTICA, INTERPRETAÇÃO CONSTITUCIONAL E APLICAÇÃO DOS PRINCÍPIOS CONSTITUCIONAIS NO DIREITO DO TRABALHO À LUZ DA LEI N. 13.467/2017

Fabrício Milhomens da Neiva[1]

1. INTRODUÇÃO

A modificação realizada na legislação trabalhista, com o advento da Lei n. 13.467/2017, chamou-nos a atenção para a relevância da hermenêutica e interpretação constitucional, frente aos novos desafios que foram apresentados a todos aplicadores do Direito.

Neste contexto, necessário se faz estudar e compreender a hermenêutica e interpretação constitucional, voltado, por óbvio, para a busca de soluções para as novas barreiras que foram criadas pela legislação à construção de um efetivo Estado Democrático de Direito.

Com a noção precisa destes instrumentos, passa-se a trabalhar com a relevância que possuem diante dos problemas que serão narrados e trabalhados neste texto.

Após a compreensão da relevância que este ramo da ciência traduz, chega-se a etapa de identificar os princípios que poderão ser utilizados pelos aplicadores do ordenamento jurídico.

À luz de todos estes instrumentos e mecanismos, chegar-se-á no ápice deste trabalho, qual seja, o elo que se estabelece com a nova lei trabalhista, que trouxe profunda modificação de direitos e parâmetros para o Direito do Trabalho, demonstrando-se a graduação da relevância futura cada um dos institutos então abordados.

É certo que não se deve desprezar qualquer contributo que auxilie na análise da extensão, aplicação e interpretação da nova ordem jurídica trabalhista. Contudo, existem pontos nesta análise hermenêutica, em especial a utilização dos princípios constitucionais do trabalho, que se destacarão, já que são fortes armas que abastecem o Poder Judiciário para a aplicação das normas legais.

2. HERMENÊUTICA E A INTERPRETAÇÃO CONSTITUCIONAL

Em qualquer estudo ou trabalho de produção, necessário se faz que seja compreendida a base da digressão, que, no caso, é representada pela hermenêutica e interpretação constitucional. Existe clara distinção entre a Hermenêutica jurídica e a interpretação, aqui abordada precipuamente no âmbito constitucional.

O jurista Mauricio Godinho Delgado nos ensina:

> A Hermenêutica Jurídica, do ponto de vista estrito, corresponde, tecnicamente, à ciência (ou ramo da Ciência do Direito) que trata do processo de interpretação das normas jurídicas.[2]

Neste contexto, tem-se a relevância que a Hermenêutica possui quando aplicada ao Direito, a ponto de se enquadrar propriamente como uma ciência ou um ramo da Ciência do Direito.

Ainda nesta mesma obra, apresenta-se a distinção entre Hermenêutica Jurídica e interpretação:

---

(1) Advogado. Mestrando em direito do trabalho e das relações sociais pela UDF.
(2) DELGADO, Mauricio Godinho. *Curso de direito do trabalho*. 16. ed. rev. e ampl. São Paulo: LTr, 2017. p. 240.

Distingue-se a Hermenêutica (no sentido estrito) da interpretação. Esta, como visto, traduz, no Direito, a compreensão e reprodução intelectual de uma dada realidade conceitual ou normativa, ao passo que a Hermenêutica traduz o conjunto de princípios, teorias e métodos que buscam informar o processo de compreensão e reprodução intelectual do Direito. Interpretação é, pois, a determinação do "sentido e alcance das expressões de direito".[3]

Há clara e precisa distinção entre os institutos do Direito. A separação é necessária para que se compreenda o presente trabalho, especialmente no momento em que se apresentar a digressão acerca dos princípios constitucionais do trabalho e sua aplicação.

A interpretação jurídica passa a exercer um papel de importância maior do que já lhe era depositado, ao passo que é utilizada para compreender o real sentido de uma determinada norma legal, delimitando seu conteúdo e norteando a aplicação, conduta necessária em um ambiente de incerteza jurídica.

É inegável que a Lei n. 13.467/2017 (Lei da Reforma Trabalhista) trouxe grande confusão legislativa para esta seara do Direito, ao ponto de doutrinadores, advogados e magistrados não conseguirem concluir um ponto comum, ou chegarem a um consenso sobre a sua aplicação.

A interpretação jurídica, manuseada em conjunto com os princípios constitucionais do trabalho, possui um importante papel diante deste cenário. Por este motivo, o presente estudo apresenta os mencionados instrumentos, buscando o aprofundamento de um ponto extremamente controvertido, já que ao passo que a interpretação pode contribuir para a solução de lacunas ou questionamentos, inclusive, com a busca pela justiça social, também pode resultar em mais de um caminho, mais de uma tese, enfim, mais de uma solução.

3. A RELEVÂNCIA DA APLICAÇÃO DOS PRINCÍPIOS CONSTITUCIONAIS

No estudo da importância dos princípios constitucionais para a análise do Direito e, no caso, em seu aspecto juslaboral, é preciso que retornemos aos primórdios de nossa Carta Magna.

A Constituição Federal de 1988 nos apresenta, em seu preâmbulo, replicado no art. 1º, diretrizes que remontam diretamente à dignidade da pessoa humana e aos valores sociais do trabalho como um dos fundamentos do Estado Democrático de Direito.

Tal pensamento é apresentado por José Felipe Ledur:

> Os direitos fundamentais concretizam princípios e valores reputados essenciais pela CF. Eles são expressão de Estado Democrático de Direito cujo propósito é assegurar o exercício dos direitos sociais e individuais (Preâmbulo); são concreções de princípios fundantes da República, como a dignidade da pessoa humana e os valores sociais do trabalho e da livre iniciativa (art. 1º); e mantêm correspondência com objetivos fundamentais da República, como a construção de sociedade livre, justa e solidária, empenhada em erradicar a pobreza e a marginalização, bem como em reduzir as desigualdades sociais e remover toda sorte de preconceitos (art. 3º).[4]

Neste sentido é que se compreende a importância da análise dos direitos fundamentais inseridos no Direito do Trabalho, pois diante desta ótica é que se tem a aplicação de princípios constitucionais voltados ou inseridos na seara trabalhista, ou os ditos princípios constitucionais.

De tal sorte, a aplicação da norma constitucional passou a ocupar um nível de importância e valoração muito maior, potencializando o uso dos princípios e direitos fundamentais nela previstos.

O momento normativo que vive o Direito do Trabalho em nosso país invoca a necessidade de se aplicar estes princípios oriundos da Carta Constitucional, já que os direitos fundamentais laborais estão em evidência, seja pela necessidade de aplicação, seja, propriamente, por sua afronta.

Neste sentido, preceitua José Felipe Ledur:

> A prerrogativa do legislador de estabelecer limites ao exercício de direitos fundamentais não exclui os limites a que ele próprio está subordinado ao legislar, uma vez que vinculado à função de proteção dos direitos fundamentais e às normas em geral da CF, que lhe impõem não só a observância da constitucionalidade formal, mas também material, e que envolve a proteção ao núcleo essencial dos direitos fundamentais.[5]

---

(3) Idem, 2017. p. 240.

(4) LEDUR, José Felipe. Barreiras constitucionais à erosão dos direitos dos trabalhadores e a reforma trabalhista. *Revista do Tribunal Regional do Trabalho da 10ª Região*. Brasília, v. 21, n. 2, 2017. p. 4.

(5) LEDUR, José Felipe. Barreiras constitucionais à erosão dos direitos dos trabalhadores e a reforma trabalhista. *Revista do Tribunal*

Em que pese a significativa alteração legislativa juslaboral, é preciso que seja respeitada toda e qualquer norma prevista em nossa Constituição Federal, em especial, aquelas que dispõem sobre direitos fundamentais trabalhistas e, neste papel, um importante instrumento é a utilização dos princípios constitucionais aplicáveis ao Direito do Trabalho.

Utilizando-se do enfoque dos Direitos Humanos trabalhistas, lecionam Renata de Assis Calsing e Rúbia Zanotelli de Alvarenga:

> Dessa maneira o intérprete deve estar atento aos princípios constitucionais do Trabalho, por meio de um processo hermenêutico-interpretativo que coadune com o comprometimento e com a afirmação dos Direitos Humanos Trabalhistas.[6]

A aplicação dos princípios constitucionais se dará, em suma, com a confrontação destes com a nova norma legal, de modo a garantir, direta ou indiretamente, a prevalência dos direitos fundamentais trabalhistas.

Ademais observa-se a utilização da interpretação sistemática como mecanismo adicional para a garantia destes preceitos fundamentais, pois esta modalidade de exegese implica, inevitavelmente, a avaliação dos direitos fundamentais e princípios constitucionais:

> Esta modalidade exegética se presta ao processo de aplicação da norma jurídica levado a cabo pelo aplicador do Direito. Aspecto sob o qual a concepção da hermenêutica como interpretação da norma, no momento pré-jurídico e na fase jurídica propriamente, deve ser útil de modo a propiciar a efetivação dos Direitos Humanos Trabalhistas. A exegese aproxima o Direito do Trabalho do ideário de justiça social, por isso, urge aplicá-lo em harmonia com a finalidade social e constitucional colimada para o Direito do Trabalho, qual seja: o princípio da dignidade da pessoa humana.[7]

Desta forma, fundamental é a participação dos princípios constitucionais para o ordenamento jurídico brasileiro, em especial, como abordado neste estudo, para a aplicação da normatização trabalhista.

4. AS FUNÇÕES E CLASSIFICAÇÕES DOS PRINCÍPIOS NO DIREITO

Os princípios são estudados e entendidos, também, quanto à sua função e classificação, o que será relevante para a compreensão do estudo realizado no próximo tópico, que é a apresentação individualizada de cada um dos princípios trabalhistas considerados como constitucionais.

No que tange à função que cada princípio exerce, escreve o jurista Mauricio Godinho Delgado:

> Os princípios cumprem funções diferenciadas no Direito. Tais funções se manifestam nas duas fases próprias ao fenômeno jurídico: a primeira, de sua construção, e a segunda, de sua realização social.[8]

A esta etapa de construção, o autor denomina de pré-jurídica, e a outra, de realização social, intitula de jurídica típica.

Dada a subdivisão exposta por este autor, podemos observar que os princípios, ainda que possuam um único sentido ou significado, atuam desde o início da construção do *right*, talvez seja este um dos momentos mais importantes, já com a influência sobre a criação da norma.

Dentro do cenário legislativo brasileiro, existe toda uma estrutura que possui a deliberação de criação de normas propriamente ditas, em especial, as leis. Exemplo disso são as inúmeras comissões que se instalam a cada projeto de lei analisado e/ou votado no congresso nacional.

O princípio da dignidade da pessoa humana é um dos que deve estar presente em toda e qualquer análise de projeto de lei, visto que não pode ser descumprido ou desrespeitado por qualquer norma, sendo um exemplo da função pré-jurídica do princípio.

A inobservância de qualquer princípio do Direito, seja ele geral, constitucional ou qualquer outro, tornará a norma potencialmente inconstitucional ou ilegal, portanto, passível de revisão, nulidade ou revogação posterior, o que denota a importância da aplicação destes princípios.

Regional do Trabalho da 10ª Região. Brasília, v. 21, n. 2, 2017. p. 13.

(6) CALSING, Renata de Assis; ALVARENGA, Rúbia Zanotelli de. *Direitos humanos e relações sociais trabalhistas*. São Paulo: LTr, 2017. p. 349.

(7) *Idem*, 2017, p. 354.

(8) DELGADO, Mauricio Godinho. *Princípios constitucionais do trabalho e princípios de direito individual e coletivo do trabalho*. 5. ed. São Paulo: LTr, 2017. p. 19.

A função exercida dentro da fase jurídica está diretamente ligada à atuação jurisdicional, e um simples exemplo de aplicação se dá no caso em que é arguida a inconstitucionalidade de uma determinada norma, com fundamento em desrespeito ou afronta de princípios constitucionais, fato este que deve ser dirimido pelo Supremo Tribunal Federal, que julgará o pedido ponderando acerca do princípio que fora, supostamente, atingido.

Portanto, os princípios possuem atuação prática dentro de todo o processo de criação e aplicação de uma norma, desde o momento de sua discussão que antecede a votação ou deliberação, até a sua efetiva aplicação.

Ainda no âmbito deste estudo principiológico, insere-se a análise de inconstitucionalidade que recai sobre a Lei n. 13.467/2017, realizada mediante a análise de aplicação de princípios constitucionais, utilizando-se, especialmente, da função interpretativa de cada um destes princípios.

Assim define Mauricio Godinho Delgado acerca da função interpretativa, também chamada de descritiva ou informativa:

> Os princípios cumprem, aqui, sem dúvida, sua função mais clássica e recorrente, como veículo de auxílio à interpretação jurídica. Nesse papel, contribuem no processo de compreensão da regra, balizando-a à essência do conjunto do sistema jurídico.[9]

Em sua obra, apresenta a atuação dos princípios em sua função normativa supletiva, também conhecida por subsidiária:

> Denominam-se princípios normativos supletivos na medida em que atuam como normas jurídicas em face de casos concretos não regidos por fonte normativa principal da ordem jurídica.[10]

Esta modalidade de função dos princípios possui previsão expressa na LINDB (Lei de Introdução às Normas do Direito Brasileiro) – Decreto-lei n. 4.657/42:

> Art. 4º Quando a lei for omissa, o juiz decidirá o caso de acordo com a analogia, os costumes e os princípios gerais de direito.

O mesmo autor descreve que grande parte da doutrina manifesta o entendimento acerca da existência de uma terceira função atinente aos princípios, que seria a função normativa própria e concorrente.

Sob esta ótica, teríamos a utilização de princípio como fonte direta de aplicação do Direito, substituindo e prevalecendo sobre textos normativos.

No campo atinente à classificação dos princípios, apresenta-se o panorama de existência de princípios gerais e especiais do Direito. Trataremos, principalmente, dos especiais, considerados como constitucionais trabalhistas.

Os princípios constitucionais trabalhistas são os que possuem cunho constitucional, ou seja, que tem seu cerne vinculado à Carta Magna, mas que de aplicação dentro da seara trabalhista.

O presente texto é direcionado para esta classe de princípios em vista da incidência destes no âmbito da interpretação e aplicação da Lei n. 13.467/2017.

5. OS PRINCÍPIOS CONSTITUCIONAIS DO TRABALHO

Uma vez abordada a função e classificação dos princípios, cumpre-nos discorrer acerca dos princípios constitucionais do trabalho.

O Direito do Trabalho sofre influência de diversas outras áreas jurídicas, assim como reproduz seus conceitos e preceitos noutras searas.

Neste diapasão, notável se faz, especialmente após a Constituição Federal de 1988, a participação das normas constitucionais neste ramo do Direito e, juntamente, dos princípios de natureza constitucional.

A necessidade de regulamentar a proteção dos direitos sociais e de garantir o mínimo de cumprimento dos direitos fundamentais dentro das relações trabalhistas, é o principal fator de estudo dos princípios constitucionais do trabalho.

Neste espectro, temos a definição apresentada por Mauricio Godinho Delgado:

> Conforme já adiantado, são os princípios constitucionais do trabalho inseridos, em linha de evidente coerência, na Constituição da República: o princípio da dignidade da pessoa humana; o princípio da centralidade da pessoa humana na vida socioeconômica e na ordem jurídica; o princípio da

---

(9) DELGADO, Mauricio Godinho. *Princípios constitucionais do trabalho e princípios de direito individual e coletivo do trabalho*. 5 ed. São Paulo: LTr, 2017. p. 21.

(10) *Idem*, 2017. p. 21.

valorização do trabalho e do emprego; o princípio da inviolabilidade do direito à vida; o princípio do bem-estar individual e social; o princípio da justiça social; o princípio da submissão da propriedade à sua função socioambiental; o princípio da não discriminação; o princípio da igualdade em sentido material; o princípio da segurança; o princípio da proporcionalidade e razoabilidade; e o princípio da vedação do retrocesso social.[11]

Diante da enumeração destes princípios, será abordado, especificamente, o princípio da justiça social.

Constitui um dos fundamentos e objetivos da República Democrática de Direito a promoção da justiça social.

Considerando que à justiça social se atribuiu o respaldo de fundamento do Estado Brasileiro, necessário que se avalie a aplicação dentro da seara trabalhista, visto que a relação de trabalho é uma das bases da sociedade, especialmente, quando se trata de sociedade capitalista.

Uma vez sendo a base da estrutura social, esta espécie de relacionamento acaba por se tornar em um dos principais meios de garantia dos direitos e princípios fundamentais, daí o forte elo com a aplicação da justiça social.

Dentre as modificações legislativas que resultam da famigerada *Reforma Trabalhista*, destaca-se a abordagem que foi aplicada com relação aos honorários advocatícios sucumbenciais e condições para deferimento do benefício da assistência judiciária gratuita.

Pois bem, é fato que o poder judicante trabalhista atua, a princípio, como aplicador das normas intrínsecas a esta área jurídica, mas também com observância dos princípios constitucionais do trabalho, inclusive, na promoção da justiça social.

Diante desta conclusão lógica, se deduz que o direito de ação, que é diuturnamente exercido no âmbito da justiça do trabalho, é um mecanismo para a promoção deste fundamento/objetivo do Estado Democrático de Direito.

As alterações que foram inseridas, inclusive com possibilidade de dedução de valores devidos a título de custas processuais e honorários advocatícios de sucumbência sobre créditos trabalhistas, que, ordinariamente, possuem natureza alimentar, colocam em risco o dever fundamental de promoção da justiça social.

Diversos segmentos da sociedade, tais como, entidades laborais, parcela de advogados, membros do Ministério Público do Trabalho e da magistratura, fizeram coro contra essas mudanças que, a curto, médio e longo prazo, podem implicar na negativa do exercício do direito de ação e, por conseguinte, na mitigação da atuação do poder judiciário em prol deste fundamento constitucional.

O tema é objeto de ADI n. 5.766, que postula o reconhecimento da inconstitucionalidade de diversas mudanças implantas na legislação, com recente julgamento no plenário do Supremo Tribunal Federal, determinando a aplicação de interpretação conforme a Constituição Federal, por parte do Relator, delimitando a abrangência da norma, mas deixando de declará-la inconstitucional[12].

Portanto, lançado está mais um desafio aos operadores e aplicadores do Direito, a fim de que continuem na missão da promoção do cumprimento dos princípios constitucionais, dentre estes, o da justiça social.

6. A UTILIZAÇÃO DA HERMENÊUTICA JURÍDICA E DOS PRINCÍPIOS COM O ADVENTO DA LEI N. 13.467/2017

A hermenêutica e interpretação jurídica possuem papel importante no cenário jurídico-trabalhista, com a promulgação da Lei n. 13.467/2017.

Os doutrinadores Mauricio Godinho Delgado e Gabriela Neves Delgado, ensinam que interpretação jurídica é o *"processo analítico de compreensão e determinação do sentido e extensão da norma jurídica"*[13]. É possível observar a preocupação dos referidos autores no sentido de que a interpretação da norma jurídica não se afaste dos preceitos sistêmicos do ordenamento jurídico:

> O processo analítico de compreensão e determinação do sentido e extensão da norma jurídica (o processo interpretativo, em suma) tem de revelar um sentido normativo concernente à norma examinada

---

(11) DELGADO, Mauricio Godinho. *Princípios constitucionais do trabalho e princípios de direito individual e coletivo do trabalho.* 5. ed. São Paulo: LTr, 2017. p. 38.

(12) Julgamento pendente de conclusão em razão do pedido de vista do Ministro Fux.

(13) DELGADO, Mauricio Godinho; DELGADO, Gabriela Neves. *A reforma trabalhista no Brasil:* com os comentários à Lei n. 13.467/2017. São Paulo: LTr, 2017. p. 88.

que se integre a esse conjunto jurídico geral, ao invés de ser com ele incongruente, disperso, ilógico.⁽¹⁴⁾

A utilização deste mecanismo interpretativo é realizada de forma mais intensa quando se estuda ou se aplica a Lei n. 13.467/2017.

Diante desta digressão, a título de exemplo, utilizamo-nos da análise de preceito legal específico existente na dita Reforma Trabalhista, a saber, o art. 8º, da CLT, transcrito *in verbis*:

> Art. 8º As autoridades administrativas e a Justiça do Trabalho, na falta de disposições legais ou contratuais, decidirão, conforme o caso, pela jurisprudência, por analogia, por equidade e outros princípios e normas gerais de direito, principalmente do direito do trabalho, e, ainda, de acordo com os usos e costumes, o direito comparado, mas sempre de maneira que nenhum interesse de classe ou particular prevaleça sobre o interesse público.
>
> § 1º O direito comum será fonte subsidiária do direito do trabalho.
>
> § 2º Súmulas e outros enunciados de jurisprudência editados pelo Tribunal Superior do Trabalho e pelos Tribunais Regionais do Trabalho não poderão restringir direitos legalmente previstos nem criar obrigações que não estejam previstas em lei.
>
> § 3º No exame de convenção coletiva ou acordo coletivo de trabalho, a Justiça do Trabalho analisará exclusivamente a conformidade dos elementos essenciais do negócio jurídico, respeitado o disposto no art. 104 da Lei n. 10.406, de 10 de janeiro de 2002 (Código Civil), e balizará sua atuação pelo princípio da intervenção mínima na autonomia da vontade coletiva.

O *caput* dispositivo não sofreu alteração, contudo seu parágrafo único restou modificado e transformado no § 1º, recebendo, ademais, a inserção dos §§ 2º e 3º.

As modificações realizadas no § 1º não possuíram grande representatividade, já que mantêm o Direito Comum como fonte subsidiária do Direito do Trabalho, utilizado no contexto de um processo de integração jurídica, ou seja, para preenchimento de lacunas de uma norma específica.

A norma não modificou o *caput* do art. 8º, CLT, razão pela qual não se atribui grande mudança na interpretação jurídica e na aplicação dos princípios, como prelecionam Mauricio Godinho Delgado e Gabriela Neves Delgado:

> É da natureza, portanto, da integração jurídica que somente maneje uma fonte subsidiária se, naquele aspecto de destaque, haja real compatibilidade lógica e principiológica entre a regra importada e o campo jurídico importador.⁽¹⁵⁾

Com relação à previsão contida no § 2º do art. 8º, CLT, denota-se clara tentativa de restrição interpretativa pelos órgãos representativos da jurisdição trabalhista.

É sabido que o poder judiciário em sua seara trabalhista, detém altíssimo poder interpretativo, em especial com relação aos entendimentos acerca de preceitos legais específicos, traduzidos em súmulas, orientações jurisprudenciais. Não obstante, o novel preceito legal visa obstaculizar referida atuação judicante.

Com supedâneo na lição dos juristas Mauricio Godinho Delgado e Gabriela Neves Delgado, é preciso cautela na interpretação deste trecho normativo:

> Ora, não se podendo – conforme ensina a Ciência do Direito e a Hermenêutica Jurídica – interpretar a regra legal de maneira a atingir um resultado interpretativo absurdo, cabe se entender que o novo preceito do art. 8º, § 2º, da CLT apenas enfatiza à Justiça do Trabalho que deve interpretar as regras jurídicas mediante o manejo adequado dos critérios científicos da Hermenêutica Jurídica – os quais, relembre-se, já foram exaustivamente analisados no item II do presente Capítulo IV.⁽¹⁶⁾

Desta feita, necessário se faz atenção especial para a interpretação deste trecho da modificação legal, momento em que se torna fundamental a utilização dos mecanismos de exegese existentes, bem como dos princípios constitucionais, inclusive para que não se reproduza conclusões ilógicas e incongruentes, como bem diz os autores citados, resultando em afronta aos direitos e princípios fundamentais.

De igual modo, carece de grande digressão o dispositivo previsto no parágrafo 3º do art. 8º celetista, demandando "interpretação lógico-racional, sistemática e teleológica, sob pena de chegar a resultados interpretativos absurdos"⁽¹⁷⁾. Referida interpretação liga-se

---

(14) Idem, 2017. p. 88.
(15) DELGADO, Mauricio Godinho; DELGADO, Gabriela Neves. *A reforma trabalhista no Brasil*: com os comentários à Lei n. 13.467/2017. São Paulo: LTr, 2017. p. 106.
(16) Idem, 2017. p. 107.
(17) DELGADO, Mauricio Godinho; DELGADO, Gabriela Neves. *A reforma trabalhista no Brasil*: com os comentários à Lei n. 13.467/2017. São Paulo: LTr, 2017. p. 107.

ao receio de que, deste dispositivo, advenham interpretações de que se poderá, por exemplo, através de negociação coletiva, instaurar legislação alheia ao nosso ordenamento jurídico, com afronta aos princípios constitucionais e aos direitos fundamentais trabalhistas, já que prescreve a observância do "princípio da intervenção mínima sobre a autonomia da vontade coletiva".

Os métodos interpretativos – sistemático, teleológico ou qualquer outro – não pode permitir que tal conclusão se manifeste, o que vislumbraria potencial afronta, dentre outros de igual magnitude, ao princípio da dignidade da pessoa humana, previsto constitucionalmente e que demanda, notoriamente, proteção especial dos órgãos jurisdicionais.

Portanto, o poder judicante trabalhista não pode permitir ou coadunar com preceitos previstos em normas coletivas que representem lesão ao disposto em nossa Carta Magna, valendo-se, para tanto, dos métodos interpretativos e dos princípios constitucionais aplicados ao Direito do Trabalho.

Está lançado o desafio aos aplicadores do poder jurisdicional, para que manuseiem todos os instrumentos de exegese e proteção fundamental, a fim de que não se perca todo o conteúdo jurídico-constitucional aplicado à seara trabalhista.

7. CONCLUSÃO

O presente estudo realizou abordagem sobre dois dos principais pontos que devem ser analisados e aplicados no Direito do Trabalho, por um longo período adiante, que é a hermenêutica e interpretação jurídica-constitucional e os princípios constitucionais do trabalho.

A seara trabalhista convive com um momento de grande instabilidade normativa, com mudanças legislativas significativas; prescrições imprecisas, por parte do legislador; grande índice de rejeição por parte dos militantes desta área jurídica, senão às alterações que foram realizadas, por si só, pela forma como levada a efeito.

A ameaça ao cumprimento e à proteção a normas fundamentais e aos princípios constitucionais é clarividente. A tentativa de mitigar a atuação jurisdicional está estampada no citado art. 8º, § 3º, da CLT.

A Justiça do Trabalho possui importante papel dentro da evolução da realidade trabalhista brasileira, vez que não se dedica apenas ao julgamento de demandas corriqueiras, mas na aplicação de princípios constitucionais, objetivando um trabalho digno, uma justiça social. Ao menos, ao longo de décadas, tem sido esta uma das principais finalidades desta justiça especializada. Prova disso são as inúmeras orientações jurisprudenciais e súmulas que parametrizam a interpretação e alcance das normas trabalhistas, sempre com os olhos voltados para a observância dos princípios constitucionais.

As novas normas oriundas do legislador reformista representam, indubitavelmente, grave ameaça a esta realidade, especialmente, em função da ampla gama interpretativa de que se extrai destas modificações. Talvez nunca tenha sido tão relevante a aplicação dos mecanismos interpretativos abordados, quais sejam a interpretação constitucional e a aplicação dos princípios a ela inerentes, pois subjaz num razoável e seguro meio para se manter a estabilidade legislativa.

Ao operador do Direito resta a missão de conduzir cada caso com a máxima cautela e sempre instigar o ente judicante à aplicação dos mencionados mecanismos, visto que as mudanças não os retiraram do ordenamento jurídico. Ademais, detém a importante missão de aplicar a lei vigente, sem que isto represente uma lesão aos preceitos fundamentais, às normas constitucionais trabalhistas.

O tempo poderá dizer se existe algum lado da moeda que seja correto ou justo, contudo, faz-se necessário que todos se empenhem e não sejam omissos no cumprimento dos preceitos básicos que norteiam os fundamentos e objetivos do Estado Democrático de Direito.

8. REFERÊNCIAS BIBLIOGRÁFICAS

BARROSO, Luís Roberto. *Interpretação e aplicação da Constituição*. 7. ed. São Paulo: Saraiva, 2010.

CALSING, Renata de Assis; ALVARENGA, Rúbia Zanotelli de. *Direitos humanos e relações sociais trabalhistas*. São Paulo: LTr, 2017.

DELGADO, Mauricio Godinho. *Curso de direito do trabalho*. 16. ed. rev. e ampl. São Paulo: LTr, 2017.

_____. *Princípios constitucionais do trabalho e princípios de direito individual e coletivo do trabalho*. 5. ed. São Paulo: LTr, 2017.

_____; DELGADO, Gabriela Neves. *A reforma trabalhista no Brasil*: com os comentários à Lei n. 13.467/2017. São Paulo: LTr, 2017.

LEDUR, José Felipe. Barreiras constitucionais à erosão dos direitos dos trabalhadores e a reforma trabalhista. *Revista do Tribunal Regional do Trabalho da 10ª Região*. Brasília, v. 21, n. 2, 2017.

POSFÁCIO

Posfaciar esta obra coletiva, organizada por alunos de um curso *Stricto Sensu* para homenagear um Professor representa, para mim, como professora, pesquisadora e gestora de Instituição de Ensino Superior que sou, imensa honra e grande satisfação. Sobretudo por se tratar de uma homenagem ao Professor Decano do Mestrado em Direito das Relações Sociais e Trabalhistas do UDF – Instituição que dirijo há alguns anos –, Professor Doutor Mauricio Godinho Delgado, renomado jurista, grande intelectual e acadêmico, doutrinador da área do Direito, ministro do Tribunal Superior do Trabalho e autor de inúmeros livros e artigos.

Homenagear é uma atitude de reverência a alguém merecedor de prestígio, respeito e reconhecimento. No caso em questão, uma homenagem a um Professor! Provavelmente nenhuma outra pessoa afeta tanto e com tamanha profundidade a vida de uma pessoa como um Professor, quando este sabiamente oferece mais do que uma técnica; oferece perspectiva, criticidade e autonomia intelectual. E o Professor Mauricio Godinho Delgado oferece tudo isso com sua simpatia e simplicidade mineira, com sua honestidade e modéstia intelectuais, com seu senso de rigor, cravando marcas indeléveis na vida de seus alunos.

Como diz Fabrício Carpinejar – poeta, cronista, jornalista e professor – "só precisamos da fé de um único Professor em nossa vida para confiarmos que somos capazes de tudo". E essa "fé" no *fazer* e no *ser* Professor, oferecida pelo Professor Mauricio, é o que tanto contagia, move, instiga, desafia e é o que levou os alunos Antonio Capuzzi, Carolina Assunção e Raphael Miziara, do Mestrado em Direito do UDF, a organizar esta obra. Os organizadores envolveram seus colegas e alguns de seus professores a escrever seus artigos para compor o livro, num movimento que vem ao encontro de todo o percurso de autoria intelectual e de doutrinador do Professor Mauricio, em torno da temática do Direito do Trabalho e do Estado Democrático de Direito, tema este que intitula a presente obra em sua homenagem.

Importante ressaltar que o Professor (como gosta de ser chamado) e Ministro, Mauricio Godinho Delgado, presenteia o UDF com seu trabalho dedicado, competente e apaixonado desde 2014, quando passou a integrar o corpo docente do curso de graduação em Direito, curso este que celebra, neste ano, os seus 50 anos de tradição e excelência em ensino de qualidade. Como primeiro curso de Direito de Instituição privada de Brasília, formamos, neste cinquentenário, grandes juristas, advogados e profissionais da área do Direito que contribuem com o crescimento econômico e sóciocultural de Brasília e do país.

Ainda no ano de 2014, num processo de construção, o Professor Mauricio Godinho Delgado passou a liderar um grupo de professores, com o apoio da Reitoria, para a implementação do primeiro curso *stricto sensu* do UDF, o Mestrado em Direito. Como mentor do projeto, com seu envolvimento ímpar e com o seu profundo conhecimento intelectual na área, a proposta do programa é submetida à CAPES, já em julho de 2015, tendo sido aprovada na primeira submissão, publicada no Diário Oficial da União em dezembro do referido ano.

O presente livro consagra e aprofunda ainda mais a vocação de pesquisa acadêmica do Programa de Mestrado em Direito das Relações Sociais e Trabalhistas do UDF que – embora ainda jovem, já coroado de êxitos – conta com mestrandos e mestres já titulados de vários Estados brasileiros, marcando, assim, de forma notável, a sua presença no Distrito Federal, no país e no mundo.

Todos os artigos abordam os temas em questão de forma atual e instigante. Por um lado, por problematizarem a temática pensando-a do lugar da conjuntura brasileira atual, o de uma recente reforma trabalhista. Por outro lado, complementar ao primeiro, pela escrita engendrada, prenhe de diferentes olhares que problematizam o tema em busca de compreender as recentes mudanças e trazer à tona o grande desafio de pensar os direitos do bem-estar social e os direitos do Trabalho estruturados nos 30 anos da Constituição da República Federativa do Brasil.

Por ser escrita por profissionais da área, mestrandos e professores, mergulhados em suas trajetórias e em suas práticas – a quem felicito e agradeço – esta obra leva o leitor à tarefa de atar e desatar os fios das escrituras aqui tecidas para melhor *saber* o estado da arte do *Direito do Trabalho e do Estado Democrático de Direito*.

Professora Dra. Beatriz Maria Eckert-Hoff
Reitora do UDF
Brasília, 31 de outubro de 2018